纪念萧萐父先生诞辰百周年

吴根友　主编

秦平　副主编

萧萐父与中国哲学的当代新开展

中国出版集团　东方出版中心

图书在版编目（CIP）数据

萧萐父与中国哲学的当代新开展 / 吴根友主编. 一
上海: 东方出版中心, 2024.5
ISBN 978 - 7 - 5473 - 2406 - 6

Ⅰ. ①萧… Ⅱ. ①吴… Ⅲ. ①萧萐父(1924 - 2008)
－哲学思想－文集 Ⅳ. ①B262.5 - 53

中国国家版本馆 CIP 数据核字(2024)第 087443 号

萧萐父与中国哲学的当代新开展

主　　编　吴根友
策　　划　刘佩英
责任编辑　冯　媛
装帧设计　钟　颖

出 版 人　陈义望
出版发行　东方出版中心
地　　址　上海市仙霞路 345 号
邮政编码　200336
电　　话　021 - 62417400
印 刷 者　山东韵杰文化科技有限公司

开　　本　710mm × 1000mm　1/16
印　　张　41
字　　数　564 千字
版　　次　2024 年 5 月第 1 版
印　　次　2024 年 5 月第 1 次印刷
定　　价　148.00 元

示山初見定終身 篤畫意詩凝花魂
風雪珞珈欺千樹 紅梅一枝顯忠貞

孤山诗梦梅
魂远四海交
游庆士多

苏步青父先生诞辰一百周年
癸卯夏刘宗超敬书

書生自有逍遙處

苦樂憂愁盡化詩

蕭公箋父先生句 吳根友先生囑書 紀念

蕭公誕辰一百周年 癸卯冬 嶺南後學 陳志平 奉

劫波風骨健銘指天心梅蕊摛馀熱潯耕不止
早凳知安多雪土竹林下爨竈狂憶睡虎溪
英謹就會
　古錄簧蕙公先生金縷曲壬年除夕七九自省
　　　癸卯六月劉樂恒於渝州青山白雲居

菲菲帝闕内含嬌吹懷英亦墜仰七九流
年如逝水不覺坐老矣潯回首此生無墨
悔錦墨瑤簪書民嶸雪釀就許意燧稀墨
池畔虹飛楓郭燃悦燃春雷頌瓦礫橫櫻下
多英豪羅漢夢青城美凱歌歡舞
迎新紀誰料得征途曲折柳朱揚縈踏過

目录
CONTENTS

一

二

三

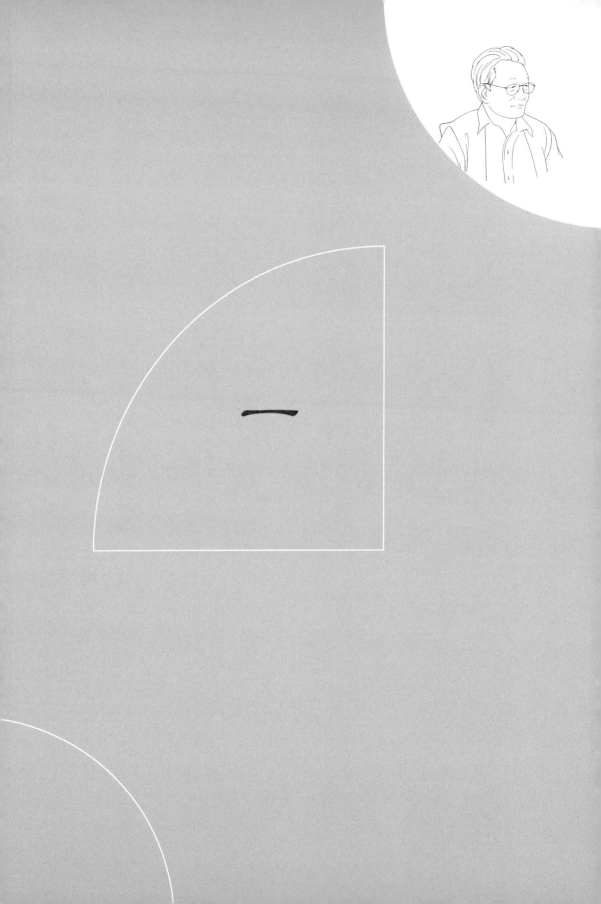

史慧欲承章氏学　诗魂难扫瑑人愁

——萧萐父评传（代序）

郭齐勇

（武汉大学哲学学院、国学院）

一、萧萐父先生其人

萧萐父（1924—2008），祖籍四川井研，出生于成都，哲学家与哲学史家，中国哲学史学科的重要建设者之一。1947 年毕业于武汉大学哲学系，1949 年 5 月加入中国共产党，1951 年至 1955 年任华西大学（后为四川医学院）马列主义教研室主任，1956 年到中央党校高级理论班深造，1957 年到北京大学哲学系进修，同年秋调入武汉大学哲学系，此后一直在该系任教，曾任中国哲学史教研室主任、教授、博士生导师。他是国际知名学者，是国家重点学科——武汉大学中国哲学学科的创建者与学术带头人，教育部人文社会科学重点研究基地——武汉大学中国传统文化研究中心学术委员会首任主任。

萧先生曾兼任中国哲学史学会副会长、中华孔子学会副会长、国际儒联顾问、国际道联学术委员、中国《周易》学会顾问、国际中国哲学会国际学术顾问团成员、中国文化书院导师。长期从事中国哲学和文化的教学与研究工作，是著名的船山学和"明清早期启蒙学"专家，曾多次参加或主持国内外举行的学术会议，在国内外发表学术论文百余篇。

主要著作有《吹沙集》《吹沙二集》《吹沙三集》《船山哲学引论》《中国哲学史史料源流举要》，以及《明清启蒙学术流变》(合著)、《王夫之评传》(合著)、《哲学史方法论研究》等。与李锦全教授共同主编的《中国哲学史》(上下卷)产生了广泛的影响，曾获原国家教委优秀教材一等奖。

萧萐父曾多次到欧洲、美国、新加坡等地出席国际会议，应邀赴美国哈佛大学、德国特里尔大学等校访问、讲学。

萧萐父于1982年被评聘为教授，1986年被遴选为博士生导师。先后获武汉大学"优秀工作者""优秀共产党员""教书育人优秀教师"等荣誉称号，于1999年离休。

萧萐父学风严谨、被褐玉身、浩然正气；教书育人，重在身教，杜绝曲学阿世之风。1958年至20世纪80年代初，萧先生与唐明邦先生、李德永先生合作为本科生讲授"中国哲学史"课程。自1978年招收硕士生、1987年招收博士生以来，他先后开设了"哲学史方法论""中国哲学史料学""中国辩证法史""明清哲学""佛教哲学""道家哲学""马克思的古史研究""马克思晚年的人类学笔记"等课程或系列专题讲座，为中国哲学史界培养了一批优秀的研究与教学人才。在长期的教书育人过程中，他提炼出了二十字方针——德业双修，学思并重，史论结合，中西对比，古今贯通。这二十字是先生对做人与治学之道的深刻总结，已经成为珞珈中国哲学学派的精神纲领，先生以他的人格魅力深受珞珈学子的爱戴。

萧先生的精神遗产，表现在其人格风范、社会影响、精神感召、学术思想、教书事业、培育人才等各个方面。传统儒生一般在社会政事、教育师道、经史博古、文章子集之学上都有全面的建树与发展，萧先生则是在当代社会具有类似全面性的知识人！

二、萧萐父先生的尊讳

萧老师的尊讳，早年用过竹字头的"篁"，书刊上署名用过"篁父""篁夫"或

"篁甫";中晚年用草字头的"萐",署名用"萐父"或"萐"。无论是竹字头还是草字头,"疌"字部分,他的写法是一竖中间断开,中间一横右边不伸出来(现电脑中已无此字形)。我现保存先生的手札、字条与条幅,有 20 世纪 80 年代中后期至 21 世纪初不同年份先生的若干题签与签名,字形均为草字头,而且他写"萐"字的草字头,往往是分开为两半的,是两短横两短竖(两短竖均向内斜),而不是一长横两短竖。他晚年用一长横两短竖的情况也有,但较少。这是"萐"字的写法。

老师名讳的读音,主要是"萐"字的读音,是一个颇有争议的问题。自 20 世纪 80 年代初追随先生以来,直到师母、老师仙逝,我常听老师自称及师母叫老师,都是 jié fǔ。1988 年秋随先生一道赴香港地区,1995 年夏随先生一道去波士顿,以及为先生办出境通行证、护照与签证等手续,姓名要用拼音与标准电码,我的一个笔记本上还记着老师与师母的相关资料。老师用的汉字是捷父,拼音为 jie fu,标准电码为 2212 3637。我现还保留着 1995 年 8 月 2 日至 17 日老师与我由北京经洛杉矶到波士顿,出席在波士顿大学举行的第 9 届国际中国哲学大会的往返机票的存根,老师的姓名栏写的是 XIAO/JIE FU。

一直以来,有不少学人批评我们萧门弟子误读老师的名讳,《武汉大学报》(校报)还刊发过小文章。后来,有一度我也把老师的名讳读为 shà fǔ。萧老师晚年的一次会议上,我当着老师的面,向同学们介绍他老人家,读老师的尊讳为 shà fǔ,他当场就显出不太高兴的样子。几日后,我到老师府上拜访,他郑重地对我说,他的名字的正确读音应为 jié fǔ,并且说《康熙字典》明明注了几种音义,让我回家再查一下。自此之后,我不再动摇,坚持老师名讳的读音为 jié fǔ。

查《汉语大字典》与《故训汇纂》,释"萐"字均引《说文·艸部》:"萐,萐莆,瑞草也。尧时生于庖厨,扇暑而凉。从艸,疌声。"注音依《广韵》为 shà,引《论衡·是应》:"儒者言萐脯生于庖厨者,言厨中自生肉脯,薄如萐形,摇鼓生风,寒凉食物,使之不臭。"又引《白虎通义·封禅》:"萐莆者,树名也。其叶大如门扇,不摇自扇,于饮食清凉助供养也。"

查《康熙字典》,注音除引《广韵》"山洽切"之外,另依《集韵》注:"疾叶切,音捷。义同。又脯名。"引扬雄《方言》:"扇,自关而东谓之箑,自关而西谓之扇。"按老师自己的解释,他肯定"萐"读为"捷",倾向于把"萐"释为"扇"。而"甫""父"则应为男子的美称。《颜氏家训》:"甫者,男子之美称,古书多假借为'父'字。"管仲号仲父,范增号亚父。

总之,我认为应尊重老师本人与师母对老师名讳的读音,如同陈寅恪的"恪",不读 kè,而读 què 一样。

三、坎 坷 经 历

萧萐父先生于 1924 年 1 月 24 日生于四川省成都市的一个知识分子家庭。一生经历新旧两个社会、多个特殊的历史时期。

萧萐父有家学渊源,他的父亲萧参(字仲仑,又写为"中仑")先生是近代蜀学的代表人物之一。仲仑先生出生于四川井研县,与廖季平先生同乡,曾私淑于季平先生。仲仑先生乃蜀中狷洁独行之士,老同盟会会员,辛亥之后学优不仕,教书为生,有道家风骨,又精于医道。萧萐父的母亲杨励昭女士也善诗词、工书画。他们家与蒙文通、唐迪风先生等川中硕学鸿儒过从甚密。

萧萐父幼年及青年时代正值近代蜀学空前发达的时代。萧萐父从小耳濡目染,大都是左、孟、庄、骚之类。萧家曾挂着廖平左书的横幅,上面的好多字他幼时尚不认得,而这位被父辈敬重的廖经师的不少奇闻逸事和非常异议可怪之论,却在他的童心中引起一阵阵好奇。他自幼涵泳诗词,从父亲友朋论学谈艺之中感受到中华文化的博大精深。

他时时关注民族命运,在童年时便接触到清末印作革命宣传品的小册子,其中有《明夷待访录》《黄书》《扬州十日记》等,以及邹容、章太炎的论著。书的内容他当时还看不懂,但书的封面上写着"共和纪元二千×百×十年"或"黄帝纪元四千×百×十年",他从中感受到中国士人敢为天下先、勇猛精进的精神,也引起他新的好奇。好奇心,成为他日后求知的起点。他幼时常去的舅父家在一条窄巷,叫君平街湛冥里。大人郑重地向他解释,这里原是严君平隐居卖卜的地方;严君平如何有学问,精通《易》《老》,每天卖卜挣一百钱后就下帷著书。

1937 年,萧萐父考进成都县中。校园后有个大污水塘,老师们郑重介绍,此乃扬雄的洗墨池,扬雄当年如何勤苦好学,认许多奇字,写了不少奇书。扬雄每天在池里洗笔砚,所以水都变黑了。这些童年的印象,在往后的岁月里时隐时现,乃至变成心中潜存的酵母。

仲仑先生认为新式学堂的教育有极大的局限性,命萐父先生休学一年。在这一年中,萐父先生随父及其他蜀中贤士上峨眉。其间观前辈学人论学和诗、摩挲古物、开拓胸臆。仲仑先生还命他在这一年中,以朱笔点读《汉书》与《后汉书》,闲暇即吟诵《昭明文选》。这些严格的国学训练为萧萐父日后取得卓越的学术成就奠定了坚实的基础。

抗日风雷打破了四川的封闭,各种思潮涌进这一盆地。萧萐父念高中的三年,正当抗战最艰苦、青年最苦闷的时节。对青年萧萐父影响最大的还有几位文史老师,特别是讲授中外史地的罗孟桢老师。他充满爱国激情而又富有历史感的讲课,深深地吸引了班上许多同学。有一次罗先生偶然讲到刘知几、章学诚论史家必须具备"史才""史学""史识"和"史德"等素质,激发萧萐父写了一篇《论史慧》的长文,这是他的第一篇论史习作。

在民族忧患意识和时代思潮的冲击下,萧萐父泛读各类古今中西书籍。当时中学生读课外书的风气特浓,自由选读,漫无目的,古今中外,囫囵吞枣。萧萐父在泛读中似乎也有点倾向性,一本《希腊哲学小史》使他在一次五题必作的外国史考试中,大胆地只选作有关希腊哲学家的一题,居然得到老师的赞扬。由是可见他的独特个性和他的老师的不拘一格。在高中二年级时,风闻冯友兰先生来成都讲学,萧萐父与几个同学逃学去旁听,听后还争论不休,并因此而读了冯先生的"贞元三书"——《新理学》《新事论》《新世训》等,以及当时流行的一些哲史书刊。这些经历都为他后来选择哲学系这个"冷门"专业作了铺垫。

1943 年,萧萐父考入武汉大学哲学系。当时的武大迁到四川乐山,哲学系仅十几位同学。几位教授自甘枯淡、严谨治学的精神使学生们深受教育。那时武大哲学系所开的课程几乎全是西方哲学。万卓恒先生所开的"西方伦理学史"和"数理逻辑",以清晰冷峻著称。张颐(真如)先生主讲"西方哲学史"和"德国哲学"等课,朴厚凝专,言必有据,教材用德英两种文本对照,一字不苟。张真如先生以"哲学与哲学史"为题的文言论文阐述黑格尔哲学史观,萧萐父至今不忘。当时萧萐父还选修了朱光潜先生的"英诗选读"、缪朗山先生的"俄国文学"、彭迪先先生的"西方经济学说史"等,让自己的眼界更加开阔。

时值抗战胜利前后的动荡时期,在茶馆自学和社团活动中,同学间相互交流知识、思想,更是别有天地。文、史、哲等各种书刊都在学生中流传,萧萐父在大学期间阅读过郭沫若的《十批判书》《甲申三百年祭》、侯外庐的《中国近世思想学说史》等。

抗战胜利后,武汉大学于1946年夏迁回武昌珞珈山。大学的最后一年,萧萐父在武昌度过。在此期间,渊博嶔崎的金克木先生新来武大,开出"印度哲学史"与"印度文学史"等新课程,令他倾倒,并多次向金克木先生请教中西印文化思想比较研究的问题。系主任万卓恒先生贫病交加,卧床不起,但仍然热情而严肃地指导他写毕业论文。1947年,在万卓恒先生的指导下,萧萐父完成了题为《康德之道德形而上学》的学士学位论文。

在大学期间,萧萐父关切国事民瘼,思考世运国脉,在反美蒋、争民主的爱国学生运动高潮中,萧萐父义无反顾,积极投入,参加主持过抗议沈崇事件的全校座谈会等活动。他参加学生进步组织,发起、编辑《珞珈学报》。1947年武汉大学发生震惊全国的"六一"惨案时,他任武大学生自治组织的宣传部部长,因而被国民党特务列入黑名单。他积极投身爱国学生运动,参加反美蒋的活动引人注目,被特务监视。他的大学毕业论文是委托同学们代为誊抄的,为逃避追捕,他潜离武汉,返回成都。

1947年毕业后,萧萐父回到成都华阳中学任教,并受聘到尊经国学专科学校讲授"欧洲哲学史",主编《西方日报》"稷下"副刊,积极参加成都地下党组织的活动。萧萐父于1949年5月加入中国共产党,12月受党组织委派作为军管会成员参与接管华西大学,后留任该校马列主义教研室主任。

1956年,萧萐父进中央党校高级理论班深造。1957年春,他在北京初次聆听了著名马克思主义哲学家、武汉大学校长李达关于重建武大哲学系的宏伟设想,受到极大鼓舞,决心应邀来武大工作,并按办新哲学系的教学需要,到北京大学进修中、外哲学史。院系调整后,全国哲学界精英都汇聚于北大哲学系。这一机缘使萧萐父得以涵泳其中,先后听过冯友兰、郑昕、朱谦之、张岱年、吴则虞、杜国庠、吕振羽、侯外庐等著名学者的专题课和学术讲演,又得到导师任继愈教授的具体指点,并常去汤用彤、贺麟先生家中侍坐求教。他曾以"未名湖畔花千树,一夜春风次第开"的诗句来形容当时在北大获得前辈道德学术滋润的心情。这次定向进修,虽仅一年多,然而因缘合和,使他自觉进入中国哲学研究的殿堂,走向了一个探索的新天地。他参加了 1957 年 1 月和 5 月在北京大学召开的两次中国哲学史讨论会,受到马克思主义哲学史观运用于中国哲学史的各种不同学术观点的启发。这时,他曾在《光明日报》《新建设》等报刊上发表了《我对研究中国哲学史的几点意见》《怎样理解马克思主义的继承性》《关于继承祖国哲学遗产的目的和方法问题》等几篇习作。他后来对这些幼稚习作很不满意。不用说,在当年理论界相当僵化的氛围中,这些习作不免带有教条主义的印痕。不过,从这些初学的习作中,我们亦不难发现萧萐父进入中国哲学史园地开始耕耘时,确乎有自己的特点。这个特点就是相当重视中哲史研究中的价值取向和方法学问题。

萧萐父当时形成的主要观点是:学习和研究中国哲学史的目的和意义,主要在于揭示中国哲学史的发展规律,探索马克思主义哲学中国化的历史根据,即毛泽东哲学思想赖以产生、发展的思想土壤问题。为了科学地阐明这一问题,就有必要全面地批判总结中国哲学遗产,分析其精华与糟粕,揭示其规律和特点;为达此目的,在着手研究时,必须刻苦深入地学习马克思主义哲学史观,系统周密地占有历史资料,坚持论史结合、古今通气的总方向。

1957 年,他正式调入武汉大学哲学系并从此担任哲学系哲学史党支部书记、中国哲学史教研室主任一职。他与李德永、唐明邦等一道,提出以研读"两典"(马列经典著作与中国古典文献)为基石,以清理"藤瓜"(哲学发展的线索与重点)、探索"两源"(哲学思想的社会根源与认识论根源)为起点,来规划组织中国哲学史课程的教学,使武大中国哲学史课程逐步形成自己的教学体系和理论风格。在这个岗位上,他兢兢业业工作了 40 年,以此为基地逐步建立和形成了具有武汉地区特色的中国哲学史学术梯队,在全国文科理论界占有举足轻重的地位。

20 世纪 60 年代,他广泛地探究玄学、佛学,尤重明清之际哲学。他在《哲学研究》《武大学报》《江汉学报》等刊物上发表了《历史科学的对象问题——冯友兰先生史学思想的商兑之一》《哲学史研究的根本任务和根本方法问题》《王夫之哲学思想初探》《浅论王夫之的历史哲学》《唐代禅宗慧能学派》《关于刘禹锡的"天与人交相胜"的学说》等论文。这些论文的总体思路,是以他对马克思主义理论的把握,来分析哲学史上的个案与哲学史研究方法。例如,重视发掘被以往哲学史家所鄙夷的唯物主义思想家的贡献,发掘传统思想家所具有的素朴唯物史观思想萌芽,等等。又如,在哲学史方法论上强调共相(一般规律)与殊相(历史人物的个性、偶然事件、思想特点等)的统一,等等。

1962 年 11 月在长沙举行的纪念王船山逝世 270 周年学术讨论会,是全国学术界的一次盛会。会议由李达、谢华倡导并主持,由湖南、湖北两省社联筹办。萧萐父参加了筹办工作。他所提交的两篇高质量的学术论文,即《王夫之哲学思想初探》和《浅论王夫之的历史哲学》,使他在学术界崭露头角,并开始以王夫之研究专家名世。这两篇论文在日后由中华书局出版的两卷本《王船山学术讨论集》(1965 年版)中排在非常重要的位置。作者充分肯定了王夫之哲学体系的朴素唯物辩证法的性质及启蒙因素,又深刻指出了王夫之哲学的理论局限和思维教训。这一成果代表了当时国内船山学研究的水平。

"文革"期间,萧萐父被定为李达"黑帮",因武大"三家村"案的株连而横遭迫害,长期住"牛棚",又在襄阳农场(分校)劳动,接受学生批判。他的家被抄查七次,他父亲留下的珍贵遗稿,他本人的论著、诗文稿和夫人精心绘画的百梅图等,至今不知下落。他的子女也因他所谓"黑帮"问题受到牵连,一再贻误升学。他除了参加过王夫之、柳宗元等人的著作选注或评论之外,基本上被剥夺从事真正学术研究的权利。在此期间,他已开始《王夫之》一书的写作,思索中国从明清之际到现代思想启蒙之坎坷道路。

　　回首这段往事,萧萐父却坦诚地解剖自己:"由于自己在论和史两方面的根底都浅薄,就不可避免地在行程中时陷迷途,特别是受'左'倾思潮的蛊惑,有时作茧自缚,有时随风飘荡,教训很多。经过"十年浩劫",痛定思痛,咀嚼苦果,才若有所悟。"近年来他又说:"在鼓励青年一代作跨世纪的哲学思考的同时,我常深自反省,在过去的三四十年中,虽然自己也热爱专业,奋力耕耘,有时自得其乐、宠辱俱忘;然而,由于历史形成的各种思想局限,往往画地为牢,作茧自缚,甚至迷信权威而丧失自我,这就难于作出创造性的学术贡献。"这是一位敢于直面自己、敢说真话的自省者的可贵品质! 与那些文过饰非的伪君子不同,我们于此看到的是真君子的坦荡胸襟。

　　"四凶"翦除之后,萧萐父以极大的政治热情投入思想理论战线拨乱反正的斗争,在《光明日报》上发表了《真理和民主》《石韫玉而山辉,水怀珠而川媚》等文章,为清"左"破旧、转变学风作出了一定贡献。党的十一届三中全会恢复了实事求是的权威,真理标准的讨论结束了哲学贫困的局面,激发了萧萐父重新学习、重新研究中国哲学的信心。他发表了《略论王夫之的矛盾观中"分一为二"与"合二而一"》《略论杨泉》等学术论文。从此,他以惊人的毅力投身于繁重的教学、科研和学术组织工作,取得了丰硕成果。

　　20世纪70年代末至80年代初,萧萐父参加并主持了教育部组织的九校合编《中国哲学史》新教材的工作。他与中山大学李锦全教授被推为主编,李德永教授、唐明邦教授等参与编撰、修订工作。这部著作,跳出日丹诺夫的哲学史定义(唯物主义与唯心主义的斗争史)的窠臼,坚持历史与逻辑统一的方法论原则,净化哲学史的研究对象,着力探索中国哲学发展的逻辑线索,注意发掘哲学遗产中的启蒙因素,是一部具有哲学智慧的哲学史著作。该书以其鲜明的理论特色获得学术界的好评。著名哲学史家张岱年教授、石峻教授等肯定"这是一部有自己特色的中国哲学史教材""较好地揭示了中国哲学发展的规律和特点"。本书把明中叶至鸦片战争前的哲学史独立列为一编,这是一大创举。本书关于秦汉之际思潮的论述亦有独创性。该书上下卷自1982年12月、1983年10月分别出版之后,已陆续印行10多次,累计达11万余套,被许多高校选作教材,并曾被国家教委评为优秀教材一等奖,又被韩国学者翻译成韩文版。

三年集体编书的理论收获,以及主编此书的指导思想,被浓缩在萧萐父执笔撰写的该书"导言"中。这一"导言"又以《中国哲学史方法论问题刍议》为题单独发表于《武汉大学学报》1982年第3期上。该文是萧萐父1957年以来研讨方法论问题的集中论述,特别反映了他在20世纪70年代末重新研究专业以来的一些心得,亦吸取了哲学史界冯契教授等同行们的看法。在方法学上,萧萐父相当重视黑格尔—马克思—列宁的逻辑圆圈论,认为要真正总结先辈的理论思维经验、教训,以启迪后人,就应厘清、纯化哲学史研究的特定对象和范围,筛掉、剥离附着在哲学史上的一些纷繁杂陈的现象形态和非哲学思想资料,以直透其本质,揭示哲学矛盾运动的特殊规律。因此,从某种意义上来说,不妨把哲学思想史抽象、约化为哲学理论思维的发展史、认识史、范畴史,以把握人类或民族哲学思维发展的轨迹和真髓。关于哲学史研究对象、范围和史料筛选问题,萧萐父主张"净化",主张区别哲学史与宗教、美学、伦理、道德、心理、教育、政治、法律史和一般思想史、学术史。他指出:哲学史,简括地说,就是哲学认识的矛盾发展史;所谓哲学认识,是人们以理性思维形式表达的关于自然、社会和思维运动的一般规律的认识,也可以说是对于客观世界的本质和人对客观世界能否认识和改造、怎样认识和改造的总括性认识。它集中地体现在哲学概念范畴的产生、发展和演变之中。

70年代末至80年代初,萧萐父在指导研究生的过程中,特别重视哲学史方法论的训练。他与陈修斋教授共同主编的《哲学史方法论研究》一书(武汉大学出版社,1984年1月),主要是武汉大学哲学系中、西哲学史两教研室诸位师友门生研读、探索哲学史方法论的成果结集,也吸收了校外专家的高论。萧萐父、陈修斋等在破除"左"的教条主义,提倡学术途径多元化的同时,明确提出必须坚持和发展马克思主义的哲学史观和方法论原则,尤其在深化发展上下了功夫。该书主张,必须吸收现代科学、现代哲学的方法论成果,丰富与发展我们的哲学史观与方法论。他的《中国哲学史方法论刍议》一文是该书的扛鼎之作之一。此后,他又发表了《用历史和逻辑统一的方法研究中国哲学范畴》等文,与哲学史界其他朋友一道，提倡开展中国哲学范畴的历史和逻辑发展的研究。

80 年代初，萧萐父倡导并参与组织了 1982 年深秋在衡阳举行的纪念王船山逝世 290 周年学术讨论会。他提供了关于船山哲学的系列论文——《王夫之的认识辩证法》《王夫之的自然史观》《王夫之的人类史观》及《王夫之年表》等。他的这些论文曾分别在《哲学研究》《求索》等刊物上发表。这些论文全面考察了王船山辩证思想的理论体系，系统梳理了王船山哲学的诸范畴及范畴间的关系，对船山辩证法作了多层次、多侧面的剖视，凸显了船山辩证思维的动态逻辑。至此，他对王夫之哲学的研究上升到一个新的高度。他还筹划、组织湖北地区十多位哲学史工作者撰写王夫之研究的论文，主编成《王夫之辩证法思想引论》一书，于 1984 年 5 月由湖北人民出版社出版。同时，他被聘为《中国大百科全书·哲学卷》"王夫之"长条及船山哲学若干范畴等 10 多条的撰稿人，又被罗马尼亚 Lucian Boia 教授聘为《国际史学家辞典》中"王夫之"词条的撰稿人。《船山学报》《中国史研究动态》《求索》等刊物都发表了专文，对他的以上研究成果给予了极高的评价。

1982 年，萧萐父撰写的《中国哲学启蒙的坎坷道路》(载《中国社会科学》中文版 1983 年第 1 期，英文版 1983 年第 2 期)一文，是他 80 年代初期的重要代表作。该文与上述他主编(或与人共同主编)的《中国哲学史》《哲学史方法论研究》《王夫之辩证法思想引论》三书有密切的关联，属同一写作背景和同一运思方式。萧萐父通过对德、俄、中三国走向近代，对沉重封建包袱进行自我批判的思想史过程的比较，表彰了明末清初所出现的早期启蒙思潮，论定这一思潮的政治和学术倾向已显然区别于封建传统意识形态，具有了对封建专制主义和封建蒙昧主义实行自我批判的性质。他认为，中国确乎有过自己的哲学启蒙或文艺复兴，但决非始于宋代理学，恰好相反，它是在对整个宋明道学(包括理学和心学)的否定性批判中开始的。正因为打破了宋明道学的思想桎梏，才产生了人文主义的初步觉醒。明清之际我们民族产生了具有异端性格的启蒙巨人，他们开始了铸造自己"新工具"的事业。他认为，18 世纪出现的历史洄流掩埋了 17 世纪启蒙哲学的思想光芒，强化了封建传统惰力的作用。萧萐父把社会运动和思想运动的新旧交替中出现新旧纠缠、新的突破旧的、死的又拖住活的这种矛盾状况,称为"难产"现象。他认为,"五四"以来的思想启蒙,亦经历了坎坷曲折的道路。中国的近代化及其哲学运动,短短数十年,匆匆跨过西欧近代发展几百年的历史行程;但就理性的觉醒、理性的自我批判、理性的成熟发展等,即这一历史阶段所需要完成的主要业绩而言,却并未完成,因而需要"补课"。该文对某些高估儒家特别是理学的现象提出了批评,认为宋明理学家留下的精神包袱,即封建蒙昧主义的流毒,特别是人性异化、伦理异化的负面性,至今还在起作用,仍需要清理。

这是萧萐父的一家之言。从学统、学脉向上追溯,这一思想是对我国近代启蒙思想家章太炎、梁启超和20世纪40年代在国统区奋斗的侯外庐、杜国庠、邓拓等马克思主义思想史家,以及嵇文甫、谢国桢等学者的有关论断的创造性发展。重视17世纪中国出现的早期启蒙思潮,发掘王夫之、黄宗羲、顾炎武、傅山、唐甄等人的批判意识,是近世以降我国几代启蒙学者的价值取向和重大贡献,也是哲学思想史研究的一个新的传统。萧萐父之所以特别肯定明清之际启蒙思潮,其"经世致用"的目的,是通过对"文革"的反思,呼唤启蒙精神,呼唤理性的觉醒,批判历史上封建蒙昧主义的遗毒,张扬个性,尊重思想自由,以迎接我们民族新的腾飞。在思想解放运动的背景下,萧萐父作为一位自觉的启蒙思想家,从民族哲学资源中寻找理性启蒙的思想先驱和源头活水,这无疑是需要充分加以肯定和发扬的。在关于明清之际思潮之启蒙性质与程度的论证上,以及关于儒学,特别是宋明理学的总体评价上,《中国哲学启蒙的坎坷道路》一文容或还可以再商讨,但本文的主旨及其立论的匠心,的确反映了并且跳动着时代的脉搏。

1985年以来,萧萐父的主要学术成果和学术贡献表现在以下几个方面。

第一,关于传统文化与现代化之间历史接合点的反思。

在全国改革开放及其所引发的文化大讨论的背景下,萧萐父发表了《关于改革的历史反思》(又名《关于对外开放的历史反思》,曾在《武汉大学学报》、中英文版《中国社会科学》、美国《中国哲学研究》上发表)、《十七世纪中国学人对西方文化传入的态度》(载《文化:中国与世界》第二辑)及《中国传统文化与中国启蒙哲学》、《中西文化异同辨》、《关于中西文化的论争及传统与现代化的历史接合点》

等一系列文章。这些文章进一步发展了作者在《中国哲学启蒙的坎坷道路》等文中的思想,把"从万历到五四"作为文化史中的一个历程来加以考察,以17世纪开始的西学东渐作为中国近代文化思想代谢发展的杠杆,从中西文化冲撞和汇合的角度,剖视中国近代思想变革的曲折历程。他认为,17世纪以来,历史的曲折,道路的坎坷,中国近代革命的"难产",给中国现代科学文化的发展带来了特定的局限和困难,封建意识的沉重积淀在文化深层结构中的复旧作用,是现代化的重要阻力;历史上形成的"西学中源""中体西用"等思想范式,曾在中国文化走向近现代的曲折历程中把人们引向迷途。今天,反思历史,我们应当更自觉地、更有选择地吸收和消化外来文化及其最新成果;在中西文化对比观察中,揭示其同中之异与异中之同,超越中西对立、体用两橛的思想模式,找到中国传统文化中固有的现代化的生长点;特别应当重视明清以来反理学的启蒙思潮,正确理解中华民族必须而且可能现代化的内在历史根据。对于现实的中国文化建设,他既反对不加分析地维护传统,又反对盲目幼稚地鼓吹"西化",主张对民族文化发展的曲折历史,在反思中求得甚解,从而正确地把握传统文化与现代化的历史接合点,自觉地总结历史教训,避免历史洄流,促进我国的现代化建设及其必然导致的文化复兴。

萧萐父在文化大讨论中,曾经被学术界视为"儒学复兴""彻底重建""西体中用""哲学启蒙"四大派中的"哲学启蒙"派的代表。当然,用"哲学启蒙"并不能准确地概括他的思想,其基本主张是:应从我国17世纪以来曲折发展的启蒙思潮中去探寻传统文化与现代化的历史接合点。"接合点",是一个动态的、主体参与的概念,意在寻找传统文化资源中最佳最近的可现代化因素,加以合理配置与创造性转化,这就避免了在西学、新学面前,"全盘西化"论者的"文化同化"与"本位文化"论者的"文化抗拒",从而与"文化涵化"的规律相协调,整合"寻根意识"与"全球意识"之两端。他的这些看法,招致两方面的批评,如哈佛大学杜维明先生认为,把17世纪的"启蒙运动"与宋明儒学当作对立面是犯了"范畴错置"的谬误,包遵信先生则认为明清之际思潮只是儒学的自我调整,并未出现过"启蒙",认为传统资源中并无近代文化的生长点。萧萐父与杜维明、包遵信等的辩论,确乎是颇有深意的文化现象。他力求在对立的两极中保持必要的张力。

他关于以明清之际早期启蒙思潮作为我国现代化的内在历史根芽与源头活水的观点,受到国际学术界广泛的关注。萧萐父关于这一方面的成果,主要集结于 1991 年巴蜀书社出版的《吹沙集》与 1993 年江西人民出版社出版的《船山哲学引论》及与许苏民合著之《明清学术思潮》等著作中。为推进文化的研究,他还曾组织过武汉地区"明清文化史沙龙",主持过大型的"中国传统文化与现代化"讲习班。1987 年,他与章开沅、冯天瑜等教授联合发起召开了"中国走向近代的文化历程"的学术讨论会,《人民日报》、原中央人民广播电台、《中国文化报》《哲学研究》及香港《明报月刊》等,都作了系统报道。

第二,提出关于"泛化"的哲学史观。

萧萐父以哲学史为中心的文化史研究,层次高,视角新,扬榷古今而具有独创性,在文化大讨论中自成一家之言。与此相伴随,他修订补充了自己在 1984 年以前所持的哲学史观与方法论原则,发表了《古史祛疑》(《中国文化与中国哲学》1987 年第 6 期)、《哲学史研究的纯化和泛化》(《社会科学家》1989 年第 6 期)、《古史研究与马克思主义理论的拓展——马克思、恩格斯对人类学研究的方法论启示》(《中州学刊》1990 年第 3 期)等文。他在以上第二篇文章中指出:文化是哲学赖以生长的土壤,哲学是文化的活的灵魂,哲学所追求的是人的价值理想在真、善、美创造活动中的统一实现;哲学,可以广义地界定为"人学",文化,本质地说就是"人化"。因此,哲学史研究可以泛化为哲学文化史。以哲学史为核心的文化史或以文化史为铺垫的哲学史,更能充分反映人的智慧创造和不断自我解放的历程。作者又主张吸取文化人类学的不同研究方法与成果,超越扬弃单线进化论,重视文化的多元产生、多线进化与东方社会和东方文化发展的特殊性问题,并以考古新成就修订了"五四"以来古史辨派的缺失,在泥古派与疑古派之间保持必要的张力。

80 年代末期,萧萐父的哲学史方法论更加全面。一方面,他认为,在一定意义上,强调逻辑建构,强调共相和必然,强调纯化,强调科学主义,强调哲学就是认识论,确有利于哲学史的研究;另一方面,又不能把它推至极端,还必须注重民族的文化生命,强调殊相和偶然,强调泛化,强调人文价值,强调哲学就是本体论(非自然本体)。他认为,这两端是一致的,可以相互补充,相辅相成。作为方法,纯化与泛化、逻辑与历史、理性与直觉,都是相互涵摄的。自80年代中期开始,他的思想视野逐步走向多样,走向多元开放、宽容博大的历史文化观。他在指导邓晓芒君编第二本哲学史方法论论文集《哲学史方法论新探》(1989年6月,打印稿本)时,体现了方法多样、成果多元的原则。《哲学史方法论新探》中对西方解释学多有借鉴。

自1978年以来,萧萐父在学术史观上一再强调破除门户,殊途百虑,反对"以水济水"的封闭单一。他发掘古代社会被大一统的官方哲学压抑了的批判思潮或异端思想,这本身就是一种重要的方法学。在《黄宗羲的真理观片论》(《浙江学刊》1987年第1期)、《晚明儒门学风的变异》(上海《时代与思潮》1989年12月第2期)及《吹沙集》自序中,在关于道家文化和周易哲学的诸研究成果中,我们都可以清楚地看出这一点。萧先生指出:"历史宽容'殊途百虑'之学。黄宗羲深达此理。"他明确论定:"'盖道,非一家之私,圣贤之血路,散殊于百家。'因而强调学术思想的研究,应当深刻体会'一本万殊'之理,尊重'一偏之见',承认'相反之论',坚决反对'必欲出于一途,剟其成说以衡量古今'的专断和狭隘。"萧先生又指出,他自己的"'一孔之见',有的或与前修龃龉,有的或与时论相左,但俱非定论,而只是想用'小德川流'的各抒己见,去完善'大德敦化'的总体整合,给未来的大手笔提供批判、综合的历史资料而已"。90年代初,他的气象更加博大。他在多篇文章中提倡"文化包容意识",阐发"尚杂""兼两""主和"的文化观和文化史观,主张"学以聚之、问以辨之、宽以居之",在杂多中求得统一,从矛盾中观其会通。这在《人文易与民族魂》(1991)、《"文化中国"的范围与文化包容意识》(1993)等论文中得到进一步的阐发,十分值得珍视。

第三,文化史与哲学史研究的多层面展开。

作为武汉大学中国哲学专业的学术带头人,萧萐父的学术成果,代表着他所在的中国哲学史教研室这一学术群体的若干发展方向。1985年以来,不仅他个人硕果累累,而且在他的带领下,这个群体取得了令人欣喜的多方面成果。这里只能举其大端。

（1）中国辩证法史研究。中国辩证法史是萧萐父等人于 20 世纪 80 年代中期承接的高校博士点基金项目。实际上，在 70 年代末期已开始了这一研究。萧萐父、李德永、唐明邦三教授指导的宫哲兵、萧汉明、蒋国保、李汉武、黄卫平等十多位研究生撰写的硕士论文，都是围绕这一中心而展开的。为此，唐明邦、程静宇先生等还编印了一整套多卷册的《中国辩证法思想资料》的教材。这一研究的最终成果《中国辩证法史稿》，按历史跨度分为三卷：第一卷 远古至秦统一；第二卷 秦汉至明中叶；第三卷 晚明至"五四"。全书总编为萧萐父，第一卷主编为李德永，第二卷主编为唐明邦，第三卷主编为萧萐父。第一卷已于 1990 年 7 月由武汉大学出版社出版，在学术界获得较大反响。

（2）周易研究。萧萐父与唐明邦等组织发起了 1984 年 5 月在武汉举行的全国第一届周易学术讨论会，并致开幕词，发表了《〈周易〉与早期阴阳家言》。这次会议推动了全国的易学研究。他还发表了《〈易〉〈庸〉之学片论》(《复旦大学学报》1990 年第 3 期)、《研究易学的现代意义》(《江西社会科学》1990 年第 6 期)、《人文易与民族魂》(《周易与现代化》第二辑，中州古籍出版社，1993 年 8 月)等多篇论文。他考察了易学分派，提出了"科学易"与"人文易"的概念，倾心于"人文易"，提出了"观乎人文以化成天下"乃"人文易"的核心，提示了反映人文意识新觉醒的近代易学。他认为，"人文易"内蕴的民族精神包括时代忧患意识、社会改革意识、德业日新意识、文化包容意识等。他的学生萧汉明等对易学史、对周易与中国文化的方方面面所作的有深度的研究，亦获得他与唐明邦的指引。

（3）道家与道教研究。萧萐父与唐明邦等发起的"道家（道教）文化与当代文化建设学术讨论会"于 1990 年 7 月在湖北襄阳举行，萧先生致开幕词。这次会议推动了全国关于道家与道教的研究。会议论文集由萧萐父与罗炽主编为《众妙之门——道教文化之谜探微》一书，于 1991 年 3 月由湖南教育出版社出版。他还发表了《道家·隐者·思想异端》(《江西社会科学》1989 年第 6 期、香港《法言》1990 年第 4 期)、《隋唐道教的理论化建设》(《海南大学学报》1991 年第 1 期)、《道家风骨略论》(《道家文化研究》第二辑，上海古籍出版社，1992 年 8

月)、《黄老帛书哲学浅议》(《道家文化研究》第三辑,上海古籍出版社,1993 年 8
月)等一系列论文。

从最近几年学术界的动态来看,正在涌动着一个当代新道家的思潮,萧萐父
是其中的创发者之一。他是热烈的理想主义者,有强烈的使命感、责任感和积极
的入世关怀。他在 90 年代倡导"新道家",当然与他的际遇和生命体验不无关
系。他是一个行动上的儒家和情趣上的道家。他的生命,儒的有为入世和道的
无为隐逸常常构成内在的紧张,儒的刚健自强与道的洒脱飘逸交织、互补为人格
心理结构。要之,他肯定的是道家的风骨和超越世俗的人格追求与理想意境。
联系到他以前发表的《儒家·传统·伦理异化》(《江汉论坛》1988 年第 4 期),相
形之下,他对儒、道的取向又确有差异。当然,这并不妨碍他对儒学的真精神采
取宽容的态度,也不妨碍他自己的真精神中亦不乏浓烈的儒者情怀,他所批评的
是儒学的负面与儒学的躯壳。

笔者曾经有《"新儒家"和"新道家"的超越——对大陆两种研究潮流之述评》
一文,其中写道:"近几年以来,有关道家、道教的学术会议、专著和论文日益增
多,研究的深度和广度远非十年前可比,而且热度正不断上升。由于业师萧萐父
教授、唐明邦教授近几年都投入了很大力量组织道家、道教学术研究活动,耳闻
目睹,我也切实体验到此项研究势不可挡。这一研究,又多少与民间社会、民俗
文化之周易热、老庄热、禅宗热有一些关联。任继愈先生和萧萐父老师、唐明邦
老师都指出文化人应引导其健康发展的问题。"又说:"笔者预计陈鼓应主编的
《道家文化研究》将汇聚全国道教道家研究力量,或者真能形成'新道家'学派。"
"笔者认为,道家哲学的核心乃在于揭示'真实自我'的失落;道家建构的'真人'
'真性''无待''独化'学说,实际上提出了'个体性'的原则,修正了儒家的'主体
性''整体性'的原则对个体的掩蔽;道家为现代世界提供的互尊共存、彼此宽容
的相对主义的文化价值观具有巨大的意义,人性透过融摄、贯通各种相对价值系
统的超越境界而完成自身。道家保持距离以'刺世',鞭挞残暴、狡诈、虚伪,提倡
清高,讲求人格操守,至今仍有深长的价值。道家主张遍历层层生命境界,求精
神之超脱解放,直至个人与无限的宇宙契合无间。其心态、情怀,更加令人神往。

道家之'内圣'讲'适己性',以自在自得、逍遥无待为极则;道家之'外王',讲'与物化',蕲于平等,肯定、容忍众生、众论、诸价值系统之无不齐。准此,则不似儒学那样,将个体的人淹没于群体伦理之名教纲常之中,故成为历史上思想异端的某种酵母。道家以诗歌与寓言,以隐喻、多义的比兴来表达形而上的意涵,深弘而肆,诙诡谲奇,文约义丰,哲理宏博,机趣盎然,汪洋恣肆,乃世界哲学之无上精品。"以上,既是笔者对道家的看法,也是对吾师之倡导的回应与阐释。

(4)佛学研究。萧萐父在佛学研究方面有《佛教哲学简介》的打印本讲义,又发表过《禅宗慧能学派》(《武汉大学学报》1962 年第 1 期)、《浅析佛教哲学的一般思辨结构》(《江汉论坛》1984 年第 11 期)、《〈古尊宿语录〉校点前言》(与吕有祥合作,《佛教文化》创刊号,1989 年 12 月)、《佛家证悟论中的认识论问题》(《国故新知——纪念汤用彤诞辰百周年论文集》,北京大学出版社,1993 年)等。他指导研究生吕有祥研究禅宗临济义玄,写出了专著;指导吕有祥、蔡兆华点校《古尊宿语录》,已由中华书局出版;指导龚隽撰写有关《大乘起信论》的博士论文,并对《大乘起信论》作出点校、注释。

(5)现代哲学思潮研究。萧萐父深入研究了现代哲学思潮中的马克思主义、自由主义与文化保守主义诸流派。在马克思主义哲学思潮方面,他与他的同事段启咸同志常常讨论毛泽东、李达思想等问题。他还撰写过《浅谈思想家郭沫若的研究》的论文,也评论过蒙文通、侯外庐、冯契等人的研究专著。

1985 年以来,他对现代新儒家的研究提出了与众不同的看法。他与汤一介教授一道主编《熊十力论著集》由中华书局出版。他组织发起了 1985 年 12 月在湖北黄州举行的国际性的首次关于熊十力思想学术讨论会,会后主编了论文集《玄圃论学集——熊十力生平与学术》(北京三联书店,1990 年)。他指导笔者撰写了有关熊十力的硕士论文和博士论文,均已出版。他指导笔者与王守常、景海峰、蔡兆华等搜集、整理、点校的九卷本《熊十力全集》由湖北教育出版社推出。他在熊十力思想学术讨论会议所致的开幕词、为拙著所赐序言、为《熊十力全集》所写的《编者序言》,都对熊先生作出别开生面的定位,着力肯定熊先生思想个性及其对传统儒学负面的批判。他指导下的熊十力遗著整理及研究,获得日、美等国家和香港、台湾地区学者的高度重视和高度评价。

萧萐父于 80 年代末与 90 年代初出席了北京中国文化书院(汤一介教授、庞朴教授等主其事)主办的有关梁漱溟、冯友兰的国际学术研讨会,并在会上作了演讲。1992 年,他参加了在海南举行的"中国现代哲学史第二届全国理论研讨会",并在开幕式上致辞(《新东方》1992 年 12 期)。他还去香港出席过"唐君毅思想国际会议",并在《哲学研究》与香港《法言》上分别发表了《唐君毅之哲学史观及其对船山哲学之阐释》等学术论文。

他指导李维武撰写的博士论文《二十世纪中国哲学本体论问题》,从总体上研究了科学主义、人文主义、马克思主义三大思潮之主要哲学家对本体论问题的思考。这一成果得到学术界的好评。他还指导田文军撰写了有关冯友兰的硕士论文,指导徐水生撰写了有关金岳霖的硕士论文,指导刘惠文撰写了有关蔡元培的博士论文等。这些研究成果亦渗透了他对现代哲学诸家的慧解。他指导吴根友、徐水生撰写的有关价值观转型和中国文化与日本近代化之关系的博士论文,别开生面,另辟蹊径。

以上我们简述了萧萐父学术思想发展中的诸层面和诸成果。其中不难发现,他处处闪耀着活力与智慧,他的开拓精神,嘉惠学苑,启迪后生,带动一片。他常常说:集诸家之长,走自己的路。在学习诸家方面,他常常向教研室、研究生推荐国内外老中青学者的论著,充分肯定别人的成就,虚心向学术界的师长、朋友甚至青年学习。他的开放心态、博大气象及贯通百家的学力,令人敬仰。90年代,萧萐父日渐圆融,白首松云,更有新境。

萧萐父是一位理想主义者,追求真善美的合一之境。如前所述,他的忧患意识、参与意识、使命感、责任感、承担感、入世关怀非常强烈,虽然他也有很深沉的历史意识,但是他的时代气息总是超过了他的历史感,驾驭了他的历史感。他是行动中的儒者,是真正的儒者,而不是他厌恶的陋儒、小人儒或乡愿。他是一位有真性情的人。在性情上,他综合了儒之清刚、道之飘逸和禅之机趣。他的文章有震撼人的逻辑力量,也给人以文学美的享受。

他对自己、对学生的要求是"德业双修,言行相掩"。通过自己的生命体验,他越来越感到做人与做学问必须一致,甚至做人比做学问更难、更为重要。他以他的生命实感抗拒着、批判着传统儒学的僵化、腐化,专制主义令人窒息的吃人礼教造成的伦理异化,抗拒着、批判着时俗的浸染、腐蚀。作为知识分子自觉的一员,他为民族、时代、社会贡献的不仅仅是智慧,同时包含着德性的力量,批判的建言。他不仅重言教,尤其重身教。他常说人品比作品重要。他在1992年11月提交湖南纪念王船山逝世三百周年学术讨论会的论文《船山人格美浅绎》,正是他自己对完满人格追求的写照:脱离习气,光风霁月;退伏幽栖,寸心孤往;壁立万仞,只争一线。他在90年代初因莫须有而被停招博士生达两年之久,却能以平常心对待,宠辱不惊,心地坦然,尤见风采!吾善养吾浩然之气,不苟且,不偷惰,有为有守,造次必于是,颠沛必于是。儒家先圣先贤所言极是!而超越精神奴役、名教宰制、物欲系缚,不正是释家、道家情怀吗?儒释道互补,儒释道圆融,岂有他哉?

萧萐父对研究生既鼓励独立思考,又在学行上严格要求。多年来,他为研究生开设了"中国辩证法史""明清哲学""道家哲学""佛教哲学""中国哲学史史料源流举要""哲学史方法论"等多门课程。他与同事一道传道授业、提携后进,为博、硕士生选定方向,确立论文题目,指导完成论文,非常之投入,真正是无微不至,无私奉献,呕心沥血。他的指导能力很强,有的课题一经他帮助学生选定,往往促使这位学生很快做出成绩,而且掘井及泉,吹沙见金,积以时日,开拓出一番事业。一篇学位论文往往确定一位学生一生的事业或学术方向。在这方面,我们许多学生都是受惠者,蒋国保君就是一个显例。他现在在中国哲学研究方面已卓然有成,被破格提拔为研究员。萧萐父对前来求教的好学青年总是热情帮助。许苏民君并不是他的研究生,但却是在他一贯指导下成长起来的。许苏民在文化与哲学研究方面已有不少建树,亦被破格提拔为研究员。总之,私淑同门中,无不受到他的滋润、培育,真可谓教泽广远。我们从他那里吸取的不仅仅是知识,不仅仅是智慧,也不仅仅是能力,而且还包含有道德的力量、精神的营养。古人所谓"坐如春风""目击道存",我们深有体会。

"经师易得,人师难求。"他与李德永师、唐明邦师、程静宇师等,都是真正的人师！

萧先生是一位具有丰富情感和诗意的学者。他认为，研究历史不可能不带有感情，只有设身处地，才能理解古人。但他又指出，有两种感情：一种是个人主观的非科学的偏爱偏恶，这是科学研究中应该去掉的"私情"；另一种是"历史感情"，即具有历史感的价值判断或"公情"。这种"公情"，包含着时代的忧患、民族的感奋和历史的深沉。没有这种博大的感情，他的奋力耕耘便不会有强大的动力。他的有声与无声的教育、有言与无言的启迪、论著的逻辑与诗词的意境中，充分反映了对祖国、对事业、对同志、对学生的真挚的爱，也体现了他的高度的艺术修养和深邃的哲学智慧的完美统一。

萧老师的论著、演讲和诗词，还反映了他追求诗与思、美与善、美与真之统一的心路历路。"灵均芳草伯牙琴"，是他少年时纯真的向往；"梅蕊冲寒破雪开，东风指日扫妖氛"，是他青年时如火的情怀；"九畹兰心凝史慧，五湖鸥梦入诗篇"，是他壮年时广阔深沉的思绪；直到老年，"劫后高吟火凤凰"，虽意识到"三年灵艾绒难捣"，仍然自信"一瓣痴葵蕊不枯"。对于"海上琴心""心中鸣凤"的咏叹，与其论著相映照，表现了他对中国哲人将求真、求善与求美结合起来的文化精神的自觉继承。

萧老师的生命中，还有着人文与超人文的矛盾，积极的努力、入世的关怀与超越的祈向、终极的关怀之间的深刻的内在张力。人生向度的拓展、人文价值的高扬、生命之歌的情怀集中于人无法规避的对存在的终极起源作形而上的反思或冥悟之上。以他的悟性、诗情和学养，这似乎是一必然归依之所。1992年萧师去五台山出席佛教会议，有诗曰："隐几维摩原未病，文殊慰语特多情。对谈忽到无言处，花雨纷纷扫劫尘。"癸酉夏日，萧师亲书这首诗赠送给我。萧师的这一诗幅，启示笔者思考：如何解脱人文世界中的诸多矛盾，例如"病"与"慰"、"情"与"理"、"道"与"名"的纠缠等，而进入超越的无言之境。一方面，积极建构人文世界，以人文化成天下；另一方面，又要从人文世界中解构，超越出来，返璞归真。智慧的修养、精神的锻炼达到极致的程度，才能进入"天地与我并生，而万物与我为一"的超越之境，于此才能把握宇宙与人生的真相和最高的价值。总之，使人格向上发展,不离开现实世界又要超越现实世界的种种限制;达到超越之境,仍要向下贯注,仍要回到现实世界中来。如萧师新诗所言,"鹤引诗情"之后仍需面对人文世界的"世纪桥头",去"喘月冲泥"。

萧先生 70 大寿时,写有"七十自省"组诗,兹录其二,以见一斑。其中"史慧欲承章氏学,诗魂难扫瑳人愁"一联,颇足以自表其襟怀,故移作本篇标题。

其 一

梦堕娑婆一片痴,庄狂屈狷总违时。

碧霄鹤引诗情远,世纪桥头有所思。

其 二

暂纪征程七癸周,童心独慕草玄楼。

寥天鹤唳情宜远,空谷足音意转幽。

史慧欲承章氏学,诗魂难扫瑳人愁。

迅翁牛喻平生志,喘月冲泥未肯休。

晚年萧萐父满怀对中国文化和武汉大学的深情,将自己的诗集、文集及与夫人卢文筠教授合作的书画集,交由武汉大学出版社出版,这套精美的《萧氏文心》四卷,为我们展示了一位人文知识分子的文化底蕴和优良传统。

萧先生因病于 2008 年 9 月 17 日在武汉辞世,享年 84 岁。当时武汉的报纸《长江日报》评论:他代表了这个城市的高度。

萧萐父将自己的诗集命名为《火凤凰吟》,如今先生凤凰涅槃,魂升天国,然先生留下的丰厚精神财富和不尽慧命,如珞珈香樟,四季常青;定将庇荫杏坛,嘉惠学林。

四、一位全面的现代知识分子

现代社会使有的人成为片面或单面的人,使有的知识人堕落成为人格分裂的人。形成鲜明对照的是,萧萐父是全面的人,是保存了古代遗风的刚正不阿的现代知识分子。他有强烈的现代意识而又有深厚的传统底蕴,是集知识分子、思想家、学者、教师、学科带头人、文人于一身的人物。今天我们研读萧萐父的著述,可以感受到他在用思想家的眼光来考察思想史、哲学史,他是有思想的学问家,也是有学问的思想家。

萧先生治学,首贵博淹,同时重视独立思考、独得之见。先生对中国哲学的学科建设,对从先秦到今世之完整的中国哲学史的重建,作出可贵的探索与卓越的贡献。他会通中西印哲学,以批评的精神和创造性智慧转化、发展儒释道思想资源。为总结历史教训,他从哲学史方法论的问题意识切入,尽力突破教条主义的束缚,引入螺旋结构代替对子结构,重视逻辑与历史的一致,强调普遍、特殊、个别的辩证联结,认真探究中国哲学范畴史的逻辑发展与哲学发展的历史圆圈。先生以不断更化的精神,由哲学史方法论问题的咀嚼,提出了哲学史的纯化与泛化的有张力的统一观,努力改变“五四”以降中国哲学依傍、移植、临摹西方哲学,或者以西方哲学的某家某派的理论与方法对中国哲学的史料任意地简单比附、“削足适履”的状况。

萧先生治学,宏观立论与微观考史相结合,通观全史与个案剖析相结合,提出“两个之际”(周秦之际与明清之际)社会转型与文化转轨的概观,提出并论证了“明清早期启蒙思潮”的系统学说,形成系统的理论体系。先生的原创性智慧表现在其学术专长——明清哲学,特别是王船山哲学方面。他以对世界文明史与中华文明史的多重透视为背景,提出以明清之际早期启蒙思潮作为我国现代化的内在历史根芽与源头活水的观点,受到海内外学术界的广泛关注,影响甚巨。他的“启蒙”论说实际上早已超越了欧洲启蒙时代的学者们的单面性、平面化,以及欧洲中心主义、人类中心主义的立场。

对待古今中外的文化传统与哲学思想资源,萧萐父以宽广的胸襟,悉心体证,海纳百川,兼容并蓄,坚持殊途百虑、并育并行的学术史观。他重视一偏之见,宽容相反之论,择善固执而尊敬异己。他肯定历史、文化的丰富性、复杂性、多样性、连续性、偶然性及内在张力,异质文化传统的可通约性,古今中外对立的相对性,跨文化交通与比较的可能性。萧萐父还是当代中国哲学史界少有的诗人哲学家。他晚年一再强调中国哲学的诗性特质,从容地探索 Logic(逻辑)与 Lyric(情感)的统一,并认定这一特质使中国哲学既避免了宗教的迷狂,也避免了科学实证的狭隘,体现出理性与感性双峰并峙的精神风貌。

作为知识分子的萧萐父,从青年时代开始便追求民主、自由,积极参与 20 世纪 40 年代末的民主运动;他一生坎坷,始终关心国家与人类的命运;在动荡的年代,既被批判又批判别人,用他自己的话说,"曾经目眩神移,迷失自我";"文革"之后,痛定思痛,反省自己;越到晚年越发坚定地以批判与指导现实的知识分子而自命。他既继承了儒家以德抗位的传统,又吸纳了西方现代价值;既正面积极地从文化与教育方面推动现代化,又时刻警醒现代化与时髦文化的负面,与权力保持距离,具有理性批判的自觉与能力。晚年,他一再呼唤知识分子独立不苟之人格操守的重建,倡导士人风骨,绝不媚俗,并且身体力行。他被褐怀玉,以浩然正气杜绝曲学阿世之风,绝不为了眼前名利地位而摧眉折腰事权贵。萧萐父具有人格感召力。

作为思想家的萧萐父,虽然主要从事中国哲学史的研究,但他做的是有思想的学术。他致力于发现与发掘中国文化思想内部的现代性的根芽,因此与持西方中心主义的启蒙论者、食洋不化者划清了界限;他发潜德之幽光,重在表彰那些不被历代官方或所谓正统文化重视的哲学家、思想家,重在诠释、弘扬在历史上提供了新因素、新思想、新价值的人物的思想,因此与泥古或食古不化者划清了界限。这就是"平等智观儒佛道,偏赏蕾芽新秀"。他重视中国传统文化的多样性,努力发挥儒、释、道及诸子百家中丰富的现代意义与价值,特别是本土文化中蕴含的普遍适用的价值,并尽其可能地贡献给世界。

作为学者的萧萐父,堂庑很宽,学风严谨,所谓"坐集古今中外之智"。他希望自己与同道、学生都尽可能做到"多维互动,漫汗通观儒释道;积杂成纯,从容涵化印中西"。有人以为萧萐父属侯外庐学派,但他晚年否定了这一点,他强调他的确受到过侯外庐先生的影响,但也受到过汤用彤等先生的影响,甚至受后者的影响更大。他曾检讨亚细亚生产方式的提法,认为那仍是西方中心主义的。

萧萐父晚年更重视经学,曾与笔者多次详谈三礼,详谈近代以来的经学家,如数家珍。他也重视儒学的草根性,多次讲中华人文价值、做人之道、仁义忠信等是通过三老五更,通过说书的、唱戏的等,浸润、植根于民间并代代相传的。

作为教师的萧萐父,一生教书育人,认真敬业,倾注心力;提携后进,不遗余力。他对学生的教育,把身教与言教结合起来,重在身教。他强调把道德教育、健全人格的教育放在首位。他认为,年轻人要经得起磨砺、坎坷,对他们不要溺爱,而应适当批评、敲打。他认为,做人比做学问更重要,现代仍要讲义利之辨。无论是做人还是做学问,都要把根扎正。他下功夫培养各领域的学生,除了他的专长明清哲学之外,他还有意识地开拓了《周易》、儒学、道家与道教、佛教、现代中国哲学、出土文献中的哲学等领域,培养了这些领域里的学术专才。他还鼓励学生自愿选择,从事政治学、管理学、新闻传播学的研究。他一再主张甘坐冷板凳。

作为学科带头人的萧萐父,有着开放、宏阔的学术视野、杰出的组织能力,可以敏锐地把握海内外学术界的动态,让本学科点的老师与同学拓宽并改善知识结构,通过走出去与请进来的方式,实现并扩大对外交流,虚怀若谷地向海内外专家请益。他有凝聚力,善于团结、整合学科点老、中、青学者,以德服人,尊重差异,照顾多样,和而不同。他有全局的观念与团队精神,事事考虑周围的人。如上所述,他很有学术眼光,深具前瞻性,开拓了若干特色领域。

作为文人的萧萐父,兼修四部,文采风流,善写古体诗词,精于书法篆刻,有全面的人文修养与文人气质。他对分科过细的现行教育多有批评。

分别地看,萧先生是知识分子、思想家、学者、教师、学科带头人与文人。然而萧先生毕竟是一个人,一个活生生的人,是伟大的人师。我之所以要从这个视角去解读萧公,是因为我觉得文化界、大学教育界太多的所谓教授,包括本人在内,越来越不够资格做知识分子、教师与文人,更不要说思想家、学者与学科带头人了。

在2008年8月30日的一次聚会中,我们心知萧先生将不久于人世了,大家的神色都很凝重。历史学家章开沅先生亲口对我说:以萧先生的学问与影响力,本省是对不起他的。我说:萧先生属于人类,属于中国,不仅仅属于他生活与服务了半个多世纪的本省。章先生又说:在一定意义上,像萧先生这样全面的知识人,将成绝响。9 月 23 日,萧师仙逝的头七祭日,在告别仪式前,章先生接受记者采访,慨然叹曰:"萧老师学贯古今中西,诗词歌赋皆通,我很佩服他。他对真理的执着,对人格操守的坚持,对学术自由的追求和对学者尊严的维护,有士大夫的品格,其风范、气度影响了几代知识分子。一代学人逝去,是为学殇。"我觉得,章先生是萧先生的知音,故引用他的评价作为本节结语。

五、学术的多面相与人才培养

萧萐父的学问是博大的而不是偏枯的。明清之际学术思潮只是萧萐父的一个领域,绝不是他的全部。他有博大的气象,这当然是指他的心胸、意境,也指他在理论建构上与学术上的多面相。他有马克思主义哲学、西方哲学与中国哲学的理论与历史的功底,融会贯通。他的理论贡献在启蒙论说、传统反思、哲学史方法论、中国哲学史及辩证法史等方面;他的学术贡献在于他深度地、极有智慧地探讨了中国哲学史的多个面相,在经学(主要是《周易》)研究,在儒、释、道的研究,在汉唐、明清、现代等断代哲学史的研究上,他有创新见解,又开辟领域,培养人才,使之薪火相传。

关于《周易》,萧萐父考察了易学分派,提出"科学易"与"人文易"的概念,倾心于"人文易",指明"观乎人文以化成天下"乃"人文易"的核心,提示"人文易"内蕴的民族精神包括有时代忧患意识、社会改革意识、德业日新意识、文化包容意识等,重视反映人文意识新觉醒的近代易学。

关于儒家,萧萐父肯定了《礼运》大同之学,孟子的"尽性知天"之学以及分别来自齐、鲁、韩《诗》的辕固生的"革命改制"之学,申培公的"明堂议政"之学,韩婴的"人性可革"理论"皆属儒学传统中的精华";而子弓、子思善于摄取道家及阴阳家的慧解而分别涵化为《易》《庸》统贯天人的博通思想,尤为可贵"。他肯定《易》《庸》之学的天道观与人道观,指出:"所谓'至德',并非'索隐行怪',而只是要求在日常的社会伦理实践中坚持'中和''中庸'的原则,无过不及,从容中道;这样,在实践中,'成己','成人','尽人之性','尽物之性',就可以达到'赞天地之化育'的最高境。重主体,尊德行,合内外,儒家的人道观体系也大体形成。"萧萐父阐释了儒家的儒经、儒行、儒学、儒治的传统及其多样发展,特别重视对儒学的批判与创造转化。

关于佛教,他透悟佛教哲学的一般思辨结构(缘起说、中道观、二义谛、证悟论),重视解析其哲学意义,对佛学中国化过程中极有影响的《大乘起信论》,对慧能,对《古尊宿语录》,对禅宗的证悟论,都作过深入研究而又有独到的见解。

关于道家与道教,他对老子、庄子,对道家人格境界与风骨、隋唐道教、黄老帛书都有精到的研究。我在旧作中写道,从 20 世纪 80 年代末到 90 年代初,学术界"涌动着一个当代新道家的思潮,萧萐父是其中的创导者之一。他是热烈的理想主义者,有强烈的使命感、责任感和积极的入世关怀。他在 90 年代倡导'新道家',当然与他的际遇和生命体验不无关系。他是一个行动上的儒家和情趣上的道家。他的生命,儒的有为入世和道的无为隐逸常常构成内在的紧张,儒的刚健自强与道的洒脱飘逸交织互补为人格心理结构。要之,他肯定的是道家的风骨和超越世俗的人格追求与理想意境……相形之下,他对儒、道的取向又确有差异。当然,这并不妨碍他对儒学的真精神采取宽容的态度,也不妨碍他自己的真精神中亦不乏浓烈的儒者情怀,他所批评的是儒学的负面与儒学的躯壳。"

关于汉至唐代的哲学,他对秦汉之际,对杨泉、鲁褒、何承天、刘禹锡、柳宗元等都下过功夫。

关于明清之际哲学思潮,是他的专长。他全面深入地研究了这一思潮,把这一段哲学史作为一个断代,作为哲学史教材的一编予以凸显并细化,又特别深入地研究了王夫之、黄宗羲、傅山等代表人物。他是当之无愧的王夫之专家和明清之际哲学的专家。

关于现代哲学思潮,他研究了马克思主义、自由主义与文化保守主义诸流派及其他学者。在马克思主义哲学思潮方面,他对李达、郭沫若、侯外庐、吕振羽、冯契等人作了深入研究,在文化保守主义思潮方面,他对熊十力、梁漱溟、冯友兰、唐君毅、徐复观等人作了深入研究,他还研究了梁启超、刘鉴泉、蒙文通等学者的思想与学术。

他还开拓了中日思想的比较研究领域,支持了楚地简帛的研究等。

萧萐父培养了很多学生,这些学生在中国哲学史、文化史的各领域继续跟进他的开拓,予以补充或深化。他也鼓励他的学生按个人的兴趣向科技哲学、政治学、社会学、管理学、传播学发展。据个人不完全统计,他最早的弟子是许苏民;他与李德永、唐明邦老师合作培养的硕士研究生有:童鹰、宫哲兵、董建桥、高广、萧汉明、蒋国保、李汉武、刘春建、吴方桐、李维武、黄卫平、舒金城、郭齐勇、邓红蕾、张铁勇、柴文华、余金华、萧洪恩、田文军、徐水生、吕有祥、赵阳、梁隽华、何建明、李炼、李大华、郑潮波、别祖云、金光鸿、陈红兵等。他培养的博士研究生有:李维武、郭齐勇、甘万萍、徐水生、吴根友、龚隽、刘惠文、邓名瑛、刘泽亮、朱喆、李大华、闵乐晓、王仲尧、高华平、张志军、邓辉等。

萧先生的精神遗产是非常丰富的,本文不免挂一漏万。从以上我们简述他的学术思想的诸层面与人才培养中,我们不难发现,他处处闪耀着活力与智慧,他的开拓精神,嘉惠学苑,启迪后生,带动一片。他常常说:集诸家之长,走自己的路。在学习诸家方面,他常常向教研室、博士硕士研究生推荐国内外老中青学者的论著,充分肯定别人的成就,虚心向学术界的师长、朋友,甚至青年学习。他的开放心态、博大气象及贯通百家的学力,令人敬仰。他有很强的学习能力,永远保持着学术上的朝气、敏锐与激情。他对学生重在培养、熏染、提升其学习与继续学习的能力,引导他们健康地成长,认真地做人做事。

结缘萧萐父先生散忆

罗　炽

（湖北大学哲学学院）

我与萐父先生结缘于20世纪70年代初。先生长我16岁,一面投缘,先生以为忘年之交,还刻了一枚狮首形,拇指大,青田石质,简体阳文小篆"罗炽"的印章赠我,我一直珍藏于印匣,以为纪念。适值先生百年冥诞,武汉大学哲学学院筹划纪念活动,吴根友教授主其事,嘱我写点纪念文字,于是,我与先生几近半世纪的交往一下子被激活起来,往事历历,殊难平怀。思量从我与先生交往的角度曝光一点变革时期作为哲学思想史家的先生思想的脉动,奈何客居海外,手边相关资料难以为炊,只好用散忆诉诸纸背,一鳞半爪,掠影浮光,但陈心迹而已。

（1）我与先生结缘的背景是"文革"后期的"注释法家著作"活动。当时武汉大学和武汉师范学院接到的任务是牵头注释王夫之著作,参与其事的还有工、农、兵三结合代表,参与教师的代表年龄亦要求老、中、青三结合,我属于教师中"青"的代表。

初见先生,瘦弱的身材,慈祥的面容,岁月沧桑染黑了皮肤,敏锐的目光在镜片后闪烁着哲人的神采。为了注释这本书,我和大家一起在珞珈山住了几个月,有机会朝夕向先生问教,就如先生的及门弟子。这次住进武汉大学,实际是上了一次进修班,不仅有机会拜谒了周大朴、陈修斋、姚薇元、吴于廑等大师,还与刘纲纪、李守庸等先生讨论相关学术问题,受教良多。我本科学历史,工作后转修哲学,最后专业定向为中国哲学。原计划去中国人民大学进修,后因故搁浅,只能自修转行。这次因缘注法活动,有名师在侧,得不啬之教,对我而言,简直是天赐良机。我在注释小组的任务,除了读书、查资料,参与具体注释活动以外,由于是"青"的代表,小组还决定让我执笔前言初稿。明知承担乏力,又不便拒绝,只能接受。幸得先生指点、鼓励。初稿完成,我便先呈先生过目。先生提出了很多具体修改意见,基本是重写。完成以后再交小组讨论改定。先生认定,王夫之是明末清初中国启蒙思潮的杰出代表之一,而我的中国哲学启蒙亦可以说是自先生开始。

(2) 1977年国家恢复高考招生时教育部欲试行统编教材,委托先生领衔主编《中国哲学史》。先生邀约中山大学李锦全先生共襄盛举,还约请了南开大学、南京大学、四川大学、辽宁大学、湘潭大学、广西大学和武汉师范学院共九所大学本科院校参与编撰,其中唯武汉师院没有哲学系。我作为武汉师院的代表,又与先生续上了前缘。先生而外,武汉大学哲学系中哲史的唐明邦、李德永三先生悉数出马。如果说前之注释王夫之著作是我对中国哲学史的个案修习,那么这次参与编著活动则是对中哲史的全面修习。先生分给我的任务是独撰先秦荀况和韩非子的哲学思想两章,后来还让我参与汉至唐两编的统稿工作,由此可见先生对我的培养与信任。

1983年,萧萐父和李锦全主编的《中国哲学史》由人民出版社出版,深受哲学史界好评。"怪胎"终于修成正果,获得了原国家教委优秀教材一等奖。

萧、李二先生主编的《中国哲学史》我以为有三点创新。简言之,其一是确认了中国哲学思想螺旋辩证发展的规律与编写路线;其二是旗帜鲜明地将农民哲学思想纳入编写内容;其三是给予明清之际中国哲学思想启蒙思潮定性。编写大纲甫一传出,北京学界即传来了所谓"怪胎"的嘲讽,个别不解就里的人甚至怀疑这部"怪胎"能否出世。先生坦然面对。他说,马克思主义的历史唯物论认为,历史是人民群众创造和推动的,中国是以农立国的多民族国家,人民群众自然包括农民这个广大的阶层,是广大的农民群众在生产实践中创造了哲学,事实上农民是有哲学思想的。先生说,哲学不能说是哲学家的哲学。西方人还说中国没有哲学哩。黑格尔说中国只是老子有一点思辨,中国不存在更高阶段的范畴,因而哲学史的开端不包括中国哲学,只有希腊哲学和日耳曼哲学才是"真正的哲学",这是对中国哲学的偏见和无知。直到今天,不是还有人这样那样地蔑视、贬低和歪曲中国哲学吗? 先生还说,一定要防止来自右的和极左的两种倾向的干扰。他谈到了当年杭州理学大会上批判孙叔平先生的"光头哲学"的极左倾向。先生念了他有感而发的一首诗,我只记得第一句是"望迷西子湖边路",诗中批评的就是那些只知扣帽子打棍子的所谓学者。

先生很敬重冯契先生的为人与为学,还带我到上海冯先生家去拜访他,当时冯先生的《中国古代哲学的逻辑发展》尚未问世,但两位先生的哲学史观在很多方面都十分默契,可谓同气相求。

(3) 先生对于年轻学子关怀有加。尤其是对于身边的弟子既有严格要求,又有关怀爱护,这方面他的弟子们都有美谈,不必赘言。先生胸怀开阔,治学不亲疏门派,对于有成就的年轻学子,先生高度肯定之余,便推荐作为我们学习的榜样。一次在先生家中,先生对我说,现在的年轻学子可了得,你知道吗,东北的《社会科学战线》发表了一个叫屈志清的年轻人关于公孙龙子的论著,据说还出了书,很有见地,是张岱(年)老的学生,建议我找来读一读。屈毕业后到中山大学任教,后来在广西北海召开的教材讨论会上,李锦全先生让他来旁听,萧先生安排他与我同住一室,以便交流。屈对我讲了他作岱老的入室弟子,极尽勤奋机敏之能事,主凡先生之教事、家事他都深度介入,因此深得老师和师母的欣赏。故而先生把他所积的有关公孙龙子的资料都给了他,还给与他详细的指导,从而成就了他。屈后来有些飘然,受不了广州开放的香风熏染,断送了自己。先生后来接到李锦全先生告知的电话时,恰好我在场,先是扼腕叹息唏嘘不已,旋即对我讲了一番为学与做人的道理。他说,你还记得当时北海会上的张其成吗? 我说记得,他是朱伯崑先生的大弟子。先生说,"这个年轻人不错,谦虚谨慎"。后来张果然在中国中医药大学和易学界都有不凡的建树。"满招损,谦受益"这是亘古不变的箴言。

(4) 1984 年,我将自己的讲义编著成一本适于师范院校课时安排的《中国哲学简史》,先生看了原稿以后,欣然为本书作序,并应求题签书名。先生在序中高

萧先生为罗炽《中国哲学简史》所题书名签

度肯定了本书的实用价值。他说，"本书作为中国哲学史的简明教材或自学参考书，有其可取的特点"，首先是"体现了教材应有的系统性，同时又避免了平均用力而注意繁简得宜，……全书的结构、纲目、大小标题，以及某些知识性的注释，都透露出作者为便利初学而勤于琢磨的一片用心。其次在学术观点上力求博采诸家之长，坚持独得之见，而以马克思列宁主义为圭臬。……对于本身的矛盾运动，进行历史与逻辑一致的多层次解剖，……试图结合具体史料以生动说明，并由此揭示中国哲学发展的轨迹，……自觉坚持史论结合的方向，着力于探索认识史的逻辑和总结理论思维的教训，总给读者以'多方面的思想启迪'"。正是因为先生的肯定评价，本书在1985年出版后，曾被26所师范本科院校选作教材。

（5）先生学术思想宏富，贯穿文、史、哲学科，综罗儒、释、道诸家，而以思想发展史为皈依。1984年秋，先生策划了一个由武汉大学、湖北省社会科学研究院和湖北大学共同发起的"中国《周易》学术思想研讨会"，大会筹备组由萧蓮父、唐明邦、张武、罗炽、萧汉明等人组成；经费5 000元，会期9月16日至18日。这次大会是新中国建立以来在大陆召开的首次关于《周易》的学术研讨会。一时间高校的和民间的、受邀的和未受邀的、究学理的和讲应用的专家学者纷至沓来，还有少数中国台湾地区和海外学者得到消息的也以旅游身份要求出席，好不热闹。大会收到论文和内部印行的著作数百件，贺电十数通。冯友兰先生因眼疾不能与会，特别发来贺电，称《周易》是一部没有数字只有阴阳符号的"宇宙代数学"，值得认真探讨。会后湖北人民出版社出版了论文本《周易纵横录》。大会还成立了由唐明邦先生任会长的首届中国《周易》学术研究会。中国大陆易学研究自此揭竿。嗣后，山东大学于 1987 年召开了海峡两岸《周易》学术研讨会，河南安阳、北京东方易学研究院等先后成立易学研究机构并不定期召开各种相关主题的学术会议，易学研究遍地黄花。

通过这次会议，先生秕糠了数千年以来易学研究的成果，综罗百家诸派之短长，如"义理易"与"象数易"、"天象易"与"人事易"、"先天易"与"后天易"、"图书易"与"占卜易"、"医易"与《庸》易"等派别划分，提出了独创的"科学易"与"人文易"新概念。先生说："用'科学易'与'人文易'来划分易学流派，似乎有其现实的客观依据。'科学易'与'人文易'虽也有其历史渊源，但就其思想内容和研究方法的特征而言，都属于现代的易学流派对于传统的易学诸流派都有所扬弃和超越。"先生认为，《易》之《贲卦·彖传》所谓"刚柔交错"所展示的"天文"，是人们的工具理性所掌握的自然知识，属于"科学易"所探究的内容，而人按一定的社会需要和价值理想去"观天文，察时变"，这一实践活动的意义，已属于"人下"，更是易道的主旨而构成"人文易"的主要内容。而"科学易"与"人文易"必须相辅而行，成为易学研究中互补的两个主流学派。他们也属于现代易学的新流派，而又有其深远的历史渊源，可上溯至战国时期的《易传》，其源流至于明清得以凸显。先生说，在中国，古老的易学及其象数思维模式与西方传入的新兴质测之学相结合，在 17 世纪就开始了。当时涌现的具有典型意义的桐城方氏易学学派可以说是"科学易"的早期形态。方以智自觉地意识到，他以易学为根基的自然哲学体系的建立，是"因邵蔡为嚆矢，征《河》《洛》之通符"，"借远西为郯子，申禹、周之矩积"（方以智《物理小识·编录缘起》），即是说，继承邵雍、蔡元定等所提倡的象数图书之学，并借以发扬祖国科学思想的优秀传统，这正是"科学易"的基本思想特征。而"人文易"所注视的是《易》象、数、图和义理中内蕴的人文精神，他所研究的不是蓍数，而是"蓍之德"，不是卦象，而是"卦之德"，不是爻变而是"爻之义"，是"圣人以此洗心，退藏于密，吉凶与民同患"（《易传·系辞上传》）的价值理想。它是对传统易学中"象数"和"义理"的双向扬弃和新的整合，是一个反映着永恒跳动的时代脉搏的漫长的历史过程。作为走出中世纪的人文意识觉醒的反映，近代"人文易"的发展,也已有三百多年的历史。王夫之以他的易学体系,"其明有、尊生、主动等大义,是为近代思想开一路向"。(熊十力《十力语要·读经示要》)为近代"人文易"奠定了根基。兹此,先生进而从文化传统的角度论证了"科学易"与"人文易"在明清启蒙思潮的关照下的历史地位和文化思想史意义。

(6)东湖《易》学会议后,先生在易学研究方面与东方国际易学研究院朱伯崑、董光璧、余敦康几位先生过从甚密,先生还推荐我担任了该学会的常务理事。其时朱先生主编了一套《易学智慧丛书》,其中一本《易学与人文》,先生嘱我牵头,与萧汉明、刘泽亮和陈望衡教授共同完成。先生以《人文易与民族魂》长文代序。是书于2004年由中国书店出版社出版。

先生出身于书香世家,国学素养宏深,雅好诗词,有《缀玉集》存世。在主持编撰《中国哲学史》的过程中,正好李锦全、李德永诸先生都长于此道,于是珠胎各结,唱和往还,为编撰活动平添了一种雅致。书稿在大连黑石礁由教育部组织专家会审定书稿后,先生命我将期间往来相关的诗稿收集编年,都百余首,由先生公子刻成蜡纸,油印成32开本诗集,先生题签《编余杂咏》,李锦全先生以赋体成序,历数编书过程中所遇所闻可纪之事,以及参与者之间结下的深厚友谊,其文可谓修辞立其诚,达意臻其美,雪泥鸿爪,点点关情。

我相信缘分。父子、夫妇、师生(弟子)、朋友之间的际遇,莫不以"缘"为字作纽。至于缘之深浅、正负,则取决结缘双方之禀性、素质和所处之时空环境等诸多因素。承蒙先生抬爱,我们之间书信论学不绝如缕。先生学生的毕业论文答辩也曾让我主持。虽然,先生之堂构、先生之风骨、先生之襟怀,作为后学,我只能望其项背,仰止高山。私底下则庆幸自己能在这个变革的时代得此良机,遇到如此投缘的老师。忘年之缘,并不是任谁都能遇上的;而自己所受先生的熏陶,也非几笔语言所能表达完全的。况是客居海外,仅凭散忆,难得具体。然感恩之心,与身同在。

附旧作二首,对联一副,先生墨宝照二帧,以申怀念。

原韵奉和萧萐父教授兰台大学首届筹委会上题赠

推明日月去还来,树木何如树俊材。

国运隆污关教育,从公把臂上兰台。

寿武汉大学萧萐父教授八十华诞

学富五车,道衡今古。

思接千载,德合天人。

庚寅岁末纪念萧萐父老师八十五周年诞辰学术研讨会

吹沙三唱唤新阳,楚水巴山舞凤凰。

诗史纵横凝哲慧,诗词缀玉散芳香。

船山学术凭承继,破块精神赖发扬。

默立杏坛对秋色,珞珈枫叶正经霜。

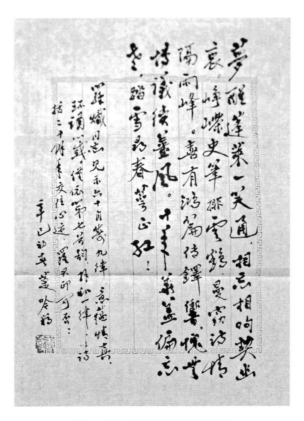

萧先生给罗炽送呈的诗所写的回信

萧萐父先生西行感怀

刘梦溪

（中国文化研究所、《中国文化》杂志）

题记

2008 年 9 月 20 至 22 日,余讲学于武汉市图书馆、华中科技大学和武汉大学,冯天瑜兄告知萧萐父先生已于数日前仙逝,百感交集,成七古为悼。萐父先生籍四川井研,父尊萧参号隐隋,尝私淑井研廖季平氏,以教育家终其一生。新儒学之大贤唐君毅之钟情哲学,即受隐隋之影响,尝称参老白发飘然,望如神仙中人。萐父先生眷侣卢文筠,生物化学教授,善画梅,两人之结缡,即以时在乐山主持复性书院之马一浮先生款题之万梅图为媒,故其最初赠文筠诗有"孤山诗梦鹤飞来,湖上寒梅万树开"句。2005 年,久病之文筠先萐父而去。翌年,辑录两人诗书画之《缀玉集》印行,六十载伉俪情深,萐父先生序往事,感世变,有不忍笔之于言者。

我与萐父先生相识于 80 年代末,而 1992 年秋适逢康桥"文化中国"之会,会后访学,数日同处一室,谈古论今,不无针芥之合。一日夜阑,刚入睡,即被萐父先生豪语惊醒。原来他在梦中詈叱一小人之不德,威言历历,块垒难平,经轻轻唤醒乃止。从此益敬重先生。前此一年,尝赴德出席汤若望国际学术研讨会,在科隆圣玛利亚大教堂与一国乐四人组合相遇,两男两女,分别演奏琵琶、古筝、二胡和民歌独唱。演奏之乐曲为《阳关三叠》及《春江花月夜》,异乡古韵,惹人情思。后成《古韵乡情》一文,刊于当年七月号之香港《明报月刊》。恰好萐父先生在汉堡也有此经历,感悟相同,曾诗记其事。遂相约互换诗文以赏。回国不久,收到萐父先生手书之《汉堡小型音乐会听四君演唱》诗作,并附题识曰:"事隔一年,适与梦溪兄同赴哈佛一会,得知他去夏访德在科隆,亦曾与此小乐团相遇,且有《古韵乡情》一文纪怀,如约寄示。心弦共振如此,因即寄拙诗,博一粲耳。"接我文后之复示又云:"康桥行,得接床,魇不惊,幸如之何。《古韵乡情》高文竟与拙诗同声相应,如此凑泊,岂非胜缘。盖枫叶芦花,冰弦玉轸,诗心艺境,有同感耳。"并附访德杂诗和康桥行吟多首,其中汉堡一首为:"汉堡欣闻古乐声,思乡吟继琵琶行。西风落叶长安冷,激越筝弦诉不平。"再寄兹遇之慨。

1999 年至 2000 年,当世纪转换之际,余大病经年,闭门养疴,不闻世事,师友信函,亦愧不能及时作覆。待收到萐父先生寄赠之《吹沙集》《吹沙二集》,以及《松萱遗墨》和《缀玉集》诸书,拟细详后撰一读后感为报。然时光荏苒,文未及成,而先生已逝矣。时在东湖,因成此诗暨此后记,并以一联为悼。挽联曰:"诗情脉脉,文章岂入时人眼;哲思滔滔,义理犹寻旧启蒙。"实为诗中之语也。

余少时即喜吾国诗词,壮岁不改,但止于背诵消遣而已。于韵律规制,不曾深所用功。研治文史课题,援句赏析,无时无之,下厨操刀则未也。友朋中范曾先生最精于此道,我们中国文化研究所的周瑾先生亦明诗律。初稿尝请周瑾先生斟改,十月五日由京往桂之航班上,亦经范曾先生校字正韵。自度措意尚不恶,加之古风较自由,故不揣塞陋,献诸报端,然犹不敢以律称也。好在女诗人林黛玉说过:"词句究竟还是末事,第一立意要紧。若意趣真了,连词句不用修饰,自是好的。"又说:"若是果有了奇句,连平仄虚实不对都使得的。"题记亦承武汉大学郭齐勇教授是正。是耶非耶,有待通学明律之君子教焉。

学有家承诗作骨,

心缘凤契梅为盟。

萐题筠画传诸友,

眷侣仙姿遍珞城。

文章岂入时人眼,

义理犹寻旧启蒙。

两卷吹沙明体用，

一身狷气隐儒宗。

北美夜阑惊魇梦，

西欧弦语感乡情。

平生不肯适三楚，

今我来兮君已行。

师友风仪接踵杳，

商量旧学几人聆。

东湖怅惘集虚地，

宿鸟声声不忍听。

文后说明

1　萧萐父先生眷侣卢文筠教授，以画梅闻名遐迩，每逢圣诞新春佳节，远近友朋有幸收到筠画萐题的贺片，无不喜而珍之。"诗梦梅魂洁，神交处士多"暨"天心何处，问梅花讯"等，为萐题贺卡之常见诗句。

2　盖萧萐父先生平生为学，颇重义理，坚执明中叶开始的早期思想启蒙是吾国学术流变的一大特色，而明清之际的顾（炎武）、黄（宗羲）、王（夫之）三大思想家，亦为此一思潮的集大成者。此是与"五四"新启蒙比照为说，故前面加一"旧"字，非有轩轾，韵体遣字之修饰耳。

3　拙编《中国文化》之学术顾问，近一二年已有周策纵、龚育之、王元化遽归道山，而创刊二十年来，金克木、姜亮夫、胡道静、张光直、张舜徽、缪钺、程千帆、潘重规、周一良诸耆宿已先期离开我们。其中张舜徽、缪钺、程千帆三先生，与本人书信过往尤频。今次讲学东湖，每次都禁不住向张舜徽先生深致礼敬。拙著《论国学》尝谓二十世纪之国学大师，章太炎之后，独钱宾四、张舜徽最堪此称谓。

4　武汉大学、华中师范大学、华中科技大学、湖北大学、湖北艺术学院等三楚学府，均绕东湖据山而立。武大据珞迦山，故有"眷侣仙姿遍珞城"句，现代大学之规制自是一城,中外莫不然。集虚者,道也,意谓东湖因学府林立而成悟道问学之集中之地。

（2008 年 9 月 20 日初稿于武汉东湖）

（2008 年 9 月 29 日增补题记于京城）

（2008 年 10 月由桂返京后再改定稿）

追忆萧萐父先生

高瑞泉

（华东师范大学哲学系）

　　芳菲四月，接到根友教授来书，说起明年元月就是萧萐父先生诞辰百年，武汉大学中国哲学同仁意欲编撰题为《萧萐父与二十世纪中国哲学》的纪念文集，向我索稿。近四十年前识荆以后，我受教于萧萐父先生甚多，故几乎不假思索便应承了根友教授。但是一旦准备动笔，却又犹豫再三。萧萐父先生学问淹博，贯通中西，不但主编过影响广泛的《中国哲学史》教材，在易学和船山学等专门学问上造诣尤其深厚，更何况像许多 20 世纪追随革命的知识分子一样，萧萐父先生的学术研究与追求社会进步的理想是统一的，其间的坎坷已经走进历史，是我难得窥其一斑的。萧先生逝世当年，我曾撰一篇短文《芳情不悔说启蒙》①聊表敬意，如今所能也只是拉杂写一些琐事和随感，以寄托我对萧先生的思念和景仰。

一

　　回想起来，1984 年初夏，萧萐父先生主持召开"中国《周易》学术讨论会"，我还是硕士研究生在读，与同学王建平得到与会学习的机会，非常高兴。当时上海

---

① 　此文发表于《武汉大学学报（人文社会科学版）》2008 年第 5 期。

到武汉不但没有如今的高铁,普通的绿皮车也没有直达的班次,需要在长沙转乘到武汉的火车,好像可以转乘的班次也不多。我们从上海出发,到长沙住店过夜,第二天搭乘京广线北上,此前还得空到岳麓山一游;日落以后方才到达武昌。而此时从车站到会议所在地东湖宾馆的公交已经停运,好在年轻,并不怕走路。走到东湖宾馆已经是九十点了,东湖宾馆似乎客满,负责会务的老师将我们安排进东湖宾馆公园内一栋有点别墅风味的房内住下。累极了的两人几乎倒头就睡,等日光照亮远近葳蕤草木,此起彼伏的雀儿鸣叫,才将我们唤醒。但是再一看自己的胳膊,不由得吃了一惊,因为用的是圆顶帐,靠边贴着帐子的那只胳膊上,密密麻麻满是蚊子叮的红斑——数了一小段就有二百之多。我曾经下乡插队八年之久,岂会害怕被蚊子叮咬?但是一夜之间蚊瘢如此之多、如此之密,堪称奇遇!好在东湖的蚊子似乎是俗称的草蚊子,没有上海郊区花脚毒蚊子那样咬过会奇痒红肿,所以并没有减少我们参加会议的兴奋。不过,现在想起来,当时最高兴的,是见到萧萐父、唐明邦、李德永等易学专家;并且认识了一批中国哲学界的朋友。那次会议的主题是总结近代以来易学研究的成果,并对考古新发现作进一步探讨。萧先生在会议的开幕致辞中,对从郭沫若、高亨、尚秉和到朱伯崑、敝校前辈潘雨廷教授等十余位易学名家的研究成就如数家珍,对长沙马王堆汉墓出土的帛书、岐山出土的周原甲骨、安徽阜阳汉墓和湖北江陵天星观战国楚墓出土的竹木简等新材料,可能为易学研究开出的新局面,充满憧憬。当时正值改革开放之初,萧萐父先生引用《周易》"革"卦"天地革而四时成,圣人革人心而天下和平"之义,鼓励大家实践百家争鸣的方针。萧先生诗情洋溢的讲话,恰如那个思想解放的时代一般热烈。

第二次见到萧萐父先生是1985年在庐山举行的中国哲学史学术研讨会上,那次会议的一项重要议程是专家组审读《中国古代哲学的逻辑发展》一书,形成审读报告,向教育部提议将此书作为大学哲学系中国哲学专业的教材。张岱年、任继愈、石峻、王明、庞朴、萧萐父、沈善洪和李泽厚等前辈大家均莅临会场,可谓一时盛事。会议指定我负责记录整理诸位专家的评价意见,所以得以近距离接触萧先生。他虽然华发早生,但是面色红润,衣装整饬,风度翩翩,而待人礼节有加。在中国哲学史研究的方法论上,萧萐父先生与冯契先生相似,都持"历史与逻辑相统一"论,所以萧先生的发言更为热情而详明。①

1985年还有一个重要机缘,是在湖北黄冈召开的纪念熊十力诞辰百年的学术会议,发起并主导此次会议的也是萧萐父先生。接到邀请,冯契先生撰写了《"翕辟成变"说与"性修不二"义》一文,准备参加会议,并嘱我也作一文随侍与会,我匆匆草就一篇《熊十力与柏格森》与会。后来冯先生因故未去黄冈,主持会议的萧萐父先生遂命我在会议上代冯先生宣读论文。冯先生的这篇论文即后来成稿的《中国近代哲学的革命进程》之第四章第三节的《熊十力的"新唯识论"》的主体内容。会议论文随后都收入萧萐父先生手编之《玄圃论学集——熊十力生平与学术》②一书。会议上给每位参会者赠送了中华书局赶印出的《新唯识论》,可以说是现代新儒家研究开始铺展的一个标志性事件。

推动大陆学术界之熊十力研究的另一重要举措,是2001年秋在武汉大学举行的"熊十力与中国传统文化"国际学术研讨会。萧萐父先生发起和组织此次会议,乃承接黄冈会议之余绪,隆重推出《熊十力全集》。我的博士论文涉及熊十力心本论,后来又撰写了若干相关论文,1996年承陆灏兄之邀,根据1947年出版的"十力丛书"本,点校了其中之一的《十力语要》四卷,列入沈昌文先生主持的"新世纪万有文库",由辽宁教育出版社出版。1997年又为上海远东出版社编选了《返本开新——熊十力文选》,为谢遐龄兄主持的"近代思想家论道丛书"之一。所以知道一般学者并不容易得到熊先生的遗著。1985年黄冈会议以后,萧萐父先生领导郭齐勇、景海峰等广泛收罗,以"存真""求全""精校"等为原则,最后编纂成煌煌十卷的《熊十力全集》。在会议的开幕式上,萧萐父先生的致辞,一如既往地声情并茂,显示出与前贤既有理的契合,又有情的感通。

通过这几次学术会议,尤其是在湖北召开的两次会议,我还陆陆续续结识了萧门的诸位龙象:郭齐勇、蒋国保、李维武、柴文华、田文军、吴根友、李大华等教

---

① 萧萐父先生对冯契《中国古代哲学的逻辑发展》的较为详明的评论可见他的书评《通观全过程 揭示规律性——喜读冯契同志新著〈中国古代哲学的逻辑发展〉》,载《吹沙集》,巴蜀书社,1991年,第515—526页。

② 萧萐父主编:《玄圃论学集》,生活·读书·知识三联书店,1990年。

授,和萧萐父的早期私淑学生兼合作者许苏民兄,以及更年轻的一批年轻才俊。嗣后承萧萐父先生和郭齐勇兄等的厚爱,我个人多次受邀参加武大哲学系博士研究生的毕业论文答辩。在我认识的中国哲学同行中,在相当一段时间内武汉大学哲学系的朋友,几乎占了三分之一强。其中的原委,主要是业师冯契先生与萧萐父先生是挚友,两地的学生也随老师们的交往而关系密切。有些华东师范大学哲学系举办的学术会议,萧先生都是由郭齐勇兄等多人陪侍前来,师友相见,端的是其乐融融。

有个美国汉学家朋友曾经自我调侃般地说道:"学术界的友谊,好莱坞的爱情。"大概因为美国人的学问总是以挑战成说、倡导异议为尚,再加学院体制难免有知识/权力的争持而内卷,个人之间持久的友情不易留存。但是由于冯契与萧萐父两位先生,早年都有参加民主革命的共同经历,后来治哲学史的学问路径都颇相近;不过冯先生稍微年长一些,晚年以一种时不我待的精神专注于撰书,不得已渐渐减少社会交往,而萧先生热心也更善于组织大型学术活动、引领学术方向。但是两位先生互相欣赏、互相尊重是真诚的且一以贯之的,对我们后辈而言,自有一种仰之弥高的楷模风范。

二

我们都知道,萧萐父先生晚年最注重并力主其"早期启蒙"说,或者是"中国哲学启蒙说"。其要旨在于,强调从万历到"五四"可以视为一同质、连续的历史文化运动,而中国文化更是雄浑、多元互动,而非单一、凝固之实体,其中蕴藏着中国现代化的内生动力,绝不是某个宗派可以垄断其解释权的。用萧先生自己的话说:"坚持早期启蒙说,是为了从 16 世纪以来我国曲折发展的历史中去寻找传统文化与现代化的历史接合点,寻找我国传统文化的现代转化的起点。如实地把早期启蒙思潮看作我国自己文化走向现代文明的源头活水,看作中国文化自我更新的必经历程,这样我国的现代化发展才有它的历史根芽,才是内发原生性的而不是外铄他生的……正视并自觉到明清之际崛起的早期启蒙思想是传统文化中现代化价值的生长点,是正在成为我们中国文化自我更新之体。这样我们才可能自豪地看到近代先进的中国人既勇于接受西学,又自觉地向着明清之际的早期启蒙思想认同的形象是多么光彩和大气,'外之不后于世界之潮流,内之弗失固有之血脉'是多么强的文化自信。"①

萧萐父先生作出上述断言的时候,是对 20 世纪 90 年代开始盛行的"启蒙反思"的一种正面回应。平心而论,提倡"启蒙反思"的群体内部也各有不同的诉求。较为平和的如王元化先生等并非要全盘否定"启蒙",而只是认为受法国启蒙运动尤其是卢梭的《民约论》的影响,中国人的"启蒙心态"——过分夸大理性的力量——导致了许多历史性的失误。在九十年代提倡"启蒙反思"的同时,也还是保持着对个性解放运动的敬意,并力主从清学去发掘其源头,"自我意识从长期酣睡中醒来,开始萌芽于清代中叶。当时可以龚自珍的诗文、曹雪芹的小说、邓石如的书法、郑板桥的绘画、戴震的《孟子字义疏证》、惠栋的《易微言》为代表"。② 即也还是如萧萐父先生那样希望从中国传统文化的内部去寻找现代性的精神动力。不过正如章学诚所言,"天下不能无风气,风气不能无循环,一阴一阳之道,见于气数者然也"③。风气之所开,必有所以取,而风气之成,必有所以蔽。萧萐父先生另具慧眼,洞察到"启蒙反思"中隐蔽着某种"返魅"的冲动。因为他们"认为只有取消、解构启蒙,才能进入'正常发展'。对此,作者未敢苟同。所以,在《吹沙三集》中作者仍然坚持早期启蒙思潮说,并进一步论述它与中国现代化的关系"④。

不难看出,萧萐父先生的"早期启蒙"说,实际上呈现了他对于中国现代文化的路向选择和本民族"文化自觉"的深刻思考。这些思考与 20 世纪 80 年代启蒙话语既有连续性,又清洗了其情绪化诉求的盲目性,是有历史依据和学识支撑的信念。换言之,对启蒙思想脉络的梳理,并非凿空之论,而是其来有自。更早的

① 萧萐父:《吹沙三集·自序》,巴蜀书社,2007 年,第 1—2 页。
② 王元化:《对"五四"的思考(一九九八)》,《九十年代反思录》,上海古籍出版社,2000 年,第 126 页。
③ 章学诚著,仓修良编注:《原学下》,《文史通义》,浙江古籍出版社,2005 年,第 112 页。
④ 萧萐父:《吹沙三集·自序》,巴蜀书社,2007 年。

可以追溯到梁启超的《清代学术概论》,将有清一代的学术视为中国的"文艺复兴",开启了后来如胡适等人希望从中国传统思想中寻找结合西方科学文化的基础。历史学家马勇认为:"就学术理路而言,梁启超将清代三百年学术视为中国的文艺复兴,这一点对于当时和后世影响很大,胡适等人在此前后也从这个意义上立论,他们都是希望从清代学术中寻找到与西方文明相结合的契机,或者如胡适所说的同构关系。"①以《中国思想通史》名世的侯外庐先生持类似的意见,它是基于广义的知识社会学的分析而得到的结论。当萧先生明确地以继承梁启超、侯外庐对明清以来的思想文化史的研究,为其"早期启蒙"说的前驱之时,就通过自己的诠释使启蒙传统获得新的延展。这一点与冯契先生也有所共鸣。冯契先生指出:"胡适的方法论,包括'拿证据来','科学实验室的态度'和'历史的态度',把乾嘉学派的治学方法与近代的实验科学方法联系起来,把中国传统的史学方法与进化论的应用联系起来,这就把方法论推进了一步。"②

启蒙话语在二十世纪中国时起时落,持续了大半个世纪。它包含了太多复杂的意蕴,萧萐父先生所持的"早期启蒙说"和其他相关人物的论述,有多少真理的成分以及是否善巧,是可以继续讨论的;但是萧先生的大宗旨是寻找中华民族现代文明的传统文化之根,这一点是确定无疑的。"启蒙反思"的直接目标,在文化上是对"五四"新文化运动的反省和批评,在政治上则是对法国启蒙的方式以及在中国的影响的清算。但是也带动国人对启蒙在欧洲开展历史的新认识。坦白地说,由于中国在地理和文化上的独立传统与悠久历史,虽然士大夫有"天下"的关怀,但是内里也包含了"夷夏之辨"的坚执。近代以前的士大夫,对海外世界所知实在甚少,恰如西方知识分子对东方的了解仅仅依靠利玛窦等耶稣会传教士对儒家文明的描述,或者英国女王的使团谒见乾隆过程中对中国社会的认知,都是极其有限的。十九世纪中叶中国人仓促之间与西方交遇,被动地接触异质的基督教文明和资本主义,而后至少就知识精英而言,主要的目标是追求"富

① 马勇:《明夷》,海南出版社,2022年,第54页。
② 冯契:《中国近代哲学的革命进程》,《冯契文集》(增订版)第七卷,华东师范大学出版社,2016年,第362页。

强",随带的是如何学习西方文化,无论是"师夷之长技以制夷""中体西用",还是从来没有实现过的"全盘西化",在集中关注中国自己的问题的过程中,中国人才慢慢趋向于从容地了解域外世界。在二十世纪中国学术界,一提启蒙,通常就认为是与法国大革命连在一起的法国启蒙。现在我们大致知道,启蒙运动在欧洲,就其大端而言,有法国、德国和英国的三大类型,法德两国比较接近,英国的苏格兰启蒙则另具一格。故学术界有一种说法,将西方的启蒙区别为:法国人的政治启蒙、英国人的社会启蒙和德国人的思想启蒙。法国的启蒙最为激烈;英国的启蒙又称苏格兰启蒙,相对温和;德国启蒙含有对法国启蒙的向往,故亦有激进的一面。其实,法德英都是欧洲大国,对中国不仅曾以暴力相向,在文化上对中国的直接影响都甚深。现在我们知道,前述三国的模式并不能穷尽欧洲启蒙运动的全貌。譬如北欧的小国挪威,甚至发生过比苏格兰启蒙更为平和的启蒙运动。在十九世纪挪威的现代化中,政府及其官员比市场更有推动力,民众和他们的精英也"扮演了决定性的角色"。"在挪威,启蒙理念既有路德宗教士所推动的('自上'),又有农民和民众运动所推动('自下')。因此有一个(双重意义上)'教士(田园)启蒙'(pastoral enlightenment)和一个相对平稳发生的传统与革新之间的互动,既没有革命性的解体(和雅各宾主义),也没有接下来对启蒙理念的反动。"①斯堪的纳维亚的幸运,甚至在后现代世界中依然令世人羡慕。

在一般人的印象中,中国的现代化过程中,激进主义路径之形成,受到法国启蒙运动的影响,更具体的是卢梭的《社会契约论》,这既与中国未接受洛克式的温和学说形成对照,②又与中国未能如挪威那样幸运地避免雅各宾主义有直接的关系。不过,我们要知道,即使对于卢梭的思想,中国人也是有所选择的。《社会契约论》自然译为中文出版(《民约论》)较早,正逢清末民初的动荡时代,被奉为革命派的圣典。但是而后被译介进中国的《爱弥儿》却被视为单纯的文学作品。《爱弥儿》是曾经让康德(说到什么是启蒙,我们通常会引用康德)读到忘了

---

① [挪威]奎纳尔·希尔贝克:《多元现代性:一个斯堪的纳维亚的故事》,刘进、王寅丽、翁海贞译,上海人民出版社,2014 年,第 11—12 页。
② 王元化:《卢梭〈社约论〉笔谈三篇》,《九十年代反思录》,上海古籍出版社,2000 年,第 88—121 页。

时间的大书,康德说,是卢梭教会了他尊重人。这多半与他阅读《爱弥儿》的体验有关。《爱弥儿》中所传达的类似"性善论"及重视自然和人的情感,与法国启蒙运动的主流并不相合,倒是比较接近中国儒家思想,何以没有引起中国知识分子的广泛关注? 与此相似的是,对于发生在北欧小国那场平静的启蒙运动,中国知识界也并非一无所知,鲁迅就曾提醒过国人多关注斯堪的纳维亚那块"安静而进步的国家",正如他关于"幼儿本位"与儿童本有纯良"天性"的信念,远超卢梭《爱弥儿》。但是这些都被他思想中更激进的一面所掩盖,并未在思想界引起更大的涟漪。这大概说明,要理解围绕"启蒙"的争论,单纯从文本到文本,或者从观念到观念,恐怕难得其要领。单纯责怪少数知识精英的盲目信受,也不足以解释这场历史曲折。要真切地把握大时代思想史的所以然,恐怕还需要回到萧萐父当年走过的知识社会学路径。

三

如上所述,萧萐父先生的"早期启蒙说"有所传承,是对梁启超、侯外庐等先贤有关论述的认同与发扬光大;就其个人而言,也并不只是一种空疏态度的表达,或者随风而行的意见,而是有坚实的学术根基,发自他对中国哲学和文化的深刻理解,以及对中国现代化之路的展望而来的。它服从于这样一个历史大问题:"中国是否曾有过自己的哲学启蒙或文艺复兴?"[①]在萧先生那里,答案是肯定的,且可以分为五代:"单就哲学启蒙说,明清之际的黄宗羲、顾炎武、方以智、王夫之到颜元、戴震、焦循等同具人文主义思想的早期启蒙者属于一代。"早期启蒙者,经过一个坎坷的历程,最后抵达"李大钊、陈独秀、毛泽东、蔡和森等由革命民主主义转到马克思主义的思想家",后者为第五代,这意味着中国的马克思主义哲学在本土文化中有其固有的根脉,以王夫之为中心的早期启蒙亦有其旨归。倘若我们对萧萐父先生学思历程有通盘的考察,即可以勾勒出如下的踪迹:

---

① 萧萐父:《中国哲学启蒙的坎坷道路》,《吹沙集》,巴蜀书社,2007年,第9页。

萧萐父先生将明清之际三大启蒙思想家视为"早期启蒙"的代表,首先是基于他对中国哲学史的通盘把握。且不说他积累多年从事中国哲学史教学的经验,在他撰写《中国哲学史》教科书中,按照他用逻辑与历史相统一的方式研究中国哲学史的结论,继春秋战国时期的百家争鸣,各家既有所得,又有所蔽,最后在荀子那里得到一次总结——"荀子以'解蔽'的方法基本上完成了这一历史任务"——之后,明清之际,中国哲学达到了新的总结阶段。这里的总结不是终极,而是系统反思而后开出新的面向。凡是历史上的大事件,其发生必有特定的社会条件,"一个社会的自我批判总是在自身尚未达到崩溃但矛盾又已充分暴露的条件下进行的"。这是一个出于广谱的知识社会学的解释。从中国传统哲学的内在理路考察,则意味着在理学和心学在充分发育以后,中国思想中关于"气"的哲学理论抵达了新高度。"王夫之的哲学通过扬弃朱熹和王阳明而复归到张载,完成了宋明时期围绕'理气''心物'关系问题展开的整个哲学矛盾运动的大螺旋。……(经过李贽、方以智、黄宗羲和顾炎武诸人在诸多方面的突破)王夫之更从哲学上总其成,把朴素辩证法的理论形态发展到顶峰,并预示着新的哲学启蒙即将来临。"①

"早期启蒙说"之所以能立足,不仅在于宏观的史的视野,而且在于对其个案有思的深入。中国传统哲学的自我反思的最集中代表是王夫之——萧先生恰恰对王夫之哲学有独到的研究。二十世纪九十年代初期,萧先生即有《王夫之哲学引论》印行于世,它是季羡林等主编的"东方文化丛书"之一种。这本书虽然是一部论文集,规模不算厚重,然而此书不但发系统研究王夫之哲学之先声,而且在哲学基本问题上,直抵启蒙哲学的核心。

我们知道,启蒙对于现代科学技术的发展与社会政治制度建构的意义,与启蒙的哲学既有相关性,又并非一事。中国思想界无论对启蒙和新启蒙的倡导,还是"启蒙反思"或抵制启蒙,多半是重在前者即所谓"反传统",对后者即启蒙的哲学意义,则或多或少有所忽视。萧萐父先生的注意力正在把启蒙简单地归结为

---

① 萧萐父:《中国哲学史方法论问题刍议——新编〈中国哲学史〉导言》,《吹沙集》,巴蜀书社,2007 年,第 367 页。

"反传统"者所忽略之处。在《船山哲学引论》一书中,萧先生首章即讨论王船山的本体论,紧接着则讨论其认识论。前者的重点在于阐释王夫之如何在"理气"和"道器"之辨中发挥其源自张载的气本论,"试图从哲学意义上更高地来概括物质世界的根本属性,即客观实在性"。后者的重点在于强调,王夫之的"因所以发能,能必副其所"的命题,意味着王夫之的如下思路:"他认为,必须看到人类的认识能力的无限性,既要克服经验论,又要克服不可知论及其为宗教留下的地盘。"人可以"大其心以体物体身",①指向了他后来一直强调的"主体性"。

萧萐父先生对王夫之哲学的阐发,除了本体论和认识论,还讨论了王夫之的辩证法思想和历史哲学,因而是较为完整的。当然,一代有一代之学,在新的风气之下,用今人的标准看,它是否足够深入和融贯,有讨论的余地。我在这里悬置了在具体问题上可能有的各种争论,突出他在两论上的观点,主要是希望说明,他对王夫之哲学的阐释,与他把王夫之视为中国"哲学启蒙"之早期代表,在内在理路上是自洽的。因为,王夫之的气本论和认识论,与"启蒙运动的见解"大致是吻合的。按照约翰·塞尔的说法,近代西方哲学基于"启蒙运动的见解:实在及其可理解性",形成了两个"默识点"。一是"外部实在论",二是"真理符合论",并且围绕着它们不断形成新的哲学辩难,②从而推动了哲学的演进。

毋庸讳言,萧萐父先生早期对王夫之哲学的阐释,在表述形式上,曾带有那个时代的痕迹——有谁能完全超脱时代的影响呢——日丹诺夫的哲学史定义风靡一时,曾经使得"两军对阵"成为研究哲学史、评判历史上哲学家的不二法门。③ 但是,萧萐父先生绝不是一个教条主义者。在二十世纪八十年代,受命主编两卷本《中国哲学史》,就意识到要"克服苏联时代的哲学史观念对我们的影响,跳出'两军对战'的僵化模式,把哲学史理解为哲学认识的矛盾发展史,纯化

---

① 萧萐父:《王夫之哲学思想初探》,《王船山学术讨论集》,中华书局,1965 年。
② [美]约翰·塞尔:《心灵、语言和社会》,李步楼译,上海译文出版社,2001 年,第 1、13 页。
③ "两军对阵"的教条使得用唯心论、唯物论或者唯物主义概念等来界定某种哲学系统变得完全不可取,也是教条主义的恶果之一。但是,客观地说,与后人认为中国哲学本来没有唯心论唯物论之分不同,在日丹诺夫的"科学的哲学史"风靡中国哲学界以前,这一对名相已经出现。二十世纪初,唯物史观和辩证唯物论就作为哲学之一种被引入中国哲学界。1933 年贺麟先生出版了《近代唯心论简释》,它成为贺麟先生的"新心学"的先声。在中国现代文化的生发期内,唯物论和唯心论似乎可以各擅胜场,直到哲学的分歧被意识形态化。

哲学史的研究对象和范围,努力阐释和揭示中国哲学发展的本质矛盾和内在规律"①。而其本人从小浸淫于文史传统,大学时代受教于汤用彤、冯友兰、贺麟、张岱年等诸位名师,故而奠定了广博的学问基础。使其虽然用功于"早期启蒙说",但是志向却在"漫汗通观儒释道,从容涵化印中西"。即以他对王夫之的研究而言,除了有承接梁启超、侯外庐这一学脉,也吸纳现代心学一路如熊十力、唐君毅的创发。从某种意义上说,他倡导、组织熊十力哲学研究,可以视为王夫之哲学研究之延伸。熊十力虽然融合王阳明与柏格森及唯识学来构筑其心本论的系统,但是他同时又继承了王夫之哲学的精神。故此,萧萐父认为,基于对历史传统和近代革命的深度反思,熊十力"自循中国哲学启蒙的特殊道路。自觉地把王阳明、王船山视为自己的哲学先驱,把明清之际的启蒙思潮视为中西新旧文化递嬗的枢纽,更广博地扬榷古今,另开一条承先启后、推陈出新的学术途径"。沿着这一路径,熊十力贡献了体系性哲学《新唯识论》,"但熊氏哲学的根本精神,在于以'体用不二'为致思途径所展开的'本体与主体合一''德慧与知识并重''内圣与外王一贯'的思想,尊生主动,自强不息,高扬在文化创造、道德实践中的主体性原则和'不为物化'的'人道之尊'。"②这里的"物化"也可以说是"异化",既指陈旧的观念与制度对个性的压抑,又指功利主义与消费文化对德性的侵蚀。熊十力哲学对它的批判,旨在立"人道之尊"。换言之,熊十力以他的哲学创造,隔三百年之久而遥契王夫之,"早期启蒙"开出了现代文明之果。

在纪念萧萐父先生的文章中拉杂地掺入上述文字,无非是感觉到"启蒙 vs 启蒙反思"像中国近代若干场重大的思想文化争论一样,倏忽之间,潮起潮落,留给后人许多未解的问题;很遗憾当时没有抓紧机会更多地向萧先生求教。不过,萧先生已经指出了总的方向:"只有把'寻根意识'和'全球意识'结合起来,通过'两化',实现中国文化的解构和重构、推陈出新,作出新的综合创新,才能有充分

---

① 萧萐父:《神州慧命应无尽,世纪桥头有所思》,《吹沙三集》,巴蜀书社,2007年,第230页。
② 萧萐父:《〈熊十力全集〉编者序》,《吹沙二集》,巴蜀书社,2007年,第472—473页。

准备去参与世界性的'百家争鸣',与世界学术多方面接轨、多渠道对话,从而对人类文化的新整合和新发展作出应有的贡献。"①这里的"两化",指中国传统文化的现代化和西方先进文化(包括马克思主义)的中国化,建设中华民族的现代文明,既要有"本土化"的根基,又要有"全球化"的面向。由此反观他的"早期启蒙"说,可以贞定萧先生的初心,正如其诗句所道:"密察新芽继启蒙。"

萧先生晚年虽体弱多病,但是直到离休,始终坚持教育第一线。在他指导的最后两位博士研究生中,张志军女史以冯契哲学为题撰写论文。大约在1999年内,张志军从武汉专程到上海造访。见面以后取出萧先生手札一通交我。因为冯契先生1995年因病逝世,张志军无法当面向冯先生请益,故萧先生在信中嘱咐我就其论文撰写中若干疑难与之作些商讨。就张志军是业师思想的研究者,又是萧先生的门生,区区本来一定尽心相助,自不待言。然而萧先生却要亲自手书,且言之谆谆,令我十分感动。

最后一次见到萧先生应该是2006年秋,萧先生因腿疾不良于行,故很少下楼。我乘参加学术会议之机,由蒋国保、李维武两位学兄引路,到萧萐父先生府上问安。萧先生见我到来,很高兴地让我坐下;稍作交谈,萧萐父先生即拿起电话,跟张志军通话说:你的老师来了,你也来吧。大致因为张志军论文答辩时,我忝列答辩委员;平时我们也会开玩笑说博士研究生毕业论文的答辩委员类似旧时科考的"座师"。不意萧萐父先生如此认真,而且张志军女史也真的很快赶到。交谈的具体内容已经有点模糊了,但是萧先生和我们四人的合影至今仍旧保存在我的相册里。撰写这篇小文,翻出相册,看着萧先生仁厚君子的面容,不禁感慨系之。

(癸卯年夏至后十日草于沪上寓中)

---

① 萧萐父:《东西慧梦几时圆——1998年香港"中华文化与二十一世纪"国际学术研讨会上的发言》,《吹沙三集》,巴蜀书社,2007年,第8页。

恩情似海，永铭于心

吕有祥

（武汉大学哲学学院）

光阴似箭，转眼恩师萧萐父先生(1924—2008)已离开我们 15 年了，明年是他的百年冥诞。先生在世时对我的厚爱和培养，恩情似海，永铭于心。

我是 1971 年 2 月进入武汉大学哲学系学习的。先是在珞珈山总校，一年左右转到襄阳分校。襄阳分校位于距襄阳市西约 15 公里处，邻近古隆中。校舍是原农场用房，旁边有荒废的广德寺多宝佛塔。我们的宿舍是一排几个大间相连的简易平房，每间房内两侧两个高低床，中间是两张长桌。宿舍是单边走廊。走廊对面是一排同样形式的平房，为教师宿舍。两排房走廊相对，相距 50 多米，中间隔着一个球场和一厢菜地。清晨起来大家都在走廊边洗漱，互相看得见。教师身影中有一位个子稍高，不胖不瘦，头发茂密有点花白，动作矫健的中年老师，说是萧萐父老师。当时耳闻，萧萐父老师精通马列，参加过中共中央批判苏修的《九评》撰写，对马列文句记得特别熟，要是不知马列的哪句话出自何处，去问他，他马上告诉你具体出处(卷次和页码)。对萧老师的敬仰油然而生。此外，当时对萧老师的专业尚不知晓。

后来，在挨着古隆中的山坳里建了分校校舍，我们搬入新校舍，学生和单身教师及领导住一栋楼，虽说住一栋楼，却看不到老师们洗漱时的身影了，只是偶尔遇见擦肩而过，或在课堂上相见。

　　1974 年新春伊始，时值评法批儒。我和几位同学在老师的带领下，到随县（现在的随州）县城郊区一个炮兵营地，和部分官兵一起参加王夫之著作选注。带领我们的是萧老师和刘纲纪老师。在那里听他们讲解王夫之的著作和注解要求，然后每个同学分一篇或一段进行注解。最后由二位老师统稿，1975 年 7 月由湖北人民出版社出版，署名"王夫之著作选注小组"。这是我亲近萧老师、聆听他授课的开始。注释活动结束前，萧老师有事匆忙提前回汉，他的部分行李来不及随身携带，委托我拿到县城邮局寄到他武汉大学的家里，这是萧老师对我的信任。

　　我于 1974 年 7 月毕业，作为教师编制留下来。教研室恢复后，我被分到中国哲学史教研室。当时中哲史教研室的老师有萧老师、唐明邦老师、李德永老师、陈殿云老师。萧老师讲课时，事先把中国古代哲学家著作的重要原文段落用毛笔抄写在一大张纸上，挂在黑板旁。有时也让我抄写。同样是一支毛笔，萧老师写得光润美观，我却写得毛糙难看。那时我除了参加王夫之著作选注外，还没有读过《中国哲学史》书籍。（记得一次北京大学楼宇烈老师来哲学系，就北京大学哲学系主编的《中国哲学史讨论稿》征求意见。座谈会上萧老师发表了不同意见，和楼宇烈辩论，具体内容已记不清了，其中好像有奴隶有没有哲学思想的辩论。）一次萧老师讲王夫之时，让我先讲一下，我自知讲不好，可讲完后萧老师大加表扬，带动同学一起鼓掌。我当时一方面感到实不能承当，另一方面又感到萧老师对我的爱护和鼓励。

　　1977 年底，襄阳分校撤销，回归总校珞珈山，分校移交给襄阳高师。哲学系有几位老师如刘能传、李树棠、汤正荣，因解决家属工作问题留下来。我家距襄阳分校 50 多公里，也可以留下来。但据说萧老师坚持要我回总校。我想其原因，一是中哲史教研室缺乏年轻人，二是对我的厚爱。从此我便一直在哲学系。

　　回到总校后，为了让我尽快从事中哲史教学，萧老师与李德永老师、唐明邦老师商量，想了很多办法，弥补我中国通史和中国哲学史知识的欠缺。萧老师借给我侯外庐等主编的《中国思想通史》让我学习，在家里给我讲《肇论》，李老师讲《荀子》。后来中国哲学史教研室又增加了田文军、徐水生。1979 年，青年教师相继被派出去进修。萧老师与任继愈先生联系,派我到中国社会科学院世界宗教研究所进修。

当时世界宗教研究所没有进修人员宿舍可住,我被安排住在鼓楼西大街甲158号。甲158号是任先生主持编写中国哲学史和中国佛教史开会的用房,进门是一个大厅,里间是个小资料室。编写组里来自安徽大学的周继旨先生暂住里面。大厅里一侧墙边放了个床,是我的铺位。编写组成员有孔繁、余敦康、周继旨、牟钟鉴、杜继文、杨曾文等先生。编写组不定期在大厅里开会,任先生主持,先提出编写指导意见,然后大家展开讨论,我在旁边聆听,是很好的学习机会。可能任先生认为进修教师可以自主学习,所以没有安排系统课程。我先后到中国社会科学院大楼听任先生给博士生讲《圣经》,到中国人民大学听石峻先生讲《肇论》,去北京大学听张岱年先生讲张载、朱伯崑先生讲《周易》,到杨曾文先生家听他给博士生业露华讲《释老志》。杜继文先生给我开列了《阿毗达磨俱舍论》等佛教经论阅读书目。任先生给我布置了作业《中论》注释,任先生百忙中阅览并作批语。1980年底结束进修。在进修期间,除了有难得的机会聆听诸位名师的讲授外,在生活上也得到先生们无微不至的关心。任先生多次问我生活怎么样,曾邀我和编写组的几位老师一起到他家吃饭,喝的是山西名酒竹叶青。牟钟鉴先生也邀我到他家吃饭。在人民大学听石峻先生讲《肇论》时,石先生送给我饭票到食堂进餐。由于进修的机缘,进修结束后仍然得到几位老师的关心和帮助。杨曾文老师多次帮我发表论文,他主编的《中国禅宗典籍丛刊》,让我承担了《大慧书校注》(合作)、《禅林僧宝传》《僧宝正续传》《南宋元明禅林僧宝传》《续传灯录》的点校,已由中州古籍出版社出版;并继续承担其他禅宗典籍的整理。杜继文先生让我承担了《中华大典·宗教典·佛教教义总部》的编纂,两册,已由河北人民出版社出版。由于进修的机缘,我认识了任先生的博士生如赖永海、方广锠、李申、潘桂明等,他们也在学术上给了我不少帮助。这些归根结底都得益于萧先生对我进修的安排。在北京进修期间,1979年10月20日,萧先生自太原至北京,专门到我的住处鼓楼西大街甲158号看望我,我们共进晚餐,并于第二天在天安门广场人民英雄纪念碑前合影,留下了珍贵难忘的纪念。

1981年中华书局严健羽先生组织出版《中国佛教典籍丛刊》,1982年萧先生承接了其中《古尊宿语录》一书的点校。中华书局提供了点校底本明径山化城刻本复印件。萧先生通过日本学者友人牧田谛亮得到了《古尊宿语要》复印本。遂于此本及日本《卐续藏经》作为校本,进行点校。萧老师宏观指导,告诉我,先用铅笔初点,再复点。在复点过半时,萧老师受任继愈先生之托,得到武汉大学同意,将蔡兆华老师从外地一个单位调到我们哲学系。蔡兆华老师初来乍到,暂无教学安排,萧老师让他参与《古尊宿语录》复点,以提高标点质量。复点完成,还存在多处标点疑难,萧老师亲自给郭朋等先生写信以帮助解决。我带着萧老师给诸位先生的亲笔信和复点稿来到北京,在一个地方住下来。先后登门请教了郭朋、虞愚、石峻、汤一介、牟钟鉴等先生,得到热情接待和指教。然后再次进行复点定稿,交给中华书局。中华书局于1994年出版此书。虽然《古尊宿语录》的标点还存有不当之处,但整体上得到学者的认可和利用。这与萧老师的悉心指导是分不开的。

1984年,我和田文军、徐水生同时报考以萧老师、唐老师、李老师为指导小组的中哲史在职研究生,被录取。我的学位论文主要由萧老师指导,他给我确定了佛教哲学研究方向,研究禅宗临济义玄的哲学思想。我把提纲给萧老师,萧老师进行了修定。我按照萧老师修定的提纲思路撰写,初稿成,唐明邦老师审阅,并提出了修改意见。学位论文凝聚了二位先生的关爱和心力。论文答辩获得通过,在送专家评审中得到佛教哲学专家方立天先生的好评。

1995年9月,我作为武汉大学与日本创价学会属下的创价大学交流教员去日本研修。赴日之前我请萧老师写一幅字,作为送给创价学会会长池田大作的礼物之一。当时萧老师在身体欠佳的状况下,写了一幅唐代张继的诗"月落乌啼霜满天,江枫渔火对愁眠。姑苏城外寒山寺,夜半钟声到客船"。据说这是日本人最喜欢写入学生教材的唐诗。字幅送给创价大学国际交流中心后不久,萧老师即收到创价大学回赠的精致小银盒礼物。在我去日本之前,武汉大学教员到创价大学研修的时间是一年,待我去那年改成半年(第二年又改为一年)。我感到时间太短,到日本刚熟悉不久就要打道回府,向学校申请延长半年,未允。当时从华中师范大学近代史研究所到日本留学的何燕生兄,正在仙台东北大学读研。他知道我的情况后,联系正在日本曹洞宗所属的驹泽大学读研的法音法师,为我争取在驹泽大学研修。在燕生兄和法音法师的热忱相助下,驹泽大学同意我作为客员研究员研修一年,并提供每月仅1万日元的留学生、研修生住宿的公寓。不久燕生兄和法音法师又让我申请到了曹洞宗一所寺院赞助的研究经费。这样我在日本研修一年半,度过了1996年和1997年两个春节。两个春节都提前收到萧老师和卢老师共同制作,珠联璧合、饱含深情的贺年卡,卢老师作梅花,萧老师题字。贺年卡前题"遥祝新的一年如意、福慧双增!",末后加两枚印章:唐代王昌龄名句"一片冰心在玉壶"和"自强不息"。贺年卡表达了萧老师的晶莹透明、高洁无瑕,如冰如玉的心境和对我的殷切期望与鞭策勉励!

在一段时间里,我是第一时间拜读萧老师的文稿,从中受益的人。20世纪80年代初,教育部组织九所高等院校联合编写本科生《中国哲学史》教材,萧老师和中山大学李锦全先生任主编。李锦全先生来武汉大学住招待所,集中精力与萧老师等编写人员讨论和编写中国哲学史。萧老师让我在招待所誊写他的手稿。后来我住九区新建的天井楼,和萧老师住的楼不远。萧老师每次文章写出来就让我去拿来誊写。在誊写中不仅即时了解萧老师所思所论,深获教益,甚至久而久之我写字的某个笔顺也受到萧老师字迹的影响。有时候萧老师因为太忙,给学者的信札让我拿到邮局填写信封发出。如果隔时间长一点没到他家去,他就会说:"这么多天不来,我门前可以罗雀了。"萧老师把我视如家人!

萧老师对我的厚爱和培养远不止此,恩情似海,言之不尽。在深深感恩的同时,惜余根机愚钝,胸无大志,自信不足,勤勉不够,致使马齿徒长七旬余,迄今学术无建树,辜负了恩师的厚爱、培养和期望,深为愧疚!

（2023年5月25日于洪山区金地格林小城）

诲教身心齐修治，师语道传信高洁

——亲历萧萐父老师教诲的几个节点回忆

萧洪恩

（华中农业大学社会学系）

自 1982 年 3 月形成对萧萐父老师的崇拜印象至 2004 年 10 月在萧先生家的最后一次聆听面教，20 多年的受教经历，至今未曾模糊。特别是 2008 年 9 月 17 日在前往延安学习（政治学习）的火车上听到萧先生谢世的噩讯，在有五雷轰顶感觉的同时，对萧先生的感觉也更为亲切、清晰，深刻、深厚。下面就我亲历的几个偶然瞬间聆教而于我人生又是重要节点的面教条陈于下，以诉师恩难忘于万一。

一、提勉后学，让我决心追随

1982 年 4 月，因《中国哲学史》教学中的问题，同学们的反映特别多，中国哲学史教研室的几位老先生都到四区十三舍楼顶的教室给同学们释疑解惑，最后是萧先生的总结讲话，那是我第一次对萧先生有明确的印象，直至崇拜萧先生。

萧先生的讲话有三个鲜明的主题：学好哲学必须学习中国哲学史（理论思维训练）；年轻老师的成长只能在实践中锻炼得来（劳者多能）；学好中国哲学史关键还在自己（"众人自造"）。

这次听课对我的人生触动是根本性的。从入学开始，我虽然学的是哲学专业,但更多思考的还是如何摆脱家庭"逃亡地主"的罪名问题,因而一有机会就去听法律课,心中有一个讨公道的"信念"。萧先生这个老共产党人讲了哲学后(不是作为老师讲哲学),让我一下子明确了"公道"的深层意义,学习重心由"法律"转向了"哲学",由家庭转向了社会,人生境界得到了较大的提升。

关于年轻人的成长观念,让我改变了传统的"能者多劳"的观念而形成"劳者多能"的观念,并成为我在以后学习与工作中的深层次世界观,一直支持年轻人的成长锻炼。

萧先生说:

> 我们也年轻过,不培养,不使用年轻人,他们怎能成长?

这句话被我后来演绎为以下的系列:

> 反对依靠"能者多劳"的官僚主义,坚决实践"劳者多能"的马克思主义。
>
> ——强调大胆使用年轻人

> 老年人的今天,就是我们的明天;我们未来的工资靠年轻人发。
>
> ——切实解决好老年人的问题,扎实培养年轻人

> 我们年轻过,你们还没老过。
>
> ——告诉年轻人努力奋斗,并尊重老年人

关于"众人自造"的观念,让我在以后的学习与工作中都更多地诉求于内心,而不去随便找理由为自己辩护。

萧先生的整个讲解不到半小时,但却从根本上改变了我的人生态度,以至于自此决定考"中国哲学史"研究生,尽管当时的家庭特别困难,但我还是决定"众人自造",自己努力创造条件。为此,我找了一个妻子以安排家庭问题,延伸社会

支持网络，最后得以继续攻读硕士研究生。我这是一个出于对自己所崇拜的老师、所崇拜的专业而作的坚定的决定、终身的决定，直到如今。

二、妙设难题，让我义无反顾

当我决定考"中国哲学史"研究生而去找萧先生时，萧先生却并未表示欢迎，其原因不得而知。不过在临出萧先生家门时，萧先生又给了我一点儿希望："你如果考日语，考得起我就招你。"在一般人看来，这还是等于宣判了我考"中国哲学史"研究生的死刑。因为我第一外语是俄语、第二外语是法语（当时已经在上课了，还没到考试的时候），根本没有考虑学日语的问题。

选二外时没有选日语，源于在樱园赏樱花时，一个小女孩追问其父亲的触动："爸，为什么我们要看日本人的花？而不看我们自己的花呢？"一个小女孩的追问，直接触动了我们一行人对爱国主义的思考：我们是否不应该忘记日本人在中国犯下的罪恶？后来我还与学日语的同学有个讨论，结论是"要战胜日本就得了解日本"，因而对日语没有了原来的抵触。

当萧先生说我考日语即可以招我时，我当即加以肯定的回答，还用四川话强调说："要得，我就这么搞！"（好！）这是激动时的回复本真，感觉普通话难以表达那种坚定，直接地用上了方言（四川话属西南官话，我们也讲的是四川话）。于是我算了算考试时间：到考研还有九个月，而原来学日语的同学平均每天至少有三个小时学外语时间，我要在九个月的时间赶上他们，每天至少要保证九小时的外语时间。就这样，我用拼时间的办法，开始了自学日语的过程，特殊的时间标志就是每天保证九小时的学习时间。其间的辛苦自然不必多说，最终是我如愿地考取了"中国哲学史"研究生，得入萧门。其中对时间观念的重视即此而生：

（1）对于时间来说，你不尊重它，它也不尊重你，相互尊重才有丰富的生命。

（2）实实在在地努力一天，其乐趣远远大于无所事事的一年。

（3）品尝过去关键是态度，耕耘现在关键是行动，开垦未来关键是意志。

（4）其他客啬都可否定，但客啬时间应该肯定。

（5）时间不能靠智慧骗取，只能靠努力争取。

（6）能力找不到时间，但时间可找到能力。

（7）在奋斗中忘记时间是年轻，在虚度中消耗时间是衰老。

（8）创造建构时间，虚耗害怕时间。

考取"中国哲学史"研究生，既说明"众人自造"的结论，又说明热爱是一种动力。而这两点也一直是我的人生态度。珍惜时间则是奋斗的内涵之要。

三、洁净精微，让我心向易道

入学"中国哲学史"研究生，一开始于我而言只是一个朦胧的整体或抽象，直到 1984 年的首届中国《周易》学术讨论会在武汉召开才有了一个明确的开示。

那是 1984 年 5 月，在东湖会议上，我们几个研究生第一次也是最重的一次受到了批评。起因在于分发研究会资料的过程中，开始有会务组的分发原则，但在分发过程中时常有学者重复领取并找上面签字索要更多的资料。对于我们几个研究生来说，这实在是一个特别为难的问题。其中即有一位南方人士请示了萧萐父先生，要我们破例给他一套资料。在资料本来就十分紧张，又无法问得真实的情况下，我们用了一句"将在外，君命有所不受"加以推托。不料，萧先生知道后，来到会务组，只说了一句："洁净精微，《易》教也。"然后就离开了会务组，忙其他的事去了。

后来得知，这次是为"中国哲学史"教材编写组提供资料。当时的资料确实已经无多，而我们没有调查即拒绝提供，此事自然引起萧先生的强烈不满。

那时我们入门不久，好多文献尚未阅读，因而不知何意。其时，大师兄路过，我们请教了他。他说：这句话出自《礼记·经解》，全文是："温柔敦厚，《诗》教也；疏通知远，《书》教也；广博易良，《乐》教也；洁净精微，《易》教也；恭俭庄敬，《礼》教也；属辞比事，《春秋》教也。"当时召开的是《周易》学术研讨，用《易》教来批评我们，恰到好处。

大师兄也姓萧，名汉明，与我是同门同宗。随意一问，即能讲清出处，而且指明原文，让我大加崇拜，加上又都姓萧，因而更增加了一种亲近感。有了这一经历，从此开启了我对《周易》的兴趣，并把《周易》研究放在了人生教育方面，而且在学习、工作中都力求按照"洁净精微，《易》教也"的精神来加以规范。

自此而后，我的《易纬》研究也即有了更为明确的方向，突出的是《易》道人生。

四、竭泽而渔，让我学有所得

入学"中国哲学史"后，对我们"中国哲学史"研究最突出的两个学问路径是：

第一，"竭泽而渔"地搜集研究资料。

第二，"千锤百炼，死去活来"地撰写研究文章。

前者是萧先生对我写文献综述时提的要求，后者是萧先生和唐明邦先生共同强调的做学问的要求。

这需要从研究《易纬》说起。俗话说，万事开头难。这对于我的《易纬》研究来说，是恰当的。回忆40多年前的初始研究，至今仍难以忘怀。最初的研究是困难的，在手头没有任何资料的情况下，用手抄录、注释、眉批，如此经历了近一年的努力，完成了八大本的首次阅读笔记，掌握了对《易纬》进行初步研究的基本资料。在研究过程中得到了恩师萧萐父、唐明邦、李德永的精心指导，并先后拜访了刘蔚华等前辈学者，他们也都曾亲切地进行指导，并提出了宝贵的建议。根据这些指导性建议，我即总结了明确的研究方法步骤：

第一，先写综述。由于《易纬》与整个纬书有不可分割的联系，因而在写《易纬》研究综述之前，先写了《纬书研究综述》，并刊于《国内哲学动态》1986年第3期上。在这个综述的基础之上，确定了写《易纬研究综述》的基本要求，力图网罗明清以来诸学者如胡应麟、孙珏、朱彝尊、全祖望、阮元、徐养原、汪继培、皮锡瑞、廖平、刘师培等人的研究成果；综述"五四"以来的全部成果，如顾颉刚、陈槃、徐复观等人的研究见解；还有日本学者如安居香山、中村璋八等的观点。凡涉及者，综其论点，评其得失，借以寻找自己立论的出发点。这就是萧先生要求的"竭泽而渔、网罗古今"。

第二，坚持科学世界观的指导，以历史解释迷信，剥落《易纬》的神秘光环，以科学精神反思历史，实现"会当凌绝顶，一览众山小"的目标。"会当凌绝顶，一览众山小"出自唐代著名诗人杜甫的名篇《望岳》，该诗通过描绘泰山雄伟磅礴的气象，热情赞美了泰山高大巍峨的气势和神奇秀丽的景色，流露出了对祖国山河的热爱之情，表达了诗人不怕困难、敢攀顶峰、俯视一切的雄心和气概，以及卓然独立、兼济天下的豪情壮志。

第三，对历史的还原。这不是仍旧贯，而是如实地对其思想实质或学术发展水平的质、量、度加以揭示，从难上见功夫，力图在其庞杂体系与古老玄语的外壳中，找到其相互关联的、具有表现于特殊运用（个性）中的带有普遍（共性）意义上的东西，找到其原有的而不是代造的命题、范畴以及逻辑的思维模式（思维的格）等。

第四，在研究《易纬》的过程中，采取撒大网、迂回战、包围战的形式；而在具体的写作过程中，采用拧拳头、打攻坚战、堡垒战的形式，攻其一点，试图突破。因而在写作过程中，去枝蔓、显主干，最后凝结成自己的研究主题。这就是要求"千锤百炼，死去活来"的撰述。

当年萧先生、唐先生的作文要"千锤百炼，死去活来"，因而起势于20世纪80年代初的《易纬》文化研究，到2008年才算是画了一个阶段性的句号，2015年才有了一个综合性的研究成果。正所谓一言定终生的教育效果。

五、统一战线，让我与人同行

在1984年5月的东湖会议上，萧萐父先生一次对别人的批评也一直影响着我的人生态度。那是某天下午时分，武汉某高校党委书记来参加会议，要我们安排住宿。当时东湖宾馆的住宿特别紧张，没有办法，加之名单上又没有这位领导。可是这位领导执意要我们安排，而且还用很恶劣的态度对待我们，我们只好请示萧先生。

萧先生很快就过来了。问清情况后，那位领导还是不依不饶。这时，萧先生表现出坚决态度和严格的原则性，很生气地说："你算老几？你看我们安排的是些什么人？你堂堂的党委书记，这点统战常识都没有？"这时我们回过头来看所安排的住宿人员名单，都是非共产党员。萧先生自己也是每天回到武汉大学自己的宿舍休息。自此以后，我在任何时候都比较注意这个问题——思考统一战线的问题。

本来，在学习"三大法宝"时讲过统一战线，那是多么地远离现实，因为只在书本上；而这次的批评，却是那么地现实，让我真正地知道了什么是统一战线的问题。

可以说，萧先生在这次会议上所作的批评，体现的是一个老共产党人的真正的党性之光，是基于长期进行党的工作，特别是地下工作的生命体验而形成了对党的生命的体验性认知。一个在中华人民共和国成立前就加入中国共产党的共产党人，一个出生于辛亥革命元老家庭的坚定革命者，一个不计名利只求真理的大学教授，已经通过这次"批评"，把自己的高尚人格传递给了后来者。

我是在萧先生的影响下向党提出申请的，这也成了我长期的追求。后来我入党、进政协当常委、当人大代表、当党校领导……可以说在任何时候都感觉萧老师站在我的后面：仍然时不时用只手梳理银白色的发丝，仍然提醒我是有了党才有了今天……于是，我与人同行，时刻带着统一战线的眼光。

六、音容永存，让我心终不悔

萧先生虽然已经离我们远去，但却又明明白白地活在我周边。

萧先生的笑容，在我心中是永远的善意，哪怕是要我考日语那样带有决绝的时刻,也都充满了鼓励、隐含着希望,于是我学会了宽容与正面鼓励,让"全面看、正面看"成为我面对人生的思维方式。

萧先生的语言,在我心中是永恒的激情,他声情并茂、直抒胸臆,成为哲学论述抒情化、历史情感哲学化的典范。直到如今,只要是那一时代在武汉地区较为关注哲学的人,都无不知道萧先生的"早期启蒙说",特别是其《中国哲学启蒙的坎坷道路》一文,更是影响广泛,而我一直追求着这种激情语言,并追成了我教学语言的典模、生活语言的样板。可以说,萧先生的"早期启蒙说"直接影响了我的语言风格与思维方式,这就是强调思想的凝结、情感的升华、语言的锤炼、激情的彰扬,把思情意、诗史思统一起来。

萧先生的思想,在我心中是高扬的旗帜,如萧先生的"早期启蒙说"是我研究中国历史的三大范式之一。这三大范式是:古史研究强调中国早熟的奴隶社会,以此为基础解剖中国文化的思维主题;近代研究以萧先生的"早期启蒙说"为基础,强调中国社会近现代发展的特殊性;现代社会研究强调全球性现代化理论。这三个方面我都写有相当的论文,都已成了我的信仰,并进入了我的学术研究的言说系统、情感系统。

萧先生实在已经是珞珈中国哲学的学术富矿!

黄 梅 问 学

——我与萧先生的缘

麻天祥

（武汉大学哲学学院）

　　与萧先生的缘分，虽然可以追溯到 20 世纪 80 年代，但真正得识先生道德学问，还是在黄梅问学的时候，不过至今也满十个年头了。

　　或许，用社会上流行的话说是"缘分"，如今居珞珈之阳，与先生近在咫尺，每当我沿着山边小径崎岖通幽，或翘首展望林荫深处，十年往事常常涌上心头。先生谈古论今的教诲言犹在耳，音容笑貌历历在目。

　　朋友们都知道，20 年前我弃医从文，不用解释，对于一个学医又行医十余年的人而言，文史哲这个领域毕竟是我半路岔入的家，难免自以为百事不如人，原本不敢稍有懈怠的我，自然也就愿意并力图付出比别人更多的努力，把别人"品味咖啡的时间"花在前人或自己的字里行间，所以刚刚入道的我，便从书本上接受了萧先生的启蒙。先生的《中国哲学史》也是我常学常新的捧读之作。

　　记得是 1989 年夏天，因撰写博士论文而外出问学，辗转北京南京，再由金陵溯江而上，至武汉大学拜访先生高足，也是我早在数年前结识于华东师大的萧汉明先生。恰逢先生操办的大型学术会议在汉召开，因此荣幸与会，并在会上得睹先生的风采，聆听先生纵横捭阖的学术演讲。大概是于学术思想的孤陋寡闻，或许是面对新环境、大学者的惶恐，先生报告的内容始终在脑子里飘忽而不可捉摸,然而先生在讲台上说古道今的旁征博引,意气风发的飒爽英姿,至今还刻在我的记忆里。当然,那时的我惟有远观,深为不能,也不敢趋庭效伯鱼之对而引以为憾。这虽然也是"缘",但只是我的"一面"之缘。我认识了先生,先生尚不知有我这个正在问学中的私淑,当然是未及门的弟子。

光阴荏苒,弹指间又是五年。我带着几个装满书的纸篓,也在心中装满像萧先生那样的典范,云游地北天南,落脚在湖湘之间。俗云,有缘千里,无缘不识。1994 年冬应邀赴黄梅参加禅宗与中国文化国际学术会议,才有机会亲炙于先生。与会的还有任公(继愈)、石公(峻)诸前辈,可以说是大师云集的高层学术活动。会议间终于了却夙愿,问学闻道于先生座下。

当时,拙著《汤用彤评传》刚刚问世,《中国禅宗思想发展史》正在构思和写作之中。总觉得那是一个月朗风清的夜晚,或许是云开日出、晴空万里的冬日,我在先生身边,听先生娓娓叙述侍坐汤用彤先生,并问学燕园之往事,事后先生取一纸题诗赐教。虽然,那是一张打印过的废纸,但反面却留下先生的真迹,装载着先生继往圣之学,开启后来的博大胸怀。所以我如获至宝,一直带在身边,从岳麓山走向东湖之滨,珞珈之阳。诗曰:

> 犹记燕园问学时,襟怀霁月实人师。
>
> 西来佛理彰心史,正始玄风辨体知。
>
> (西来二字《吹沙二集》改为东传)
>
> 漫汗通观儒释道,从容涵化印中西。
>
> 神州慧命应无尽,世纪桥头有所思。
>
> (汤锡予师百年诞辰颂诗)

黄梅问学,聆听先生教诲,感触最深,受益亦大的还是先生关于禅宗历史的指点迷津。虽然前人如蒋维乔、汤用彤、胡适等,对达摩等禅宗传宗早有异议,但六代单传的传说,不仅在佛门,而且在学术界似乎也成定论。研究禅宗思想必须面对这一禅宗史,尤其是禅宗思想史的历史悬案。先生单刀直入,深入浅出地告诉我：关于早期禅宗史研究,有大量资料发现。新的研究成果,突破了以往各种灯录及谱系预设的框架,逐步恢复其历史原貌。先生特别强调：神会以前是否存在一个从达摩到慧能的六代一灯单传的谱系问题就大可怀疑。诸如此类,批卻(隙)导窾,开启后学,若拨云见日,于我则茅塞顿开,心中的疑团也就雪化冰消。拙著《中国禅宗思想发展史》若有所得,也是先生指点给予的启迪,也是建立在对禅宗历史辨伪存真的基础之上。每忆及此,铭感难忘。时值先生八十华诞,又想起黄梅问学、闻道的情境,不吐不快,撰文以示殷殷景慕之情,并以两联谨祝：

荒斋半亩千秋月,
吹沙三界万斛金。

圣哲非王者,船山迂阔,而公见乖厓,妙论道器言象外;
贤师亦父矣,齐勇赤诚,惟众谓才德,尽阅幽玄天地间。

（2003 年 9 月）

缅怀萧萐父先生

詹石窗

（四川大学道教与宗教文化研究所）

乐山静默白云间，

会聚三江立井研。

一代哲人亲雨露，

遗香墨卷蕴人天。

附记

还在几年前，武汉大学郭齐勇教授即告知，拟在萧萐父先生老家乐山建纪念馆。当时我因在外地，来不及赶回参加落成典礼。癸卯端午节，趁假日之便，特至纪念馆拜谒。入门，见萧先生不同时期著作陈列多室，洋洋洒洒；还有书信墨迹，熠熠生辉。其中，见有萧先生向美国杜维明教授介绍我的师弟黄小石前往探亲的手札，其体恤关爱后学之情跃然纸上。

想当年，我在成都求学，出门到武汉大学参加中国首届《周易》学术研讨会，聆听萧先生教诲，受益良多。嗣后，又就学位论文向萧先生多次请教，萧先生循循善诱，后学难以忘怀。他与李锦全教授合编之《中国哲学史》教科书哺育了一代又一代青年学子，其功至伟也。

　　萧先生,仁厚之长者也。我的老师卿希泰教授与萧先生皆为四川人,乡谊比大江,浩浩荡荡。而今,两先生皆作古,我等后学当以两先生为楷模,发奋努力,为中华传统文化之勃兴尽一微薄之力。

　　（六石居士詹石窗写于乐山,岁次癸卯五月初六,公元 2023 年 6 月 24 日）

忆萧萐父先生的独立人格、魅力和大家风范

李志林

（华东师范大学哲学系）

我与萧萐父先生相识于 1979 年，至 2008 年他去世，前后大概有近 30 年的交往。萧先生是我的前辈，也是冯契先生的密友。因我当年担任冯契先生的助手以及上海中西哲学与文化交流研究中心秘书长的缘故，与萧先生的关系也就密切了起来。自 20 世纪 80 年代至 90 年代，我们曾有 10 多次共同参加全国各地的学术研讨会；1991 年还一起去德国慕尼黑大学参加国际中国学会的学术研讨会。萧先生每次来上海参会，我们都有交结和交谈。1990 年萧先生还在百忙中赶来上海主持了我的博士论文答辩会，并为我博士论文出书作序。他丝毫没有大教授的架子，先后去过我在上海弄堂的老房子、华东师大一村的家和南京西路商品房住宅做客，每次都在家吃饭，有时还有朱维铮、邓伟志教授作陪。在先生去世前两年的 2006 年，我也专程去武汉先生的家中探望。久而久之，萧先生与我成了亦师亦友的关系，抑或称得上是我的第二导师。

近 30 年交往，凝聚的情感，学术的点拨，人生的价值，人格的熏陶，是不能简单地用时间长短、距离远近来衡量的。至今每每回忆萧先生的许多豁人耳目、沁人心脾的教导，许多启人心智、陶冶心灵的教诲，时如汩汩清泉扑面而来，时如万千江河涌入胸怀，在我心中反复激荡回响。这确实是我人生中难忘的一段岁月，

学术生涯中弥足珍贵的一段经历。

萧先生儒雅斯文,风度翩翩。作为学问深厚、著作等身、激情睿智、富于诗意、精力旺盛、人脉广晟、平易近人的哲学家,作为首届中国哲学史学会最年轻的副会长,他以极大的热忱参与了 20 世纪下半叶中国哲学史界的许多重大事件,以敏锐的学术触角和宽阔的学术视野参加了 80 年代"文化热"讨论,推动了中国哲学史界各学派的发展,并开创了以武汉大学哲学学院为中心的珞珈学派,深受哲学史界同仁们的尊敬和爱戴。

但我更钦佩的是,萧先生所拥有的哲学家的独立人格和人格魅力,以及他身上的大家风范。值此,我以亲历的几件事来加以追思。

一

用人性感化的方式化解危机,竭力维护哲学史界的团结

1980 年 11 月,刚成立的中国哲学史学会与浙江省社科院在杭州联合举办"首届全国宋明理学研讨会"。谁知,在开幕式上就闹出了风波。

南京大学原党委书记、副校长、哲学系主任,时任国务院哲学学科评议组成员的孙叔平作大会发言。其时,他刚完成"文革"十年中埋头治中国哲学史的成果,按每一个哲学家的个性,写成两卷本《中国哲学史稿》。当他看到会议提交的论文中有半数是给宋明理学和朱熹戴上"唯心主义"帽子,批判色彩甚浓,只有少数论文小心翼翼地承认朱熹唯心论哲学中也有合理因素,感到很不满意,认为这是新中国成立 30 年来,尤其是"文革"以来中国哲学史界思想被禁锢的结果。

于是,性格直率的孙叔平教授,以及他的老部下南京大学胡福明教授,便在会上提出了两个振聋发聩的观点:一是,中国哲学史研究不仅要打破"文革"中"儒法斗争"的主线,也要打破长期以来的"唯物唯心斗争的主线",跳出把所有哲学家思想都分成几大块如自然观、认识论、辩证法、知行观的框框,力求多样性、个性化的研究。二是,今天还给朱熹和宋明理学戴上"唯心主义"的帽子,太不合时宜了。朱熹与王阳明,以及孔子、老子、庄子一样,都是中国历史上最伟大的哲学家、思想家，是中国传统文化的骄傲，应该大力弘扬才是。

然而，他的话音刚落，就有一位学者冲上台去，抢过话筒指着孙叔平："你这是抹杀唯物主义和唯心主义的斗争，是为唯心主义张目，是资产阶级自由化观点！"

孙老顿时蒙了，刚辩解了几句，又有四五位学者在台下站立起来大声责问："用唯物主义和唯心主义斗争为主线写中国哲学史，这是毛主席亲自批示肯定和推荐的，你也敢反对？"他们以为孙老否定他们参编的《中国哲学史》。

而来自南京、江苏、安徽等地的多位学者，则站出来为孙叔平的观点进行辩护。双方情绪激动，唇枪舌剑，会场顿时乱了起来。尽管孙老站起来大声回应："请大家冷静，不要误解，我的话是对事不对人，只是学术探讨！"但因他用力叫喊，过于激动，满脸通红，感到心脏不适，只是还硬撑着坐在主席台上。

由于当时"文革"才结束不久，人们已习惯了过往十年中那种当面辩论、思想交锋的方式，且与会者又不是来自一个单位，没有组织的约束，谁都不买谁的账。眼看会议偏离了主题，原定的议程无法进行，萧先生便挺身而出，主动把难题接过来，跑到了台下，双手握拳向那些站着争论的学者一一作揖，并走到每个人跟前耳语了几句。由于萧先生以往与这些学者关系都很好，又一头白发，年长于他们，靠着个人的威信才让他们坐了下来。

副会长冯契先生首先作了比较客观公允的发言，表达了几个意思。一是，他与孙老 60 年代就共同主编教育部委托的教材《辩证唯物主义和历史唯物主义》，孙老是久经考验的党的高级干部，是坚定的马克思主义者、唯物主义者，不可能宣扬资产阶级自由化。二是，按唯物、唯心主线编写《中国哲学史》，反映了当时条件下中国学术界的理论认识水平，是没得选的选择，并长时间作为教科书，影响很大，也是哲学界宝贵的研究成果，有很高的学术价值，孙老并没有否定这部著作的意思。三是，随着"文革"的结束，时代需要更多样性的中国哲学史研究成果，孙老的哲学史写法和我的写法，也都是百花齐放中的一朵，不应作好坏优劣的评判比较。四是，对唯心主义要做具体分析的观点，与他去年在太原会议上的讲话，也就是年底（1979 年）发表在《哲学研究》上的文章差不多。他与孙老一样,都是"文革"中深受其害的过来人,有不同意见可以探讨,但"文革"那一套上纲上线、扣政治帽子的做法,再也不能重演了!

接着,副会长萧先生也做了颇具有人性感化色彩的发言。

首先他回顾了1957年在北京大学举办的"中国哲学史方法论讨论会",那时他才30岁出头,是以北大进修教师身份出席的。可是让他痛心了几十年的是,这次会议后来竟然被定性为"黑会""资产阶级毒草弥漫的会议",冯友兰、张岱年等好多位知名教授都被打成了右派,连参加那次会议者都在原单位受到了批判。此后,哲学史界的全国性研讨会一停就是23年。如今,中国哲学史学会劫后重生,刚成立1年,好不容易在风景秀丽的杭州召开了160多位学者参加的第一次全国研讨会,这样的机会我们当百倍珍惜。而刚才的剑拔弩张局面若继续失控,要是让有关部门用强制手段解决,不仅会对相关同志个人造成伤害,而且很可能会影响到今后全国性学术讨论会的报批,那将是学术界的重大损失。在座的每一位学者都应有顾全大局、维护学术界团结的责任。

其次,他强调了中国人尊重前辈、长辈的传统。"昨晚我去孙老房间拜访,得知,孙老20年代就入党了,1928年就任中共的县委书记。论资历,他是我们的革命前辈;论学术,他1940年就到抗日军政大学任教,对马克思主义哲学、政治经济学和科学社会主义理论有系统的学习和研究,60年代与冯契先生共同主编哲学理论教材,'文革'十年被打倒期间,还写了上下卷的《中国哲学史稿》,故也是我们的学术前辈;论年龄,孙老比在座最年长的张岱年先生还大4岁,更比我大19岁,当然比台下的多数学者大二三十岁,故又是我们的长辈。纵然有的同志对孙老的观点有不同意见,也应心平气和地讨论,对他应该十分尊重,特别应感谢他从医院请假抱病来杭州出席今天的研讨会。"

萧先生充满人情味的讲话,以及先前冯先生的讲话,赢得了与会者热烈的掌声。不仅让台下先前闹情绪的同志感到羞愧,而且让台上身体不适的孙老也获得了宽慰。

上午的风波是平息了,但下午的分组讨论会上,双方在发言时仍有火药味,有几位准备把会议倾向写成简报,送中宣部内刊《理论动态》。

为防止意外,晚上,萧先生与冯契,浙江社科院的沈善洪、王凤贤等紧急商量,到十来位学者住的房间逐一串门,苦口婆心进行劝说,希望他们能顾全大局,求大同存小异,回到大会主题宋明理学进行学术研讨交流。一场随时可能扩大的风波才告平息,学术会议圆满完成各项议程。

此后 40 多年,中国哲学史界的学术会议再也没有发生此类事件。萧先生和冯契先生既坚持原则,勇于担当、维护团结,又用春风化雨的方式,化解因误解而引起冲突危机的人格魅力、定力,以及大家风范,长时间为学界所称道传颂!

二

力挺冯契用新方法写成哲学史新著

自 1979 年太原中国哲学史讨论会上,甚至从更早的时间起,在"用逻辑的和历史相结合的方法"治中国哲学史这一点上,萧先生与冯契先生可谓"英雄所见略同",并双双付诸各自的写作过程中。

从 1979 年初开始,冯契先生决心把他"文革"中被抄家毁灭的几十万字的《中国哲学史手稿》进行恢复,通过每周给研究生上课的方式,融入了许多新的研究成果,将演讲记录打印成稿,加以修订。

而其时,萧先生也正在着手编写新的中国哲学史教材。他从我处得知冯契先生开课的信息,便马上派出武大中哲史教研室三干将之一的唐明邦老师,以及萧汉明、陈殿云两位青年教师到华东师大进修旁听冯先生的课,并要他们将每一次课的笔记复印传给他先睹为快。冯契先生授课完毕,还把打印稿寄给了萧先生、汤一介、邓艾民等征求意见。可见改革开放之初,萧先生和冯先生心心相印,他们是多么希望能按照"哲学是对哲学史的总结,哲学史是哲学的展开"的理论思路,写出面目一新的中国哲学史新成果。

1982 年至 1983 年间,萧先生与李锦全先生主编的《中国哲学史》(上下卷)由人民出版社出版,被列为国家教委的文科教材,共印了十几万册,以后还获优秀教材一等奖,并被译成英文和韩文。而冯契先生《中国古代哲学的逻辑发展》

（上中下册），分别于 1983 年、1984 年、1985 年才出齐。

按常理，萧先生应该以中国哲学史学会名义，召开全国性学术研讨会来讨论、弘扬自己的著作才是。

但是，萧先生在细读了冯契《中国古代哲学的逻辑发展》后，非常谦虚地认为，自己主编的《中国哲学史》只是集体编写的成果，在研究深度、连贯性方面尚显不足，而冯契的新著则是凝聚了他几十年心血、将被毁的几十万字的手稿失而复得的个人研究专著，是用逻辑的和历史相结合的方法梳理中国哲学史的一次有益的尝试，是最新的研究成果，有很高的学术理论水平，便以虚怀若谷的开阔胸襟，联络了北大汤一介先生，获得共识后，分别给冯契先生写信，提议开一次全国性的学术研讨会来讨论冯先生的书。

当时，冯契先生另外两门课《中国近代哲学史》和《逻辑思维的辩证法》的打印稿也已成册，正着手修改成书。他接到萧、汤两位的信后，很是犹豫，担心为他的书专门开讨论会有"王婆卖瓜"之嫌，不大愿意。后来萧先生就自告奋勇地献策，研讨会可以分两阶段：上半段可以讨论中国哲学的特点，由华东师大校方主持；下半段讨论冯先生的书，由中国哲学史学会副会长的他来主持。这样，冯先生便无法推辞了，专门召开中哲史教研室会议，当大家一致赞同后，他才表示同意，并全权委托我和另两位老师筹办此次会议，地点是庐山宾馆，时间是 1985 年 8 月上旬。

当我把拟邀请参与会议的包括冯友兰、张岱年、任继愈等老一辈专家在内的150 位学者的名单传给萧先生过目时，萧先生便提议：增加对用逻辑和历史相结合的方法写中国哲学史有不同意见的李泽厚、庞朴、包遵信三位学者，以及杭州宋明理学研讨会上持不同意见的几位学者，这样才能真正体现改革开放后"双百"方针的气氛。还特别提醒我专程去北京跑一趟，当面向他们送邀请函，并要我向那几位同志说明，是受冯先生和萧萐父先生的委托送达邀请函的。

虽然，从发邀请函到开会的时间只有 3 个月，但要求与会者不断增加，最终，会议的与会者超过了 200 人，成为中国哲学史界层次最高、规模最大、气氛最热烈的一次盛会。

会期共 7 天。萧先生在台中央主持，发言者一一到主席台左侧的讲演台发表意见,而冯契则坐在台下第一排听讲、记笔记。讨论十分热烈,不同意见激烈碰撞,就连中国哲学史学会会长、副会长的意见也不一。那真是久违了的百花齐放、百家争鸣场面!特别是杭州会议那一幕的相关学者,不仅充分发表了各自的意见,而且很佩服萧先生与人为善、团结同仁的人格魅力。

更为感人的是,萧先生见教育部文科司副司长也出席会议,便与之沟通,试图将冯契的著作也列为国家教委的教材。在获首肯后,会议结束前一天,萧先生与中国哲学史学会会长和其他副会长商议决定,由他综合会议讨论意见,通宵达旦起草了几千字的"将冯契《中国古代哲学的逻辑发展》列为教育部文科哲学专业教材的学术鉴定书和建议书",并征求到会的十几位著名专家签名,在大会闭幕式上宣读,鼓掌通过,并当即交由在场的教育部领导。

令人惊奇的是,萧先生毅然决然地这样做了!

这次学术会议从起念到筹备再到会议全过程,直到圆满结束,萧先生可谓殚精竭虑,全力以赴。用现在的话来说,就是一个大学的一位著名教授、全国哲学史学会副会长,不遗余力地为弘扬异地另一个大学一位著名教授,也同样是全国哲学史学会副会长的新著站台、搭台、捧场、唱主角,让冯契先生及其弟子们,以及与会的上海和各地学者们都肃然起敬,感慨万分。这种难能可贵的行为,在当今学术界已十分罕见了!

萧先生为整个会议奔波忙碌,却没取一分钱的报酬,没有自身利益的考量和"文人相轻"的陋习,没有"门户之见",有的则是出于公心的真诚,对优秀学术研究成果的尊重,求的是中国哲学史界的团结和百花齐放,充分体现了 20 世纪 80 年代中国知识分子为早日实现四个现代化而自觉担当、团结奋斗、无私奉献的精神境界,反映了老一辈哲学家高尚的人格、人品和大家风范!

三

在 80 年代"文化热"中独树一帜,提出"哲学启蒙说"

80 年代的"文化热",是 20 世纪中国哲学文化界最重要、影响力最大的事件,是改革开放后,哲学文化界反思"文革"教训、迎面西方文化思潮的涌入、破解经济改革的阻力、寻求中国式现代化道路的一次"双百方针"的大体现,一次由学术团体主导的规模巨大的思想解放运动。

如果说,"文化热"的开风气之先者和发动组织者是北大的汤一介先生所领导、以中国文化书院为主体的北京各高校和中国社科院的历史学、社会学、政治学、美学、文化学学者的话,那么,萧先生则以敏锐的学术触角和广阔的视野,将哲学与文化结合起来,独树一帜提出"哲学启蒙说",并通过文章、访谈、讲座、学术研讨会,竭尽全力进行广泛传播,成为中国哲学史界屈指可数的将"文化热"引向深入的积极推动者、重要贡献者。

在萧先生之前,思想文化界对传统文化与现代化关系的讨论主要形成三派观点:以《读书》杂志、《走向未来》丛书主编为代表的"彻底重建说",或曰"全盘西化说";以李泽厚先生为代表的"西体中用说",以及以港台学者为代表的"儒学复兴说"。除此以外,就是围绕着文化的几十种定义,翻来覆去地争论不休。

特别是前两派观点,因迎合了当时盛行的"西学热"和国人对中国早日实现现代化的渴求,故在年轻学者中有很大影响,一度占据了主流。但作为哲学家、中国哲学史家的萧先生,则另树一帜,创立了第四派观点——"哲学启蒙说"。据说,此观点最早发表于 1982 年 12 月在上海召开的"中国文化史研究学者座谈会"和 1985 年 4 月"中国文化和比较文化研究工作协调会"。

我是在 1986 年 1 月上海举办的"首届国际中国文化学术讨论会"上,聆听了萧先生在开幕式上 45 分钟的"中国传统文化与现代化的历史接合点"的主题发言,作了详细的记录,完整地了解了历来坚持独立人格、独立思考、独立见解的哲学家萧先生的"哲学启蒙说"。

——我是研究中国哲学史的学者。从 1956 年筹备纪念王夫之逝世 270 周年全国研讨会,到 60 年代初写《王夫之哲学思想初探》《浅论王夫之的历史哲学》二文,80 年代写《中国哲学启蒙的坎坷道路》《对外开放的历史反思》等文章,再到著有《船山哲学引论》《明清启蒙学术流变》《王夫之评传》,通过对明清之际早期启蒙思想,尤其是王夫之哲学的研究,探寻到中国现代化进程自身有源头活水,认定中国哲学文化中有着现代化内在的历史根芽,即启蒙思想的传统,可以成为传统文化与现代化的接合点。

——我认为,中国"从万历到'五四'",有一个"哲学启蒙说"传统。这是一个同质的、连续的文化发展历程,经历了三个阶段的"哲学启蒙":第一次是明清之际以王夫之、黄宗羲、顾炎武为代表。他们批判封建君主专制,反对思想禁锢;提倡法制,反对人治;提出工商皆本和民主思想;强调经世致用,推陈出新;提出"成人"学说,强调自我意识;提倡"尊身立本",以人为独立主体,天下兴亡匹夫有责,追求理想人格等。

——第二次是清末到民国近代思想家宣传的"哲学启蒙",以康有为、梁启超、张之洞、龚自珍、魏源、严复、章太炎为代表。他们发动变法运动,介绍西方资本主义思想文化,提出"不拘一格降人才"的人才观,宣传"自由学说"和救亡图存的爱国思想,提出"师夷长技以制夷"的富国强兵经济纲领,强调"革命开民智,竞争出智慧"民本民权思想,促进了由封建士大夫向近代知识分子的转化。

——第三次"哲学启蒙"是"五四"新文化运动,以孙中山、陈独秀、胡适、鲁迅等为代表。包括政治启蒙,提出民主、民生、民权口号,发动辛亥革命;哲学启蒙,伦理道德启蒙,教育启蒙,文学启蒙等。最重要的思想理论成果是三项:掀起爱国救亡的社会改革思潮,高举民主与科学两面大旗,主张对国民性进行改造,推动了中国社会旧民主主义革命。此次哲学启蒙已触及政治、科学、文化、教育的现代化和人的现代化,将哲学启蒙推向了一个高峰。

——80年代的"文化热",可视为从传统文化和社会,通过"五四"走向现代化的第四次"哲学启蒙",当前的"文化热",与"五四"有相同的历史特征:同样的风雷激荡,同样的知识分子作为英雄的担当,同样是开启了启蒙的新时代,同样是将"立人"、自主性、批判性作为主旨,同样是以理想、追求、拯救、承担、激情、淳朴、使命、信仰为最强音。因此,哲学启蒙是今天依然要坚持的一个历史使命。或如王元化先生主张的"新启蒙",他还准备办一个《新启蒙》杂志,我举双手赞成!

——有人问我,为什么不能从儒学复兴而必须经哲学的启蒙,才能让中国更早实现现代化？因为，传统儒学对现代文明的建立，固然可以在多样性和丰富性上有所补充，但其最大的内在的缺陷是：缺乏对现代化在科学的、政治的、经济的、法律的层面上有原创性的推动，以及创造性、创新性的转化，因而无法触及现代化社会的核心思想和基本结构。从传统文化到现代化之间，必须经过一个创新型转化、创造性转化的过程。而上述四次"哲学启蒙"，都有创新、创造性转化的意蕴在。这与冯契先生所称的"近代哲学革命"是同一个意思。

——因此，今人必须从中西哲学文化发展轨迹的对比中揭示其同中之异与异中之同，超越中西殊途、体用割裂的思维模式；注意文化发展中一与多、共与殊、常与变的矛盾联结，以及文化的民族性差异与时代性差异的经纬关系；应强调从中国 17 世纪以来的曲折发展的启蒙思潮中，去发现中国文化走出中世纪、迈向现代化的内在逻辑，正确地把握传统文化与现代化之间的历史接合点，这才是当前"文化热"讨论的历史和现实意义所在。

萧先生慷慨激昂、如空谷足音般的讲演，他爱智慧是那样真，心态是那样年轻，引经据典是那样自如，目光是那样坚定，柔中有刚，既固执又至善的神情，给与会者以强烈的心灵震撼和启迪，赢得了阵阵掌声。台下有听众打趣地说，萧先生若戴上一条围巾，白发染成黑发，就完全是电影里"五四"青年激情演说的模样。萧先生无愧是中国哲学史界较深入参与 80 年代"文化热"讨论，并有重要理论建树的第一人！

最近，当我读到习近平总书记 2021 年 9 月 14 日在陕西玉林考察时，以及 2023 年 6 月 2 日"在文化传承发展座谈会上的讲话"中强调的，"要坚持创造性转化、创新性发展，找到传统文化和现代生活的连接点"，不免十分感慨。这话与 40 年前萧先生独立思考、主张用"哲学启蒙说"寻找传统文化与现代化的历史接合点的观点，何其相似乃尔！萧先生是把握了传统文化与现代化接合点的真谛的，其观点是经得起历史考验的。

40 年来，中国从国内生产总值（GDP）世界排名 10 位以外仅 2 718 亿美元、人均国内生产总值刚达 300 美元、排列世界第 165 位的经济落后国家，到 2022 年国内生产总值达 17.8 万亿美元、人均 1.28 万美元，一跃成为世界第二大经济体、现代化强国,想必九泉之下的萧先生定会十分欣慰。

足见萧先生在 40 年前用"哲学启蒙说",强调创新创造发展来寻找传统文化与现代化的接合点的观点,是多么独特、深刻和富有远见!恰如萧先生非常欣赏的楚图南先生在戴震纪念馆题词,"治学不为媚时语,独寻真知启后人"!

四

晚年仍念念不忘学派建设和扶持新人

20 世纪 90 年代中叶,即冯契先生去世后,校领导任命我担任学校与国家发改委联合成立的华东师范大学企业与经济发展研究所所长,培训了 4 000 多位经现代企业制度熏陶的企业家。同时我还以较多精力投入资本市场的研究、评论和运作,因此学术文章写得少了。但萧先生总是鼓励我,将哲学智慧运用于实际,也是一项有益的工作。(孔子有弟子三千,允许他们发挥个性,也有从事经济等其他领域工作的。)还不时将他的新著寄给我。每当深夜,我常会在网上阅读昔日哲学界同仁们的最新研究成果。

2006 年,我发现已有一年多看不到萧先生发表的文章了,一打听才得知,自其夫人卢文筠老师去世后,萧先生的身体每况愈下,心情也不太好。便在没有事先与他打招呼情况下,直接飞往武汉萧家去探访。那天下午,我见到的萧先生虽然面容比较憔悴,靠拐杖才能勉强行走,但当他得知,我既不是来开会,也不是出差,而是专门来武汉看他,心情一下子兴奋激动起来,握着我的手,连声说:"好,好,你能来看我,我太高兴了!"

萧先生虽很少出门,但对我的近况知道不少,夸我为华东师大和上海学术活动提供很多经济资助,还出了多本用哲学智慧研究股市的书。甚至还记得我母亲也是属鼠的,做的上海菜很美味。我问萧先生现在还写作吗?答曰:"我老了,写不动了,只是看一些东西,总结总结自己。"他随手拿起电话找小郭(齐勇),想叫他过来一起聊,但系办公室回答说郭老师在上课。于是,萧先生一口气和我谈了两个多小时,直至天色已暗郭齐勇来叫我去宾馆入住吃晚饭才止。次日上午,他又与我交谈了一个多小时，中午还请我在他家吃便饭。

这两次谈话，萧先生主要是谈自己，谈学术界，谈他的学生。至今留给我印象最深的是三个"自谦"：

自谦："我只是一个哲学史家，不是哲学家"

萧先生说，当冯夫人把《冯契文集》寄给他后，他陆陆续续地看完了。尤其是"智慧说"三本著作《认识世界与认识自己》《逻辑思维的辩证法》《人的自由和真善美》，他看了好几遍，非常佩服、感慨。他与汤一介、方克立一致认为，冯契无愧是当代中国为数不多的兼哲学史家和哲学家于一身的学者。而他自己，只是一个哲学史家而已。

我马上打断了他的话："萧先生太谦虚了！"他摆摆手说："不是我谦虚，我年轻时就有写哲学理论著作的理想，直到 80 年代'文化热'时还着手写《哲学启蒙传统的现代价值》一书，可惜未能成书。我人生最大的遗憾是，'文革'中被耽误了 10 年，在我经历了 1978—1988 年学术生命力最旺盛、状态最辉煌、成果最丰厚的 10 年之后，本还可有新的作为，但意外的精神打击摧垮了我的思路和身体，让我又失去了宝贵的 10 多年。你看，冯契先生最后 10 年写了多少书啊！"

说到此，萧先生不免有些伤感："常有人问我：你老萧解放前就入党参加革命，如果进入仕途，是否比现在发展得更好？我都做了否定的回答，我对走上哲学研究的道路，对在哲学领域教书育人 50 年，至今不忘初心，无怨无悔，毫不动摇！"

是的，尽管萧先生谦逊，用高标准要求自己，晚年也确实受到过某种曲折和不公，耽误了他更多的创作，但萧先生在中国哲学史研究领域丰硕的专著和论文成果，还写了许多具有理论性、时代性、前瞻性和广泛社会影响力的哲学论文，与他同辈的哲学史学会会长、副会长们一起，都无愧是哲学大家，萧先生对促进中国哲学史界繁荣所做的突出贡献，学术界早有公论！

自谦："我只是武大珞珈学派建设的铺路石"

萧先生回顾了 80 年代在上海与刚发表了"中国的学派为什么这么少"轰动文章的著名社会学家邓伟志进行讨论的情景，说当时他就有一个想法：中国古代尚且有儒、墨、道、法、杨朱、宋尹、黄老等多种学派,为什么在"文化热"中,以及在中国哲学走向世界、中西交流的过程中,在全国各地几十所大学的哲学系,以及几十个社科院的哲学所,不能打出各自形成的、让人们耳熟能详的学派旗号,进行交流互动、思想碰撞、百家争鸣呢? 学派林立,这对繁荣学术是极有好处的。

萧先生认为,哲学史界的学派,也不能说没有。例如,在北大,冯友兰、张岱年、邓艾民、汤一介实际形成了新实在论学派;在中国社科院,任继愈先生形成了他的哲学史学派;在上海,冯契形成了"智慧说"学派,有几十名弟子在各个单位领域里传承学脉。

"还有你们武汉学派!"经我提醒,萧先生笑着说:"这个我马上会谈到。"

"'文化热'期间,我曾经有一个设想,把湖北大学的冯天瑜同志调来武大,和华中师大的章开沅先生一起,再联络四川的同仁,搞一个华中和西南联合的文化学派。"说到这里,萧先生叹了一口气,因种种原因,这个计划后来流产了。

但他坦承,在武汉大学哲学系建一个珞珈中国哲学学派,从1956年受李达校长的委托,筹备重建武大哲学系起,就是他和许多同志共同的梦想。20世纪初期,众多著名哲学家,如熊十力、方东美、洪谦、朱光潜等人在这里任教。中共创始人之一李达先生,曾任1956年恢复重建的哲学系系主任,并为20世纪后叶哲学学科的发展奠定了新的基础。再后来,系里还有汪子嵩、江天骥等全国著名教授,可谓哲学学脉深厚。

改革开放后,尤其在"文化热"兴起后,以及在他和其他同志的学术成果越来越丰富后,他建立珞珈学派的愿望就更加强烈。在长期的教书育人过程中,尤其是培养出一批中国哲学的硕士和博士,他提炼出"德业双修,学思并重,史论结合,中西对比,古今贯通"二十字方针,试图将它作为珞珈中国哲学学派的精神和风格,并且得到了北京、上海等其他学派的认可。

但在自豪之余,萧先生并不居功自傲,反而说,他在总结自己时时常感到对珞珈学派所做的贡献不够大,学术理论建树不够多,只是把学派搭了一个架子,他就像一只羽翼还未丰满的小鸟,他也就是铺路石而已。真正完成学派建设的是小郭(齐勇)他们。几年前,是他们把武汉大学哲学学院建成了,成为全国三大哲学学院之一,学科优势突出。萧先生几十年建成珞珈学派的梦想终于成真,感到特别的高兴。

而作为珞珈学派开创者的萧先生,却自谦他只是铺路石而已。这又是何等淡泊名利、虚怀若谷的境界!

自谦:"乐见学生已经超过老师"

萧先生在谈到《冯契文集》时特别提到,在最后一卷"哲学通信"中,冯先生有七八次引用了司马迁的"述往事,思来者",期待学生超过老师。对此,已入晚年的他深有同感。

他不由回顾了 1988 年去上海华东师范大学主持杨国荣博士论文答辩时的情景。答辩会最后,作为导师的冯先生出人意料地说了"后生可畏"四个字,并将它写入为杨国荣博士论文出书所作的序中。当晚,应邀在冯先生家吃饭时,冯先生又与萧先生议论了学生超过老师的话题,并预言,他的学生中最有希望超过他的是杨国荣。

接着,萧先生对我说了一段话:

"我很钦佩冯先生的胸襟、气度和眼光,快 20 年过去了,杨国荣的表现印证了冯先生的预言。我也曾经与汤一介、方克立等同志议论过,北京最有希望超过张岱年的是陈来,上海最有希望超过冯契的是杨国荣,武汉最有希望超过我萧萐父的是郭齐勇。这三位后生,不仅在学术上都有几十本著作、几百篇论文,而且有高度、宽度、深度,还被译成多种文字在国外出版,并出访很多国外名校做学术交流,学术影响享誉海内外。他们将成为未来中国哲学史界新的领军人物,三地三个学派的新掌门人。当然,他们要得到学界的承认,经得起后人的评价,还需不断努力。"

此时萧先生似乎想到,也属同行的我听了可能会不高兴,便补充了一句:"当然,你和其他一批后来者也都很优秀。"我回应道:"萧老师,我早已超然于学术界了,哪会有什么想法,我赞同,你尽管说。"

萧先生又特别强调:作为老师的天职就是教书育人,唐代禅宗大师很青睐有超师之见、超师之成就的弟子,乐见学生超过老师,所以禅宗学派能盛极几世,大师辈出。他也期待自己的学生通过它而超过他,珞珈学派能像禅宗学派那样,高人辈出,兴旺发达,脉脉相传。这就是他萧萐父这辈子最大的历史贡献。这一席话充分显示了萧先生的自信、智慧、坦荡和远见,体现了老一辈哲学大师的宽阔胸襟和真正的大家风范!

在萧先生百周年诞辰之际,再一次激起起我对这位敬爱的导师的缅怀之情:其学术成就依然熠熠生辉,光彩夺目;哲学风骨依然弥足珍贵,伟岸挺拔;哲学家的独立人格、魅力和大家风范,更令人"高山仰止",成为留给后世最宝贵的精神财富!

(2023 年 6 月 10 日)

感念萧萐父先生

吕锡琛

（中南大学哲学系）

萧萐父先生是中国哲学界的领军人物之一,对 20 世纪中国哲学的研究与拓展做出了历史性的卓越贡献,他独具慧眼的研究视野和学术洞见饮誉士林,惠泽后学。他与李锦全教授合撰的《中国哲学史》是我学习中国哲学的启蒙之作,他的诸多学术见解让我十分敬佩。在 80 年代的王船山国际学术研讨会和全国周易研讨会等学术会议上,作为初出校门的青年学子,我有幸与会目睹先生的风采,聆听先生充满睿智的深刻见解,问道求教,获益良多。

继 1985 年湘潭召开首次全国老子学术思想研讨会之后,萧先生又与湖北省学术界共同发起倡议,在武汉召开"道家道教学术研讨会",引领道家道教研究向纵深发展。当时,道家道教思想及其研究还被学界忽略甚至误解,先生和四川大学卿希泰等先生一道,引领和推动着道家道教文化的研究,他的《道家 隐者 思想 异端》一文更对我的道学研究产生着鼓舞和引路的作用。在该文中,他不仅高屋建瓴地概括了老庄、阮籍、嵇康、陶渊明、陶弘景、成玄英、傅山等道家以及与道家密切相关的隐者、异端思想家等典型人物的思想贡献,而且进一步就道家研究提出了富有建设性的观点:探索道家和具有道家风骨的隐逸人物在中国传统文化中的定位,在走向近代化的文化历程中发挥过什么功能,对今天的文化建设具有何种借鉴意义?

萧先生的这些思考让我深受启发,更增添了我深入探索道家道教文化及其历史作用和现代价值的信心与动力,特别是其文中展现出的独立思考精神和一代大家的风骨,必将成为鼓舞中国学人不断求真向道的宝贵精神财富。

更让我终生难忘的是,作为一代宗师的萧先生对于我这个无名后学的无私付出与热情扶持。我在撰著并出版了《道家方士与王朝政治》这一专著之后,又在他和方克立先生等诸位前辈的启发和支持下展开了对"道家与民族性格"这一课题的探索。在此之前,关于道家曾经如何影响中华民族精神生活的各个层面进而溶入民族性格等问题,前人还鲜有论述。因此,在书稿初成之后,我迫切期待得到曾对我的道学思想研究多有启迪的萧萐父、唐明邦等前辈学者的指点,我求教于二老并冒昧请他们为拙作撰写序言。可是,二位先生都是学界的翘楚,教学和科研活动十分繁忙,能否应允我这个不情之请呢? 正当心中忐忑之时,我收到了两位先生欣然应允的回函,令我格外欣喜和感动。

不久,我便收到了先生亲自用钢笔撰写、两千余字的"序言"。当时电脑尚未普及,这两千余字是先生逐字逐句、一丝不苟地在稿纸上写就的。"序言"首先从宏观的视角将拙作置于道家文化的研究动态中进行审视,他写道:"近几年涌现了一批卓有新意的关于道家思想的研究论著,吕锡琛同志继《道家方士与王朝政治》一书之后,又推出了《道家与民族性格》一书,正是这批脱颖而出的优秀论著之一……围绕道家思想与民族性格的互动关系这一主题,展开了多视角、多层面的系统论述……作者对于各种观点详加论列,慎予综合,尊重前修而不苟同。特别是对于前人论述不多的道家思想对民族性格的渗透和影响的问题进行了较深入的独立探讨。所作出的一系列论证和结论,虽尚有某些可商酌之处,但大都持论有据,言之成理,自为经纬,成一家之言……"在"序言"的文末,先生写道"一九九六年元月,匆序于北海市"。原来竟然是先生寓居于北海时所作。

捧读先生亲笔书写的遒劲有力的文稿,遥想先生出外旅行还携带着重量不轻的拙作纸本予以审阅,在难得的度假时光中为拙作运思挥毫的情景,感恩之情在心中久久回荡!

令我感动的是,萧先生不仅亲自拨冗为拙作写序,还向他的学生推介拙作。

他的开门弟子、著名道教和周易专家萧汉明教授对拙作予以热情的鼓励和肯定，并请自己的高足丁四新同学为拙作撰写书评。当时，我并不认识丁四新这位年青才俊，全赖萧门二位导师的力荐以及四新同学推动学术研究的盛情，他在攻读博士学位的繁忙学习中，以《道法自然的生命智慧》为题，为拙作撰写书评并在《船山学刊》上发表。他将拙作对民族性格的影响概括为"道法自然的生命智慧"，并从中提炼出"道家的自然主义伦理观""道家的超越价值""道家的现代意义"，进而逐一展开论述。同时，书评亦中肯地指出拙作的缺陷说："作者较注重道家对民族性格的形成与影响的一方面，但对道家自身思想的诠释似乎略显忽视……对道家可能产生的负面影响时有指正，但其分量仍显不足。"这些评论可谓一语中的，它出自一位并非以道学为主攻方向的在读博士，足见萧门弟子深厚的学术功底和敏锐的识见！萧门三代学人对我这个远在长沙的普通学子的支持和帮助，不仅在我求学问道的人生路上留下了难忘的一页，更折射出萧先生引领门生为中国的学术研究与发展不遗余力而做出的多方努力。

以下这件事亦反映出萧先生为学术交流发展以及对后学的关切和操劳：1996年9月，在北京五洲大酒店召开道家国际学术研讨会，这是改革开放以来首次关于道家文化的大型国际学术会议，由于自己才疏学浅，组委会未邀请我出席会议。萧先生不仅向组委会推荐我的作品，还专门为此给我发来航空信函，鼓励我带上拙作前去五洲大酒店参会交流，字里行间充满了扶掖后学、推动学术研究的深情厚谊！令我感激动容！虽然当时我另有安排而未能赴京参会，但萧先生努力推动学术交流发展以及对后学的关爱与扶持，却深深地印刻在了我的心中！

萧萐父先生潜心治学、独立思考，勇于创新、诲人不倦、提携后学的风范将永远垂范学林！

慧灯不灭，德业永存

刘泽亮

（厦门大学哲学系）

萧萐父(1924—2008)先生，是带领我迈入学术之门的业师，也是我一生奉为圭臬的人生导师。

1993年，萧老师恢复招生，蒙先生不弃，我抱着敬畏、景仰之心，拜入师门。

入学之初，邓铭瑛、朱喆和我三人共约至老师府第拜访。铭瑛兄硕士时师承湖南师范大学中国伦理学大家唐凯麟先生，矢志儒学；朱喆兄武大毕业后在武汉理工大学任教，属意道家。我当时正在与罗炽教授合作撰写《易文化传统与民族思维方式》一书，写作过程中，碰到佛学这一"拦路虎"，意欲借攻读博士学位以一探究竟。老师在初步了解我们各自的志向之后，作为"开学"第一堂课的作业，是阅读周敦颐《爱莲说》，每人提交一篇500字左右的心得报告。

当时我出门之后的直觉体会，无非如《论语》子路、曾皙、冉有、公西华侍坐，孔子令弟子"各言其志"而已。浅薄来自无知，后来才了解到，郭齐勇教授等当初入师门之时，先生所示，亦为周敦颐《爱莲说》。师生共读《爱莲说》，与其说是对学生的考察与历练，倒不如说是先生借莲以明志的夫子自道来得更为恰切。

萧老师，是真君子，不爱隐逸之菊，亦不爱富贵之牡丹，独爱花之君子——莲。先生铮铮风骨的一生行宜，正是莲花"出淤泥而不染，濯清涟而不妖"的真实写照。"莲之爱，同予者何人"，是周敦颐的千古之问，也是先生的灵魂之问。

老师入声界不为声惑、入色界不为色染的高尚"莲"志，曾经一度令我汗颜。

读书期间，社会兴起的"下海热"风头正健，一书商找我弄一本通俗的小册子，就我当时经济拮据的窘境而言，稿酬丰厚，极具诱惑力，于是便接下了这摊活。书出来之后，当时不知道是哪里来的勇气，竟然鬼使神差地呈送一本给老师，看到充满商业气息、花花绿绿的封面，我感觉到老师的脸色瞬间顿时一沉。"维摩默然，一默如雷"，此刻，我感受到了无言胜有言石破天惊般的压力。此等上不了学术台面、"连环画"式的地摊货，还好意思送给老师，实在有辱斯文。每念及此，痛心疾首，惭愧之至。之后，再不敢以此书示人，再不敢对学问造次。

这件事，与老师关切国事民瘼、呼唤民族启蒙的士大夫风范与节操相比，实在不足一哂。但为学应立定为道谋、不为稻粱谋的思想种子，自此深深地植根于心田，成为我须臾不可或忘的人生信念。

萧老师是治中国哲学的大学问家，我当时的基础很差，对中国哲学史的研究尚处于"童蒙"阶段，不仅佛学知识颠顸笼统，而且阅读古文献的能力也很差。老师循循善诱，一步步地帮助我夯实基础、引导我洞开学术研究之门。

入学以后，萧老师建议以黄檗希运《传心法要》作为我的博士论文选题。黄檗希运是禅宗五家中影响最大、传承最久的临济宗创立者临济义玄的老师，《传心法要》被视为"禅门的《道德经》"，由此着手研究，可以带动对整个中国哲学史贯通性的理解与把握。为指导我从零基础开始起步写好论文，特意嘱咐我将《传心法要》全文背下来，通过如牛食草般地反刍，以吃透文本。在反复研读的基础上加以背诵这一"童子功"，为我以后无障碍地阅读理解古文献打下了扎实的小学基础。并以此为契机，我对其中涉及的佛学名相由生吞活剥式的硬啃，到逐渐有了初步的理解、领悟。

博士三年期间，萧老师已届耄耋之岁，所以并没有给我们正式上过课。接受耳提面命的主要方式，是不定期地前往老师的寓所请益，每月至少一次。先生温而敏，每临教诲，如沐春风。答疑解惑，直指人心的片言只语，当下闻之，总能让人醍醐灌顶，丛生的疑窦顿然瓦解冰消。老师的教诲，謦欬皆珠，犹如具有魔力的磁场，讲到禅宗公案的激赏之处，俨然"临济将军"现世，击节跃然，当下就将我带入思想史的"现场",充分领受到禅机的理论魅力。当时没有录音设备,也没有手机,每次从老师处回到家的第一件事,就是尽量原汁原味地记录,三年竟记满了厚厚的三大本笔记,这些记录我一直珍藏至今,时时拿出来品味,成为一生受用不尽的智慧资粮。

尤其令我印象深刻并受用终生的,是他哲学方法论上的启导。

当时,萧师提炼的"德业双修,学思并重,史论结合,中西对比,古今贯通"二十字为学之道,虽已耳熟,但具体落实到论文的写作,如何将哲学思想史上的一个"点"张大为"面"以至于三维的"立面",回到哲学史的"现场"给予同情的理解,还是未得其详,难免感到迷茫无措,不知从何下手,初拟的提纲也往往不得要领。

萧老师将历史与逻辑相统一的方法形象地概括为一个字——"扯"。并详加开示,所谓"扯",具体来说,就是八个字,"上串下连,左顾右盼"。一个研究对象,必有其出现的社会思想背景和历史余响,此为"上串下连";一种人物或思想,也必有与其同时代的思想家可资参照比较,此为"左顾右盼"。老师用一个深入浅出的"扯"字,传神地将马克思主义逻辑与历史相统一的方法论原则点透、说明。真佛只说家常话,信矣!通过哲学思想史上的一个点,"扯"出其上的来龙与其下的去脉,将平面的思考呈现为立面的论述,以揭明其哲学要旨、彰显其理论价值,成为我以后指导学生写作论文沿用的"一字真经"。如今,二十字原则已然成为珞珈中国哲学学派的精神纲领,也成为四散于海内外的武大学子赓续先生为学之道的学术资粮。

反复批读老师的《吹沙集》等著述,是毕业之后我亲近老师、向老师请益的主要途径。思维的韵律与表述的韵律及其之间的张力,就是从中仔细琢磨、逐步明了的。

先生不仅是我学术上的业师,更是我人生历程中令人景仰的人师。

培养学生的课堂,除了老师寓所之外,还有学术会议这一大熔炉、大舞台,这似乎已经成为武大中国哲学学科的一大传统。

学术会议"桑拿浴"般的熏陶,作为学术历练过程中的重要一环,对学生广闻博识,大有裨益。1994年11月,由萧老师等发起组织的"首届禅宗与中国文化国际学术研讨会"在黄梅召开，这是先生带我参加的第一次正规的学术研讨会，当时参加会议的大都为全国知名的佛学研究专家，使我大大地开阔了眼界。在会议结束前，萧先生特地嘱我撰写小结以供会议闭幕式之用，以锻炼我的概括总结能力。在之后湖南等地召开的石头希迁等学术讨论会上，又带我拜见了吴立民先生、净慧法师、圣辉法师等佛学名家、教界耆宿。

我的博士论文完成之后，萧老师特别礼请佛学名家中国佛教研究所吴立民、国家图书馆馆长任继愈、中国人民大学石峻先生等作为论文评审专家，并聘请南京大学赖永海教授作为答辩主席，通过引领结识国内一流的教内外名师，为我以后从事佛学专业的学术研究铺平了道路。

2001 年初，我调入厦门大学之前，专程拜谒萧老师，老师在给予鼓励之余，还不忘教我就近请教福建地区诸师以增进道业。游子远行，护犊情深，老师心切，莫过于此。

不克忘怀，且至今引以为戒的，还有一件小事。

1998 年，得知老师住院手术，我急忙赶往探视。根据医嘱，我搀扶老师下床在走廊慢行，借机向老师汇报心得。当时年轻气盛，说话声音过大，在寂静的走廊中显得尤为刺耳，老师不禁缓步侧身，低声示意，"小点声，别吵着其他病友"。老师的身教、言教，对我影响深远。《资治通鉴》言"经师易遇，人师难求"，经师难遇我已遇，人师难求我已求。此生能够忝列先生门墙，实我之幸、之福。

老师为学的热忱，至老未曾丝毫衰减。2007 年，借回汉之机，在学校篮球场旁边寻得坐着轮椅的老师，心中不免慨然：老师确实老了。但是，待在客厅兼书房甫一坐定，老师便急切地询问起佛教界、佛学界的近况，矍铄的神情，与之前全然判若两人。这种对学术始终不渝的热情，也成为我之后于学问不敢稍微懈怠的精神动力源泉。实在不忍过度消耗先生的体力，得允合影之后，匆忙告辞。未承想，此会却成永诀。

2008 年 9 月 17 日，萧先生溘然长逝。从师长郭齐勇教授处闻此噩耗，不禁悲从中来。我当时正在哈尔滨参加全国哲学系主任联席会议，匆忙临时改签，9 月 22 日，与一同参会的武汉大学朱志方教授、中山大学黎红雷教授等一起奔赴武汉,参加次日上午举行的萧先生遗体告别仪式,觐见老师最后一面。

黄檗希运有言:"见与师齐,减师半德。见过于师,方堪传授。"晚生愚陋,虽登堂而未入室,不敢有"见与师齐"的奢望,倘能传承先生智德于万一,实乃吾愿。

先生已逝,然慧灯不灭,德业永存。谨记二三事,以心香一瓣,纪念先生诞辰一百周年。

珞珈问学，深切缅怀萧萐父先生

纪华传

（中国社会科学院佛教研究中心）

1990 年代首尾七年，我都是在美丽的珞珈校园中度过的，从激情燃烧的桂园，到沉潜幽静的枫园，留下了无数美好的回忆。世纪之交的两年零三个月（1998 年 6 月至 2000 年 8 月），善缘福报得以随侍萧先生座下，面聆謦欬，谆谆教诲，成为我一生弥足珍贵的精神财富。先生超然物外、清幽高雅的精神气质，才华横溢、豪迈洒脱的诗情哲慧，温润如玉、诲人不倦的人格魅力，永远感染和激励着我，使我难以忘怀。

一、医院陪护结善缘

我是 1990 年进入武汉大学的，读本科期间已闻萧先生的大名，当时先生正在给研究生讲授佛教哲学，然而作为本科生的我没有资格和机缘亲炙教诲。真正近距离接触先生始于武大佛学社团的一次交流会，当时有幸请到萧先生和唐明邦先生等莅临指导，咫尺之间一睹先生风度翩翩、惊为天人的潇洒风采，竟成为我报考武大中哲专业硕士研究生的最初动因之一。

1998 年 6 月初的某日傍晚，遵从哲学系老师的安排，正在研一读书的我到汉口协和医院陪护萧先生。先生刚做结肠手术，此前已有几位中哲同门师兄陪护了几天。先生所住的病房有一折叠小床,可供陪护人休息,因为床不大腿脚无法伸开,晚上我索性起来打坐。半夜时分,听到先生床头有窸窸窣窣的声响,我立即起身扶起先生。先生便问我:"没睡啊?"我答:"我打会坐,以禅代睡。"先生知我研究佛教方向,便欣喜地说:"好,好!"

萧先生的手术很成功,恢复得不错,尤其是先生非常乐观,对于思想和精神的追求远超对身体的感受,完全不像一个刚生病手术后七十多岁的老人。第二天上午,我除了给先生念了一会报纸和文章材料外,多数时间都是和先生很愉悦地交谈。先生问我喜欢读什么书,我回答说:"最喜欢读《华严经》和《大智度论》。"先生一下子来了兴致,后来才知道先生在佛教哲学中,对华严宗哲学与龙树的中观思想最为赞赏。先生除了提及方东美《华严宗哲学》外,讲得最多的就是《大智度论》的作者龙树与弟子提婆师徒。讲了龙树与提婆初次相见,师徒雅和、心心相契的钵水投针典故。又绘声绘色讲了提婆临终的故事,提婆与印度外道辩论使其折服,外道弟子怀恨在心,用刀刺杀了提婆,肝肠委地,临终前蘸己血著成《百字论》。提婆还不忘催促外道赶快逃走,以免被他的弟子所伤。当讲到这段佛教公案时,先生突然伸拳作刺刀状,轻轻打在我的胸膛,并复述外道弟子的话:"汝以口破吾师,我以刀破汝腹!"此时此刻我的心境,仿佛一下子回到一千七百年前印度那一场惊心动魄的思想斗争;又似禅门的机锋棒喝,于石火电光间令我妄念顿息。

先生病愈后写了《断肠韵语》四首,这是在手术台上已经构思好了的,充满着豪迈之情与乐观精神。除了第三首取材于《史记·屈原贾生列传》和司马迁本人蚕食悲歌、九曲回肠的遭遇,"龙门史笔何崔嵬,蚕室悲歌日九回。写到人间断肠事,屈吟贾苦慨同归",其余三首均取自佛教典故。如第一首"维摩示疾"出自《维摩诘所说经》:"厄尔尼诺民物殃,维摩示疾亦平常。随缘消业愿无尽,抛却牢愁几段肠。"第二首阿修罗大战帝释天的"蟠泥秋藕"出自《长阿含经》:"何来二竖暗兴妖,潜入腔肠鼓血潮。肠镜 B 超擒住了,蟠泥秋藕岂能逃。"而第四首恰好就是龙树(龙猛)付法因缘与提婆的临终公案:"解空龙猛千篇论,钵水投针慧业传。一笑提婆肠委地,血凝百字重如山。"先生倾心于龙树中观之学，手术台依然念兹在兹，与中外圣哲共鸣，几天以后恰好有缘聆听先生所思所感，"一饮一啄，莫非前定；兰因絮果，必有来由"，至今思来犹感因缘不可思议！

和先生在一起的时刻是一种心灵的洗礼、精神的愉悦和生命的享受。当时先生问我课多不多，我说只有专业课了，公共课都已上完。又问我是否愿意继续在医院陪护？我很激动地回答说愿意！此后几天，多数时间我都在医院陪同先生，一直到出院。其间朝夕相处，感触良多，尤其是先生更重精神的追求，对物欲极其淡泊。住院期间有朋友和学生带东西来看他，先生总是要说："不要乱花钱！"每当有研究生来看他，如果带着东西来，他甚至还会略带不悦地批评说："你有这个钱还不如去买点书看！"临出院时，病房中有不少鲜花、水果和营养品，先生唯独嘱咐把问永宁师兄送的文竹带回，后来一直放在先生客厅书桌旁，长势很好。

因为在医院陪护，从此与先生结下了难得的因缘，如无价珍宝不经意间而自得。出院后，系里又安排我给先生拿信，每周至少到先生家里去一次，有先生的朋友前来拜访我也常常随侍左右，一直到2000年8月底硕士研究生毕业后离开武汉为止，持续了两年零三个月，这是我在珞珈求学期间最大的幸运和福气，也是一生一世弥足珍贵的善缘。

二、听萧先生讲述佛学因缘

在医院里的这几天，以及随后的两年多时间中，常常听萧先生讲起他的佛学因缘，既有少年起与蒙文通先生、唐君毅先生的世交因缘，又有中学时受罗孟祯先生和贾题韬先生的影响，及大学时受金克木先生的影响。蒙文通先生是近代著名的经史大家，对经学、史学、道教和佛学等皆深有造诣，曾入"支那内学院"从欧阳竟无先生研究佛学。蒙文通先生是萧先生与卢文筼教授的证婚人，萧先生还谈起过蒙先生曾经来他家借米的趣事。关于贾题韬先生，萧先生没有专门的回忆文章，只是在《吹沙集》后记中有段记载："日前幸得拜见贾题韬老师，谈锋之健,宛如五十年前,蒙贾老师以新著《论开悟》一书相赠,更喜出望外。扶念生平,其所以走上学术道路,全赖从中学时起就受到几位启蒙老师言传身教的智慧哺育和人格熏陶。"①萧先生是 1937 年考入成都县中的,贾题韬先生原为山西大学教师,1938 年 12 月来成都后,先在某某中学就职,不久转至成都县中任教,故有师生因缘。贾先生乃蜀中传奇人物:对中观、唯识皆有研究,在成都时又从能海上师修学西藏密法;尤倾心于禅宗,颇有心得。1943 年贾题韬先生作为发起人,与蜀中著名佛教居士一起筹备成立了维摩精舍。贾先生后来还曾应邀在四川省佛教协会驻会地文殊院讲《六祖坛经》,在闽南佛学院、中国佛学院等开讲禅宗,有《贾题韬讲坛经》和《论开悟》等著作传世。贾先生佛学知识渊博,有学有修,有证有得,讲课旁征博引,肆意纵横,滔滔不绝,给萧先生留下了深刻的印象,也增进了他对佛教中玄慧哲理与默究体认的认识。

金克木先生是萧先生讲得最多的,其传奇经历、会通中印西的渊博学问、人格魅力,都深深影响了萧先生。金先生是 1946 年 10 月从印度留学归国后来武汉大学任教的,当时武大已由四川乐山迁回武汉珞珈山,萧先生曾满怀深情地回忆"金先生特有的渊博、睿智和风趣":"不仅课堂上讲课,他的思想活泼新颖,如原以为很枯燥的'梵文'课,也讲得妙趣横生;而且在课堂外无拘束交谈,更是中外古今,谈到中西印文化精神各个方面的异同比较,谈及他在印度游学时的特殊见闻(如甘地、泰戈尔的光辉业绩和感人故事;又如森林中一些修行、讲道的老婆罗门的茅棚里,不仅有大量经书,还有康德、黑格尔的著作和马克思的著作等),谈及苏联科学院院士 Th. Stecherbatsry 的学术成就及其主编的《佛教文库》的重大贡献等,诸如此类,对我来说,都是闻所未闻,激发起广阔的研究兴趣。"②萧先生满怀崇敬之情讲述金先生在印度的传奇见闻,仿佛身临其境,给我以无限的遐思和深深的感染力。

---

① 萧萐父:《吹沙集·后记》,巴蜀书社,2007 年,第 640—641 页。
② 萧萐父:《冷门杂忆》,《吹沙二集》,巴蜀书社,2007 年,第 385 页。

三、先生对后学的提携与关爱

　　萧先生从为人处世的教导、知识的传授，乃至研究方法的指引，都是不遗余力地提携后学。萧先生的深情关照难以尽述，比如推荐参加学术会议。1998 年 10 月在无锡召开了盛大的"佛教传入中国二千年国际学术研讨会"，萧先生作为著名的佛学专家收到了邀请但因身体原因无法与会，他亲自联系会议主办方，推荐我参加了会议。这次会议规模盛大，我作为一名资历最浅的研究生诚惶诚恐参加了会议，这次会上认识的诸位学界前辈在我的学术生涯中给了我很大的影响。萧先生很重视会议纪要和学术综述，认为这是硕士研究生训练学术研究的入门方法。无锡会议结束后，在萧先生的指导下，我写了一篇会议综述，很快在《哲学动态》1999 年第 1 期发表。1999 年度湖北省哲学史学会年会在武大哲学系召开，我又和同学王凌云一起记录了各位老师的发言，整理成《跨世纪的哲学史研究与展望——1999 年度湖北省哲学史学会年会综述》一文，在《哲学动态》1999 年第 9 期发表。

　　先生润物细无声的关爱尤其令人感动。1999 年 5 月的一天，萧先生要我去北京送一部书稿给朱伯崑先生，我没有多想便愉快地答应了，只觉得能为先生做点事就很高兴。临行前，先生给了我他写给方立天先生、王尧先生和吴立民先生的信，嘱我到京后前往拜访。到京后，除了拜见各位先生外，我还到北京图书馆和北大图书馆等处，为硕士论文的撰写搜集资料。回武汉后，我才猛然明白，其实书稿完全可以邮寄的，萧先生从他的课题中为我报销差旅费，完全是为了成就我！

　　1999 年 10 月，"郭店楚简国际学术研讨会"在武汉大学召开，会议主要召集人郭齐勇老师没有给我安排具体会务工作，让我主要照顾萧先生。这次会议由武汉大学中国文化研究院、哈佛燕京学社、国际儒学联合会、中国哲学史学会、湖北省哲学史学会共同主办，饶宗颐先生、任继愈先生、庞朴先生、李学勤先生、杜维明先生等都出席了盛会，萧先生心情特别激动，写下了七律诗一首："神明呵护墓门开,楚简缤纷出土来。学脉探源儒道合,人文化成古今谐。不传而禅公心美,道始于情六德恢。嘉会珞珈瞩新纪,东方旭日扫阴霾。"萧先生将此诗书写赠送给了任先生、饶先生等学界前辈。郭店楚简是楚国东宫之师为太子编的教材,任先生特意带给萧先生一部国图珍藏的善本再造书,是朱元璋命人给太子们编的一部蒙学教材,有经典节选和彩色插图,精美无比。饶先生赠送给萧先生的是他的书法长卷和《梅花图》。两位老先生的礼物均无比珍贵,我小心翼翼地帮萧先生捧送带了回去。萧先生对于师长极为恭敬,通过耳濡目染,也让我真切感受到了他的大家风范和师道尊严。

四、武大中国哲学之盛,珞珈师友情深

在萧先生以及李德永先生、唐明邦先生几十年努力下,武大中国哲学学科点一时称盛,形成了独具特色的完备体系,以及"德业双修,学思并重,史论结合,中西对比,古今贯通"的学术风格。唐明邦先生对我恩泽最为深厚,我曾经在一段回忆文字中写道:"先生是我迈入中国哲学学术殿堂的最初引路人,忆昔年于珞珈山求学之时,有幸亲近先生,其恩泽嘉惠如沐春风,得以初尝中国哲学智慧甘露。临近毕业(本科),先生题赠留言'崇德广业,乐天知命;自强不息,厚德载物'以勉励。后发愿攻读武汉大学中哲硕士,先生主动约我花了三个下午时间单独辅导中国哲学课程,考取后先生甚为欢喜,开学前又约我讲了一下午《周易》,先生奖掖后学之深恩难以尽述!"

武大中哲学科点在教学内容上重视哲学史方法论、中国哲学史料学和经典原著选读。例如萧汉明老师的"中国哲学原著选读"课讲过《尚书》《周易》《老子》《周易参同契》等,郭齐勇老师讲"儒家哲学专题""哲学史方法论",李维武老师讲"中国哲学史史料学""二十世纪中国哲学",田文军老师讲"哲学史方法论",吴根友老师讲"明清哲学研究",徐水生老师讲"日本哲学与文化",吕有祥老师讲"佛教经典选读"。我们这一届硕士同学有张洪波、康庆、秦平、王凌云和我共五位,早我们一届的问永宁也一直和我们一起上专业课,此外还有博士生王仲尧、丁四

新,学弟邱承辉、曾辉,以及日本来的进修生山田俊先生等,济济一堂,情深意切,其乐融融。武大中哲学风开放,主学无常师,博采众家之长,老师们为了学生的培养付出了大量的心血。

萧汉明老师颇有大将气概和侠者风范,入学前曾听过他讲的"中国哲学史"。在上中国哲学原著选读课时,我选了《老子》为题撰写课程论文,到了学期末还没有完成。我向萧老师汇报了文章的题目《老子"道"之追寻》,以及写作思路,包括为学与为道、道之体究与言说等,得到首肯,允许我慢慢写。下一学期开学才完成论文,这时萧老师早已把成绩提交了,竟然提前给打了 90 分,对于萧老师的宽容和勉励我一直铭感于心。

郭齐勇老师总是鼓励我们深入原典,读硕士之前,我便选修及旁听过郭老师讲的《中国文化概论》和《论语》,读硕士以后继续跟随郭老师学习了几部重要的儒家经典。记得当时少年轻狂偏狭,还问过郭老师"己所不欲,勿施于人":"儒家思想,如果己所欲,是否要施于人?"郭老师耐心地加以辨析。郭老师还热心帮忙推荐博士导师和联系工作,至今思来,尤感激不已。

李维武老师给我们讲"中国哲学史料学"时,考试方式很特别,地点设在哲学系资料室,每位同学从提前列好的书名中进行抽签,然后在规定的时间找出来。我抽到的题中有的因为上课时讲过,比如《嵇康集》,到《鲁迅全集》中一下子就找到了。但是有一本关于经典注释的书,我在三处可能存放的地方仔细搜寻了,都没有找到,只好宣布放弃。李老师在一个不起眼的角落一下子找到了此书,并率性爽朗地大笑了起来。因为该书并没有严格按照内容分类去存放,所以我觉得有点委屈,李老师便安慰我说,其实考试并不是要难为你们,而是要你们养成亲自找书的习惯。从此以后,每到一新的图书馆,除了查询目录外,只要条件允许总要到书库中亲自翻一翻,这门课程及这种特别的考试方式竟然让我们受益终生。

吴根友老师给我们讲"明清哲学",我对他讲的戴震哲学印象很深。除了讲课外,吴老师还鼓励我们自己选一个题目去研究,我选的是《焚书·续焚书》,写了篇《李贽佛学思想初探》。第一次在课堂上试讲时,完全不知所云。课程论文写完后,吴老师又帮忙修改,并在最终定稿上作批语:"已得写作三昧矣!"此文后来在《宗教学研究》中发表了,投稿前萧先生在结尾处给加上了一段话,"方以智《东西均》与天台思想有密切的关系;傅山好庄列之学而精研《楞伽》;船山作为启蒙思想的哲学代表却发挥法相之学,撰《相宗络索》",精辟概括了晚明知识分子与佛教的关系,成为此稚嫩习作中唯一的亮点。

此外,徐水生老师"日本哲学与文化"课程作业《从生命的觉悟到哲学的探索——谈西田几多郎善的研究与佛学》,以及田文军老师的"中国哲学史方法论"、吕有祥老师的"佛教经典选读"等课程,分别写了《佛教的"转识成智"及其哲学史方法论意义》《佛教中观学派的源流略析》等作业,有的后来发表在佛教学术刊物。每次回想起老师们手把手地教导走向学术的殿堂,心中常怀无比感念之情。

五、依依惜别与深切缅怀

在这两年多时间中,萧先生每有新书出版,总是赠送给我一本,《中国哲学史料源流举要》《吹沙二集》《吹沙纪程》等都是在这期间出版的。萧先生去香港参加学术会议时,友人赠送了一部线装《金刚经》,也转赠给了我,从此我常常随身携带作为功课诵读。最难忘的是 2000 年 8 月底,我要离开武大前最后一次去看望先生。临别之际,先生决定要送我方东美先生的《华严宗哲学》。书架上有精装的单行本和简装的全集本两种,先生先从书架上抽出精装本翻了一下又放回原处,又把全集中的抽出来翻了一下也放回了原处,最后还是把精装本拿下来郑重地送给了我。无论是全集本,还是精装单行本,看得出先生都是十分珍惜的,而且精装本是先生仔细阅读过的,有眉批,有画线和打钩,无比珍贵,读书人爱书胜过一切金钱财物,能够忍痛割爱惠赠予我,我的感激与感动无法用言语来表达。

先生辞世时,我没能再回武大送别先生,只能忍住心中的悲痛,以中国社会科学院佛教研究中心的名义发了唁电:

惊悉中国著名的哲学史家、学界泰斗萧萐父先生因病医治无效，不幸逝世，哲人凋零，哀悼曷极！萧先生为学界硕望，其为学与为人，哲思与诗情，皆为学界的楷模！萧先生的研究视野开阔，气象恢弘，对中国儒释道三家思想均有着极高的造诣和广泛的建树，他的人格魅力中兼具儒家的承担精神、道家的风骨和佛家的智慧。萧先生在佛学研究及教学育人方面卓有成就，与我中心老一辈学者有着深厚的情谊，并且对中青年几代学人都有无私的关爱和教诲，在此我研究中心全体同仁谨向武汉大学哲学学院表示沉痛的哀悼，并向其家属表示亲切的慰问！

中国社会科学院佛教研究中心

2008 年 9 月 19 日

今逢先生百年诞辰，回忆起二十多年前的难忘旧事，心情难以平静。哲人已逝，唯有深深的缅怀和感恩！

纪念太老师萧公

秦 平

（武汉大学哲学学院）

萧萐父先生是我的太老师，我们这些晚辈后学一讲到萧先生，都习惯称他为"萧公"，既是尊其年长，更是敬其德高。

三十年前，我来武大求学，甫入哲学系，便听周围的师兄师姐两眼放光地谈论我们哲学系的"四大天王"——四位威震学林的哲学泰斗！我顿时与有荣焉，连忙仔细打听。当时对萧先生的名讳印象最深。一来先生名讳中的"萐"字较为冷僻，该怎么写、怎么读，大家心里似乎都没有底；二来先生名讳中的"父"字让人联想到古人名字中的"夫"或"甫"，我们虽不明其意，但都觉得韵味无穷。

我入学的时候，萧公年事已高，不再上讲台讲课。我还是借参加几次重要学术会议做服务工作的机缘，从大会主题发言中零星感受到先生讲学的风采。另外我们的老师一辈也经常说起萧公昔日讲课时激情澎湃、逸兴横飞的场景，萧公的课堂总会有一种震撼心灵的力量。当然，和较晚进武大求学的学弟学妹相比，我算是很幸运的，有机会与先生当面接触。现在回想起来，每一次和萧公的接触似乎都与"书"分不开。

萧公为人豪爽真挚，在学术界有很多知交好友。每每学者有新作出版，都会寄一本给萧公。而萧公自己的大作一旦出版，也会天南海北寄出数百本。当时武大哲学系尚在人文馆办公，隔上一段时间，哲学系的资料室里就会积上一堆寄给萧公的书籍和学术刊物。于是中国哲学教研室专门给几位研究生安排了一项特殊任务——定期将这些书刊送到萧公家里。我有幸送过几次,后来发现萧公很尊重每一本书,几乎全都拆封翻阅过,有些还细细做了评阅。在萧公这一辈的文人眼中,书籍就像学术界无形的血管一样,不仅将学者们联系在一起,还将种种养分输送到各处。或许正是这个缘故,萧公绝不轻易写书,要写便是流传百年、嘉惠学林的经典之作;他要把真正有营养的作品输送给学术界。

20世纪90年代末,有一段时间萧公因病住院治疗。考虑到当时萧公的子女晚辈均不在身边,教研室安排问永宁师兄带着我们几位在读研究生到医院做陪护。我到了病房,才知道萧公需要的陪护格外不同:除了偶尔搀扶先生起床活动外,我们的主要任务就是给先生念书。萧公会预先准备好需要我们读的书籍、刊物或报纸,做好记号,我们就照着念给他听。原来萧公由于患病精神不济,视力也受了一些影响,无法长时间自己阅读;但是他又不愿荒废时间,便通过这种方式完成阅读计划。中间停顿休息的时候,萧公会问我们平时都读哪些书、有什么兴趣点,还会言简意赅地给我们指点读书的诀窍。

再后来,萧公回家休养,经常有在外地工作的弟子门人回武汉探望他。我也有幸时不时陪同外地的师叔师伯到萧公府上探视。大家坐在客厅交谈,萧公显得很高兴。客厅的墙上挂着萧公创作并书写的书法作品,配着萧公夫人卢奶奶画的梅花,字潇洒俊逸,画温润典雅,一下子把人心底的残渣都过滤掉了,只剩下清澈的念头。聊着聊着,萧公总会问起弟子门人的读书情况,似乎这些已经是知名教授的弟子还没有毕业离校,还需不断地读书。很多师叔师伯也会向萧公汇报自己的读书和科研近况。萧公最高兴的是有哪位弟子门人出版了新著。他对最前沿的学术动态非常敏锐,会提醒学生应注意某位学者的哪项新成果。如果不是担心萧公的身体吃不消,大家恐怕都希望这样的交谈能够通宵达旦。

萧公仙逝后,萧氏宗亲乡贤在萧公的故里四川乐山修建了萧公纪念馆。萧先生的女儿萧萌师姑说,希望来纪念馆参观的师友们带上两本自己写的书,送给纪念馆。我想,这可能是最贴合萧公心愿的做法吧!

祭太老师姜翁萧公讳萐父先生文

刘　文　撰文　吴根友　审定

（岳麓书社；武汉大学哲学学院）

小序：日月之食，划然开朗；苦疫三年，复迓春熙。时惟癸卯仲春，闰二月初四日，萧门部分弟子、再传弟子，聚首蓉城，致祭于先生墓前。某生也晚，珞珈山下，鲜得亲炙；东湖之滨，忝为再传。犹记当年，某与二三子办一小刊，思求先生题名，以壮声势，竟不揣冒昧，径造府上。其时先生业已荣休家居，乃欣然命笔，温语移时。不期不二年而先生捐馆，欲聆謦欬，其可得乎？今承吴师之命，恭撰祭文一篇，献笑先生。文曰：

呜呼！自先生遂首丘之愿，来归故土，倏忽十有五载。忆昔戊子之秋，汉皋雁元老之丧，四海哭哲人其萎，后学痛宗仰顿失。天地不仁，不遗一老；瞻怀旧德，慨然神伤。此则学林所共悼，非某一人之私悲也。

先生天资卓异，器宇温粹。博综经史，旁及百家；出入西学，精研马列。家承辛亥遗绪，青年至壮年，先生毅然赴旧邦新命之召唤，与时贤共赴革命；中年为学，深契船山，以明清之际为中枢，倡早期启蒙之说，探传统、现代之接合点，坚持中国式现代化。晚年欣逢改革开放，于真理标准讨论之际，独标真理与民主之关系；又泛推儒道墨法离合之故，反思儒家、传统、伦理异化，深究道家、隐者、思想异端。研《大乘起信》、注《古尊宿语》，示石头路滑，佛禅并重，赞一花五叶；拈出"人文易"，欲铸民族魂。泛化先秦诸子，吁呼诸君敢于参与世界范围之百家争鸣。先生之学，或为一家之言；先生风骨，实为学林共仰。其贺老师汤用彤先生百年诞辰诗云："漫汗通观儒释道，从容涵化印中西。"盖亦夫子之自道也。

先生清修雅尚，有古士大夫遗风。随意为文，皆风流蕴藉，自出机杼；搦管作书，其笔底波涛，游行自如。诗词联语皆工，而尤以诗名世。其平生磊落抑塞之气，布帛菽粟之细，兴之所至，一泄于诗。曾有句云："书生自有逍遥处，苦乐忧愁尽化诗。"殆写实之语。尝游岳麓书院，见当时壁间题咏多称朱熹、张栻二贤，诗以诘之："衡岳钟灵岂二贤？邺侯书卷石头禅。翩翩年少订行社，冲破鸿蒙别有天。"盖王船山少时曾结行社于岳麓，慨然有用世志，先生表而出之，用示仰怀之意。先生诗人，亦哲人，倡明"诗化哲学"实乃吾国哲学之致思取向，贯通情理，识者叹其高标卓识。

先生行孚远近，中外想望风采。文士接门，颇能忘年齿、宽礼数以待，与之纵谈经史庄骚，由是多所诱掖。弟子辈从游者百十人，极一时楚材之盛。与诸生论文，涉流探源，辨析醇驳，往往摇心震魄。诸生亦循循雅饬，多所成就；偶有稍怠者，不敢使闻。古人云，经师易得，人师难逢；顾亭林亦叹"海内人师少"。诸生之有先生，可谓得经师人师矣！

昔人有言，惟有文为不朽，惟有后为不死。先生之文流布海内，先生之后卓然成立，其不朽、不死也可知矣。追怀雨露，教泽绵长；临风拭泪，恍惚依依函杖时赏奇析疑之乐也。吾侪惟继承遗志，躬行实践，笃志研究，以道义文章自励也。怅望天涯，云飞满眼；洒扫券台，俎奠觞陈。灵其不昧，来格来歆。尚飨！

再传弟子某 拜祭

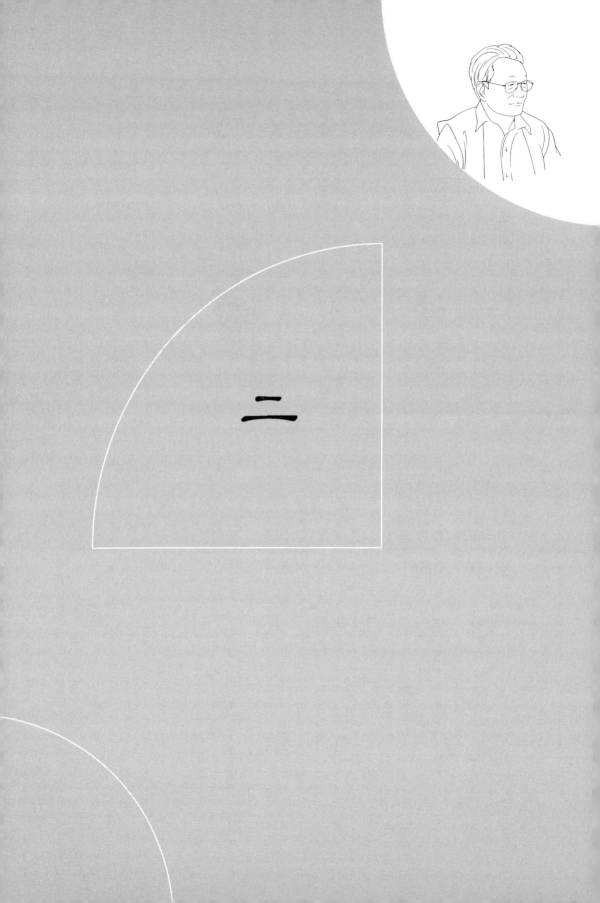

二

走着一条否定之否定的道路

——关于船山学术身份定性研究的历史回顾

王兴国

（湖南省文史研究院、湖南省社会科学院）

所谓船山学术身份的定性，就是把船山认定为一个什么样的学者，具体来说，是"理学家"还是"早期启蒙思想家"。在船山学研究的历史上，对这个问题的认识，经历了一个正、反、合的否定之否定的发展过程，即理学家（正）——早期启蒙思想家（反）——两种观点趋同（合，否定之否定）的历史过程。本文拟对此作一简要的回顾。

一

自从王船山逝世之后，认为船山是一个理学家的观点，始终未绝。船山逝世（1692）14 年之后，其子王敔在 1705 年写的《大行府君行述》中说："亡考慨明统之坠也，自正、嘉以降，世教早衰，因以发明正学为己事……至于守正道以屏邪说，则参伍于濂、洛、关、闽，以辟象山（陆九渊）、阳明（王守仁）之谬，斥钱（德洪）、王（艮）、罗（汝芳）、李（贽）之妄。"①这里讲的"正学"就是指理学。《宋元学案·

---

① 《船山全书》第 16 册，岳麓书社，1996 年，第 73 页。

泰山学案》说:"宋兴八十年,安定胡先生、泰山孙先生、徂徕石先生,始以师道明正学,继而濂、洛兴矣。"①这里讲的孙复、胡瑗、石介,就是被称为宋代"理学先驱"的宋初三先生。而王船山所尊崇之"正学"者张载,也是与周敦颐齐名的北宋前期的理学家。王敔的这些话,将其父亲的学术倾向做了明确的表述,为后人的研究提供了基本的依据。

在清代,最早为王船山作传的官员,为时任湖广学政的潘宗络,其《船山先生传》称:"又谓张子之学切实高明,作《正蒙释义》《思问录内外篇》,互相发明,以阐天人性命之旨,别理学真伪之微。"②所谓"别理学真伪之微",就是要从最细微处辨别真理学与假理学之间的差别。最早为船山作传的学者余廷灿则认为,船山"视真西山、魏了翁以降,姚、许、欧、吴诸名儒,仅仅拾洛、闽之糟粕以称理学,其立志存心,浅深本末相距何如也?"③真西山即真德秀(1178—1235),魏了翁(1178—1237),他们两人均是南宋后期理学家。姚指姚枢(1203—1280),许指许衡(1209—1281),欧指欧阳龙生(1252—1308),三人均是元代理学家。吴指明代理学家吴与弼(1391—1469)。余廷灿认为,这些人虽然号称理学名儒,但都不过拾取了二程的洛学和朱熹的闽学的糟粕,他们都无法与王船山的学术成就相比。唐鉴在《国朝学案小识》中,将船山归入"翼道学案",并且指出:"其为学也,由关而洛而闽,力砥殊途,归宿正轨。"唐氏在引用了船山《礼记章句》中有关《大学补传》和《四书训义》中有关《中庸》的论述后说:"先生之学宗程朱,于是可见矣。"④邓显鹤在《船山著述目录》一文中说:"至于近代,学者疾陋儒空谈心性,逸于考古,遂至厌薄程朱,专求求古人制度名物以为博,甚则刺取先儒删落踳驳谬悠之论以为异。而一二天资高旷之士,又往往误于良知之说,敢为高论,狂瞽一世,著书愈多,圣道愈蔀。先生忧之,生平论学,以汉儒为门户,以宋五子为堂奥,而原本渊源,尤在《正蒙》一书。"⑤"门户",指正门,房屋的出入口,此比喻做学问

---

① 《宋元学案》第 1 册,中华书局,1986 年,第 73 页。
② 《船山全书》第 16 册,岳麓书社,1996 年,第 88 页。
③ 《船山全书》第 16 册,岳麓书社,1996 年,第 95 页。
④ 《船山全书》第 16 册,岳麓书社,1996 年,第 544—547 页。
⑤ 《船山全书》第 16 册,岳麓书社,1996 年,第 410 页。

的入手处。堂奥,房屋的深处,此比喻深奥的道理或境界。曾国藩对邓氏这一观点表示赞同。他在致潘黻廷(名曾绶,潘祖荫之父)的信中说:"来示称王船山先生之学以汉儒为门户,以宋儒为堂奥,诚表微之定论。观其生平指趣,专宗洛、闽,而其考《礼》疏《诗》,辨别名物,乃适与汉学诸大家若合符契。"①邓、潘、曾三人对船山治学路径的分析,反映了清代嘉道年间汉学与宋学合流的趋势,也符合王船山治学路径的实际。后来的《清史列传》和《清史稿》中的《王夫之》传,都吸收了这一观点。郭嵩焘则在其《请以王夫之从祀文庙疏》明确指出:"窃查咸丰十年闰三月大学士军机大臣遵旨定议:从祀文庙,以阐明圣学,传授道统为断。……夫之为明举人,笃守程朱,任道甚勇。"②继郭氏之后,孔祥麟的《拟请从祀文庙疏》和赵启霖的《请三大儒从祀疏》都是按此口径写作的。

民国时期,继郭嵩焘创办的思贤讲舍之后创办船山学社的刘人熙曾说:"仲尼没而微言绝,七十子没而大义乖。正大义者,代有人焉。续微言者,子思子之后孟子,孟子之后程朱。自程朱以来,未有盛于衡阳王子者也。"③显然,刘氏是将船山视为续程朱大义微言的忠实继承人。蒋维乔在其出版于1932年的《中国近三百年学术史》之第一编第四章"关洛闽学派:王夫之"中说:"夫之之学,由关而洛而闽,力诋殊途,归宿正轨。"④王孝鱼在其出版于1934年的《船山学谱》自序中说:"自宋儒提倡道学以来,理学之书,虽汗牛充栋,而皆烂翻旧账,不脱前人科臼,求如船山先生之说理深邃,鞭辟入里,新有创发,完成统系者,实难其选。"⑤嵇文甫是最早用马克思主义观点研究船山思想者,在其写于1935年的《船山哲学》中说:"船山所讨论的问题是宋明以来道学家的问题。"⑥可见他也是将船山列入道学家的范畴。钱穆在其出版于1937年的《中国近三百年学术史》中说:"明末诸老,其在江南,究心理学者,浙有梨洲,湘有船山,皆卓然为大家。然梨洲贡献在学案,而自所创获者并不大。船山则理趣甚深,持论甚卓,不徒近

---

① 《船山全书》第16册,岳麓书社,1996年,第560页。
② 《船山全书》第16册,岳麓书社,1996年,第582页。
③ 《船山全书》第16册,岳麓书社,1996年,第875页。
④ 《船山全书》第16册,岳麓书社,1996年,第973页。
⑤ 《船山全书》第16册,岳麓书社,1996年,第978页。
⑥ 《船山全书》第16册,岳麓书社,1996年,第1006页。

三百年所未有,即列之宋明诸儒,其博大闳括,幽微精警,盖无多让。"①张西堂在其出版于 1938 年的《王船山学谱》中说:"先生之学,原本渊源,固在张子。……先生之于程朱,则时有所訾议。"②徐世昌在其出版于 1938 年之《清儒学案》中说:船山"平生为学,神契横渠,羽翼朱子,力辟陆王"③。上述情况表明,到了 20世纪 30 年代,出现了一个船山研究的小高潮(顺便指出,1933 年由上海太平洋书店印行了新一版的《船山遗书》),而且绝大多数学者都将船山视为理学家。

回顾这二百多年的船山研究史,占主流的观点,是将船山视为理学家。在此期间,人们对船山的研究,有三个明确的共识:

其一,是一致肯定船山"希张横渠之正学"。如果说王敔和潘宗络都是在述说船山参伍于濂、洛、关、闽以后说,"又谓张子之学切实高明",那么余廷灿则在《王船山先生传》中,特别突出强调"其学深博无涯涘,而原本渊源,尤神契《正蒙》一书,于清虚一大之旨,阴阳法象之状,往来原反之故,靡不有以显微抉幽,晰其奥窔"。④ 并且将船山所写《张子正蒙注》自序几乎全文录下。所以以后的作者都十分重视船山对张子的研究和继承。谭嗣同则认为,王船山的政治思想也受了张载的影响:"王出于周(敦颐)、张(载),周、张亦缀邹峄(孟子)之坠绪。"⑤到了近代,随着对宋明理学研究的深入,人们将理学分为三派,即以张载为代表的气学派,以程朱为代表的理学派,以陆王为代表的心学派。而肯定张子之学为气学者,往往将其判定为唯物论,所以很多人也以此而肯定船山为唯物主义的哲学家。嵇文甫在《船山哲学》中认为,如果从他整个理论体系来判断他在中国近古思想史上的地位,可以说他是"宗师横渠,修正程朱,反对陆王"。⑥ 从而比较清晰地描述出了船山的学术路径。当然也有学者对唯物说持不同意见。例如熊十力就认为,张载的《正蒙》昌言气化,近代的人将他视为唯物论,其实张载未尝以

① 钱穆:《中国近三百年学术史》,商务印书馆,1997 年,第 106 页。
② 张西堂:《王船山学谱》,商务印书馆,1938 年,第 19 页。
③ 《船山全书》第 16 册,岳麓书社,1996 年,第 912 页。
④ 《船山全书》第 16 册,岳麓书社,1996 年,第 92 页。
⑤ 《船山全书》第 16 册,岳麓书社,1996 年,第 721 页。
⑥ 《船山全书》第 16 册,岳麓书社,1996 年,第 1028 页。

气为元(本源)。《正蒙·太和篇》说:"太虚无形,气之本体。"又说:"由太虚,有天之名。由气化,有道之名。合虚与气,有性之名。合性与知觉,有心之名。"这些话清楚地表明,张氏是继承前人的体用分析方法,将太虚视为气之本体,将气化视为太虚的功用,哪里是以气为元(本源)呢?①

　　其二,将船山与同时代大儒顾炎武、黄宗羲等视为同列,以抬高船山的政治与学术地位。最早进行这种比较者,为邓显鹤,他在《楚宝》"王夫之"条中写道:"船山先生于胜国为遗老,于本朝为大儒,其志行之超洁,学问之正大,体用之明备,著述之精卓宏富,当与顾亭林、黄梨洲、李二曲诸老先相颉颃,而世尟知者。"②欧阳兆熊则认为:"船山先生为宋以后儒者之冠,同时如顾亭林、黄梨洲均不能及。"③值得注意的是,在清代末年,人们曾将顾、黄、王三人捆绑在一起,抬进了神圣的文庙。早在咸丰元年(1851)欧阳兆熊就建议时任礼部右侍郎的曾国藩向朝廷奏请将船山从祀文庙时,曾却认为时机未到,他说:"王船山先生崇祀之说,忝厕礼官,岂伊不思。惟近例由地方大吏奏请,礼臣特核准焉,不于部中发端也。而其事又未可遽尔,盖前岁入谢上蔡(良佐),今年崇李忠定(纲),若复继之,则恐以数而见轻。且《国史儒林》之传,崑山顾氏居首,王先生尚作第二人;他日有请顾氏从祀者,则王先生随之矣。大儒有灵,此等迟速盖有数存,不可率尔也。"④曾氏的这一分析,是有先见之明的。光绪二年(1876)八月二十日,时署理礼部左侍郎的郭嵩焘奏请将王夫之从祀孔庙,未果。光绪十年(1884)三月二十四日,江西学政陈宝琛奏请将黄宗羲、顾炎武从祀孔庙。礼部奏稿认为"毋庸议"。光绪十七年(1891)八月,湖北学政孔祥霖再次疏请王夫之从祀孔庙,又被礼部驳回。光绪三十三年(1907)正月二十八日,御史赵启霖奏请将王夫之、黄宗羲、顾炎武从祀孔庙。赵氏准确地概括了三大儒的特点:"王夫之于六经皆有纂注,其推勘义理,往往独造精复,发前贤所未发。""宗羲学派最为博大,论者谓其融冶诸家……旁推交通,兼综条贯,他儒莫能逮也。顾炎武生平论学,以'博学于

① 《船山全书》第 16 册,岳麓书社,1996 年,第 989 页。
② 《船山全书》第 16 册,岳麓书社,1996 年,第 105 页。
③ 《船山全书》第 16 册,岳麓书社,1996 年,第 576 页。
④ 《船山全书》第 16 册,岳麓书社,1996 年,第 557 页。

文,行己有耻'二语为宗旨,谓自一身至以至天下国家,皆学之事,自子、臣、弟、友以至出入、往来、辞受、取与之间,皆有耻之事。"光绪三十四年(1908)九月二日,上谕:"礼部会奏遵议先儒从祀分别请旨一折,顾炎武、王夫之、黄宗羲均着从祀文庙。"①

其三,高度评价王船山在宋明理学史上的地位。郭嵩焘在《船山先生祠安位告文》中指出:"盖濂溪周子与吾夫子,相去七百载,屹立相望。揽道学之始终,亘湖湘而有光。"②周子,指周敦颐,湖南道县人。道学,此指宋明理学。这句话是说,周敦颐和王船山虽然在历史上相距七百个年头,但却包揽了宋明理学的开始与终结。一个以其著作为宋明理学奠定了理论基础,是其开山祖;一个则从理论上对宋明理学进行了批判总结,是其终结者。郭氏的这一论断,为后人所认同。当代一些权威的哲学史或思想史教科书都采用此说。由于拙文《共识、超越与不及——郭嵩焘开创公祭船山150周年回顾》中对此作了比较细致的论述,此处就不再重复。

二

进入20世纪20年代,船山学术身份定性研究中出现了一种新观点,即"早期启蒙思想家说",此说作为对立面(反),与"理学家说"(正)对立了将近一百年。

最早提出"启蒙思想者"为梁启超写于1920年的《清代学术概论》。梁氏撰写此书的初衷,本来是为了替蒋方震所著《欧洲文艺复兴史》作序,但他为了在我国历史中找出与欧洲"类似之时代相印证",于是下笔不能自休,写成了一本书。这一故事说明,此书的写作虽然带有一定的偶然性,但是如果从时代发展看,又带有必然性。这种必然性就是,肇端于1915年《新青年》杂志出版,到1919年"五四"运动而达到高峰的近代启蒙思潮,主要是受西方启蒙思想影响的。面对这一蓬勃兴起的思潮,作为思想家的梁启超不禁深思:难道中国历史发展的自

---

① 《赵㵗园集》,湖南出版社,1992年,第4—6页。
② 《船山全书》第16册,岳麓书社,1996年,第585页。

身,没有出现过类似西方的文艺复兴和启蒙思潮吗?他认为有,这就是所谓的
"清代思潮"。所以梁氏在《清代学术概论》中指出:"'清代思潮'果何物耶?简单
言之,则对于宋明理学之一大反动,而以'复古'为其职志者也。其动机及其内
容,皆与欧洲之'文艺复兴'绝相类。而欧洲当'文艺复兴期'经过以后所发生之
新影响,则我国今日正见端焉。"①欧洲文艺复兴是从 13 世纪开始,最先在意大
利各城市兴起,以后扩展到西欧各国,于 16 世纪达到顶峰的文艺运动。它反映
了新兴资产阶级的要求。梁启超按佛教的"生、住、异、灭"将清代学术的发展划
分为启蒙期、全盛期、蜕分期、衰落期四个阶段。他认为启蒙期发生于 17 世纪,
以顾炎武、黄宗羲、王夫之、颜元等人为代表,他们是这一时期最值得重视和推崇
的思想人物。张岱年受梁氏的影响,也很重视对清代学术的研究,他说:"这三百
年中最伟大卓越的思想家,是王船山、颜习斋、戴东原……我觉得,现代中国治哲
学者,应继续王、颜、戴未竟之绪而更加扩展。王、颜、戴的哲学,都不甚成熟,但
他们所走的道路是很对的。新的中国哲学,应顺着这三百年来的趋向而前
进。"②范寿康在 1937 年出版的《中国哲学史通论》中继承了梁启超的观点,尤其
推重顾炎武、黄宗羲、王夫之、颜元四人。他认为梁启超说的"顾、黄、王、颜,同一
王学之反动也,而其反动所趋之方向各不同"话甚得要领③。吕振羽在出版于
1937 年的《中国政治思想史》中指出:黄宗羲、王夫之、龚自珍和魏源是市民阶级
政治思想代表。④

　　侯外庐是用马克思主义观点系统地提出"早期启蒙思想"的史学家。早在
1944 年出版的《船山学案》一书中,侯外庐就明确指出:"船山的自然法则论,和
近代欧洲启蒙学者有关'人法自然'的绝对理想相似。"⑤而在 1956 年出版的《中
国思想通史》第五卷第一章,他引用列宁在《我们究竟拒绝什么遗产?》一文中在
对俄国启蒙运动的分析,指出 17 世纪的中国社会和启蒙思潮的三个基本特点。

① 《梁启超论清学史二种》,复旦大学出版社,1985 年,第 3 页。
② 《张岱年文集》第 1 卷,清华大学出版社,1989 年,第 221 页。
③ 范寿康:《中国哲学史通论》,三联书店,1983 年,第 408 页。
④ 吕振羽:《中国政治思想史》,上海生活书店,1947 年,第 486 页。
⑤ 侯外庐:《船山学案》,岳麓书社,1982 年,第 12 页。

第一个特点,是"对于农奴制度及其在经济、社会和法律方面的一切产物满怀着强烈的仇恨":中国的启蒙者如王夫之、黄宗羲、顾炎武等人,都以各种方式,强烈地仇视农奴制度及依存于它的一切产物。第二个特点,是"热烈拥护教育、自治、自由、西欧生活方式和一般俄国全面欧化":中国的启蒙者拥护教育、自治和自由。第三个特点,是"坚持人民群众底利益,主要是坚持农民底利益……他们衷心相信农奴制度及其残余一经废除就会有普遍幸福,而且衷心愿意促进这一事业"。中国的启蒙者同情人民利益,特别是农民的利益,尽管他们多数并不同情农民暴动。侯氏指出,中国 17 世纪的情况不同于俄国的 19 世纪的情况,但是启蒙思想的性质是共通的。[①]

　　在侯外庐之后,萧萐父是坚定地维护"早期启蒙说"的重要学者。他还在坚持这一学说的过程中,进一步将它加以深化了。萧氏与许苏民合著的《王夫之评传》的第一章第五节《时代呼唤思想巨人》中指出,在前资本主义社会中,某种特定的社会形态在历史上的存在,通常要经过四个阶段。在第一阶段,作为新制度代表的某种社会力量刚刚兴起的时候,思想家不可能对他们为之论证的社会制度有一个客观的态度的。到了第二阶段,这一制度在全部社会经济生活中占了统治地位,庞大的政治上层建筑也建立了起来,这时统治阶级的思想家也不可能客观地对待他们所代表的制度。只有到了第三阶段,新的生产方式的萌芽已经出现,各种社会矛盾充分地暴露出来,旧制度行将崩溃又尚未崩溃,这时能作自我批判了,这种批判往往是由从统治阶级中分化出来的觉醒者进行的。到了第四阶段,即旧制度的崩溃阶段,反省的时期已经基本结束,新兴的社会力量以武器的批判代替了批斗的武器。因此作者认为,特定的自我批判的时代通常是出现在某种社会形态发展的第三阶段。作者进而指出,到了晚明时期,作为在历史上很少出现的"特定的自我批判的时代"所需要的"特定条件"已经具备。时代呼唤思想巨人,也造就思想巨人。正是以黄宗羲、顾炎武、王夫之等为代表的历史巨人,利用他们自身的文化教养,对历史和现实进行了深刻的检讨和批判,从而

---

① 侯外庐:《中国思想通史》第 5 卷,人民出版社,1956 年,第 27—29 页。

把晚明开始的思想启蒙继续引向深入。①

纵观"早期启蒙说"的几代主张者,他们虽各有自己的特点,但也有几个共同点:

其一,市民阶层说。市民阶层就是早期的资产阶级。主张"早期启蒙说"的学者认为,中国宋明时期,以商人、工匠和城市平民为主体的市民阶层逐步兴起,壮大为新的政治力量,社会结构发生巨大的分裂和重组。侯外庐参照恩格斯在《德国农民战争》将当时德国的市民等级分为三大集团的做法,也将中国 17 世纪的市民等级分为城市的豪贵集团、城市中等阶级的改良集团和城市平民集团。他指出,第一集团也包括了地主阶级反对派,第二和第三集团又形成了反对第一集团的人物,即中等阶级的反对派(以城市为主,即近代自由主义者的先辈人物)与平民反对派(即近代资产阶级的先行人物)②。在《中国思想通史》的第五卷第二章第八节,侯氏曾明确指出,船山"相当于恩格斯所指的城市中等阶级反对派"③。萧萐父和许苏民所写的《王夫之评传》在谈到明清之际的历史变化中的社会矛盾时,指出除了人民大众与皇权和官僚特权阶层这个主要矛盾之外,还存在着早期市民阶层与皇权专制主义的矛盾。这两个矛盾必然要反映到统治阶级内部,形成统治阶级内部的改革派与反改革派的矛盾冲突。④

其二,反理学说。梁启超所谓的"对于宋明理学之一大反动",就是主张反理学。侯外庐等主编《宋明理学史》说:"宋明理学发展的七百年间,理学内部的辩论,以及理学与反理学的斗争。是始终存在的。"⑤此书认为宋明理学是封建社会后期的统治思想,为强化封建社会后期的统治服务。从政治作用来说,理学是思想史上的浊流。⑥萧萐父则认为,宋明道学的主流和本质是中世纪的蒙昧主义,其理论核心在于辩护伦理异化的合理性。宋明道学家的哲学论证也有一些

---

① 萧萐父、许苏民:《王夫之评传》,南京大学出版社,2002 年,第 32—35 页。
② 侯外庐:《中国思想通史》第 5 卷,人民出版社,1956 年,第 22—23 页。
③ 侯外庐:《中国思想通史》第 5 卷,人民出版社,1956 年,第 142 页。
④ 萧萐父、许苏民:《王夫之评传》,南京大学出版社,2002 年,第 15—18 页。
⑤ 侯外庐:《宋明理学史》上卷,人民出版社,1984 年,第 15 页。
⑥ 侯外庐:《宋明理学史》上卷,人民出版社,1984 年,第 21 页。

合理的因素,成为中国封建社会后期哲学发展的必经环节;但它们的理论归宿、价值取向,绝非近代人文主义的哲学启蒙,而不过是传统的伦文主义的哲学加工。伦文主义是把维护等级隶属关系的纲常伦理绝对化,用以掩盖、代替和扼杀个人的道德意识和个人的独立人格。① 所以萧氏始终坚持其反理学的观点。

其三,理性主义说。本来,所谓启蒙,就是要用理性主义的精神反对蒙昧主义、专制主义和宗教迷信。梁启超说:"凡启蒙时代之大学者,其造诣不必极精深,但常规定研究之范围,创革研究之方法,而以新锐之精神贯注之。"他认为王船山和顾亭林都是王学反动所产生人物,但他们不但能破坏而且能建设。拿今天的术语来讲,亭林建设方向近于"科学的",船山建设的方向近于"哲学的"。西方哲学家在近代以前惟高谈宇宙本体,后来渐渐觉得如果不辨知识之来源,则本体论等于瞎说,于是认识论和论理(逻辑)学,成为哲学主要部分。船山哲学正是从这个方面为宋明哲学开辟了一条新路。因为知识本质、知识来源的审查,宋明人是没有注意到的。② 梁启超提出的这个问题十分重要,因为只有把认识论的问题解决好,才能有真正的理性主义。侯外庐进而指出,船山的知识论比顾炎武的经验论更高明。他既指斥"知实而不知名"的经验论,也批评了"知名而不知实"的唯理论。船山认为经验还是从物质出发的,也接近于实在的,并不和悟性绝离。他认为在实际经验里所得的判断(感性认识)虽不完全真实,但如果学思不已,终可以达到真理。人民在日常生活中的知能是有真理价值的。反之,虚立主观世界而忽视客观实在的唯心论,虽善辩巧说,也不如常识,愈学思而愈到牛角尖里。③ 萧萐父和许苏民认为,王夫之的认识论不是以程朱的"天理"为认识对象,也不是以陆王的天赋德性的"心"为认识对象,而是以"实有"的物质世界为认识对象。尽管认知仍与德性相联系,但王夫之却开始改变以认识论为伦理学之附庸的状况,凸显了人作为认知主体的地位。认知的对象既是"实有"的物质

---

① 萧萐父:《吹沙集》,巴蜀书社,1991年,第94页。
② 梁启超:《梁启超论清学史二种》,复旦大学出版社,1985年,第179—182页。
③ 侯外庐:《中国思想通史》第5卷,人民出版社,1956年,第106页。

世界,而一切认知亦只能是人的认知,于是对人的认知能力与实践能力的探讨也就成为认识论的首要问题。①

"早期启蒙说"虽然在 20 世纪的大部分年代里(特别是新中国成立之后)对学术界产生过重要影响,但是自从它提出之后,反对和质疑之声从来没有停歇。这种反对有两种情况,一种是根本反对"早期启蒙说"者。例如,包遵信认为,所谓启蒙是随着近代资产阶级登上历史舞台而出现的思想革命。如果用这一点衡量中国 17 世纪的社会思潮和王夫之等人的思想,是不能够把他们看作启蒙思想的。对此,包氏从政治、哲学、学风、价值观方面进行了论证②。另一种反对意见则是承认明清之际有启蒙思想,但认为王船山不能算早期启蒙思想家。例如,嵇文甫在肯定黄宗羲是一位伟大的启蒙思想家的同时,不承认王船山是启蒙思想家。他在《王船山学术论丛》的序言中论及船山时说:"对于他不应该作过苛的要求,也不应该作过高的估计。有人说船山是无神论,依我看,倒不如说他所主张的是泛神论,更为合适。有人说船山是民主主义者,依我看,他并没有离开儒家仁政思想的传统。有人说船山是代表市民的思想家,依我看他所代表的还是地主,虽然是开明的地主。"③冯友兰也是持这种观点。他在《中国哲学史新编》将王船山放在第 5 册,即宋明道学的最后一章,说王是"后期道学的高峰",而将黄宗羲放在第 6 册,即近代变法的第 1 章,说他是"中国历史第二次大转变时期思想界的先行者"。因为按照冯先生的安排,整个《中国哲学史新编》讲七个思潮,即先秦诸子(分前后期)、两汉经学、魏晋玄学、隋唐佛学、宋明道学(分前后期)、近代变法、现代革命④。所谓"第二次大转变"也就是"近代变法"思潮,这就表明,冯先生是肯定黄宗羲为启蒙思想家,而不赞成将王船山归入启蒙思想家之列。陈远宁在《王船山政治观研究》中的"结语"中通过系统分析后指出:"从主导方面说,王船山是代表中小地主阶级和一部分自耕农要求的改革派,而不是早期启蒙思想家。客观地说,王船山的朴素唯物论哲学确已达到最高峰,而他的政治

---

① 萧萐父、许苏民:《王夫之评传》,南京大学出版社,2002 年,第 163 页。
② 包遵信:《船山思想的启蒙性质问题》,《船山学报》1984 年第 1 期。
③ 嵇文甫:《船山学术论丛》,中华书局,1962 年,第 2 页。
④ 冯友兰:《三松堂全集》第 10 册,河南人民出版社,2000 年,第 4 页。

思想则尚未达到其时代所可能达到的水平。"①

三

进入 20 世纪 90 年代以来,"早期启蒙说"与"宋明理学说"出现了一种合流的趋势,即从"正"与"反"的对立,开始走向"合"(否定之否定)。对于这一点,笔者在《改革开放以来船山学的进展》一文中也曾指出,"对船山在中国思想史地位的认识逐步趋同"②。但当时笔者身在海外,手头缺乏资料,所以多是从这种趋同的可能性方面进行了一些分析。近来笔者看了一些资料,觉得这种趋同是确实存在的,往下对此作一些具体的分析。

首先,趋同出现的思想背景。这是与海内外学术发展的大势分不开的。正如田云刚在《早期启蒙说的当代使命》一文中所说:"20 世纪 90 年代以来,早期启蒙说阵营内的式微论、逝去论、错误论,阵营外的启蒙外来说、文化保守主义和后现代主义,都对早期启蒙说形成冲击。"③

"式微说"的提出者是萧萐父的学生李维武。所谓"式微"也就是衰落,正如同为萧萐父的学生吴根友所说,"相对于 20 世纪 40—80 年代的热烈讨论场面而言,'早期启蒙说'的确表现出了'式微'的态势"④,即早期启蒙说不像 20 世纪 40—80 年代那样引起人们的兴趣和讨论。李维武的《早期启蒙说的历史演变与萧萐父先生的思想贡献》一文发表于《武汉大学学报(人文科学版)》2010 年第 1 期,此时距 2008 年萧萐父先生逝世刚刚两年。而萧先生的逝世被有的学者视为"早期启蒙说"式微的标志性事件。李维武文章从两个方面分析了其"早期启蒙说"式微的原因。从外部来说,是"早期启蒙说"受到了后现代主义思潮和文化保守主义思潮的猛烈冲击;从内部来说,则在于"早期启蒙说"理论自身也有其局限

---

① 陈远宁:《中国古代政治观的批判总结——王船山政治观研究》,湖南出版社,1992 年,第271 页。
② 王兴国:《改革开放以来船山学的进展》,《船山学刊》2020 年第 1 期。
③ 田云刚:《早期启蒙说的当代使命》,《中国哲学史》2015 年第 2 期。
④ 吴根友:《萧萐父的"早期启蒙学说"及其当代意义》,《哲学研究》2010 年第 6 期。

性。这种局限性主要有两点：第一，"早期启蒙说"过于强调了早期启蒙思潮对于中国现代化进程的内在源头意义。此说认为必须以早期启蒙思潮为接合点来接引西方近现代文化，而没有看到除此之外，在中国传统文化及思想中还有其他内容也会对中国现代化起接引、促进作用，也能成为接纳西方近现代文化的结合点。例如，儒家民本思想，就成为李大钊接受马克思主义的接合点之一。第二，"早期启蒙说"强调以早期启蒙思潮为接合点来接引西方近现代文化，而没有看到这种接引并不能有效地解决西方近现代文化、包括马克思主义在中国的民族文化身份认同问题。在 21 世纪的今天，如果一个外来的思想、理论、文化，不能获得民族文化身份认同，要想在中国文化土壤中扎下根来是很困难的。①

所谓"逝去论"也就是"过时论"。它是冯契的学生朱义禄提出来的。朱氏 1995 年在河南人民出版社出版了《逝去的启蒙——明清之际启蒙学者的文化心态》一书。在此书中，他按照冯契对黄宗羲启蒙思想研究的思路，研究明清之际的启蒙思想，肯定了明清启蒙学者在近代和新文化运动时期有回响和余波。最终因为明清启蒙的中断和夭折，光辉的创新与陈腐的保守并存，未能发展成为资产阶级的意识形态，后世又影响渐微等，于是作者将明清启蒙视为逝去的启蒙。②

"启蒙外来说"认为中国的启蒙思想是从西方传入的。"后现代主义"是 20 世纪 70 年代后被神学家和社会学家开始经常使用的一个词，用于表达有必要意识到思想和行动需超越启蒙时代范畴。"文化保守主义"是主张以传统主流文化的价值作为现代化中介与民族凝聚力的基础，并以之应对西方文化挑战和引进外来文明，从而实现民族生命稳定与文明汇合的一种思潮。必须指出，李维武所谓的文化保守主义和后现代主义对"早期启蒙说"的消解与冲击，应当包括由杜维明与黄万盛等发起的"启蒙的反思"。

其次，趋同的理论契机——杜维明和黄万盛的"启蒙的反思"。杜维明是现

---

① 李维武：《早期启蒙说的历史演变与萧萐父先生的思想贡献》，《武汉大学学报（人文科学版）》2010 年第 1 期。

② 转引自田云刚《早期启蒙说的当代使命》，《中国哲学史》2015 年第 2 期。

代新儒家学派代表人物,当代研究和传播儒家文化的重要思想家,美国哈佛大学亚洲中心资深研究员。作为一位具有宽广视野和深沉历史感儒家思想家,杜氏长期以来对于启蒙运动的利弊进行了深入体察。他既充分肯定启蒙价值对于世界现代化进程所起的积极作用,又实事求是而令人信服地指出了启蒙心态对于人类当下生存境况及其可持续发展造成的巨大杀伤力,并从东西方的历史和现实,特别是儒家传统中发掘思想资源以期对治和超越启蒙心态。杜氏在 2001 年发表《超越启蒙心态》,标志他关于这一论域的思想基本成熟。在此文中,杜氏指出:"启蒙运动明显缺乏共同体思想,更不用说全球共同体的思想。能否认识到这一点是精神联合行动的关键。博爱是法国革命提倡的三种最重要的德行之一,其作用与共同体的思想相当。但是,博爱在现代西方经济、政治和社会思想中还没有得到足够的关注。"因此我们需要为"地球村"的建构制订一个全球计划,在支离破碎的现实世界与理想的人类整体社群之间找到可能的联系。这至少要求用一种新的金科玉律,即"己所不欲,勿施于人",替换自私自利的原则。这个金科玉律的肯定表达式为"己欲立而立人"[1]。

2005 年 7 月凤凰出版传媒集团和江苏教育出版社出版的一本以《启蒙的反思》为标题的图书,作者是哈佛燕京学社。其中第一篇文章的标题即为《启蒙的反思——杜维明、黄万盛对话录》。对话的中心思想认为,从"五四"新文化运动以来,整个中华民族的精神方向都被启蒙心态笼罩着。现在,已经有越来越多的人开始意识到启蒙的缺失和它造成的不良后果。启蒙的反思就是要了解其成就,破除其迷信,把被其过分夸张的光芒所遮蔽的西方以外的文化价值重新带回现代社会,纠正其偏误,丰富其成就,使得由其价值主导的"凡俗化"的世界转变成更富有精神性的世界,使其所发展出来的充满竞争性的世界转变为更有人情更有道义的人类生命共同体,使其所追求的无限发展的世界转变为追求均衡懂得自我节制的世界。启蒙的反思是人类当代继往开来最重大的思想课题。此书出版后,在大陆引起学术界的广泛关注。为推进此一话题的讨论,哈佛燕京学社

---

① 杜维民:《超越启蒙心态》,《国外社会科学》2001 年第 2 期。

协同《开放时代》和《世界哲学》杂志社邀集北京学界名家,于 2005 年 12 月 15 日在北京大学临湖轩举办"启蒙的反思"学术座谈。

2007 年,广州市社会科学院主管的《开放时代》杂志,发表了杜维明的高级助手黄万盛所写的《启蒙的反思和儒学的复兴——二十世纪中国反传统运动的再认识》。此文作者认为,中国新文化运动时期的启蒙虽曾有"全盘西化"的愿望,事实上却并没有被真正地"西化"过,传统还在,儒家文化也依然存在,因此当代的文化转型中儒学的复兴才具有真实的基础并成为问题。文章明确呼吁化解启蒙—儒家的二元论:"儒学的复兴取决于它能否成功地把启蒙思潮转化成儒学的内在组成部分,而启蒙的未来则在于通过儒学的复兴而实现文化和社会的转型。化解启蒙—儒家的二元论或许是二十一世纪中国最大的文化工程。"①

再次,趋同的初步实现。黄万盛的这一呼吁,在中国学术界很快得到响应。

一方面,是"早期启蒙"派的学者的肯定回应。萧萐父先生的高足弟子郭齐勇的《萧萐父启蒙论说的双重含义》中提出一个问题:有的同志认为,今天思想界有关"启蒙反思"的论说与萧先生的"明清启蒙思潮"的论说是针锋相对的。郭氏回答说,萧先生主张的是中国式的启蒙,而不是全盘西化与全盘式的反传统,他驳斥了中国自身不能产生现代性因素的西方偏见,这就疏离、超越了西方中心主义,也就蕴含了"启蒙反思"。萧先生并未照抄照搬西方启蒙时代的理论,也没有照抄照搬"启蒙反思"的理论,而是从中国思想文化的历史与现状出发,从健康的现代化(特别是人的现代化)出发,作出了深刻的反思。作者通过具体分析后得出结论:萧萐父的启蒙意涵已不是西方近代启蒙主义的内容,而恰恰超越了启蒙时代的启蒙精神,包含了诸多反思启蒙或启蒙反思的内容。他实际上有着双向的扬弃,意在重建中华文化的主体性。② 而张志强、白坤的《梁启超、侯外庐、萧萐父"启蒙"论说异同比较》一文,便直接将萧氏的启蒙论说表述为"启蒙与启蒙反思:萧萐父'启蒙'论说的'变奏'"③。还必须指出,郭齐勇在为纪念王船

① 黄万盛:《启蒙的反思和儒学的复兴——二十世纪中国反传统运动的再认识》,《开放时代》2007 年第 5 期。
② 郭齐勇:《萧萐父启蒙论说的双重涵义》,《哲学动态》2009 年第 1 期。
③ 张志强、白坤:《梁启超、侯外庐、萧萐父"启蒙"论说异同比较》,《船山学刊》2016 年第 6 期。

山诞辰 400 周年学术研讨会而提交的论文《尊生明有，主动率性——王夫之哲学的特质》，其所用的观点是当代新儒家的创立者之一熊十力的观点——"近人熊十力先生对王夫之学术路径与特点有精到的概括，熊先生对船山学的定位是十分确当的"；而其所用的资料则是早期启蒙论者"当代著名的王夫之哲学研究专家萧萐父与许苏民先生的研究，本文侧重揭示王夫之的理论贡献"[①]。郭齐勇先生的这些举措，应该说是化解启蒙—儒家的二元论的一种努力。

另一方面，是"儒家"派的回应。中国哲学史学会会长陈来先生，2020 年 8 月 21 日在北大博雅讲坛发表《我所理解的宋明理学》的讲演。他在谈到"宋明理学在历史上如何定位"时说，有些学者曾经认为，唐宋之交中国已经开始了近代化。尽管人们一般所理解的所谓近代化的经济基础是工业资本主义和科学革命，这个在当时的中国还没有出现。但是这个最早由日本学者提出来的观点还是有启发意义的，就是对于唐宋之交在中国出现的这种历史演变所具有的深刻性，以前人们认识不够。其中最主要的特点是与魏晋以来的士族社会相比，中唐以后社会总体趋势是向着平民化的社会发展。中唐以后出现的文化转向——新禅宗、新文学运动、新儒家的出现，与这种社会结构的变迁是相适应的。它们代表了宗教的改革、古文的复兴、古典儒学的重构，体现出了要和新的时代相符的文化运动。如果放在世界史中来看，这跟西欧近代的宗教改革、文艺复兴就有一些类似的特点。如果我们从这个角度来看，宋明理学的历史定位跟以前应有所不同，从中唐开始到北宋确立的文化转向，是中国社会近世化过程的一部分，是中世纪精神和近代工业文明的中间形态。这个中间形态最突出的基本精神是世俗化、合理化、平民化，或者说世俗性、合理性和平民性。因此，如果在这个意义下重新评价定位宋明理学的话，我们应该跟以前的观点有所区别，以前我们是把宋明理学看作是封建社会走下坡路，封建后期没落的意识形态；但实际上，宋明理学恰恰是摆脱了中世纪精神的亚近代的文化表现，是配合、适应了中国社会变迁的近世化所产生的文化转向的一个部分。所以我们应该在新的概念范畴下，

[①] 郭齐勇：《尊生明有，主动率性——王夫之哲学的特质》，《船山学刊》2020 年第 1 期。

对宋明理学有一种更积极的、肯定的理解和评价。① 陈来先生的这些话,体现了黄万盛所说的"把启蒙思潮转化成儒学的内在组成部分"的一种努力。

还必须指出,近年来出现了不少研究中国哲学,特别是宋明理学对欧洲启蒙思想家的影响的论文。李翔海认为,所谓中国哲学对启蒙时代的欧洲的影响,是指自 16 世纪中叶后,随着来自欧洲的耶稣会士在把基督教与当时已得到初步发展的科学技术传入中国的同时,亦将以宋明理学为主体的中国哲学带回欧洲,出现了"东学西渐"的热潮,并在 17 至 18 世纪对启蒙时代的欧洲产生了重要影响。李氏指出,以宋明理学为主体的中国哲学之所以能够对于启蒙时代的欧洲产生影响,一个重要的原因在于:当时欧洲思想界的时代任务是冲破神的笼罩,而确立人之所以为人的自主性;而以宋明理学为主体的中国哲学归根结底是以"人"为中心而无"神"的。② 梁真惠在《中国儒家学说的译介对欧洲启蒙运动的影响——以法国启蒙运动思想家为例》一文中,从伏尔泰、孟德斯鸠、狄德罗为代表的法国启蒙运动思想家与中国文化的接触入手,探讨了中国儒家思想的译介对于欧洲启蒙运动的影响。作者认为欧洲启蒙运动理性思想的根本来源固然是其文明源头中的人文精神和对理性的尊崇,但也在相当程度上受到由传教士译介到欧洲的中国儒家学说的影响。③ 这些文章力图证明,宋明理学与启蒙思想之间并不是对立的,而是可以相通的。

上述情况表明,"早期启蒙说"与"理学家说"的趋同是客观存在的。当然,这种趋同,还是处于初始阶段,因此如何给趋同之后的王船山学术身份一个恰当的名称,可能还要经过一段时间的研讨,才能得到共识。笔者在《改革开放以来船山学的进展》一文中曾根据陈来先生的意见,将其定位为"儒学正统的重建者",这一说法,可以作为选择之一。

(此文原载《船山学刊》2022 年第 2 期)

---

① 陈来:《我所理解的宋明理学》,北大博雅讲坛第 318 期。
② 李翔海:《中国哲学对启蒙时代欧洲的影响看"早期启蒙"说》,《江西社会科学》2015 年第 4 期。
③ 梁真惠:《中国儒家学说的译介对欧洲启蒙运动的影响——以法国启蒙运动思想家为例》,《昌吉学院学报》2010 年第 3 期。

20 世纪中国哲学研究的方法论启示

——重温萧萐父先生《〈20 世纪中国哲学本体论问题〉序》

李维武

（武汉大学哲学学院）

我是萧萐父先生指导的首届博士研究生，1987 年秋入学，1990 年夏毕业，整整三年时间在职攻读，完成博士学位论文《20 世纪中国哲学本体论问题》，经过张岱年、冯契、石峻、朱伯崑、方克立、李锦全、冯天瑜、袁伟时、何兆武、曾乐山十位著名学者评审，通过由方克立教授主持的博士学位论文答辩，获得哲学博士学位。再经过一年的持续努力，将这篇 25 万字的博士学位论文修订增补成 28 万字的学术专著，由湖南教育出版社 1991 年 12 月出版。拙著付梓之前，张岱年先生和萧萐父老师欣然赐序鼓励后学。两先生的序，冠于拙著正文之前，后又收入他们各自的文集：张先生的《序》，收入河北人民出版社 1996 年出版的《张岱年全集》；萧老师的《序》，收入巴蜀书社 1999 年出版的《吹沙二集》和武汉大学出版社 2007 年出版的《萧氏文心》。

萧老师的这篇序，立论鲜明，思路清晰，结构细密，逻辑谨严，集中阐发了他对 20 世纪中国哲学研究的方法论思考，实为一篇运思深刻、阐述精辟的哲学论文。强调哲学史研究必须重视方法论，必须以马克思主义哲学史观作为指导，这是萧老师从事中国哲学史研究的一大特点。他在指导我开展 20 世纪中国哲研究、撰写博士学位论文时，同样重视哲学史方法论的提炼和运用，他的这篇序就是一个很好的证明。那时中国哲学界对 20 世纪中国哲学的研究还处于起步之际，有关 20 世纪中国哲学研究方法论的文章尚不多见。萧老师敏锐地意识到，要深入开展 20 世纪中国哲学研究，亟待补上哲学史方法论的不足。1992年，也就是拙著出版后的第二年，萧老师在中国现代哲学史第二届全国理论研讨会开幕式上的致词中明确指出："对现代中国哲学史的研究，似乎还有些重大的方法论问题值得探讨。"①正是基于这一原因，萧老师这篇序的重心，放在阐发 20世纪中国哲学研究方法论上。这在当时是颇具前沿性和代表性的，即使在今天看来也没有失去思想锋芒和理论意义。

　　30 多年过去了，今天重温师序，仿佛回到当年，再蒙恩师授业，谆谆教诲，殷殷希望，倍感亲切！我由此产生了一个想法：采用文本解读的方式，根据自己的理解，将这篇序之于 20 世纪中国哲学研究的方法论启示阐发出来，为时下的和今后的 20 世纪中国哲学研究提供借鉴。下面即依序文的内容结构和思想进路，将全序十一个自然段依次分为前后衔接、相互贯通的五个部分，逐一进行解读，以昭显其中的 20 世纪中国哲学研究方法论及其启示。

一、哲学史研究中的历史与逻辑

> 谢朝花于已披，启夕秀于未振。
>
> 观古今于须臾，抚四海于一瞬。

　　陆机《文赋》中此数语，似可借以表达在特定历史转折关头人们伫立旷观、谢故趋新的文化心态。人类社会发展的合规律进程，无论是经济的进化，或是文化的衍变，都在连续性中又有其一定的阶段性。哲学运动，也是如此，无论哲学认识的矛盾发展，或是哲学思潮的分合起伏，都依存于社会运动的一定发展阶段而自有其思想承转的阶段性；每一阶段的哲学，作为人

---

① 萧萐父：《中国现代哲学史第二届全国理论研讨会开幕式上的致词》，载《吹沙二集》，巴蜀书社，1999 年，第 411 页。

们理性的探索,总经历着艰难和曲折、冲突和融合、肯定和否定,由偏到全,由浅入深,历史地形成为一个具有逻辑意义的发展进程。每当发展中出现新旧代谢的转折关头,总会激发起人们回顾既往,展望将来,进行必要的文化审视和抉择,作跨越一定历史时空的总括思考。①

这段富有诗意和激情的文字,是萧老师序的第一自然段,以开门见山的方式,提出了哲学史方法论中的历史与逻辑关系问题。在萧老师看来,历史与逻辑的统一,是哲学史方法论的一个关键性原则,对于 20 世纪中国哲学研究方法论也不例外。

萧老师为什么如此关注这个问题呢?这首先在于:从学科分类上看,属于哲学的哲学史与属于历史学的思想史、文化史的一个重要区别,就在于哲学史是从哲学历史中发现内在的逻辑,而思想史、文化史则非如此。在一些历史学家看来,历史的开展本是没有什么规律性存于其间的;在一些思想史家看来,思想史只是研究历史上的思想碎片或这些碎片的拼接。哲学史的这一特点,黑格尔在开创哲学史这门哲学的分支学科时即已指出,成为黑格尔哲学史观的核心内容。按照黑格尔的看法,"在哲学史里我们所研究的就是哲学本身"②。所谓"哲学本身",就是哲学的内在逻辑开展。这种哲学史里的"哲学本身",作为哲学的内在逻辑开展具有两重性,一方面具有必然性,"全部哲学史是一有必然性的、有次序的进程。这进程本身是合理性的,为理念所规定的。偶然性必须于进入哲学领域时立即排除掉"③;另一方面又具有历史感,包含了历史上出现的各个哲学体系:"每一哲学曾经是,而且仍是必然的,因此没有任何哲学曾消灭了,而所有各派哲学作为全体的诸环节都肯定地保存在哲学里"④,也就是说:"在这里面,凡是初看起来好像是已经过去了的东西,被保存着,被包括着,——它必须是整个

---

① 萧萐父:《序》,载李维武著《20 世纪中国哲学本体论问题》,湖南教育出版社,1991 年,序第 3 页。
② [德]黑格尔:《哲学史讲演录》第 1 卷,商务印书馆,1959 年,第 24 页。
③ [德]黑格尔:《哲学史讲演录》第 1 卷,商务印书馆,1959 年,第 40 页。
④ [德]黑格尔:《哲学史讲演录》第 1 卷,商务印书馆,1959 年,第 40 页。

历史的一面镜子。"①这就提出了哲学史研究的历史与逻辑相统一的原则。

萧老师之所以如此关注这个问题,还有更深一层的原因:萧老师是一个马克思主义学者,更为认同和重视的是马克思主义哲学史观。马克思主义哲学史观是从马克思和恩格斯创立的唯物史观出发的,一方面与黑格尔哲学史观有着联系,对黑格尔哲学史观的合理内核予以继承;另一方面又与黑格尔哲学史观有着区别,是对黑格尔哲学史观的深刻改造。在哲学史方法论中的历史与逻辑关系问题上,黑格尔哲学史观所讲的历史只是精神自身的历史,体现的是绝对精神的自我开展;马克思主义哲学史观所讲的历史,则不仅是指哲学史自身的历史开展,而且还指作为哲学史开展基础的社会历史变迁。这就是说,在马克思主义哲学史观中,哲学史方法论中的历史与逻辑关系实有两层含义:第一层含义是就哲学史自身而言,指哲学历史与内在逻辑的关系;第二层含义是就哲学史的社会历史基础而言,指哲学史与社会历史变迁的关系。马克思主义哲学史观所讲的历史与逻辑的统一,包括了历史与逻辑关系的这两层含义。

20 世纪 30 年代,李达就已在《社会学大纲》中,通过对唯物辩证法的历史准备和发生发展过程的考察,指出了马克思主义哲学史观所主张的历史与逻辑关系的两层含义。他指出:"唯物辩证法是普罗列达里亚(即无产阶级——引者注)的哲学,这个哲学的发生,构成为普罗列达里亚的成长的一环,而其发展是通过这阶级的社会的——历史的实践而成就的。同时,唯物辩证法,当作理论看,它是一切先行的学说、思想及知识之辩证法的综合。……唯物辩证法克服了从来的含有辩证法契机的观念论与形而上学的唯物论,同时又批判的摄取了这两个对立的哲学中的积极的成果。当作哲学看,唯物辩证法与一切先行的哲学有很深的关系,因而一切先行哲学的历史,都是唯物辩证法的前史。"②在这里,李达既指出了唯物辩证法有其社会历史基础,"其发展是通过这阶级的社会的——历史的实践而成就的",又指出了唯物辩证法是全部哲学史的"辩证法的综合",即

---

① ［德］黑格尔:《哲学史讲演录》第 1 卷,商务印书馆,1959 年,第 45 页。
② 李达:《社会学大纲》,载《李达文集》第 2 卷,人民出版社,1981 年,第 69 页。

全部哲学史的合逻辑的总结,从而清楚地阐明了马克思主义哲学史观的历史与逻辑相统一的原则。李达的思想和学识直接影响了吕振羽、侯外庐等第一批中国马克思主义史学家,建立起中国马克思主义哲学与中国马克思主义历史学的联系,由此而有了这些史学家的以哲学史为主体的思想史研究,有了吕振羽的名著《中国政治思想史》和侯外庐的名著《中国近世思想学说史》,为实现马克思主义哲学中国化而探寻中国自己的"唯物辩证法的前史"。

萧老师在 20 世纪 50 年代后期回到武汉大学哲学系任教后,即在李达指导下沿着这一传统开展中国哲学史研究;又于 20 世纪 60 年代前期,参加李达主编的《马克思主义哲学大纲》历史唯物主义部分的编写工作。这使他对唯物史观有了深入的了解,并力求将唯物史观贯穿在自己的哲学史观中。对于自己的学术道路与学术渊源,萧老师在 1990 年曾有过回顾,作过概述:"抚念生平,其所以走上学术道路,勉力驰骋古今,全赖从中学时起就受到几位启蒙老师言传身教的智慧哺育和人格熏陶。至于大学时代传道授业诸师,冷峻清晰如万卓恒师、朴厚凝专如张真如师、渊博钦崎如金克木师,诲教谆谆,终身不忘。50 年代中赴京进修,曾问学于汤用彤、贺自昭、冯芝生、张岱年、任继愈诸师,饫闻胜义;又从李达老、杜国庠、侯外庐、吕振羽诸前辈的立身治学风范中得窥矩矱,深受教益。"[①]具体落实到哲学史观上,萧老师强调:"历史方法和逻辑方法的统一,是马、恩、列改造黑格尔哲学史观的重大成果,是马克思主义史学方法论的重要原则。一方面,必须把黑格尔对历史和逻辑的颠倒重新颠倒过来,坚持'从最顽强的事实出发',把历史作为逻辑的基础、出发点和根据。另一方面,马、恩又强调逻辑方法是历史科学唯一适用的方法。历史研究必须摆脱历史现象形态和各种偶然因素的干扰。如果不采用逻辑方法,仅停留在历史的现象形态上,就无从探索其规律性,见树不见林。"[②]因此在这篇序中,萧老师特别强调从唯物史观出发来理解和把握哲学史研究方法论中的历史与逻辑关系问题。

20 世纪 80 年代,萧老师在哲学史方法论上经历了由"纯化"到"泛化"的变

---

① 萧萐父:《后记》,载《吹沙集》,巴蜀书社,1991 年,第 625—626 页。
② 萧萐父:《历史感情与历史科学》,载《吹沙集》,巴蜀书社,1991 年,第 403 页。

化。所谓哲学史研究的"纯化",是主张从哲学范畴研究入手,净化哲学概念,使哲学史成为哲学认识史,以便揭示哲学矛盾运动的特殊规律。所谓哲学史研究的"泛化",是主张将哲学史与思想史、文化史重新结合起来进行研究,凸显哲学矛盾运动历史的复杂性、曲折性、多样性、偶然性。萧老师曾是哲学史研究"纯化"的主张者,而后又转向重视哲学史研究的"泛化"。他在写这篇序的前两年,发表了题为《哲学史研究中的纯化和泛化》的短文,阐明了自己在这个问题上的思想变化:"鉴于哲学史研究曾羼入许多非哲学的思想资料,往往与一般思想史、学说史浑杂难分,我们曾强调应当净化哲学概念,厘清哲学史研究的特定对象和范围,把一些伦理、道德、宗教、政法等等非哲学思想资料筛选出去,使哲学史纯化为哲学认识史,以便揭示哲学矛盾运动的特殊规律。但进一步考虑哲学与文化的关系,文化是哲学赖以生长的土壤,哲学是文化的活的灵魂,哲学所追求的是人的价值理想在真、善、美创造活动中的统一实现;哲学,可以广义地界定为'人学',文化,本质地说就是'人化'。因而这些年我们又强调哲学史研究可以泛化为哲学文化史。以哲学史为核心的文化史或以文化史为铺垫的哲学史,更能充分反映人的智慧创造和不断自我解放的历程。"[1]这种经过"泛化"后所形成的"以哲学史为核心的文化史或以文化史为铺垫的哲学史",当然在历史与逻辑之间更多地强调了历史的内容,包括历史的复杂性、曲折性、多样性、偶然性,但这些历史的内容仍然以哲学史为核心,仍然是有逻辑意义的发展进程贯穿于其中,仍然离不开历史与逻辑的统一。

　　具体到 20 世纪中国哲学研究,萧老师认为这一研究直接受到 20 世纪中国历史进程的制约,并不是 20 世纪中国历史的任何时段都适宜进行的;只有当 20 世纪中国历史进程发展到 20 世纪与 21 世纪之交,处于一个旧的历史时代结束和一个新的历史时代开始的历史转换点,才为从总体上反思 20 世纪中国哲学提供了条件。因此,他在这段话里借陆机《文赋》语,来说明"每当发展中出现新旧代谢的转折关头,总会激发起人们回顾既往,展望将来,进行必要的文化审视和

---

① 萧萐父:《哲学史研究中的纯化和泛化》,载《吹沙集》,巴蜀书社,1991 年,第 410 页。

抉择,作跨越一定历史时空的总括思考",认为在这新的世纪之交开展 20 世纪中国哲学研究正逢其时,蕴含了"谢朝花于已披,启夕秀于未振"的深刻意味。

二、哲学史书写中的"圆圈"

黑格尔的哲学史观中有一个被马克思主义充分肯定和发扬的观点,即以巨大的历史感为基础,认定真理及其展示是一个过程,哲学真理的历史发展近似于一串小圆圈所组成的大圆圈,哲学发展的大、小圆圈自有其起点和终点,而终点向起点复归,又恰好成为新的起点。黑格尔这些灵动的思想,经过马克思主义的唯物史观和辩证方法的熔炼改铸,更加深刻地成为哲学史研究的科学指南。马克思在一开始触及哲学史研究领域时便指出:"哲学史应该找出每个体系的规定的动因和贯穿整个体系的真正的精华,并把它们同那些以对话形式出现的证明和论证区别开来,同哲学家们对它们的阐述区别开来,……哲学史应该把那种像田鼠一样不声不响地前进的真正的哲学认识同那种滔滔不绝的、公开的、具有多种形式的现象学的主体意识区别开来。……在把这种意识区别开来时应该彻底研究的正是它的统一性,相互制约性。"列宁也指出,黑格尔"把哲学史比做圆圈"是"一个非常深刻而确切的比喻!!每一种思想=整个人类思想发展的大圆圈(螺旋)上的一个圆圈"。在《谈谈辩证法问题》一文中,列宁按历史和逻辑统一的原则,对西欧哲学发展中的"古代""文艺复兴时代""近代"等几个阶段的"圆圈",曾勾画其轮廓,确定其矛盾发展的起落点,具有极其深广的方法论意义。①

这是萧老师序的第二自然段。如果说在序的第一自然段中,萧老师强调了历史与逻辑的统一是哲学史方法论的一个关键性原则,对于 20 世纪中国哲学研究方法论也不例外;那么在序的第二自然段中,萧老师则进一步阐发了如何依马

---

① 萧萐父:《序》,载李维武著《20世纪中国哲学本体论问题》,湖南教育出版社,1991年,序第3—4页。

克思主义哲学史观,以社会历史变迁为基础,从哲学历史中发现其内在的逻辑,由此来开展 20 世纪中国哲学研究。在这个问题上,萧老师强调要重视梳理哲学史上的"圆圈",并引述从黑格尔到马克思、列宁的有关思想,来加以说明。

所谓哲学史上的"圆圈",是对哲学发展内在逻辑进程的辩证法和规律性的形象化表达。也就是说,哲学历史的内在逻辑开展,表现为一系列哲学思想的"圆圈",即历史上不同哲学思想之间,呈现出近似螺旋上升的内在联系。因此,只有通过这种哲学史上的"圆圈",才能形象而本质地揭示和把握哲学历史的内在逻辑,从而清晰地阐明哲学史研究中的历史与逻辑的关联。正是这样,萧老师对哲学史上的"圆圈"十分重视,强调这是马克思主义哲学史观对黑格尔哲学遗产的重要继承,具有重要的哲学史方法论意义。在这一自然段的开头,他就指明了这一点。现在的一些研究者认为,在哲学史研究中讲"圆圈"是对哲学史的主观化、简单化论说,这实是由于对这种辩证方法不理解或不懂得而产生的误解。

萧老师不仅对哲学史上的"圆圈"从理论上作了阐发,而且援引马克思和列宁的相关论述来进一步说明这种"圆圈"之于哲学史研究的意义。这些相关论述,分别引自马克思的《关于伊壁鸠鲁哲学的笔记》和列宁的《哲学笔记》。在这两部笔记中,列宁的《哲学笔记》早已为中国人所熟知,从 20 世纪 30 年代起就为中国马克思主义哲学著述不断引用,李达在《社会学大纲》中就指出:"人类对于世界的认识,是无限的循着螺旋状的曲线运动的历史的发展过程"[①];马克思的《关于伊壁鸠鲁哲学的笔记》则不同,直到《马克思恩格斯全集》中文一版第 40 卷于 1982 年出版才有了中文译本,因而长期以来不为一般中国学人所了解。但是萧老师熟悉马列经典,十分重视《关于伊壁鸠鲁哲学的笔记》,在序中专门引用了其中的一段文字。

萧老师为什么重视《关于伊壁鸠鲁哲学的笔记》呢? 青年马克思写于 1839 年的《关于伊壁鸠鲁哲学的笔记》,是他为撰写博士论文而开展古希腊罗马哲学

---

① 李达:《社会学大纲》,载《李达文集》第 2 卷,人民出版社,1981 年,第 82 页。

研究所做的笔记,包括七本用德文、希腊文和拉丁文写的笔记本。1841 年,马克思完成博士论文《德谟克利特的自然哲学和伊壁鸠鲁的自然哲学的区别》,就广泛地利用了这些笔记。由此来看,萧老师之所以重视这些笔记,至少有两方面的原因。一方面的原因在于,《关于伊壁鸠鲁哲学的笔记》作为马克思博士论文的准备材料,直接显示了马克思在研究古代哲学史时对哲学史方法论的思考。那时的马克思,还没有创立马克思主义哲学,也没有创立马克思主义哲学史观,但已在继承黑格尔哲学史观的同时提出了自己的见解,包括要重视哲学史上的"圆圈"的见解。在青年马克思看来,"在哲学史上存在着各种关节点,它们使哲学在自身中上升到具体,把抽象的原则结合成统一的整体,从而打断了直线运动"①。另一个方面的原因在于,从《关于伊壁鸠鲁哲学的笔记》中可以清楚地看到青年马克思是如何以认真治学的态度和博览群书的精神准备博士论文,为此阅读了大量的哲学文献,做了这些笔记,其中既有文献的摘录,也有自己的思考。这些笔记和马克思的博士论文,至今对于做好哲学博士学位论文仍具有典范性意义。这是今天的许多博士生导师和他们所指导的博士研究生所不了解的。萧老师在序中专门引用马克思的《关于伊壁鸠鲁哲学的笔记》,我想他的良苦用心之一,就是要将这一层意义揭示出来。

三、中国哲学启蒙的历史与逻辑

中国传统哲学中有所谓"贞元之会"或"贞下起元"的说法,源于对《周易》的《乾·象辞》与《乾·文言》中"元、亨、利、贞"四字的诠释。汉唐人注疏,多以"仁、礼、义、信"四德或"春、夏、秋、冬"四时附会解释;而到宋代,理学家们则别有发挥,把"元、亨、利、贞"释为"始、长、遂、成"四个发展阶段的周期,如朱熹所推衍:"元者物之始生,亨者物之畅茂,利则向于实也,贞则实之成也。实之既成,则其根蒂脱落,可复种而生矣。此四德之所以循环而无

---

① 马克思:《关于伊壁鸠鲁哲学的笔记》,载《马克思恩格斯全集》第 40 卷,人民出版社,1982年,第 135 页。

端也。"这似乎是以农作物生长收获为喻,借以说明事物发展的周期性(螺旋形式);而到明清之际,时代思潮的异动,唤起人们对"贞元之会"的觉识,一些启蒙学者更从学术思潮的变局着眼,如刘宗周注意到晚明学风的变异,曾惊叹:"贞下起元,是天道人心至妙至妙处!"黄宗羲继之,曾朦胧地臆测到学术思想的发展通过某种连续否定的环节而形成一定的"圆圈";在所谓"贞元之会",往往会出现继往开来的思想家。按"贞下起元"的周期模式,黄宗羲认为,宋明时期的哲学思想,"周(敦颐)、程(颢、颐),其元也;朱(熹)、陆(九渊),其亨也;姚江(王守仁),其利也;蕺山(刘宗周),其贞也"。在朦胧的臆测中大体勾画出宋明哲学发展"圆圈"的轮廓。尤为可贵的是,黄宗羲伫立在 17 世纪末的历史转折点上,曾以一个早期启蒙者的胸怀,面向未来,热情呼唤:"孰为贞下之元乎?!"

黄宗羲的呼唤并未落空。18 世纪有颜元、戴震,19 世纪有龚自珍、魏源等,相继奋起,召唤风雷。但历史在沉重的苦难中蹒跚了两个世纪,直到本世纪初才迎来了"五四"新文化运动——真正的民族觉醒的"贞下之元"。

20 世纪中国,成为东方诸矛盾之焦点,经历着深重的苦难。中国人民在苦难中觉醒奋起,却又屡遭挫折,终于在马克思主义指引下克服各种艰危险阻而赢得解放和进步。在这样的历史背景下,中西古今各种文化思潮也展开了剧烈的冲突和在冲突中融合。从本世纪初,以《新青年》创刊为标志所开展的文化大论争,这一论争在后"五四"时期的时起时伏,直到 80 年代中期掀起的文化讨论热潮,至今余波未息;绵亘近一个世纪的文化论争,其表现形态是中西古今新旧文化价值的评判之争,是中国现代化道路的选择和探寻,而贯穿、蕴涵其中的乃是一系列哲学问题,既有哲学认识论、方法论问题的种种分歧,更有哲学本体论问题的艰苦曲折的探索。这是一个极为复杂的思想历程,给人们留下了极为宝贵的文化选择和理论探研的历史经验教训。毫无疑义,20 世纪中国哲学思潮,既与世界哲学思潮声息相通,又与中国传统哲学血脉相因,对中华未来腾飞自有其文化酵母作用,因而是值得充分重视的研究课题。①

这是萧老师序的第三自然段至第五自然段。如果说在序的第二自然段中，萧老师阐发了如何依马克思主义哲学史观，以社会历史变迁为基础，从哲学历史中发现其内在的逻辑，由此来开展 20 世纪中国哲学研究，那么在序的第三自然段至第五自然段中，萧老师则落脚到中国哲学史，具体地勾画了从明清之际到 20 世纪三个多世纪间中国哲学发展的"圆圈"。这个哲学史的"圆圈"所反映的，用萧老师的话说，就是中国哲学启蒙的坎坷道路。

在序的第三自然段中，萧老师确定了中国哲学启蒙的历史和逻辑的起点。他指出，宋明哲学家往往将《周易》卦辞中的"元、亨、利、贞"四字，解释为构成一个发展过程的"始、长、遂、成"四阶段，借以说明事物发展的周期性，于有意无意间将这种周期性看作是螺旋形式的"圆圈"。黄宗羲不仅依此周期性，在朦胧的臆测中大体勾画出宋明哲学发展"圆圈"的轮廓，而且伫立在 17 世纪末的历史转折点上，以一个早期启蒙者的胸怀，发出"孰为贞下之元乎"的呼唤。他所说的"贞下之元"，实则反映了在宋明道学发展"圆圈"完成之后，中国哲学启蒙新"圆圈"的起点。

在序的第四自然段中，萧老师强调了中国哲学启蒙的艰难性，指出 17 世纪一代早期启蒙思想家之后，历史在沉重的苦难中蹒跚了两个世纪，直到 20 世纪初才迎来了"五四"新文化运动——真正的民族觉醒的"贞下之元"。对于这个问题，萧老师在 1982 年发表的《中国哲学启蒙的坎坷道路》一文中已作了专门阐发。该文指出，中国与德国、俄国相比，在历史"难产"的痛苦中觉醒的先进人物，为摸索真理而走过了更加艰难曲折的道路；从明清之际到"五四"新文化运动，哲学启蒙人物可大体划分为五代："明清之际的黄宗羲、顾炎武、方以智、王夫之到颜元、戴震、焦循等同具人文主义思想的早期启蒙者属一代，阮元、龚自珍、魏源、林则徐等开始放眼世界的地主改革家为一代，严复、谭嗣同、康有为等努力接受

---

① 萧萐父：《序》，载李维武著《20 世纪中国哲学本体论问题》，湖南教育出版社，1991 年，序第 4—6 页。

西学以图自强的资产阶级维新派为一代,以孙中山、章太炎为代表的资产阶级革命民主派和后期梁启超及王国维、蔡元培等试图会通中西自立体系的资产阶级学者为一代;三百年来,一代代思想家呼唤风雷,一阵阵古今中外思潮的汇合激荡,终于在伟大的'五四'运动中,崛起了李大钊、陈独秀、毛泽东、蔡和森等由革命民主主义转到马克思主义的思想家。中国哲学革命才被推进到一个新阶段。"①由于已有专文详论,因此萧老师在序中对中国哲学启蒙道路只作了简略勾画。

在序的第五自然段中,萧老师落脚于现时代,着重回顾了 20 世纪中国哲学的开展。这一回顾对 20 世纪中国哲学中的历史与逻辑关系的把握,是与他主张的"以哲学史为核心的文化史或以文化史为铺垫的哲学史"相联系的。他从 20 世纪中国社会历史变迁入手,揭示了 20 世纪中国文化思潮的总特点:"20 世纪中国,成为东方诸矛盾之焦点,经历着深重的苦难。中国人民在苦难中觉醒奋起,却又屡遭挫折,终于在马克思主义指引下克服各种艰危险阻而赢得解放和进步。在这样的历史背景下,中西古今各种文化思潮也展开了剧烈的冲突和在冲突中融合。"他又从 20 世纪文化思潮入手,指出了 20 世纪中国哲学的总特点:"绵亘近一个世纪的文化论争,其表现形态是中西古今新旧文化价值的评判之争,是中国现代化道路的选择和探寻,而贯穿、蕴涵其中的乃是一系列哲学问题,既有哲学认识论、方法论问题的种种分歧,更有哲学本体论问题的艰苦曲折的探索。"这样一来,经过层层梳理,就清楚地揭示了 20 世纪中国哲学中的历史与逻辑关系。由此来看 20 世纪中国哲学,确实有着极为重要的研究价值。萧老师的结论是:"这是一个极为复杂的思想历程,给人们留下了极为宝贵的文化选择和理论探研的历史经验教训。毫无疑义,20 世纪中国哲学思潮,既与世界哲学思潮声息相通,又与中国传统哲学血脉相因,对中华未来腾飞自有其文化酵母作用,因而是值得充分重视的研究课题。"

萧老师用哲学史的"圆圈"所勾画的中国哲学启蒙的坎坷道路,从历史与逻

---

① 萧萐父:《中国哲学启蒙的坎坷道路》,载《吹沙集》,巴蜀书社,1991 年,第 15 页。

辑的关系问题看包含了两方面的内容:一方面,指出了中国哲学开展有其内在逻辑联系,在宋明道学发展"圆圈"完成之后,又开启了中国哲学启蒙的新"圆圈",这两个"圆圈"之间是衔接的,呈现出一个螺旋式上升的关系,并不是一种"断裂";另一方面,强调了中国哲学开展由于受到社会历史变迁的制约,受到各种外在的和自身的历史因素的影响,因此中国哲学启蒙的道路是艰难曲折的,不是一帆风顺、一路凯歌、一蹴而就的。由此来看中国人对马克思主义哲学的接纳,同样也是如此:就其中国哲学启蒙的内在逻辑看,这种接纳是符合其逻辑进程的;就其中国哲学启蒙的实际历史看,这种接纳又是在千辛万苦寻找救国救民真理中所作出的最终选择。因此,萧老师断然否定了在这个问题上的各种非历史主义观点。他在中国现代哲学史第二届全国理论研讨会开幕式上的致词中指出:"对'五四'新文化运动的评估问题,国外有所谓'五四'造成了中国传统文化的'断裂'说,又有所谓'五四'传入的马克思主义与中国儒家传统'一拍即合'说,貌似相反,实则相通,显然都是对历史事实的主观臆说。"①

还有一个问题:萧老师所说的中国哲学启蒙的新"圆圈",其螺旋形式的上升是否完成了一个周期呢?对于这个问题,萧老师在序中没有明确说明,但在《中国哲学启蒙的坎坷道路》一文中已经有了确切结论。他说:"'五四'前后,马克思主义的思想光芒射进了风雨如磐的中国大地。在当时新旧文化思想的激烈冲突中诞生了马克思主义的文化新军。李大钊就是这支文化新军最早的旗手,是中国近代史的伟大转折时期出现的新启蒙运动中最有远见、最有深度的伟大思想家。……以后,通过一系列的论战,唯物史观以不可抗拒的科学锋芒,在思想阵地摧枯拉朽,开创了中国近代哲学革命的新局面。"②又说:20世纪"30年代到40年代,继唯物史观的传播之后所兴起的唯物辩证法运动,在思想战线上产生了巨大的影响,开辟了中国历史上哲学革命的新纪元,这是前此的中国哲学启蒙经过三百多年坎坷曲折的道路所达到的历史总结。"③由此可见,萧老师所说

---

① 萧萐父:《中国现代哲学史第二届全国理论研讨会开幕式上的致词》,载《吹沙二集》,巴蜀书社,1999年,第411页。

② 萧萐父:《中国哲学启蒙的坎坷道路》,载《吹沙集》,巴蜀书社,1991年,第28—29页。

③ 萧萐父:《中国哲学启蒙的坎坷道路》,载《吹沙集》,巴蜀书社,1991年,第30页。

中国哲学启蒙的新"圆圈",是以唯物辩证法运动的兴起作为这一周期完成标识的。正是在这个哲学运动中,产生了艾思奇著《大众哲学》、李达著《社会学大纲》和毛泽东著《辩证法唯物论(讲授提纲)》,形成了影响至今的中国马克思主义哲学的辩证唯物主义形态,并由此而开启了吕振羽、侯外庐对中国自己的"唯物辩证法的前史"的探寻。这是在阅读萧老师的序时需要注意把握的。

四、20 世纪中国哲学的问题与思潮

李维武同志在攻读中国哲学博士学位过程中,德业双修,学思并重,毅然选择了"20 世纪中国哲学思潮"作为研究课题,并首先集中在久被忽视的哲学本体论方面,经过认真钻研,奋力完成了博士学位论文,在答辩中,颇得海内专家和师友的好评。而他从善如流,锲而不舍,继续将学位论文修订充实,琢磨成这部专著。

我是这部专著的书稿的最早读者之一,深深感到本书宏观立论,微观考史,宏微兼及,论史结合,确乎具有一些详人之所略、发人之未发的独得之见。

首先,作者立言有仪,选此课题,自觉地站在世纪之交的转折点上,回顾前瞻,以哲学本体论为主线,对本世纪中国哲学三大思潮的不同精神取向和互相激荡联结作总体考察,并力图引出前瞻性的结论,预示下世纪中国哲学特别是马克思主义哲学的未来发展。这样一种运思方式和历史自觉,是很有启发意义的。而作者更具体认定,在 20 世纪中国,哲学本体论问题的理论展开正是新的时代精神和民族觉醒的抽象而深刻的反映。这样一个学术论断,也颇有理论深度而耐人咀嚼。

其次,作者不囿成说,敢标新义,把 20 世纪中国哲学划分为三大主要思潮,即(一)科学主义思潮,(二)人文主义思潮,(三)马克思主义哲学。这一对哲学思潮的划分方法,超越和扬弃了以往按不同政派或按不同学派或按对东西新旧文化评判的不同观点等所采的种种分法,而是另辟视角,以本

体论上不同理论取向作为划分的内在根据,又以 20 世纪世界哲学思潮的大趋势作为划分的重要参照,使这一对现代中国哲学主潮的三分法基本符合历史实际,更具有较深刻的理论意义。书中,以三大思潮为主要线索,运用历史与逻辑相统一的分析方法,系统展开了对 20 世纪中国哲学的纵横论述,一方面,就三大思潮的代表人物,分别进行了个案剖析,并揭示其历时性的层层递进的逻辑含义;另一方面,就三大思潮之间的相互影响与矛盾联结,进行了深入阐述,并凸显了马克思主义哲学及其中国化以其最能反映时代新精神与民族新觉醒的理论优势而据有的主流地位。在论述中,对严复以来科学主义思潮的贡献和局限的评判,对科学与玄学论战的主题的深入分析,对贺麟哲学在人文主义本体论发展中的承转作用的论定等,均引据翔实,诠释合度,虽新意迭出,而言之成理,具有较强的说服力。

作者在书中通过对 20 世纪中国哲学的发展的全面反思,引出了具有前瞻性的结论。全书最后指出,马克思主义哲学必须重视本体论问题的研究,必须对中国哲学论坛和世界哲学论坛上的科学主义思潮和人文主义思潮实行双向扬弃,发展自己的哲学本体论;并强调通过马克思主义的实践精神的阐扬,必将迎来马克思主义哲学本体论的发展的光辉前景。作者这些跨世纪的哲学思考和具有预测性的独得之见,无疑会给读者以多方面的启发。[1]

这是萧老师序的第六自然段至第十自然段。如果说在序的前五个自然段中,萧老师是阐发自己关于 20 世纪中国哲学研究的方法论思考,那么在序的这五个自然段中,萧老师则通过对拙著的衡论,进一步阐发关于 20 世纪中国哲学研究的方法论思考。从序的这些内容看,他的这一思考有两个着重点,一是如何看待 20 世纪中国哲学的问题,二是如何看待 20 世纪中国哲学的思潮。其所以如此,一方面是因为我的博士学位论文直接涉及了这些内容,另一方面则在于这些内容确实是 20 世纪中国哲学研究中有待从方法论上来加以阐明的。

---

[1] 萧萐父:《序》,载李维武著《20 世纪中国哲学本体论问题》,湖南教育出版社,1991 年,序第 6—7 页。

如何看待 20 世纪中国哲学的问题？这是萧老师通过对拙著的衡论，在关于 20 世纪中国哲学研究的方法论思考上，首先要作出探讨和说明的。

哲学本是关注问题、思考问题、探讨问题的学问。历史上古往今来哲学家的思想，总是环绕一定的哲学问题而展开的。但是在 20 世纪 80 年代，中国哲学史学界为了追求哲学史研究的"纯化"，一度沉浸于哲学范畴的研究，而不关注对哲学问题的探讨。至于哲学中古老的本体论问题，正如萧老师在序中所说，已经"久被忽视"了。但我却发现，要深刻把握 20 世纪中国哲学的总体走向、内在逻辑以及与社会历史的联系，依靠哲学范畴的研究是难以实现的，而必须从哲学问题的研究入手。这是因为，20 世纪中国哲学家所主要关注、思考和探讨的，严格来说不是哲学范畴，而是哲学问题；20 世纪中国哲学开展，正是通过他们对哲学问题的关注、思考和探讨实现的；其中最核心的、最能体现哲学本性的问题，正是本体论问题。我因此选择了本体论问题作为进入 20 世纪中国哲学研究的切入点，以《20 世纪中国哲学本体论问题》为题来撰写博士学位论文。这一选题鲜明地体现了哲学史研究的问题意识，也从一个侧面反映了中国哲学史学界开始由重视哲学范畴的研究转向重视哲学问题的研究。

这一选题提出后，在当时并不为有关人士普遍认可，提出质疑者确有人在。但萧老师以其深厚的哲学功底和敏锐的哲学洞察力，表示了明确的赞同和支持。为了让我做好这一选题，萧老师专门邀请陈修斋老师出席我的博士学位论文开题报告会。陈老师在 1988 年发表了《关于哲学本性问题的思考》一文，从"哲学无定论"入手，对最能体现哲学本性的本体论问题作出了深刻阐发，是当时最能深刻理解本体论意义的哲学家之一。在开题报告会上，陈老师对我的论文选题予以了积极支持，对论文提纲作了悉心指导，对做好这一选题从学理上予以了支持。20 多年后，我写了《关于"哲学无定论"问题的探讨与陈修斋先生的阐释》一文，开篇即回忆这段往事。我在文中说，没有陈老师的这篇文章和直接指点，我也会完成这篇博士学位论文，但要达到后来这样的深度与力度，受到张岱年先生这样的好评，则是困难的；只有在萧老师和陈老师共同营造的武汉大学哲学史研究的这种中西会通、史论结合的学术氛围里，我才能对 20 世纪中国哲学本体论问题真正有所思、有所获,才能写得出这样的博士学位论文来。

这种对哲学问题的重新重视,特别是对深入探讨本体论问题的认肯,在张先生和萧老师各自的序中鲜明地体现出来。两先生序的一个共同点,就是肯定了我的博士学位论文的选题,肯定了 20 世纪中国哲学研究必须深入探讨本体论问题。

张先生在序中强调了本体论问题之于哲学的重要性,开篇即指出:"本体论的问题是哲学的核心问题。19 世纪以来,西方有不少思想家否定了本体论的价值;但本体论的研究并未衰歇,许多博学深思的哲学家仍努力运用新的观点建构本体论的体系。这是因为,世界总有其统一的基础,万事万物总有其统一的存在根据,这统一的存在根据即是所谓本体。世界本体的问题是一个必须认真对待的问题。"①他进而强调 20 世纪中国哲学研究必须重视本体论问题,指出:"中国自 20 世纪 20 年代以来,有很多学者思想家注意本体论的探索,建构自己的本体论的体系,从而构成中国哲学发展史的新篇章,达到了理论思维的较高水平。这是值得重视的。"②并对我的研究工作予以了肯定,指出:"李维武同志的博士论文《20 世纪中国哲学本体论问题》对于 20 世纪初以来中国哲学中关于本体论的讨论进行了全面的详细的考察和分析,认为'在 20 世纪中国,新的文化精神的发生与展开,在 20 世纪中国哲学本体论的发展中得到了十分抽象而又相当深刻的体现。'这一见解是深刻而中肯的。"③

萧老师在这篇序中,更具体地谈了这些问题。在序的第六自然段中,他肯定了我在攻读博士学位过程中,"毅然选择了'20 世纪中国哲学思潮'作为研究课题,并首先集中在久被忽视的哲学本体论方面"。在序的第八自然段中,他进而肯定我在博士学位论文中探讨 20 世纪中国本体论问题的意义和新意,认为:"作者立言有仪,选此课题,自觉地站在世纪之交的转折点上,回顾前瞻,以哲学本体

① 张岱年:《序》,载李维武著《20 世纪中国哲学本体论问题》,湖南教育出版社,1991 年,序第 1 页。
② 张岱年:《序》,载李维武著《20 世纪中国哲学本体论问题》,湖南教育出版社,1991 年,序第 1 页。
③ 张岱年:《序》,载李维武著《20 世纪中国哲学本体论问题》,湖南教育出版社,1991 年,序第 1 页。

论为主线,对本世纪中国哲学三大思潮的不同精神取向和互相激荡联结作总体考察,并力图引出前瞻性的结论,预示下世纪中国哲学特别是马克思主义哲学的未来发展。这样一种运思方式和历史自觉,是很有启发意义的。而作者更具体认定,在 20 世纪中国,哲学本体论问题的理论展开正是新的时代精神和民族觉醒的抽象而深刻的反映。这样一个学术论断,也颇有理论深度而耐人咀嚼。"在序的第十自然段中,他又肯定我在博士学位论文结语中所作的最后结论,赞同我对于马克思主义哲学本体论和中国哲学发展未来的理解。我的这个结论是:"我们的时代、我们的民族需要马克思主义哲学本体论,以体现新的文化精神。马克思主义哲学本体论,唯有融贯马克思哲学的实践精神,并从文化创造的高度来理解实践精神,才能真正体现新的文化精神。创造这种体现新的文化精神的哲学本体论,无疑是一个极为艰苦的哲学探索过程。这个探索过程,应当以 20 世纪中国哲学三大思潮环绕本体论问题的全部探讨为其历史的和逻辑的起点。让我们从 20 世纪中国哲学的历史出发,去创造 21 世纪中国哲学的未来。"①

如何看待 20 世纪中国哲学的思潮? 这是萧老师通过对拙著的衡论,在关于 20 世纪中国哲学研究的方法论思考上,要进一步作出探讨和说明的。

在 20 世纪中国哲学研究中,如何划分思潮,其根据何在,其合理性何在,这些问题是萧老师十分关注、着力思考的。1992 年,他在中国现代哲学史第二届全国理论研讨会开幕式上的致词中,在谈到现代中国哲学史研究还有些重大的方法论问题值得探讨时,就指出:"特别是关于'五四'以来现代中国思想阵线的总体格局的把握问题,即中国现代哲学思潮的派别分疏问题,还有待确立具体的方法论原则。"②对于当时的有代表性的思潮划分,他作了一一点评:"关于鸦片战争以后的近代思想史,长期惯用顽固派、改良派、革命派等政治派别来划分思想阵线,明知不切,但积习难返。'五四'以后的现代哲学史,曾受党史模式的影

---

① 李维武:《20 世纪中国哲学本体论问题》,湖南教育出版社,1991 年,第 340 页。
② 萧萐父:《中国现代哲学史第二届全国理论研讨会开幕式上的致词》,载《吹沙二集》,巴蜀书社,1999 年,第 411 页。

响,大体按阶级属性划分,分为封建地主阶级思想、买办资产阶级思想、民族资产阶级思想、小资产阶级思想和无产阶级思想。毛泽东在《新民主主义论》中,着眼于文化革命的斗争阵线,首先划分了新民主主义文化与帝国主义——封建主义反动文化同盟这两大营垒之间的生死斗争,然后对两大阵营内部又作了些具体分疏。曾有现代哲学史著作,或以'论战'为纲,简单地划分为马克思主义阵营与反马克思主义阵营;或按中西文化论争中的观点划线而分为'西化派''国粹派''中西融合派'等(如邓中夏、郭湛波的论著都各有分法)。海外学者史华滋、张灏等人,编书著文,提出'激进民主主义''自由主义''民族主义''文化保守主义(褒义的)'等的分疏;日本学者还有其他分法。国内如方克立同志有'现代新儒学思潮''自由主义思潮'与'马克思主义思潮'的三分法;另有'东方文化论''全盘西化论''中国本位文化论'与'新民主主义文化论'的四分法;也有青年同志把 20 世纪中国现代形态的哲学分为'科学主义''人文主义''马克思主义'三大思潮,互相激荡,马克思主义的发展前景乃在于吸收前两者的合理成分而扬弃其不合理部分。"①这里提到的"青年同志",就是指的我。面对复杂纷繁的 20 世纪中国哲学历程,我发现以思潮作为线索,能够比较准确地抓住哲学历史现象中的头绪,清晰地揭示出这一段哲学史中本体论开展的内在逻辑。基于这一思路,我在博士学位论文中把 20 世纪中国哲学开展划分为科学主义、人文主义、马克思主义哲学三大思潮,以此为框架来开展 20 世纪中国哲学本体论问题研究。萧老师把我的这些看法,也作为一派代表性观点来加以介绍。对于这些观点,萧老师的结论是:"以上各种说法,虽都言之成理,而显然分歧很大,颇难达到一致。怎样通过总结分析,熔裁取舍,依照马克思主义哲学史观或文化史观来处理好这个问题,似乎还是我们的一项迫切的研究任务。"②

具体到我在博士学位论文中提出的 20 世纪中国哲学思潮划分,萧老师在序的第九自然段中作了相当细致的衡论。他指出了我的思潮划分与其他分法相比

① 萧萐父:《中国现代哲学史第二届全国理论研讨会开幕式上的致词》,载《吹沙二集》,巴蜀书社,1999 年,第 411—412 页。
② 萧萐父:《中国现代哲学史第二届全国理论研讨会开幕式上的致词》,载《吹沙二集》,巴蜀书社,1999 年,第 412 页。

所显示的合理性,认为:"这一对哲学思潮的划分方法,超越和扬弃了以往按不同政派、或按不同学派、或按对东西新旧文化评判的不同观点等所采的种种分法,而是另辟视角,以本体论上不同理论取向作为划分的内在根据,又以 20 世纪世界哲学思潮的大趋势作为划分的重要参照,使这一对现代中国哲学主潮的三分法基本符合历史实际,更具有较深刻的理论意义。"又进而肯定了我的思潮划分对 20 世纪中国哲学研究的意义,认为:"书中,以三大思潮为主要线索,运用历史与逻辑相统一的分析方法,系统展开了对 20 世纪中国哲学的纵横论述,一方面,就三大思潮的代表人物,分别进行了个案剖析,并揭示其历时性的层层递进的逻辑含义;另一方面,就三大思潮之间的相互影响与矛盾联结,进行了深入阐述,并凸显了马克思主义哲学及其中国化以其最能反映时代新精神与民族新觉醒的理论优势而据有的主流地位。"

在 20 世纪中国哲学诸思潮中,萧老师尤其强调马克思主义哲学的意义,特别重视中国马克思主义哲学的发展,对于我在博士学位论文中的相关阐发多有肯定和认同。他在序的第十自然段指出:"作者在书中通过对 20 世纪中国哲学的发展的全面反思,引出了具有前瞻性的结论。全书最后指出,马克思主义哲学必须重视本体论问题的研究,必须对中国哲学论坛和世界哲学论坛上的科学主义思潮和人文主义思潮实行双向扬弃,发展自己的哲学本体论;并强调通过马克思主义的实践精神的阐扬,必将迎来马克思主义哲学本体论的发展的光辉前景。作者这些跨世纪的哲学思考和具有预测性的独得之见,无疑会给读者以多方面的启发。"萧老师的这段话,通过对我的 20 世纪中国哲学研究和《20 世纪中国哲学本体论问题》一书的衡论,表达了他在 20 世纪中国哲学研究的方法论思考上所得出的结论。

这个结论的得出,是萧老师当时反复思考、不断探索的结果。作序后不久,萧老师又在中国现代哲学史第二届全国理论研讨会开幕式上的致词中指出:"尤其今天,面对国际风云变化的新形势,回顾 20 世纪中国新文化运动的风雨历程,必须从新的思想高度,才能找到新的起点,展望 21 世纪,迎接未来中国哲学的新发展。这个中国哲学,应当是以中国化了的马克思主义哲学为主体的新哲学;这个中国哲学的新发展,也必将是 21 世纪马克思主义哲学的新凯旋。"①

五、20 世纪中国哲学研究方法论的"心炬之传"

> 李维武同志曾耕读天门,学工汉上,80 年代初考取硕士研究生以来,深
> 自檠括,不务浮明,博涉浚求,积学精思,矻矻十年,成此专著。晴空鹤唳,不
> 负所期,乐观其成,喜为之序。至于面向未来,任重道远,心炬之传,愿共
> 勉焉。②

这是萧老师序的第十一自然段,也是最后一个自然段。萧老师在这里回顾
了我的人生道路和治学经历,既肯定我在过去取得的进步,又激励我在未来继续
地努力,作为全序的总结。

我作为共和国的同龄人,人生道路和治学经历都是与时代相联系的:1968
年高中毕业后,先后下乡务农、进厂做工,劳动十年;1978 年春成为武汉大学哲
学系七七级本科生,由此走上哲学道路;1982 年春成为武汉大学哲学系中国哲
学史专业硕士研究生,进而在萧萐父、李德永、唐明邦三先生引导下进入中国哲
学研究之门;1987 年秋成为武汉大学哲学系中国哲学专业首届博士研究生,在
萧老师指导下将研究方向由中国古代哲学转为 20 世纪中国哲学,三年后完成论
文、通过答辩、获得学位,并于 1991 年 12 月将博士学位论文修订增补成书出版。
这一成长过程确实不易,既有自己的艰苦努力,更有老师们的辛勤付出!

萧老师对我的这一成长过程十分了解,因而在序中表达了欣喜之情、希冀之
心。特别是他所说的"心炬之传",尤其蕴含深意,值得反复体会。"心炬"一词,
典出高尔基的短篇小说《丹柯》。小说中的少年英雄丹柯,为了带领族人们走出
天昏地暗的森林,撕开自己的胸膛,挖出自己的心,把它高高举起放在头顶上化

---

① 萧萐父:《中国现代哲学史第二届全国理论研讨会开幕式上的致词》,载《吹沙二集》,巴蜀书
社,1999 年,第 413 页。
② 萧萐父:《序》,载李维武著《20 世纪中国哲学本体论问题》,湖南教育出版社,1991 年,序第
7 页。

作人类大爱的火炬,引导人们由黑暗走向光明。丹柯的化心为炬的英雄选择,深为萧老师景仰和推崇,凝练成经常使用的"心炬"一词。但萧老师所说的"心炬",又与小说中丹柯之心最后裂散成许多火星而熄灭的悲剧结局不同,"心炬"之火如同薪火传承,能够心心相传而不绝。在萧老师看来,真正的师生之谊,真正的学问生命的延续,正是这种"心炬"相传。他追忆李达与吕振羽的师生情谊,写下了"湘皋鸣鹤传心炬,破雾燃犀五十年"①的诗句;在纪念李达百年诞辰时,又发出"桃李天涯同颂念,默燃心炬继长征"②的心声;1993 年底在广州讲学,留下了"随缘且说丹柯事,心炬相传瞩未来"③的感念;晚年回忆自中学时代起授业诸师的教诲,动情地说:"自负笈墨池,至今半个世纪过去了,而老师们播入心田的火种却始终在延烧。这是丹柯燃心为炬的圣火,永远也不会熄灭。从我自己切身的感受,确乎如此。"④因此,萧老师在序中所说的"心炬之传",决非浮泛之词、应景之语,而是有着深刻的寓意。这种"心炬之传",也就是哲学史研究中的"接着讲",所凸显的是哲学史研究中的思想传承和治学传统。现在一些研究者否定哲学史研究中的"接着讲",只强调要在哲学史研究中"讲自己",这就把哲学史研究中的思想传承和治学传统给否定了、抛弃了。这种割裂传统的做法,其实是做不好哲学史研究的,是一种非历史主义的哲学史方法论。

对于萧老师所说的"心炬之传",我十分珍视并努力实践。自那以后 30 多年来,我始终铭记萧老师的教诲和期望,以博士学位论文作为生长点,专心致力 20 世纪中国哲学研究,并将其扩大为 19—20 世纪中国哲学研究,不断深化,多方拓展,取得了不少新的进展和新的成果。特别是对 19—20 世纪中国哲学研究的方法论,更是高度重视、未敢松懈,在萧老师阐发的 20 世纪中国哲学研究方法论的启示下,作了进一步探索和推进。其中有新意的哲学史方法论见解,集中体现在以下几点:

---

① 萧萐父:《哭奠吕振羽同志》,载《吹沙集》,巴蜀书社,1991 年,第 604 页。
② 萧萐父:《庚午秋,鹤鸣师李达同志诞辰百年纪念,三湘将有盛举,缅怀仪型,风骨自励,心花数朵,敬表微忱》,载《吹沙集》,巴蜀书社,1991 年,第 624 页。
③ 萧萐父:《一九九三年十二月,避寒羊城,半隐石牌,后应邀仍讲课五次,多谈传统文化与现代化的接合问题》,载《吹沙二集》,巴蜀书社,1999 年,第 753 页。
④ 萧萐父:《后记》,载《吹沙集》,巴蜀书社,1991 年,第 626 页。

——形成 19—20 世纪中国哲学史观。在萧老师阐发的 20 世纪中国哲学研究方法论的启示下,我坚持以马克思主义哲学史观为指导,深入开展 19—20 世纪中国哲学研究,由此形成了 19—20 世纪中国哲学史观。这一史观吸取了萧老师的中国哲学启蒙新"圆圈"的思想,强调 19—20 世纪中国哲学实现了古今之变,其基本观点在于:(一)19—20 世纪中国哲学与以往数千年中国哲学相比,其实质性的不同在于发生了现代意义的古今之变;(二)19—20 世纪中国哲学之所以发生这一巨变,其最终原因在于鸦片战争后中国社会历史的变迁;(三)19—20 世纪中国哲学所发生的这一变化,有其一以贯之的主轴线,即中国哲学的现代转型和传统更新,这是 19—20 世纪中国哲学最本质的东西,也是 19—20 世纪中国哲学合逻辑的东西,决定了 19—20 世纪中国哲学的历史走向;(四)中国哲学的现代转型和传统更新,是通过西方哲学的中国化和中国哲学的现代化两种哲学运动实现的,由此构成了 19—20 世纪中国哲学的总特点;(五)这一主轴线和总特点表明,19—20 世纪中国哲学所经历的古今之变,实是中国哲学自身从古及今的发展,不能简单地归结为"西化"和"反传统",看作是中国哲学历史的"断裂"。这一哲学史观,从总体上阐明了对 19—20 世纪中国哲学的基本理解,提出了开展 19—20 世纪中国哲学研究的致思路径,构成了我的 19—20 世纪中国哲学研究方法论的核心内容。

——提出"以哲学史为中心的思想史研究"方法论。与 19—20 世纪中国哲学史观相关联,在萧老师的《哲学史研究中的纯化和泛化》一文启发下,我提出了"以哲学史为中心的思想史研究"方法论,以求在 19—20 世纪中国哲学研究中,关注哲学发展与历史文化的关联,把形而上的"思"与非形而上的"史"结合起来,在哲学史中引入更多的思想史内容,改变哲学史研究只注重哲学史自身的逻辑展开而忽视哲学史与历史文化之间联系的状况。这一方法论尤其重视:(一)由历史文化扩大 19—20 世纪中国哲学研究的问题域,把那些处于哲学史与思想史交叉的边缘性位置的问题,把那些看似不属于哲学史而只属于思想史的问题,都作为 19—20 世纪中国哲学的重要问题,纳入 19—20 世纪中国哲学研究中来;(二)建立 19—20 世纪中国哲学与中国思想世界的联系,把那些属于思想史研究的中国思想世界中一些与哲学相联系、相交叉的内容,如哲学与其他相邻学科的联系、作为思想史的观念史研究、作为思想史的社会思潮史研究,都纳入 19—20 世纪中国哲学研究中来;(三)凸显 19—20 世纪中国哲学与历史文化环境的联系,不仅注意经济和政治对哲学发展的深刻影响,而且重视鸦片战争后出现的新的历史文化因素,如近现代报刊的出现、现代大学哲学系的设立、现代思想文化运动的兴起,对 19—20 世纪中国哲学开展的十分重要的影响。这种"以哲学史为中心的思想史研究"又与历史学的思想史研究相区别:尽管这一方法论也重视"史",也重视历史的思想碎片,但又强调必须从"史"中探寻出"思"的内在逻辑与展开脉络,从这些思想碎片中揭示出哲学发展的"一以贯之"之"道"。如果说,我在博士学位论文中所探讨的本体论问题及环绕本体论问题所展开的科学主义、人文主义、马克思主义哲学三大思潮,是 19—20 世纪中国哲学的核心内容,那么我提出的"以哲学史为中心的思想史研究"方法论,则为 19—20 世纪中国哲学研究打开了更大的思想空间。

——对 19—20 世纪中国哲学问题域作出拓展。通过采用"以哲学史为中心的思想史研究"方法论,我发现 19—20 世纪中国哲学开展,包含了哲学史上的两类提问方式及由之而来的两类问题,一类提问方式及其问题来自哲学发展的自身逻辑展开,另一类提问方式及其问题来自社会历史和现实生活。19—20 世纪中国哲学发展,对于哲学自身的提问方式和问题作出了具有时代特色和民族特色的转换,特别是在本体论、认识论等问题上多有思考、探讨和建树,并以此标示中国哲学的现代转型和传统更新;又使那些直接来自中国社会历史变迁的特殊的提问方式和问题成为这一段哲学史的重要问题,如中西古今文化关系问题、中国现代化道路问题、全球化问题、现代性问题、"中国向何处去"问题,就是这类特殊的提问方式和问题。环绕这两类哲学问题所展开的思考、探讨、论争,共同构成了 19—20 世纪中国哲学的历史进程,使得中国哲学的现代转型和传统更新既具有内在的逻辑环节和逻辑进程,又呈现出绚丽多彩的时代色调和鲜活跃动的生命力。这些哲学问题具有鲜明的层次性;从逻辑上看,即从哲学观念由一般到特殊、由抽象到具体看,集中在三个层面上:(一)在最抽象的层面上,是本体论与认识论问题;(二) 在居中的层面上,是历史观与文化观问题;(三) 在最具体的层面上,是政治哲学问题。政治哲学问题在 19—20 世纪中国哲学中有着特殊的含义,所要直接回答的最主要问题就是"中国向何处去"这一时代大问题。除了这三个层面的基本问题外,19—20 世纪中国哲学还有其他一些问题。这些问题往往不是以纯粹哲学问题的形式出现,而是以社会问题、文化问题、价值观问题等形式出现,但这些问题对于认识和了解中国哲学的现代转型和传统更新,却同样意义重大、值得重视。

——对 19—20 世纪中国哲学思潮作出新的划分。19—20 世纪中国哲学,涌现了诸多不同的哲学思潮,可谓风起云涌、此起彼伏、错综纵横、相激互动,有力地推动了中国哲学的现代转型和传统更新。但如何划分这些思潮,一直是个大难题,这一点萧老师早已指出。具体来看,这里的问题主要有两个:一是把这些思潮划分得过于简单,形成了诸如"三大思潮"之类的划分模式;二是在这种简单化模式下,往往把不同层面的思潮混为一谈。我自己在博士学位论文中提出的科学主义、人文主义、马克思主义哲学三大思潮的划分,实际上也存在这类问题。进入 21 世纪后,通过采用"以哲学史为中心的思想史研究"方法论,我逐渐形成了一个新思路:一定的哲学思潮,总是针对一定的哲学问题而发生、而发展的;19—20 世纪中国哲学的基本问题的层次性,使得针对一定的哲学问题而出现的哲学思潮,总是处于一定的哲学问题层面上;因而环绕不同层面的哲学问题,就形成了不同层面的哲学思潮以及它们之间的联系。这样一来,可以把 19—20 世纪中国哲学的主要思潮划分为三个层面:(一)环绕最抽象层面的本体论与认识论问题,形成了科学主义、人文主义、马克思主义哲学三大思潮以及它们之间的复杂联系。(二)环绕居中层面的历史观与文化观问题,鸦片战争后随着中国社会历史的深刻变化,开始形成不同的思潮;自 19 世纪与 20 世纪之交起,演变成复杂的多元思潮格局:环绕历史观问题,形成了进化史观、民生史观、唯物史观三大历史观以及它们之间的复杂联系;环绕文化观问题,形成了西化思潮、文化保守主义、马克思主义文化观三大文化思潮以及它们之间的复杂联系。(三)环绕最具体层面的政治哲学问题,在 19 世纪下半叶,先后出现了地主阶级改革派、农民阶级反抗运动与早期改良主义的政治哲学主张;19 世纪与 20 世纪之交,更有不同的政治哲学思潮相互激荡、影响一时,如以严复为代表的自由主义思潮、以康有为为代表的改良主义思潮、以孙中山为代表的三民主义思潮、以刘师培为代表的无政府主义思潮,还有各种非马克思主义的社会主义思潮中的政治哲学;经过这一时期的思想论争与政治实践的选择,形成了三民主义、自由主义、马克思主义政治哲学三大思潮以及它们之间的复杂联系;进至 20 世纪与 21 世纪之交,又出现了自由主义、政治儒学、马克思主义政治哲学的相互竞争,形成了新的三大政治哲学思潮相激互动格局。在这三个层面的哲学思潮划分上,我在博士学位论文中所作的三大哲学思潮划分,仍然适用于第一层面;而通过第二层面和第三层面,则容纳了更多的各具特性的哲学思潮。除了这三个层面的哲学思潮外,在 19—20 世纪中国思想世界还存在着各种具有哲学内核的社会思潮,如环绕性别问题产生了女性主义思潮,环绕教育问题产生了教育哲学思潮,环绕乡村建设问题产生了乡村建设思潮。

——通过哲学问题和哲学思潮的结合,编织 19—20 世纪中国哲学研究之网。面对复杂纷繁、头绪万千的 19—20 世纪中国哲学开展,需要在 19—20 世纪中国哲学研究中,把对哲学问题的研究与对哲学思潮的探讨有机地结合起来。如果说哲学问题是 19—20 世纪中国哲学之网的网上纽结,那么哲学思潮就是 19—20 世纪中国哲学之网的网上主线。以问题为中心,以思潮为线索,这样一来,就可以比较好地把握 19—20 世纪中国哲学之网了,对中国哲学的现代转型和传统更新也就有了一个更具体、更深入的认识和了解。

以上这些哲学史方法论的见解,详见于我近十多年来撰写的多部著作中,其中代表性的著作有《中国哲学的现代转型》(中华书局,2008 年)、《中国哲学的传统更新》(人民出版社,2012 年)、《中国哲学的古今之变》(人民出版社,2016 年)、《长江流域文化与近代中国哲学》(湖北教育出版社,2005 年)、《马克思主义哲学中国化与中国哲学的现代转型》(北京师范大学出版社,2021 年)。在这些著作中,我结合 19—20 世纪中国哲学研究,对与之相关的哲学史方法论,予以了多方面阐发和具体化探讨。

　　我的这些关于 19—20 世纪中国哲学研究方法论的阐发和探讨,当然谈不上尽善尽美,还有待拓展和深化,但却从一个方面清楚地表明:萧老师所期盼的"心炬之传",没有散裂熄灭,尚在延续之中;他留下的 20 世纪中国哲学研究的方法论启示,经过漫长岁月的磨蚀,仍具有思想的锋芒和生命的活力。

"两化"与中国哲学的建构方式

景海峰

（深圳大学国学院）

20世纪末，萧萐父先生在总结20世纪中国哲学发展的艰难坎坷历程、反思数十年间中国哲学史书写的经验教训、展望21世纪中国哲学发展的未来前景时，曾经明确地提出了一定要实现"两化"的主张，即中国传统文化的现代化和西方先进文化的中国化，认为这是新时代推动中国文化走向复兴，以及新的中国哲学形态建构的必由之路。萧先生的这一认识和主张，可以说集合了其数十年间研究中国传统文化与哲学的阅历、心得和慧识，深切以思，细心体悟，又结合时代发展的大趋势，洞观其变，所得出的一种真实的理解和明确的宗旨。这个主张，代表了他那一代中国哲学研究者在经历了许多年的艰苦探索和不断反思之后，所达到的一种理论新境界，也是新时代中国哲学研究局面发生根本性转折的一个先声。结合关于"两化"的思考，反省中国哲学史研究的曲折道路，展望中国哲学新形态的建构，萧先生的主张对于我们今天认识和理解何为"中国哲学"以及怎样建设"中国哲学"，依然是富有启迪的。

一、"中国哲学"应该有别于中国哲学史

萧先生那一辈学者早期所从事的中国哲学研究，基本上是以哲学史的眼光和框架来进行的，他与李锦全先生共同主编的《中国哲学史》教材更是影响到了

好几代人,成为一般读者了解和学习中国哲学的入门书。基于哲学史的理解,他把中国哲学的研究视为一种对人类具体实践活动与认知历史的梳理和把握。"哲学认识,来自人类在不同发展阶段的历史实践中对各种具体科学知识的概括、总结和反思;在古代,它常被混合在各种具体知识中,所以哲学史研究往往涉及其他学术史料,但就哲学认识成果的形式和内容而言,就其在人们认识和实践中的作用而言,都与其他非哲学的认识有质的区别,可以从古代学术思想资料中筛选出来"①。所以,要想了解中国哲学就只能从人们的认识活动和它的历史过程来入手,而由众多的史料编织组成的哲学史图景便是理解和掌握中国哲学的唯一镜像。由此,他肯定自冯友兰以来所形成的研究中国哲学的基本方式,即以哲学史的叙述来进入哲学本身,或曰史论结合,甚或史论不分:

> 冯先生治学的途径方法,也值得体察和借鉴。大体说来,冯先生治学,是由论入史,而又因史成论;由"通古今之变"而"成一家之言",换言之,是本哲学以论哲学史,即哲学史以论哲学。②

基于此,萧先生也高度赞扬像唐君毅的《中国哲学原论》这样的哲学史书写方式,"即通过对中国传统哲学的遍观与反思而建立的'即哲学史以论哲学'的系统"。这样的中国哲学研究,"重在如实地考订和评价古今之各家哲学,纵向地论定其在哲学智慧史的发展中的地位"③。即如唐君毅本人所说的,"吾今之所谓即哲学史以为哲学之态度,要在兼本吾人之仁义礼智之心,以论述昔贤之学。古人往矣,以吾人之心思,遥通古人之心思,而会得其义理,更为之说,以示后人","必考其遗言,求其诂训,循其本义而评论之"④。不管是"史论结合",还是"即哲

---

① 萧萐父:《中国哲学史方法论问题刍议——新编〈中国哲学史〉导言》,《吹沙集》,巴蜀书社,1999 年,第 364—365 页。
② 萧萐父:《旧邦新命 真火无疆——冯友兰先生学思历程片论》,《思史纵横》(萧萐父文选·上),武汉大学出版社,2007 年,第 274 页。
③ 萧萐父:《论唐君毅之哲学观及其对船山哲学之阐释——读〈中国哲学原论〉》,《思史纵横》(《萧萐父文选·上》),武汉大学出版社,2007 年,第 262 页。
④ 唐君毅:《中国哲学原论》(原性篇),台湾学生书局,1989 年校订,第 9 页。

学史以论哲学",其基本的态度都是把哲学史研究作为了解中国哲学的前提或者主脑,因而离开了中国哲学史,便没有所谓"中国哲学"。

那中国哲学史的叙事系统又是如何建立的呢? 正如在本世纪初"中国哲学合法性"大讨论中,许多学者所指出的那样,它实际上是模仿了西方哲学史的形式,用西方近代哲学的观念与标准来整理、发掘和剪裁中国古代的各种材料,再对之加以编排和拼装之后所形成的。其形态在一定程度上反映了中西方之间的相互映照及其文化想象,是一种现代性建构的结果。① 这样的中国哲学史,既不是在"接着讲"中国哲学,也很难说是在"照着讲"中国哲学,而是一种非常混杂的中西杂拌的形式。尤其是在学科化、教科书化的框限之下和各种现代思想的不断掺兑之中,它的面貌早已经远离了"中国哲学"本身,而成为一套内涵十分复杂的现代人的精神史述体系。

正是通过这样的中国哲学史叙述,我们寻获了一种精神上的普遍性与安稳性,得以与西方式的现代化接轨,并且加入了国际文化交流与互动的话语场中。但吊诡的是,在这一过程中,"中国哲学"本身反而变得模糊起来,甚至变得不甚重要。现代性的中国哲学史述体系,它背后所暗含的普遍主义的知识论诉求,以及向西方文明看齐的趋同心理,在 21 世纪初遭遇到了挑战。最近的 20 年来,在全球化日益加剧且形态愈显复杂的状况之下,文化的同质化压力表现得越来越突出,全球化和本土化、世界性和地方性之间的矛盾与冲突,也显得日趋激烈和复杂。文化同质化的趋势一方面消融了区域文化之间的边界,开拓出更加广阔的具有普遍性特征的共有领域;另一方面也刺激和唤醒了诸多的历史性因素,逼显出具有悠久传统的各大文明共同体在文化方面的自觉意识。正是在这样一种看似吊诡而实不矛盾的情形下,文明体系的身份认同和新的文化身份的建构,正在世界范围内大规模的展开。在民族意识日渐觉醒的状况之下,中国文化自我伸张的内在要求和建构一种摆脱依附性话语系统的努力,正在呈现出一种前所未有的势头,更有着加速发展的趋势。在这一大的时代背景下和显著发生的世

---

① 赵景来:《中国哲学的合法性问题研究述要》,载《中国社会科学》2003 年第 6 期。

纪性转折中,人们对于中国哲学现有状况的深切反省,越来越激发起一种内心的不满足和寻求突破的强烈愿望,开始从不同的角度来重新思考中国文化的独特性,包括中国哲学的身份性问题。

而在这一大潮的初发状态下,萧先生便先知先觉地明确提出了"两化"的主张,为中国哲学研究的当代转型提供了重要的参照。他在经历了改革开放之后一系列的文化反思活动和面对新世纪的中国哲学展望过程中,从"消极"和"积极"两个方面,论述了这一观点:

> 一方面,消极地说,中国哲学文化必须通过自我批判的反思和历史教训的总结,从根本上走出单一政治化的旧格局,而更好地恢复和实现学术文化固有的价值和功能。同时,也必然由统合走向分殊,摆脱"统比分好""贵一贱多"的传统偏见,而走向真正百花齐放的多元化的发展方向。……东西方文化正由单向西化引起的冲突走向融合。"和实生物,同则不继",因为有冲突,才可能进行调和。"杂以成纯""异以贞同","君子乐观其杂""乐观其反",正是在杂多中求其统一,在矛盾中观其会通。这样一种文化包容意识,更符合当今人类的和平与发展的大势。
>
> 另一方面,积极地说,中国哲学文化的未来发展,应当更好地实现"两化",即中国传统文化的现代化和西方先进文化的中国化。"两化"是互相区别而又互相联系的文化过程,必须善于兼顾,才能逐步圆满解决古今和中西两方面的矛盾的复杂交错的问题。要使中国传统文化向现代化转变,必须吸收西方的先进文化,其中当然包括西方文化发展的重大成果马克思主义在内;但是再好的外国文化,如果不与我们民族特点和现实需要相结合,不经过民族文化主体的演化与现时代的选择,都不可能真正生根和发生作用。只有充分发扬民族传统文化的精神,才能真正实现外来文化的中国化。①

---

① 萧萐父:《"东西慧梦几时圆?"——1998 年 11 月香港"中华文化与二十一世纪"国际学术研讨会上的发言》,《吹沙三集》,巴蜀书社,2007 年,第 7—8 页。几乎相同的语言表达,又见诸《漫汗通观儒释道,从容涵化印中西"——访萧萐父教授》一文,载《哲学动态》2000 年第 1 期,收入《吹沙三集》,第 241—242 页。

中国传统文化的现代化早已是大势所趋，已然变为既成的事实，而西方文化的中国化则意涵不明朗，尚在探索之中。中国哲学史述系统的建构便是用了现代化的形式来表达中国的文化传统，但"中国哲学"本身在西方文化的照临之下则变得模糊不清、形象混沌。从"两化"之相互联系的结构而言，我们不仅需要现代性的中国哲学史述系统，而且也需要清晰化的、自主性的"中国哲学"，"中国哲学"应该有别于现代式书写的中国哲学史。

二、理解"中国哲学"的三种不同姿态

从"两化"的要求来看，以往人们更多关注的是中国传统文化的现代化问题，置诸哲学领域，即是如何让中国传统的思想符合或者接近于西方的哲学，以实现中国哲学文化的现代式表达。在这一过程中，中国传统文化与哲学之间的关系，便成为人们反复打量、不断琢磨、论辩不休的话题。大体归类之，不外乎有三种情形：一是初级性的发问，即站在西方中心主义的立场上，以西方哲学（特别是近代哲学）的模式为标准，反观中国传统文化中有没有相类似的东西，由此就提出了疑问。这类发问的标准题式是"中国有没有哲学""中国思想算不算哲学"等，其答案一望便可知晓，所能得出的结论也只能是否定式的。与此差不多的情况，也发生在有关如何理解中国式"宗教"的讨论中。二是在肯定中国有哲学的前提下，参照西方哲学的形式，以中国传统的思想为原料，建构起"中国哲学"的历史，或者对中国思想作"哲学式"的表述。这一类的工作往往前置了普遍主义的基本信念和西方式的现成标准，以此作为"格义"的工具和"剪裁"的尺度。三是在模糊了哲学的边界的情况下，无限制地扩展哲学的外延，填入了许多"大词"，将思想的结果和意识活动的内容一股脑地都堆放在"中国哲学"的名义之下，从而形成了语用的泛滥之势。

在早期的东西方文化比较之观念中，一般都认为哲学是西方所独有的，特别是逻辑化、系统化和思辨性表达的近代形式，更是欧洲文化自身发展的独特产物，而与其他的文明形态无缘。故而，黑格尔的《哲学史讲演录》从根本上说来是

不承认中国有所谓"哲学"的。他说：

> 真正的哲学是自西方开始。唯有在西方这种自我意识的自由才首先得
> 到发展，因而自然的意识，以及潜在的精神就被贬斥于低级地位。在东方的
> 黎明里，个体性消失了，光明在西方才首先达到灿烂的思想，思想在自身内
> 发光，从思想出发开创它自己的世界。①

而中国思想恰恰就还停留在这种"自然的意识"和"潜在的精神"之状态，没有"从原始自然生活的蒙昧浑沌境界中挣扎出来"，因而精神不能超出它的自然形态和伦理风俗，"过渡到反省和理解"。所以，黑格尔的哲学史叙述并不包括中国在内，只是在其"绪论"部分草草地提到，并轻飘飘就打发掉了。在他的眼中，中国思想不过是道德训诫和自然宗教的简单结合而已，"它的显著的特色就是，凡是属于'精神'的一切——在实际上和理论上，绝对没有束缚的伦常、道德、情绪、内在的'宗教''科学'和真正的'艺术'——一概都离他们很远"。② 黑格尔的上述观点，不只在19世纪以后的西方学界具有典型性，而且也深刻地影响到了20世纪中国人对自己文化传统的理解和认识。在相当长的一个时期内，中国有没有哲学、中国思想算不算哲学之类的质疑声音不绝于耳，围绕着这一类问题所展开的各式各样的争论，也几乎没有消停过。一直到今天，依然有很多人持这种观点，这其中不乏饱学之士，甚至是从事哲学工作的人。

就中国哲学的从业者内部而言，承认中国有哲学和致力于"中国哲学"的建设，成为20世纪蔚为大观的新知识体系构造运动，和中国传统学术现代转换的重要方式之一。胡适、冯友兰、冯契、劳思光等人，以哲学史线索的勾勒，描绘出了"中国哲学"之历史发展的图景。熊十力、牟宗三、唐君毅等新儒家人物，从中国文化精神的深刻挖掘和现代诠释入手，表达了"中国哲学"回应西方形式所理

---

① ［德］黑格尔：《哲学史讲演录》，贺麟、王太庆译，商务印书馆，1959年，第一卷，第98页。
② ［德］黑格尔：《历史哲学》，王造时译，上海书店出版社，2001年，第135—137页。相同的意思又见《哲学史讲演录》，商务印书馆，1959年，第一卷，第119—120页。

应具有的当下意义。张东荪、贺麟、金岳霖等学者,深入西方哲学的内里,又反观于中国文化之特点,创造出更接近于西方系统,同时也融会了"中国哲学"元素的现代体系。这些努力,都是为了因应西方哲学的挑战,试图在现代理解的基础上,构建出具有中国文化特色的叙事系统来。这些体系,既表现了过去的历史,也面对着当下的思考,以成立有别于西方的"哲学"。总而言之,对于"中国哲学"的肯定,构成了现代中国哲学界的主流态势,除了少数学者不承认中国有哲学,或者认为中国学术不必称为"哲学"之外,大部分哲学工作者都接受了"中国哲学"的说法,并且习惯性地运用之。这种"承认"的背后,大致包含了以下的共同理据:一是认同于现代学术制度化、大学教育科系化、学问研究专业化的既存现实,认为哲学是一门在现代社会条件下有存在价值的合法性知识。二是将哲学看作文化系统内部的高级形态、表现人类文明的精神价值内核,所以是否拥有哲学,是一个民族成熟与否的标志,也是判定一种文化之优劣高下的基本尺度。三是默认哲学所具有的一些基本形式,尽管学界在这方面尚存在着观念上的巨大差异,各派力量和思想学说方面也有着明显的张力,但这仍不失为是构成某种共同致力的建设目标的基础,着力营造业内气氛的重要前提。四是相信中西方文化可以交融和会通,"人同此心,心同此理",在比较和借鉴当中,中西思想可以达致某种基本的共识和走向全面的融合。这一"中国哲学"构建的宏大运动,在经历了近百年的风雨之后,今天又面临着新的挑战,需要重新反省和深刻检视,也产生了如何超越的问题。

就更为广义的社会角度而言,"哲学在中国"的百年,不但通过比较和联想的方式,用历史回溯的眼光和笔法,勾勒与书写了"中国哲学"的谱系,而且在现实生活的层面、在传统中国走向现代中国的途程之中,创造了形形色色、大大小小的"哲学"话题,展现出了分外复杂的"哲学"面向。在专业哲学工作者的语汇当中,哲学有它特定的含义,有相对确定的疆界,也有某些大致能够得到共许的尺度;但非专业的、普及性和社会性的理解,情形却要复杂得多。政治宣传和意识形态的、知识普及和日常生活的、学科交融和随意攀附的,掺杂其间,鱼目混珠,使得"哲学"的理解和言说状况越显纷乱。由于俗常的哲学用语在当代政治和社会生活当中流行已极,往往是挟动员式群众运动之威力,借大众化传播方式之迅猛,不胫而走,天下滔滔,虽然此哲学非彼哲学也,但它的影响力反而可能要来得更大些。以至于一般人讲到哲学,或者他们所理解的哲学,就是当下流行的一些宣传口号,由此也形成了人们对于哲学的普遍厌烦和拒斥的情绪,这常常使得哲学从业者"代人受过"、有口难言。当然,学理上的哲学意涵和学科上的哲学疆界之间,本身就有着很多不一致的地方,也许有所谓"大(哲学)""小(哲学)"之分,有广(义)、狭(义)之别,这本身便带来了许多理解上的歧义和问题。

三、"中国哲学"成立的制度化背景分析

再进一步探究造成这种复杂状况的原因,除了文化差异、时代特点和语用学的条件之外,实际上,作为一种系统化、体制化的叙述模式,"中国哲学"现代建构的背景,是和西方近代学术的制度化机制紧密地联系在一起的。而现代学科的建立,自身就经历过一个颇为复杂的过程。就学科形式的哲学而言,它显然不是指古典形态的自由无拘束的思考,更不是回到哲学的原初状态,而是经过了近代科学实证化的严峻挑战和学术专业化的根本洗礼,被压缩到了一个有限的空间内,在高度格式化的场域之中,训练有素的专业工作者进行着规范性的操作。麦金泰尔(A. MacIntyre)指出:

> 将"哲学"概念几近专断地限定为大学中的体制化活动,是现代世界的社会现象之一,它根源于 18 世纪到 19 世纪的苏格兰、德国和法国,在美国的当代文化中获得登峰造极的体现。[1]

显然,这是一种特定的哲学,它不是一般地泛称,而是义有专指。这类"哲学"有以下四个特征:一是在运用逻辑和概念的技巧方面达到了很高的成就和

---

[1] 〔英〕麦金泰尔:《三种对立的道德探究观》,万俊人等译,中国社会科学出版社,1999 年,第 160 页。

专业水准,形成了所谓"专家系统"。这些专业化学者的工作被社会体制所认可和接纳,确立了普遍的权威性,并且通过学科的控制和课程的操纵,来不断地强化某些知识理念,而祛除另外的一些论题。二是它成为一种规训化的知识,成为一种可以经过某些程序操作和练习积累就可以达到的技能。而这种训练是定向的,有固定的模式和渠道可以遵从,只要按部就班地循序渐进就可以了,从而构成某种连续性的周而复始循环。三是在方法、技巧以及技能评估上的高度一致,确保了学科范式的连续性和统一性。四是个人喜好乃至信念的匮乏,从业者超哲学立场的承诺是不受欢迎的,"这些意识形态世界观是不会得到学院哲学支持的,它们之所以被允许进入哲学,是由于从它们中抽象出来的论题能够以一种零碎的方式支撑哲学界公认的问题"。正因为如此,麦金泰尔认为这种学院派哲学的进步和变化,"仅仅表现在技能、方法和概括问题的技巧方面",除此而外,并无目的性和"整体方向性"。① 现代的"中国哲学"建构,特别是它的学院化形式,实际上也经历了这样一个"仿照"和"靠拢"的过程,其学术体系的规范化和表达形式的流行化,正是借助了学科形式的建立和完善,借助了不断强化的规训化的知识传递手段和体制化的学术运转方式。

这一知识系统的构成是和整个的社会转型联系在一起的,作为追求现代性的学术体系,"中国哲学"的形态亦深深地受到了社会科学制度化的影响。沃勒斯坦(I. Wallerstein)的世界体系论在分析西方近代文明(资本主义)被"普遍化"的过程时,主要举出了三种机制:一是社会科学的制度化,二是意识形态的制度化,三是运动机制。正是通过这些体制化的东西,西方文明的价值理念和具体形式在全球范围内取得了普遍化的效应,从而完成了其对非西方文明的"文化殖民"。就社会科学的制度化而言,其主要表现在学科结构的建立与完善,围绕着研究、分析和训练,形成了一些实在的生产结构,产生出了大量的文献。"学科的制度化进程的一个基本方面就是,每一个学科都试图对它与其他学科之间的差异进行界定,尤其是要说明它与那些在社会现实研究方面内容最相近的学科之

---

① 参阅麦金泰尔《三种对立的道德探究观》之第七讲"失败传统的余脉探视",第150—171页。

间究竟有何分别"。^①"中国哲学"的建构过程,经历了一种与传统相剥解和彻底脱钩的痛苦抉择,在仿照西方形式的前提下,才不断地清晰了"自我"的边界。在学科制度化的要求下,一方面不断地清除那些不合乎"普遍哲学"规格的内容,把自身从原属于民族文化语境的特有情景之中"剥离"出来;另一方面,又要时时地注意到与中国的史学、文学、政治等相邻学科的区别,在不易分割的原料当中,进行着小心翼翼地"挑拣"和"撕裂"。这样,在中国思想的整体性被解构和漂散化的过程中,西方的价值和形式也就被有效地带入了新的表达形式当中。从一定意义上来讲,在谋求现代性、具有了普遍化的学科形式的同时,"中国哲学"也就在本质上被西方化了,成为戴着中国面具的西方式哲学。正像萨义德(E. Said)所说的:

> 这些创建者们的工作开辟了一个研究领域和一套观念体系,这些观念体系自身又可以产生一个学者群,其谱系、传统和雄心既为这一领域所独有,又能为普通公众所接受。^②

"中国哲学"在经过近百年艰苦卓绝的努力之后,不但得以成立,而且不断在延续着,它的学科地位的奠定和合法化的依据,也就全都包含在了这一系统化的具有现代性意义的机制当中。

特别是揭示"中国哲学"建构的制度化背景,反思这一因素所带来的种种后果,对于理解"中国哲学"的现代状况,祛疑解惑,大有帮助;更为重要的是,通过这样一种背景的考察,可以把现代性批判的话语和问题意识引入当代的中国哲学建设当中,深化中国哲学研究的内涵,拉近我们与当今世界的距离。绵延了四百余年的现代化运动,创造出无数的价值观念和现代系统,极大地改变了人类的思考方法和行为模式,在现代性的销蚀和濡染下,中国文化也越来越远离了自身

---

① [美]沃勒斯坦等:《开放社会科学——重建社会科学报告书》,刘锋译,三联书店,1997年,第32页。

② [美]萨义德:《东方学》,王宇根译,三联书店,1999年,第159页。

的传统,过去的历史已逐渐成为恍惚如梦的遥远记忆。中国思想文化在现代性的冲击下,经历了一个裂散化的过程,原有的体系被彻底打破,存在状态逐渐地碎片化和材料化了。而在重新编织的各种叙事系统里边,历史的价值和现实的追求之间往往存在着巨大的张力,甚至在当代人的精神生活当中时时造成莫名的紧张感和压迫感。这一断裂状态的强固化和持续化,在其背后显然有一套制度化的机制在起着作用,这种制度建构的长远影响和所带来的后续问题可能要比各种观念、学说和思潮本身的传播与流行,来得更为重要。对于"中国哲学"的当代反思,除了方法的检讨、思想的过滤和体系的省察之外,制度构建和体制保障方面的问题,也应当在清理之列。这将对总结百年来中西方文化之间的关系,深刻认识中国文化的近代命运,理解"中国哲学"史述系统何以有种种的"曲笔",乃至于乖谬,都将是大有助益的。

由上可见,中国传统文化的现代化是一个艰难困苦的过程,尤其是它的精神内核部分,不只是思想的解放、观念的更新和形式上的改弦易辙那么简单,要建构一套新的现代形式,不是"拿来"即可,而是要经历一个复杂的"内化"过程。而西方文化的中国化就更为不易了,因为在长久的中西方关系中,西方文化是主导者,向西方学习、向西方看齐是时代的大势所趋。所以,以西方为标准、以西释中是个常态,而反过来要"化西",让西方文化实现中国化,则谈何容易。故萧先生指出:"要实现'两化',使中国传统文化现代化和西方先进文化中国化,必须寻找传统哲学走向现代的内在机制和必经环节,探寻传统文化与现代化的历史接合点。"①这些内在机制和复杂环节,在寻求实现"两化"的过程中,是非常重要的内容,尤其是对于"中国哲学"新形态的建构而言,就更为关键了。

---

① 萧萐父:《"漫汗通观儒释道,从容涵化印中西"——访萧萐父教授》,《吹沙三集》,巴蜀书社,2007年,第242页。

萧萐父的中国哲学史研究
及其对中国哲学史学的探索

田文军

（武汉大学哲学学院）

萧萐父（1924—2008），四川井研县人，出生在一个知识分子家庭。其父萧中仑早年投身反清革命，后曾任四川大学、华西大学等校教授，其母杨励昭曾长期担任中小学教员。在父母的影响下，萧萐父从小即开始接受中国传统文化的熏陶。1943 年，萧萐父考入武汉大学哲学系学习，1947 年，萧萐父从武大毕业后，回到成都工作；新中国成立初，萧萐父参与接管华西大学，后留任该校马列主义教研室主任，开始为学生讲授"辩证唯物论"等课程。1956 年，萧萐父进入中央党校高级理论班深造。同年，他接受武汉大学校长李达邀请，决定回母校参与哲学系的重建工作，并转赴北京大学进修中、外哲学史。从此，萧萐父走上了专业的中国哲学史研究道路。在其后数十年间的学术活动中，先后写成了《我对研究中国哲学史的几点意见》《关于继承祖国哲学遗产的目的和方法问题》《怎样理解马克思主义哲学的继承性》《关于历史科学的对象——冯友兰史学思想的商兑之一》《历史情感与历史科学》《中国哲学史方法论问题刍议》《中国哲学史研究中的纯化与泛化》《中国哲学范畴研究中的史论结合问题》《古史研究与马克思主义理论的拓展——马克思、恩格斯对人类学研究的方法论启示》，以及《古史祛疑》《略论晚明学风的变异》《中国哲学启蒙的坎坷

道路》《中西文化异同辨》等重要学术论著;出版《中国哲学史史料源流举要》
《明清启蒙学术流变》《王夫之评传》等学术专著,主编两卷本《中国哲学史》、
《中国辩证法史稿》(第一卷)等重要学术著作。其单篇学术著作辑为《吹沙集》
三卷,由巴蜀书社出版,又有诗文集《萧氏文心》,由武汉大学出版社出版。萧
萐父对于中国哲学史研究方法的探索与思考,匠心独具,自成一家,形成了一
个理论系统。这个系统,既涵括他对历史与历史科学关系的探索,也涵括他对
纯化哲学史研究与泛化哲学史研究的思考。

20 世纪七八十年代,萧萐父中国哲学史研究的代表性成果,是他与李锦全
主编的两卷本《中国哲学史》。这部 70 多万字的《中国哲学史》,由人民出版社于
1983 年出版之后,多次重印,印数达十多万册,被多所高校选作教材,曾获得国
家教委优秀教材一等奖,并出版有韩文版与英文版。由于这部《中国哲学史》,形
成于"文革"之后思想理论战线的拨乱反正之中,编写时注意净化中国哲学史的
研究对象,着力探索中国哲学发展的历史脉络与逻辑线索,在中国哲学史学科史
上,承上而启下,具有重要的历史地位,其学术风格与理论特色,受到学术界广泛
肯定,使其成为 20 世纪 80 年代中国哲学史研究中,最具学术影响的中国哲学史
通史类著作。这部两卷本《中国哲学史》,之所以能够成为这一历史阶段具有代
表性的中国哲学史研究成果,与萧萐父对中国哲学史研究方法的理解是分不开
的。萧萐父在这部《中国哲学史·导言》中,对中国哲学史的研究"对象""重点"
"方法""目的"进行了系统论释,这种论释,为全书的编写工作奠定了理论基础与
方法原则。本文考察萧萐父、李锦全主编的这部两卷本《中国哲学史》,以及萧萐
父对于中国哲学史研究方法的探索与思考。

一、萧萐父、李锦全主编《中国哲学史》的
时代缘由与学术背景

萧萐父、李锦全主编两卷本《中国哲学史》,一个重要的历史缘由,是中国哲
学史研究,需要适应"文革"之后,高校文科哲学专业改革与建设的需要。1978

年,教育部在武汉召开有关文科教育改革的全国性会议。李锦全晚年回忆中将
这次会议称之为"文科教材会议",①实际上不是十分准确。② 这次会议是以全国
文科座谈会名义召开的。会议由当时的教育部副部长高沂主持,参会者主要是
当时全国各高校文科专业的负责人。哲学组参会者中,北方高校有中国人民大
学的马奇、北京大学的沈绍周、吉林大学的高清海等,南方高校有中山大学的刘
嵘、武汉大学的孟宪鸿等。大会期间,南开大学的郑天挺教授,武汉大学的吴于
廑教授曾作大会报告,吴敬琏也曾在大会作批判报告。会议目的,主要是反思与
批判"文革"时期高校的文科教育,讨论"文革"结束以后,全国高校的文科建设。
这种批判与讨论内容涉及高校文科建设的方方面面,其中也包含高校文科的教
材建设。

在这次会议期间,决定由武汉大学等南方高校组编中国哲学史教材,则是由
一些特殊的时代机缘与学术背景促成的。这种机缘与背景,一是北方与会代表
认为,任继愈主编有四卷本《中国哲学史》,这部《中国哲学史》不仅是当年国家组
织编写的,且第四卷直到 20 世纪 70 年代初才正式出版,且北京大学等北方高校
的哲学系又有自己新编写的中国哲学史教材。同时,北方高校的一些与会代表
认为,南方高校在中国哲学史研究中具备自己的方法特色。这种特色主要是指
南方几所大学的哲学系在中国哲学研究方法方面,比较看重阶级分析的方法;其
实,在当时的中国哲学史研究中,注意运用阶级分析的方法,是一个普遍存在的
现象。北方高校的中国哲学史研究也是如此。但北方高校的与会代表提出这样
的问题,也不能说完全无据。当时南方高校的一些中国哲学史教师,对于哲学与
阶级斗争关系的思考,确实更具理论的色彩。譬如,这部《中国哲学史》的编写任
务下达之前,武汉大学哲学系在"文革"期间,曾开展哲学与阶级斗争关系的大讨
论;这部《中国哲学史》的编写任务下达之后,1979 年在太原召开的中国哲学方
法论研讨会上,中山大学的李锦全、吴熙钊、冯达文三位教师提交的论文分别是:

---

① 李锦全:《受益于张岱老三次学术交往的怀思》,转引自《张申府张岱年研究集刊》(第一辑),
河北人民出版社,2013 年,第 284 页。

② 笔者当年曾以工作人员身份全程参与这次会议哲学组的会议,对会议情况有所了解。

《对历史上哲学和阶级斗争关系的几点看法》《关于哲学和阶级斗争的关系问题》《怎样评价中国古代农民阶级的思想意识》等。这些论文较为具体地反映了当时中山大学中国哲学史教师的方法学意识，显露了南方高校中国哲学史教师的一些方法学取向。南方高校中国哲学史研究中的这种方法学特色，实为会议期间决定由武汉大学、中山大学等南方高校组织《中国哲学史》编写工作的一个重要原因。同时，这部《中国哲学史》的编写工作，能够在会议期间很快提上工作议程，与人民出版社有编辑参与哲学组会议也存在一定关系。因为，这位编辑具有中国哲学史专业的学术背景。这种背景，也可以解释哲学专业所需其他教材，何以未能在会议期间全部提上工作议程。

编写这部《中国哲学史》的任务，是以集体编书的形式下达的，由当时参会的武大哲学系主任孟宪鸿接受编书任务；其时，并未明确由某个教师担任这部《中国哲学史》的主编。因为，当时"文革"还结束不久，高校中很多在"文革"中受到冲击的教师的问题尚未完全解决，还没有可能在会议期间或以教育部的名义，确定某个教师主编一部《中国哲学史》教材。后来，萧萐父、李锦全都是作为武大和中大的中国哲学史教员来到编书组参与编书工作的。编书组的工作，还曾受到学界异议，所编书稿一度被人视为"怪胎"。李锦全晚年曾回忆这部《中国哲学史》的编写过程：

"从 1979 年 4 月定纲，到 1980 年 8 月完成全书的初稿，工作过程应该说是比较顺利的。但在北海开审稿会到靠近中秋时，忽然从北京吹来一阵冷风，说从教育部里传出流言，认为由武大、中大牵头编写的这部教材有问题。本来书稿还未出世，只能算是胚胎，何以就给予否定？当流言在北海会上传开时，武大唐明邦惊呼曰：此书岂成为怪胎乎！此为本书'怪胎'典故的出处。"①

按照李锦全的回忆，由于编书工作遭遇学界异议，编书组感到压力很大，部分参加编书的教师还曾产生过思想动摇：

---

① 李锦全：《受益于张岱老三次学术交往的怀思》，转引自《张申府张岱年研究集刊》(第一辑)，河北人民出版社，2013 年，第 284—285 页。

　　书稿未出世就传出否定流言,有的老师在"文革"时受过冲击,现在参加写书会不会又受到批判?一时组内出现思想混乱,有人就有打退堂鼓的念头。老萧和我是受两校委托负责编写组工作的,如果退缩书就编不成了。为了稳定军心,专门召开了三天务虚会议。会上分析那些流言,说不出我们编书有什么问题,只能是无根据的恶意中伤,可以不予以理会,我们提出要努力去探索中国哲学历史发展中所固有的螺旋形发展的"圆圈",并不违反马列主义的指导原则,应该可以坚持下去。①

　　李锦全所说的编书组遭遇的"冷风"或"流言",除了这部《中国哲学史》在编写过程中,"提出要努力去探索中国哲学历史发展中所固有的螺旋形发展的'圆圈'",这种方法学意识引起了人们的异议之外,实际上与当初决定由当武大、中大等南方院校组织这部《中国哲学史》教材编写的缘由与背景,也是存在一些关系的。因为,离开当时具体的学术背景与时代缘由,在全国范围内,不论从师资力量的角度考虑,还是从学术成就与学术影响的角度考虑,这部中国哲学史教材,都不太可能是由南方高校的哲学系来组织编写的。但是,这部《中国哲学史》的编写人员,在工作中注意克服"文革"以来,思想理论方面的教条化、绝对化倾向,力求完整理解马克思主义的哲学观与哲学史观,把哲学认识理解为人们以理性思维表达的关于自然、社会和思维运动的一般认识,基于这种哲学观念,认定哲学史即是哲学认识的矛盾发展史。并以这样的哲学史观为基础,净化哲学史研究对象,努力改变过去中国哲学史研究中,由于对象不明或范围过宽而产生的越俎代庖现象,专注于考察和清理中国哲学发展的历史线索与逻辑线索,以新的视域、新的方法完成了全书的编写任务。

　　1981年2月,教育部组织以张岱年先生、石峻先生为首的审稿人员,在大连召开对这部《中国哲学史》的审稿会议。与会专家肯定了这部《中国哲学史》的内容及全书编写所采用的方法学原则,为全书最后定稿提供了鼓励与支持。审稿

───────────────

① 李锦全:《受益于张岱老三次学术交往的怀思》,转引自《张申府张岱年研究集刊》(第一辑),河北人民出版社,2013年,第285页。

会议期间,由于张岱年先生和石峻先生主张学者对于自己编著的著作,在学术理论方面要敢于担当,勇于负责,提议落实主编责任制,并认为萧萐父、李锦全作为武大和中大编书组的召集人,应该正式署名主编,这个提议促使这部《中国哲学史》后来正式出版时署名由萧萐父、李锦全主编。①

简略地回顾这部《中国哲学史》编写的时代缘由与学术背景,我们可以看到,萧萐父与李锦全是在一个特殊的历史时期,以一种特殊的身份,参与本书编写工作的。但是,他们以高度的时代责任感与在学术上拨乱反正的求真精神,克服编书工作中面临的各种困难,发挥自己在这部《中国哲学史》编写工作中的核心作用,团结编书组全体成员,圆满地完成了全书的编写工作,为这部《中国哲学史》最终成形,贡献了自己的力量;特别是萧萐父为本书确立的方法学原则,不论是对于本书的具体编写,还是在学术理论方面,都具有重要的历史贡献。

二、萧萐父、李锦全主编的《中国哲学史》的基本架构与理论特色

李锦全论及萧萐父在两卷本《中国哲学史》编写工作中的重要作用时,曾认为他"统六编于总纲,立导言以明旨"。由于萧萐父在全书编写的方法原则方面的把关与定向,这部两卷本《中国哲学史》,对中国哲学历史发展的考察确有自己的思想特色。从全书的内容架构来看,这部《中国哲学史》虽与任继愈主编的四卷本《中国哲学史》一样,按照中国社会发展的历史分期,组织全书对中国哲学历史发展的考察,但全书结构与任著并不完全一样。任著全书分为八编,这部《中国哲学史》只以六编的篇幅来考察中国哲学的历史发展。六编分别是:第一编:奴隶制时代(夏、殷、周至战国初期)哲学的产生和发展;第二编:封建制形成时期(战国中、晚期)哲学矛盾运动的展开;第三编:封建社会前期阶段(秦汉至隋唐)哲学的发展;第四编:封建社会后期阶段(北宋至明中叶)哲学的发展;第五

---

① 参见李锦全:《受益于张岱老三次学术交往的怀思》,转引自《张申府张岱年研究集刊》(第一辑),河北人民出版社,2013年,第288页。

编：封建制度衰落，资本主义萌芽时期（明中叶至鸦片战争前）哲学发展的新动向；第六编：半殖民地半封建社会（旧民主主义革命阶段）哲学的新发展。从对中国社会历史发展分期与中国哲学发展的历史分期中，我们可以发现，萧萐父、李锦全主编的这部中国哲学史，将北宋至明代中叶，视为中国封建社会发展的后期阶段，将明代中叶至鸦片战争视为中国封建社会衰落，资本主义开始在中国萌芽的历史时期。这种理解与任继愈主编的《中国哲学史》确有不同。因为，任继愈主编的《中国哲学史》，将宋、元、明三代理解为中国封建政权的加强期与巩固期。这种对中国社会历史发展理解的差异，意味着两书对中国哲学历史发展的理解也存在差异。

萧萐父、李锦全主编的两卷本《中国哲学史》，在思想理论方面的一个重要特色，是力图揭示中国哲学历史发展的"螺旋式的曲线"。这种思想特色是由本书编写时所确立的方法学原则与理论追求决定的。萧萐父在本书《导言》中曾论释全书的这种方法原则与理论追求：

人类哲学认识的发展，充满了矛盾，经历着曲折，有其大体依存于社会经济发展阶段的思想起落的阶段性。每一阶段的哲学运动，大体都有一个起点和终点，由问题的提出，矛盾的展开，范畴的演变，争论的深入，到思想的总结，形成一个首尾相应的逻辑进程。这个逻辑的进程，由于它所反映的客观过程的矛盾性和反映过程本身的矛盾性，必然经历着曲折和反复，肯定和否定，由偏到全，由低到高，而表现为近似于螺旋式的曲线，一串圆圈组成的大圆圈。"圆圈"的比喻是黑格尔提出的，列宁认为，这是"一个非常深刻而确切的比喻!! 每一种思想＝整个人类思想发展的大圆圈（螺旋）上的一个圆圈"。① 中国哲学史的科学化建设，应当把列宁的这些提示作为指针，努力去探索中国哲学的历史发展中所固有的"圆圈"。

萧萐父论释的这种方法学原则，贯穿到这部两卷本《中国哲学史》的编写时，使全书中每一编的内容，都力图构成中国哲学历史发展中的一个螺旋式的发展

_____
① 《列宁全集》第 38 卷，第 271 页。

阶段,体现哲学认识发展的内在的逻辑进程。譬如,本书第一编,肯定《老子》哲学主张"道"为万物之源和变化之总规律,认为《老子》的"道"论,"脱离了'以天为宗'的宗教世界观,扬弃了'天命''天志'之类的说教,也突破了原始的五材、五行说和六气、二气说的局限"。① 使其以完整的哲学理论形态,在孔、墨哲学之后而总其成,成为我国奴隶制时代哲学发展圆圈的逻辑的终结。同时,萧萐父与李锦全主编的这部两卷本《中国哲学史》认为:荀况哲学以其有关天人关系的理论为核心,对战国时期的"百家争鸣"进行了总结,实为先秦哲学的集大成者;柳宗元与刘禹锡哲学,乃前期封建社会哲学和自然科学发展的积极成果,对先秦以来关于天人关系的争论作出了理论的总结;明代的王廷相哲学"把动静转化之几从周敦颐的'太极'、程朱的'实理'、陆王的'良知'转移到生动活泼的物质气化运动中"②;以对朱熹"知先行后说"与王阳明的"知行合一"的批评,为明清之际的哲学家对知行关系问题的历史总结奠定了思想基础,从而构成了从宋明哲学到明清之际哲学之间的一个重要的历史环节。

萧萐父、李锦全主编的这部《中国哲学史》的另一思想特色,是着力探讨明清之际的启蒙哲学。这部《中国哲学史》的第五编,即是对明清之际的启蒙哲学的专门考察。书中所谓的明清之际,是指从明代隆庆、万历年间至清代的乾隆、嘉庆年间这一历史时期。这一历史时期,被萧萐父等人在这部《中国哲学史》中,视为中国历史发展中的一个特殊时期,并认为农民阶级同地主阶级的矛盾,新兴市民阶级反封建的斗争,催生了这一历史时期的启蒙哲学思潮;李贽、黄宗羲、方以智及王夫之等思想家则被视为这一时期启蒙哲学思潮的重要代表人物。

在启蒙哲学的视域中,李贽哲学的特点在于其主张"是非无定质,无定论",反对"以孔子之是非为是非",主张以"以吾心之是非为是非"来区分现实社会生活中的是非。这样的哲学观念突破了宋明道学对人们思想的长期禁锢,开启了突出个性、强调自我的思想之门。黄宗羲哲学更是认定封建君主以天下国家为"我一人之产业",以"一家之法"替代"天下之法"。这样的"法"实为"非法之法";

---

① 萧萐父、李锦全主编:《中国哲学史》上卷,人民出版社,1983 年,第 125 页。
② 萧萐父、李锦全主编:《中国哲学史》上卷,人民出版社,1983 年,第 13 页。

以"非法之法"治理天下国家,其结果只能是"法愈密"而天下愈乱:"天下之乱即生于法之中"。因此,黄宗羲断言:"为天下之大害者,君而已矣。"①这样的哲学实已开始了对封建专制制度的理论批判。王夫之哲学在明清之际的启蒙哲学中,内容更为系统丰富,独到新颖:在本体论方面,王夫之"对理气,道器,有无,体用、虚实、动静、常变,一两等哲学范畴,作了更明确的哲学规定,对他们之间的关系,作了更深刻的说明,把我国传统哲学的理论思维提高到一个新的水平";②在知识论方面,王夫之对玄学系统的老庄之学,佛教中的相宗与禅宗,宋明道学中的理学与心学,都进行了"深入的探讨和艰苦的批判",通过对这些哲学理论的"熔铸改造",形成了自己的方法理论系统;在历史观方面,王夫之以自己"理势合一"的发展观念,考察历史变迁,"基于实事求是的科学态度和历史主义的批判精神,摆脱了神学史观,在历史上第一次打破了对古史的迷信,动摇了'言必称三代'的复古主义的理论依据。"③这样的理论体系,使得王夫之哲学既"总结和终结了中古独断哲学",达到了明清之际启蒙哲学历史发展的高峰,又为中国古代哲学可能达到的思想高度与理论形态提供了一种典型。

萧萐父、李锦全主编的《中国哲学史》,在理论上高度肯定明清之际启蒙哲学所已达到的理论层次,同时也十分注意解析明清之际启蒙哲学在理论方面的不足与局限。书中认为,明清之际的启蒙哲学,自身仍然蕴含着多层面的矛盾。这一时期的启蒙思想家,尖锐地批判了封建专制主义,但他们自己的"理想社会",始终披戴着"六经之旨"或"三代之法"的外衣,在他们的思想系统中,始终纠缠着"独创和因袭,内容和形式、活的和死的等多重矛盾"。④ 他们在中国社会历史发展的一个特殊时期,自觉地承担起思想启蒙的历史重任,但又限于历史条件与自身力量而未能完全担负起这种历史责任;这种思想矛盾,使后来中国社会历史的发展充满了艰难与曲折,也使中国人民在经历长期血与火的斗争之后,才使自己的国家民族、社会文化走上现代化的正确道路。

---

① 萧萐父、李锦全主编:《中国哲学史》下卷,人民出版社,1983年,第190页。
② 萧萐父、李锦全主编:《中国哲学史》下卷,人民出版社,1983年,第263页。
③ 萧萐父、李锦全主编:《中国哲学史》下卷,人民出版社,1983年,第264页。
④ 萧萐父、李锦全主编:《中国哲学史》下卷,人民出版社,1983年,第170页。

　　总之,萧萐父、李锦全主编的这部两卷本《中国哲学史》,虽然由多人执笔写成,但由于萧萐父确立的方法论原则对全书写作的指导,使得这部两卷本《中国哲学史》,不论是篇幅规模,还是内容架构与理论层次,都体现了 20 世纪 80 年代中国哲学通史研究的最高水平,构成了中国哲学史学科发展史上的一个重要环节。

三、萧萐父对中国哲学史学的探索与思考

　　如前所述,萧萐父、李锦全主编的两卷本《中国哲学史》,之所以能够成为 20 世纪 80 年代中国哲学史通史研究最具代表性的学术成果,与萧萐父为全书确立的方法论原则是分不开的;而萧萐父之所以能够为本书编写确立起系统的方法论原则,则与他在长期的中国哲学史研究中,对中国哲学史研究方法的探索与思考相联系。

　　萧萐父的中国哲学史研究及其对于中国哲学史研究方法的思考,在不同的历史时期,思想的重心以及研究成果的形式内容均有所不同。20 世纪五六十年代,中国学术领域开始全面学习运用马克思主义的思想方法。由于中国哲学史学科的特殊性,人们对于学习运用马克思主义的思想方法尤为关注;在这一领域,人们对学术研究方法的探讨也最为热烈。萧萐父对中国哲学史研究的方法原则的思考,也是在这样的时代条件下起步的。

　　萧萐父早年思考中国哲学史研究方法问题,涉及的理论层面十分广泛,但其思考中较为集中的问题,是历史与历史科学的问题。这一问题的实质是:当现代中国哲学史学科成立之后,如何使中国哲学史学科的建设更臻科学。在萧萐父看来,要使现代中国哲学史学科的建设臻于科学,需要全面地探讨中国哲学史研究的方法论问题;而这种探讨,首要的问题又是中国哲学史的研究对象问题;深入地探讨中国哲学史的研究对象,正确地把握中国哲学史的研究对象,这是确立中国哲学史研究的方法论系统,科学地考察中国哲学历史发展的理论基础。同时,中国哲学史学科的特殊性也使他意识到,要正确地理解、论析中国哲学史

的研究对象,无法回避对于一般历史学科研究对象的思考与回答。因为,中国哲学史在现代学术史上虽已成为独立的学术门类,但从大的学科门类来看,中国哲学史既可归属于哲学学科,也可归属于历史学科。萧萐父早年对于中国哲学史研究方法的思考,正是以思考、论释一般历史学科的研究对象为认识前提的。

萧萐父在对历史学科研究对象的思考中,认同并接受马克思主义的"历史科学"观念。他认为"历史科学"观念的形成,与马克思主义理论的创立相联系:"人类创造自己的历史,但在很长的历史时期内,并不能真正了解自己的历史。由于剥削阶级的偏见、生产规模狭小和人们实践水平的限制,在马克思主义产生以前,人们不可能对人类社会及其发展作全面的、历史的了解。社会历史的研究,不可能成为科学。"[①]在马克思主义诞生以前,历史研究之所以不能够成为科学,另一个重要原因在于人们无法正确地理解历史研究的对象。马克思主义诞生以后,历史研究之所以能够成为科学,根本原因正在于马克思主义科学地论释了历史研究的对象。在马克思主义看来,历史研究的对象"既不是抽象的'个体',也不是抽象的'公式',而是具体的社会发展过程所固有的特殊矛盾及其所规定的特殊本质"[②]。或者说,马克思主义理解的历史研究对象只能是历史上发展着的人与人之间现实的社会关系,这样的社会关系既包括经济关系,也包括以经济关系为基础的政治关系和思想关系。在萧萐父看来,马克思主义正确地规定历史研究的对象,是历史研究成为科学的重要前提;而正确把握马克思主义的"历史科学"这一观念,则应是我们思考中国哲学史研究对象问题的思想基础。因为能不能正确地把握和理解马克思所主张的历史科学的研究对象,直接关涉到我们能否正确地理解中国哲学史的研究对象。

萧萐父强调基于马克思主义的"历史科学"观念探讨中国哲学史的研究对象,但他并不回避将马克思主义的思想方法具体运用于中国哲学史研究所面临的困难。他认为,在20世纪五六十年代的中国,要把马克思主义的理论具体贯彻到中国哲学史研究中去,既需要"带的求矢",也需要"以石攻錯"。"带的求矢"

---

① 萧萐父:《吹沙集》,巴蜀书社,2007年,第423页。
② 萧萐父:《吹沙集》,巴蜀书社,2007年,第433页。

是针对中国哲学史研究的问题,去学习、探寻中国哲学史研究的方法学武器;"以石攻錯"则是通过对中国哲学史研究方法的探讨,熔铸、磨砺中国哲学史研究的方法学武器。这样的思想观念,曾促使萧萐父系统地考察马克思主义论释历史科学对象的理论基础。在萧萐父看来,马克思主义科学地论释历史研究的对象,有两个重要前提:其一是正确揭示人的本质与社会的本质,创立唯物史观。马克思主义认为:"历史人物不是抽象的'个体'而是一定的社会阶级集团的代表人物,不是孤立的'个人'而是作为某一阶级的成员处于一定的阶级关系之中。也就是说,他们都是'个体'和'类'的统一。"①社会也不是人类个体的集合,更不是在人之外的"孤立存在",社会是人类在生产活动中结成的各种人与人之间的关系,是社会关系的总和。在马克思主义诞生以前,旧史学不了解"每个人在社会物质生活中必然和其他的人结成一定的社会关系,这种关系便决定了人们的一定社会地位,会赋予各个人以他的本质属性。"②因此,旧史学总是否认人的社会属性,从历史的现象形态出发,或者利用某些历史现象的外部联系来理解人的本质,将抽象的、孤立的"个体"的人作为其研究对象。这使得旧史学始终处于非科学的理论形态。

其二是马克思主义通过总结以往的史学研究成果,从方法学的层面批判 18 世纪法国哲学中的史学理论与 19 世纪德国哲学中的史学理论和史学方法,以及其他非科学的历史研究理论与方法,全面地论释了历史发展中个别与一般、偶然与必然、个人的历史作用与社会历史发展规律之间的真实联结,克服了旧史学或重"个别记述",或重"公式推演"的方法局限,在方法的层面使历史研究从"停留于历史现象形态的表面观察",转变为科学地揭示"社会发展过程所固有的特殊矛盾及其所规定的特殊本质"。在萧萐父看来,马克思主义在方法学的层面批判旧史学对于理解历史科学的对象十分重要。因为,重复与不重复的统一是历史现象的特点。就个体而言,不可能出现完全重复的历史现象,但在具体历史现象的多样性中所存在的共同性,又使得历史现象具有重复性。马克思主义历史研

---

① 萧萐父:《吹沙集》,巴蜀书社,2007 年,第 437 页。
② 萧萐父:《吹沙集》,巴蜀书社,2007 年,第 434 页。

究的基本要求,正是在复杂的历史现象中"概括出它们之间的本质联系,揭示出它们的个性和共性的统一,偶然性和必然性的统一,不重复性和重复性的统一。正因为如此,发现历史规律才成为可能,历史研究也才能成为科学。"①

在考察回溯马克思主义对于西方哲学中旧的史学观念及其研究方法的批判改造的同时,萧萐父对于胡适之、冯友兰等人的史学观念及其所主张的研究方法也有所批评。萧萐父对于胡适之的批评集中于胡所主张的考证方法。萧萐父认为,在西方史学中,"'个体'史观及其'个别化'记述方法,是'抽象的经验论'在史学方法论上的表现"②。以"个别化"的记述方法研究历史,要么只能停留于历史的表面现象,对社会历史现象作出错误的评断,要么只能以非科学的考证来注释非科学的历史观念。而胡适所主张的考证方法,即是这种西方史学方法在中国史学研究中的具体表现。这种认识使萧萐父断言:"西方资产阶级史学思想的这一个侧面,与中国封建史学中的所谓专门汉学,曾被胡适等把它们嫁接在一起,在旧中国史学界曾经喧嚣一时。"③萧萐父对冯友兰的批评则主要集中于冯所理解的历史研究的对象。萧萐父认为,冯友兰对历史学研究对象的理解可以概括为:"历史学是研究'个别'的,研究的方法,主要是对'文字史料'进行'考据',历史研究的任务,不是也不必要去揭示历史规律,总结历史经验,而主要是叙述个体事物、扩展知识领域等。"④这种史学观念使冯友兰认定"历史学不能成为乃至不能称为科学。"⑤而在萧萐父看来,冯友兰的这种观念与结论,不仅"与马克思主义的史学观点毫不相干",而且"事实上是在重复着旧史学阵营中早有人千百次讲过的东西"⑥。

毋庸讳言,萧萐父对胡适之、冯友兰等人的史学观念与史学方法的归纳、评断都留下了的时代印迹,其归纳、评断是否合于胡适之、冯友兰思想的实际,人们在新的时代条件下,还可以重新思考。但就萧萐父对历史科学研究对象的集中

---

① 萧萐父:《吹沙集》,巴蜀书社,2007年,第440页。
② 萧萐父:《吹沙集》,巴蜀书社,2007年,第427页。
③ 萧萐父:《吹沙集》,巴蜀书社,2007年,第428页。
④ 萧萐父:《吹沙集》,巴蜀书社,2007年,第421页。
⑤ 萧萐父:《吹沙集》,巴蜀书社,2007年,第422页。
⑥ 萧萐父:《吹沙集》,巴蜀书社,2007年,第422页。

思考而言,对于我们确定中国哲学史的研究对象在方法的层面则不无借鉴的价值。因为,若认同历史研究的对象"是具体的社会发展过程所固有的特殊矛盾及其所规定的特殊本质"这种结论,即可以将这样的结论转换为对于中国哲学史研究对象的理解。依照萧萐父对历史科学的理解,哲学史研究也不能停留在以"个别化"的记述方法研究哲学发展历史的水平,而应当深入探讨哲学发展"过程所固有的特殊矛盾及其所规定的特殊本质"。萧萐父早年对于中国哲学史研究对象的这种理解与论释,实为他后来在新的时代条件下,确立自己主编《中国哲学史》的指导思想,系统地论释中国哲学史研究对象的思想基础。因此,当我们看到萧萐父在 20 世纪七八十年代主编《中国哲学史》的过程中对于中国哲学史研究方法的理解时,可以发现他在新的时代条件下对于中国哲学史研究对象的理解,实即是他关于历史科学研究对象思考的具体化,或说仍是他对于历史科学研究对象思考的继续。

20 世纪 70 年代末,萧萐父更深入地思考中国哲学史研究方法,最直接、最现实的原因,是他参与了组织编写两卷本《中国哲学史》的工作。或者说,组织编写工作的需要,促使他更系统地论释了自己理解的中国哲学史研究对象及其相关的方法论原则。这一时期,萧萐父对于中国哲学史研究方法的思考,以其对于现代中国哲学史学科建设的历史反思与估价为前提。萧萐父认为,自近代以来,人们开始对中国古代哲学和哲学史的独立研究:

> 经过章太炎、刘师培、梁启超等人的钩稽撰述,到"五四"前夕出现了胡适的《中国哲学史大纲》(上);嗣后,一些学者如冯友兰、萧公权、范寿康、唐君毅、钱穆等以类似论著,踵事增华,颇有发展。他们的研究成果,比之古代学术史论大有进步,为中国哲学史适应近代学术分工的要求而独立成科,作出了历史贡献。但是,他们在研究中所采取的哲学史观及其方法,却落后于"五四"以后整个文化思潮的迅猛发展而具有极大的局限性。总的说来,这些论著,往往陷入浅薄的唯心史观,停留于对历史上某些学派分合、思潮起伏的现象形态的描述,谈不上对哲学发展的本质矛盾和内在规律的阐释,在

方法上还未能达到黑格尔演述西欧哲学发展所显示的思维水平,也未能真正跳出中国古代学术史论的某些陈旧的窠臼。①

从这种论述中,我们可以看到,萧萐父对于以往的中国哲学史研究成果作出了两个基本估价:一是认定以往的中国哲学史研究成果还没有真正超越中国古代学术史论的形态;二是认定以往的中国哲学史研究仍然"停留于对历史上某些学派分合、思潮起伏的现象形态的描述"。同时,萧萐父认为,造成以往中国哲学史研究这种状况的原因,在于人们的哲学史观及其研究方法的"极大局限"。而这种局限最为集中的表现,即在于以往的中国哲学史工作者未能科学地理解中国哲学史的研究对象,使得中国哲学史研究"模糊了自己的特定任务"。

因此,在新的历史条件下,要推进中国哲学史学科建设,获取新的研究成果,仍需辨析中国哲学史的研究对象,确定中国哲学史自身的研究范围,明确中国哲学史所应当担负的研究任务。基于这种观念,萧萐父具体论释了哲学史的研究对象:"哲学史研究的特定对象,简括地说,就是哲学认识的矛盾发展史。"②萧萐父将哲学史理解为"哲学认识的矛盾发展史",以他对于哲学自身特殊性的认识为前提。在萧萐父看来,哲学与其他具体科学有别。哲学是人们以理性思维形式表达的关于自然、社会和思维运动的一般规律的认识。或者说,哲学是对于客观世界的本质和人对于客观世界的认识、改造及怎样认识、改造的总括性认识。这样的哲学认识,在自身的发展中充满矛盾。这种矛盾的集中表现,乃是因"思维和存在的关系问题引起的思想原则的分歧和对立"。而中国哲学史研究的特定任务正在于"揭示出这些哲学的本质矛盾在中国哲学发展中的表现形态和历史特点,揭示出矛盾的普遍性与特殊性的具体联结"③。

萧萐父在 20 世纪 80 年代对于哲学与哲学史的理解,没有也不可能离开他所理解的马克思主义的哲学观念与哲学史观念。但是,他依据自己对于马克思

---

① 萧萐父:《吹沙集》,巴蜀书社,2007 年,第 362 页。
② 萧萐父:《吹沙集》,巴蜀书社,2007 年,第 364 页。
③ 萧萐父:《吹沙集》,巴蜀书社,2007 年,第 368 页。

主义的理解,对有关哲学的研究对象与哲学史的研究对象所作出的概括与论释,又具有他自己的理论特色。因为在他对于哲学研究对象的理解中,既肯定哲学认识与非哲学认识的联系,又强调"就哲学认识成果的形式和内容而言,就其在人们认识和实践中的作用而言,都与其他非哲学的认识有质的区别"①。突出哲学认识的一般性、普遍性特征,正是萧萐父将哲学史定义为"哲学认识的矛盾发展史"的思想根据。

萧萐父对哲学史研究对象的论释,也涉及他对列宁关于哲学史论述的理解:

> 列宁通过对希腊哲学的考察,把哲学史简略地规定为"就是一般认识的历史",即关于自然、社会和思维的"一般"(共同本质、普遍规律)的认识的历史,借以区别于"全部认识领域"中其他"各门科学"关于特殊、个别领域的本质和规律的认识史,但哲学认识并不与各种科学认识相脱离,也不是各种科学的简单综合,而是通过哲学的概括、总结和反思,抽象出"构成认识论和辩证法"等属于哲学的"一般认识"。整个人类的认识史(包括各门科学史,及儿童智力发展史、语言史、宗教史、艺术史等等)包罗万象,无比宽广,而哲学史研究的则是既区别于宗教、艺术、道德,又区别于各门科学而专属于哲学的"一般认识"的历史。按列宁的提示,即认识论和辩证法的历史。②

从这种论述中我们可以看到,萧萐父虽仍将列宁涉及哲学史的论述,视作列宁对哲学史的规定,但他在自己的理解中,力图将作为"一般认识的历史"的哲学史与哲学史自身的研究对象统一起来,认定哲学史,"即关于自然、社会和思维的'一般'(共同本质、普遍规律)的认识的历史";主张哲学史的研究对象应该是"既区别于宗教、艺术、道德,又区别于各门科学而专属于哲学的'一般认识'的历史"。在这样的理解中,突出"哲学史与各门科学史的分工,正取决于研究对象所

---

① 萧萐父:《吹沙集》,巴蜀书社,2007年,第365页。
② 萧萐父:《吹沙集》,巴蜀书社,2007年,第365页。

具有的特殊的矛盾性".① 这样的哲学史观,适应当时净化中国哲学史研究对象的学术要求,为人们正确地理解中国哲学史的研究对象,提供了方法论根据,同时,也为萧萐父当时主编上下卷《中国哲学史》确立了最基本的方法论原则。

在主编两卷本《中国哲学史》的过程中,萧萐父始终坚持自己所理解的中国哲学史研究对象,围绕中国哲学史特定的研究对象来指导史料的筛选,确定论述的重点,选择中国古代典籍中那些有关社会历史发展原则、方向及社会矛盾运动形式、根由的文献作为哲学史的研究对象,将那些应属于社会学史、政治学史、法学史的文献史料与哲学史史料区别开来;同时,注意从中国古代大量有关人性善恶、伦理规范、道德境界、"性情"关系、"理欲"关系的文献中和理论中,筛选出那些有关人的本质、道德根性的理论作为中国哲学史的研究对象。这种研究方法,使得萧萐父主编的这部中国哲学史在时代允许的条件下,注意厘清哲学史与社会学史、政治学史、法学史、伦理学史、美学史、教育学史等专门学科史的界线,比以往的哲学史研究成果,更加真实地展现了中国哲学发展的历史进程,使人们在改变中国哲学史研究中,哲学史与其他专门学科史研究的界线模糊不清状况的期望初步变成了现实。从这样的意义上看,可以说萧萐父主编的两卷本《中国哲学史》,乃 20 世纪 80 年代最具典范性质的中国哲学史通史研究成果之一。其在理论与实践两个层面上正本清源,剔除教条主义的影响,促进中国哲学史学科健康发展的历史贡献,是少有其他研究成果可以替代的。

萧萐父在 20 世纪 80 年代对哲学史研究方法的探讨是全方位的。在他看来,哲学史研究方法本身即应当是一个包含多层面内容的理论系统。这一系统,涉及哲学史研究对象的理解、确立,哲学史史料的考订、选择,哲学理论的比较、鉴别,哲学思潮演变的历史考察,哲学家历史贡献的分析、评断等。因此,在实际的哲学史研究中,构成哲学史方法系统的任一环节,对于哲学史研究的指导作用都不宜忽略。只有具备全面、系统的哲学史方法原则和理论,才有可能科学地考察哲学发展的历史,形成优秀的哲学史研究成果。在全面思考哲学史研究方法

---

① 萧萐父:《吹沙集》,巴蜀书社,2007 年,第 366 页。

的同时,萧萐父肯定哲学史学科的特殊性,重视与哲学史学科特殊性相适应的特殊的哲学史研究方法。如何理解哲学史学科的特殊性? 或者说,哲学史作为一个独立的专门学科,其特殊具体表现在哪里? 萧萐父的理解是:哲学史学科的特殊表现为历史学科与哲学学科的交叉,并认定具备这种特殊性的哲学史学科所要求的特殊方法,只能是历史与逻辑统一的方法。用他自己的语言表述是:哲学史方法系统所包含的不同的方法原则都是哲学史研究中必须坚持的方法,"但就哲学史这个特殊领域来说,历史和逻辑的统一,是一个具有特别重要意义的指导原则和方法。这是由于哲学史这门科学既属史学又属哲学这种特殊的性质所决定的"[①]。

萧萐父对于哲学史研究的特殊对象与特殊方法的理解,同样植根于他对于马克思主义哲学史观的理解。马克思主义主张的历史与逻辑统一的方法学原则,实源自黑格尔的哲学史观。黑格尔曾经明确地表示:

> 我认为,历史上的那些哲学系统的次序,与理念里的那些概念规定的逻辑次序是相同的。……如果我们能够对哲学史里面出现的各个系统的基本概念,完全剥掉它们的外在形态和特殊应用,我们就可以得到理念自身发展的各个不同的阶段的逻辑概念了。反之,如果掌握了逻辑的进程,我们亦可从它里面的各主要环节得到历史现象的进程。[②]

黑格尔肯定历史上"哲学系统的次序"同于"理念里的那些概念规定的逻辑次序",主张由"逻辑的进程","得到历史现象的进程"。黑格尔的这种哲学史观念以其理念论为思想基础。马克思主义对于黑格尔哲学史观的改造,在于还原历史与逻辑关系的实际,肯定哲学发展的历史过程是哲学逻辑发展的现实基础,强调在哲学的发展中,历史的发展与逻辑的发展辩证统一。在萧萐父看来,这样的历史与逻辑统一的方法,对于哲学史研究有其特殊的意义。因为,哲学史作为

---

① 萧萐父:《吹沙集》,巴蜀书社,2007 年,第 370 页。
② 黑格尔:《哲学史讲演录》第 1 卷,商务印书馆,1995 年,第 34 页。

哲学发展的历史,表现为客观现实的历史发展过程。考察哲学发展的历史,需要如实地再现哲学发展的历史实际。这种学术追求与理论目标,在方法的层面需要人们从历史实际出发,或者说需要人们运用历史的方法。在哲学史研究中,如果离开历史的方法,实际上意味着离开哲学发展的客观历史进程本身去考察哲学发展的历史。这样的哲学史研究,根本没有可能承担起揭示哲学发展历史客观进程这一理论任务。

但是,在哲学史研究中,历史的方法并不排斥逻辑的方法,历史的方法也不能替代逻辑的方法。哲学史研究之所以需要逻辑的方法,原因同样在于哲学史研究对象本身。哲学史研究哲学认识的矛盾发展史,哲学认识的矛盾发展,最为集中的体现是哲学概念、哲学范畴的产生、发展和演变。在哲学认识的历史发展中"由普通概念精炼成为哲学范畴,哲学范畴的内涵由贫乏到丰富、由朦胧到清晰、由简单到复杂、由抽象到具体,哲学范畴之间的联系、对立、依存、转化的关系由零散而逐步形成明确的系统,都标志着人类哲学认识一步步提高和深化的过程"①。这一过程既是一个客观的现实的历史过程,也是一个必然的有序的逻辑过程。哲学史研究的基本任务,即在于考察哲学发展的客观的历史过程。同时,也需要考察哲学发展的逻辑过程,辨析两者的差异与统一,揭示哲学认识发展的一般律则。这种观念,使萧萐父主张把"研究哲学范畴的历史联系和逻辑发展"作为哲学史研究的一个重要课题。因为,在他看来,"科学的哲学史应当分析概念和范畴的发展与运用,分析每个哲学家的中心范畴,分析一些重要的哲学家的范畴体系,特别要研究不同历史阶段哲学矛盾运动中哲学范畴的逻辑发展。只有通过这样的分析和研究,才可能真正揭示出哲学思维发展的进程和规律"。②

在萧萐父看来,由于哲学发展的历史进程有其自身的逻辑,哲学史上某些思想环节的缺失,有些可以通过史料的发掘加以填补,有些则只有通过逻辑的分析来加以填补;哲学发展的历史进程与逻辑进程大体上同步,这正是哲学史研究中,需要重视历史与逻辑统一这一方法学原则的现实根据。但是,萧萐父并不否

---

① 萧萐父:《吹沙集》,巴蜀书社,2007年,第368页。
② 萧萐父:《吹沙集》,巴蜀书社,2007年,第369页。

认社会历史现象的复杂性。在社会历史的发展中,实际上存在大量的偶然性因素,充满了曲折性、跳跃性,哲学发展的历史同样如此。因此,所谓历史与逻辑的统一,并非历史与逻辑"简单的重合",而只能是历史与逻辑的辩证统一。哲学史研究"既要看到历史现象的偶然性、跳跃性、曲折性,又要把作为认识史的合规律的逻辑进程及其客观意义揭示出来"①。换言之,他认为在哲学史研究中运用历史与逻辑统一的方法,最需要注意的应当是在复杂的历史现象中,探索、揭示其符合逻辑的发展进程;同时,在实际的哲学史研究中,也只有坚持历史与逻辑的统一,才能够不受研究者个人情感的干扰,排除偶然,发现必然,从而按照"人类认识史的逻辑"来区划哲学发展史上的不同环节、发展阶段,确定不同的哲学家、不同的哲学理论的理论价值与历史地位。

萧萐父不仅从哲学史的特定对象出发,思考哲学史研究方法的特殊,系统考察论释马克思主义主张的历史与逻辑统一的方法学原则,而且自觉地将这种方法学原则运用于中国哲学史研究的实际,并取得了重要的认识成果。在萧萐父看来,"源远流长的中国哲学史,并不是什么'百家往而不反'的可悲战场,也不是什么千古心传的'道统'记录,而是中华民族的哲学智慧在艰苦曲折中发展的合规律的必然历程"②。因此,中国哲学史研究的任务,不仅需要考察中华民族哲学智慧发展的历史,也需要总结中华民族哲学认识中的逻辑。这种方法意识使得历史与逻辑统一的方法原则,构成了萧萐父主编两卷本《中国哲学史》时最为重要的方法学原则。在具体运用这种方法学原则的时候,萧萐父尤为重视逻辑的方法。因为,他认为在实际的中国哲学史研究中,不少疑难问题的形成,源于依据历史的方法无法对问题作出让学术界普遍认同的结论。譬如,关于老子哲学的历史定位,学术界争论即很多。依据现存文献记载,有学者认定老子哲学当在孔子之前,也有学者认定老子哲学当在孔子之后,结论不同,但各有所据,长期论争,难有定论。萧萐父参与主编的《中国哲学史》中将老子哲学置于孔子、墨翟之后,孟子、庄子之前,其根据即是《老子》一书中出现的哲学范畴及其关于天道

---

① 萧萐父:《吹沙集》,巴蜀书社,2007 年,第 396 页。
② 萧萐父:《吹沙集》,巴蜀书社,2007 年,第 373 页。

的理论、认识的理论、发展的理论依哲学发展的逻辑只能出现在这样的时代："《老子》所代表的道家哲学,与并世的儒、墨显学同时发展,班固说它'盖出于史官,历记成败、存亡、祸福、古今之道'(《汉书·艺文志·诸子略》);司马迁称它'其学以自隐无名为务'(《史记·老庄申韩列传》)。这些具体条件,都使《老子》能够达到较高的思想水平,在哲学思维发展的逻辑进程上能够以其较完整的形态殿居孔、墨之后而总其成。"①以逻辑的方法肯定老子哲学"是我国奴隶制时代哲学发展圆圈的一个逻辑终点",这种结论不无新意。在萧萐父参与主编的《中国哲学史》中,对《易传》的论释,对荀况、刘禹锡、王船山等人的哲学思想的考察,也较为集中地体现了其对逻辑方法的运用。因为重视逻辑的方法,使得萧萐父参与主编的《中国哲学史》中不仅对荀况、刘禹锡、王船山等人哲学思想的考察评断达到了新的认识层次,而且使其对整个中国哲学发展历史的解释评断也能够自为一家之言,成为一部20世纪80年代传介最为广泛,影响最为深远的中国哲学史通史性著作。

萧萐父20世纪80年代对于马克思主义哲学史观的考察、论释是多层面的,且达到了相当高的理论层次。他由肯定哲学史特定的研究对象,进而探讨哲学史研究的特殊方法,强调哲学史研究必须坚持历史与逻辑的辩证统一,抓住了哲学史方法学的核心内容和本质特征。他将历史与逻辑统一的方法学原则运用于实际的中国哲学史研究,他参与主编的《中国哲学史》,则具体地体现了历史与逻辑统一的方法学原则的实际价值。在现实的中国哲学史研究中,围绕历史与逻辑统一的方法学原则建构现代哲学史研究的方法学系统,将有利于推进中国哲学史学科的建设与发展,这是萧萐父思考哲学史特定的研究对象与特殊的研究方法,并依据这样的思考取得中国哲学史研究的重要成果带给我们的启示,而这样的启示也体现了他关于哲学史的特定对象与特殊研究方法思考所特有的学术价值。

萧萐父关于现代中国哲学史学的探讨,并没有止步于对哲学史的特定对象

---

① 萧萐父、李锦全主编:《中国哲学史》上卷,人民出版社,1991年,第126页。

与特殊研究方法的思考。20 世纪 70 年代末叶,人们开始不断地反思新中国成立以后中国哲学史研究中正反两个方面的经验教训,进入 20 世纪 80 年代以后,人们在反思中意识到教条化地理解和运用经典作家的哲学史观,已经严重地阻碍中国哲学史学科建设的健康发展。在这样的思想背景下,萧萐父在其参与主编的两卷本《中国在哲学史》问世之后,又重新思考中国哲学史学科的建设与发展。

在这种思考中,萧萐父认为,新中国成立以来,中国哲学史研究虽然也取得了不少有价值的学术成果,但在人们对于哲学史研究方法的思考与运用中,确实存在简单化的教条主义倾向。而要在中国哲学史研究中克服教条主义,避免思想简单化、僵化、绝对化倾向,首先应当清除苏联哲学界的"左"倾思潮对于中国哲学史学科建设的影响。苏联哲学界,从 20 世纪 30 年代开始批判德波林的哲学思想,认为德波林的哲学思想忽视了马克思主义发展中的列宁阶段,忽视了唯物辩证法同黑格尔唯心辩证法的本质区别,忽视了理论与实践的联系,全面否定德波林哲学的理论价值与历史贡献。到 40 年代,苏联哲学界又开始批判亚历山大诺夫的《西欧哲学史》。苏共中央书记日丹诺夫在一次有关亚历山大诺夫《西欧哲学史》的讨论会上发表长篇讲话,批评亚历山大诺夫的哲学史著作没有坚持贯彻哲学的党性原则,对马克思主义以前的哲学批判、否定不彻底,主张科学的哲学史,是科学的唯物主义世界观的胚胎、发生与发展的历史,提出了自己的哲学史定义。日丹诺夫对于哲学史的这种理解,强调批判与变革,否定优秀哲学成果的继承与发展。因此,在我们今天看来,不论是日丹诺夫关于哲学史的定义,还是其对于亚历山大诺夫的批评,实际上都存在理论的片面与局限。但从 20 世纪 50 年代开始,中国学者即开始借鉴日丹诺夫的哲学史定义,指导自己的研究工作。尽管当年也曾有中国学者指出过日丹诺夫哲学史观的局限,但人们有关日丹诺夫哲学史观的不同看法,并没有阻止人们在实际的研究工作中,对日丹诺夫哲学史观的认同与吸纳。因此,到 20 世纪 80 年代,人们反思中国哲学史学科建设的经验教训,又重新集中到对日丹诺夫有关哲学史定义的审视与批评。萧萐父没有简单地否定日丹诺夫的哲学史定义,而是主张全面地清理苏联学术界

"左"的倾向对于中国学术界的影响。他说：

> 至于日丹诺夫的那个定义，我看虽有缺陷，当未大错。头一句讲"科学
> 的世界观胚胎、萌芽、发生和发展的历史"，似乎还多少吸取了一点黑格尔的
> 哲学史观的味道，后边那一句，也基本上抓住了哲学史发展的线索，只是有
> 片面性，强调了对立面的斗争，忽视了对立面的统一，强调了两军对战，忽视
> 了螺旋前进……所以问题不全在那个定义，而在他的整个报告的指导思想
> 是"左"的，代表了当时苏联哲学界的总的倾向，这个倾向是违反列宁的哲学
> 遗训的。①

因此，在萧萐父看来，全面清除苏联哲学界的"左"倾影响，必须改善中国的
学术环境，要改善中国的学术环境，必须真正回到马克思主义的立场；要真正回
到马克思主义的立场，则必须重新学习马克思主义。这样的学术理念，促使萧萐
父晚年开始重新阅读马克思主义的经典著作，在阅读中，他尤为关注马克思、恩
格斯有关人类学研究的认识成果。因为，他认定古史研究和史论结合是马克思、
恩格斯拓展其思想理论的重要途径。在研探马、恩的人类学研究成果的过程中，
萧萐父又特别注意马克思晚年写下的大量的人类学笔记。认为这些人类学笔记
预示着马克思理论研究重点的转向，体现了"马克思晚年思想的新动向"。这种
研究重点的转向与"思想的新动向"，首先表现为"在文化视野上，马克思已超越
了摩尔根、恩格斯的西方中心或只把西方社会作典型的局限，而扩大到东方，扩
展到亚、非、拉广大地区"②，这样的超越，使马克思"重视人自身的生产及相应的
血缘亲属关系在一定时代和一定地区对社会制度的重要决定作用"，③而这样的
思想理论不仅可以帮助我们正确对待摩尔根和恩格斯在人类社会发展问题上的
"单线进化的阶段说"，改变我们对进化论的"狭隘的理解"，而且为我们提供了

---

① 萧萐父：《吹沙集》，巴蜀书社，2007 年，第 387 页。
② 萧萐父：《吹沙集》，巴蜀书社，2007 年，第 464 页。
③ 萧萐父：《吹沙集》，巴蜀书社，2007 年，第 464—465 页。

"打开东方社会和东方文化的哑谜的钥匙"。① 其次,马克思的理论研究由经济学转向人类学,更加全面的考察人类文化发生发展的多样性与统一性、时代性与区域性,肯定人类文化的发展乃"多元产生,多线进化",既有一般规律,又有特殊途径,并提出了东方社会在特定历史条件下的跨越式发展问题,即所谓"卡夫丁峡谷"问题。在萧萐父看来,马克思晚年思想的这种"新动向",特别是其关于跨越"卡夫丁峡谷"的设想,可以使我们获得许多方法学的启示。这些启示的核心内容告诉我们:在学术文化研究中,只有"摆脱东方中心或西方中心的封闭思考模式,走向多元化,承认异质文化的相互交融",②具备开放的学术胸襟和广阔的学术视野,才有可能在新的时代条件下去深入地探讨人类文化的结构和类型,正确地理解人类社会发展的必然与趋势。

萧萐父晚年论及哲学史研究的"纯化"与"泛化"、历史情感与历史科学,主张在中国哲学史研究中"正视中国哲学启蒙的特殊道路",都与其对于马克思晚年思想中的"新动向"的重视、理解关联。哲学史研究的纯化与泛化,涉及哲学史研究与文化史研究的关系。在萧萐父看来,不论是纯化的哲学史研究还是泛化的哲学史研究,都是深化哲学史学科建设的需要。对哲学史作纯化的研究,有利于厘清哲学史特定的研究对象,揭示哲学矛盾运动的特殊形式与律则。对哲学史作泛化的研究,则有助于对哲学与文化关系的诠释,"文化是哲学赖以生长的土壤,哲学是文化的活的灵魂,哲学所追求的是人的价值理想在真、善、美创造活动中的统一实现"③。因此,"以哲学史为核心的文化史或以文化史为铺垫的哲学史,更能充分反映人的智慧创造和不断自我解放历程"④。从萧萐父的这种论述中,我们可以看到,他所主张的泛化的哲学史研究,并非以文化史研究替代哲学史研究,而是说哲学史研究的形式、视域不宜单一化更不可僵化;哲学史研究中的"纯化与泛化""微观与宏观""纵向与横向",都有助于我们拓展、深化哲学史研

---

① 萧萐父:《吹沙集》,巴蜀书社,2007年,第465页。
② 萧萐父:《吹沙集》,巴蜀书社,2007年,第467页。
③ 萧萐父:《吹沙集》,巴蜀书社,2007年,第467页。
④ 萧萐父:《吹沙集》,巴蜀书社,2007年,第417页。

究。因此,萧萐父晚年主张"我们必须正视中国哲学启蒙的特殊道路、中国式的社会主义的特殊道路等问题",①实际上也是主张将文化史研究与哲学史研究结合起来,以论释中国哲学发展的特殊,解释中国社会文化的发展道路;从哲学的层面探寻中国社会文化现代化的内在根据,发掘中国社会文化现代化的源头活水。

萧萐父之所以思考历史情感与历史科学的问题,同样是因为马克思、恩格斯人类学研究方法方面的启示。他在具体论及恩格斯的《家庭、私有制和国家的起源》的方法论启示时,首先肯定的即是其学术研究中的科学态度,其次才是其系统的方法、思想的深度与影响的广度。他认为,在学术活动中,具备科学的态度,才会尊重他人的学术研究成果,将历史感与现实感、革命性与科学性统一起来,排除研究者个人非科学的主观情感。萧萐父否定学术研究中个人的"偏爱偏恶",但并不否认学术工作正常的历史情感。在他看来,主观的"偏爱偏恶"是一种"私情",正常的历史情感是有别于这种"私情"的"公情";这样的"公情"是"一种具有历史感的价值判断,即符合历史趋向,与历史固有前进性相一致的褒贬"②。这样的历史情感,既不会削弱哲学史研究的严肃性,也无碍于哲学史研究的科学性。这种历史情感观念,使萧萐父重视明清之际的哲学思潮在中国哲学发展史上的特殊地位与历史作用,毫不隐讳地赞扬王夫之等活跃于明清之际的历史舞台上的哲学大师,从而使自己的哲学史方法意识与具体的中国哲学史研究实践得到了有机的统一。

在中国现代哲学史上,萧萐父是在中国哲学史研究方面取得过重要学术成果的哲学史家之一,也是为中国哲学史学的建设做出过重要贡献的哲学史家之一。他从 20 世纪 50 年代开始思考中国哲学史研究的方法论问题,由思考历史与历史科学开始,系统地考察哲学与哲学史特定的研究对象与研究方法,论释哲学史研究与文化史研究的关系,辨析中国哲学史研究中的"私情"与"公情",主张在中国哲学史研究中追求历史感与现实感、革命性与科学性的统一,科学地考察

---

① 萧萐父:《吹沙集》,巴蜀书社,2007 年,第 467 页。
② 萧萐父:《吹沙集》,巴蜀书社,2007 年,第 410 页。

中国哲学乃至于整个中国文化发展的特殊道路,揭示哲学发展的普遍原则。这些思考不仅使他对于中国传统哲学发展的历史道路与现实价值的理解别具一格,也使他在中国哲学史学方面构建的理论系统具备独立的个性与价值。我们在新的历史条件下,思考中国哲学史研究的深化与拓展,萧萐父的中国哲学史研究成果与中国哲学史学的研究成果,都值得我们总结与借鉴。当我们在萧萐父这一辈学者的中国哲学史研究成果和中国哲学史学的研究成果的基础上有所前进的时候,将意味着中国哲学史学科建设取得了新的成就、新的发展。

萧萐父先生的"诗化哲学"
及其人生追求

吴根友

（武汉大学哲学学院）

一般而言,哲学主要体现为人类运用概念进行抽象思维的能力,其中也包含了历史理性与反思理性。作为一种知识或学问体系,哲学主要体现人类思维中重视理性、逻辑的面向或维度。哲学思维中也有想象或联想,但哲学的想象与联想,主要是一种运用概念进行普遍化思考的能力,与文学艺术中运用具体形象进行比喻性的思考极不相同。如果以艾儒略《西学凡》一书的出版为标志,西方哲学传入中国实际上已经有四百余年的历史了。如果以学科建制——北大哲学门的成立为标志,也有一百余年的历史了。但对于中国有没有哲学,中国哲学是不是哲学等的疑问与质疑,时常还是有人以不同的方式重新提出加以讨论。而这些问题的实质,借用乔姆斯基转换生成语法①的方式来加以重新表述,其实就是在追问中国哲学究竟具有什么样的独特性。

作为人类理性思维方式的一种,或者说作为一种人文知识与思维方式而言,哲学具有普遍性是不言而喻的。黑格尔在其《哲学史讲演录》中说"中国没有哲

---

① 乔姆斯基的生成语法理论认为:"每个 SD（'句法描写'的缩写,引者注）有一个深层结构和一个表层结构。语义组成部分赋予深层结构一个语义解释,而音位部分赋予表层结构一个语音解释。"（《乔姆斯基语言哲学文选》,徐烈炯、尹大贻、程雨民译,商务印书馆,1992 年,第 8 页。）本文仅是借用此一说法,意谓有关"中国哲学独特性"的这一问题,可以用不同的提问方式来加以表达。

学",其真实的意思是说中国没有自由。因为黑格尔的哲学观是,哲学是人类自由的思想。德里达认为中国没有哲学,其实是说中国没有他要批评的西方传统中的"形而上学"那一类的哲学。他认为西方形而上学是哲学的堕落,他要的是思想而不是西方哲学传统中的形而上学的说法。但他认为中国有思想。不管是黑格尔所说的"哲学",还是德里达所说的"哲学",作为理性思维方式的哲学,中西哲学都有大体类似的哲学思想。但不可否认的是,在人类文明的漫长发展历史过程中,哲学深深地打上了民族文化的特色,而不像自然科学那样具有普遍性。简洁地说,若以古希腊哲学为比较与参照对象,中国先秦哲学则更多地表现为对社会政治与伦理的关注,古希腊哲学则表现出对形而上学及普遍的哲学方法的关注(当然其中不乏政治哲学与伦理学的具体内容)。如果以欧洲哲学为参照系,漫长的中世纪哲学,公元 3 世纪以前主要表现为希腊化的哲学风格,公元 3 世纪到公元 16 世纪后半叶,有一千四百余年的哲学历史,则主要表现为基督教的经院哲学,这一点与中国汉魏晋隋唐宋元明这一"经学时代"(冯友兰语)的哲学思想的丰富性与多样性相比,反而略显逊色。在当代中国人的一般意识之中,一谈到哲学,人们往往自觉不自觉地想到希腊哲学和近现代哲学。然后用这种不甚全面的西方哲学发展史作为西方哲学的全貌,以之反观中国哲学,进而对中国哲学进行"判教",然后说中国哲学不是哲学,或者说中国没有哲学。21 世纪初的中国哲学界,曾经短暂地兴起过有关"中国哲学合法性"问题的讨论,[①]实际上也与这种哲学观或哲学史观有关。实际上,古希腊哲学与近现代西方哲学,主要表现为以理性思维为特征的哲学形态,后者的主流是英国的经验主义和法国、德国的理性主义。[②] 但其中也有一些非主流的浪漫主义的哲学家和哲学思想,其中德国的浪漫派哲学思想,就是以诗化的哲学为追求目标,反省并批判现代科学技术对于人生的伤害,试图以人的感性、情感来代替哲学的理性与科技的

---

① 参见姚新中主编《中国哲学创新研究》第一卷第二章何谓"中国哲学"的相关讨论。中国人民大学出版社,2019 年。

② 有关中西比较哲学研究较为系统的历史,可参看许苏民:《中西哲学比较研究史》,南京大学出版社,2014 年。

理性。① 因此,如果比较完整而全面地考察西方哲学史,我们就会发现,哲学大家庭里有诸多成员,而哲学本身的面貌是多元而复杂的,并非一种刻板、生硬、冷峻的理性面孔。理性无疑是哲学的主要面向,但哲学也包含着情感与诗性的内容。诗化哲学与哲学的诗化,不仅是可欲与可能的,它本身就是丰富复杂的哲学史的重要组成部分。

更进一步说,哲学不只是所谓哲学家的专利品,一些诗人也可以通过诗的形式表达哲学思想而成为"哲学诗人",按照维基百科的说法,"哲学诗人是指那些运用诗歌的手法、风格或形式来探索哲学领域的共同主题的作家或学者。他们的作品经常涉及生命的意义、存在的本质(本体论)、知识和认识论(认识论)、美的原则(美学)、事物的首要原则(形而上学)或上帝的存在等有关的问题。有些人在诗歌中会进行广泛的哲学探究,涉及不同的哲学主题,而有些人则会集中在哲学诗歌的一个分支中。例如,但丁在一般意义上被一些人认为既是一个哲学诗人,也是一位进行形而上学探索的诗人"。在我看来,这些哲学诗人所创作的哲学诗,显然是诗化哲学。在现当代中国哲学界,萧萐父先生就是较早关注诗化哲学,并从诗化哲学的角度考察中国哲学特质,在学术与理论的创作中践行"诗化哲学"的少数哲学史家与诗人哲学家之一。②

二、"诗化哲学"与中国哲学的特质

哲学是一个大家庭,其中包括各种分支学科,如科学哲学、语言哲学、历史哲学、宗教哲学等,而"诗化哲学"就是哲学大家庭中的成员之一。但是,作为哲学大家庭中诸成员之一的"诗化哲学",其概念的构成本身似乎就包含着某种悖论的内容,即将以诗为代表的一切艺术性的形象思维与概念化的抽象思维结合在

---

① 刘小枫:《诗化哲学》,华东师范大学出版社,2011 年(重订)。
② 方东美先生是较早关注中国哲学诗性特质的现代新儒家重要人物之一。参见许苏民:《中西哲学比较研究史》,第 1119—1127 页。本文是对之前给萧先生《萧氏文心》《火凤凰吟》所作之序中许下诺言之初步践履。

一起,构成了一种既哲学又非哲学的哲学形态。

如众所知,"哲学"这门学问体系或曰知识体系是从欧洲传入中国的,而且一开始是以理性思考的特征进入中国的思想界,因此,在汉语学术界,哲学与诗一开始就是分离的。然而,全面考察中西哲学发展实际历史进程就会发现,哲学从一开始就不排斥"诗化"的形象思维,从一个侧面讲,哲学可以通过诗化的方式展示自己的理性思考特征,在古希腊的史诗与悲剧之中,哲学就是通过诗的形式表达出来的。现代西方哲学史上,典型的人物尼采,其著名的《查拉图斯特拉如是说》一书,就是采用诗的形式来表达他的哲学思想。而从另一个侧面讲,诗人的作品中也包含着大量的哲学思考,如屈原的《天问》、歌德的《浮士德》、艾略特的《荒原》等,都可以看作诗歌当中包含深刻而丰富的哲学思想的典范之作。因此,在哲学的大家庭里,实际上长期存在着"诗化哲学"。

在当代中国哲学界,较早系统地研究了德国"诗化哲学"问题的学者,当数刘小枫。他在早年攻读硕士研究生学位时,已开始研究以德国浪漫派思想为主体的"诗化哲学"问题,后修订扩充的《诗化哲学》一书,以粗线条的方式勾勒了德国浪漫派的诗化哲学思想发展脉络,在少数地方也提及了中国传统的"诗化哲学"的片断内容。如果纵观现当代中国哲学的发展历史,萧萐父先生则是较早关注并实践诗化哲学的少数哲学家之一。[①]

1948年,萧先生发表了《原美》一文。该文扬榷古今中西,特别是西方近现代以来的各种美学思想,以感性与理性的高度整合为理想目标,扬弃中西思想传统中静态的和谐观,追求一种具有现代性的动态的和谐,进而实现创造与创化的人生目标。此文虽然写于萧先生的青年时代,但大体上奠定了萧先生"诗化哲学"的理论结构,即他后来总结的"双 L 情结"——第一个 L 是指逻辑(Logic),第二个 L 是指一种二弦的竖琴(Lyric),代指艺术,追求理与情的高度统一。理与情的高度统一的"诗化哲学"是萧先生对于哲学的理论追求,也是他的人生实践。

---

① 现代新儒家方东美,思想家、诗人苏渊雷,均是中国现代哲学史上关注诗化哲学并实践诗化哲学的少数哲学家或哲人之一。张世英先生晚年也特别关注哲学的诗性特质。其对语言的诗性与诗性的语言的研究与阐发,可以看作对"诗化哲学"进行深入阐述的内容之一。

这种理论追求,在 1995 年他给方任安《诗评中国哲学家》一书作序的时候,更进一步地作了系统、深入的阐发,并将其看作中华哲人与诗人共同塑造出的一种优秀的精神传统。他说:"在情与理的冲突中求和谐,在形象思维与逻辑思维的互斥中求互补,在诗与哲学的差异中求统一,乃是中华哲人与诗人们共同缔造的优秀传统。他们在这一心灵创造活动中实现着美和真的合一,使中国哲学走一条独特的追求最高价值理想的形而上学的道路,既避免把哲学最后引向宗教迷狂,又超越了使哲学最后仅局限于科学实证,而是把哲学所追求的终极目标归结为一种诗化的人生境界,即审美与契真合而为一的境界。中国哲学的致思取向,从总体上乃是诗化的哲学。"①

在上述的序文中,萧先生对于中国哲学的特质问题至少提出了以下三个层面的问题。其一,中国哲学是两种性质东西的高度结合,如情与理、形象思维与逻辑思维、诗与哲学的高度结合。其二,这种多层次、多侧面的结合形成了中国哲学特色,即求美与求真的结合。其优势是避免了哲学最后走向宗教迷狂,也超越了狭隘的科学实证。其三,指明了中国哲学的整体特征是"诗化的哲学"。

三、中国"诗化哲学"的三种形态及相关补充性的思考

萧先生不仅揭示了中国哲学的"诗化"特征,还初步勾勒了中国"诗化哲学"的三条主要路径(或曰表现形式)。其一是哲学著作中就包含了诗的内容,有些哲学作品本身就是用诗的韵语和文学的形象创作而成的,像《周易》《尚书》《逸周书》等古典哲学、史学著作中保存的不少富有哲理的古歌谣,《老子》一书"全可韵读的哲学诗篇",《庄子》《列子》等道家诸子,"多用诗的文辞或充满诗意的卮言、寓言等来展示他们的智慧"。另外,孔子的"逝者如斯,不舍昼夜"的感叹,孟子的"观水有术,必观其澜","铿然舍瑟春风里,点也虽狂得我情"等,荀子的《成相》《赋》篇等,②都是哲学作品有诗,或直接就是诗的形式,或借助诗歌艺术形象的

① 《吹沙二集》,巴蜀书社,1999 年,第 512 页(案:下引此集只注书名与页码)。
② 《吹沙二集》,第 512—513 页。

手段,要而言之,是哲学与诗高度结合的典范。

其二,诗歌作品中包含有大量哲学思想,如《诗经》中的颂诗与大雅部分的诗作,"国风"中的少量作品。屈原的《天问》,贾谊的《鹏鸟赋》,其他诗人,"陶、谢、嵇、阮,各有名篇,李、杜、王、孟,纷呈异彩,直到晦翁的'源头活水',阳明'海涛天风',梨洲的'此意无穷,海怒鹏搴',船山的'光芒烛天,芳菲匝地'……春兰秋菊,威蕤不绝,神思慧命,绵延至今"①。

其三,除了这两种形式的诗化哲学形态之外,另外还有哲理诗,像程伊川用"数点梅花天地心"来绎解他所悟得的《周易》复卦的义理。② 还有诗化的哲学评论,这些具有哲学意味的评论,往往"以简御繁,由一显多,为历代圣哲的灵魂'画像',寥寥数语,往往传神"③。陶渊明的《咏贫士》《读史述九章》等作品,论述荣启期、原宪等高士和伯夷、叔齐、箕子、七十二弟子、屈原、贾谊、韩非、鲁二儒等哲人。还有正史中《史赞》,虽然类多浅近,但也有少数涉及思想家画赞的,如朱熹的《六先生画赞》,分别赞述了濂溪(周敦颐)、明道(程颢)、伊川(程颐)、康节(邵雍)、横渠(张载)、涑水(司马光)等六位哲学家。后来类似的哲人画像赞作品还有,如清代的思想家焦循所作的人物画像赞等。今苏渊雷先生的《风流人物无双谱》,一共选了三十六位人物,半属哲学家,半属文学家。安徽枞阳县人氏方任安先生著《诗评中国著名哲学家》一书,可以说是最为系统的诗评类哲学史著作。

实际上,除上述萧先生勾勒出的三类诗化哲学家和诗化哲学作品之外,像司马迁的《史记》则又另当别论。依鲁迅先生的观点,《史记》为"史家之绝唱,无韵之《离骚》"。这部著作从图书分类的角度看当然首先是历史作品,但该书"发于情,肆于心而为文"④,富有诗人的激情在其中,同是也饱含着深厚的历史哲学思想——"究天人之际,通古今之变,成一家之言"。因而当然是一部有着深刻的哲学思想而同时又具有诗人激情与特殊历史情感的史学著作。因此,诗化哲学,就其作品的形式而言,还有像《史记》这样的史学作品,至于像钟嵘的《诗品》、刘勰

---

① 《吹沙二集》,第 513 页。
② 《吹沙二集》,第 513 页。
③ 《吹沙二集》,第 513—514 页。
④ 鲁迅:《汉文学史纲要》,《鲁迅全集》9,人民文学出版社,2005 年,第 435 页。

的《文心雕龙》、司空图的《二十四诗品》等,亦当是诗化哲学类的文艺美学作品。现代中国大文豪鲁迅先生的《野草集》本身,亦可以视之为诗化哲学的代表作品。因此,对于"诗化哲学"的理解与解读,我们可以不必将"诗"狭隘化,即将诗仅仅理解为诗歌作品,而是应当理解为一种将具有普遍的哲学问题以浸透着个人独特情感的文学化的方式表达出来一切文学、哲学、历史作品,这些作品均可以视之为"诗化哲学"类的作品。刘小枫早年提及的"本体论的诗""诗化的思",大体可以揭示"诗化哲学"的主要特点。

四、萧萐父对"诗化哲学"的自觉追求与实践

简洁地讲,萧先生本人对诗化哲学的追求主要表现在三个方面,一是通过诗歌创作的形式表达对哲学的思考。像"世纪桥头之思",唤取莱翁共圆中西文化交流的梦想等诗作,[①]均是以情化理,以理入诗。

二是在一些哲学史的作品中,尝试融入诗歌艺术的画魂手段与艺术追求,让哲学史的人物灌注生气,看到其完整的人格形象与精神风貌。这主要体现在《王夫之评传》一书的序言与选出的与船山精神相契合的诗作。

三是萧先生对历史上富有人格魅力的哲学家的礼赞,以及他本人在社会生活、教育生涯中所持守的仁智兼修的人格形象。在当代的中国哲学界,萧先生的人格风范得到同行中的长辈、同辈及学生辈的共认。这一人格形象本身就是一首无字的长篇叙事抒情诗,其中有着一般学者不具有的波澜与曲折。

(一) 诗作中的哲理追求

明末清初的哲学家方以智,他本人能诗、知诗,在评诗方面亦有独到的见解。但他谈到以诗来表达哲理时,却表现出十分谨慎的态度。在《通雅》中,方以智这样说道:"诗未尝不可以析理,析理之诗,非诗之胜地也。"[②]萧先生通过诗的形式

---

① 《访德杂诗之二》:"唤起莱翁共商酌,东西慧梦几时圆?"(《吹沙二集》,第749页。)
② 《方以智全书》第四册,黄山书社,2019年,第72页。

来表达哲学思考,可见是选择了一件十分困难的事情。然以"慧境托诗心",①是萧先生一生哲学的一种追求,体现了他本人以诗化的方式从事哲学思考的特点。慧境,主要是哲学的慧解,诗心主要是对自然、社会、历史等个人化的高尚、纯粹而美好的情感与领悟。"慧境"让"诗心"具有深刻的精神内涵,不再停留于个人的得失、荣辱与悲欢;"诗心"让"慧境"充满着具体而丰富的人文、历史的质感与当下的亲在特质。通过初步的研究,我将从以下五组充满哲理的诗歌意象之词汇来揭示萧先生一些诗作中的哲学思考。

其一,心火。在《吹沙集》的《后记》中,萧先生特别提到"心火",他曾经问学于汤用彤、贺麟、冯友兰、张岱年、任继愈诸先生,又从李达老、杜国庠、侯外庐、吕振羽诸前辈的立身风范中得窥矩矱,他也希望后学能够从他的《吹沙集》中感受到这种"心火"之传。② 这种"心火之传",既依托文字,又超出文字。

其二,道真。在纪念李达的诗中,萧公说道:"百年龙种经忧患,四卷犀芒烛道真。"③"道真"之真,超越了一般认识论意义的主观认知与客观事物的高度符合的认识论真理,而是一种系统的正确理论,揭示了某种深刻而复杂的社会现象与人生道理。这才是"道真"。

其三,天心、童心、兰心、慧心、心史等。戊午、辛酉杂诗之一有"复见天心蕴雪梅",之二有"飘坠尘霾未化泥,童心诗骨两欹寄"句,之四有"童心诗梦桂桥边,说剑谈玄总惘然"④的悲情。"童心"是萧先生诗中经常出现的词汇与意象。在《临江仙和韵答锦全、罗炽》的词中有"童心犹未眠,蝶梦醒应难"之句。⑤ 1980 年冬,九校合编《中国哲学史》书稿初成,作诗一首,并征和诗。其诗云:"九畹兰心凝史慧,五湖鸥梦入诗篇。"⑥在 1981 年步陈荣捷教授之韵所写的三首诗中,有"一瓣心香拜顾王"之句,表明自己努力在精神实质上向明清启蒙学者学习。该

---

① 《吹沙集》,第 608 页。
② 《吹沙集》,第 626 页。
③ 《吹沙集》,第 624 页。
④ 《吹沙集》,第 602 页。
⑤ 《吹沙集》,第 611 页。
⑥ 《吹沙集》,第 608 页。

组诗之三云:"自古慧心无国界,奘师千卷证菩提。"①在编写两卷本《中国哲学史》的过程中,定稿完成后,送别李锦全、(黄)兴华的诗云:"自有诗情通窅窕,岂因华盖失从容。六编心史鲛人泪,一卷行吟郢客风。"②1982 年到南京评孙叔平先生的两卷《中国哲学史》时,有诗赠孙先生,其中有两句道:"两卷哎呕心史,深情向未来。"③丙寅年夏(1986 年)送别柴文华诸人毕业论文的诗中,对诸人论所表现出的"双向神思,万殊史慧",给予了高度肯定。在送别李大华等人毕业的诗中,萧先生说道:"史路坎坷怜卞玉,心期曼宵觅玄珠。"④("心史""史慧"是其诗作中经常出现的两个概念,比较突出地体现了其历史哲学的精神气质,即融真契美的特色。即萧先生自己总结的两句诗:"史慧欲承章氏学,诗魂欲扫瑽人愁"。⑤)

其四,心书、国魂。纪念熊十力诞辰百周年一诗赞扬熊先生道:"一卷心书昭学脉,千秋慧业蜕师门。深明体用标新义,笃衍乾坤续国魂。"⑥而且将熊氏的"白首丹心无限意"与当时改革开放的神州鼎革的时代精神结合起来。

萧先生非常重视"国魂""民族魂"的重铸问题。在《人文易与民族魂》一文中,将"凝结在易学传统中的人文意识和价值理想",看作"易学和易学史研究的主干和灵魂"⑦。

其五,风骨。对傅山的风骨予以高度的赞扬:"云陶洞口怀风骨,羞对筌筷唱路难。"⑧而对傅山自由奔放、多面的学术思想,也予以高度肯定:"龊龊奴儒须扫荡,汪洋学海任通观。"⑨晚年,萧先生本人也提倡:"漫汗通观儒释道,从容涵化

---

① 《吹沙集》,第 610 页。
② 《吹沙集》,第 611 页。
③ 《吹沙集》,第 613 页。
④ 《吹沙集》,第 623 页。
⑤ 《吹沙二集》,第 756 页。
⑥ 《吹沙集》,第 616 页。
⑦ 《吹沙集二》,第 71 页。
⑧ 《吹沙集》,第 614 页。又,在《吹沙三集·湖海微吟》中收录的《读史纪怀二律》的两诗中,萧先生通过对历史上具有风骨的贤者,如卞和、司马迁、苌弘等人的歌颂,实际上表达了诗人自己面对历史的巨大误会而表现出的对于真理坚信的风骨与人格。仅录其一:"缧绁难移孺子心,无私无畏自坚贞。情痴宁效荆山哭,道直甘闻独漉行。蚕室谤书留信史,丹炉烈火炼金睛。雪郎少作西风颂,垂老狂吟泪欲倾。"《吹沙三集》,第 513 页。
⑨ 《吹沙集》,第 614 页。

印中西。"

上述五组带有浓厚哲理意味的诗歌词汇及其所表达的意象,非常典型地展示了诗化哲学的自身形态。"心火"不是经验中的火,但具有经验中的火所具有的蔓延、照亮与影响力等作用。它主要指一种能动的精神与精神的能动性,但又借助庄子卮言的方式,使得火的形象进入抽象的哲学领域,让人们直观地理解到精神的影响力,仿佛看到了火光一样的明亮与热度,与纯粹的思辨理性对于人的影响极不相同。其他四组诗性的词语所具有的感性化的意味,大体上同于"心火"一词。当然,萧先生众多诗作中还有很多具有哲理意味的词汇,如心炬、心史、心书、鸥梦、玄珠,等等,将哲学智慧形象化,使之获得生动的感性内容。

(二)哲学史著作中的诗性特质

在萧先生与许苏民合著的《王夫之评传》一书的《弁言》中,萧先生直接表达了对"评传"一类著作的理想性要求,他认为,对于王夫之这样"具有巨大历史感和崇高人格美的大思想家的传记","不仅要据实以存真,更要体物以传神"①。

而所谓的"传神",即要"走近传记人物的心灵,体察入微,与之含情相对,寂感互通,从而自有传神的手笔,为传主的灵魂画像"。② 为了让这本"评传"达到"传神"的效果,他特意在《弁言》之后附上十首,使这本评传在"据实存真"与"体物传神"之间达到一种高度的融合。在《弁言》中,萧先生回顾了自己认识船山,研究船山,最终达到与船山神交的精神契合历程:自1962年以后,萧先生与两湖船山学的研究者一道,多次访问衡阳曲兰乡船山的故居、墓庐、祠堂与船山学社等,间在湘西草堂阁楼上默坐移时,也曾经轻抚枫马,步潇溪,登石船山,游方广寺,参观岳麓书院、二贤祠、回雁峰及潇湘八景等,也曾偶有所感,行吟得句,或零星题壁,急就成章。"这些杂感诗,毕竟是触感成咏;而感之者,船山魂也。"③在哲学史的个案研究过程中,要把握传主之魂。如果不是对哲学的诗性有执着追求的人,就不会将觅魂、传神作为自己著作的目标。因此,萧先生的"诗

① 《王夫之评传·弁言》,南京大学出版社,2002年,第1页。
② 《王夫之评传·弁言》,南京大学出版社,2002年,第2页。
③ 《王夫之评传·弁言》,南京大学出版社,2002年,第3页。

化哲学"理念,也典型地体现在哲学史著作的书写之中。

实际上,即使在主编两卷本《中国哲学史》的过程中,萧先生也是充满着诗情的,他反复将自己与好友李锦全先生共同主持的《中国哲学史》的写作工作,看作"心史",要体现"慧心""史慧",而不只是一般性的思想、观念的客观发展史的"存真"。正因为有如此高迈的诗化哲学的追求,这两本《中国哲学史》(第一版)虽然带有特定历史阶段的思想痕迹,但其中所展示出的哲人"史慧",对典型思想材料的选取、分析与评价,对带有异端思想色彩思想家的礼赞等,都带有鲜明的"别识心裁"(章学诚语)。编书组的同仁之间诗词唱和,恰恰将哲学史的理性思考与诗人哲学家的巨大历史情感高度结合起来了,兹录一首诗以显示当时萧先生的诗心与慧境两相扶持的状态:

> 相携海上听潮音,耻学成连独鼓琴。
>
> 千顷鸥波增慧解,百年龙种结童心。
>
> 圆圈逻辑宁难产,批判锋芒可断金。
>
> 同缫新丝结珠网,荀卿蚕赋费沉吟。
>
> (《一九八〇年国庆,编书组欢聚广西北海市,即席吟》)①

这首诗反用俞伯牙向于成连学琴的典故,将中国哲学史的编写工作看作是合奏的乐队而不是独自演奏的俞伯牙,将大海波涛比拟为中国哲学智慧的波涛,要求编写者不受各种条条框框的束缚,要用自己的童心去理解中国哲学的智慧。全书的理论依据是经过列宁消化之后的黑格尔关于哲学史发展的螺旋前进的思想,简称为哲学史的"圆圈逻辑"。而"难产"一词借用侯外庐先生研究明清早期启蒙思想的结论,认为中国近代化运动虽然萌芽于明清之际,但后面并没有得到充分的发展,使得中国在近代落后于西方,陷入被动挨打的境地。后来萧先生自己将"以清代明"的这段历史称之为"历史涧流"。宁难产,即是岂难产。所谓岂

---

① 《吹沙集》,第606页。

难产,即是说,依据列宁的哲学史发展的逻辑圆圈理论,对于中国哲学史自身的逻辑进程应当有一个恰当的分析、批判,必将会得出合理的理解。故曰"宁难产"。但这一过程需要耐心,并且需要深入中国哲学史的内部,正如春蚕吐丝需要长时间的酝酿,蜘蛛结网需要细密的劳动,各位学者辛勤的思想活动,就像荀子《蚕赋》中的春蚕吐丝一样,是一种无私的奉献。

上述散文化的解读当然破坏了全诗的情理交融的境界,但透过散文化的解读,我们大体上可以体会到萧先生在主持两卷本《中国哲学史》编写工作时,实际上不是简单地当作一种任务,而是像带领一支乐队在演奏中国思想史的乐章,要求每位编写者拿出自己的真切人生体认来面对丰富而复杂的中国哲学史的思想材料,以童心增进慧解,用慧解提纯童心,进而对于中国哲学发展的历史逻辑给出合理的解读。

(三) 人格风范与诗性的人生

中国传统哲学十分强调"性与天道"的贯通,强调凝道而成德的人格养成。萧先生的"诗化哲学"在"融真契美"的过程中,将道德哲学之善不是化作一套理论的法则,而是转化成一种"充实而又光辉"的人格形象之美。因此,"融真契美"的诗化哲学原则,就不只是借助艺术的形象手法来表达哲学思想,也不只是在诗歌、文学性的散文中表达哲学性思考,更不是诗性的哲学家评论,而是通过对古代哲学家人格形象、灵魂的把握,来显示中国哲学对圣贤境界的追求。

萧先生的人格风范可以从有字之文与无字之行来体现。有字之文,主要是通过他对某一类人格形象的礼赞,间接地看出他本人的精神祈向。《吹沙集》《火凤凰吟》部分收录的少量纪念师辈、歌咏前贤,与同辈唱和的诗作,均可体认出他本人的人格追求。仅以他《奠鹤鸣师》组诗为例。[①] 组诗之一高度肯定了李达"精研正论雄狮吼,敢斥歪风赤子心"的人格风范,组诗之二高度肯定了李达无限忠诚于党的理论建设工作,直到晚年仍然笔耕不辍的奉献精神:"耿耿丹心凝古道,孜孜彤管著新编。《大纲》一卷荀卿赋,蚕颂依稀拟暮年。"组诗之三同情李达

---

① 《吹沙集》,第603—604页。

在"文革"期间遭受冲击的艰难处境,歌颂李达在艰难的环境中保持着坚定的革命理想及坚持马克思主义真理的忠贞人格,将李达比拟为古代的忠臣苌弘与屈原:"珞珈愤贮苌弘血,湘水悲吟橘颂篇。"自责并谦逊地吟唱道"难续史观惭后死,抚摩遗扎泪如泉"。在敬赠同道孙叔平先生两卷本《中国哲学史稿》的诗作中,高度肯定了孙先生的人格之美:"疾风知劲草,雪后红梅开。固有坚贞操,方能灿烂开。"①在1983年访问山西傅山的云陶洞时,作诗歌颂傅山的人格:"龌龊奴儒须扫荡,汪洋学海任通观。云陶洞口怀风骨,羞对箜篌唱路难。"②这些歌颂、肯定师辈、同道、前贤的理想人格的诗作,实际上也是作者本人的理想人格在这些历史人物身上的投射。

在七十岁、八十岁的生日前后,萧先生以诗的形式总结、反省了自己的人生,这些诗作非常典型地体现了他的人格形象。《七十自省》之一云:"暂纪征程七癸周,童心独慕草玄楼。寥天鹤唳情宜远,空谷跫音意转幽。史慧欲承章氏学,诗魂难扫瑟人愁。迅翁牛喻平生志,喘月冲泥未肯休。"③此诗中对扬雄、刘禹锡、章学诚、龚自珍、鲁迅等诗化哲人的歌颂与肯定,实际上表达的就是自己的人格形象。而八十初度时写的诗,则集中表达了对"童心"的依恋:"乾坤父母予兹貌,逝者如斯不可追。湖海微吟诗未老,童心依旧亦芳菲。"④我们知道,明末思想家李贽专门作有"童心说"一文,后来诗人龚自珍的诗中也反复使用"童心"一词,⑤来表达自己的纯真理想。萧先生对于"童心"的特别关注,正是他对自己人生最初的纯真理想的坚持,体现了诗人哲学家自己对于心中理想坚贞不二的情怀。

有字之文易说,无字之文难言,只能过通过他的一些具体言传身教、德行来体现。这就需要通过他身边的学生、同事、家人,还有学界的同行的点滴感受来把握。这里涉及中国传统今文经学提到的"所见世""所闻世""所传闻世"的几种经验来把握了。因此,这一方面,对于萧先生的"诗化哲学"的理解就进入了更为

---

① 《吹沙集》,第612页。
② 《吹沙集》,第614页。
③ 《吹沙二集》,第756页。
④ 《吹沙三集》,第526页。
⑤ 龚自珍诗云:"觅我童心廿六年""六九童心尚未消""童心来复梦中身"。参见陈铭《龚自珍评传》,南京大学出版社,1998年,第209—210页。

复杂、多面的领域了。文学诠释史上有"一千个读者有一千个哈姆雷特"的说法，在此处似可适用于我们对于萧先生人格风格的理解与诠释，那就是说，我们不同的学人对于萧先生"诗化哲学"的一些个性化的侧面，将会出现多元的而可能是相互补充的，但不一定是相互矛盾的理解与解读。在《吹沙集》《吹沙二集》中，收录了萧先生为毕业生写的几首诗作，可以看作萧先生"诗化哲学"在"行"方面的体现。《吹沙集》有赠毕业生柴文华等人诗作："斐然狂简自知裁，秋菊春兰次第开。双向神思腾异彩，万殊史慧陷春雷。沉潜纬数探玄赜，剖判中庸说未来。唏起梦溪共筹画，神州旭日扫黔霾。"①1989 年夏，李炼、李大华等人毕业，萧先生亦有赠诗："风雨声声伴读书，吹沙掘井意何如？ 三年灵艾绒难捣，一瓣痴葵蕊不枯。史路坎坷怜卞玉，心期曼宥觅玄珠。愿君深体愚公意，笠锄明朝绘远图。"②这些诗作，实际上既体现了先生对学生的关怀之情，同时也表达了对学生未来人生的期望，寄托着一种深远的人生理想。

据郭齐勇教授讲，萧先生讲课时很有激情，但往往讲着讲着就偏题了，可是学生收获反而很多，也很喜欢听。这大约是诗性思维的联想性、发散性特征在哲学教育过程中的体现，使得他讲课时旁征博引，来证明或说明一个问题，其结果可能是博引的材料太多，课堂时间有限，要讲的主题反而淡化了。根据我个人陪同萧先生参加学术会议的有限几次经历，大凡萧先生做大会发言时，会场下面都是静悄悄地在听他的报告，1991 夏天在庐山举行的全国《周易》学术研讨会，会议的开幕式上先有各位领导致辞，如实说会场不是很安静。但轮到萧先生讲话，会场立刻安静下来了。发言的时间大约十分钟，但大家都在专心听他讲话。那安静的会场，仿佛掉一根针在地上也能听得到。2007 年国际中国哲学大会在武汉大学召开，此时萧先生身体已经很衰弱了，嗓子已经沙哑，不能做大会发言了，但他还是出席了大会的开幕式，写了一副对联："积杂成纯，漫汗通观儒释道；多元互动，从容涵化印中西。"还是采用了诗的语言形式，在大会上表达了他对中国哲学未来的希望。在武汉大学前校长刘经南院士的支持下，2007 年武汉大学出

---

① 《吹沙集》，第 618 页。
② 《吹沙集》，第 623 页。

版社出版了《萧氏文心》一函四卷,其中《苔枝缀玉》卷收录了萧先生与夫人卢文筠教授合作的诗画选集,"萧诗卢画"的诗意人生可以从《苔枝缀玉》中略窥一斑。这亦可以看作萧先生"诗化哲学"之"思"见之于"行"具体表现之一。

以上诸行,大体上均以不同的形态体现了萧先生"诗化哲学"在实践层面的面向,表明"诗化哲学"有时是慧在言外,而藏于行中。孟子所说的"充实而光"的大人理想,不仅益于四肢,而且具有"大而化之",不拘于形的神妙状态。因此,"诗化哲学"更能体现中国哲学即功夫即本体,即功夫即境界的特色。

五、关于当代中国哲学形态的一点思考

荣休以后的萧萐父先生,有较多的时间接待学生了。记得有一天下午去看望先生,闲谈中触及对真、善、美三者关系的理解,先生问我的最终意见,我说自己比较倾向以美来统摄真、善,先生说他也是如此。后来我们都一致认定庄子《天下》篇"天地有大美而不言"一句最能传中国哲学之神。这种闲谈的内容当然不能说明什么,但可以看出,作为一代哲人的萧萐父先生,其所理解的哲学不是冰冷的理性,更不是宗教的迷狂,而是一种诗性的、审美的人生境界。"诗化哲学"的观念对于他而言,并不只是一种学术与理论上的概念规定,而是一种人生的理想在哲学方面的体现。先生有诗云:"书生自有逍遥处,苦乐忧愁尽化诗。"[1]我想,这两句诗大约可以反映出萧先生诗化哲学的灵魂。人生的苦乐忧愁都融化于自己的诗歌之中,诗性的思考代替了宗教的慰藉。他在繁忙、严肃的哲学教育、哲学创作、哲学史写作的过程之中所经历的一切,还有他人生所遭遇的多次波折,不可能都表现在他的学术论文中,而是可能会化作一种人生的情感,以诗的形式表现出来。"孤山诗梦梅魂洁,四海交游处士多"[2]的两句诗句,比较能够体现萧先生这位风骨嶙峋、被褐怀玉、光风霁月的诗人哲学家形象。

中国古代的大哲学家当中,多数人都有非常丰富的诗歌作品。这些诗歌作

---

① 《吹沙三集》,巴蜀书社,2007 年,第 523 页。
② 见《萧氏文心·苔枝缀玉》"萐诗筠画"题款诗,武汉大学出版社,2007 年,第 14 页。

品的艺术成就有高有低,但其中的"诗情"均可以作为他们哲学思想的一个有机组成部分。换一句话说,中国古代哲学家的哲学思想构成中,多数人都有诗化哲学的内容。①

近五十年来,中国考古学成就斐然,出土了一批新的哲学史、思想史文献,当代中国学术界持续有人提出重写,或部分重写、改写中国哲学史的呼声。这一呼声有相当大的历史合理性。但是,如果我们接受并认真对待中国哲学的"诗性特质"这一重大而又真实的学术史问题,认真清理中国诗化哲学史的史料,这对于重写、改写中国哲学史必将起到重要的补充作用,而且也将以学术史的方式,郑重地回应中国哲学的民族特性问题。② 实际上,在现代中国思想史、学术史上,重视诗歌作品的哲学思想的学者,并不是萧先生一人,侯外庐先生在《中国思想通史》(第四卷下册)第二十六章第二节,就是以方以智的诗赋作品为思想史的材料分析他的社会思想及其思想中的人民性,让思想史变得有血有肉,十分生动。而当代思想史、学术史上的苏渊雷先生,本人就是一个诗化思想家与学者。借用"德不孤,必有邻"的说法,我们也可以说,萧先生的"诗化哲学"追求,也有自己的时代同调或同路人。希望有一些青年才俊加入这个目前还比较冷清的学术领域,深入发掘中国的诗化哲学传统。

---

① 最近,张昭炜出版了《中国儒学的缄默维度》(中国社会科学出版社,2020 年)一书,其中有关章节内容讨论了传统中国哲人以诗的形式表达哲学思想的特色。这与我讨论"诗化哲学"的问题有相互发明之意。
② 此问题曾经以"中国哲学的合法性"问题被提出来。"合法性"的提法不准确,但在不准确的名词下所彰显的问题是有价值的,有意义的——何谓中国哲学? 中国哲学的独特性何在?

萧萐父先生中国哲学研究中的"历史情结"

高华平

（暨南大学哲学研究所）

　　萧萐父先生是当代中国著名的文化学者、哲学家和哲学史家,萧萐父先生的学术淹博贯通,堂庑宏大,兼综文史哲,会通中西印,诗思双慧,特重人格美的"诗化哲学","先生对中国哲学的学科建设,对从先秦到今世之完整的中国哲学史的重建,做出了可贵的探索与卓越的贡献";尤其是在"先生的原创性智慧表现"的"学术专长——明清哲学,特别是船山哲学方面","做出独特的原创性贡献"①。但如果我们深入学习萧萐父先生的著作并结合萧先生的学思历程探求其中国哲学研究的特点,就会发现在萧先生的中国哲学研究中,实存在着另一条重要的学术向度。这就是在萧先生的中国哲学研究中,一直隐含着一种强烈"历史情结"或"历史意识",即他始终是坚持历史与逻辑相统一的哲学史方法,以"探究中国哲学范畴史的逻辑发展与哲学思潮递进的历史圆圈"或历史发展规律,探寻中国哲学的民族思维,特别是明清之际中国哲学启蒙的曲折历程为鹄的。

---

① 萧萐父:《思史纵横——萧萐父文集》上,武汉大学出版社,2007年,第1—2页。

一、反思中国哲学历史发展的特点和规律

萧先生的中国哲学研究具有强烈"历史情结"或"历史意识"的第一个表现，就是他中国哲学的选题和进路，处处都显示出一种历史的取向。

萧先生中国哲学研究中最具原创性和影响最为广泛的学术专长，当然是他对明清之际启蒙哲学，特别是王夫之哲学思想的研究。在这项研究中，他提倡启蒙歌颂以王夫之为代表的明清启蒙家，始终执着于"壁立万仞，只争一线"的"理想人格"之美。呼唤知识分子"依人建极"而确立独立不苟之人格操守这一价值追求表现得非常突出，具有强烈的现实关怀，但如果进一步考察就会发现，萧先生在对这些内容展开研究时，对研究角度和研究取路的选择，处处都是离不开"历史"这个关键词，具有浓厚的"历史情结"。他曾在《中国启蒙哲学的坎坷道路》一文开头写道：

> 中国是否曾有过自己的哲学启蒙或文艺复兴？如果有，它的历史起点在哪里……为了总结历史规律，探寻中国自己建设社会主义精神文明的途径，预测中国哲学发展的未来，人们又在重新探讨这个问题，进行着各有会心的历史反思。[①]

在这里，萧先生提出的问题是，"中国是否曾有自己的哲学启蒙或文艺复兴？"但显然这里的"中国"又并非指现实的"中国"，而是历史上的"中国"，是说中国历史上，或更准确地说是"中国哲学思想史上"，"是否曾有过自己的哲学启蒙或文艺复兴"。故他接着又说："如果有，它的历史起点在哪里"，并说要对它进行"历史反思"，目的在于"总结历史规律"，且为解决现实问题和"预测中国哲学发展的未来"提供历史的借鉴。

---

① 萧萐父：《吹沙集》，巴蜀书社，1991年，第9页。

也正是沿着这一思路,萧先生在《船山辩证法论纲》中讨论王夫之辩证法思想时,特重王夫之对自然和人类社会客观矛盾运动的辩证考察,首先讨论了船山"缊生化的自然观",随之则论其"理势相成的人类史观"。萧先生还撰有《船山人类史观述评》一文,指出王夫之比前人在哲学上的"新贡献",突出的表现乃在于"他把自己的自然史观运用于对社会历史现象的研究,多少揭示了一些社会生活的实际和历史运动的辩证法"①。在《王夫之评传》中,萧先生除辟"一个产生思想巨人的时代""王夫之出入于险阻的一生"等专章讨论王夫之其人及其哲学思想产生的历史背景之外,还设置了王夫之的"史学思想"和"王夫之思想的历史地位与历史命运"两章,对王夫之哲学中的"历史"观及其价值进行了专门论述。而这,在一般中国哲学研究的论著中则是独树一帜的,体现了作者中国哲学研究中鲜明的"历史意识"。

据笔者不完全统计,在萧先生的论著中,标题中含有"历史"二字的还有很多,如收入《吹沙集》《吹沙二集》《吹沙三集》中的《关于改革开放的历史反思》《柳宗元的〈封建论〉及其历史观》《历史情结话启蒙——〈明清启蒙学术流变〉一书的跋语》《关于〈大乘起信论〉的历史定位》《让逻辑之光照亮历史——〈德国古典哲学的逻辑进程〉读后》《楚简重光,历史改写——郭店楚简的价值和意义》《船山人类史观述评》《古史祛疑》《活水源头何处寻——关于传统文化与现代化之间历史接合点问题的思考》《历史感情与历史科学——一九八二年在衡阳王船山学术思想讨论会上的发言》《中国哲学范畴研究中的论史结合问题》《关于历史科学的对象——冯友兰先生史学思想的商兑之一》,等等。还有些论文,题目中虽然没有"历史"二字,但其视角和内容每每也表现出作者的"历史意识"或"历史情结"。更值得注意的是,在这些文章中,萧先生不仅表现出了自己的"历史意识"和"历史情结",而且还回答中国哲学为何要具有这种"历史意识"或"历史情结"的内在根据。如萧先生在《文化反思答客问》一文中,面对客人"哲学启蒙""为何要从17世纪说起呢? 历史本来是前后衔接的,为什么还要去探寻历史的'接合点'

---

① 萧萐父:《吹沙三集》,巴蜀书社,1999 年,第 95—96 页。

呢"发问时萧先生说:

> 我之所以强调今日回顾传统应从 17 世纪说起,……我认为,从 17 世纪以来中国的文化变动中可以找到问题的答案,可以探得古老中国文化向近代转化的"活水源头"。我想海涅和恩格斯对德国民族传统的回顾、普列汉诺夫和列宁对俄国民族传统的回顾,对我们不无启发……任何人研究历史文化、清理思想遗产,无论他自觉与否,实际上都是在参与民族文化的接力赛,都是在寻找最佳、最近的接力点。[①]

在这里,萧先生既回答了中国"启蒙哲学"为什么要从 17 世纪说起的问题,更重要的是实际回答了中国哲学研究要具有"历史意识"或"历史情结",选择历史进路或历史视角的问题。这是因为包括中国哲学思想史在内,历史本来是"前后相衔的","任何人研究历史文化、清理思想遗产,无论他自觉与否",实际上都只是民族文化接力赛的参与者,处于一定的历史"接合点"上,因此从某种意义讲,采用历史进路或视角不仅是必需的,而且是最佳的"选择"。

所以,萧先生的中国哲学的研究进路和选题,首先是选择由"历史"的入口进入的。他基本继承了中国古代的学术传统和从黑格尔到马克思以来关于哲学和哲学史关系的观点,强调"任何科学,都必须以实践经验、实证材料作为基础";因此研究中国哲学也必须以学习、研究中国哲学史为前提,而研究中国哲学史的"第一步就是充分地占有历史资料,而要做到这一点,就必须了解各种史料的源流衍变"。他说:"中国哲学史是一门尚在建设中的科学,史料的搜集、发掘、考订和编纂,更具有首要的迫切性。"为此他在朱谦之、冯友兰、张岱年等前辈学者《中国哲学史料学》著述的基础上,重新撰写了《中国哲学史史料源流举要》教材,开设研究生课程。与前代诸位学者的同类著作相比,萧先生"中国哲学史史料学"教材的最大特色,或者说萧先生的这一教材和课程的最大创新之处在于,萧先生

[①] 萧萐父:《吹沙集》,巴蜀书社,1991 年,第 55 页。

并非简单按时代顺序叙述和介绍中国历代的哲学史料,而是旗帜鲜明地将其纳入"历史学科"中——更具体地说是"历史史料学"或中国"历史文献学"的范畴之下,首先提出要珍视中华民族的优秀文化遗产,认为"人类对自身文明的童年时代的反思,经历了漫长曲折的过程。崇拜过去而迷信古史和蔑视过去而怀疑古史,曾经是历史研究中交替出现过的两种思潮。科学的古史研究,面临着扬弃泥古派和疑古派的双重任务。由泥古到疑古,再由疑古到科学地释古是一个否定之否定的前进螺旋"①。在明确这一原则之后,萧先生才开始具体介绍中国哲学史料进行文献整理研究的各种方法以及对中国哲学史料源流的历史梳理。这样,萧先生就很自然地将中国哲学的研究与中国历史学的研究结合起来了,既有利于中国哲学和中国哲学史的研究,也有利于实现哲学研究中历史与现实的统一。这是萧先生对中国哲学研究的重要贡献之一。

二、历史与逻辑统一的研究方法和史论结合的哲学史书写

萧先生中国哲学研究中强烈的"历史情结"或"历史意识"的另一表现,就是他的中国哲学研究始终坚持历史与逻辑相统一的方法和史论结合的哲学史书写原则。

历史与逻辑相统一的原则和方法,本是"辩证逻辑的科学思维的一个普遍方法,是马克思主义熔铸、改造黑格尔哲学史观所取得的重大成果"。萧先生认为,既然"哲学史的研究就是哲学本身的研究","历史上的那些哲学系统的次序,与理念里那些概念规定的逻辑推演的次序是相同的"(黑格尔《哲学史讲演录》语);那么中国哲学的研究也应该就是中国哲学史的研究,或者说中国哲学史的研究也就是中国哲学研究本身,中国哲学的研究就是要"努力去探索中国哲学的历史发展中所固有的'圆圈'"。而这样做,就必须坚持历史与逻辑统一这个"具有特别重要意义的指导原则和方法"。②

---

① 萧萐父:《中国哲学史史料源流举要》,武汉大学出版社,1998年,第1、14页。
② 萧萐父:《吹沙集》,巴蜀书社,1991年,第362—363页。

在萧先生看来,坚持历史与逻辑相统一的原则和方法,并不是一句抽象的口号,而是一种具体的行动指南。他说:坚持历史与逻辑相统一的方法论原则,就是要"一方面,坚持从历史事实出发,把哲学发展的生动的现实的历史过程作为哲学范畴的逻辑发展的出发点、根据和基础;另一方面,也必须善于透过历史的现象形态,摆脱某些起扰乱作用的偶然性因素,从历史上具体的哲学矛盾运动中去发现概念、范畴演化发展的逻辑进程及其理论上前后连贯的诸环节"①。在这里,不仅从"历史出发"是对哲学进行逻辑研究的基础和前提,而且逻辑的存在和演化本身也表现为一个"历史的过程"。因此,从某种意义说,哲学史就是哲学的现实存在形式,研究中国哲学史也就是研究中国哲学本身。所以萧先生不仅在中国哲学研究中处处把各种哲学概念、范畴、思想发生、形成和发展的历史背景的研究作为出发点和基础,如他在研究中国历史上的哲学思潮和哲学家的思想时,特别重视王夫之所谓"时""势"的考察;把春秋战国社会生产力的发展和生产关系的变化、士阶层的出现和"百家争鸣"的兴起作为先秦诸子哲学兴盛的原因;认为"明清之际的哲学思潮"的兴起,是"这一时期伴随资本主义萌芽"和"社会动荡"而出现的一种"哲学启蒙"——处处皆从当时社会历史的发展寻找根据。而且,他还常常把对哲学思想概念和范畴的逻辑分析,转化为某种"历史"的研究。如他把对王夫之辩证法哲学的研究,转化为对王夫之"絪缊生化自然史观"和"理势相成的自然史观"等的研究;把对中国哲学概念、范畴史的研究,转化成中国哲学史史料源流的考索,等等。

《周易》是中国先秦哲学中的重要经典,在中国哲学史上具有重要地位,黑格尔在《哲学史讲演录》中以之为"中国人也曾注意抽象的思想和纯粹范畴"的例证。萧先生主编的《中国哲学史》上卷也有专节讨论《周易》经、传的哲学思想。除此之外,萧先生还撰有多篇讨论《周易》哲学思想的专论,如《人文易与民族魂》《〈周易〉与早期阴阳家言》《〈易〉〈庸〉哲学片论》等。特别是《〈周易〉与早期阴阳家言》一文,把《周易》的形成放在先秦阴阳家思想发生形成与发展的历史背景下

---

① 萧萐父:《吹沙集》,巴蜀书社,1991年,第364页。

进行考察,由"旧法世传之史"的数度之学自黄帝、颛顼、帝喾、尧、舜到夏、商、周的历史发展中寻找"《易》著天地阴阳四时五行,或长于变"特点的形成的根据,对其"充满数理的和哲理的思想内容"予以合理的解释,充分体现了其治中国哲学所坚持的历史与逻辑相统一的原则和方法,也可从中窥视其中国哲学研究中浓厚的"历史情结"或"历史意识"。此文近年亦被国际中国哲学学界所重视,英译介到西方学界,这并不是偶然的。

萧先生中国哲学研究中强烈"历史情结"或"历史意识"的再一方面的表现,就是萧先生中国哲学的书写方式既不是纯逻辑的分析,也不是纯历史的叙述,而是一种史论结合、论从史出的书写方式,其中也充满了"历史情结"或"历史意识"。

萧先生中国哲学研究的这种书写方式,可以说体现于他的中国哲学研究的所有著作,从他的《吹沙集》《吹沙二集》《吹沙三集》,到《船山哲学引论》、《王夫之评传》(合著)、《明清启蒙思潮》(合著)等,无不如此。我们这里可举其关于佛教禅宗哲学研究的数篇论文加以说明。

萧先生研究佛教禅宗哲学思想的论文,主要有《禅宗慧能学派》《关于〈大乘起信论〉的思想源流》《佛家证悟学说中的认识论问题》《浅析佛教哲学的一般思辨结构》《关于〈大乘起信论〉的思想渊源》《关于〈大乘起信论〉的历史定位》《略论弘忍与东山法门——1994年11月黄梅"禅宗与中国文化国际学术研讨会"开幕词》《石头希迁禅风浅绎——1996年8月长沙纪念石头禅及曹洞宗学术研讨会上的发言》《佛教哲学简介——八十年代研究生专题课讲义之一》等。在这些论文中,尤其是《禅宗慧能学派》《关于〈大乘起信论〉的思想源流》《佛家证悟学说中的认识论问题》等论文,更是他具有"历史情结"或"历史意识"的史论结合的哲学史书写方式的代表。如在《关于〈大乘起信论〉的思想渊源》《关于〈大乘起信论〉的历史定位》二文中,他将《大乘起信论》哲学思想的"论"与其"历史渊源"的述论结合起来——有"史"有"论"、史论结合。又如《禅宗慧能学派》一文,文章的第一部分论"慧能学派产生的社会基础及其思想渊源",是对慧能学派出现的社会历史背景及其思想史背景的论述;第二部分论"禅宗慧能学派的思辨结构及其方法论的秘密",是讨论分析慧能学派哲学思想逻辑结构与方法论的特点;第三部分论"禅宗哲学思想的历史评价问题",则又回到了"历史"的叙述。可见,萧先生这篇论文的写作始终保持了一种"历史"的关照,采取了一种史论结合的中国哲学史书写方式。

萧先生还对自己这种中国哲学研究与其"历史情结"或"历史意识"相关哲学史书写方式上的史论结合的原则进行了理论探讨和总结。在1984年所作的《中国哲学范畴研究中论史结合问题》一文中,萧先生曾将中国哲学史书写中的史论结合(萧先生称之为"论史结合")分为两个层次。他说:

> 我们常说哲学史研究必须论史结合,例如,以马克思主义的唯物史观为指导,去分析历史上哲学产生、发展的时代条件、社会阶级、社会阶级根源、自然科学基础以及时代思潮、社会心理的影响等,对历史上的哲学矛盾运动给予历史唯物主义的说明,这是一种结合。但深层次的结合,还应当体现在哲学范畴系统研究之中……即在更深层次上实现探讨唯物辩证法的逻辑体系与作为"唯物辩证法前史"的哲学史的逻辑进展两者之间的关系。①

尽管萧先生在此文中所说的是"哲学史研究必须论史结合",但因为哲学史研究的最终成果必然会以著作的形式呈现,所以也可以说萧先生这里所谈的就是哲学史书写的史论结合原则。而由于无论是对哲学思想历史背景的探讨,还是对哲学范畴自身逻辑进程的发掘,同样都离不开"历史"这个视角和关键词,故我们可以说萧先生中国哲学研究和哲学史书写包含了强烈的"历史情结"或"历史意识",说明萧先生的中国哲学研究很早即有一种"历史"的自觉。

三、萧先生的历史哲学及其成因

萧先生的中国哲学研究中一直存在着强烈的"历史情结"或"历史意识",这

---

① 萧萐父:《吹沙集》,巴蜀书社,1991年,第408—409页。

使他最终形成了自己对中国哲学和人类哲学历史发展的一种系统的观点或普遍看法。这种系统的观点和普遍的看法,我以为可称之为萧先生的历史哲学。

萧先生的历史哲学的基本观点是:因为"按照马克思主义对社会诸意识形态的分析,哲学是一种特殊的社会意识",哲学史属于"历史科学"的一部分,"简单地说,就是哲学认识的矛盾发展史",而且哲学认识的矛盾发展史是"必然经历着曲折和反复、肯定和否定、由偏到全、由低到高,而表现为近似于螺旋式的曲线,近似于一串圆圈组成的大圆圈"而向前发展历程的,哲学发展的动力既来自其发生、发展的社会和历史环境,也来自哲学认识自身的矛盾运动;所以哲学和哲学史的研究应遵循历史与逻辑相统一的原则和方法。① 当然,萧先生也认为,哲学和哲学史同时存在着"纯化"和"泛化"现象:把哲学和哲学史"纯化"为哲学认识或哲学认识论史,是为了"净化哲学概念","以便揭示哲学矛盾运动的特殊规律";如果将哲学和哲学史加以"泛化",则哲学,可以广义地界定为"人学";哲学史"可以泛化为哲学文化史,以哲学史为核心的文化史或以文化史为铺垫的哲学史,更能充分反映人的智慧创造和不断自我解放的历程"。② 这种"泛化"的哲学既为"人学",则这种"泛化"的哲学史也就可以称之为"人"的生成史或"人"的完美人格的塑造史。

萧先生的这种历史哲学的基本观点,既吸收了从黑格尔到马克思的历史辩证法思想,也有中国哲学特别是萧先生本人专长的明清启蒙思想家王夫之哲学思想的影响,更包含了他本人长期的学思及人生的感悟。

萧先生出生于一个知识分子家庭,幼承庭训,即习文史,曾通篇点读《汉书》一百二十卷。中学时代起,萧先生又曾读梁启超的《清代学术概论》和《中国近三百年学术史》、侯外庐的《中国近世学术思想史》等思想史著作,更加强了其"历史意识"。大学毕业后,他曾被著名历史学家蒙文通先生聘为尊经国学专科学校西方哲学教席,受蒙文通先生影响至深,晚年犹与学生合撰有《蒙文通与道家》等文,表彰蒙文通先生的学说。当然在萧先生的学术生涯中,他在中国哲学研究领

---

① 萧萐父:《吹沙集》,巴蜀书社,1991年,第364—365页。
② 萧萐父:《吹沙集》,巴蜀书社,1991年,第410页。

域持续时间最长、用力最勤、学术成就最为突出和受研究对象影响最大的,毫无疑问仍是王船山(王夫之)之学。萧先生曾在王夫之逝世三百周年之际写过一篇《船山人格美颂》,歌颂王夫之"理想人格的崇高美"(这也是他一生中唯一一篇歌颂中国古代思想家的"颂诗"),可见其对船山之学的膺服和崇敬之深。在《船山人格美颂——为纪念王船山逝世三百周年作》一文中,萧先生写道:

> 船山之学,以史为归。"史"在船山,非记诵之学,而是可资能动取鉴的镜子,"善取资者,变通以成乎可久"。通过"史",发现自我的历史存在,感受民族文化慧命的绵延,"鉴之也明,通之也广,资之也深",可能唤起和培育巨大的历史感。①

读到这段文字,你很自然就会感受到萧先生"历史哲学"中将"哲学"或哲学史由"纯化"的哲学认识或哲学认识论发展史"泛化"为"人学"或"人的生成史"或"人格美"塑造史的契机。而且,即使就"纯化"的哲学或哲学史观而言,萧先生的哲学观和历史哲学也无不打上主要借王夫之对中国社会历史的研究而形成的船山哲学思想的烙印。如王夫之以自然界元气的"絪缊""动静""一、两""始、终""化""变"等解释自然史的发展,以"理势相成"作为人类历史的发展动力,认为今胜于古、"变而不失其常"为历史发展规律,"从'人极'到'民之天',从'依人极'到'即民见天',船山历史辩证法呈现为一个首尾相应的理论思维的圆圈"②,等等。应该说,王夫之这些哲学思想与黑格尔到马克思的历史辩证法思想,都是萧先生形成其历史哲学的重要资源,共同凝结成了其中国哲学研究中强烈的"历史情结"或"历史意识"。

---

① 萧萐父:《吹沙二集》,巴蜀书社,1999 年,第 430 页。
② 萧萐父:《师道师说:萧萐父卷》,东方出版社,2019 年,第 181—210 页。

萧萐父与中国哲学的现代转型

张志强

（内蒙古大学哲学学院）

众所周知,萧萐父(1924—2008)以论证早期启蒙思潮作为中国现代化的"历史接合点",倡导"诗化哲学"揭示中国哲学的自主性,最终在"两化"(萧萐父语,指"中国传统文化的现代化和西方先进文化的中国化")的双向互动中,实现中国哲学的现代转型乃至中国的现代化(近代化)。[①] 对于此,坊间已有多篇精专的学术论文,深化了对萧萐父学思的理解,下一步自然也就从专人研究深入专题研究,[②]即萧萐父的中国哲学史观,作为百年中国哲学的一个重要片段,是如何展开并构成了何种环节,并内化为 20 世纪中国哲学史的何种思想"颗粒"?

对此,本文重新咀嚼萧萐父的学思创造,咂摸出几点肤浅的体会,供学界批评指正:第一,萧萐父刻画"启蒙"观念在中国哲学史乃至中国思想史中的脉络,其表层意义是论证中国在明清之际已有中国现代化的"内在根芽",但其深层意

---

① 我国学界一般将 1840、1919、1949 年分别为近代、现代、当代的开端,本文不取此界定,而取 modernization 之义,所言"现代、现代化"均与"近代、近代化"等同。

② 目前关于萧萐父思想研究的最新动态,见 2021 年 4 月国际学术刊物《当代中国思想》(A&HCI 收录期刊)第 52 卷第 4 期刊出的专辑:"中国思想的历史动力:萧萐父哲学"("The history Dynamics of Chinese Thought: On the Philosophy of Xiao Jiefu," *Contemporary Chinese Thought*, vol. 52, no. 4, 2021.)。武汉大学郭齐勇教授与德国汉学家谢林德(Dennis Schilling)教授合编此专辑。

义还在于创造性化用"启蒙"这样一种外来观念,探究中国哲学现代转型以及中国式现代化的思想动力,作了一次马克思主义基本原理与中国明清哲学有效结合的示范。其次,萧萐父的中国哲学史观,较为典型地体现了 20 世纪后半叶中国哲学史从恢复科学性到树立主体性的过程——前期(1957—1989)通过吸收黑格尔、马克思与列宁的辩证法思想,与冯契等同道一同将"哲学史"定义为"哲学认识史与矛盾史",实际上为后续多元化理解中国哲学史的多种可能,打开了大门;后期(1989—2008)以"以哲学史为核心的文化史或以文化史为铺垫的哲学史"的理念,以及"诗化哲学"的亲身实践,为树立中国哲学的主体性拓荒了论域。最后,萧萐父晚年有关"新人学"的设想以及"哲学即'人学'"的观点,在道德心性、伦理本体等本体论、知识论等角度之外,为中国哲学的现代转型,呈现了另外一种面向。

一、"早期启蒙说"与中国式现代化的思想动力

从现在来看,过去把萧萐父的"早期启蒙说",理解为一种明清思想史的解释框架,或者浮于表面的"中国的哲学启蒙",可能还不够深入。随着时间的沉淀和学术自身逻辑的推进,我们认为,萧萐父早期启蒙说的根本目的,是为了解决中国现代化的思想动力问题。早在 1998 年,萧萐父就有"中国式现代化理论"的提法,他在回顾近现代几代人探索中国社会转型的种种思想误区——"西学中源说""中体西用说""中西互补说""中西殊途说""国粹论""西化论""传统至上论""全盘西化论""充分世界化论"或"华夏优越论"后,总结其教训在于:

虽曾把人们引入各种歧途,相反而相因,出此而入彼,迷途未远,今是昨非,故能一再流行,长期反复。中国式的现代化理论,也是通过这些思想范式,逐步衍化超升得以成形的。这表明,历史提出的复杂课题及其探索中出现的一些思想误区,只有当条件成熟时,经过历史的自我批判与全面反思,

才可能找到圆满解决的途径。①

正是对这些思想误区的回应,构成萧萐父"早期启蒙说"的深层问题意识,为中国式现代化理论的形成,提出一个有说服力的动力解释,即"历史的自我批判与全面反思"。它的另外一种更准确的表达是:"自身尚未达到崩溃但矛盾又已充分暴露的条件下"的一个社会的"自我批判",关键词则是"哲学新动向"。

> 中国有自己的文艺复兴或哲学启蒙,就是指中国封建社会在特定条件展开过这种自我批判;这种自我批判,在十六世纪中叶伴随着资本主义萌芽的生长而出现的哲学新动向(以泰州学派的分化为标志,与当时的文艺思潮、科学思潮相呼应),已启其端,到 17 世纪在特定条件下掀起强大的反理学这一特殊形态,典型地表现出来。②

可见,"启蒙"既非单纯的思想史概念,也非社会学概念,而主要是一个历史动力学概念,或者更准确地说是作为一个思想动力的概念使用的。这使他与梁启超思想史"迭相流转"之缺乏递进上升的平面勾勒不同,也与侯外庐将"启蒙"向"平民运动"等社会运动牵引,存在差异。③ 举例来说,侯外庐将明清思想家傅山(1607—1684)在京师的上访界定为"城市平民暴动",而萧萐父则将重心放在挖掘傅山的唯情论,视其为催生近代启蒙思潮的典范之一。实际上,对历史动力特别是思想动力的看重,是萧萐父"早期启蒙说"一个易被忽略的特征。

一般认为,历史动力学主要研究历史发展的动因、历史发展的规律和趋势、历史发展的基本模式和类型、历史变革的主体和特点等问题。其中,历史发展的

---

① 萧萐父:《吹沙三集》,巴蜀书社,2007 年,第 5 页。以下只标书名、页码。
② 《吹沙集》,第 13 页。
③ 事实上,侯外庐也承认他对中国早期启蒙思想的处理,是从马克思主义社会经济学切入的。见拙文《梁启超、侯外庐与萧萐父明清启蒙论说异同比较》(《船山学刊》2016 年第 6 期),对侯外庐与萧萐父明清启蒙论说的异同作了四点区分:第一,论述时代背景的不同;第二,政治运动史和学术思想史的分野;第三,二者对梁启超明清学术的评价和定位不同;第四,二者对处理戴震哲学的态度截然不同。

动因是历史动力学的核心问题,主要包括生产力发展、政治制度、科技、人口、文化等要素。恩格斯对此也有"历史合力论"的说法,主要指各种经济、政治与精神诸动力要素的综合,形成历史动力的合力。① 横向来看,历史动力观一般分为伟人史观、唯物史观、地理环境史观、精神史观、科学技术史观、人类学史观、社会学史观、心理史观等;纵向则可粗略分为古代宗教与神学史观、近代哲学与心理史观以及现代科学与经济史观。这两种分法又可以打散,每一种自身也分为内部动力与外源动力。

然而,受庸俗唯物论及"宏大叙事"惯性的拉扯,它们在解释一个社会发生重大转型时,对矛盾尚未爆发之前支配社会思潮特别是"毛细血管"层面的生活观念的变迁,常常处于失效或者乏力状态。② 在这样的情境下,萧萐父在对王夫之、黄宗羲等标杆性思想家作精深的个案研究之外,晚年与许苏民合著的《明清启蒙学术流变》一书,明确以梳理"思想的内在理路"为根本指针,③大力发掘能够反映社会各阶层从精英到草民的生活观念的人物,例如正统思想史、学术史中很少论及的王艮、傅眉、刘献廷、洪榜、俞正燮等,在思想动力的层面补缺了这一环节。

由于重心落在思想动力上,那么顺延的问题必然是:早期启蒙思潮何以能够具有中国现代化的思想动力? 对此,萧萐父以"史"的梳理与"论"的辨析,作了翔实论证。首先,以萧萐父80年代后期写就的《略论晚明学风的变异》为论纲、后扩充而成的《明清启蒙学术流变》一书以50万字左右的厚重论述,爬梳整理

① 恩格斯在1890年9月21日写给约·布洛赫的信中说:"历史是这样创造的:最终的结果总是从许多单个的意志的相互冲突中产生出来的,而其中每一个意志,又是由于许多特殊的生活条件,才成为它所成为的那样。这样就有无数互相交错的力量,有无数个力的平行四边形,由此就产生出一个合力,即历史结果,而这个结果又可以看作一个作为整体的、不自觉地和不自主地起着作用的力量的产物。因为任何一个人的愿望都会受到任何另一个人的妨碍,而最后出现的结果就是谁都没有希望过的事物。"见《马克思恩格斯选集》第2版第4卷,人民出版社,1995年,第697页。
② 米歇尔·福柯曾有"权力的毛细管作用"的描述,批评权力就像水分子,渗透到社会日常生活的每一个角落。本文化用福柯的说法,是想指出"宏大叙事"以及社会精英阶层营造的"话语霸权",经常无法看到支配广大社会民众日常生活的道德伦理与思想观念,部分失真。
③ 《明清启蒙学术流变》的目录中有三个导论章,分别以"明代中晚期的时代背景与思想的内在理路""明末清初的时代背景与思想的内在理路""清代中期的时代背景与思想的内在理路"为标题。见萧萐父、许苏民:《明清启蒙学术流变·目录》,人民出版社,2013年。

46 位明清之际思想家中具有近代性因素的思想、学说、观点,归纳得出早期启蒙思潮具有三大主题性质:"个性解放思想、初步民主思想与近代科学精神",强化了"启蒙"作为思想动力的认知。

其次,基于对马克思主义理论的熟稔和长期编写中国哲学史的丰富实践,萧萐父以历史与逻辑相统一的方法论,剖析出有且只有周秦之际与明清之际符合中国社会发生质的转型的标准。其中,明清之际由于已进入马克思所言的"世界历史",客观地表现出"伴随着资本主义萌芽的生长而出现的哲学新动向",与近代化更具有切身性,故他论定"明清之际"是中国近代化进入自我批判与反省阶段的开端。也就是说,明清之际之所以作为中国近代化的开端,是历史自身发展的客观逻辑所致,并不是研究者的主观偏好所致。[①] 因此,对明清之际的启蒙思潮是中国近代化的"源头活水"的把握,不过是遵从历史发展的客观规律的自然结果。

根据这样的论述逻辑,萧萐父的早期启蒙说所力求实现的中国现代化,就既不是"在中国的现代化",也不是"中国独一份的现代化",而是"中国式的现代化"——它不盲从西方的现代化理论,从而避免被矮化为近代"欧风美雨"的产物或沦为费正清所言"冲击—反应"的被动模式;同时又正视世界历史一体化的客观进程,不一味凸显"中国"而将中古时代的两宋界定为近代化(现代化)。换句话说,中国式的现代化应兼顾世界历史和中国实践的双重性。可见,萧萐父把中国式现代化的源动力,标定在明清之际,无论是在理论还是现实层面,都不失为一种较好的回应,而这种回应的理论结晶之一,便是他的"历史接合点"说:

> 中国的现代化,绝不是也绝不可能是什么全方位的西方化,而只能是对
> 于多元的传统文化与外来文化,作一番符合时代要求的文化选择、文化组合

---

① 萧萐父对此有历史"私情"与"公情"的辨析。所谓"公情",是指"通过对历史的客观的冷静的科学分析,通观全局,综合许多侧面情况而产生的一种历史感情,一种具有历史感的价值判断,即符合历史趋势,与历史固有前进性相一致的褒贬"。见《吹沙集》,第 410 页。

和文化重构。因此，就必须正确认识到自己民族传统文化的发展中必要而且可能现代化的内在历史根据或"源头活水"，也就是要找到传统与现代化之间的文化接合点。①

如何理解这样的"接合点"？萧萐父有明确的解释："至于历史的接合点，我用的是'接力赛'的'接'，因为主体参与的文化代谢发展，有一个如何'接力'的问题。任何人研究历史文化，清理思想遗产，无论他自觉与否，实际上都是在参与民族文化的接力赛，都是在寻找最佳、最近的接力点。只是由于各种原因，人们对多元的传统文化各有选择，对历史的接合点各有取舍而已。"②——既然"接"为"接力"，并且从明清之际的启蒙思潮开始接力，那么也就预设了明清之际启蒙思潮具有中国式现代化在思想上的初始动力的特质。它隐含的寓意是：明清之际与 1840 年之后的近代中国，本质上都属于中国式现代化的事业，是同一项历史进程中的两个阶段。更何况"源头活水"之"活水"二字本身就隐喻自我萌发、取之不尽的内生动力以及"源"与"流"的同质性关系。

除"源头活水"外，萧萐父还将明清之际的启蒙思潮比喻为"思想酵母"。萧萐父认为，早期启蒙学术 16 世纪启其端，17 世纪达到顶峰，18 世纪则处于"难产"——"几乎被埋没了一百多年，直至 19 世纪末才在资产阶级的变法维新运动和排满革命运动中重新复活，起着一种思想酵母的作用"。③《明清启蒙学术流变》的"导论"部分第三章，就以"中国近代学者向早期启蒙学术的认同"为题，并在书中以相当多的篇幅，揭示了龚自珍的著作直接影响了戊戌维新时期的启蒙者梁启超等人的思想史实，以及近代谭嗣同、章太炎等人对明儒黄宗羲《明夷待访录》初步民主思想的认同等。④ 此外，在评介现当代新儒家熊十力、唐君毅的思想特质时，萧萐父以熊十力"吾只是吾""君毅之学，人学也"的评述，注意到他

---

① 《吹沙集》，第 73 页。
② 《吹沙集》，第 55 页。
③ 《吹沙集》，第 24 页。
④ 萧萐父、许苏民：《明清启蒙学术流变》（修订版），人民出版社，2013 年，第 16—18 页。

们的学术无一不受明清之际思潮的影响,①这从侧面也说明了早期启蒙学术作为思想动力的历史穿透性。

需要补充的是,由于萧萐父对"启蒙"观念的重塑,既不是在康德论"启蒙"纯学理的话语体系中展开,也不是在社会矛盾已经爆发的"革命"的"启蒙运动"的层面上理解,②而是始终在一个社会尚未崩溃但已经有预兆的"哲学新动向"的意义上理解,从而处于哲学史和思想史研究之间,类似以赛亚·柏林所言的"中间地带",由此构成"中国哲学启蒙"和"中国早期启蒙思潮"的两个面向。讲哲学启蒙,必然要求人作为主体的参与;而讲早期启蒙思潮,则涉及中国自古以来从士大夫到知识分子浓厚的历史意识。故萧萐父说:"传统文化只能靠自身的代谢活力而获得新生命,并通过一代文化主体的自觉参与而得以实现向现代化的创造性转化。"③其中的要点有二:一是依靠自身的代谢活力,二是文化主体的自觉参与。前者体现对自身历史遗产的尊重,后者则强调中国文化的"人"作为主体的具体参与,而人文精神与历史逻辑的交相互动,是萧萐父早期启蒙论说对中国式现代化理论的特色贡献之一。

综上所述,我们认为萧萐父早期启蒙说的宝贵经验在于:马克思主义理论与传统哲学严谨、有甄别性的结合,能够为传统文化的现代转化、中国哲学的现代转型,提供方法论经验和理论资源。具体体现为:第一,为中国式现代化理论的先行探索,主动化解了传统与现代化二元静态对立的问题,使其复归为一元内部的自我螺旋上升的动态模式④,即传统与现代化原本就是一个整体,因此关键不在于区分传统与现代,而在于文化主体如何能够更好地通过自我批判,延续中华文化的主体性与自我更新的能力;第二,萧萐父化用与重塑西方的"启蒙"观

---

① 作为推动大陆新儒学研究的先驱者之一,萧萐父推动并主导了熊十力思想的整理与研究工作。他对熊十力哲学的评价是:"自觉探寻中国哲学启蒙的特殊道路,绝非偶然地把王阳明、王船山视为自己的哲学先驱,把明清之际的启蒙思潮视为中西新旧文化交会嬗变的枢纽,自辟一条承先启后、推陈出新的学术途径。"详见《吹沙二集》,第515页。
② 吴根友:《萧萐父的"早期启蒙学说"及其当代意义》,《哲学研究》2010年第6期。
③ 《吹沙集》,第358页。
④ 吉登斯(Antony Giddens)曾说"传统这个观念本身就是现代性的产物",可见传统与现代的区分,正是由于启蒙运动的发展和现代性的产生。详见安东尼·吉登斯:《失控的世界》,周红云译,江西人民出版社,2001年,第36页。

念,将明清启蒙思潮把握为中国式现代化的思想动力,纠偏了以往运用唯物史观把握中国哲学史时过于注重描述社会运动的"大历史"叙事方式,一定程度上填补了社会思潮、生活观念具体变迁的内容;第三,由于萧萐父把"早期思蒙思潮"始终界定为明清之际的哲学新动向,由此它为 20 世纪中国哲学的现代转型,以及 20 世纪中国哲学史的书写,增添了中国启蒙哲学的书写分支——而这些内容通常是被安放在中国思想史或者中国文化史的脉络中去的。

二、潜流:中国哲学史从恢复科学性到树立主体性

一般认为,除 1957 年北大未名湖中国哲学史座谈会之外,1949 年至 1978 年的 30 年,中国哲学史的发展整体处于停滞的情形。直到 1979 年全国首届中国哲学史年会的召开得以破冰。[①] 以张岱年、冯契、萧萐父等为代表的哲学史工作者,在"废墟"上重建中国哲学史。[②] 广大哲学史工作者作出了多层面的探讨,中国哲学史学科重新步入正轨,构成了 20 世纪 80 年代中国哲学史研究的整体情状——恢复中国哲学史的科学性。

如今回顾 80 年代的学术工作,似乎从一开始的时候,就已经隐含了日后树立中国哲学史的主体性的逻辑要求,如"草蛇灰线,伏脉千里"。在其中,萧萐父咀嚼马列经典中有关"哲学"和"哲学史"的相关论述,将重心调整为研究中国哲学史的范畴与"螺旋",代替以往的两军对战的模式。这种探索的第一步,是重新认识什么是"哲学"。他说:

哲学,是以理论思维的形式所表达的关于对象的共同本质、普遍规律。

就表达的形式说,哲学与宗教、艺术、道德等相区别,它们是用非"一般",即

---

① 实际上真正"解冻",应该是 1985 年于广州召开的第三届中国哲学史年会。1979 年的太原会议和 1981 年的杭州会议,虽然有学者批评"两军对战"模式,但仍遇到了极大阻力。
② 参见郭齐勇、问永宁编:《当代中国哲学研究(1949—2009)》目录,中国社会科学出版社,2011 年;陈卫平:《从突破"两军对阵"到关注"合法性"——新时期中国哲学史研究之趋向》,载《学术月刊》2008 年第 6 期。

非理性思维的形式来表达的,而哲学则是用理论思维形式来表达的关于自然、社会和思维运动的"一般"。①

上述定义今天看来稍显"过时",但在当时的环境下,作者的表述已经在尽力突破教条主义的束缚:其一,针对庸俗化的"哲学"定义所带来的思想流毒,"哲学"作为一门严肃的学科,迫切需要恢复科学的学术界定,以杜绝反攻倒算的意识形态的干扰,确保学术研究工作的独立展开;其二,既然是科学界定,那就需要从形式到内容,对"哲学"予以清晰的边沿划定——在内容上,"哲学"是关于自然、社会、思维运动的普遍规律;在形式上,"哲学"的展现方式则是"理论思维"。由此,萧萐父进一步明确哲学史就是哲学认识史,它的研究对象就是哲学认识的矛盾发展史:

> 按照马克思主义对社会诸意识形态的分析,哲学是一种特殊的社会意识,它具有自身的特殊矛盾及其发展的特殊规律。哲学史研究的特定对象,简括地说,就是哲学认识的矛盾发展史。所谓哲学认识,区别于宗教、艺术和各门具体科学的知识,是人们以理性思维形式表达的关于自然、社会和思维能动的一般规律的认识,也可说是对于客观世界的本质和人对客观世界能否认识和改造、怎样认识和改造的总括性认识。②

众所周知,恩格斯曾为辩证法下定义:"辩证法不过是关于自然、人类社会和思维的运动和发展的普遍规律的科学。"③对比上述引文,萧萐父所言的"哲学认识",其实就是"辩证法",二者都是关于自然、人类社会和思维运动的一般规律。由此,"哲学"所表达的"一般规律",就是"矛盾发展的一般规律",而"哲学史"则是认识这种"一般规律"的"历史",从"哲学"到"哲学史",需要以"哲学认识"作为

---

① 《吹沙集》,第 404—405 页。
② 《吹沙集》,第 364 页。
③ 恩格斯:《反杜林论》,载《马克思恩格斯全集》第 20 卷,人民出版社,1973 年,第 139 页。

沟通的桥梁,这就必然会介入作为认识主体的"人"——因为"人"的存在与否,是决定能否认识及怎样认识的"逻辑前提"。根据这样的思路,所谓"哲学史",实际上等同于"哲学认识"的历史;而所谓"哲学",在某种程度上就是"哲学认识"。

萧萐父主张,既要把"哲学发展的生动的现实的历史过程"反映出来,又要把握"概念、范畴演化发展的逻辑进程及其理论上前后连贯的诸环节",其中"范畴"和"环节"是关键词。强调考察"范畴",相当于承认中国哲学史上有丰富的认识理论、精深的思辨体系这一哲学史事实,纠偏以往"两军对战"之公式化、贫乏化、庸俗化的模式;强调把握"环节",这就充分认识到中国哲学史是今胜于古、螺旋上升的"合规律"的思维进程这一思想史事实,矫正以往"道统心传"之简单变迁、平面循环的认识。可见,它其实是历史与逻辑相统一的方法论。

就具体运用来说,萧萐父先从"范畴"入手。这是因为:"哲学认识的矛盾发展,按其逻辑进程,集中地体现在哲学概念、范畴的产生、发展和衍变之中。"①第一,范畴是人类认识之网的纽结,它是"人类认识在去粗取精、去伪存真、由表及里、由此及彼中积淀下来的认识之网的网上纽结";第二,范畴的内涵总是由贫乏到丰富、由简单到复杂、由朦胧到清晰、由抽象到具体的流动变化;第三,范畴之间相互联系、对立、转化,同样也是一个流动变化的现象。而哲学发展到一定阶段的历史总结,"也总是通过把以往各个体系中的重要范畴纳入一个新的体系而变为这一新体系中各个环节来实现的",因此,注重范畴的静态考察和动态分析,是哲学史研究方法论的深化。

由此可见,萧萐父试图将中国哲学史,从本体论史扭转为认识论史意义上的概念。他进一步提出,"哲学认识并不与各种科学认识相脱离,也不是各种科学认识的简单综合,而是通过哲学的概括、总结和反思,抽象出'构成认识论和辩证法'等属于哲学的'一般认识'"②,这就进一步将"哲学"在宽泛意义上明确为"认识论和辩证法"。紧接着,萧萐父又指出"哲学史"的特殊性在于"整个人类的认识史(包括各门科学史,及儿童智力发展史、语言史、宗教史、艺术史等等)包罗万

---

① 《吹沙集》,第 368 页。
② 《吹沙集》,第 365 页。

象,无比宽广,而哲学史研究的则仅是既区别于宗教、艺术、道德,又区别于各门科学而专属于哲学的'一般认识'的历史,按列宁的提示,即认识论和辩证法的历史"①,这无疑同样是将"哲学史"进一步指向"认识论和辩证法的历史"。② 根据这样的理解,中国哲学史实际上就相当于中国哲学认识论史及辩证法史。

不过,就中国哲学史作为"中国哲学认识论史"这一命题来说,内在包含了三个问题:中国哲学认识论史的内容是什么? 中国哲学史作为认识论史何以可能? 中国哲学史作为认识论史是怎样展开的? 它们分别对应三个逻辑:中国哲学作为认识论有哪些内容? 中国哲学作为认识论何以可能? 中国哲学作为认识论是怎样展开? 对此,我们参考这一时期张岱年与冯契的探究,同时把萧萐父的探索也置于其中,可能会看得更加清楚一点。

众所周知,张岱年曾于 1955 年写就《中国古典哲学中若干基本概念的起源与演变》,后于 80 年代形成专著《中国古典哲学概念范畴要论》,梳理归纳了"中国古代哲学范畴总表",分为单一范畴总表(含最高范畴、虚位范畴、定名范畴等78 个)、对偶范畴总表(含天道范畴、人道范畴、知言范畴等 48 对范畴);横向又分为"自然哲学概念范畴""人生哲学范畴""知识论概念范畴"三大板块,共计104 个中国哲学术语,几乎囊括涵盖了中国哲学史上具有代表性的语词。事实上,张岱年也在该书"绪论"中说:"中国古代哲学范畴的综合体系应包括哪些内容呢? 这是需要深究的问题。"③可见,概念和范畴是中国哲学作为认识论的题中之义,张岱年后来主持编撰的《中国哲学大辞典》,更是详尽考察了中国哲学史上的概念、范畴、术语、命题等,从认识论的角度深化了对中国哲学史的认知。

张岱年之所以侧重考察中国哲学作为认识论的具体内容——概念与范畴,主要出于这样一种考虑:"哲学思想的历史发展,在一定意义上,有其逻辑的必然性,但是哲学范畴在历史上出现的先后次序并没有构成一个严格的逻辑顺序。

---

① 《吹沙集》,第 365 页。
② 20 世纪七八十年代学界热衷于使用马克思主义"辩证法",研究中国哲学史,但"辩证法"同时也是因为与传统哲学中"阴阳二分"的思维模式,有契合之处,才得以能够与中国传统哲学互通、交融。见田辰山:《中国辩证法——从〈易经〉到马克思主义》第三章,中国人民大学出版社,2008 年,第65—79 页。
③ 张岱年:《中国古典哲学概念范畴要论》,中国社会科学出版社,2011 年,第 4 页。

如果勉强地把历史次序安排成一个逻辑顺序,势必削足适履,情况是复杂的,还应尊重客观事实。"①由此他批评了黑格尔将逻辑与历史直接等同起来,同时也点出中国哲学史的范畴的发展,经常存在历史与逻辑不一致的情况。也就是说,应首重"历史"的一面,即先梳理清楚中国哲学作为"史"有什么具体内容。

冯契在这一时期同样把哲学史理解为哲学的认识史,但更侧重从逻辑思维的发展来把握哲学史。他说:"人类的认识史包括许多方面,而哲学史最集中地体现了人类的逻辑思维发展史。"②冯契认为,重视对马克思主义辩证逻辑的方法的运用,才能对中国哲学史中就思维与存在的关系问题而展开的认识的矛盾,把握清楚。冯契以中国哲学史为典型,将之梳理为几个阶段:先秦哲学总结阶段的《荀子》《易传》《月令》《内经》已具有辩证逻辑的雏形;宋明从沈括、张载到王夫之、黄宗羲等辩证逻辑又进一步发展。冯契注重考察名与实、名言与道及"察""类""故"等中国哲学思维的表达形式。

由于冯契所说的逻辑范畴"是指作为逻辑思维的基本形式的范畴",即"直接从思维形式(概念、判断、推理以及方法)概括出来的,特别具有方法论的重要意义",③因此这样的"逻辑范畴"某种程度上是"范畴的范畴"。举例来说,"天""性""命"等虽然是中国哲学范畴,但认识这些范畴,需要更基础的作为思维形式的范畴,也就是"类""故""察"等方法论意义上的逻辑范畴。

由此可见,与张岱年注重中国哲学范畴有哪些、与冯契注重哲学思维的形式结构不同(这并不意味着张岱年、冯契不注重概念本身及概念的运动),萧萐父则注重揭示概念与范畴的运动过程,由此大体形成马克思主义唯物史观、辩证逻辑与唯物辩证法,运用于中国哲学史研究的分野。例如针对王夫之哲学,冯契曾著《论王夫之的辩证逻辑思想》,而萧萐父则写有《船山辩证法论纲》。大体来看,张岱年、冯契、萧萐父代表性地回答了中国哲学史作为认识论史有哪些内容、何以可能及怎样展开。它们几乎构成了中国哲学史作为认识论史

---

① 张岱年:《中国古典哲学概念范畴要论》,中国社会科学出版社,2011年,第12页。
② 冯契:《智慧的探索》,华东师范大学出版社,1994年,第26页。
③ 冯契:《智慧的探索》,华东师范大学出版社,1994年,第189页。

的前、中、后环节。张岱年注重中国哲学的概念与范畴的梳理,冯契注重中国哲学的思维形式及逻辑思维,萧萐父注重中国哲学的概念与范畴的运动过程。

事实上,萧萐父多次强调揭示哲学认识的矛盾发展的逻辑过程的重要意义。他认为这个"逻辑进程",就是"集中体现在哲学范畴的产生、发展和衍变之中"①。运用历史和逻辑相统一的方法,根本目的是把握中国哲学史的思维进程:既要发现哲学史一个个小的逻辑、小的圆圈,又要从历史高度把握哲学史这个大的螺旋——"哲学发展的大小阶段,都经历这样一个由低级到高级、由片面到全面的前进螺旋"②,整个哲学史就是由许多小圆圈构成的大圆圈,它是一种"合规律"的思维进程。

毋庸讳言,萧萐父对中国哲学史的界说,基本是按照马克思主义的哲学史观来进行的,但他通过对黑格尔、普列汉诺夫、马克思、恩格斯与列宁等经典文本的重新咀嚼,在一定程度上廓清了以往有关"哲学"和"哲学史"的混乱理解。更为重要的是,将"哲学史"界定为"认识史"的学术运动,已经预示另一扇"大门"即将打开——如果把"哲学史"界定为人们对于哲学的"认识史",这必然会逻辑地包含"不同的认识会有不同的'哲学'",它意味着"中国哲学史"将会存在多种"定义"的可能。而列宁关于哲学史的看法,与其说是一种可借鉴的"定义",不如说是为探索"中国哲学史"的多种理解,打开了缺口。

吊诡的是,当时共同推动"认识论"转向的学人共同体,绝大多数都认为这一定义是较为妥当的,③但事实上,这一定义仅仅延续了不到十年——80年代中期发端的"文化热"、90年代的"国学热",已经在潜移默化地改造着人们对"中国哲学史"的已有认知。在80年代结束之际的1989年,萧萐父发表《哲学史研究中的纯化与泛化》一文,针对80年代的哲学史研究的经验与教训,重新修正了他对哲学史的理解,提炼为"以哲学史为核心的文化史或以文化史为铺垫的哲学史"的理念,主张哲学史的"纯化与泛化"的有张力的统一观,认为以哲学史为核心的

---

① 《吹沙集》,第417页。
② 《吹沙集》,第398页。
③ 张智彦:《中国哲学史讨论会在太原举行》,载《哲学研究》1979年第11期。具体内容请参阅该次会议论文集:《中国哲学史论》,山西人民出版社,1981年。

文化史或以文化史为铺垫的哲学史,更能充分反映人的智慧创造和不断自我解放的历程,并主张努力改变"五四"以降中国哲学依傍、移植、临摹西方哲学或以西方哲学的某家某派的理论与方法对中国哲学的史料任意地简单比附、"削足适履"的状况。

之后,自 90 年代开始,萧萐父的学思就不断朝此方向发展,例如 1989 年冬写就的《略论晚明学风的变异》,关注晚明哲学在思想史上的意义;1990 年发表的《儒门〈易〉〈庸〉之学片论》,阐释周易和中庸之学的现代价值;1991 年借《人文易与民族魂》,提出"人文易"的概念促成易学的现代转化;1992 年则转向对传统哲学的人格论的研究,发表《道家风骨略论》与《船山人格美浅绎》;1993 年在汤用彤先生诞辰百周年学术座谈会,提交论文《佛家证悟论中的认识论问题》及至1999 年"郭店楚简国际学术研讨会"的开幕辞《楚简重光 历史改写——郭店楚简的价值和意义》等,都反映了晚年萧萐父"泛化"与"纯化"相统一的中国哲学史观,以及对中国哲学史的主体性多方面的探索与贡献,其中极富学理价值的论域至少有:"伦理异化""诗化哲学"、中国哲学史的异端思想等。

三、"新人学"的设想:中国哲学现代转型的另一个面向

纵向来看,20 世纪中国哲学的现代转型,大体经历了创设中国哲学史的体系性、恢复中国哲学史的科学性到树立中国哲学史的主体性三个阶段。[①] 但从横向来看,则在中西文化交融中出涌现出多种思潮,例如人所共知的熊十力的体用论、冯友兰的"新理学"、金岳霖的"新道论"、贺麟的"新心学"等,从本体论、知识论或者心性哲学的角度,回应了中国哲学如何现代转型的问题。

除此之外,萧萐父晚年与许苏民合作的《"早期启蒙说"与中国现代化》,借侯外庐的明清思想史研究,实际上也表达了他关于"新人学"的构想:

---

① 郭齐勇、问永宁编:《当代中国哲学研究(1949—2009)》,中国社会科学出版社,2011 年,将中国哲学近 60 年的研究与回顾,分为两大阶段五小阶段,分法更为精准和科学,可供进一步参考。

"早期启蒙说"及关于"传统与现代之历史接合点"的论说,逻辑地指向当代中国哲学的"新人学"的建立。在中国现代哲学史上,有冯友兰先生的接着程朱理学往下讲的"新理学",有贺麟先生的接着陆王心学往下讲的"新心学"。当新理学、新心学问世之时,安知他没有建立一种接着早期启蒙学者往下讲的"新人学"之意?……接着李贽、王夫之、龚自珍、戴震往下讲,既坚持了中国哲学自我发展和更新的主体性,又有利于融摄自文艺复兴以来西方哲学的一切积极因素,从而创造出一种根于自己的文化传统的新哲学。[①]

可见,这样的"新人学"不同于从本体论、知识论等纯学理的角度把握中国哲学,而是紧扣"中国现代化"这一现实问题。早在 1988 年《活水源头何处寻》一文中,萧萐父就认为:明清之际的思潮体现了"中国式的人文主义的思想觉醒"[②]。而后《明清启蒙学术流变》的出版,进一步挖掘了明清之际的人文主义思潮,将"人"从社会史研究"宏大叙事"的笼罩下,逐渐引向以专案、专人研究为中心的学术实证,更聚焦于明清思想家关于"人"的思考,并从政治、伦理、文学、艺术、科学、经济、博物学等多方面充分展开,堪称明清哲学人文主义思潮的长廊画卷。

萧萐父的早期启蒙说,其意义已不同于侯外庐所言"革命的人文主义",它既不是对西方文艺复兴、启蒙运动为范本的人文主义的简单照搬,也不是对中国古代人文思想的全盘再现,而是以深层回应当下的时代问题为根本导向,尤其是对"人"的异化、"人"作为"存在"的多种可能性,以及人作为审美主体等诸多问题的深入思考。

萧萐父"新人学"的主体,本身是自我更新和变化的,一方面杜绝了过去讨论文化主体,在中西文化之间形成两橛对立或者游移不定的问题,另一方面从这种"自我发展和更新的主体性"出发,现代"人"不再是单纯的道德主体,也不再是抽象的理性主体,而是力图促使人文和理性、思维和行为、感性和理性,得到双涵互

---

① 《吹沙三集》,第 56 页。
② 《吹沙集》,第 93 页。

动、全面发展。他说：

> 首应着力于价值取向，为把传统哲学中伦理价值至上的取向，改造为人
> 的全面发展，使人的主体性和人生价值在科学认知、艺术审美、宗教实践，以
> 及经济活动、行政管理与现代各种职业等各个方面都得以平等实现。其次
> 重视思维方式和行为方式的改造，把传统哲学中偏重整体综合、直觉体悟的
> 思维方式，改造为以实证分析为基础，善于把感性的具体，知性的分析与理
> 性的综合三者统一起来；把传统哲学中公私、群己、义利观中的贡献和局限
> 加以分疏，注意发掘其中的现代性和有助于救治西方现代社会中人性异化、
> 价值迷失的诸因素。①

由于萧萐父一贯主张"哲学即'人学'"，因此上述论述中所强调的"科学认
知""艺术审美""宗教实践"，以及"感性的具体""知性的分析""理性的综合"，强
调了现代人的全面发展。问题是在现实生活中，人的诸多方面往往是冲突的，如
王国维所言可爱与可信的矛盾。萧萐父认为这正是中国哲学的"胜场"。他说：

> 在情与理的冲突中求和谐，在形象思维与逻辑思维的互斥中求互补，在
> 诗与哲学的差异中求统一，这些都是中华哲人和诗人们共同缔造的优秀传
> 统。他们在这一心灵创造活动中实现着美与真、善的合一，使中国哲学走上
> 一条独特的追求最高价值理想的形而上学思维的道路，既避免把哲学最后
> 引向宗教迷狂，又超越了使哲学最后局促于科学实证，而是把哲学所追求的
> 终极目标归结为一种诗化的人生境界，即审美与求善、契真合二为一的境
> 界。这实际上就是中国哲学的终极关怀。②

由此，可见萧萐父将"人"并不是简单定义为真、善、美的统一，而是诠释为审

---

① 《吹沙二集》，第 92 页。
② 《吹沙三集》，第 244 页。

美、求善与契真合二为一的诗化人生境界,重点落在"活泼泼"动态的人,将中国人文主义思想与中国哲学的诗化传统有机融合。此外,将"人"定义为过程,而非普遍观念化了的"人",无疑是对西方基督教传统下的"人"的本质化、原子化的抗击,还是对马克思"人的本质是自由自觉的活动"的观点,以及明清之际昂扬的人文主义精神的再创造与再吸收。

与现当代新儒家从道德本体、心性哲学把握"人"不同,萧萐父是从境界论等美学意义上理解"人"。萧萐父年少时曾著有《原美》,认为实质与形式、现实与理想、存在与意义、事实与价值等,常常被认为是分裂的,因此一个整全的人生,也被理解为两种:一种是"事实判断"所了解的人生,被自然律支配,没有价值和目的;另一种是"价值理性"所了解的人生,它认为整个人生的活动都是意义的展现。在他看来,后一种无疑才能够帮助我们洞彻人生。因为它表明了人生的"每一个行为都应该涵蕴一个目的性的价值":

> "真"是理性所涵摄的实在底秩序;"善"是自由意志所实现的人格底尊严;而"美"则是整个心灵所观照的对象底和谐。秩序、尊严与和谐,并不是一些描述的实在,而只是实在所表现的意义与律则,这是人底精神向宇宙所宣布所赋予所渲染的。①

萧萐父认为,由于人类知识的两种性质——由事实判断和价值判断所形成的"知识",常常把宇宙和人生分裂成"无法统一的片段",形成了理想与现实、存在与意义的矛盾,甚至可以说哲学与科学、诗与逻辑的冲突,都是由此发生的。人们一般认为这种"矛盾"是无法调和的。但他认为,这种观点似是而非,因"对于人生的认识与了解,我们只能有'方面'与'层次'的不同,而并不是'部分'与'片段'的割裂,认识底层次纵有差异,但认识对象却不容分割"②。由此,他从"认识对象"的客观存在出发,认为应把"事实的必然"和"规范的意义"二者之间

---

① 《吹沙二集》,第 367 页。
② 《吹沙二集》,第 369 页。

的关系,理解成"从属的统一关系",而不是外在的"二元对立"。

对于"人"来说,事实与价值、存在与意义等两套命题是应有之义,萧萐父认为它们"就其终极的意蕴言是有着从属的统一底关系",原因就在于"事实命题只是现象的描写与所知对象之间底必然关系的陈述,而对此描述内容底'意义'之了解,即是说对于生活事实底理想性与目的性底把握,则非叙述科学所能穷究的;规范意识完成悟性所未尽之功! 价值范畴扩大并充实了悟性的形式。"①由此他指出,人生其实是在事实的基础上创造价值生活或意义生活。这样一来,事实和价值得以贯通,宇宙作为认识对象,而变为"一个可理解的意义系统",而人生则对我们呈现为"一个价值实现的历程"。

这里的"价值",萧萐父认为应根据人生意义的和谐,囊括真、善、美三种价值系统,它们并非互相对立,而是互相涵摄,以道德、智慧、艺术的形式,交相融贯,"凝成一个唯一的价值观念体系",整全的人生的意义,就在真、善、美等人类认识形式的运用过程中展现。而这种意义的展现,就是"美"的本质。他指出,"美底意义就是实现了的和谐"②。"美"既然被理解为价值和事实的整合,那么它就应该是"渗透在现实中的理想"和"熔铸在存在中的价值"。所谓"和谐",即是指通过规范意识所摄取的最高理想,而实现了价值和理想的最高统一。由此可见,萧萐父认定"美"是对"真"和"善"的统摄。

在具体讨论"美"时,萧萐父把"美"分为四个阶段和两种领域,它们是"形体美""智慧美""情操美""人格美",以及"静的和谐"(Static Harmony)与"动的和谐"(Dynamic Harmony)。在萧萐父看来,由"静的和谐"到"动的和谐",同时也是由"形体美"而"智慧美"而"情操美"再到"人格美"的转化与递进。这四种美"并不是互相排斥而是层层涵摄的",如果我们把这四种人生美交相融合,那就实现了"最高底和谐与最高底美"。但这种最高的"美"究竟是什么? 萧萐父以"画"或"乐曲"比喻,"如果不仅具备了形式的完整,而且蕴涵了澄澈的智慧,深挚的情操与庄严的人格",则可以说它实现了最高的美。同样,如果一个人能够把灵魂

---

① 《吹沙二集》,第 369 页。
② 《吹沙二集》,第 372 页。

与外在、内界与外界予以协调和融合,我们也可以说他实现了最高的美。但这种"美"的实现并不会停止,而是无穷无尽地延续下去,因为人生的意义的本质是"无穷的扩大与充实——创造"。

众所周知,贺麟曾把文化定义为"真理化""道德化""艺术化"的统一。他说:"所谓文化,乃是人文化,即是人类精神的活动所影响、所支配、所产生的。又可说文化即是理性化,就是以理性来处理任何事,从理性中产生的,即谓之文化。文化包括三大概念:第一是'真',第二是'美',第三是'善'……"①不难看出,贺麟仍是沿袭了黑格尔高扬理性的看法,理性要高于道德和艺术。方东美认为,"从历史上面看,许许多多最好的文化,代表文化的优良精神,第一层是宗教,第二层是哲学,第三层是艺术"②,他也称之为真、善、美之"价值统会",最后归结于人的生命精神的"情理一贯"。方东美同样认为哲学是最高层面,能够"总摄种种现实与可能境界之中情与理"③,而宗教崇"情"以斥"理",艺术宣"情"以悖"理"。

冯契曾把真、善、美分别表述为"人生理想、道德理想、审美理想",并把三者统摄于自由人格④,它因摒弃了圣贤豪杰和逍遥遁世的人格,是人人可以达到的,因此又称作"平民化的自由人格"。冯契指出,"人类通过化理想为现实的活动来发展科学、道德和艺术,创造有真、善、美价值的文化",它改变了现实和自我,培养了以真、善、美统一为理想的自由人格,使理论化为德性。⑤ 可见,冯契基本是从"人化自然"的角度定义"美",他认为人生理想的实现,就是使人的本质力量对象化,让人能够从人化的自然中直观自身的力量。⑥ 美和善虽以"真"为前提,但这里的"真",是指作为价值范畴的真,它是"有关宇宙、人生的真理性认识和人性的自由发展密切相联系着的那种智慧"⑦。因此,冯契认为,真善美的统一,其实是人的全面发展和自由发展。

---

① 贺麟:《文化、武化与工商化》,载《文化与人生》,商务印书馆,1988年,第280页。
② 方东美:《方东美先生演讲集》,台湾黎明文化事业股份有限公司,1978年,第12页。
③ 方东美:《生生之德》,台湾立命文化事业股份有限公司,1979年,第3页。
④ 冯契:《人的自由与真善美》,《冯契文集》(第三卷),华东师范大学出版社,1996年,第166页。
⑤ 《人的自由与真善美》,第291页。
⑥ 《人的自由与真善美》,第245页。
⑦ 《人的自由与真善美》,第313页。

　　汤一介在《论中国传统哲学中的真善美问题》中认为,中国哲学的精义是天人合一、知行合一、情景合一,分别与真、善、美相对应。他说:中国传统哲学中关于真、善、美的观念集中体现在中国古代思想家长期讨论的三个基本命题之中,即"天人合一""知行合一""情景合一"。"天人合一"讨论"真"的问题;"知行合一"讨论"善"的问题;"情景合一"讨论"美"的问题。① 在这三个"合一"中,他认为"知行合一""情景合一"是"天人合一"派生出来的,归结于如何"做人"。汤一介后来又有《再论中国传统哲学中的真善美问题》文,将这一问题继续深入,指出孔子、老子、庄子分别代表了真善美合一的三种路径,它们分别是善←美←真(孔子)、真←善←美(老子)、美←真←善(庄子)。② 汤一介认为,中国文化关于真、善、美的讨论,最后归结于人生境界。

　　如果与贺麟、方东美、冯契、汤一介的有关论述粗略对照,可以看出萧萐父倾向于把真、善、美,统摄于最高的"美"(即"美底美"),将求真和求善,视为一种审美活动,同时注重强调三者的差别,仅仅是层次上的高低阶段,而不是性质上的外在对立。换言之,真、善、美是一件事物的不同阶段,而非三个不同性质的事物。萧萐父没有延续康德知、情、意分裂的思路,而是把问题的前提置换为:"求真"是寻求人生的意义和价值的"真"。

　　简单总结可知,萧萐父的"新人学"以及相关思考,注重挖掘中国本土文化中可以自我更新的资源——明清之际人文主义思潮以及中国哲学的诗化传统,蕴含两层意涵:第一,挖掘明清之际的人文思潮,既是为了论证中国本土文化拥有可以自我更新的资源,同时也是借明清之际启蒙思想家群体的人本思想、人道主张、人文传统,以古彰今,着力阐释当代中国"人"的意义和价值何在;第二,借倡导人文与理性的融合、诗与真的契合,抗击后现代社会"单向度的人",肯定人作为存在主体的多种可能性,并保持高度的批判意识和责任担当。

---

① 汤一介:《论中国传统哲学中的真善美问题》,载《反本开新:汤一介自选集》,首都师范大学出版社,2008 年,第 24 页。
② 《反本开新:汤一介自选集》,第 44 页。

四、结　语

综上所述，20 世纪 80 年代以张岱年、冯契与萧萐父等为代表的中国哲学史研究，通过发起"哲学史"就是"哲学认识史与矛盾史"的运动，以"潜流"涌动的姿态，构成了中国哲学史从恢复科学性到树立主体性的中间环节。它们都有一个鲜明的特点：马克思主义理论与传统哲学的相结合，是树立中国哲学史的主体性的丰富矿源之一。该共同体将马克思主义基本原理与中国传统哲学内容，在本体论、认识论、价值论、伦理学等深入结合，形成了一系列有创造性的表述、说法以及理论体系。

在其中，以萧萐父为主要奠基人的珞珈中国哲学，在广泛吸收海内外学界成果的基础上，对中国哲学的新探索、新研究，也继承和发展了萧萐父的中国哲学史观，其中比较明显的理念至少有："泛化"与"纯化"相统一的中国哲学史观、对"之际"作为学术概念的运用、广义"诸子学"、中国哲学史史料学与史源学的紧密结合等，这些均在新近出版的大型《中国哲学通史》，得到一次较为集中的展示，①它的主要特点之一正是"在与西方哲学的比照、对话中，超越西方哲学体系、框架、范畴的束缚，确立起中华民族的哲学传统、哲学智慧与哲学思维的自主性或主体性"②，为学界做出了新的尝试。

萧萐父是 20 世纪后半叶的人文思想家之一，不同于侯外庐"革命的人文主义"所处的时代背景，他对先秦诸子人道主义思想和明清之际人文主义思潮作了现代转化，挺立"人"作为文化主体极其重要的价值，并与中国现代化这一时代主题紧紧相扣，同时借中国哲学优秀的源远流长的"诗化"传统，将"人"定义为道德本体、求知主体、审美主体的合一，并最后统摄于"诗化的人生境界"。这种带有民族底色的思考，对全球化时代如何重新认识"人"，提供了一种可供借鉴的思路。

---

① 《中国哲学通史》由郭齐勇教授领衔主编、多人集体撰写，江苏人民出版社，2022 年。全书共 10 卷逾 600 万字，包括先秦卷、秦汉卷、魏晋南北朝卷、隋唐卷、宋元卷、明代卷、清代卷、现代卷、少数民族哲学卷、古代科学哲学卷。

② 郭齐勇：《中国哲学通史·先秦卷》"导论"部分，江苏人民出版社，2022 年，第 25 页。

理学反动与思想启蒙

——清代学术思想研究的范式转向

黄燕强

（武汉大学哲学学院）

　　20 世纪的清代学术思想研究，最有影响且最具代表性的理论范式，一是梁启超、胡适的"理学反动说"，二是钱穆的"每转益进说"和近年兴起的乾嘉新义理学研究，三是侯外庐、萧萐父的"早期启蒙说"，四是现代新儒家的"余绪说"，即将清学视为宋明理学的余绪。近年，国内学者提出的乾嘉"道论"形上学和"人文实证主义"方法论等说法，港台流行的"乾嘉新义理学说"，以及海外汉学界摆脱欧美中心论而回归中国传统文化论证其现代性的起源，凡此种种观点是对上述四种范式的继承与深化。① 不同理论范式所呈现的清学面貌自有差异，然诸家从学术思想史视角来甄辨清学的性质与内容时，往往是以宋明理学为比较之参照。或以为清学是宋学的反动，或以为清学是宋学的转进。故如何评述清学与宋学的关系，是清代学术思想研究的中心议题，也是学者难以回避的一大问题。这就是清儒所谓的汉宋之争，梁启超据此建构了"理学反动"的理论范式，其余诸家在探究清学及其与宋学的关系时，无论是赞同或反对，均就梁氏的"理学反动说"进行某种回应或发挥。因此，透过考察"理学反动说"的内涵及其影响，可窥见现当

---

　　①　关于 20 世纪清代学术思想研究的诸种理论范式及近年最新的研究动态，参见吴根友、孙邦金等著：《戴震、乾嘉学术与中国文化》（上册），福建教育出版社，2015 年。

代中国学者对清代学术思想的性质、特征及其方法论的认识,并展示他们对传统思想的内在发展理路及其现代性转型的思考。

其实,近百年的清代学术思想研究的核心主题,旨在论证中国本土思想内含现代性的萌芽与发展,修正西方学者提出的"冲击—回应说"。因此,用"反动"一词来突出清代学术与宋明理学之间的关系,是要从实与虚、动与静的比较中,肯定清代学术内含持续进步的、合目的性的现代性,确认其开启了近代中国的思想启蒙运动。但相比而言,"反动"一词割裂了宋学与清学的内在关联,"启蒙"则在一定程度上指出清学与阳明学的因缘关系。正是在此意义上,"明清启蒙说"是对"理学反动说"的继承和转进,成为解释清代学术思想内在理路与形态、性质的一种研究范式。尽管明清的思想启蒙过程经历了如萧萐父先生所谓"新的突破旧的"而"死的又拖住活的"这样一种历史坎坷道路①,但明清之际的启蒙思潮展现了传统学者对现代性的追求,以及中国学术与欧美文艺复兴思潮的呼应,也指示了"中国向何处去""中国文化向何处去"的方向,相信将为中国当代文艺复兴运动提供某种有益的启示。

一、"理学反动说"释义

梁启超在《论中国学术思想变迁之大势》中称清初学术是对王学的反动,②他在《清代学术概论》正式提出"理学反动说",称清代学术思潮是"对于宋明理学之一大反动"。③ 三年之后,梁氏编撰《中国近三百年学术史》讲义,把1623 年至 1923 年这三百年认作一个特殊的学术史单位,将其本质概括为"理学的反动时期"。梁氏结合晚明的五种学术趋势,论证其"理学反动说"。一是王学自身的反动,二是自然界探索的反动,三是历算学复兴之反动,四是读书讲学风气之反动,五是佛学反禅而重修持的反动。梁启超指出,这五种"反动"是晚明学

---

① 萧萐父:《中国哲学启蒙的坎坷道路》,《中国社会科学》1983 年第 1 期。
② 梁启超:《论中国学术思想变迁之大势》,上海古籍出版社,2001 年,第 110 页。
③ 梁启超:《清代学术概论》,上海古籍出版社,1998 年,第 3 页。

界所发生的新现象。其一方面是针砭宋明理学流于空疏玄虚之病,矫正阳明后学谈玄说妙之弊;另一方面是反映晚明学界由虚转实的学术风尚,提倡实事求是的科学精神。因此,"反动"既是对旧思潮的破坏,同时也在建设新思潮,清代学术思想即从此中孕育出来。① 如清初大师顾炎武、黄宗羲、王夫之、颜元等,"皆明学反动所产也",②"同一'王学'之反动也"。③ 乾嘉学者更是标举"汉学"名目,既反陆王心学,又反程朱理学,且收获全胜之势,成为清代学术思想的正统派。由此,梁启超建构了一种"汉宋对立"的解释框架,其学术的价值取向是推崇汉学而贬黜理学。

梁启超是清代学术思想的直接参与者,他早年接受过系统的朴学训练,师从康有为后转治今文经学,流亡日本期间则以极大热情去研究和介绍西方哲学思想,致思于中西文化的融会贯通。这是他在著述中多次表达过的治学宗旨,目的在于论证中国传统文化蕴含的现代性因素。他的"理学反动说"对应于此种学术理想,故其内涵包括:

一者,清学与宋学是相对的关系。就思想的性质言,前者是实学、动学、活学,后者是虚学、静学、死学。④ 实学所以求是求真,舍去玄虚之空谈而趋于经验之实践;动学蕴含积极进取的精神,因而具有向前发展的活力。20 世纪初,中国学者常用动与静、刚与柔、积极与消极、进步与保守等相对范畴,来比较中西文化的差异,前者代表现代性文明的类型,后者指称没有现代性因素的传统文化。梁启超应用此类说法描述清学与宋学的思想性质和特征,这样的对比明显具有价值倾向性,即以清学为现代的、进步的,以宋学为传统的、落后的。

二者,文化进化的观念。"反动"一词含有进化义,⑤宋明理学之所以招来反动,即因学术思想的发展遵循一定的进化规律,而表现为主智与主意、唯物与

① 梁启超:《中国近三百年学术史》,东方出版社,1996 年,第 7—11 页。
② 梁启超:《清代学术概论》,第 16 页。
③ 梁启超:《清代学术概论》,第 20 页。
④ 梁启超:《清代学术概论》,第 22 页。
⑤ 梁启超《南海康先生传》:"凡物也有原动力以起其端,由原动力生反动力,由反动力复生其反动,反反相衔,动动不已,而新世界成焉。"在此,"反动"是世界进步的动力,而在梁氏的学术史观中,"反动"是学术思想进步的动力和方式。

唯心、实验与冥证的循环。在梁氏看来,宋学是主意的、唯心的、冥证的,及其全盛之后必有流弊,反动乃随之而起,故有主智、唯物、实验的清学代之而兴。① 这是人类德慧智术进化的公例,明清之际的学术嬗代与此相类。梁启超认为,学术思想"俨然若一有机体",②"凡一有机体发育至一定限度,则凝滞不复进,因凝滞而腐败,而衰谢,此物理之恒也"③。文化有机体遵循由萌芽而至澌灭的生命历程。所以,梁启超挪用佛家哲学关于事物流转变化的学说——生、住、异、灭,把学术思想史分成四个时期:一曰启蒙期(生),二曰全盛期(住),三曰蜕分期(异),四曰衰落期(灭)。启蒙期是对于旧思潮初起反动的时期,如清初学者倡导"舍经学无理学说",要摆脱宋明理学的羁勒,直接反诸古经而求孔孟之道。全盛期则将启蒙期的宋学残绪清除扫净,学风完全统一于考据训诂之汉学。前者从事于破坏,后者致力于建设,故曰"反动者,凡以求建设新思潮也",而必先之以破坏。④ 破坏的方式是革命,清学的兴起就是"对于明之'学阀'而行革命也",由此获致思想的解放,开启全新的思想境界。⑤ 可见,梁氏的"反动说"内含文化进化观,文化进化的方式是先以革命而行破坏,再以建设而创造新学术典范。其中,被破坏的对象(宋学)与新建设的内容(清学)是相对的关系。⑥

三者,思想启蒙与文艺复兴。启蒙指祛蔽,即摆脱愚昧,张扬理性,创造新学术典范而推动思想的进步。梁启超以明清之际为思想启蒙时期,称启蒙派对于宋学施以猛烈的攻击。因宋明理学含有宗教性,理学家主张的纲常伦理,犹如欧洲中世纪宗教家宣扬的禁欲主义,违背了人的自然本质。故对宋学的反动,既是对束缚自然人性的礼教、名教的批判,又是对禁锢思想自由的专制主义的驳斥。梁氏特别表彰戴震《孟子字义疏证》一书是以"情感哲学"代替"理性哲学",修正

---

① 梁启超:《清代学术概论》,第 6 页。
② 梁启超:《论中国学术思想变迁之大势》,第 134 页。
③ 梁启超:《清代学术概论》,第 71 页。
④ 梁启超:《清代学术概论》,第 2 页。
⑤ 梁启超:《清代学术概论》,第 71 页。
⑥ 梁启超说:"大抵甲派至全盛时必有流弊,有流弊斯有反动,而乙派与之代兴。乙派之由盛而弊,而反动亦然。然每经一度之反动再兴,则其派之内容,必革新焉而有以异乎其前。人类德慧智术之所以进化,胥恃此也。"(梁启超:《清代学术概论》,第 6 页)如其所言,学术思想的发展遵循"优胜劣汰"原则,乙派之代兴是对甲派的彻底否定,两派为相对的关系,并无任何的思想传承。

宋明理学家的"理欲二元论",提出"理欲一元论"这一较具"现代性"的哲学命题。因此,他称戴震为"哲学界的革命建设家",①意欲"为中国文化转一新方向"②。革命和建设等话语,显示出梁启超的文化进化观。他既将宋明等同于欧洲的中世纪,清学较之宋学自然是进步的,故他称清代为"古学复兴时代",清学"与欧洲文艺复兴时代之思潮之本质绝相类"③。欧洲文艺复兴是以回归古希腊哲学而对宗教神学得解放,梁启超认为清代学术的基本精神就在"以复古为解放"。先是复宋学之古,对于王学而得解放;既而复汉唐之古,对于程朱而得解放;再复西汉之古,对于许郑而得解放;最后复先秦之古,对于一切传注而得解放,最终使人对于孔孟而得解放。④ 然清代学脉的发展理路并非简约如是,清儒的复古亦未必便能求得解放,复古的对象往往又成为后学之桎梏。梁启超似乎也注意及此,他说:"乾嘉以降,而清学已自成为炙手可热之一'学阀'。……于是思想界成一'汉学专制'之局。"⑤清学的"复古"是不断地产生和恢复故有的学术权威,对于思想的解放则未必然。⑥

四者,科学精神与科学方法。欧洲文艺复兴的一大成就是崇尚科学精神与科学方法,在梁启超看来,清代学术同样如此。梁氏屡称"清儒之治学,纯用归纳法,纯用科学精神",⑦他将此精神此方法概括为四步骤、十特色,⑧要言之为:一曰贵创,二曰博证,三曰致用。这种精神与方法启自清初的顾炎武、王夫之等,他们"感于明学之极敝而生反动"⑨,要将学风由蹈空变为核实、由主观的推想变为客观的考察,故其治学方法渐开科学研究的精神。其后,"乾嘉间学者,实自成一种学风,和近世科学的研究法极相近,我们可以给他一个特别名称,叫作'科学的

---

① 梁启超:《戴东原生日二百年纪念会缘起》,《饮冰室合集》第 5 册《饮冰室文集之四十》,中华书局,1989 年,第 39 页。
② 梁启超:《清代学术概论》,第 42 页。
③ 梁启超:《清代学术概论》,第 42 页。
④ 梁启超:《清代学术概论》,第 6 页。
⑤ 梁启超:《清代学术概论》,第 71 页。
⑥ 李锦全:《评"以复古为解放"说——读梁启超〈清代学术概论〉》,《求索》1984 年第 3 期。
⑦ 梁启超:《清代学术概论》,第 62 页。
⑧ 梁启超:《清代学术概论》,第 62、47 页。
⑨ 梁启超:《清代学术概论》,第 15 页。

古典学派'。"①梁启超还说黄宗羲的《明夷待访录》旌扬民主精神,又说戴震的
《孟子字义疏证》提倡自由意志、平等精神,其目的是论证清代的文艺复兴孕育了
民主、自由、平等与科学等现代性思想。

概括言之,"理学反动说"显示梁启超接受了受到社会达尔文主义影响的、以
现代性为标的的文化进化观,也表明他的清学研究并非单纯地客观考史,只在总
结和检讨一个时代的思想遗产,而是具有"经世"的理想,通过论证传统文化的现
代性而助推中国的现代化进程。② 在梁启超之前,章太炎根据外缘性的政治因
素,提出"文字狱说"来解释清学史的演变。章氏的某些观点为梁启超所接受,但
若说"梁启超的'理学反动说',实由章太炎的'文字狱说'脱胎而来",③则未必尽
然。因梁氏的"理学反动说"建立在进化论基础上,而主张"俱分进化"的章太炎
则是反对文化进化观的。然而,如果说文化是进化的,那么清学理应是宋学的转
进,两者存在承续的关系,这是钱穆的观点。但文化不必然地是进化的,从俱分
进化的思维来评论清学,它也可能是退化的,这是熊十力、牟宗三等现代新儒家
的观点。不论赞成或反对,这些观点都在某种程度上回应着梁启超的"理学反
动说"。

────────────────

① 梁启超:《中国近三百年学术史》,第 23—24 页。

② 蒋广学说:"他(梁启超)之所以这样重视清代学术,不仅因为他本人就是清代学术的终结人
物之一,更重要的是因为清学在中国学术史上开启了向现代学术发展的道路。……梁启超视清学为
中学现代化之预阶;他重视清学,目的是把中学向更高的学术境界发展而已。"(蒋广学:《梁启超和
中国古代学术的终结》,江苏教育出版社,1998 年,第 306—307 页)进而言之,如果说梁启超的清学史
研究是要"论证现代性",那么,他研究先秦学术思想便旨在"药现代时弊",或曰"对治现代性"。无论
是论证,抑或是对治,均反映出梁氏学术史观蕴含"经世"的理想。

③ 陈居渊:《汉学更新运动研究——清代学术新论》,凤凰出版社,2013 年,第 10 页。此外,周
国栋《论梁启超向清学正统派的复归》(《文史哲》2000 年第 4 期)一文、李帆《章太炎、刘师培、梁启超
清学史著述之研究》一书,均指出章太炎、刘师培对于梁氏的影响。这诚然是事实,但梁氏的进化学
术史观与章、刘等,却有很大差异。而且,梁启超说:"余于十八年前,尝著《中国学术思想变迁之大
势》,刊于《新民丛报》,其第八章论清代学术……余今日之根本观念,与十八年前无大异同。"(梁启
超:《清代学术概论·自序》,第 1—2 页)1902 年 3 月起,《论中国学术思想变迁之大势》陆续刊载于
《新民丛报》"学术"栏,写至第七章时,因游历欧洲而中断。1904 年夏,梁启超续写第八、九章,题名
《近世之学术(起明亡以迄今)》,刊于《新民丛报》。文中说:"物极必反,然后诸君子不得不以严整之
戒律,繁博之考证,起而矫之,故谓五先生为王学之反动力可也。"(梁启超:《论中国学术思想变迁之
大势》,第 110 页)梁氏此时已用"反动"一词及"王学反动说"来描述清初学术的特征,而"反动"所内
含的文化进化观,则在 1902 年撰写此书稿时已明确提出。所以,"反动说"虽见于 1904 年的文稿,但
梁启超的这一观点,应在 1902 年便已形成,与章太炎出版《訄书》(重订本)大概同时,故不大可能受
章氏的影响。

二、"理学反动"范式

以"反动"一词叙述清初学术风尚,始于梁启超的《论中国学术思想变迁之大势》。然在梁氏撰写《清代学术概论》前,胡适于 1919 年出版《中国哲学史大纲》的"导言"里,就用"反动"来界定清学与宋学的关系。他虽未明白地说出"理学反动"概念,但相关的内涵如文化进化、文艺复兴、科学精神与科学方法等,胡适在"导言"中已有叙及。那么,究竟是胡适,抑或是梁启超首先提出"理学反动说"?这似乎难以确定。不过,可以确定的是,"理学反动"范式的主要内涵是梁启超首先建构的,这些为胡适及其他民国学者所继承和发挥。[1]

胡适提出"近世哲学"概念,进一步推演"理学反动说"。他的《中国哲学史大纲》把中国哲学史分成三个阶段,即古代哲学、中世哲学和近世哲学,近世哲学的时间段指北宋至晚清。胡适对"近世哲学"性质的界定,一方面是佛学的中国化,即印度哲学与中国固有思想相结合;一方面是中国理智主义的复兴,即科学精神与科学方法的兴起。前者形成了融通儒释道的宋明理学,后者指称清代哲学,尤其是乾嘉汉学。因此,胡适又将近世哲学分成两期,一是"理学时期——西历1050 至 1600",二是"反理学时期——1600 年至今日"。[2] 胡适认为,理学发轫于中唐韩愈、李翱对佛家"非伦理的"出世主义的反动,后来就产生了"唯理哲学"的复兴与形成。[3] "明代以后,中国近世哲学完全成立。佛家已衰,儒家成为一尊。于是又生反动力,遂有汉学、宋学之分。清初的汉学家,嫌宋儒用主观的见解,来解古代经典,有'望文生义''增字解经'种种流弊。故汉学的方法,只是用训诂、古音、古本等客观的根据,来求经典的原意。"[4] 可见,胡适不仅用"理学反动"定

---

[1] 胡适回忆,他当年读梁启超的《论中国学术思想变迁之大势》,深受震荡和感动,因为"这是第一次用历史眼光来整理中国旧学术思想,第一次给我们一个'学术史'的见解"。(胡适:《四十自述》,《胡适全集》第 18 卷,安徽教育出版社,2003 年,第 62 页。)他后来从事中国学术思想史的研究,以及他用"反动"一词描述中国学术思想史的变迁,大概都是受了梁氏的影响。

[2] 胡适:《几个反理学的思想家》,《胡适全集》第 3 卷,第 74 页。

[3] 胡适:《中国思想史纲要》,《胡适全集》第 8 卷,第 153 页。

[4] 胡适:《中国古代哲学史·导言》,《胡适全集》第 5 卷,第 202 页。

义清代哲学的性质及其与宋学的关系,而且把"反动"看作是中国哲学向前演变的方式和动力,因其与梁启超一般地奉持文化进化观。

宋学何以招来反动?胡适的看法仍与梁启超相近,即因宋学内含宗教精神。胡适说:"理学是什么?理学挂着儒家的招牌,其实是禅宗、道家、道教、儒教的混合产品。其中有先天太极等等,是道教的分子;又谈心说性,是佛教留下的问题;也信灾异感应,是汉朝儒教的遗迹。"①这种疏离经验生活的玄虚之谈,及束缚自然人性与思想自由的宗教性哲学,难免要引起怀抱经世理想和崇尚科学精神的学者的批判。在胡适的叙述中,明末清初反理学的运动有两个方面:(1)打倒(破坏),包括"打倒太极图等等迷信的理学""打倒谈心说性等等玄谈""打倒一切武断的不近人情的人生观";(2)建设,包括"建设求知识学问的方法""建设新哲学"。②所谓"打倒(破坏)"与"建设",仍是梁启超曾使用的话语,破坏的对象还是宋学,建设的内容则为求是求真的哲学和方法(清学)。就建设方面言,胡适称清代为"古学昌明的时代",犹梁启超的"古学复兴时代说",所以"有点像欧洲的'再生时代'(再生时代西名 Renaissance,旧译文艺复兴时代)"。③胡适在1923—1936年间撰写的与清学史相关的系列论文,如《清代思想史》《几个反理学的思想家》《戴东原的哲学》《戴东原在中国哲学史上的位置》《颜李学派之程延祚》《费经虞与费密——清学的两个先驱者》等,都是在"近世哲学(思想)"概念下自觉地建立一个"反理学"的学术谱系。文章的中心意旨是:清学与宋学是相对的关系,清学因批判宗教性的宋学而起,开启了中国的文艺复兴时代,其所崇尚的求是求真的科学精神,及其所建设的追求真理的科学方法,代表了现代文化的前进方向。这些观点均是梁启超"理学反动说"的原有之义。

然胡适与梁启超对清学的认识毕竟不完全一致,他不仅引入西方的实证主

---

① 胡适:《几个反理学的思想家》,《胡适全集》第3卷,第74页。
② 胡适:《几个反理学的思想家》,《胡适全集》第3卷,第76—77页。胡适《戴东原的哲学》一文指出:"当日'反玄学'的运动,在破坏的方面有两个趋势:一是攻击那谈心说性的玄学;一是攻击那先天象数的玄学。……在建设的方面,这个大运动也有两种趋势:一面是注重实用,一面是注重经学:用实用来补救空疏,用经学来代替理学。"(胡适:《戴东原的哲学》,《胡适全集》第6卷,第339—341页)相关论述,又见于胡适:《清代思想史》,《胡适全集》第8卷,第194—196页。
③ 胡适:《中国古代哲学史·导言》,《胡适全集》第5卷,第203页。

义哲学,将乾嘉汉学塑造为具有现代科学精神的学术形象,他对宋学的性质及其与清学之关系的认识,与梁启超也有区别。这体现在其"近世哲学"的概念中。"近世"是一个指向现代性的概念,在世界文明的谱系中,"近世化的文化形态可以被认为是中世纪精神与近代工业文明的一个中间形态,其基本精神是突出世俗性、合理性、平民性"①。胡适虽然批评宋学,但他说宋明理学是对佛家出世主义、蒙昧主义的反动,是唯理哲学,"在近世中国哲学前九百年的发展当中,古典时代的人文主义唯理主义,以及自由精神,又重新像花一样的放开了来"②。这是肯定近世哲学的世俗性、合理性和平民性。换言之,宋明理学蕴含一定的现代性因素,并不等同于欧洲中世纪的经院神学,诸如科学精神与方法便萌芽于理学之中。胡适尤其称道朱熹以"即物穷理"解释《大学》的"格物",他认为这种严格唯理主义者的精神及方法论,就是"科学的思想"。③ 朱子将此运用于读书、治学上,这使其在考证、校勘各方面都有开山之功,故他开启的"格物致知"的路子就是科学的路子。④ 更重要的是,清代考据学便是接续此"格物致知"的路子、科学的路子而来,清儒辨伪群经的工作源自朱熹的疑经疑传及其提倡的怀疑精神和"大胆假设,小心求证"的方法论。⑤ 如此说来,清学与宋学便非完全相对的关系,两者存在一定的学脉传承,尤其是清儒追求真理的精神,正与朱子"致知穷理"的理想一致。这种存在于理学与清学中的共同生命,学者将其概括为"道问学"的传统。

梁启超、胡适确立了"理学反动"的理论范式,这对 20 世纪的清学史研究影响深远。傅斯年就明确表示:"我以为清朝一代的学问,只是宋明学问的反动,很

① 陈来:《中国近世思想史研究·序》,商务印书馆,2003 年,第 2 页。
② 胡适:《中国思想史纲要》,《胡适全集》第 8 卷,第 153 页。
③ 胡适:《中国思想史纲要》,《胡适全集》第 8 卷,第 154 页。
④ 胡适:《颜习斋治学及其与程朱陆王之异同》,《胡适全集》第 8 卷,第 143 页。
⑤ "大胆假设,小心求证"是胡适总结的科学研究方法,他的《中国哲学里的科学精神与方法》一文指出,朱子已开启了这一方法论传统,并为清儒所继承。1923 年,胡适在日记中写道:"我以为中国'文艺复兴时期'当自宋起。宋人大胆的疑古,小心的考证,实在是一种新的精神。"(胡适:《胡适的日记全编》第 4 册,1923 年 4 月 3 日条,安徽教育出版社,2001 年,第 7 页)他在此年用英文撰写的"The Chinese Renaissance"一文,就是阐发此观点。

像西洋 Renaissance 时代的学问,正对着中世的学问而发。"①他还用主观与客观、演绎与归纳、悟与证、理想与经验、独断与怀疑等相对范畴,来比较宋学与清学的差异,与梁启超的做法完全一致。萧一山《清代通史》论清学与宋明理学的关系,说:"清学之成立,乃理学反动之结果也。"这全然是梁启超的观点。但他又说,不得谓清学与"宋儒立于绝相反之地位",因清学是"用宋儒读书之精神以成立者也"。② 这是综合了胡适的说法。另如容肇祖的《戴震说的理及求理的方法》,是以"理学反动说"为解释理论,来分析戴震哲学对程朱陆王等末流的修正。谢国桢是梁启超的学生,他似乎并未明确使用"理学反动"概念,但他探讨清代学术思想及其治学方法时,处处提点清初学者对宋明理学的批评,清初学风与宋明空谈心性者相反,尤其是"明末学者在认识上从唯心论的泥潭中拔出脚来,初步建立了朴素唯物论的思想"③。所谓"明末学者",指顾炎武、黄宗羲、王夫之等,他们也是清初学者,奠定了清学的性质和风尚,故从唯心论向唯物论的转变表明清学与宋学的异质。梁启超曾用唯心与唯物的相对范畴来比较宋学与清学,但不同的是,梁氏只就形上本体论学派的归属,谢国桢乃结合政治、经济与社会的变革来分析明末清初学术思想的唯物主义特征。因其是以马克思主义哲学作为解释理论,而较早运用此法的是侯外庐。

"理学反动说"的提出,是由其特定的历史背景与时代思潮所促成的。20 世纪初,伴随西学东渐而来的进化论,演变成一种具有普遍主义特质的思潮,被推演至一切思想文化领域,形成文化或知识进化的观念。以"进化"思维来考察清代学术思想史,一方面是给予学者进化的学术史观,探寻清学的授受源流和变迁轨迹;另一方面,人们引入"优胜劣汰,适者生存"的进化法则来建构学术思想史,自然产生旧学与新知、传统与现代的区别,前者是落后的,后者是先进的。梁启超、胡适等认为,清学内含现代性的科学精神,宋学属于中世纪的经院哲学。他

---

① 傅斯年:《清代学问的门径书几种》,欧阳哲生编:《傅斯年全集》第一卷,湖南教育出版社,2003 年,第 227 页。
② 萧一山:《清代通史》,中华书局,1986 年,第 936—937 页。
③ 谢国桢:《明末清初的学风》,人民出版社,1982 年,第 28 页。

们特别推崇清代考据学的归纳与演绎并用的科学方法,这与当时流行的科学主义、实证主义、进化主义等思潮相应。梁启超虽然不像胡适那般地对这两种主义怀抱坚定之信念,但他和胡适一样认为,科学及民主、自由等是现代性价值(胡适甚至要以此来重估一切价值),他们共同的治学宗旨是,从中国传统学术思想中探寻现代性的萌芽。只是清学的主流虽为经学考据,重视实证,求是求真,与宋明理学的谈心说性、探究形而上的天理不同,但"理学反动说"把宋学与清学打成两橛,这毕竟不大符合清学史的事实,钱穆就表达了反对的意见。

三、"内在理路":从外缘到内缘

"理学反动说"内含学术与政治的关系命题。在梁启超等人的论述中,宋明理学之所以招来反动,是因其流于空疏玄虚而脱离了社会现实,使学术与政治分离,无助于社会—政治及文化—道德秩序的建构,致令满族入主中原。这是从外缘性的政治因素来解释清学起源与形成的原因。钱穆以为不然,他说:"学术之事,每转而益进,图穷而必变。"①学术发展自有其内在的线索与脉络可循。就其内在理路言,宋明理学是汉唐经学的转进,而清代三百年学术思想的内容与精神,仍是宋学的继续,不能简单地归结为宋学的反动。

钱穆不赞同"理学反动说",他认为宋明理学的传统在清代非但没有中断,且对清学产生了深刻的影响,清代经学便是承续宋学而切磋琢磨之益精益纯而已。钱穆把清代学术划分为晚明诸遗老、顺康雍、乾嘉、道咸同光等四个时期。晚明遗老沿袭东林的流风余韵,"故其为学,或向朱,或向王,或调和折中于斯二者"②。顺康雍的在野和在朝学者,"此亦一述朱,彼亦一述朱",或"转而崇陆王"③,但又与程朱陆王之正统道学相异。乾嘉学者"辨宋明理学诸大端,东林诸

---

① 钱穆:《清儒学案序目》,氏著:《中国学术思想史论丛(八)》,九州出版社,2011 年,第545 页。
② 钱穆:《清儒学案序目》,氏著:《中国学术思想史论丛(八)》,第 544 页。
③ 钱穆:《清儒学案序目》,氏著:《中国学术思想史论丛(八)》,第 544 页。

儒已开其绪",①乾嘉学术是东林精神的流衍。道咸同光的理学似有复兴之势，但较之晚明遗老与乾嘉学者稍逊色。由此可见：一者，清代学术是宋学的继续，清学的端绪由东林学者所开启，而东林之学源自王阳明，既挽救王学末流之弊，也深得阳明学的精义。二者，乾嘉以考据学为主，然其学术仍是承袭宋学精神。考据学虽是乾嘉时代的主流，却非清代三百年学术史的唯一形态。况且，乾嘉学者虽然激烈地批判宋学，但不意味着宋学就没有价值。在钱穆看来，宋明理学所讲的"通经致用""明体达用"，代表了中国学术思想的根本精神，乾嘉汉学则放弃了这两者。② 三者，清代学术不必然地是进化的，梁启超、胡适视乾嘉汉学为清学的全盛期，钱穆却说清学的全盛在明末清初，③其后则愈来愈衰落。乾嘉既非文艺复兴时代，亦非古学昌明的时代，戴震哲学更不代表清代学术的最高成就。基于这样的认识，钱穆说：近人"谓清初汉学之兴，全出明末王学反动，夫岂尽然？"④这明显是针对梁—胡的"理学反动说"。

大凡一种学术思潮的兴起，在前一时代中已有萌兴的迹象，故无论前后时代的学术思想有多大差别，但其中必然有内在的联系，必然有前后相承的因子。申言之，清学的兴起不是对宋学的全然破坏，清儒建设的新思潮也不是对宋学的完全扬弃，以破坏或建设等带有进化论色彩的词语来表述清学与宋学的关系，这是不大合适的。诚如钱穆所言："今自乾嘉上溯康雍，以及明末诸遗老；自诸遗老上溯东林以及阳明，更自阳明上溯朱陆以及北宋之诸儒，求其学术之迁变而考合之于世事，则承先启后，如绳秩然，自有条贯。"⑤所以他强调，治近代学术者当自宋

---

① 钱穆：《中国近三百年学术史（上）》，商务印书馆，1997年，第15页。
② 钱穆说："故言宋学精神，厥有两端：一曰革新政令，二曰创通经义，而精神之所寄则在书院。"（钱穆：《中国近三百年学术史（上）》，第7页）宋学具有革新、创造与经世致用的精神，而非如梁启超、胡适等批评的那样，是一种空谈心性、禁欲主义和保守落后的思想。
③ 钱穆《述清初诸儒之学》称清初诸儒"上承宋明理学之绪，下启乾嘉朴学之端。有理学家之躬行实践，而无其空疏；有朴学家之博文广览，而无其琐碎。宋明儒专重为人之道，而乾嘉诸儒则只讲读书之法。道德、经济、学问兼而有之，惟清初诸儒而已"。（钱穆：《述清初诸儒之学》，氏著：《中国学术思想史论丛（八）》，第1页）
④ 钱穆：《中国近三百年学术史（上）》，第154页。
⑤ 钱穆：《中国近三百年学术史（上）》，第21页。

学始,"不知宋学,则无以平汉宋之是非","不识宋学,即无以识近代"。① 相对于梁启超、胡适等以考据学为清代学术的正统,以顾炎武、阎若璩、惠栋、戴震等考据家为清学传衍的学统,钱穆则以东林学者、黄宗羲、陈乾初、王夫之、章学诚等为清学传衍的学统,而"东林学脉本自阳明来"②,钱穆似乎隐然地以阳明学为清代学术的正宗。钱穆以为,王阳明的良知之教,以拔本塞源、知行合一为宗旨,"良知"之中包含民族性③,而"拔本塞源"教人与天地万物融通一体,"知行合一"教人关心民族的前途,尤其是民族文化的存兴。因"一民族文化之传统,皆由其民族自身递传数世、数十世、数百世血液所浇灌,精肉所培壅,而始得开此民族文化之花,结此民族文化之果,非可以自外巧取偷窃而得。"④中华民族的文化传统也是如此,必须从自身内部求得活泼泼的生机,不能单纯地寄希望于学习西方文化。

钱穆是历史学家,也有人视其为现代新儒家的代表。事实上,熊十力、唐君毅、牟宗三、徐复观等一系的现代新儒家,他们对清学性质的界定及其与宋学之关系的认识,与钱穆颇有异同。总体而言,熊十力等反对梁—胡的"理学反动说",而把清初学术思想看作是宋学的"余绪"。⑤ 他们认为,明清之际的儒者反

---

① 钱穆:《中国近三百年学术史(上)》,第 1 页。冯友兰所论与钱穆相近。冯氏说:"宋明人所讲之理学与心学,在清代俱有继续的传述者,即此时代中之所谓宋学家也。但传述者亦只传述,俱少显著的新见解。故讲此时代之哲学,须在所谓汉学家中求之。盖此时代之汉学家若讲及所谓义理之学,其所讨论之问题,如理、气、性、命等,仍是宋明道学家所提出之问题。其所依据之经典,如《论语》《孟子》《大学》《中庸》等,仍是宋明道学家所提出之四书也。就此方面言,则所谓汉学家,若讲及所谓义理之学,仍是宋明道学家之继续者。汉学家之贡献,在于对于宋明道学家之问题,能予以较不同的解答;对于宋明道学家所依经典,能予以较不同的解释。然即此较不同的解释,明末清初之道学家,已略提出,汉学家所讲义理之学,乃照此方向,继续发展者。由此言之,汉学家之义理之学,表面上虽为反道学,而实则系一部分道学之继续发展也。"(冯友兰:《中国哲学史》下册,中华书局,2014 年,第 835—836 页)
② 钱穆:《中国近三百年学术史(上)》,第 15 页。
③ 章太炎《驳可以为论革命书》:"民族主义,自大古原人之世,其根性固已潜在。远至今日,乃始发达,此生民之良知本能也。"钱穆的清学史研究颇受章太炎的影响,他曾说:"清初诸老讲学,尚拳拳不忘种姓之别,兴亡之痛,家国之治乱,身世之进退。而乾嘉以往,则学者惟自限其心思于文字训诂考订之间,外此有弗敢问。学术思想之转变,亦复迁移默运,使屈膝奴颜于异族淫威之下而不自知,是尤可悲而可畏之甚者也。"(钱穆:《中国近三百年学术史(上)》,第 80 页)这是从民族主义角度来评论乾嘉汉学,而钱穆在学术研究中投入了厚重的民族主义情怀。
④ 钱穆:《国史大纲》,商务印书馆,1996 年,第 32 页。
⑤ 与熊十力等一系的新儒家相比,冯友兰的《中国哲学史》虽然把清学看作是宋明理学的继续,但他认为清代宋学与汉学之间并没有必然的内在关系,而且从历史的观点看,汉学是对宋明理学的一种反动。

思阳明学的流弊，或修正阳明心学，或转向程朱理学，故其思想之精神源自宋学，承接宋明道学家之统绪。但清初之后，学术思想并没有转而益进，反而是每况愈下。盖乾嘉学术背弃了宋学的精神，使孔孟的天道性命之学中断而不传，致令中华文化生命遭受一大曲折。文化在此并非进步了，而是愈加地退化。因此，熊十力等并不称扬乾嘉实事求是的科学精神与方法，亦不赞成乾嘉为古学复兴时代、思想启蒙时代的说法。牟宗三甚至说，孔孟之学至清代已完全断绝，"而近人乃欲以西方文艺复兴比之，其愚妄无知盖亦甚矣"。① 他们之所以如此激烈地批判乾嘉学术，不是因为他们要反对科学精神与方法，而是因为他们不认同"哲学科学化"的理念，不以科学为未来哲学之归趋。故在他们看来，体现科学精神的乾嘉学术自然不代表中国哲学的未来，而探究天道性命之学的宋明儒学才是中国哲学的正统。还有一个重要的原因，是民族主义的情怀所使然。因其相信，异族入侵不仅令民族生命遭受曲折，文化生命也将不得不受曲折。

相比其他现代新儒家，钱穆的清学史研究，善于把学术思潮的发展变迁置放到思想史本身的运动中加以分析，善于从中国自身的知识和思想资源中去寻找思想史发展的内在理路。② 其后，学者或认为宋明理学与清代学术之间存在一种"共同生命"，即"道学问"传统。朱熹重视格物致知之学，对整理经典也有极高的兴趣，清儒戴震所代表的经典考据学，及乾嘉时期的智识主义之回归，就是接续朱熹的"道问学"传统，也是对理学传统的天道性命议题的赓续。由此，学者开始肯定乾嘉汉学的思想史价值，进而揭示乾嘉考据学不只要求真求是，还要追求形而上的义理。

近年的清学史研究突破了乾嘉"有考据无义理"的传统定论，这体现在"乾嘉新义理学"概念的提出及其研究上。张寿安的《以礼代理——凌廷堪与清中叶儒学思想的转变》一书，首先提出"乾嘉新义理学"的说法，并梳理出乾嘉义理学的一个重要内容是"以礼代理"思潮的兴起——从戴震、程瑶田至凌廷堪等，礼学成

---

① 牟宗三：《政道与治道》，《牟宗三全集》(10)，台湾联经出版社，2003 年，第 223 页。
② 陈勇：《"不知宋学，则无以评汉宋之是非"——钱穆与清代学术史研究》，《史学理论研究》2003 年第 1 期。

为 18 世纪以降儒学思想的主轴,从而"揭示了儒学思想的另一种形态:经验界的秩序"。① 张寿安把 18 世纪的礼学考证界定为"反礼教运动",而"反礼教"就是反宋元明清作为正统的礼教(Anti-Confucian Orthodoxy),因清代礼学家重视个人之情与家族之情、个人之私体与家族之私体,"情"和"私"正与宋明儒高扬的"理"和"公"相对,成为清儒批判宋学的思想源动力。所谓"反宋明礼教",就是反宋明理学,这与梁—胡的"理学反动说"相近。不过,学者从清代礼学研究中揭示了中国文化的内在转型及其现代性,却夸大了礼学考证在整个清学史中的分量,也夸大了清代礼学在现实社会中所发挥的意义。

继张寿安之后,台湾学者张丽珠撰成"清代新义理学三书",推进了此一议题的研究。张丽珠《清代义理学新貌》提出"形上思辩义理学"与"形下经验领域的义理学"的两种义理类型说,前者以宋明理学为代表,后者指称清代义理学。她在《清代新义理学——传统与现代的交会》中辨析说:"清儒在宋明理学发扬道德理性以外发扬经验价值,另倡情性之学而范以智性,则以清代新义理学名为'情性学',以示相埒于宋明'心性'之学,并以'清代情性学'与'宋明理学'作为儒学长期发展中两种不同形态义理范式的代表。"②其《清代的义理学转型》则将宋学与清学的交替,概括为从"理学"到"气学"的发展历程。至于乾嘉新义理学的特征及其与宋学之不同,主要表现为"贵义贱利"与"义利合一"、"存理灭欲"与"通情遂欲"、"黜情"与"尊情"、"守常"与"通变"等一类的价值转换,而新价值的建立扭转了儒学的保守性格,推进了儒学的现代化。③ 张氏用一系列相对范畴来界定宋学与清学的相对关系,这与梁启超的"理学反动说"相近。她把宋元明清思想描述为从"理学"到"气学"的转变,"气学"具有唯物主义的性质,这与侯外庐的"早期启蒙说"相通。当然,张丽珠曾表示,她研究清代思想的立脚点,与梁—胡、钱、侯—萧等均有不同,我们所谓的相近、相通,是要说明学术研究的"每转益进"。

① 张寿安:《自序》,氏著:《十八世纪礼学考证的思想活力——礼教论争与礼秩重省》,北京大学出版社,2005 年,第Ⅲ页。

② 张丽珠:《清代新义理学——传统与现代的交会》,台湾里仁书局,2004 年,第 68 页。

③ 张丽珠:《中国哲学史三十讲》,北京师范大学出版社,2010 年,第 349 页。

相对于梁—胡的"理学反动说",钱穆的研究方法更为传统,他基本上不再使用进化、科学、实证、文艺复兴或思想启蒙等西学术语来比附清学,而是继承中国固有的学术话语和思想观念,从中国学术思想演变的自身问题意识与内在机制出发,来探寻清学史的发展脉络。但钱穆并未跳出"汉宋对峙"的思维模式,他的"尊宋黜汉"与梁—胡的"尊汉黜宋"正相对。张寿安、张丽珠的"乾嘉新义理学"研究,发掘出清代考证学所蕴含的丰富思想内容,进而改变了考据与义理、考据与经世等相对立的传统定论。这些显示了某种调和汉宋的学术趋向。

四、"早期启蒙":从唯心到唯物

"理学反动说"认定清代是思想启蒙、文艺复兴的时代,侯外庐、萧萐父等也在中西比较的学术视野下,确认明清之际为中国早期启蒙思想时期,由此比较中西早期启蒙思想的异同,探讨中国学术思想的现代化之路及其民族特色。但侯、萧运用的解释理论和研究方法,却与梁、胡等大相径庭,故两派的观点只有表面上的相似,而有实质上的差异。

侯外庐的"早期启蒙说"自成一体,是清学史研究中影响深远的理论范式。"启蒙"概念既反映侯氏的观点与"理学反动说"的相似之处,也显示了两者之间的较大差异。[①] 侯氏认定明清之际为中国近代"启蒙思想"的开端,此前的宋明时代犹如西方的中世纪,宋学是一种具有宗教性的、烦琐的、玄虚的、唯心的哲学,17世纪的反理学思潮建设了一种具有世俗性的、科学的、实用的、唯物的哲学。所以,清学是对宋学的反动,代表学术思想进化的方向,蕴含科学、民主、自由、平等等现代性因素,开启了中国早期的思想启蒙时代。这些说法与梁启超、胡适相近,但侯外庐治学的理论基础与研究方法与梁、胡等大相径庭,他运用马

---

① 1945年,侯外庐出版《中国近世思想学说史》一书,运用马克思主义的唯物史观梳理明清之际思想流变,解释清初思想家的学说内容。20世纪50年代中期,侯氏修订此书而改名为《中国早期启蒙思想史》,并作为其主编的《中国思想通史》第五卷。80年代,侯氏主编《宋明理学史》,而下卷第三编论述明末清初的理学,其对清初思想和乾嘉学术的评论,与前两部著作的核心观点大致相近。只是,50年代的侯氏对于梁启超、胡适和钱穆的批评变得更加激烈,80年代以后则趋于平和。因《中国早期启蒙思想史》的论述更为详尽、更具代表性,故以此书为考察的重点。

克思主义的唯物史观,从经济、政治、阶级分析等多重角度,梳理明末清初的思想变化历程,判定新思想的性质与特征,其结论便与梁、胡等异趣。这表现在:一者,梁启超用实与虚、动与静、活与死等对立范畴来描述清学与宋学的差异,侯氏认为:"一个大时代的思潮,没有一色的清流,其间贯串着唯物主义和唯心主义的斗争。"①清学与宋学的最大不同,是唯物论与唯心论、辩证法与形而上学的对峙。侯氏对清代思想家的论述,往往是一面强调其反理学的思想,一面阐扬其思想中的唯物主义内容,并结合当时社会经济与政治的变迁,来探讨唯物论哲学发展的深层原因。

二者,梁启超说,反动的目的是建设新思潮,然建设必先之以破坏,清初学者的精力皆用于破坏,新哲学的建设乃有待于乾嘉学者。侯外庐则指出,这种建设—破坏—再建设的均衡论,不能规定思想过程由量变到质变的发展史。梁启超"错误地把清初学者的学术运动归入于破坏期或'启蒙'期,而把乾嘉学者的考据学归入于全盛期。这种划期法是唯心主义的胡说"②。侯氏认为,清初学者不仅有破坏,而且有建设,其学术规模、气象和成就均远超过于乾嘉学者,促使中国哲学在明清之际有了质的飞跃,即唯物主义传统的传承与发扬。

三者,梁启超、胡适视为清学全盛期的乾嘉学术,侯外庐的评价则不高。他认为乾嘉学者被孔孟之道、儒家典籍所桎梏,在古籍的狭小天地中并没有科学态度的扩充,即未将科学精神应用于物质世界与未来社会的建设中,放弃了清初学者经世致用的理想。他批评乾嘉时期在"学术领域之内,或者流于烦琐,这就是专门汉学的发展;或者以更隐晦的面目出现,这就是戴、汪、章等人的哲学思想"③。因此,"乾嘉时代的哲学不是清代学术的全盛期,而仅仅是清初传统的余绪(极小限度的发展)"④。戴震哲学也不是"新哲学的建设"或"哲学的中兴",而仅仅是在有限范围内对清初哲学的继承,其成就比起王夫之的哲学就显得渺小

①　侯外庐:《中国思想通史》第五卷,人民出版社,1956 年,第 350—351 页。
②　侯外庐:《中国思想通史》第五卷,第 349 页。
③　侯外庐:《中国思想通史》第五卷,第 403 页。
④　侯外庐:《中国思想通史》第五卷,第 461 页。关于清初与乾嘉的学术比较,参见侯著的第 461—464 页。

多了。侯外庐从政治与民族主义立场批评乾嘉汉学,这与钱穆等新儒家相似,他们大概都是受了章太炎"文字狱说"的影响。

20 世纪 80 年代的"文化热"和 90 年代的"国学热",对中国学界影响至深的一大标志是将学风从唯物主义与唯心主义的矛盾对立中解放出来。萧萐父、许苏民合作的《明清启蒙学术流变》一书,基本上摆脱了唯物与唯心对峙的叙述框架,其对于乾嘉学术的价值评价及清代思想与宋明理学的关系问题,综合性地吸收和修正了梁—胡、钱、侯外庐的观点。萧—许虽然还把宋明理学比作欧洲中世纪的宗教性经院哲学,但又将"早期启蒙"的时间从明清之际而前推一百年,至16 世纪 30 年代的明嘉靖年间,那是阳明心学的勃兴和分化时期。因萧—许在一定程度上认同钱穆的"每转益进说",而就思想史的发展逻辑言,"阳明心学构成了从中古意识形态向早期启蒙学术过渡的中间环节",故"研究明清之际的学术流变,不能不从阳明心学的产生这一历史性的转折点开始"①。与梁—胡、侯外庐等否定阳明学不同,萧—许认为阳明后学是有流弊,然阳明"极力反对程朱理学对人的束缚,反对装作道学的模样,反对把多样化的个性强制地塑造为一个模式,提倡率真进取的作风、个性的自由发展、多样化的人生",②这表明阳明学自身蕴含现代性思想因素。因此,清学虽是对宋学的反动,又在一定程度上继承了阳明心学。"反动"自然有文化进化之义,清学的进化至乾嘉而达于全盛。乾嘉汉学具有"与宋明道学相对抗的鲜明的学派特征",它既"与晚清西学东渐和向着世界认同的改革运动相接轨,从而与社会发展的一般规律相契合",如启蒙期的最后一位思想家龚自珍,预见到了清末的农民革命风暴,又"预见到了这一代表中国广大农村巨大的传统文化力量所赋予的现代化道路的中国特色"③。总之,从阳明心学至乾嘉汉学的早期启蒙思想,内含追求个性解放的新道德、批判君主专制的民主理论和求是求真的科学精神,从而推动着中国社会从传统走向现代化。

---

① 萧萐父、许苏民:《明清启蒙学术流变》,人民出版社,2013 年,第 38 页。
② 萧萐父、许苏民:《明清启蒙学术流变》,第 40 页。
③ 萧萐父、许苏民:《明清启蒙学术流变》,第 5 页。

与钱穆、侯外庐等贬低乾嘉学术不同,萧—许高度肯定乾嘉学术的成就。他们论乾嘉学术的特质,并非只重文字、音韵的考证而无关义理,如戴震、焦循、章学诚等均致力于从考证中发展出义理,袁枚、郑燮、俞正燮、龚自珍等则从不同侧面对专制主义意识形态展开批判,不仅使早期启蒙学说在对于伦理异化批判的广度和深度上都有所开拓,也使这一时期的中国学术更明显地带有了摆脱文化专制主义的道统束缚、争取学术独立、弘扬知性精神的近代特征。萧—许着重分析乾嘉学术所蕴含的知性精神、新理欲观、新情理观和新义利观等,这些新义理学既是对宋明理学的反动,又开启了中国学术思想的现代化路径。乾嘉学者中成就最高的是戴震,这是清代汉学家所公认的,尽管钱穆、侯外庐不以为然,但梁、胡、萧、许等均无异议。许苏民撰有《戴震与中国文化》一书,称戴震志在求道,从考据中开出义理的哲学中兴。吴根友进而推演此观点,认为乾嘉至晚清的学术思想,深受戴震哲学及其方法论的影响。吴根友、孙邦金等合著的《戴震、乾嘉学术与中国文化》一书,明确表示将"在继承梁启超—胡适、侯外庐—萧萐父、许苏民两系有关明清哲学中现代性内容论述,进而深化对明清哲学中蕴含的现代性思想的论述"。① 他们既认同清学尤其是乾嘉学术,乃宋明理学、心学之反动,又强调乾嘉学者在批判宋学的同时,也师法宋明儒追求义理,创造了一种具有启蒙性与现代性特质的形而上之"道论"哲学,从而区别于宋明的理本论、心本论和气本论。这为清代学术思想研究提供了一种新的解释。

如同前文叙述"理学反动"和"内在理路"范式时,我们看到每一理论范式的内部,其主张者在某些具体的观点上均有同有异,侯外庐、萧萐父等也是如此。这大概印证了学术研究是"每转益进"的道理。值得注意的是,侯氏的著作成书于 20 世纪 40 年代,修订于 50 年代,与梁、胡、钱的著述同属民国作品,而且他们都亲身参与了 20 世纪前期有关国粹与西化、保守与激进的文化论争,其清学史研究也打上了那个时代文化论战的烙印,运用二元对立的思维来界定清学与宋学的关系。70 年代以来,学者尝试打破"汉宋对峙"的叙述框架,其后萧—许的

---

① 吴根友、孙邦金等:《戴震、乾嘉学术与中国文化》,福建教育出版社,2015 年,第 298 页。

"早期启蒙说"、张寿安和张丽珠的"乾嘉新义理学说"及吴根友的乾嘉"道论"形而上学说,均表现出超越清学与宋学、考据与义理相对立的解释模式,从而修正乾嘉无义理、无哲学的传统认识。因此,考察近百年来的清学史研究成果,不能仅从范式或学派出发,还应注意各种范式和学派之间相互接受与因承的关系。

结　　论

围绕"理学反动说"来考察 20 世纪的清学史研究,我们看到诸家论说的异同,及其相互间的授受源流与交互熏染。这既反映了清学史研究的转进,也呈现了 20 世纪各种社会思潮对于清学史研究的影响,即深刻地打上了进化论、科学主义、实证主义、马克思主义及其他西方哲学流派的烙印。尽管彼此存在许多观点上的分歧,但要阐弘中国传统文化内含的现代性思想,则是前述诸家的清学史研究的共同宗旨。他们围绕此而展开的论证,还表现出数点共同的学术趋向。

其一,打破宋明理学道统。清代学者江藩与方东树的论争,表面上是汉学与宋学、考据与义理之争,本质上却是经学内部争夺道统的解释权。这一论争延伸至 20 世纪,则为 1923—1924 年的科玄之争。胡适说,科学与玄学的论争,"是拥护理学与排斥理学的历史的一小段"。[①] 梁、胡、侯、萧等都是拥护科学的,他们表彰清学中的科学精神,不只是反对谈玄的理学,更是要打破理学道统,使学术思想摆脱经学一统而获得解放。他们在阐释清代学者的思想时,就特别关注清儒对宋明道统的批判,通过叙述顾炎武、傅山、颜元、戴震等人的反道统说,助证其"理学反动论"。钱穆未必要完全否定"道统"观念,但他们对于宋明的道统谱系持保留意见,张寿安则明确使用"打破道统,重建学统"来肯定清代思想的转型意义。[②]

其二,反对玄虚的形而上学。宋明理学家围绕性、理、心等概念,建构其先验

---

① 胡适:《几个反理学的思想家》,《胡适全集》第 3 卷,第 106 页。
② 张寿安:《打破道统,重建学统——清代学术思想史的一个新观察》,《"中央"研究院近代史研究所集刊》第 52 期(2007 年 6 月)。

的道德形而上学。这些概念的先验性及其本体意义，遭到清代学者严重的质疑和批判，梁、胡、侯、萧等也借助科学主义或实证主义对其予以否定。张永堂指出，清初理性主义的转换肇端于西学概念的传入，明清之际形成了对"理"概念的去形而上学化诠释。① 有学者认为，清儒在反对宋明的形而上学时，也放弃了对形而上学的追求。因为失去了形而上学的基础，清学便不能与西方所谓的"哲学"同质，故学者们更倾向于用"学术"或"思想"来界定清学的性质，而较少用"哲学"的概念，这大概是各种清学史著作往往称"学术史"或"思想史"而非"哲学史"的原因。②

其三，重视知识论传统。不论是接受科学主义或实证主义，抑或信奉唯物主义，主张"理学反动说"的学者均认为，谈玄的宋学只是不确定性的意见，而非客观的、确定性的知识。他们表彰清代的科学精神与科学方法，实质是要阐明中国古代的知识论传统。如梁启超说，明末清初欧洲历算学的输入使中国知识线与西方知识线相接触，改变了清初学界的风气。胡适把清代朴学精神概括为"大胆假设，小心求证"，并将之比作自然科学知识的实证精神。侯外庐一面批评宋儒的形而上学是一种绝对主义，表现出知识的贫乏；一面运用唯物论阐释王夫之、颜元等人的知识论。萧一许指出，乾嘉汉学使"中国传统学术进一步从注重伦理道德向重视知识转变，从包罗万象的道统向分门别类的具体科学转变"③。他们对知识论传统的重视，显然与20世纪的科学思潮密切相关。

---

① 张永堂：《明末清初理学与科学关系再论》，台湾学生书局，1994年，第10页。
② 王茂等撰写的《清代哲学》一书，是首部以"哲学"命名的清学史研究专著，也是首部从哲学的高度阐释清学尤其是乾嘉考据学的著作。作者将清学界定为"反传统的批判思潮"，所反的是宋明儒学传统，且清学"与宋明儒学的对立的方式是战斗的而不是妥协的"。显然，作者是把清学完全视为宋学的对立性存在，忽视了两者之间的内在联系。
③ 萧萐父、许苏民：《明清启蒙学术流变》，第12页。

三

试论儒学与日本现代化的复杂关系[*]

徐水生

（武汉大学哲学学院）

　　自公元 405 年王仁携《论语》①赴日以来，儒学经过千余年的传播尤其是在德川时代(1603—1867)对日本社会产生了全面的影响，成了日本传统思想中的重要组成部分。然而明治维新后，日本的政治、经济乃至整个社会发生了剧变，西方思想和文化全面涌入，儒学②与日本现代化③的关系究竟如何？中外学术界对此问题的探讨形成了两大对立性的观点，一种看法认为：儒学对日本现代化的发展产生了阻碍作用，其被彻底抛弃；另一种看法认为：儒学对日本现代化的发展起到了推动作用，其地位不可忽视。历史是丰富多彩的。通过对大量原始资料的阅读和认真研究，笔者认为：儒学与日本现代化的关系不是单一性的，而是立体多维和颇为复杂的。

---

　　* 该文系作者承担主持的中国国家社科基金项目"儒学与日本现代化关系的复杂性研究"(14BZX045)的阶段性成果。

　　① 关于儒学传入日本的时间上限，在日本学术界中，现有公元 285 年、378 年、405 年等诸说，笔者取 405 年说。

　　② 此处的"儒学"主要是指以孔子思想为代表的原始儒学和以朱子学为代表的宋明理学，暂且不谈日本特色儒学如"古学"等。

　　③ "现代化"：英语的 modernization，意为 to make modern，即"成为现代的"之意，是一个动态的名词。在西文里，它大致是指从公元 1500 年以后一直到现今的历史时期。在日语里，由于"近代"一词具有"近代"和"现代"二种含义，故常用"近代化"一词来表示"现代化"（参见日本《広辞苑》第五版）。

一、儒学成了日本启蒙思想家批判的靶子

在明治初期,儒学成了"欧风美雨"猛烈冲击的对象和日本启蒙思想家严厉批判的靶子。

1868年3月14日,明治新政府发布了《五条誓约》,其中的第五条中就有"求知识于世界"。同时,明治政府还制定了包括"文明开化"的三大政策。于是,西方近代的思想和文化开始在日本广泛传播。其传播渠道主要有三条:一是回国留学生的译介。仅从1868年至1874年的7年间,日本共向美、英、德、法、俄、奥、意、荷、瑞、比等西方诸国派遣学习人文、社会、自然科学的留学生共541名,这些留学生外语好、思想活、目的明,回国后全方位地译介了西方思想文化。二是外国专家的讲授。日本仅1875年聘请的外国专家就达527人之多;①1877年东京大学成立时,全校共有教授39人,其中外籍教授27人。三是一些学术团体的宣传。如1873年(明治六年)成立的"明六社"是日本近代化中第一个合法传播、研究西方思想的学术团体,其刊物《明六杂志》出版43期,发表论文百余篇,系统介绍了西方的经济、政治、宗教、哲学、伦理、法律、教育、社会等各个方面的新知识新学问,在当时的社会上产生了很大的影响。

"明六社"的日本启蒙思想家们,以西方近代思想作理论武器,纷纷将批判矛头指向在德川时代思想领域占统治地位并在明治时代仍有着影响的儒学。福泽谕吉(1834—1901)是日本启蒙思想家的重要代表,被誉为"日本伏尔泰",他从"天赋人权"的思想出发,抨击了封建制度和旧的道德伦理观念,发出了"天不生人上之人,也不生人下之人"的呼声,号召人民"专心致力于接近人生日用的实学",学习科学文化,追求"真理"。他又根据社会契约论的观点肯定人民是国家的主人,而政府不过是接受委托、代表人民办理公共事务而已。福泽谕吉对儒学的批判主要表现在以下方面:

---

① 武安隆:《文化的抉择与发展》,天津人民出版社,1993年,第290页。

第一，福泽谕吉批判了儒家的君臣论。他指出："在中国和日本，把君臣之伦称为人的天性，认为人有君臣之伦，犹如夫妇父子之伦，并且认为君臣之分，是在前生注定的。就连孔子也没能摆脱这种迷惑。……儒教关于君臣的论述，达到了炉火纯青的地步。从这一方面来看，不仅没有什么不当，而且好像极尽人事之美。然而君臣的关系，本来是在人出生之后才发生的，所以不能说它是人的本性。天赋的人性是本，人出生之后产生的是末。不能以有关事物之末的高深理论来动摇事物之本。"①福泽谕吉从人的生物性与社会性不能等同的角度，指出了儒学君臣观中的错误，并以欧美的近代化发展根本与君臣之道没有任何关系的事实否定了儒家"君臣之伦"的所谓神圣性，这种批判是有说服力并富有时代感的。

第二，福泽谕吉指出了儒家学问观的缺陷。他说："所谓学问，并不陷于能识难字，能读难懂的古文，能咏和歌和作诗等不切人世实际的学问。这类学问虽然也能给人们以精神安慰，并且也有些益处，但是并不像古来世上儒学家和日本古学家们所说的那样可贵。自古以来，很少汉学家善理家产；善咏和歌，而又精于买卖的商人也不多。因此有些具有心机的商贾农人，看到子弟全力向学，却担心家业中落，这种做父亲的心情是可以理解的，这就是这类学问远离实际不切日常需要的明证。"②福泽谕吉在这里指出了儒学中存在着脱离实际生活的一面，批判了传统的学问观，丰富了"学问"的内涵和扩大了"学问"的范围。福泽谕吉进而认为："拿东方的儒教主义与西方的文明主义相比，那么东方所缺少的有两点：即有形的数理学和无形的独立心。"③缺乏科学和民主的思想确实是儒学的两大弱点，福泽谕吉的上述看法至今仍不失其一定的深刻性。

第三，福泽谕吉抨击了儒家的愚孝观。他指出："对于提倡违反天理，倒行逆施的人，即使是孟子孔子，也不必有所顾虑，仍当视为罪人。娶妻而不生子，怎么就认为是大不孝呢？这真是故甚其词，只要稍具人心，谁能相信孟子的妄言？所谓不孝，是指为人子者做出了背理的事，使父母的身心感受不快。""自古以来，在

---

① ［日］福泽谕吉：《文明论概略》，北京编译社译，商务印书馆，1959 年，第 35 页。
② ［日］福泽谕吉：《劝学篇》，群力译、东尔校，商务印书馆，1984 年，第 3 页。
③ ［日］福泽谕吉：《福泽谕吉自传》，马斌译，商务印书馆，1980 年，第 180 页。

中国和日本,劝人行善的故事很多,以'二十四孝'为最著名,这类书籍,不胜枚举。但其中十之八九,是劝人做世间难以做到的事情,或者叙述得愚昧可笑,甚至是把违背道理的事情誉为孝行。比如在严寒中,裸体卧在冰上,等待溶解,这是人们所不能做到的。"①福泽谕吉认为,儒家的愚孝观一是违背人性,为了孝顺父母,活埋赤子,极其残忍;二是违反天理,缺乏理性,是一种封建性的愚行。福泽谕吉认为,总之,儒学的道德观有两大弱点:一是过分强调忍耐,影响人的个性发展;二是将智慧和道德分离,使人的道德行为缺乏理性的基础,以至于出现了大量的"愚孝"现象。

第四,福泽谕吉对儒学由批判而走向了全盘否定。他时而咒骂时而用武断的口气说:"儒教在后世愈传愈坏,逐渐降低了人的智德,恶人和愚者越来越多,一代又一代地相传到末世的今天,这样发展下去简直要变成了禽兽世界。……生在今天的世界而甘受古人的支配,并且还迭相传衍,使今天的社会也受到这种支配,造成了社会停滞不前的一种因素,这可以说是儒学的罪过。……在西洋所谓'Refinement',即陶冶人心,使之进于文雅这一方面,儒学的功德的确不小。不过,它只是在古时有贡献,时至今日已经不起作用了。"②福泽谕吉认为儒学适用于日本古代,但在日本的现代化过程中已失其存在价值,应该抛弃。从思想深层来看,这是与他"脱亚"的政治偏激情绪密切相关,正如他自己所说:"我明知经史之义而故装不知,却屡次抓住汉学的要害,不论在演讲或写作上都毫不留情地予以攻击,这就是所谓的'恩将仇报'。对汉学来说,我确实算是一个极恶的邪道。我与汉学为敌到此地步,乃是因为我坚信陈腐的汉学如果盘踞在晚辈少年的头脑里,那么西洋文明就很难传入我国。"③

显然,福泽谕吉对儒学的认识有着严重的片面性:第一,他将儒学与日本社会状况的复杂联系看为简单的因果联系,将儒学理论本身与儒学社会效应简单地等同。第二,他受西方中心论的局限,未能注意到东方现代化的道路(尤其是深层的精神文化建设)的特殊性,以西方文化来作衡量一切文化的价值标准,未

---

① [日]福泽谕吉:《劝学篇》,第49页。
② [日]福泽谕吉:《文明论概略》,第149页。
③ [日]福泽谕吉:《福泽谕吉自传》,马斌译,商务印书馆,1980年,第181页。

对儒学的内容进行辩证的分析。第三,他将东方文化与西方文化、传统与现代的关系看成是形而上学的绝对对立。

福泽谕吉等人对儒学的严厉批判虽然起到了思想解放的作用,但是后来的历史证明,儒学并未因福泽谕吉全盘否定而"已经不起作用了",恰恰相反,其继续在日本社会各个层面产生着种种不小的影响。

二、儒学成了日本近代天皇制的理论基础之一

日本近代天皇将儒学的"忠孝"思想与专制主义相结合,使儒学成了日本近代政治体制的理论基础之一。

1872 年,日本明治政府发表了有关国民教育的"政府声明",认为儒学"趋于词章记诵之末,陷于空理虚谈之途",是无用之学。1874 年,日本开始兴起了声势浩大的自由民权运动,提倡法国启蒙思想家伏尔泰、卢梭等人所宣扬的自由、平等、民主以及"天赋人权""社会契约"等思想,对当时的日本国民产生了很大的影响,对天皇专制统治形成了巨大的威胁。为此,明治政府随后改变了此前"政府声明"中否定儒学的态度,将儒学的"忠孝"思想与天皇专制主义相结合,以构造他们政治统治的思想基础。

1879 年,日本以天皇的名义颁布了《教学大旨》:"教学之要,在于明仁义忠孝,究知识才艺,以尽人道。此所以我祖训国典之大旨,上下一般之教也。挽近专尚知识才艺,驰文明开化之末,破品行,伤风俗者甚众。然所以如是者,则维新之始,首破陋习,向世界寻知识以广卓见,虽一时取西洋之所长,奏日新之效,然徒以洋风是兢,恐于将来,终不知君臣父子之义亦不可测,此非吾邦教学之本意也。故自今之后,基于祖宗之训典,专以明仁义忠孝。道德之学,以孔子为主,人人尚诚实之品行。然此,各科之学,随其才器,益益长进,道德才艺,本末俱备。大中至正之教学,布满天下,则吾邦独立之精神,可无愧于宇内。"①

----

① ［日］松本三之介编:《近代日本思想大系》30 卷《明治思想集》(Ⅰ),筑摩书房,1976 年。

此《教学大旨》有三点值得注意：第一，它认为西方近代文化中有与日本社会激烈冲突的内容，尤其是在伦理道德方面，"破品行，伤风俗者甚众"。第二，它认为，知识才艺为末，伦理道德为本，而"道德之学，以孔子为主"。第三，它强调"以孔子为主"的伦理道德要"基于祖宗之训典"，要为"万世一系"的天皇服务。

而上述的第二点在明治天皇 1890 年颁布的《教育敕语》里进一步明确化，《教育敕语》说："朕惟吾皇祖皇宗，肇国宏远，树德深厚。吾臣民克忠克孝，亿兆一心，世济厥美。此乃吾国体之精华，而教育之渊源亦实在于此。尔臣民应孝父母，友兄弟，夫妇相和，朋友相信，恭俭持己，博爱及众，修学习业，以启发智能，成就德器，进而扩大公益，开展世务，常重国宪、遵国法，一旦有缓急，则应义勇奉公、以辅佐天壤无穷之皇运。如是，不仅为朕忠良臣民，亦足以彰显尔祖先之遗风矣。斯道实我皇祖皇宗之遗训，子孙臣民之所当遵守，通于古今而不谬，施于内外而不悖者也。朕庶几与尔臣民俱拳拳服膺，咸一其德。"[①]

这里的"孝父母，友兄弟，夫妇相和，朋友相信，恭俭持己"等内容虽然使用的是儒家伦理，但其政治目的是"以辅佐天壤无穷之皇运"，要求国民绝对地为天皇专制主义服务，乃至献出生命。显然，明治天皇是将儒学的"忠孝仁义"思想作为了自己专制统治的理论工具，《教育敕语》实际上成了明治政府统治日本国民思想的纲领性文件。所以，后来的大正天皇、昭和天皇在长期的对内实行专制主义、对外进行军事侵略的政治生涯中也视《教育敕语》为统治的思想法宝。

明治天皇为了使儒学的"忠孝"伦理与专制主义的结合达到他们所希望的最佳社会效果，便费尽心思地邀请了当时日本的著名学者为其《大旨》《敕语》作文饰性的诠释和发挥。

如著名的思想家、教育家西村茂树（1828—1902）于 1887 年出版了《日本道德论》，此书以维护天皇专制主义为任务，用孔德的实证主义方法对儒学的道德观进行了近代性的阐发，他在古今东西文化的比较中，提出应以儒家伦理作为日本国民道德的基础。

---

① ［日］松本三之介编：《近代日本思想大系》第 31 卷《明治思想集》（Ⅱ），筑摩书房，1977 年。

西村茂树在《日本道德论》①中指出,日本为了"保持本国之独立,发扬国威于国外",加强对内的高度统一即加强天皇专制主义,"除了发扬智仁勇即道德之外别无他法"。特别是最近自由民权运动的发展,"人心腐败涣散,人民主张个人私见,不顾国家大计,足以使国家灭亡,这可以说是国民道德即智仁勇衰废的结果"。"如果有人问,拯救国家这种大病,使其恢复健康强壮,最有效之药是什么?答曰:道德之教,别无其他。"而"以儒学为本邦道德之基础,时至今日非他莫属"。因为儒学是日本德川时代以来的正统思想,它"以五伦为基础,从致知、格物到诚意、正心、修身、齐家、治国、平天下","一切天下的教法均被网罗"。特别是其中的"忠孝之说",它对"维护万世一系的皇位,端正君臣的地位,美化国民的风俗,不是其他各教所能及"。他还指出,但是在今天,仅仅以儒学为基本药剂还不够,因为儒学与西方近代思想比较起来,仍存在如下缺点:在理论上不够严密,谈禁戒多,说勉励少;安于退守,不利进取;利于尊者,不利卑者,影响权利义务的公平实施;男尊女卑,背离时势;重视古代,忽视今世。因而必须补充"洋药"即西方哲学。西方哲学尽管缺乏安定人心之术,具有功利主义和利己主义的倾向,不太适合日本的政治体制,但是,其"自法国哲学家孔德提倡实证哲学以来,研究更加精密,学理的微妙几乎达到千古无比的程度"。所以,以儒学为基础,"采取二者(儒学和西方哲学)之精华,去其糟粕",由此合成"天地之真理",即成为日本明治时代所需要的新道德。

除了西村茂树外,还有一位著名学者即井上哲次郎(1855—1944)为儒学与近代天皇专制主义的结合作了新的论证。井上哲次郎 1880 年于东京大学哲学专业毕业,1882 年任该校副教授,1884 年赴德国留学,专攻哲学 6 年,1890 年回国后即任教授,第二年获博士学位。1897—1904 年任东京大学文科学长,此后任日本哲学会会长,是日本学院派哲学的创始人之一。明治政府为了扩大《教育敕语》在国民中的影响,经过内阁讨论,决定由海外留学归国、兼通东西方思想的井上哲次郎博士撰写《教育敕语衍义》,书稿完成后经明治天皇亲自审读,1891

---

① ［日］大久保利谦编:《明治文学全集》第 3 卷《明治启蒙思想集》,筑摩书房,1983 年。

年以井上哲次郎的个人专著名义由日本文部省组织出版,《教育敕语衍义》发行量极大,它实际上成了当时日本中学以上的各类学校修身课的教材。

井上哲次郎在《教育敕语衍义·叙》[①]中说:"庚寅之岁,余自欧洲归来,久睹西方粲然文物,忽观故国旧状,甚觉彼我殊为悬殊,凄然伤心,百般感叹集于胸中。我邦社会之改良,亟欲论辩之处甚多。我至仁至慈之天皇陛下,尤以教育为轸念之所,降赐《敕语》,嘱文部大臣颁之于全国,以为学生生徒之所钤式。余谨捧读,为所以修孝悌忠信之德行,培养共同爱国之心,谕示恳切。此其裨益于众庶者极为广大,而结合民心者最为适切。我邦之人,由今至后,将应永久以此为国民教育之基础。……孝悌忠信与爱国之主义,乃国家一日不可缺也。无论时之古今,不问洋之东西,凡组织国家者,必欲实行此主义也。如我邦之人,自太古以来,未曾一日放弃孝悌忠信及共同爱国之精神。然近时社会之变迁,极为急激,且西洋诸国之学说教义东渐,世人多歧亡羊,遂使国家一日不可缺少之孝悌忠信于共同爱国之主义,犹且纷扰,疑其是非。于是,惊烦今上天皇陛下,降此诏语,以明国家之所以一日不可缺乏之由。吾等臣民,至应深切惭愧而反省之。……今幸《敕语》降达,我邦之人由此而教子弟。若以孝悌忠信及共同爱国之主义,则日本国民不出数十年,必大改其面貌。由维新之于今日,其主要成于形体之改良,由今至后,与形体之改良相共,将应期待精神上之改良也。"

从以上的《教育敕语衍义》中可以看出三点:其一,它的思想内容是儒家伦理学说与日本的复古神道、德国的国家主义的相结合。其二,它的批判矛头指向明治时代所传入的注重自由、平等的西方近代启蒙思想和日本的自由民权运动。其三,它的政治目的是维护近代天皇的专制主义体制。

三、儒学成了日本思想家介绍西学的文化基础

由于长期的传播和沉淀,儒学在明治维新前后就成了日本传统文化中的重

---

① ［日］松本三之介编:《近代日本思想大系》第31卷《明治思想集》(Ⅱ),筑摩书房,1977年。

要组成部分,其学理性内容成了日本思想家介绍西方思想和学术的文化基础。

这里以"日本近代哲学之父"、[①]百科全书式的学者——西周为例。西周(1829—1897)是第一位较系统地将西方哲学介绍到日本的重要哲学家,他创译了许多至今仍在东亚各国使用的哲学术语。在介绍和创译的过程中,他常常将儒学作为沟通东西哲学思想的重要媒介。

西周在早期的家庭启蒙、学校教育和后来任儒学教官时期,阅读了自先秦儒学至宋代理学的大量著作,具有深厚的儒学功底。1862 年,西周作为日本幕府派遣的首批留学生赴荷兰的莱顿大学随法学博士维塞林学习。维塞林既是荷兰当时著名的法学家,又是有影响的实证主义哲学家,西周通过维塞林系统地接收了孔德的实证主义和穆勒的功利主义。此外,西周还学习了康德等其他西方哲学家的哲学和自然科学的进化论等。

经过三年留学从荷兰归国后,西周从新时代的高度和世界文化史的广度重新审视了东方的儒学。一方面,他指出了儒学有着严重的弊端,如儒学"对政(政治学、法学)、教(道德学)的思考的确混乱"。[②] 二者差别在孔子学说中就不大明确,到了宋代的程、朱之时便更加模糊。实际上,政治学、法学均应从道德学分离,独立成为一种学问。另一方面,西周又充分肯定了儒学思想中的合理性。他认为,哲学在"西方世不乏人",而在东方,兴于孔孟,盛于程朱。"孔孟之道与西洋哲学相比,大同小异、东西相通、符节相合,此原本于人理而立,四海古今相同也。"[③]"东土谓之儒,西洋谓之斐卤苏比(philosophy 之日语音译),皆明天道而立人极,其实一也。"[④]即以儒家思想为代表的东方传统哲学和西方哲学相比,虽二者形式有异,但实质为一,都是探求自然规律和人生真谛的学问。这实际上是充分肯定了以儒学为代表的东方传统哲学中所包含的普遍性,说明西周并未因学习了西方哲学便完全否定或抛弃儒学。正是基于这种认识,西周颇为自觉地以

①　[日]船山信一:《日本的观念论者》,英宝社,1956 年,第 36 页。
②　[日]植手通有编:《西周·加藤弘之》,《日本名著》第 34 卷,中央公论社,1984 年,第 106 页。
③　[日]大久保利谦编:《复某氏书》见《明治启蒙思想集》,日本筑摩书房,1967 年,第 29 页。
④　[日]大久保利谦编:《西周全集》第一卷,宗高书房,1960 年,第 575、19 页。

儒学为媒介来系统传播西方哲学思想和创建日本近代新文化。

第一，西周借用儒学的"修、齐、治、平"模式来介绍"人生三宝说"。"人生三宝说"吸取了穆勒的功利主义思想，要求自由平等和个性解放，对于反对封建制度和封建道德，对于日本近代化的发展都起到了积极的进步作用。然而，西周即使在论述这种近代功利主义学说之时，也没有离开与儒学的联系。西周指出："所谓三宝者，何也？第一，健康；第二，知识；第三，富有。""三宝"的反面是"疾病""愚痴""贫乏"，又称为"三祸鬼"。他认为，人生的最大目的，就是驱逐三祸鬼，增进三宝，以达到人生之最大幸福，此乃道德之大本。"人之三宝无贵贱上下之别，其贵重同一也。如果三宝不受侵害，则人的百行自主自在也。"这实际上宣传了穆勒的人的本性是追求幸福，幸福就是一种利益的"最大幸福主义"思想。为了强调"三宝"的重要性，西周又说："总之，人生百般之事，除了来世的祸福外，都不外乎靠此三宝，修身、齐家、治国、平天下，没有哪一件能离开三宝。"①因而，三宝不仅是"交人之要道""治人之要道"，而且还是"治政之要道"。西周在这里借用儒学的表达方式论述了西方近代的功利主义思想及其重要性，这既是他个人知识结构在理论上的表现，又是当时日本民族接受外来文化的需要。

西周还提出，"百科学术统一观"（哲学）与齐家治国有关。他说："凡百科学术具有统一观一事至为紧要。如学术上建立统一观，则人类事业可就绪，社会秩序亦将自臻安定。人们各自事业真的就绪，社会秩序亦安定，苟无紊乱之事，其结果即康宁。若能致力于此一事，其结果家、国、天下自可富强。此康宁和富强二事实行，即生有所养死有所葬，人皆熙熙跻于寿考之城，是即幸福，幸福乃人道之极功。"②西周的"百科学术具有统一观"是受孔德思想的影响。孔德认为，他的实证哲学不是处于"五种实证科学"（即天文学、物理学、化学、生物学、社会学）之外，而是用实证原则把它们联系起来，并给它们以方法和原则。至于学术与家、国、天下相连的观点则是受朱熹思想的启发，朱熹说："诚意、正心、修身而推

---

① 《西周全集》第一卷，第25—27页。
② ［日］麻生义辉编：《西周哲学著作集》，岩波书店，1933年，第5页。

之以至于齐家、治国,可以平治天下,方是正当学问。"①因而,西周的上述观点是对孔德思想的吸收和对朱熹思想的积极改造,它非常强调哲学的社会功能,是一种东方型的近代学术统一观。

第二,西周借用儒学思想创译西方哲学新范畴。哲学近代化的重要体现之一,是哲学范畴的清晰化、时代化。西周认真地翻译西方近代哲学的范畴,但其翻译不是简单的直译,而是融合了儒学思想的创译。试看下面二例:

1. "哲学"范畴。在古希腊,哲学原词为"philosophia",意为"爱智"。西周参照中国宋明儒学思想,开始将"philosophia"译成汉字"性理学""理学""穷理学"。随着对近代哲学认识的加深,西周便觉以上译语均不大妥。继之,他又说:"斐卤苏比(philosophia 之日语音译)之意如周茂叔说的'圣希天,贤希圣,士希贤'之意,故亦可将斐卤苏比直译为希贤学。"②后来他又将"斐卤苏比"译为"希哲学",这可能受中国《尚书》中思想的启示。《尚书·皋陶谟》记载大禹语说:"知人则哲,能官人,安民则惠,黎民怀之。"《孔氏传》解释说:"哲,知是也。无所不知,故能官人、惠,爱也。爱则民归之。"经西周反复思考和进一步推敲,最后他在 1874 年刊行的《百一新论》中说:"把论明天道人道,兼之教法的斐卤苏比译为'哲学'。"③这样与英文原意的"爱智"十分吻合。由此可见,"哲学"一词是经过精心创译的,而西周的儒学素养在其中起到了不可缺少的重要作用。

2. "理性"范畴。西周也是汉字"理性"范畴的创译者。"理性"原词产生于西方哲学,它一般指概念、判断、推理等思维形式或思维活动。西方理性主义的共同特性是,只承认理性认识的可靠性,否认理性认识依赖于感性经验。西周在 1862—1865 年留学荷兰期间所写的《破题门》一文中说:"宋儒和理性主义二者在说法上虽有不同,然也有酷似之处。"中国的宋儒们都非常重视理性,如朱熹提出了"即物穷理"的系统方法,认为,穷理多后,便能"豁然贯通",内外合一。王守仁提出"致良知"说,认为格物致知就是致吾心之良知于事事物物。西方的理性

---

① 《朱文公文集》卷 74。
② 《西周全集》第四卷,第 146 页。
③ 《西周全集》第一卷,第 289 页。

主义者,如以笛卡尔、莱布尼茨等人为代表的大陆理性派,认为感性知识不可靠,强调只有用数学推理方法才能得到真正可靠的知识,并认为观念的清晰明白就是真理的标准。中西二派虽说法有异,但在只承认理性认识是最可靠这点上确实有共同之处。可见西周对西方近代理性主义和中国宋明哲学有深刻的理解。

西周在1870年左右写的《尚白札记》中,又作了如下注释:Reason广义使用时,可译为"道理";狭义使用时,可译为"理性"。在1873年所写的《生性发蕴》中又解释说:"理性就是理解道理的性能"。他在1884年(56岁)所写的《生性札记》中又指出:"理性,英语Reason是唯吾人因抽象作用而命此名者。……理性之作用,亦如记性不特限知感二觉,又并及情欲二动,然其所以异于记性者,在于记性则受而不拒,理性则有时与二动抗衡抵争也。若夫抗争,此心城为之扰乱,是宋儒人心道心之别,独知诚意之工夫,所以陆子便是之说,阳明良知之工夫亦存于此也,盖尝推究其所以然者,理性也者。其质正直贞信,其印象,一踵外界显像极其曲折,无一点矫饰,无毫厘加损,惟纯性精,以奏天君。是以心君虽为情所扰,为欲所扰,理性呈象者依然袭旧,毫无变更,不服从谀君心之非,是其所以为心府之司直,而每与情、欲二动相斗争而不止也。"①西周对"理性"范畴的创译,虽主要是以西方理性主义哲学为蓝本,但不可否认,他从宋明儒学尤其是陆九渊、王阳明等人的心学中得到较大的启迪。

此外,西周在创译主观、客观、悟性、现象、实在、归纳、演绎等近代哲学范畴的过程中,也在不同程度上吸收了中国古代哲学的营养。这些创译对于东西思想的交流,对于日本和中国哲学的近代化作出了积极贡献。西周主要以儒学为媒介来介绍西方近代哲学思想、创建日本近代哲学,这不仅仅是西周个人的文化素养所致,而且也是日本明治时期哲学发展的历史选择,正如日本现代著名哲学家下村寅太郎指出:"接受时代的学者全部以汉学为文化基础,理解西洋哲学只有将此作为道路才有可能。""哲学用语的翻译就证明了此点。如'悟性''理性'类今天均在使用的概念多半是亏了这些人们,尤其是西周。"②日本东京大学教

①《西周全集》第一卷,第144—145页。
②［日］下村寅太郎:《下村寅太郎著作集》第12卷,みすず书房,1990年,第543页。

授黑住真也指出："欧美文化的知识、制度及其有关概念,也是以汉语为容器来导入和构筑的。……关于知识思想的框架和内容,实际上也是汉学或儒学所培育出来,而成为发展洋学的基础。"①离开了这一重要"基础",近代日本对西方文化的吸收是难以想象的。

四、儒学是日本企业文化中的重要内容

在日本的早期现代化中,有些企业家将孔子的思想与西方企业管理思想相结合,使儒学成了日本企业文化中的重要内容。

如:一生创立了五百多家企业、被誉为"日本近代企业之父"的涩泽荣一(1840—1931)就是这方面的典型代表。他说:"我常将《论语》看作商业上的圣经。"涩泽荣一6岁时就由其父实行启蒙教育,先读《三字经》,后又读了《孝经》《小学》。他7岁时又随堂兄尾高兰香学《论语》《孟子》《大学》《中庸》,从小受到了儒学的教育。1867年1月至1868年11月,涩泽荣一随幕府使节德川昭武参加巴黎万国博览会后,用近两年的时间对欧洲各国进行了详细考察,深入了解了西方近代文明尤其是经济和企业方面情况。涩泽荣一后来回忆说:"明治六年,我辞官解甲,期望来年能进入实业界,没想到竟然和《论语》发生了特别的关系。当时是初思从商,心中突然感到,此后,自己只怕是不得不凭借着锱铢之利而身处人世间了,那么,我究竟应该秉持什么样的心志呢? 当时我想起了从前学过的《论语》。《论语》原是教人如何在日常生活中修己待人的,《论语》是缺点最少的教诲,难道不能以《论语》的教诲来从商吗? 于是,我认真思索了如何按《论语》所言寻找从商图利的道理。"②可见,学习《论语》之事贯穿涩泽荣一的一生,孔子的思想已深深地渗透在其灵魂之中。所不同的是,少年的学习,是一种被动的文化启蒙教育;成人以后尤其是旅欧归国和辞去官职之后的学习,是一种为了解决现

---

① ［日］黑住真:《德川儒教及其在明治时代的重构》,见《明治儒学与近代日本》,上海古籍出版社,2005年,第36页。

② ［日］涩泽荣一:《论语与算盘》(中译本),宋文、永庆译,九州图书出版社,1994年,第11、12页。

实困惑的主动性吸取。

首先,涩泽荣一吸取了西方近代注重物质利益、经济效益的思想,对孔子的"义利观"作了全新的诠释。

如孔子说,"富与贵,是人之所欲也;不以其道得之,不处也。贫与贱,是人之所恶也;不以其道得之,不去也。"(《论语·里仁》)涩泽荣一指出,一般人认为此语有轻视富贵之义,这实际上是片面而论。如仔细地思考,此话没有一点鄙视富贵之义,其旨是告诫人们不要淫于富贵。如直接以此看成孔子厌恶富贵,真可谓荒谬之极,孔子在这里是指不道德地得到富贵,宁可贫穷,如以正当之道得到富贵,绝无妨碍。"对于此句,要得出正确的解释,关键是要注意'不以其道得之'"。①

涩泽荣一还严厉批评了当时部分日本人在义利观上的思想错误,他严肃地指出:"有人将谋利与道德看成两回事,实在不对,像这种陈旧的想法根本不适用今天的社会。维新之前,社会上流人士,应该叫作士大夫,他们与谋利毫无关系,只有人格低下的人才与之相关,这种风尚在明治维新之后虽有改善,但仍然苟延残喘。"孔子认为"见得思义"。"但其后的学者却将两者越拉越远,反说有仁义而远富贵,有富贵则远仁义。甚而将商人称为'低贱的商人'而鄙视之,士人不应与之为伍。而商人亦日趋卑下,唯实行其谋利的主张而已。因此,经济界的进展就不知落后了几十年几百年了。今天,这种风气虽然日渐消亡,但仍未尽除。所以,我想再次强调,谋利与仁义之道是一致的。"②总之,在形成日本国国民性问题上,应该承认朱子学曾经作出了重大贡献,但同时它又使富贵货殖与仁义道德不相容的错误思想进一步流传。

涩泽荣一借用西方近代的商业意识、经济思想,对孔子的"义、利"思想,尤其是对其中长期以来被中、日历代思想家曲解的"利"方面,作了认真的发掘,具有强烈的时代感。当然,涩泽荣一对《论语》的诠释不仅仅是从文字上对孔子思想

---

① 〔日〕涩泽青渊纪念财团龙门社编:《涩泽荣一传记资料》别卷六,日本涩泽荣一传记资料刊行会,1962年,第52页。

② 《论语与算盘》,第110页。

的考证,更主要的是试图使明治时代的日本人从传统的轻利、鄙利思想的误区中走出来,轻装上阵地投入到日本近代化的经济活动中去。

其次,涩泽荣一还提出了"《论语》和算盘一致"的明治时代的企业文化论。

涩泽荣一说:"我从自己平生的经验得知,《论语》与算盘应该结合在一起。孔子虽切实以道德为教学之本,但其中对经济问题也给予相当的注意,这也散见于《论语》,特别是《大学》更陈述了生财的大道。……因此,以我一个实业家的身份来说,为努力使经济和道德齐头并进,经常以简易的方法向大家说明《论语》与算盘相互调和的重要性。"[1]"《论语》和算盘,换言之是道德与经济的合一",[2]"义"与"利"的合一。因而,"《论语》和算盘一致"论,实际上指孔子的思想与经济企业发展是相适应的,二者为什么能够"一致"或相适应呢?

涩泽荣一认为:第一,《论语》讲了很多修身养性之道,特别是讲了许多关于如何处理"义、利"关系的道理,有利于提高商人或企业家的才干。"至于商才的培养之道,亦全在《论语》之中。有人以为道德之书和商才并无关系,其实,所谓商才,原以道德为本,舍道德之无德、欺瞒、诈骗、浮华、轻佻之商才,实为卖弄小聪明、小把戏者,根本算不得真正的商才。商才不能背离道德而存在,因此论道德之《论语》自当成为培养商才之圭臬。"[3]

第二,经济企业的发展,必须有一个好的指导思想作为精神支柱和行动标准。"我之所以爱读《论语》,是因为本来商人是争锱铢之利的,贤者如有一步失误的话,是为利而失道的,更何况商人生活在世俗社会之中,如无防止失误的规矩准绳,那么是很危险的。""如无仁义道德、正义道理之富,其富便不能持久。"[4]

第三,二者紧密结合,相得益彰。"学问不是为学问而学问,是作为人类日常生活指南针的学问。即学问是人生处世的准则,离实业无学问,同时离学问实业也不存在。故我平生提倡《论语》和算盘一致说,试图使实业与《论语》一致。"[5]"学

---

[1] 《论语与算盘》,第86页。
[2] 《涩泽荣一传记资料》41卷,第381页。
[3] 《论语与算盘》,第5页。
[4] 《涩泽荣一传记资料》41卷,第390、349页。
[5] 涩泽荣一:《论语讲义》第一卷,讲谈社,1977年,第23—24页。

术因实业而显贵,农工商的实业因名教道德而发光。二者从根本上是一致的,决不许背离。如二者背离,学问成死物,名教、道德也是纸上空谈,以致读《论语》而不懂《论语》。"涩泽荣一还指出:"道德和经济如鸟之双翼,车之双轮,缺一不可,换言之,《论语》和算盘并不是对立之物,可以右手拿《论语》讲之,左手把算盘计之,退则可利家和富国,进则可理天下之经济。"①

再次,涩泽荣一不仅仅是从理论上阐述"《论语》和算盘一致"的思想,而且更重要的是将之实行在自己繁忙的企业管理活动中去。正如他自己所说:"我常将《论语》看作商业上的圣经,在经营时,绝不敢逾越孔子之道一步。"②他说:"明治时代初期,商业范围狭小,资力微少,我虽力薄,但决心励精图治,使日本商业发展。要发展必须采取适当的方法,当时的方法大体上是欧美式(如组织公司的合本法),一般的商业公司根据此法竭尽全力以获利为目的。如果弃其义,纵使达其目的,也决不能长期持续下去,如上所述,这促使我想起了《论语》。在商业发展中有必然的竞争,意外的曲折,但我坚信,只要依孔子之教处理,万事必能办成。我的经营中饱含辛苦和惨淡,但始终遵孔子之教,据《论语》之旨,终于使经营获得了成功。"涩泽荣一在总结自己办理各种企业的经验时说:"我力量微薄,未干成什么大事,但我坚定地奉事孔子的思想,并体会到它与商业、工业、矿山业、制造业及所有事业毫不抵触。"③

在日本近代化的经济发展史上,涩泽荣一确实作出了重要的贡献。他创办了日本的首批银行、造纸、保险、电信、铁道、纺织、电力、煤气、造船、仓库以及旅馆、剧院等。如:在金融业方面,他首先创立了第一国立银行(今第一劝业银行),随后又帮助建立了一些国立银行、专业银行、普通银行,组织成立了银行家同业协会——"拓善会",亲自指导成立了股票交易所,为发展日本的金融事业作出了很大成绩。在企业方面,他先后创立了王子造纸厂(1873 年)、大阪纺织厂(1879 年,后改名为东洋纺织厂)、东京海上保险公司(1879 年)、日本铁道公司

---

① 《涩泽荣一传记资料》41 卷,第 379 页。
② 《论语与算盘》,第 162 页。
③ 《涩泽荣一传记资料》41 卷,第 143 页。

(1881年)、日本邮船公司、日本人造肥料公司、东京煤气公司、东京电灯公司、石川岛造船所、札幌麦酒厂、东洋玻璃厂、明治制糖厂、帝国饭店等500多家企业。此外,他一生赞助的公益事业达600多项,包括国际交流、社会事业、福利设施、文化团体、教育设施等。总之,在这些重要的工作中,涩泽荣一认为《论语》是其"精神支柱"。

尤其值得注意的是,涩泽荣一除了以"《论语》和算盘一致"的思想指导其金融实践和企业管理之外,还注意培养孔子思想与企业管理相结合的人才。他坚持多年亲自向所属企业员工讲授《论语》,并著有《论语讲义》(七卷本)和《论语加算盘》等书,以此作为培训教材,使孔子思想深入到他所领导企业的每位员工心中,使"一致"的理念化为全体员工的实际行动。"在涩泽身边及其以后,受其感化和影响,接连不断地涌现出一大批精明强干的'小涩泽'式的企业家。"[①]1983年日本一家大报——《日经产业新闻》曾对日本企业家最崇拜的人物进行调查,调查结果是,涩泽荣一占第二位。由此可见,涩泽荣一的"《论语》和算盘一致"思想的影响,不仅仅是存在于一批企业和一代人之中,而是伴随着整个日本经济现代化的过程。

五、儒学是日本国民人文素养的知识来源

在日本现代化初期,儒学还是大量汉学塾的主要教学内容,是青少年的人文素养的基本知识。

有日本学者经过深入研究后指出:"在颁布学制的明治五年(1872)前后,日本各地所设立的私塾中教授汉学的,在数量上远远比江户时代多……从1881年到1907年山井清溪所持续的汉学塾、养正塾培养的儒者达三千名以上。"[②]如:比较著名的在东京有岛田篁材创立的"双桂精舍"、蒲生褧亭主办的"有为塾"

① [日]中井英基:《张謇与涩泽荣一》,日本《一桥论丛》1987年12月号。

② [日]山室信一:《明治儒学的存在形态及其意义》,见《明治儒学与近代日本》,上海古籍出版社,2005年,第359页。

(1879);在京都有草场船山创办的"敬塾"(1875)、在大阪有藤泽南岳办的"泊园书院"等汉学塾,在塾生各自达到三四百人。其他各地也陆续仿效,汉学塾的发展可谓一时火红。据《日本教育史资料》统计,仅明治年间(1868—1912)开设的汉学塾就有180余家,有的汉学塾形成了相当规模并在当时的社会上产生了较大影响。

其中,影响最大的是"二松学舍"。"二松学舍"是日本近代著名汉学家三岛中洲(1830—1919)在1877年(明治十年)10月创立于东京。三岛中洲14岁入松山藩汉学家山田方谷之门,23岁又从伊势津藩儒斋藤拙堂学习经学。1861年,三岛便在松山山麓下开设了家塾——虎口溪舍达十余年之久,塾生常有60—70人。1872年他被任命为法官,历任裁判长、判事等,后退官专心致力于教育、汉学。1878年,三岛应当时东京师范学校校长秋山恒太郎之邀任教。1881年,出任东京大学教授,和著名学者岛田重礼、中村正直三人共同主持汉文科的讲座。1885年,成为东京学士院会员。1899年3月,被授予文学博士学位。他著有《大学私录》《中庸私录》《论语私录》《孟子私录》等。根据记载,三岛中洲著述共有40余种,大多未刊,现存于"二松学舍"。创办人深厚的儒学及汉学素养决定了"二松学舍"的教学特点和发展方向。"二松学舍"分高等科二年与普通科一年半两种学制。

高等科二年学制讲授课程有:

《论语》《大学》《中庸》《孟子》《左传》《史记》《孙子》《吴子》《韩非子》《唐诗选》《唐八家文读本》《题跋》《序记》《绝句》《律诗》(以上为第一学年主要课程)。

《礼记》《书经》《诗经》《易经》《老子》《庄子》《荀子》《近思录》《传习录》《论说》《古诗》《中国文学史》《中国时文》(以上为第二学年主要课程)。

普通科一年半讲授课程有:

《孝经》《日本外史论文》《十八史略》《蒙求》《五言绝句》《普通文》(第一学期)。

《小学》《日本外史论文》《十八史略》《论语》《孟子》《史记列传》《唐诗选》《文章轨范》《五七言绝句》(第二学期)。

《言志录》《元明清史略》《古文真室后集》《论语》《孟子》《史记列传》《文章轨范》《和文汉译》(第三学期)。

通过以上教学内容可以看出,"二松学舍"①主要讲授的是以儒学为主的中国传统文化,注重知识掌握与能力培养的结合,加之创立者及管理者的深厚汉学素养和较高的社会地位,吸引了不少的有志青年学子,在当时产生了较大的影响,1879 年就达到了 500 名以上的学生。该学塾培养了一些杰出人才,如:后来成为著名文学家的夏目漱石②等。夏目漱石曾在作品《落第》中深情地回忆起自己在"二松学舍"学习的具体情况,认为"二松学舍"所给予的系统汉学知识使其终身受益。"日本近代企业之父"的涩泽荣一也担任过"二松学舍"的第三任舍长(理事长)。

以传播儒学的汉学塾为什么能在西方文化盛行的日本明治时代乃至整个近代生存呢? 首先,儒学是日本人伦理道德的重要精神来源。如当时以反对政府而著称的民间学者山路爱山指出:"泰西之新学,说权利、说经验、教科学,而不如儒教、佛教说性命之原、天道。"③甚至,有的现代日本学者认为:"福泽(谕吉)也在自己的宗教和道德的层面,与基督教相比,对佛教或儒教抱有持续的亲近感。"④其次,政府机构发布文告需要儒学,工作人员录用必考儒学。自德川幕府以来,长期任用林罗山这样的儒生作文秘之官,形成了官书文告传统。即使在明治时代,不懂儒学,就无法阅读、起草文书、律令。如在当时的"官吏录用考试中,要求对无标点本的《通鉴纲目》加以训点等,这就要求具有儒学方面的知

---

① "二松学舍"在 1949 年升格为私立的"二松学舍"大学,现在仍是日本传播和研究儒学的重镇,并在它创立百年之际专门设立了"阳明学研究所"。

② 夏目漱石(1867—1916)是日本近代著名文学家。1881—1882 年(14—15 岁)在"二松学舍"系统学习了两年的汉学,奠定了较好的中国古代文化基础。1890 年进入东京帝国大学英文科学习,1900 年赴英国学习文学,两年后归国。曾任东京帝国大学教授,1907 年辞去大学教授职位,加入《朝日新闻》报社成为一名专业作家。他一生写过 15 部中、长篇小说,2 部文学理论著作,此外他还留有大量的诗歌、评论、书信、日记等。日本学者称之为"日本近代文学的巨匠"。鲁迅对于其创作也给予了相当高的评价:"夏目的著作以想象丰富、文词精美见称。早年所作,登在俳谐杂志《子规》上的《哥儿》《我是猫》诸篇,轻快洒脱,富于机智,是明治文坛上的新江户艺术的主流,当世无与匹者。"(《鲁迅全集·现代日本小说集》附录)

③ 《现代日本教会史论》,岩波文库本,第 66 页。

④ [日]山室信一:《明治儒学的存在形态及其意义》,见《明治儒学与近代日本》,第 358 页。

识。"①根据史料记载,所以,"二松学舍"的毕业生报考法律学校、兵校及政府机构工作人员的为数不少。

在现代,日本各地仍有传播儒学以增加人们的传统人文知识的基地。如以东京孔子庙——汤岛圣堂为例,日本斯文会②每年在此举行若干文化讲座,根据本人当时在日本客座研究时掌握的有关资料统计,1997 年度举办讲座 30 个,1998 年度举办讲座 31 个,1999 年度举办讲座 54 个。其内容有《论语》《孟子》、《周易》《史记》、"唐诗"《三国志》《红楼梦》等,主讲人多为日本各大学名誉教授、文学博士、学术名流。如撰有《儒教概说》《东洋哲学史》等 12 部著作的宇野精一博士不顾 80 多岁高龄,自 1994—1998 连续 5 年讲授《论语》,颇受欢迎,故他的讲座被称为"宇野论语",听众是包括有青年学生在内的普通市民。因而可以说,东京孔子庙不仅仅是一座历史古迹,而且是一块至今仍然发挥着重要作用的文化绿洲。

在今天的日本,《论语》等儒学经典中的不少篇章仍是日本中学生人文知识教材中不可或缺的内容;不论是在闻名全球的东京神田书店街,还是在全国各大书店内,《论语》《孟子》等儒学经典的日译本是必备之书并有着较好的销售量;孔子、孟子、朱熹、王阳明的著作成了日本中央公论社出版的《世界名著》(全套 100 本)中的重要组成部分,这些均是日本青少年传统人文知识的重要来源。

综上所述,儒学与日本现代化的关系,并非是"儒学阻碍了日本现代化的发展"或者"儒学促进了日本现代化的发展"这类结论所能简单概括的,而是出现了颇为复杂的景象:儒学中的"愚孝"类的封建性思想,是日本启蒙思想家的严厉批判的对象;儒学中的"忠君"思想,经明治天皇政治集团改造后变为了其御用的理论工具;儒学中的学理性内容,成了日本近代思想家接受西方思想和建设日本

---

① [日]山室信一:《明治儒学的存在形态及其意义》,见《明治儒学与近代日本》,第 359 页。
② 日本斯文会的"斯文"二字出自《论语·子罕》篇,始创于 1880 年,1918 年成为公益财团法人,是日本著名的儒学及汉学民间普及机构。斯文会主要活动有每年四月的第三个周日的祭孔仪式、面向市民的各类儒学及汉学的公开课以及相关书籍的出版和发行等。

新文化的文化基础；儒学中的"见得思义"等观念，经过日本企业家与西方近代经营思想的结合，化为了日本近代企业文化中的重要内容；至于儒学的人文学说和道德规范，经过学校的教育和家庭的传承，已经潜移默化地渗透到日本的广大民众思想和心理之中并产生着深远的影响。

哲学史研究中的问题意识

——以胡适、萧萐父、柳田圣山的禅学研究为中心的讨论

何燕生

（日本郡山女子大学宗教学系）

作为中国化了的佛教，在"中国哲学史"研究中，一直以来被纳入论域范围，受到重视。无论在早期哲学史家胡适的"中国哲学史"的建构中，还是在马克思主义哲学史家侯外庐、任继愈的"中国哲学史"的研究中，佛教始终占有非常重要的位置。作为马克思主义中国哲学史家的萧萐父先生，对待佛教的态度，更不例外。萧先生先后撰写了多篇佛教研究论文，出版禅宗语录校注专著。萧先生有言："平等智观儒释道"。萧先生告诫我们，从事中国哲学史的研究，不应"孤立"佛教，不可忽视外来的佛教在中国哲学发展史中所产生的重要影响，需要用与儒、道相"平等"的态度和视野，以智观之，用哲学的智慧观察佛教思想，对佛教进行哲学的研究。萧先生的这一态度和视野还反映在他的另一首被门人弟子广为吟唱的诗句上——"漫汗通观儒释道，从容涵化印中西"。

然而，萧萐父先生的这种开放的学术胸襟和旷野的学术视野，自有其理论来源，并非"照着讲"。萧先生在撰于1989年的《哲学史研究中的纯化与泛化》一文中，对于我们应该如何看待哲学史研究中宗教思想资源的问题，表达过自己的看法。萧先生认为，哲学史研究，需要"纯化"，但同时还需要"泛化"，需要将迄今被

视为"非哲学思想资料"的伦理、道德、宗教、政法等纳入哲学史的研究之中,从哲学与文化的关系的视野宏观审视哲学赖以存在的文化土壤。萧先生以此提出了"哲学史研究可以泛化为哲学文化史"的观点①。文章虽不足千字,但言简意赅,从文中我们可以清晰地了解到佛教在萧先生中国哲学史研究中所处的位置——佛教是"文化",是中国哲学成长的土壤之一,在中国哲学史研究中属于不应忽视的"泛化"内容。萧先生从对哲学发展史的深刻洞察与理解中提出"纯化"与"泛化"之说法,表达了他作为中国哲学史学家的观点,史论结合,问题意识鲜明。

本文将探讨萧萐父先生佛教禅宗研究中的问题意识,具体以比较的方法,将萧先生的禅宗研究与胡适和日本学者柳田圣山的相关研究进行比较,探讨三位学者之间的异同。

所谓学术史之间的"异同",用萧先生话说,即是"共性""殊性"和"个性"。此"三性",是萧先生在《明清启蒙学术流变》"跋语"中所透露的他在研究王夫之思想过程中所得的体悟。萧先生认为,我们对思想史家的研究,必须注意"共性""殊性"和"个性"的关系。萧先生指出:"同一时代思潮自有其共同的特征(共性),而同一时代思潮发展的不同阶段又各有其阶段性的特点(殊性),同一阶段中各个思想家因个人经历、学脉乃至性格的不同而又各具特色(个性)。"② 因此,萧先生强调应该"善于洞察这三种固有的辩证联结"。萧先生结合自己对王夫之、傅山的研究,用诗化的语言表达了他对该问题的认识:"船山青竹郁苍苍,更有方、颜、顾、李、黄。历史乐章凭合奏,见林见树费商量。"③

笔者认为,萧先生提出的对哲学史家的研究应该善于洞察"共性""殊性"和"个性"三者之间辩证联结的观点,同样可以用来作为我们今天观察萧先生本人作为珞珈中国哲学的创始人、中国哲学史学家的一种观点,而用此观点辨析萧先生在佛教禅宗研究中所蕴含的特色,甄别其与其他学者之间的异同,我认为同样

① 萧萐父:《吹沙集》,巴蜀书社,1991 年,第 410 页。
② 萧萐父、许苏民合著:《明清启蒙学术流变》,人民出版社,2013 年,第 607—608 页。
③ 萧萐父、许苏民合著:《明清启蒙学术流变》,人民出版社,2013 年,第 608 页。

也不失为一种客观而有效的方法。

以下分别进行探讨。

一、作为一种"方法"的临济禅学
——历史学视域下的胡适禅学研究特点

从目前已经出版的上述著述看,胡适关于禅宗的研究,主要集中在唐末五代之前的初期中国禅宗史方面,而且多以个别人物和个别问题的研究为主要对象,对于所谓"五家分派"之后的禅宗,甚少涉猎,并未留下专题性的研究。这主要与当时胡适本人的问题兴趣及国际禅学研究的时代背景有关。尽管如此,胡适一直以来抱有试图建构"中国禅学史"的愿望,因此,他对于中国禅学史的整个发展情况及其特色,持有自己的看法,而关于临济禅的论述,则反映在这类文章之中,从中我们可以侧面地了解胡适关于临济禅理解的情况。

依年代顺序看,胡适最早论述临济的文字,见于《中国禅学之发展》一文。该文是 1934 年 12 月胡适应邀在北京师范大学举行的讲演稿,讲演共分四次。翌年(1935)发表在《师大月刊》第 18 期。在以《中国禅学的方法》为题的第四次讲演中,胡适这样论述临济的"方法":

> 在 9 世纪中年,出了两个大和尚:南方的德山宣鉴(没于 865 年,唐懿宗咸通六年)和北方的临济义玄(没于 866 年,同上七年)。他们的语录,都是很好的白话文学;他们不但痛骂以前的禅宗,连经连佛一齐骂:什么是释迦牟尼,什么是菩提达摩,都是一些老骚胡,十二大部经典也是一堆揩粪纸,德山自谓必无一法,只是教人做一个吃饭、睡觉、拉屎的平常人。义玄教人"莫受人惑,向里外求,逢着便杀;逢佛杀佛,逢祖杀祖,逢罗汉杀罗汉……始得解脱。"后来的禅门,不大懂得这两个大和尚第二次革命的禅机——呵佛骂祖禅。

> 平心而论,禅宗的方法,就是教人"自得之",教人知道佛性本自具足,莫

向外驰求,故不须用嘴来宣说什么大道理。①

　　胡适在这里将德山宣鉴与临济义玄相提并论,认为他们二人是9世纪中叶禅宗出现的"两个大和尚"。所列举的临济言说,见于《临济录》。胡适指出,德山与临济的这种禅机,是禅宗的"第二大革命",但它们并不太被"后来的禅门"所理解。在胡适看来,德山也好,临济也好,他们的这种"禅机",其实就是禅宗的一种"方法",目的在于"教人'自得之'","教人知道佛性自本具,莫向外驰求",所以,"不须用嘴来宣说什么道理"。

　　在胡适看来,禅宗的"方法"有四种(其实讲稿谈了五种)。一是"不说破",指人人都有佛性,不必向外驰求,无法可求,也无涅槃可证,所以,"一经说破,便成了'口头禅'"。二是"疑",指要会怀疑,"因为怀疑才自己去思索一想,若完全赞成,便不容怀疑,无疑却不想了"。三是"禅机",指一种"暗示",比如"打、笑、拍手,把鼻……"。这种"暗示",又有"所答非所问,驴唇不对马嘴的话头"。四是"行脚",即指寻师访道,胡适将其比作"学校的旅行""学生的转学","好像师大的学生,转到清华、再转到中央大学,直到大觉大悟而后已"。五是"悟",指"从'不说破'起说到'桶底脱了!'"即"完全觉悟彻通"。从胡适对禅宗"方法"的论述中我们可以看出,临济的"方法"至少属于其中的第一"不说破"和第三"禅机"②。

　　胡适认为,禅宗的"方法",其实是一种"禅学运动",是"革命的"。什么革命呢? 是"反印度禅打到印度佛教的一种革命"。胡适揭示禅宗"方法"的目的,在于他认为禅宗"这一派人的方法与教学方面多少有点启示",所以,对于师范大学的学生来说,"有大家一听的必要"。③

　　胡适的这种观点,在大约时隔20年后用英文发表的"Chan(zen)Buddhism in China its History and Method"(该文刊于 *Philosophy East and West*,Vol. Ⅲ,No,1,April 1953)中继续得到阐述,立场更为明确。该文被收入

---

① 胡适:《胡适说禅》,潘平、明立志编,东方出版社,1993年,第195页。
② 胡适:《胡适说禅》,潘平、明立志编,东方出版社,1993年,第196—200页。
③ 胡适:《胡适说禅》,潘平、明立志编,东方出版社,1993年,第192页。

由柳田圣山主编的《胡适禅学案》一书。这里,我们参照中文译文考察其中关于临济的论述。首先,胡适指出:

> 就在宣鉴在湖南四部教禅的同时,与他同代,可能是他门人的义玄,亦在北方(今之河北西部)民间展开他的临济派。此派在其后的两个世纪,成了中国禅最具影响力的一宗。

义玄的伟大之处,似乎在于他把知性的解放视为中国禅的真正使命。①

胡适在这里同样地对临济义玄予以高度的肯定,认为临济义玄所开创的"临济派",在其后的两个世纪,成为"中国禅最具影响力的一宗",并且指出,义玄的伟大之处,在于他把"知性的解放视为中国禅的真正使命。"为了说明这一点,胡适从《临济录》中引用了如下几段。

> 达摩大师从西土来,只是觅个不被人惑的人。
>
> 山僧无一法与人,只是治病解缚。
>
> 夫真学道人,不取佛,不取菩萨罗汉,不取三界殊胜;迥然独脱,不与物拘。乾坤倒覆,我更不疑;十方诸佛现前,无一念心喜;三涂地狱顿现,无一念心怖。
>
> 是你面前用处与祖佛不别。只么不信,便向外求。莫错! 向外无法,求亦不得。
>
> 汝欲识得佛祖吗? 只你前面听法的是!

这些都是我们所熟知的作为表达临济义玄禅学特色的言说,胡适把它们理解为"知性的解放",而这种"知性的解放",是"中国禅的真正使命"。而且,胡适认为,临济义玄和德山宣鉴试图用"白话"表达的一切,其实就是"中国的禅",是

---

① 胡适:《胡适说禅》,潘平、明立志编,东方出版社,1993 年,第 263—264 页。

蜕化变质过的禅,因此,在这个意义上,胡适说,这"根本算不得是禅"。

胡适指出,禅在中国思想史上经历了由早期的"危险思想",到后来的"大胆怀疑"及"明白直说"的时期,而"自神会、马祖,到宣鉴和义玄等大师以明白无误的语言说法,并未使用字谜一样的文词、姿势或动作。"胡适认为,这是"禅宗教学方法的发展",是这些禅师为了不使对禅的理解落入"口头禅"的危险而发明出来的"一套新的教学方法":"运用许多奇怪、有时似是疯狂的姿势、言辞或动作去传达一种真理。"而在胡适看来,临济义玄就是使用这些技巧的"第一人"。理由是临济是一位"用棒打发问者",或者"对之发出震耳欲聋的大喝著名的大师"。因此,胡适指出说,临济义玄的临济宗,在其后 100 年间发展出来的一套取代直说的奇特教学方法中,扮演了一个最为突出的角色,说来也许不是一件偶然的事情①。

基于这样的观点,胡适反对把这种"教学方法"及与此相关的一切"疯狂技巧"理解为"不合逻辑"或者"反理性"。他认为,在所有这些看似"疯狂混乱"的表面之下,存在着一种"明白而又合理的、可以称之为困学的教学方法"。关于这种"困学"的教学方法的目的,胡适解释说,是"让学者透过他自身的努力和逐渐扩大的生活体验去发现事物的真相"。②

胡适认为,虔诚的佛教徒们则持相反的理解,把它们视为一种"既非自然论,亦非虚无说,更非打破偶像";他们认为,"那些伟大禅师所指的东西,并非这些白而粗鄙的言词所示的意思;他们所用的是禅的语言。而禅是超越人类理解的境域之外的!"这里所谓的"虔诚的佛教徒",从本文开头部分可知,其实指的是铃木大拙。

> 我的学识渊博的朋友——前日本京都大谷大学教授铃木大拙博士,近
> 30 年来,一直都在做着向西方人士解说和介绍禅的工作。经过他不倦的努
> 力,加上许多谈禅的著作,他已成功地赢得了一批听众和许多信徒,尤其在

---

① 胡适:《胡适说禅》,潘平、明立志编,东方出版社,1993 年,第 264—265 页。
② 胡适:《胡适说禅》,潘平、明立志编,东方出版社,1993 年,第 264—265 页。

英国。

作为他的一个朋友和研究中国思想的历史学者,我一直以热烈的兴趣注视着铃木的著作,但我对他的研究方法,却也一直未掩饰过我的失望。他使我最感失望的是——根据铃木本人和他弟子的说法:禅是非逻辑的,非理性的,因此,也是非吾人知性所能理解的。[①]

胡适接着引用铃木大拙所著《禅的生活》(*Living by Zen*)的相关论述,并进行批判。如他说:

我所绝对不能同意的,就是他否定我们有理解和衡量禅的能力。所谓禅,果真那么不合逻辑、不合理性、果真"完全超越人类理解的限域之外"吗?我们的理性或唯理思维方式"在衡量禅的真伪方面"果真无用吗?

胡适的态度非常明显。他说他是历史学家,用历史学的眼观来看,禅是可以理解的。

禅学运动是中国佛教史中一个不可分割的部分,而中国佛教史又是中国整个思想史中一个不可分割的部分。我们只有把禅放在它的历史背景中去加以研究,就像中国其他哲学流派都必须放在其历史背景中予以研究、理解一样,才能予以正确理解。

拿"非理性"去解释禅的人,其主要的毛病就出在他们之故意忽视此种历史的方法上[②]。

铃木大拙是否"故意"忽视历史的方法,姑且不论,但至少从上面引述的《禅的生活》等文字可知,铃木大拙确有不少认为禅是"非理性"的言论,甚至将禅进

---

① 胡适:《胡适说禅》,潘平、明立志编,东方出版社,1993年,第248页。
② 胡适:《胡适说禅》,潘平、明立志编,东方出版社,1993年,第249页。

行神秘主义化。

胡适与铃木大拙之间关于禅的讨论及其不同立场,不是本文所要讨论的议题,这里,值得我们注意的是,胡适用近代学问方法的历史学解读中国禅学的历史及其方法,认为临济义玄的"喝"等肢体语言和看似粗暴的行为,其实是一种"新的教学方法",即"困学"的教学方法,目的是让学人自己通过自身的努力,去发现事物的真相,并不是像铃木大拙所说的那样,可以笼统地概括为"非逻辑","非理性"。

最后需要指出的是,关于《临济录》,胡适也曾发表过自己的看法,比如在前述《中国中古思想小史》第十二讲《禅学的最后期》中,指出现今流传的《临济录》与德山宣鉴的语录之间有相似之处,"几乎使我们疑心他完全因袭德山的思想"。其实,胡适的这种说法,从他作为阅读参考书所列举的忽滑谷快天《禅学思想史》看,很可能受到了忽滑谷氏论述的影响。比如,忽滑谷氏在该书中具体论述德山宣鉴与临济义玄二人的禅风之间有六个"相似点"①。然而,尽管如此,作为一种"方法"的临济禅学的叙事,并不见于忽滑谷氏的《禅学思想史》,应该属于胡适独自的主张。

二、佛教禅宗作为中国哲学史的一个学派
——萧萐父禅学研究的特点

萧萐父先生关于禅学方面的论述,我目前手头所掌握的资料仅有收入《吹沙集》(巴蜀书社,1991 年)的《禅宗慧能学派》一文,与李锦全先生合编的《中国哲学史》上卷中的"佛教"部分,以及与吕有祥先生合著的《古尊宿语录》校点本(中华书局)两卷,此外还有萧先生在"首届禅宗与中国文化国际学术研讨会"的一篇讲话稿,收入由萧先生和黄钊先生主编的《"东山法门"与禅宗》(武汉出版社,1996 年)一书。这些显然不很全面。限于资料,本文姑且拟以先生的代表性禅

---

① 忽滑谷快天:《禅学思想史》,玄黄社,1925 年,第 572—575 页。

学论文《禅宗慧能学派》为中心，试作探讨。

《禅宗慧能学派》一文应该属于萧先生关于禅学最早的论述。该文撰于1961年，发表于《武汉大学学报》1962年第1期，洋洋15 000余字，系统论述了以慧能为中心而形成的"南宗禅"的思想特点及其作为宗教哲学的本体论、方法论和宗教归宿，是一篇力作；该文虽撰于距今半个世纪前的20世纪60年代初期，或多或少地带上了时代的烙印，但其对禅宗历史的把握，对禅宗基本思想的论述以及鲜明的问题意识等，即便在今天读来，非但没有过时，反而觉得随着时间的推移和研究的进展，愈显现其学术价值。

作为一篇研究禅宗的学术论文，我认为至少有如下几点值得我们注意。

（一）50年代至60年代大陆学界禅宗研究的代表性成果

据统计，1950年至1964年的15年间，大陆地区的禅宗研究论文只有50余篇，没有专著，内容涉及禅宗的人物、宗派、经典、公案、思想几大部分[1]。而关于禅宗思想方面的研究成果，如果我们不算发表于中国佛教协会会刊《现代佛学》和《光明日报》上的陈铭枢、吕澂的论文，专以发表于学报和学术期刊的论文来计算，萧先生的《禅宗慧能学派》（以下称"萧文"）则是为数甚少中的重要一篇，而且是继任继愈的《禅宗哲学思想略论》（撰于1955年，收入1962年由三联书店出版的《汉—唐佛教思想论集》。以下称"任文"）和侯外庐的《禅宗的兴起及其对道学的影响》[2]之后的一篇重量级的论文，值得引起我们注意。

（二）继承了任继愈、侯外庐的思想史理路

与任继愈的《禅宗哲学思想略论》和侯外庐的《禅宗的兴起及其对道学的影响》相比，萧文在某些提法上显得更为客观一些。我们知道，任文、侯文和萧文所讨论的对象都是关于禅宗史上出现所谓"南宗"和"北宗"之分的唐中期的禅学思想特色，它们都同样地主张禅宗早期的思想是"客观唯心主义"，发展到慧能之后，便逐渐走向了"主观唯心主义"；其论述方法和基调，可以说基本相同。然而，

---

① 黄夏年：《中国大陆禅宗研究十五年（1949—1964）》，载萧萐父、黄钊主编：《"东山法门"与禅宗》，武汉出版社，1996年。

② 《中国思想通史》第四卷上册第四章第四节，人民出版社，1959年。以下称"侯文"。

在对于禅宗本身的历史意义的认识上，三文则有"轻""重"之别。比如，任文指出"禅宗是中国佛教史上重要流派之一"，侯文视禅宗思想为"道学的先行"。这样的提法，在今天看来，无疑显得"轻"而保守。然而，与此相比，萧文首先梳理禅宗发展的历史，在此基础上，指出"慧能（638—713）所创'南宗'，作为中国独创的佛教哲学，独盛于中、晚唐直至两宋，风靡全国，并传播到朝鲜、日本，在思想史上产生了特别深远的影响"，是"中国化了的佛教哲学"，"禅宗慧能学派，是佛教哲学中最有理论深度的"。这种提法，在今天看来，虽然比较普遍，但在 50 年代至 60 年代的大陆，则显得"重"而客观，应该是十分少见的；是否属首次，不敢肯定，但至少在上述任文和侯文中是不曾见到的。因此，关于禅宗是"中国化了的佛教哲学"的提法，可以认为是萧文的一个突破，是在深化任文和侯文的基础上的一个新的拓展，具有重要学术地位，值得彰显。

（三）"慧能学派"提法的合理性

我们知道，禅宗有各种宗派和法门，所谓"南宗"与"北宗"或"南顿"与"北渐""东山法门"，等等。据宗密《禅源诸诠集都序》《圆觉经大疏》，早在唐代，禅宗还有所谓"十室""七宗"或"五宗"的说法。到后来，更出现了"五家七宗"的说法。宗派和法系的不同，说明其学说也不尽相同，其宗教实践也更不可能一样。而且，这些说法都是禅宗在其发展到某一个历史阶段而形成的产物，具有特定的时空背景和含义。比如"南宗"一说，据现存的文献，最早提出此说法的是唐代慧能的弟子荷泽神会（684—758），在神会当时，此"南宗"是针对神秀的"北宗"而提出的一种说法，具体指当时在南方以慧能为中心所弘传的禅法谱系，且带有与"北宗"相抗衡的一种紧张关系。当时宗密对此曾有明确说明："南宗者，即曹溪能大师受达摩言旨已来，累代衣法相传之本宗也。后以神秀于北地大弘渐教，对之曰南宗。"（《禅门师资承袭图》）因此，研究禅宗，我们应该尊重禅宗发展的历史，对于各派的形成及其具有特定时空背景的概念及其内涵，不能忽视，不能混淆，更不能"以一概全"。而萧文恰恰在这方面表现出了一种历史的高度，提出"慧能学派"的说法，匠心独具，既克服了"南宗"或"南宗禅"一词所限定的时空背景含义，同时又能彰显萧文试图以中国哲学学派史的问题关切研究禅宗思想的"问题意识",概念清晰,立场分明。可以说,这也是萧文不同于任文和侯文的另一特色之处。任文中虽有"慧能和他的学派"的提法,但与侯文一样,全文自始至终使用"南宗"或"南宗禅"说法。

(四) 肯定慧能学派"革新"的积极意义

我们知道,现在所传的禅宗历史,主要是慧能一系的"南宗"史。慧能门下有许多弟子,其中,荷泽神会、青原行思(？—740)和南岳怀让(677—744)三人特别有名,他们对"南宗"的发展起到过重要的作用。神会主要活动在洛阳,曾与"北宗"门徒相辩论,力举慧能为禅宗的六祖,强调"南宗"的正统性。其主张在唐德宗贞元十二年(796)得到正式认可。以慧能为六祖、神会为七祖的传灯世系,于此得以形成;神会一派作为荷泽宗,也因之留名史册。青原行思和南岳怀让二人主要活动在现今的江西省和湖南省一带,他们收有许多信徒,其影响逐渐波及全国,并成为后来禅宗的主流。禅宗史上所谓"五家七宗",即是以青原行思和南岳怀让及其门下的禅法为基础而发展起来的。"五家七宗",指曹洞宗、云门宗、法眼宗、临济宗、沩仰宗以及临济宗的黄龙派和杨岐派。因此,慧能的出现,在禅宗史上具有特别重要的意义。萧文基于这一历史事实,肯定慧能学派所进行的"大胆的教义'革新'",指出"它以'教外别传'的独特理论和简易通俗的传教方式,和旧有佛教宗派相抗衡",适合了时代的发展。还说,"慧能学派表面上摆脱一些已经僵化的佛教传统教条和宗教仪式的束缚,主张'不读经''不礼佛''不坐禅',采用'直指人心'的通俗说教,甚至公开发表所谓'超佛越祖''呵佛骂祖'的偏激言论,来宣扬佛教的精神。它为佛教开拓了新的思想领域,为朝野士人重新构建一根精神支柱"等。这样的评价,即便在今天看来,也十分中肯,可以得到学界大多数人的认同。然而,在 20 世纪 50 年代至 60 年代的大陆,如此积极评价慧能学派的"革新"意义,则是十分少见的。我们知道,基于学术的角度,从慧能一系的"南宗禅"发现其"革新"意义,早期见于前述胡适的禅宗研究,并非始于萧文。然而,胡适的禅宗研究在 20 世纪 50 年代至 60 年代的大陆,由于受到当时的政治影响,被当成了批判的靶子,而关于慧能一系的"南宗禅"的"革新"意义的提法,也随之遭到了消极的处理,甚至连同胡适一起,被当成了批判的对象。比如,上述任文末尾附有《论胡适在禅宗史研究中的谬误》一文,就指出:"这一貌似革新的宗教流派更能表现出宗教思想的神秘主义的特色","禅宗以'革新'的姿态,宣扬它的最腐朽的屈服、投降的奴化思想;以'激烈'的词句反对旧佛教日趋僵化的宣传仪式;以'自觉'和'顿悟'来宣扬实质上的盲从和迷信;以'真理就是现实世界中'的口号来号召信奉者脱离现实世界的斗争,企图麻痹他们对现实世界的不满的情绪。"任文最后指出:"正因为禅宗的宗教思想和胡适的唯心主义有基本相同之处,都是反理性的,都是主观唯心主义的,都是反科学的,所以胡适选取了禅宗作为他宣传他的实用主义的工具。"与任文"痛批"的言辞相比,侯文总体来讲则显得较为平和,但侯文也说:"'南宗'代'北宗'而兴,应以此事为一转折关键。其所以是关键,不是如胡适所胡扯的南宗的'革命'或什么顿悟的'自然主义';而相反地在于'财帛'的收入,在于简便的'立地成佛'的教义更能广泛地吸收善男信女的'香水钱'。"这样的论述,并没有摆脱当时"胡适大批判"的时局影响。因此,无论是任文还是侯文,在对待慧能"南宗禅"的"革新"意义的论述上,在今天看来,不免太过于政治化,对其积极的一面并没有给予足够的、客观的评价。

(五) 试图从哲学层面剖析慧能学派的禅思想特色

近代,关于"佛法"与"宗教"抑或"哲学"的关系,曾有过一场争论。章太炎发表以《论佛法与宗教、哲学以及现实之关系》为题的演讲,认为佛法并非宗教,而是哲学。新儒家如梁漱溟、熊十力等,多以佛法与西方哲学相提并论;杨文会则反对把佛法与哲学相提并论,认为佛法是出世间的学问。杨的弟子欧阳竟无继承其说,撰有《佛法非宗教非哲学》一文。萧文结合佛教所具有"思辨的本质倾向",对于所谓"佛法非宗教非哲学"的观点,表示"很难同意"。基于这一认识,萧文从"本体论""方法论"和"宗教归宿"三个层面,分别列举禅宗大量的语录,论述了禅宗富有思辨哲学结构的倾向。如关于"本体论",萧文特别注意禅宗的"即心成佛"思想,认为"禅宗慧能学派按'革新'佛教的要求,抓住了这一问题的核心,企图摆脱种种迂回论证的烦琐性,明确地回答:'心'就是'本体',别无'本体';现实世界的一切,都依存于'心'";关于"方法论",萧文特别注意禅宗的"顿悟",认为禅宗既然"'心即是佛',而'将心捉心,终不能得',于是,只能通过'顿悟',才能

'成佛'"。其中特别列举了临济义玄的公案问答和曹洞宗提出的所谓"五位君臣"的说法,并进行了具体分析;关于"宗教归宿",特别列举"凡天即佛",指出,"禅宗慧能学派对佛教教义的最重要的'革新',就在于它的全部理论和方法,都归结到论证'佛'不在遥远的彼岸,就在你'心'里;只稍在认识上来个简单的突变,你就'顿悟成佛'了;'成佛'以后,一切还是老样子。'人境俱不夺',但你却变成了'自由人'。"这样的论述,逻辑分明,富有条理,即便今天读来,也颇感新鲜。

尽管我们承认,从时间背景上看,萧文的撰写应该在很大程度上受到了上述任文和侯文的启发,似乎是有感而作,但将禅宗思想结构归纳为"本体论""方法论"和"宗教归宿",并分别进行论述,这在以前的研究中似乎并不多见;在以文献研究为主的今天的国内和国际禅宗研究中,当然也属于一个"另类";其学术意义,也就不言而喻了。

(六)积极关注海外学者的研究动向,同时又注重原典的研读

通读全文,给人印象最深的是,萧文在论述禅宗慧能学派的思辨结构及其方法论时,对于佛教是否是宗教、佛教与哲学的关系如何的问题,作了一个很长的注释,其中,引述了苏联学者姆·烈斯涅尔在其《东方思想体系》一书关于佛教与"无神论"的关系的言论,不仅注明原书的出处,而且还注明了转引自阿·恩科切托夫所著《佛教的起源》一书的情况,而该书是不久前(1960)由民族出版社出版的一部新书;同时还引述了印度学者拉胡尔·桑克里特雅扬所写的《佛教辩证法》一文的观点和印度学者巴罗拉摩尔蒂所写的《佛教哲学》一文的观点,而这两篇文章则是刊载于 1957 年和 1956 年出版的《学习译丛》的海外学者的成果。也就是说,这些海外学者的成果,在萧文撰写的当时,应该属于最新的研究动向。

与此同时,萧文特别注意对佛教原典进行研读,试图从第一手资料理解和把握禅宗慧能学派的哲学思想。据不完全统计,引自禅宗原典,比如有道宣的《唐高僧传》、宗密的《禅源诸诠集都序》《圆觉经大疏》《禅宗拾遗门》《六祖坛经》《神会语录》《王右丞集》《宋高僧传》、明诠的《大周刊定众经目录》《黄檗传心法要》、竺道生的《法华经疏》、慧达的《肇论疏》《景德传灯录》《文益禅师语录》《古尊宿语录》等。也就是说,对于文章所讨论的慧能学派哲学思想的最基本的原始典籍,萧文几乎全部涉猎了。

既关注海外最新的研究动向,同时又注重对原典的研读,萧文所表现出来的一种开放的学术胸襟和严谨的学术态度,特别值得我们今天学习和借鉴。

同时需要指出的是,萧文中的上述观点,经过作者改写后,作为 20 世纪 80 年代出版的由作者主编的《中国哲学史》中的一节,被收入其中,可见该文在作者心目中的学术地位之一斑。

三、"寻梦"《临济录》
——柳田圣山禅宗研究中的学术"个性"

柳田圣山在日本的禅宗研究史中可谓是一位划时代的人物。其著名的《初期禅宗史书の研究》(法藏馆,1967 年),第一次把禅宗研究从传统的重视"体验"的"护教式"研究中独立出来,开辟了相对客观的禅宗历史研究的新路径——"禅宗史"。对于以铃木大拙为首的重视"体验"的禅学研究路向,柳田常常示以"同情心的理解",但他并不完全采纳。柳田向往以胡适为代表的"研究型"的近代历史学禅学研究,但作为临济宗的僧侣,他的笔下仍然流露着宗派上的偏好。柳田试图用历史学的眼光观察禅宗各个不同阶段发展、演变的历史及其特征,但他"重唐轻宋",认为宋代禅是唐代禅的"异化",是一种"体制化"了的禅,不足可取。柳田的禅学研究,充满着鲜明的自我个性。而这种鲜明的个性,其实也反映在他关于《临济录》和临济义玄的研究上。柳田先后出版 6 部关于《临济录》的专著,在柳田的禅宗文献学研究中,我们可以看到《临济录》被层层解构,被系谱化,甚或被"一分为二",化约为"原来的"与"后来的",被甄别为"真实的"与"虚构的"。至于临济义玄,柳田一方面反对把临济义玄视为一宗一派的祖师,主张应该把临济义玄从传统宗派观念中解放出来,作为一个"历史人物"来看待,还其本来面目;在另一方面,柳田又对临济义玄充满着想象,并且将其人格理想化,甚至视为偶像式的存在。柳田同时对《临济录》中出现的"普化"这位符号性人物给予特别的关注,同一时期还对一休的《狂云集》进行研究,在柳田的笔下,临济、普化和一休,似乎构成了柳田版禅学叙事的一种符号——禅思想的"原型"。

柳田圣山关于《临济录》的诠释及对临济义玄人物思想的"格义",在很大程度上受到先前的铃木大拙等人的相关研究的影响,但并不是"照着讲",而是"接着讲"。柳田圣山关于《临济录》的诠释和对临济义玄人物思想的"格义",充满着柳田本人的鲜明的"问题意识"。

随着近年来中日佛教学术交流的日益频繁,我国学界对柳田圣山的禅学研究成果有了初步的了解,而于柳田禅学背后所隐藏的"问题意识"的认识却不很充分,本文则旨在探讨柳田圣山通过对《临济录》的诠释和临济义玄人物思想的"格义"所表现出的"问题意识"。

(一) 禅语录是一种"圣典":柳田关于禅语录的基本观点

对禅宗稍有涉猎者,不难发现禅宗的语录和灯史都是一些非常特殊的文献。记载禅宗发展与演变历史的文献,当然是那些被称之为传灯录的书籍,即禅宗的史书。然而,在严格意义上,这些史书并非完全记述了禅宗的史实,因而其可信度便成了问题。同样,禅宗的一些语录,也不同于佛教其他宗派的典籍和祖师语言,柳田称它们是"充满着俗语和荒诞无稽之说"。柳田在对早期禅宗文献的研究中所表现出来的最大特征之一,可以说是基于历史学、文献学的方法论,对中国初期禅宗的文献进行批判性研究,去伪存真,还禅史以本来面目。柳田的这种研究方法,对后来的禅宗研究影响极大,成为今天禅宗研究的最一般性方法。

柳田还将这种历史学、文献学的方法论应用到唐五代禅宗的研究中,特别是在关于禅宗语录的形成情况的研究方面,取得了惊人的成果。

这方面的代表性成果,即是发表于《东方学报》57 卷(京都大学人文社会科学研究所,1985 年)的《语录の历史——禅文献の成立史的研究》。该文洋洋 30 万言,因此,与其说是一篇论文,倒不如说它是一部专著更恰当。从内容看,该文是在此前出版的《初期禅宗史书の研究》的基础上写成的,因此,两者之间应该存在着密切的关系,可以说是姊妹篇。

对于为何要重视"语录"的研究,柳田在论文中直接探讨了禅宗特有的"语录"的形成过程。柳田认为,禅宗"语录"的特征,并不在于它是一种著述,而在于它是关于"宗祖言说的听闻记录,是一种圣典"。他还指出,禅宗语录"一方面保持着圣典的权威,另一方面又包含着低俗离奇的言词",是"具有两种相互矛盾含义"的典籍。

柳田还考察了"语录"这一名称在禅宗历史上出现的年代。他指出,"在语录这一名称得到一般化之前,即自六祖慧能的徒孙之后,禅的第一手数据,或被称为语本,或被称为广语,或被称为语要,或单单地被称为语。它们被集合起来,一方面被编纂为通史,另一方面还被编纂为语录全集,于是就诞生了通常称呼的语录"。柳田对"语录"形成过程的分析极其明快。

柳田的目的在于对"语录"在禅宗史上出现的经纬进行历史的考察。其中,他特别注意的是,在"语录"的形成过程中,《六祖坛经》拥有了作为真正含义的"经"的权威。我们知道,《六祖坛经》虽然称作"经",但在内容上实属于禅宗的"语录"之类。柳田认为,无论是神会的《南阳和尚顿教解脱禅门直了性坛语》,还是《六祖坛经》,它们都是关于戒坛授戒的说法记录,这些"坛语"的记录后来演变为《六祖坛经》,于是出现了将祖师的"语录"称为"经"的现象。这一现象的特征在于"将佛陀与祖师同格",这构成了"禅佛教的特色"。但是,柳田还指出,这种现象并非始于禅宗本身。他认为,从道宣的《关中创立戒坛图经》《祇园图经》可以看到,有关戒坛的规定,"并非单单是著作,而是经典",因而与戒坛规制的性格应该具有密切关系。这样的观点极富新意,对以后的《坛经》和语录所具有的特性的理解,产生了深远的影响。

(二) 从《临济录》中发现"自由人"

柳田关于临济和《临济录》的研究,已出版的专著有《临済ノート》(春秋社,1971 年),注释和解说类以及现代日语译注类有《训注临济录》(其中堂,1961年)、《临济录》(佛典讲座 30,大藏出版社,1986 年)、《無の探求 中国禅》(佛教の思想 7,与梅原猛合著,角川书店,1969 年)、《禅语录》(世界の名著 18,中央公論社,1978 年)、《临济录》(中央クラシックス,中央公論社,2004 年)等。柳田在一篇关于《临济录》的"解题"中曾叙述他对《临济录》一书的感想,《临济录》这本书,对于他来说,已经成为不可替代的座右铭式的书,因为有了这本书,他终于渐渐地从战后二十余年的荒凉沙漠中走了过来。临济是他名副其实的精神食粮等①。临济和《临济录》,对于柳田来说,已不仅仅是学术兴趣和宗派信仰层面的问题,而且是他个人人生观的问题了。

基于这样的认识,柳田强调应该把临济义玄视为一个活生生的历史人物,返回到临济所生活的时代去把握临济的"原思想"。他认为,后世的人们对临济的思想有一种"极端的理想化"或者"神格化",而他自己的工作便是解构这些被神话化了的东西。在柳田看来,从宏观的人文历史视野审视,临济的禅学是无限自由的,有着独自的个性和高度;临济比起作为临济禅的祖师,不如作为一个活生生的人更为彻底,临济才是最为大声疾呼人的价值的人物。因此,柳田强调,阅读《临济录》,需要有一个明确的态度,即不能把它作为临济宗的圣典,而是把它看作一位"宗教人的言行录"去阅读。柳田认为,只有这样,我们才能从这本书中"倾听到亲身经历唐末严酷历史的一位自由人的呼喊"。柳田把这种"自由人的呼喊"称之为"绝对无条件的人的价值",而《临济录》就是高扬这种价值的语录;《临济录》之所以被称为"语录之王",其理由也许就在这里。

关于临济义玄禅学的特色,柳田这样概括说,临济禅是一个在野的自由人的佛教,一个彻头彻尾的赤裸裸的宗教;临济说过无依道人、无位真人。这就是指的自由人。柳田对《临济录》中的用词出现的频度进行过统计,结果发现"不""无""总不""皆无"这些否定词最多,而"人"是继这些否定词之后使用频率最高的词语,有 196 次之多。柳田指出,"人"在汉语里具有一般意义,也有经过历史的演变而形成不同的含义;在佛教指众生,在西欧指人文主义等。然而,在《临济录》中,则是一个带有特殊问题的词语。柳田列举三个用例进行论述。第一例是"是你即今目前听法底人",第二例是"即今识取听法底人",第三例是"唯有道流目前现今听法底人"。柳田认为,这几处出现的所谓"听法底人",实际上就是指

① 《临济录》,佛典讲座 30,大藏出版社,1986 年,第 9 页。

"眼前每一个人当下都是佛,都是祖,都是绝对的理想人格"。

柳田还指出,临济的这种"人"思想的独自性,还表现在"祖佛"一词上。柳田认为,一般使用较多的是"佛祖""佛""祖师",而"祖佛"一词并不多见,这很可能是由临济新造的词语,意思是当下眼前听法的每个弟子,除此之外,更无二人,临济又称其为"活祖"。而更为鲜明地表达这一思想的,柳田认为是"赤肉团上有一无位真人"的说法。"无位真人",就是指临济说法的对象,因此,他既不是一种内在的原理性的存在(法性),也不是一种什么理想的可能性的存在(佛性)——"不是别的,就是现在听临济说法的人。"

基于这样的理解,一方面,柳田批判之前日本出版的某些关于《临济录》解释和讲义等书籍的读法不够准确,比如把"你面前"读作"你的面前"等,认为它们未能理解临济的真意。另一方面,柳田不满于通行的《临济录》的内容,认为它不够"真实",未能"真实地"反映临济义玄的思想,因此,需要寻找一个他认为最能反映临济义玄"人"思想的《临济录》的版本。柳田表白他的心情,一直以来希望能够接触到生活在唐末的临济义玄其人的气息,倾听他鲜活的声音,而最大的兴趣在于了解作为一位历史人物的临济义玄。为了解决这一问题,柳田认为,必须弄清《临济录》版本的成立情况。

关于《临济录》的成立情况,一般以北宋末(宣和二年,1120)福州鼓山圆觉宗演重开的本子视为"祖本"。也就是说,现在通行的《临济录》是在临济义玄离世250年之后成立的著作。在这250年间,其流传情况到底如何呢? 既然是"重开",说明在此之前曾有过一种本子的存在。它是单行本? 还是收入丛书之中的本子呢? 柳田经过考察推测说,宣和本经过了宋代人的修正,卷首的马防的序及本文的编辑,反映了宋代人的问题兴趣。同时,通过比较《四家语录》和《天圣广录》卷十、十一所收临济语录,认为宗演"重开"时的底本应该是《四家语录》(最初的编辑为北宋初期)所收本,而《天圣广录》临济章的底本也应该是《四家语录》。也就是说,《天圣广灯录》的本文,其实可以认为就是北宋《四家语录》所收的《临济录》。非常幸运的是,宋版《天圣广灯录》保存在京都知恩院收藏的开元寺版大藏经之中,而柳田本人亲自对它进行了考察。这样一来,经过多年来寻找的"接近临济义玄其人的鲜活的声音”的愿望,最终得以实现了。

柳田通过对宗演重开的《临济录》与《四家语录》的比较考察,发现重开本在本文中新加了八段文字,而且在排列顺序上也相异。但内容完全一致,中间较长的示众部分,在文章和排列上,并没有什么不同。柳田认为,这新加的八段文字,是宗演在宋初的《四家语录》的基础上,做了排列上的变动,新加了八段,这无疑是宗演的创意,“反映了宋代临济禅的兴趣”。那么,宋代临济禅的兴趣在哪里呢,柳田认为在于一种格式化:“也就是说,一直以一种出奇地落落大方的方式、自由地生活的临济的语言,在所谓宋朝禅的体制内被重新解读了。”因此,柳田指出,宗演重开的《临济录》虽然成功了,但“重开”是一种“改编”,而“改编”,是一种“体制化”,它带有浓厚的“宋代禅的臭味”。而且,柳田认为,这种情况对之后影响深远,或者进行“特色化”,或者进行“格式化”,或者进行“定型化”等。比如智昭在《人天眼目》中,将《四家语录》中不太被人注意的“三玄三要”“三句”“四喝”“四宾主”“四料简”等部分,视为临济的“家风”,予以“特色化”;圆悟在《碧岩录》中,对于涉及临济的部分方面,也极其“格式化”;至于南宋末期的《无门关》,虽然没有关于临济的文字,但第一则关于赵州无字公案的评唱,就出现了“杀佛杀祖”的句子。柳田认为,这些都是“颇为概念化”的举动。总之,柳田认为,宗演之后,《临济录》逐渐作为古典而得到人们的重视,但另一方面,却不知不觉地被束之高阁,只有一些被选择出来的定型化的句子,成为脍炙人口的结果了”。

然而,值得引起我们注意的是,柳田同时还把临济义玄与《临济录》所载的普化的“疯狂”相提并论,说如果说普化是“疯狂”的话,那么临济可以说是“疯癫”。“疯癫”一词,其实就是为临济所准备的;“疯癫临济”,比起作为临济禅之祖的内涵还要广大。柳田指出,《临济录》的魅力除了在于临济义玄的自由、豪迈、开放的赤裸裸的“人”思想外,还在于该书关于普化的“疯狂”的叙事;用柳田自己的话说,就是如果省去了普化的“疯狂”的叙事,《临济录》的独自魅力就将减掉一大半。在柳田看来,普化其实就是临济义玄所主张的自由理想人格的具体体现者,是临济禅的典型,或者可以说,临济千言万语的教说,可以与普化轻快的一脚相等值。因此,柳田认为,《临济录》所叙述的普化与临济,实质上具有密切关系,而不是一个偶然的巧合,尽管关于普化的记载也存在着问题,不同文献之间记载之不同,但这无疑反映了它们的某种意图。

总之,柳田对临济义玄如此情有独钟,把临济义玄与有着戏剧性色彩的人物的普化相提并论,是因为在柳田看来,临济义玄赤裸裸的"人"思想和普化的"疯狂"叙事,其实反映了一种禅思想的"原型"。柳田的这一观点,我们可以从《禅思想——その原型をあらう》(中央公论社,1975 年)一书中窥其一斑。该书虽然是一本小册子,但从章名"髑髅の章""镜の章""轮回の章""疯癫の章"这些文字,我们不难了解,柳田对于"禅思想"的理解,有他自己的特色。在该书"疯癫の章"中,柳田着重论述了作为"疯癫的临济"和作为"疯狂的普化"的形象,认为他们"破格"的言行,其实就是禅思想"原型"的一种赤裸裸的表达。"无拘无束""自由奔放"的临济和普化的形象,用柳田自己的话说,就是一个"去体制化"的"人"——"无位真人""无依道人"。柳田通过对临济的"寻梦",找到了禅思想"原型"的存在。因此,柳田关于临济及《临济录》的一系列研究,其实可以说就是寻找禅思想"原型"的一次思想历程;柳田的临济叙事,有他本人独自的问题意识。

柳田圣山是一位科班出身的禅宗学者,他擅长禅宗文献的梳理,特别是在初期禅宗文献的历史研究方面,如前所述,取得了许多令人瞩目的重要成果。与此同时,柳田又是一位富有思想个性的禅宗思想史学者,他关于临济及《临济录》长达二十余年的"寻梦",可以说如实地反映了他在禅宗思想史研究方面的奋斗历程。

三、"历史乐章凭合奏,见林见树费商量"——代结语

以上我们对胡适、萧萐父和柳田圣山三位前辈学者关于禅宗研究的特点及其问题意识分别进行了讨论。以下试做简单的总结。

关于胡适,本文通过见于胡适两篇文章所涉及的临济言说的分析可知,临济义玄禅学,在历史学家胡适的笔下,成为一个现代化叙事的对象。在胡适看来,临济义玄自始至终是一位历史人物,其禅学是中国佛教史中的一个"运动",是一

个可以解读的对象。作为中国思想史中的一个"不可分割的部分",其禅学的出现并不是一个孤立的事件,它的形成自有其历史背景和思想脉络,我们可以用历史学的眼光去研究它。胡适认为,临济义玄的伟大之处,在于他把"知性的解放视为中国禅的真正使命"。临济的"喝"等粗暴性言行,其实是一种"新的教学方法",目的在于让学人通过自己的努力去发现事物的真相。胡适用"困学"一词来表达这种方法。因此,作为一种"方法"的临济禅学,在胡适的历史学叙事中被合理地表述出来了。尽管从佛教徒的眼光来看,胡适这种历史学的禅学研究似乎缺乏同情的理解,铃木大拙最不能认同的似乎也是这一点。

胡适着手禅学的研习,始于 20 世纪 20 年代。20 世纪二三十年代,中国学术界处于学问新旧交替的"改良"时期,对旧学进行"革命",倡导新的学问。胡适从文学方面着手,撰写了著名的《文学改良刍议》,反对八股,倡导白话国语运动。正是因为处于学问新旧交替的"改良"时期,胡适的学术研究的"现代化叙事"倾向显得更加强烈,他对禅宗的研究,其实就是为了完成一部"中国思想史"而展开的,应用性和目的性很强。这是时代的要求,学术的需要,而不仅仅是历史学方法论层面的问题。他介绍禅学的方法,把临济义玄的"喝佛骂祖"视为一种"困学"的教学"方法",其实与当时胡适所处的中国学术背景不无关系。而且,需要指出的是,胡适论述禅学方法的那篇讲演稿《中国禅学之发展》就是 1934 年胡适在京师大学堂(今天的北京师范大学)学习教育的在读学生撰写而成的。胡适在演讲中曾明确指出,从 7 世纪到 11 世纪这一派禅宗学人的方法与教学对于学习教育的人来说,多少也该有点启示。[①] 因此,胡适把临济义玄的"喝佛骂祖"的言行视为一种"困学"的教学方面,对此我们需要结合当时的话语对象和时代背景去理解,去评价。与此同时,对于胡适始终强调通过历史学的方法论以揭示禅宗的历史,去神话化,从而对日本学者"只是相信,毫不怀疑"的研究态度,持批判态度,我们同样也应该结合当时的时代背景去理解,去解释,去评价。

关于萧萐父先生的禅学研究,本文仅讨论了《禅宗慧能学派》一文。萧先生

---

① 胡适:《胡适说禅》,潘平、明立志编,东方出版社,1993 年,第 192 页。

是一位中国哲学史家,他对禅宗的论述,是基于中国哲学史的"问题意识",并不是为了研究禅宗而研究禅宗。萧先生把佛教、禅宗视为中国哲学的一个重要组成部分,用他的话说,就是中国哲学史的"泛化"。"平等智观儒释道"(萧先生晚年诗作《金缕曲·八十自省》句)的学术态度,可以说是萧先生撰写《禅宗慧能学派》一文的初衷。也就是说,萧先生在强调对中国哲学史"纯化"的研究的同时,不忘关注作为中国哲学史"泛化"的禅宗哲学,是基于他对中国哲学史发展的深刻洞察的结果。而在关于"中国哲学"的身份"合法性"问题的讨论比较热门的今天,萧先生的"纯化"与"泛化"之说,应该具有积极的现实意义。

至于柳田圣山的禅宗研究,本文具体聚焦了他关于临济义玄和《临济录》的研究。柳田圣山的临济研究,带有鲜明的时代烙印。柳田正式发表临济义玄和《临济录》的研究成果,主要集中在 20 世纪 60 至 70 年代之间,而开始着手研究,似乎时间更早,可以追溯到 50 年代。他回忆自己研究临济的动机时,明确指出他结合河北的历史地理环境,试图重新解释临济义玄,是出于"对第二次世界大战中一切为了抬高战意的一种反省";阅读《临济录》,目的是"以摆脱战争的咒符",而且,还说,"临济及《临济录》,是人性解放的一种票据",等等。由此,我们不难知道,柳田关于临济的"自由理想人格"的叙事,批判宋代临济禅的"格式化",重唐轻宋,强调应该把临济义玄视为一个历史人物,还原到唐末的历史语境中去理解,其实,在很大程度上,与当时日本国内的政治和社会环境有着千丝万缕的联系。因此,临济义玄到底是不是一个"自由"的呐喊者,赤裸裸的"人"思想的表达者,不能不说多少也掺杂着柳田对临济的一种想象;就像他评价铃木大拙的临济解释是"战后民主主义的第一步,并不是什么临济的思想"一样。

柳田圣山基于自己独特的问题意识而对临济义玄禅学的"自由理想人格"的想象和关于《临济录》的"寻梦",另一方面也可以说是他精神世界的一个客观的映照。柳田在前述《禅思想》一书中这样叙述他对自己身为寺院出身的身世和现代化日本社会世态的看法,指出他很早就对自己的出身感到厌恶,曾不止一次地憎恨自己的出身,下决心什么时候偷偷地离寺出走,曾一度决意以参加战争来清算如此无用的自己,许多朋友战死在沙场,自己却被留下;青春时代,曾一度阅读过《资本论》、《精神现象学》、克尔凯郭尔、陀思妥耶夫斯基,然而自己心量狭小,对这些长期无缘,而唯有宿命性地注定自己出生的禅的传统,是自己需要去思考的问题。柳田感叹经济高度增长给日本社会带来了负面影响,说自己曾经在禅寺中感到的相同的空气,现在业已扩散到了日本社会的各个方面;还说,故乡也不复存在,曾经是墓地的山岭遭到削割;汽车所排放出来的气体使树木绿叶惨遭伤害,乡下也不是公害列岛的世外桃源;水俣的病菌,已进入村庄的友人们的家庭之中;等等。结合柳田这些心灵独白式的文字,我们对于柳田之所以将毕生大部分的时间用于"寻梦"《临济录》的思想背景,似乎并不难以理解。在宗教与学术、僧侣与学者、传统与现代的张力中,柳田感到了一种困惑,这种困惑促使他在心灵深处产生了一种孤独感,而《临济录》中所塑造的"疯狂"临济和"疯癫"普化的形象,便给他孤独的精神则带来了慰藉,成为他向往的对象和讴歌的偶像。柳田对《临济录》的一系列的"格义",其实是一位思想孤独的禅宗学者的心灵写照①。

三位学者的研究之间,既有"共性",也有"殊性",同时更有"个性"——"历史乐章凭合奏,见林见树费商量"。

---

① 柳田关于临济禅学论述的特色,笔者曾撰文进行过讨论,此不赘述。何燕生:《现代化叙事中的临济以及〈临济录〉——一种方法论的省察》,载《汉语佛学评论》第 5 辑,上海古籍出版社,2017 年。

略述萧萐父先生对
儒释道三教的认识

蔡方鹿　　刘兴淑

（四川师范大学哲学学院；四川省社会科学院哲学所）

前　言

本文作者之一的蔡方鹿与萧萐父先生相识于 1981 年 10 月 15—21 日参加由中国哲学史学会和浙江省社会科学研究所联合在杭州新新饭店举办的"宋明理学国际学术研讨会"上。当时萧先生在大会发言，题目是"中国哲学启蒙的坎坷道路"。会后大会安排到浙江绍兴东湖游览，蔡方鹿有幸与萧先生同划一条乌篷船。后来又有多次机会向萧老请教，获益良多。并有两次到萧老府上请教疑难，其中第二次即 2005 年秋，萧老给我们布置了写作蒙文通先生学术思想的任务。

于是，遵照萧老的指示，蔡方鹿和刘兴淑博士历经困难，写出了难度较大的《蒙文通经学与理学思想研究》一书。在写作此书的过程中，我们学习借鉴了萧萐父先生的研究成果《含英咀华，别具慧解——蒙文通先生〈理学札记〉读后》，以及萧老的其他有关成果，这对我们的研究工作帮助很大。2007 年 7 月，该书由国学大师任继愈先生署签，蒙文通先生解放前的研究生钟肇鹏先生作序，在巴蜀书社出版，完成了萧老交代的任务。

鉴于萧萐父先生生前对蜀学研究的卓越贡献,四川师范大学和武汉大学哲学学院、国学院于 2011 年 4 月 3—4 日在四川师范大学学术厅联合举办了"萧萐父先生与蜀学研究"学术研讨会。并于 2012 年 3 月由四川文艺出版社出版了会议论文集《存古尊经 观澜明变》(郭齐勇、蔡方鹿主编)。

后又于萧萐父先生逝世十周年之际,由四川师范大学中国哲学与文化研究所主办、乐山市萧萐父纪念馆承办,于 2018 年 7 月 18 日在萧老的故乡四川乐山市萧萐父先生纪念馆召开了"第二届萧萐父先生与巴蜀文化研究"研讨会。

现值萧萐父先生冥诞 100 周年之际,为了纪念并继承先生的学术精神,我们写作了这篇《略述萧萐父先生对儒释道三教的认识》的论文,以追忆和缅怀先生。

著名哲学家、哲学史家萧萐父先生(1924—2008),治学堂庑深广,广涉儒释道,博通印中西马,不仅在印度佛学、康德哲学方面有较高造诣,而且对明清启蒙思潮、王船山思想、近现代文化思潮等领域有深入研究。萧先生主张文化多元,对中华文化与外来文化的"冲突",中国哲学的发展进程,尤其是儒释道三教的地位、相互关系及影响等方面有独到见解。"他是一个行动上的儒家和情趣上的道家。""在性情上,他综合了儒之清刚、道之飘逸和禅之机趣。他的文章有震撼人的逻辑力量,也给人以美文学的享受。"①萧先生是一个知行合一、治学与道德实践统一、反思并传承阐扬中华传统文化的哲学史家。

一、传统文化的多元流动

"传统,并非已经死去的历史陈迹,而是至今活着的文化生命。它渊源于过去,汇注于现在(经过现实一代人的参与),又奔流向未来。"②萧先生强调传统文化的流动性、社会人的主体参与性和承前启后性。他反对所谓的"抛弃论"或者"恢复说",认为"全盘西化"论和"保存国粹"论之所以必然落空,就因为两者都把

---

① 郭齐勇:《史慧欲承章氏学、诗魂难扫瑶人愁——萧萐父教授学述》,载萧汉明、郭齐勇编:《不尽长江滚滚来——中国文化的昨天、今天、明天》,东方出版社,1994 年,第 30—52 页。
② 萧萐父:《传统·儒家·伦理异化》,《吹沙集》,巴蜀书社,1991 年,第 135 页。下只注明篇名和页码。

自己身处于其中的历史传统误解为凝固化了的异己的外在物,似乎可以随意抛弃或须加抢救。"事实上,传统内在于现实的人们及其对传统的心态中,并不断地被人们评判、理解、复制和重构而成为动态的流程。"①纵观历史,正宗与异端,精英与大众,主流与支流,神奇与腐朽,从来是相待而有,并行不悖。传统是多元的,历史长河宽容"殊途百虑之学"。因此,萧先生呼吁,对传统文化以二分(或三分)剖判、多元衍变的模式代替整体泛观、单维进化的模式。

源远流长的中华传统文化是一个系统。就外部而言,它是世界文明的一个重要组成部分,受到其他类型(民族)的文化、思潮、主义、信仰等的影响,以至于相互冲突和交流;就内部而言,中华传统文化自身是一个整体,一个综合体,因其漫长曲折的发展历程和特殊的历史环境,形成了儒释道等各家思想的交锋与融合。萧先生从内外两个层面谈到了他对我国传统文化的认识。

(一) 中华传统文化的多元发展格局

中华传统文化不是单轨或一元发展。萧先生反对"一种流行的偏见","即认为儒家文化似乎可以代替或代表整个中国传统文化,把传统文化单一化、凝固化和儒家化,这显然是不符合历史实际的。"②从历史看,早在楚简中可以看到儒道互黜又互补的思想,此后中国历史的发展,文化和社会生活都呈现了一个多元发生、多极并立、多维互动的态势。丰富多彩的和而不同,恰是中国和谐文化的核心思想。"然而中国的现代化发展道路,正如它的历史发展道路,也不应当是一元的和单轨的,而应当是多元的、多轨互通的。"③无论从文化发生学的角度来审视整个人类文化,还是就中国作为东方大国而言,从来是多源发生、多元并存、多维发展的。先秦诸子百家中,真能独立发展,体用皆备,统之有宗的,只有儒、法、道三家。从传统文化的多维并存与矛盾两分的观点看,其基本格局可概括为:

1. 道、法由相依而分驰。道法相依,源于齐学传统。"稷下"学者中,不少人兼通黄老刑名,提倡道、法合一,以黄老道德为体,以刑名法术为用。故《史记》以

---

① 萧萐父:《传统·儒家·伦理异化》,《吹沙集》,第 135 页。
② 萧萐父:《道家·隐者·思想异端》,《吹沙集》,第 149 页。
③ 萧萐父:《吹沙三集·自序》,巴蜀书社,1995 年,第 2 页。

老、庄、申、韩合传,并称"申子之学,出于黄老而主刑名",韩非"喜刑名法术之学,而归本于黄老"。但道、法两家在思想上本有分歧,尤其三晋法家与南方崛起的荆楚道家如庄子等更多龃龉。当儒、法两家政治合流而跃居统治思想的正宗地位,道、法两家更是背道而驰。

2. 儒、法由相乖而合流。儒、法相乖,源于春秋战国时社会变革中的对立势力,一主"礼治",一主"法治",路线不同,针锋相对。孟轲反对法家主张的兼并战争和土地私有化;商鞅则把儒家提倡的礼乐、《诗》《书》、孝弟、仁义等斥为足以"亡国"的"六虱";韩非也直斥儒家学说是"疑当世之法而贰人主之心"的"邦之蠹",并称儒家推尊尧舜、颂美三代是"非愚则诬"。儒家亲亲而尚仁,宣扬德教仁政;法家尊尊而尚功,强调刑赏法治,在社会变革时期两者似乎冰炭不相容。到战国末年,荀况强调"法后王""美当今",兼重礼与刑,儒、法思想开始走向融合。秦汉之际的儒生们总结秦政得失,继承秦制,融摄法家。汉初董仲舒等将其吸入儒家伦理政治体系,形成"王道之三纲",建立起"杂霸、王道用之"或"阳儒阴法"的"汉家法度",并一直沿袭下去,成为历代封建专制主义政统的轴心。

3. 儒、道由相黜而互补。儒、道异说,源于齐、鲁异政,更衍为荆楚学风与邹鲁学风取向之不同。战国时,孟子力辟杨、墨,庄子则剽剥儒、墨,孟、庄同时而未谋面,但思想路线早已形成对立。到汉初,儒、道互黜,在政治、思想领域的冲突更是尖锐。直到三国曹魏时的夏侯玄、何晏、王弼等煽起玄风,讨论儒道离合问题。玄学正宗从学派形式上初步实现了儒道两家的兼容和互补。再经过佛道二教的激荡而形成宋明道学新思潮,宋明道学正宗可以说从理论内容上实现了较深层的儒道互补。[①] 学术思想上所实现的儒道互补,反映了现实生活中某种社会心理的需要。

(二) 中华文化与外来文化的多维互动

世界文化是"多维互动"的。"纵观数千年历史,中华民族在其独立发展过程中,曾经有两次大规模地引进和消化外来文化并因而促进了中国文化的跃进发

---

① 萧萐父:《道家·隐者·思想异端》,《吹沙集》,第 156—157 页。

展。"①第一次,公元1—8世纪,印度佛教思想传入并逐步中国化,参与到中国哲学的发展进程中,成为中国传统文化的一员。永明求法,白马驮经,罗什、达摩东来,法显、玄奘西访……经过无数高僧、学者的艰苦努力,引进、翻译、合本、格义、研究、消化,花了七八百年,终于把这一异质文化移植过来,使其融入我们民族精神生活的许多方面,经过消化以后的进一步再创造,又传播到东亚各国,大大丰富了人类文化。"佛教在中国化过程中,既容纳儒家'忠孝'等伦理规范,更由禅宗大量吸取孟、庄思想。"②"我认为《肇论》(东晋)、《大乘起信论》(南朝梁)、《坛经》(唐)三本书,是佛学中国化的三个里程碑。"③佛学的中国化,是一个多维互动的漫长过程。

第二次,中国文化与西方文化(包括希腊和希伯来两个传统)的碰撞与融摄,从17世纪利玛窦到中国开始,到现在还没有完成。尤其是四百年来,中华文化与西方文化之间的汇聚、冲突、矛盾、融合,经历了无数曲折,留下了许多历史教训。中国人对于西方文化的认识,有一个由肤浅地认同到笼统地立异,然后察异观同而求其会通的过程。其间,就中西文化的冲突、论争来说,大规模地进行了五次,即明末清初、鸦片战争以后、"五四"时期、"五四"以后至抗战后期、20世纪80年代以来。④ 萧先生主张把明代万历到"五四"这个时期,即明清之际的早期启蒙思潮的崛起及其历史延续,作为中国传统文化近代化的全过程来加以考察。这是中西新旧文化递嬗的枢纽。"五四"以后,作为西方文化最新成就的马克思主义传入中国,更使这一文化融摄工作具有了新的世界意义。20世纪80年代以来,萧先生力图抛弃过去的历史陈说,从明清之际启蒙思潮中寻求中华传统文化的现代化与西方先进文化的中国化的"历史接合点",在更高层次上寻求中西文化的融合。

在文化观上,萧先生反对纯粹的"冲突论",认为胡适之、陈序经的"全盘西

---

① 萧萐父:《对外开放的历史反思》,《吹沙集》,第37页。
② 萧萐父:《隋唐时期道教的理论化建设》,《吹沙二集》,巴蜀书社,1999年,第208页。
③ 萧萐父:《中国传统文化的现代化与西方先进文化的中国化——1995年12月答广东〈学术研究〉编辑问》,《吹沙二集》,第51页。
④ 萧萐父:《文化反思答客问》,《吹沙集》,第70—73页。

化""充分世界化"主张有其合理与偏颇之处。所谓的"西学中源"和"中体西用"诸说,虽然热衷于引进"西学","以西为用",但仍尊"中体"为神物,仍然陷于中西对立、体用两橛的思维模式之中,他们按"中体西用"的范式所容纳的西学,全然没有与中国传统文化中已经"破块启蒙"的新生面相融合;他们既没有找到中华文化的历史发展所已孕育出的近代化的"中体",即可以向近代转化的思想文化主体,也没有发现近代西学与中国传统文化的历史接合点。因此,历史形成的"西学中源""中体西用"等思维范式,把人们引入了历史的迷途,终被历史所扬弃。萧先生主张超越这种思考模式,重新寻觅现代化的生长点,强调不同文化之间的交流会通。他说:"我们所面对的将不是'文明冲突论'所夸张的儒教文化与基督教文化的冲突,而是中西文化在更高层次上的会通融合。"①2005 年在珞珈山召开的"新儒学第七次国际学术研讨会"上,萧先生送去的贺联即是:"多维互动,漫汗通观儒佛道;积杂成纯,从容涵化印中西。"②

二、对儒释道三教传统的认识

中华传统文化是一个多元并存、多维发展的系统,主要包括儒释道三个子系统。三教间的冲突与融合,是中华文化形成、发展并保持活力的动力。但这并不排除三教系统的各自独立存在。萧先生虽然肯定了三个系统,其态度却有所不同。

(一) 对儒家伦理异化及道统论的质疑

对于儒家传统,萧先生给予充分的肯定:

> 历史上所谓儒家思想,从晚周到清末,经过与中华固有的道、法、墨、名、阴阳家思想,蒙、满、藏、回等各族传统思想交相融合,又与外来的印度佛教各派思想、西方各家思想,先后汇合,屡经变异,分殊发展,但毕竟摄取各家,

---

① 萧萐父:《吹沙三集·自序》,第 2 页。
② 萧萐父:《吹沙三集·自序》,第 2 页。

为我所用，而自有重心，蔚为中华文化中的主流学派之一，形成一个多向度而可供诠释者自我选择的丰富传统。①

萧先生描述了儒家传统的形成过程，揭示了儒学与其他学派的多维互动特征及历史地位，认为其历史变化包括原生、衍生、变异、衰落诸阶段：

原始儒学，立论朴实，旨在重视人伦和人的实践智慧，追求理想的社会和谐秩序。孔子博学好古，总结三代文明的盛衰，提出"仁""礼"结合、"孝悌"为本的伦理原则；孔门各派多元发挥，而颜、曾、孟、荀，颇能以人伦为中心，各有侧重而又互补地完成了"修己治人"的"仁义"之学体系的建构。宗法制的历史沉淀就是儒家所谓"成己成人""内圣外王"思想体系重心的扎根处。

儒家传统在其衍生、变异阶段，形成多层的结构，并随时代发展而不断变化其内容。一是儒经的传统。儒家以丰富的古文献作思想载体，吸聚了历代知识精英，发挥了特有的文化优势，成为中国传统文化中最丰腴、最庞杂的一份遗产。二是儒行的传统。"冠、婚、丧、祭"等基本宗法礼仪和"入则孝、出则悌"等基本行为规范，本依存于以小农为基础、以血缘为纽带的宗法制遗留，与群体生活实践和群体价值意识脉息相通，这是儒家传统特具再生力的深层社会基础。三是儒学的传统。儒者强调文治教化的作用，主张"尊德性而道问学，致广大而尽精微，极高明而道中庸"，注意对历史遗产的继承，对外来文化的汲取，对自身理论的加工，对异端思想的涵化，从而使儒学思想体系具有较大的包容性，得以长期居于统摄的正宗地位。四是儒治的传统。儒学的包容性体现在政治上既可以儒法合流、儒道互补，而儒行的内容尤重"安上治民""以天下为己任"的从政意识，从"三纲八目"到经世致用，从维护"皇极"到赞美"循吏"，构成儒家传统的政治内核。治统与学统，政统与道统，相互依存，相辅而行，遂使历代王权既可以缘饰儒术、宣扬德治、自称圣王，又可以用卫道名义兴文字狱、诛心中贼，以理杀人。这四个层面，各成系统而又紧密相结合，故：

---

① 萧萐父：《传统·儒家·伦理异化》，《吹沙集》，第 141 页。

　　所谓儒家传统,并不仅是一种学术思想或精神资源,而是依附于一定的经济政治制度的伦理规范、社会风习、文化心态、价值理想等的综合体,涵盖面广,渗透力强,在历史上曾起过重大的支配作用,尽管经过近百余年的历史沧桑,它在民族文化的深层结构中仍具有不可忽视的再生活力。①

　　这里,萧先生指出了儒家传统的复杂性和综合性,尤其突显了它的强大影响力和"再生活力"。儒家传统不是单维的、凝固的,它是中华传统文化现代化的一个活水源头!

　　然而,儒家传统在形成发展中,却出现了"类似宗教异化的伦理异化现象"②。在《传统·儒家·伦理异化》一文中,萧先生阐述道,原始儒家既论证宗法伦理根于人心,为人的类特征所固有,又强调宗法伦理规范为圣人所制定,是人类所必需。尽管孔、孟、荀还保留了某些天命神权或神道设教的传统思想,但从伦理实践的角度肯定了人作为主体的道德自觉的意义,并没有把作为客体的社会必需的伦理规范绝对化。秦汉新儒家实现了儒法的政治合流。韩非的"三纲"思想被纳入儒家的礼教体系,宗法伦理由相互的道德感情转变为绝对的伦常义务,由自觉的道德要求逐步变为强制的行为规范。于是,由董仲舒开始形成了"王道之三纲,可求于天""屈民而伸君,屈君而伸天"的神学理论。往后,发展为"名教本之自然"的玄学正宗,再发展为"明体达用""理一分殊"的理学正宗,始终都在论证宗法伦理及其政治推广的纲常名教的神圣性和绝对性。绝对化的纲常名教,日益成为丧失了主体自觉道德的异化的伦理教条,其所维护的宗法等级隶属关系,日益变为人性的桎梏,变为道德自觉的反面,人的真正价值被全面否定。伦理异化,是中国封建社会特有的历史现象。程朱理学为伦理异化的典型形态。有别于学人将从孔孟到宋明儒者所讲的"天人合一""知行合一"的"心性之学"视为"中国文化之精髓",而宋明时期的道学兴起乃是中国思想史上媲美晚周的"第二个黄金时代"的观点,萧先生的看法则截然不同:"我认为宋明道学的主流和本

---

　　① 萧萐父:《传统·儒家·伦理异化》,《吹沙集》,第144页。
　　② 萧萐父:《传统·儒家·伦理异化》,《吹沙集》,第146页。

质仍然是属于中世纪的蒙昧主义,但其理论特征在于辩护伦理异化的合理性。"①"儒家传统的伦理至上主义,我认为并不是什么人文精神,相反地,是人文主义的对立物,只是一种维护伦理异化、扼杀人文意识的伦文主义。"②

除了指责其"伦理异化"违背自然、扼杀人的道德主体性外,萧先生还对儒家的统一性(一脉相承性),尤其是"道统"说表示怀疑。他说:

> 儒家及儒家传统等词,论者习用之,其实名实颇多龃龉。因为历史上并不存在统一的儒家,也不存在一脉相承的儒家传统。儒门有所谓"道统"之说,假托孔子预言"董仲舒,乱我书",算是最早的神学谶记;韩愈自觉编造的"道统",尊孟贬荀,于史无据,与汉儒皆尊荀、传经多出荀门之史实全然相背。韩愈编造的"道统"名单,到宋初石介、孙复等,还在孟轲之后加上荀卿、董仲舒、扬雄、王通、韩愈,并不全然排斥汉唐诸儒。而到了南宋朱熹手里,则一方面上溯伏羲,又牵强附会把"道统"内容规定为所谓"十六字心传";另一方面又全然撇开汉唐诸儒包括韩愈,而在孟子之后直继以二程,后又稍扩充为周敦颐、邵雍、张载、司马光等所谓"伊洛渊源",而他自己当然以"道统"嫡传者自居。从此,由朱熹所虚构,由元明清三代皇权所钦定的所谓儒家道统,成为一种强制推行的思想史范式,遮蔽了历史的真实。③

萧先生梳理了儒门"道统"说的源委,指责韩愈"编造"的"道统"过于夸大孟轲,却不尊重汉儒皆尊荀的史实;朱熹"虚构"的"道统",不仅在范围上将源头上溯至伏羲,牵强附会地规定了道统的内容,而且抛弃汉唐诸儒,补上"伊洛渊源",将自己纳入此传承谱系之中,以示传承之正宗。然而,以"道统"说为核心思想的程朱理学却在封建社会受到统治者的大力提倡,并强制推行。萧先生明确否定这种思想史范式,认为"道统"说不是历史的真实反映。

---

① 萧萐父:《文化反思答客问》,《吹沙集》,第62页。
② 萧萐父:《文化反思答客问》,《吹沙集》,第65页。
③ 萧萐父:《传统·儒家·伦理异化》,《吹沙集》,第137—138页。

"历史的真实"是什么？

"其实，儒家夙以'杂'见称。"①萧先生以儒学发展的几个重要阶段将儒学"杂"的历史呈现出来。

先秦时期，孔子去世后有子张、子思、颜氏、孟氏、漆雕氏、仲良氏、孙氏、乐正氏等八儒之分。漆雕氏之儒，被称为"不色挠，不目逃，行曲则违于臧获，行直则怒于诸侯"，以其"廉""暴"学风与孟、荀都敬重的宋钘的"宽""恕"学风相对立；章太炎尊"儒侠"一派，称其"刚毅特立"别树一帜。试问，若溯及先秦而论儒家传统，究何所指？是指孟轲氏之儒，抑或指与孟轲持论相反的荀卿氏之儒？或是指与孟、荀都大不一样的漆雕氏之儒？如果概指各家，应绎其共性，如果仅指某一家，则举一废百，名不副实。

到汉代，初有儒、道互黜，稍后儒得独尊，且儒林与经师合一，似乎有儒经可据，易于趋同；事实上大不然，儒经一开始流传，就发生了文字训解、师说家法、思想原则等方面的种种分歧。突出的是经分今、古文，在一系列重大问题上互不相容。与此交织，稳定汉王朝的大批"酷吏"和"循吏"，倒堪称儒法合流的汉家法度的真正实践者，而大批标榜名教的"儒生""名士"，反而成为儒学培养出的伪君子。如论汉代儒家传统，究指申培公、辕固生等固执儒学原旨之儒？或指被儒门斥为"曲学阿世"者如公孙弘、董仲舒之儒？还是指眭弘、盖宽饶等竟以思想罪被迫害致死之儒？即便如依孙复等独尊董仲舒为使"圣道晦而复明"的汉儒代表，也难以排除传统中别有尊韩婴、尊刘歆、尊扬雄、尊王充而斥董仲舒为"淫巫瞽史""义和团之远祖"等说法。

至于宋元明清时期，似乎三教分立，各成一系；儒家由经学发展为理学，不断得到皇权支持，作为科举考试定本，俨然成为思想正宗。明初编出三本《大全》，似乎达到空前的稳定与统一。其实大谬不然。仅就北宋儒学而言，就有王安石新学、司马光朔学、张载关学、二程洛学、三苏蜀学等不同学派的多角对立；到南宋，既有朱熹、陆九渊、吕祖谦之间的激烈争论，别有陈亮、叶适等从根本上反对

① 萧萐父：《传统·儒家·伦理异化》，《吹沙集》，第138页。

理学家们的心性空谈；郑樵、马端临等更以空前的博学，别创文化史研究新风，而独步当时。明朝王阳明以对朱陆的双向扬弃而另创新说，王学又以良知说的内在矛盾而导致王门各派的多向展开；通过泰州学派的分化而由何心隐、李贽引向"异端"，再通过东林学派的实践工夫而由黄宗羲完成对王学的自我否定；明清之际的特殊历史条件下更崛起一代早期启蒙学者，各有师承，各具特色，但大都不超越出儒家的藩篱。仅就儒门一家而论，已是异说纷纭，单是朱、陆之争，就势同水火。

鉴于对儒家经典诠释的多样性，自先秦至宋元明清，儒家一直处于宗派似合实分的进程中，萧先生在被问及如何看待儒家及儒家传统的人文精神时，答道："传统文化是多元的，儒家仅居其一；儒家的发展也是多元的。是否有一个思想一致、一脉相承的儒家传统，我认为值得怀疑。"①"源远流长的中国哲学史，并不是什么'百家往而不反'的可悲战场，也不是什么千古心传的'道统'记录，而是中华民族的哲学智慧在艰苦曲折中发展的合规律的必然历程。"②

(二) 对道家风骨、人格的欣赏

有鉴于儒家的伦理异化，萧先生更为欣赏道家。他说：

我近年写了几篇道家的文章，似有提倡道家的味道，我欣赏道家的风骨、道家的人格，它坚持道法自然的观点，反抗人性的异化，用我的说法即"伦理的异化"。黑格尔、费尔巴哈、马克思讲宗教异化、政治异化、劳动异化，我提出还有与宗教异化相类似的伦理异化，在中国传统研究中应注意这个问题。伦理异化，在后期儒家那里是加以辩护的，而道家是反抗的。在这点上，我赞成道家。道家还注重生命哲学，注重人和自然的协调关系，有现代意义。③

① 萧萐父：《文化反思答客问》，《吹沙集》，第64页。
② 萧萐父：《中国哲学史方法论问题刍议——新编〈中国哲学史〉导言》，《吹沙集》，第373页。
③ 萧萐父：《中国传统文化的现代化与西方先进文化的中国化——1995年12月答广东〈学术研究〉编辑问》，《吹沙二集》，第44页。

道家道教在中国传统文化中占有重要一席。道家出于史官,是就其文化背景、思想理论渊源而言,道家多基于隐者的社会实践,则指其依存的社会基础。隐者中的道家,以巢父、许由为最高典范,相比于作为正宗思想的儒家(实则儒法合流,为申韩之儒),道家思想以其被罢黜、受排斥的现实遭遇,更以其固执天道自然、抗议伦理异化的理论趋向,一直被视为思想异端,历代道家学者仍倔强地从事于学术、文化的创造活动和批判活动,不断取得许多重要成果,尤其在发展科学、文艺和哲学思辨方面作出了超迈儒家的独特贡献,从而形成了我国历史上别树一帜的道家文化传统。

两汉时期,封建皇权缘饰儒术,依靠大批酷吏和循吏交织成封建专制主义的政治网罗与思想网罗,在大批儒林博士"曲学阿世"、奔竞利禄、"天下学士靡然向风"的情况下,身受腐刑的司马迁,卖卜为生的严君平,投阁几死的扬雄,"废退穷居"的王充等都退隐民间。魏晋时期,当朝名士所宣扬的玄学正宗,莫不主张"以儒融道",而固执道家思想的在野名士,笑傲山林,则主张"非汤武而薄周孔""越名教而任自然",乃至直斥"六经为芜秽,仁义为臭腐",如嵇康、阮籍等,又如"清操自然"、征聘不就的杨泉,盛倡无君论的鲍敬言,隐居著论、驳斥报应的戴逵,不惧围剿、坚持神灭的范缜,等等。隋唐时期,在儒学正宗的统摄之下,佛、道两家均有发展。但真心坚持道家思想风骨的士人,或自甘隐退,或总被排斥,他们中间出现了不少优秀学者、诗人、科学家,例如赵蕤、孙思邈、成玄英、李荃、王玄览、刘蜕、李白、孟浩然、元结、罗隐、皮日休、陆龟蒙、谭峭等,他们中的一些人虽非全属道家思想,但其批判锋芒却显示了明朗的异端性格。

宋元明时期,除了理学正宗、庙堂文化之外,异端学术、山林文化仍有较大的发展。如,两宋之际的郑樵、宋元之际的马端临开辟的"通史家风",远超宋元诸儒,影响尤为深远。又如,宋元之际自号"三教外人"的邓牧,元末明初的刘基、叶子奇,明代,在阳明心学的发展、分化和自我否定的潮流中,出现了颜钧、何心隐、李贽等活动于民间的许多思想家。他们大都把阳明心学中昂扬主体自觉的"狂者"意识,发展到对封建纲常名教的权威的否定。他们狂傲不羁,揭露"假人",呼唤"童心",主张个性解放,反对伦理异化的许多言论,虽属时代要求的反映,也有道家思想的渊源。

明清之际,"天崩地解"的社会震荡,"破块启蒙"的思想异动,在中国历史上是空前的,涌现出一大批灿若群星的思想家。他们中间,就其思想蜕变与以往道家传统和异端性格的深刻联系而言,傅山可说是一个典型。傅山思想的最大特点是自觉地继承道家,鲜明地批判"奴儒"。"傅山思想最能反映时代脉搏者,为反奴性、反奴气、反奴俗、反奴才。"①中国历史上的异端思想和批判意识的承担者,虽非全出于道家,但确有不少是具有道家思想风骨的隐逸人物。

综上,在萧先生看来,中央集权的封建专制法度确立之后,在儒法合流、儒道互黜中,道家虽长期被斥为"异端",但仍然以茁壮的学术生命力和广泛的思想影响,渗入民族文化意识深层,成为传统文化中的主流学派之一,并具有其独特的思想风骨。道家风骨的形成,自有其思想文化条件和深远的社会根基。萧先生特撰文概述道家风骨的内涵:① "被褐怀玉"的异端性格,是道家风骨的重要特征。② "道法自然"的客观视角,是道家思想的理论重心,与儒家把"道"局限于伦理纲常相比,更具有理性价值,更接近于科学智慧。③ 物论可齐的包容精神,这是道家特有的文化心态和学风,萧先生具体论证了道家学风的开放性、包容性和前瞻性,并认定这是值得珍视的思想遗产。②

祖述老聃,阐扬道论,以其特有的思想风骨和理论趋向,轻物重生,反抗异化,贬斥礼法名教,主张返璞归真,追求精神自由,这是道家独特的共同学风。萧先生重视道家思想的理论重心"道法自然",倡扬道家学风的包容精神,认为道家学风的首要特点是以"尊道贵德"为理论重心,力图超越可名言世界的局限,探究宇宙万物的终极本原。道家关于道论体系的建构和对于"道"的体知途径的探索,可以说触及了真正的哲学本体论问题,其达到的理论深度,对现代人的哲学思考无疑具有启发性。道家学风在方法论上的重要贡献,可概括为通过相对主义而导向辩证智慧,由齐物论、齐是非、齐美丑、齐生死、齐寿夭等破对待的追求,而昂扬一种可贵的超越精神。承认事物普遍的相对性,避免认识上的片面、绝对

① 萧萐父:《傅山三百周年祭》,《吹沙集》,第313页。
② 萧萐父:《道家风骨略论》,《吹沙二集》,第161页。

和独断,是道家坚持的慧解。① 道家学风体现在学术史观与文化心态上,更有一种恢弘气象。从总体上与儒、墨、法诸家的拘迂、褊狭和专断相较而言,道家别具一种包容和开放的精神。"这在中国传统文化中是很值得发掘的优秀思想遗产,是具有现代意义的文化基因。"②

当然,萧先生对道家道教的研究与欣赏受到了蜀地大家蒙文通(1894—1968)和刘咸炘(1896—1932)两位先生的影响。萧先生曾以崇敬之情撰文《蒙文通与道家》,述蒙文通系统挖掘出成玄英、李荣等重玄学派对学界的道教研究的重大意义,谈论蒙文通对道家道教的理解,在梳理道教源流及其理论创造方面的研究成果、在辑校道书方面作出了重要贡献。也谈论蒙文通的理学思想、引用蒙文通《道教史琐谈》及史地观点(如上古分海岱、河洛、江汉三个文化区概念)。对于儒道传家、以"人事学"名其学问的刘咸炘,萧先生也屡次征引其《道教史征略》,并专文述其学思成就。

(三) 对禅宗慧能学派的褒扬

除了中国本土的儒道法三家之说外,萧先生还特别重视外来佛教对中国传统文化形成与发展的重要作用。他说:

> 至于中国原有的哲学,因吸取佛教哲学思辨而得到普遍提高。由佛教传入的刺激而促使道教成形,由融合儒、佛、道而产生了宋明新儒学,由对宋明新儒学的批判扬弃(并继续消化佛学,如对"相宗络索""圆∴三点"等的细心咀嚼等)而涌现出明清之际的早期启蒙思潮。中国发达的封建社会及其哲学文化,因融摄了异质的佛教文化而增强了创造活力,并因而对人类文化作出了重要的历史贡献,这似乎是无可争议的。③

儒释道三教思想是中国哲学的主要组成部分,可以说,三教的相荡相激构成

---

① 萧萐父:《道家学风述要》,《吹沙二集》,第 187 页。
② 萧萐父:《道家学风述要》,《吹沙二集》,第 195 页。
③ 萧萐父:《对外开放的历史反思》,《吹沙集》,第 39 页。

了中国哲学的发展进程,尤其印度佛教思想的传入,更是对中国传统文化乃至世界文化产生了重要影响。萧先生认为,佛教对中国哲学的历史贡献,主要表现在两方面:从哲学的高度和深度上言,世界上所有宗教无出佛教之右,因此,佛教的传入,自然大大提升了中国哲学的思辨水平;从文化的影响力看,作为一种外来文化,佛教与中国本土的儒学、道教的冲突与论争以至于融合,在其本土化的过程中,自然对道教的成形、宋明儒学的产生与发展有着极大的推进作用,从而在中国大地形成儒释道三足鼎立,又融合发展的文化格局。这种兼融并包增强了中华文化的生命力与活力,也为世界人类文化作出了贡献。

佛教的本土化进程持续了近 8 个世纪,至隋唐时期儒释道的三足鼎立,才算真正完成。隋唐佛教宗派很多,如:适应于隋唐统一大帝国的经济政治局面的综合南、北佛教教义而新创的三论宗、天台宗、唯识宗等正宗佛教宗派,以协调矛盾、粉饰现实为思想特征的华严宗,以“革新”佛教教义姿态出现、迅速取得封建品级改编中部分已经和正在上升的庶族地主广泛支持的禅宗,等等。其中,慧能(638—713)所创“南宗”,作为中国独创的佛教哲学,独盛于中、晚唐直至两宋,风靡全国,并传播到朝鲜、日本,在思想史上产生了特别深远的影响。禅宗是隋唐佛教诸宗之一。佛教史上有所谓僧稠旧禅与达摩新禅之别(南北朝时早期禅学的分派),达摩禅学传到唐代,又曾有所谓“北宗”与“南宗”之分及其他许多分派。相比之下,萧先生赞同宗密(780—814)的分法[1],并高度肯定了禅宗慧能学派的历史作用。“禅宗慧能学派,和与之同时兴起而以后基本合流的华严宗,可以说是中国封建统治思想由前期的神学正宗到后期的理学正宗之间一个承转、过渡的中间环节。”[2]他认为,慧能学派的真正思想渊源,乃是基于当时思想斗争的实际需要,承袭了南朝竺道生“孤明先发”的“顿悟成佛”之说而赋予了新的时代内容;并充分吸取和发展了魏晋玄学所提炼过的庄子的思想中的直觉体验论,用以会通佛教教义,使之进一步中国化,从而构成中国思想史上一个独特的宗教哲学

[1] 宗密在《禅源诸诠集》中谓“宗义别者,就将十室”;在《圆觉经大疏》中又列举禅门七家,宗旨不同;另在《拾遗门》中,又分为五宗,而在《禅源诸诠集都序》则从思想特点判为三家,即“息妄修心宗”“泯绝无寄宗”“直显心性宗”,萧先生认为“较有理论意义”。
[2] 萧萐父:《禅宗慧能学派》,《吹沙集》,第 252 页。

学派。"禅宗思想的出现,在一定意义上可以说是中国佛教哲学发展的顶峰;同时,也就标志着中古哲学史上佛教这一整个思潮的发展'圆圈',达到了它的终点。这就是禅宗慧能学派所进行的佛教'革新'运动的思想实质。"①

关于佛教对道教形成的影响,萧先生在《隋唐时期道教的理论化建设》一文中有具体阐述。

首先,道教与老庄道家有别,"就道教的起源说,与先秦老庄道家乃至秦汉之际的新道家并无多大关系。"②

其次,隋唐道教兴盛及其原因。佛、道二教从汉魏以来基本上是并行发展的,而南北朝佛教势力的恶性膨胀,已引起统治者的不安,激起了反佛思潮和灭佛活动,如北魏太武帝拓跋焘、北周武帝宇文邕下令禁佛,北周武帝曾倡立"通玄观",隋文帝继之尊崇道教以"开皇"为年号,隋炀帝与道教徒徐则等更深相结衲。周、隋之际,隋、唐之际,都出现了一批有政治嗅觉的道教徒,可称为政治道士,如魏徵、王远知、薛颐等对道教的发展,起了推波助澜的作用。再加上唐太宗、唐玄宗尊老崇道颇为狂热,道教兴盛起来,开始从事和儒、佛对峙的理论建设。

隋唐时期,在儒、释、道三教斗争与融合中道教进行了理论化建设。隋唐统治者虽个人各有偏好,但基本上实行的是"三教并用""三教平衡"的政策,因而使三教都得到发展,并通过斗争而走向互相融合。隋唐时期,佛教进入了系统地中国化时期,道教则开始了系统地理论化过程。道教的理论化,体现在三个方面:

其一,道教开始占领老庄玄学阵地,大兴注老解庄之风。单就注老诸家看,唐末五代道教学者杜光庭曾作过一番清理和总结,发现历代注《老子》者有六十余家,可归纳为五种指意:① 河上公、严君平为代表,明理国之道;② 陶弘景、顾欢为代表,明理身之道;③ 鸠摩罗什、佛图澄为代表,明事理因果之道;④ 刘进喜、成玄英、李荣等十一家为代表,明重玄之道;⑤ 何晏、王弼、钟会、羊祜等为代表,皆明虚极无为、理家理国之道。而各家宗旨也不相同:严君平以"虚玄"为宗,顾欢以"无为"为宗,孟智周、藏玄静以"道德"为宗,梁武帝以"非有非无"为

---

① 萧萐父:《禅宗慧能学派》,《吹沙集》,第 258 页。
② 萧萐父:《隋唐时期道教的理论化建设》,《吹沙二集》,第 196 页。

宗,孙登从"重玄"为宗。"重玄"之旨,是道教建构自己理论中的突出贡献,亦是隋唐道士注老的主流思想。

其二,道教着力于融摄佛教的思辨成果,用以建构自身的理论体系。除了一些表层的宗教仪注、名词术语的模仿、引用之外,还在深层的思辨结构和理论内容上有所吸取,主要表现为三环:① 重玄理论,作为隋唐道教理论建构中的主干思想,明显地吸收了佛学中观般若的精华,特别是通过三论宗的介绍,得以融会龙树、提婆的中道观方法论,直接吸取吉藏的"二谛义",用以诠释《老子》的"玄之又玄"。② 坐忘理论,源于《庄子》,而显然吸取了中国化佛教的最初体系天台宗的止观论。道教发展到唐代,吸取、融摄了儒、佛、老庄各家思想而系统地理论化之后,在所谓"长生""成仙"问题上发生了重大转变。即不再言"白日飞升"之类,一般不再讲外丹,而重言内丹。③ 宋元以来,南北教派林立,而以北方的全真道为主流。全真教派创始者王喆及弟子谭处端、刘处元、马钰、丘处机等,其立教思想的最主要特点,就是吸取中国化了的佛教禅宗思想,自称:"禅为宗,道为祖。"清初全真道士柳守元《玄宗正旨序》中说:玄宗"与禅宗实为相近"。禅宗与山林隐逸的结合,成为金、元一代的道风。全真派已显示"三教合一"的倾向,王喆在各地传教,先授《孝经》《道德经》,然后再授《般若心经》与《常清净经》,其弟子一再宣扬"天下无二道,圣人不两心","教虽分三,道则唯一"。

其三,道教理论化的后期发展,日益趋向于并包容在三教融合的思潮之中。整个隋唐时期的思想主潮是三教由对立斗争而趋向融合。佛教在中国化过程中,既容纳儒家"忠孝"等伦理规范,更由禅宗大量吸取孟、庄思想。援佛入儒也成为时代思潮,韩愈、李翱已多方吸取佛、道,而柳宗元、刘禹锡、王维、李贺、白居易、梁肃等更自觉地消化佛理。白居易代表儒教,成《三教论衡》一书;宗密写《原人论》,主张"会通",认为"孔、老、释迦,皆是至圣,随时应物,设教殊途"。至于晚唐道士,如陈抟、谭峭、张无梦、陈景元等,都是兼通《老》《易》及经史百家之言,都起了会通三教的作用。

综上,萧先生对中国传统文化的儒释道三家传统皆给予了不同程度的认同。其中,于中国化的佛教(禅宗),充分肯定了其对于促进道教的形成与发展、提升中国哲学的思辨水平与智慧的巨大作用。于道家,大大褒扬了其坚持道法自然,反抗人性异化,注重生命哲学,注重人和自然的协调关系的风骨与人格。于儒家,肯定了原始儒家重视人伦和人的实践智慧,追求理想的社会和谐秩序对中华民族精神的重要影响,认为儒家传统的礼教思想、伦理至上主义,有其重视道德自觉、强调教化作用、追求人际关系和谐等可取因素,然而,两汉到宋明,由对"三纲"的"神学论证"到"哲学论证",造成了以儒家传统的伦理至上主义、伦理异化与皇权的结合、披在伦理异化上的欺骗性外衣三个方面为发生特征的"伦理异化"[1]。道家与早期非正统的"异端"思想家和明清启蒙学者是反抗"伦理异化"的。萧先生于儒家的伦理异化现象是坚决否定的。同时,萧先生亦对儒家的统一性,尤其是以"十六字心传"为核心的"道统"论持怀疑态度。儒释道三教是既各领风骚又相融相通,展现出中华传统文化和而不同的极大包容意识和顽强的再生活力! 相应地,萧先生追求的人生也是集儒释道之长——儒之刚健自律、道之自然洒脱、禅之智趣空灵于一身。

---

① 胡博:《萧萐父的"伦理异化"说研究》,武汉大学硕士论文,2022 年 5 月 1 日。

论太虚的佛教与政治观

——以问题为中心

龚　隽

（中山大学哲学系）

有关中国佛教中的政教关系，学界存在着不同的意见。西方学界过去有一种观点，认为中国佛教之所以"无法复兴"，是因为中国佛教具有一种"不关心政治的特征"。[①] 而相反的观点恰恰认为佛教传入中国，经过了中国化的复杂演变，而中国化的一个重要方面，就是"政治化了的中国化"（sinicized politically）。[②] 近来学界有关亚洲佛教政教关系的研究表明，包括中国在内的亚洲国家历史上的佛教与政治之间存在着"微妙的共生关系"（ambiguous symbiosis），虽然中国佛教受到本土化思想的强烈影响，而与在印度、南传等地佛教与王权的关系呈现出不同的倾向，但中国佛教与政治之间的关联是不能否认的。[③] 陈寅恪先生在为陈垣之《明季滇黔佛教考》所写序中也认为"世人或谓宗教与政治不同物，是以二者不可参互合论，然自来史实所昭示，宗教与政治，终不能无所关涉"。[④] 这可以

---

① 如 Arthur Wright 就以庐山慧远为例，说明中国佛教徒具有遨游山林，不敬王者的传统。参考 Arthur Wright，*Buddhism in Chinese History*，Stanford University Press，1959，p. 117. 实际上，中国佛教同样有道安所提倡的"不依国主则法事难立"的政教融合观。

② Kenneth K. S. Chen，*The Chinese Transformation of Buddhism*，Princeton University Press，1973，p. 214.

③ Ian Harris，*Buddhism and Police in Asia: the Textual and Historical Roots*，Ed.，Ian Harris，Buddhism and Politics in Twentieth-Century Asia，Pinter，1999，pp. 1 – 25.

④ 陈寅恪：《陈寅恪集 金明馆丛稿二编》，生活·读书·新知三联书店，2009 年，第 272 页。

说是非常深刻的宗教史论。虽然现代社会的一大重要特征是宗教与政治之间形成了"政教分离"的格局,从而把公共性的社会空间交于俗世性的政治去处理,宗教逐渐从全能性的意识形态淡出,把重点收摄到生命本真与伦理议题的反思方面。但从更深入的意义看,宗教与政治的关系并没有完全消解,宗教虽然不再以权力的方式直接参与公共事务,但它仍然从价值意义上经常对社会政治权力形成有效力的道德检查和批判。

近代中国佛教与政治之间的关系就是一个很好的案例。晚清中国知识分子所提出的"革命佛教"论,就以有利于行动性宗教革命的结论,把佛教倾向于出世解脱的伦理与俗世的政治解放融为一体。救世与救心被理解为一个正常社会政治生活的一体两面,如梁启超就佛教与"群治"关系进行过阐述而指出在中国社会政治的治理中需要一种新的信仰作为依托。他正是从佛教中去为中国政治思想寻求背后的信仰支持。[1] 其他如章太炎、谭嗣同等近代学人都有类似的佛教政治观,当他们把西方近代政治意义上的自由、民主、平等等观念附丽在对佛教思想或政教关系的解释时,他们就在现代性的叙事脉络下建构一种新的中国佛教的政教论述。[2]

太虚(1889—1947)有关佛教与政治的论述十分丰富而又呈现出游移不定的特点,这大都缘时代的环境使然。太虚早年受到过晚清改良派思想的影响,他曾经因温州僧人华山的力荐而醉心于晚清新思想,他当时所接触到的新学思想"有康有为大同书,梁启超新民说,章炳麟告佛弟子书,严复译天演论,谭嗣同仁学,及五洲各国地图,中等学校各科教科书等"。而他于谭嗣同仁学尤爱不忍释手,谭嗣同仁学背后的思想根底正是佛教的观念,于是,这"陡然激发以佛学入世救世的弘愿热心,势将不复能自遏,遂急转直下的改趋回真向俗的途径"。[3] 太虚的这段夫子自述表明,晚清知识分子的佛教政治论对于他的影响可以说是深刻

---

① 参考其著"论佛教与群治之关系",张曼涛主编:《现代佛教学术丛刊61-佛教与政治》,大乘文化出版社,1979年,第37—46页。

② 关于晚清中国知识分子建构佛教与政治之论述,可以参考蒋海怒:《晚清政治与佛学》,上海古籍出版社,2012年。

③ 《太虚大师全书》精第29册,第191页,《太虚自传》。

而意味深长的。

太虚的人生佛学思想在中国近现代佛教界具有振聋发聩的作用,特别是他以佛教为本来论究世间种种法相时,使得近代中国佛学思想具有了鲜明的"救世神学"色彩,而他也被学界称为"中国佛教界的圣保罗"。[①] 印顺在为他撰写的《年谱》中就说太虚所标举的新佛教具有强烈的"救世之宏愿",一转传统佛教之"超俗入真"的出世倾向为"回真向俗"的入世关怀。印顺还指出太虚"体真用俗,关涉至多",而这种"体真用俗"最鲜明的表现就在于他"深见政教之关系"。太虚在《觉社丛书出版之宣言》中就明确表示,大乘佛法乃"普悟迷情,非以徒厌世间独求解脱也。故本社当修自觉行以回向真如,修觉他行以回向法界一切众生"。[②] 1923年太虚就对宗教与政治之关系发表了较为明确的论述,他提出了宗教与政治之间的本末体用关系说,"窃建立国家必有其道,方足以统人民而守土;然概其所归,不外政治与宗教而已。政治齐其末,宗教植其本;宗教种其因,政治收其果;政治以张其形式,宗教以实其精神。宗教之与政治,不可畸轻而畸重,偏崇而偏黜,此固熟于东西古今之势,察于民情风俗之微者所共认也"。[③] 他后来还从中国佛教史的视角试图阐明佛教与政治的融合本身就是中国佛教处于巅峰的一种表现,他说"六朝隋唐间佛教徒发挥其大乘救世精神,表现为服务国家社会之实际行事者,亦殊彰彰明甚"。[④] 在太虚看来,以佛法的立场去论究包括政治在内的世间之事,正是大乘佛教回真向俗的一个思想特征。太虚的政治热情可谓纵观其一生,以至于有人讥讽他为"政僧",维慈(Holmes Welch)就说民国佛教中言行最接近于"政治和尚"的就是太虚。[⑤]

维慈把太虚的佛教政治思想分为两个阶段。在20世纪20年代初期,因为受到社会主义与无政府主义思想的影响,他在政治上同情"左派";但在20年代

---

① 白德满(Don A. Pittman):《太虚——人生佛教的追寻与实现》,郑清荣译,法鼓文化事业股份有限公司,2008年,第19、76页。

② 均见印顺:《太虚法师年谱》"前言",宗教文化出版社,1995年,第1、2、53页。

③ 《呈五次中央执监会国民政府请愿文》,《太虚大师全书》第17册,第658页。

④ 《精诚团结与佛教之调整——二十九年七月作——》,《太虚大师全书》第17册,第632页。

⑤ Holmes Welch, *The Buddhist Revival in China*, Harvard University Press, 1968, p. 157.

后期又转向以国民党为代表的保守派。① 白德满(Don A. Pittman)的太虚研究也基本延续了这一看法。他提出太虚早年因与革命派人士的接触,受到无政府主义思想的影响,在政治思想方面甚至认为一个社会在"重建之前",总有一段"革命的过程"与"一段破坏",即主张革命与破坏是体制性重构的前提。到20年代中期之后,太虚转向了温和的社会政治观。② 这些看法基本符合太虚佛教政治论的变化历程。需要加以说明的是,如果从更长时段来阐析太虚有关政治或政教关系的论述,可以大致分为三个阶段:第一阶段是他早年于革命党人的接触,而论及革命、无政府主义、社会主义与佛教之关系;第二阶段是抗日战争期间论佛教抗战与和平之议题;第三阶段是30年代末期,太虚政治思想又有变化,这时候他从早年的"政教分权"转而为教政相扶的观念,倾向于政教关系的"不即不离、相互裨益"。③ 虽然他于1946年曾一度提出"佛教组党"的观念,却很快转入"佛教不用组党",并提出了他有关中国佛教政治的最后宣言,"议政而不干治"。④ 本文并不想就太虚议政的所有问题进行阐析,而拟从其诸多政教议题中抽取几项问题来略做阐明。

一、佛教立场的无政府主义与三民主义

20世纪初年,无政府主义作为一种政治思潮正式传入中国,无政府主义在中国形成了独立的政治流派。太虚早年与无政府主义思想有较密切的关联,早在1910年他就于广州与许多社会党人与革命人士有密切来往,如潘达微、梁尚同、莫纪彭等,其中莫纪彭就是著名的无政府主义者,他们一起阅读过无政府主义作家克鲁泡特金(peter Kropotkin,1842—1921)、巴枯宁(Mikhail Bakunin,

---

① Holmes Welch, *The Buddhist Revival in China*, p. 157.
② 白德满,《太虚——人生佛教的追寻与实现》,第194、196页。
③ 参见拙著,《重估太虚法师(引论)——以"中国第二历史档案馆"所藏民国教育部档案为中心》,见龚隽、陈继东:《作为"知识"的近代中国佛学史论——在东亚视域内的知识史论述》"附录",商务印书馆,2019年,第530页。
④ 参考太虚:《问政而不干治——觉群社》,《太虚大师全书》第18册,第180—183页;《佛教不要组政党》,《太虚大师全书》第31、35册。

1814—1976)、蒲鲁东（Pierre-Joseph Proudhon，1809—1865）等人的著作。① 太虚早年的政治思想经历了由立宪到社会主义，而最后无政府主义的变化。他的《自传》中就说"我的政治社会思想，乃由君宪而国民革命、而社会主义、而无政府主义。并得读章太炎建立宗教论、五无论、俱分进化论等，意将以无政府主义与佛教为邻近，而可由民主社会主义以渐阶进"。可见在他早年的政治观念中，无政府主义正是因其具有虚无主义的倾向而被理解为类似于佛教的思想，而这也正是他高度接受无政府主义观念的重要原因。把无政府主义与佛教思想相融释，这一点正如他所言可能是受到章太炎的思想影响。而社会主义在太虚早年的政治观念中，并不是作为政治理想的蓝图，而更多是作为达成政治理想的革命手段而已。

太虚早在 1913 年写作《无神论》时，就建构了他的宗教—政治史观，他从比较政治与宗教进化论的角度来阐明这一看法，指出无政府主义是共和之后的最高阶段，而宗教也从有神论最后必须进化到佛教这样的无神无相之宗教才是圆满之境。他这样比较政治与宗教的进化方式："盖政治界与宗教界进化之比较量也。政治界之进化：由酋长而君主，由君主而共和，由共和而无治；宗教界之进化：由多神而一神，由一神而尚圣，由尚圣而无教……今世界大势，已骎骎趋向于共和，宗教而与之同时进化，亦必起宗教界之大革命，创多数之新宗教，与旧宗教相剧战，尽推翻一神、多神之宗教，而公择一最哲最圣、如某君所谓与道德学理合为一物者之宗教而共奉之。由之愈演愈进，世界底于大同，则政治既归无治，宗教亦复无教，即无神之佛教……无众生相，无世界相，无文字相，无语言相，无无相，无无无相，凡现社会之所谓有者，胥一切皆可以无之，不特无神已矣。"②这里，他从进化论的角度，分别把无政府主义与佛教置于人类政治与宗教文明发展的终点，而将无政府主义之无治类同于佛教之空无境界。太虚的这类政治宗教进化模式当然还很幼稚，思想论述本身也缺乏细密的政治史与宗教史

① 《太虚——人生佛教的追寻与实现》，第 89 页。
② 《第十三编　真现实论宗用论》，《太虚大师全书》第 21 册，第 294—295 页。

研究的支持。他以进化论的历史观来理解政治制度与宗教形式的演进,这可能受到梁启超的影响。20世纪初的中国无政府主义思想中有一系认为不同的社会政治制度间并不存在着高低的阶次,刘师培就持这样的见解。而梁启超则试图把不同的政体排列在"政体进化"的阶梯来阐述,认为专制是由贵族制进化来的政体,立宪君主制或共和制又由专制进一步"进化"而来。[①] 只是在这里,太虚把无政府主义置于政体进化的最后阶段,这一点表示了他以佛教为本怀的政治史观。

可见,从一开始太虚的政治思想就表现出"终不离佛教本位"的性格,所以他的政治论述,如他自称的是"以甚契佛法救世的素愿"。[②] 太虚认为无政府主义虽然是政治思想上值得推崇的一种思想体系,但这主要是因为其思想"邻近"于佛教。20世纪初的中国无政府主义存在不同的思想潮流,有倾向于用暴力革命来解决社会不平等,而克鲁泡特金的无政府主义则主张真正的"社会进化"必须以"相互扶助"为基调,而反对"优胜劣败""弱肉强食"的生物进化观。[③] 太虚以为克鲁泡特金的思想更近于佛教的观念,因而他自己在思想上更倾向于克鲁泡特金的无政府主义。他自称对于克鲁泡特金的无政府主义有一定了解,"以予习于佛教,且对于克氏之学说亦有相当了解"。在他著名的政治学著作《自由史观》中称誉"克以前无政府党唯破坏,至克乃有建设之理"。所以他批判克鲁泡特金以前的无政府主义在政治方面毫无建设,而认为理想的政治应该是克鲁泡特金式的互助论,他说:"不但无万能之政府而以政治组织为多种社会组织之一种,且以政治组织为由于人类发挥互助本能的兴趣表现之一种,自由协调,自愿合作,丝毫不带强权性质——克鲁泡特金主义。"

有趣的是,太虚一方面盛赞克鲁泡特金的互助论是西方政治思想之极致,同时仍然要从佛教的立场指出其局限,表明对于社会政治问题的究极解决之道,还

---

① 〔日〕佐藤慎一:《近代中国的知识分子与文明》,刘岳兵译,江苏人民出版社,2006年,第266页。

② 《太虚自传》,《太虚大师全书》第29册,第194、195、226页。

③ 〔日〕佐藤慎一:《近代中国的知识分子与文明》,刘岳兵译,江苏人民出版社,2006年,第266页。

是要在佛教中去寻求。他指出克鲁泡特金的思想未能解决西方资本主义的自利倾向，"克鲁泡特金之互助进化说，虽可为解放此英雄的、财神自利帝国主义之工具，然未能从此种帝国主义根本的唯我论囚笼中释出而得自由也，故亦犹有待于佛陀。"又说，"克鲁泡特金虽发明生物皆以互相扶助而得生存进化，有契于人生宇宙无性缘成之真相，欲用人类互助本能以达自由社会，去除人类统治依赖之劣根性，而废专权制度。然若未能以世界教育运动使文化平等发展，人类之自觉心以人生宇宙四真相观，养成广大正确之知识量；又以行八正道养成充分自空自治同情演化之力量，以完成人类自由之可能性为方针，则人类互助自由社会，不等于空想，即以其唯神、唯我、唯物之迷习，演为互助以私其家、以私其族、以私其乡国、以私其阶级而相战斗争夺。"作为佛教圣徒的太虚以佛教理想主义的无我平等观为原则，提出佛教的思想并非只有抽象的"自由"平等观念，而是蕴含着"现实主义之自由原理"，可以实际运用于社会政治问题的解决，从而主张"以佛陀自由原理创建自由史观"。①

太虚基于对中外历史自由观的简单而通观式考察，就认定自由主义运动不能在西方帝国主义那里真正地完成，而必须经由佛教心性论的自由教育才能够真正实现。他一直想阐明，佛教的自由观并非只是心理或意识层面的观念，而是包含了现实主义的自由原理，但是太虚没有意识到作为宗教性的精神自由与作为制度性的社会政治自由之间还是存在着相当大的张力，这种"师自由而佛陀，师佛陀而自由"的简单原则很难直接运用于社会政治生活的领域。现代日本"左派"思想家市川白眩在批判日本禅佛教时，就提出的两种不同的自由定义。市川指出佛教的自由与现实的自由具有方向上的不同，佛教所追求的是"脱俗的自由"（desecularized freedom），而社会政治的自由是"世俗的自由"（secular freedom）。他认为，这是性质和方向完全不同的两类自由，前者并不能直接带来政治和社会的自由，世俗的自由是必须通过美国或法国式的革命才能够获

---

① 均出自《自由史观》，《太虚大师全书》第24册，第255、269、275、276、302、303页。

得的。①

太虚还以佛教思想来补充阐明克氏互助论与国家论之不足,指出克氏的互助论与佛教比较来说,还存在着"量的未圆彻"与"质的未圆彻"。所谓"量的未圆彻"是指"克氏说演进的互助性,虽然群性的动物推到社会性的人类,可说明社会的动物皆由互助而生存演进。然未能遍通地说到一切生物的各个,与大地及大空的各星,乃至分析到不可分析的各电子,一一皆是各因演化诸缘互应以生存的一群之相续",就是说,克氏的演化互助论不能像佛教思想那样"遍通到大宇永宙的全部,以成为最深最广的无限因果律"。于是克氏之所谓"公平"限于有情众生,而无法遍及一切非有情类,"在众生类虽曰公平,对于诸法亦尚为私平的不平等"。而他所谓"质的未圆彻",则是指克氏之学只停留于思想与理论的层面,无法提供实现这一思想的具体方法,而这种理行相扶的观念,只有在大乘佛教的思想中才能够完备,他把大乘佛法的"现实自由主义原理"概括为三个方面:"一、正觉心为种,二、慈惠行为根,三、方便力成就"。在这里"互助的演进,破对于异熟的愚昧;公平、破对于真实的愚昧;此二者可云正觉心。宽恕、可云慈惠行"。太虚认为克氏的互助论思想虽然"已有具体而微的质",即一定的实现理想的方法,但由于其方法还不是佛教说的"习成种种之方便力",所以其"正觉的知与慈惠的行终不能究竟成就,仍等于理想的空谈,而无实际的实行实现方法"。②尽管太虚的佛教政治论述中到处充满了以佛教为圆满的判教式的说辞,而他试图从体用不二、理事通融的立场去探究佛教政治思想中的知行合一,这一点也是有相当参考意义的。

从太虚对于无政府主义的评论来看,他在理论上总是过于笼统,不见其细工之饰密的论证,这使他没有充分考虑到他所处理问题本身的复杂性。关于太虚无政府主义,特别是无政府主义与佛教之关系论述还没有深入具体而微的理论

---

① 详见 Hirata Seiko, "Zen Buddhist Attitudes to War", James W. Heisig, John C. Maraldo, ed. *Rude Awakenings: Zen*, *The Kyoto School*, *and the Question of Nationalism*, University of Hawai'I Press, 1994.
② 《评沈译克鲁泡特金的人生善行学——十七年四月在灵隐作》,《太虚大师全书》第25册,第267、270、271、272页。

阐述,多停留在大而化之的"想象"空间,如印顺所说,太虚当时"仍本诸(西方寺)悟解之心境",而论无政府主义风格"似魏晋玄学之率真",而"浪漫精神过之"。①

白德满认为太虚在 20 年代初还倾向于无政府主义与社会主义思想,而 20 年代后起却转变成认同国民党及其三民主义的思想。实际上,太虚早年就受过三民主义的思想影响,20 世纪最初几年,太虚就受到八指头陀弟子、同盟会早期会员栖云的影响而深受三民主义思想的熏陶。太虚对于孙中山所创立的三民主义立国原则给予高度的肯定,视为最理想的现代性国家制度。他认为三民主义结合了中西政治上的精华而成,他这样说:"现在中国的三民主义政治,也还是从古代政治哲学的传统,兼采世界各国之所长而成。"②太虚于 1927 年撰写的《佛法救世主义》一文中,就从政治史的视角考察了传统"帝制"到近代英美等国的"君主立宪"与"国民立宪"的民主制度之不同,还特别论究了社会主义与无政府主义的异同,而指出"适中之道,似在三民主义焉"。③ 他于 1927 年底发表的《自由史观》更是对三民主义作出了很多"诠释"。④ 如"自由"是孙中山三民主义思想中的一个核心观念,不过孙中山强调的是"国家自由",而不是"个人自由"。⑤ 太虚虽然认为"自由"乃缘于人类本性之冲动,而同时主张自由也必须依赖于社会政治,他这样为三民主义的集体自由观打圆场:"要言之,则唯人类为自由本性所冲动,要求解放被各方面事件所囚缚之苦,而得充分之自由耳。然其生不能不有身体,其存不能不依社会,其知不能不藉根境,则其被生活、存立、知识等仰赖之条件所因,势难完全解放。"于是在太虚的政治理想中,三民主义被叙述为人类自由史上一个高峰。他在描述政治自由史时就说"最近乃寻出和平到达自由之理论,在政治则为真民治主义;不但有选出政治代表权,且须有权管理政治代表——孙中山之民权主义",⑥此外,关于三民主义的民生与民族主义等,都

---

① 《太虚法师年谱》,第 30 页。
② 《菩萨的政治》,《太虚大师全书》第 22 册,第 1043 页。
③ 《佛法救世主义——民国十六年夏秋编》,《太虚大师全书》第 23 册,第 217 页。
④ 另外可以参考太虚的《太虚大师在欧洲》《革命当从革心做起》《佛教徒应参预中国和世界的新文化运动》等文。
⑤ 关于此,参考[日]佐藤慎一:《近代中国的知识分子与文明》,刘岳兵译,江苏人民出版社,2006 年,第 256、257 页。
⑥ 《自由史观》,《太虚大师全书》第 24 册,第 253、269 页。

在太虚的解说中成为现代民主政治的典范。① 可以说,太虚的自由史观把三民主义推崇到极致。

有学者指出,20年代末在国民党内部佛教信仰的代表中,就流行以佛教思想与三民主义相"格义"。② 太虚不仅宣称佛教思想与三民主义相符合,甚至认为"佛教是三民主义的最后目的,三民主义将佛教付之实践"。③ 太虚就广泛地以佛教观念来格义三民主义思想。在《国家观在宇宙观上的根据》《民国与佛教》等文章中,他还试图从哲学宇宙观的意义上解释国家成立的原因和方式,认为只有佛教的宇宙观才能够建立"真正的民治国家",而三民主义正是这种国家类型的具体表现。他的佛化民国正是这样塑造的:"中华民国是三民主义的国家,即是民权政治的国家,也正是适合信仰因缘所成宇宙观释迦牟尼的宗教。"④太虚于1943年所著《人群政制与佛教僧制》的著名文章中,又通过政治制度史与类型之比较,把历史上的世界政治制度划分为"国家本位""个人本位"与"社会本位"三种类型,认为每种类型各有利弊,而能够对这三种类型的利弊加以统摄,即一种进化形态的政治制度就是三民主义了。太虚就如是说"三种本位政治之进化,分别成为三民主义","它对一般政治的弊端,已尽量扬弃了,所以说三民主义是政制的进化"。他甚至把三民主义的政治图景完全佛化为佛土之境,"这个完全为人民利益而施政的利他主义,有救人救世的仁爱道德性,与古来大圣大贤、佛、菩萨的精神相吻合,更是进化的政治!"⑤

太虚一直就把政治革命与佛教改革融为一体来进行论述,正如他自己所说:"只觉中国政治革命后,中国的佛教亦须经过革命而已。"⑥就是说,他论究政治,背后也隐含了对于中国佛教改革的深入思考在内。他对中国近代政治三民主义

---

① 《自由史观》,《太虚大师全书》第24册,第269、270页。
② 如国民党第29军政治部主任蒋特生于1926—1930年间在当时许多佛教报刊发表了大量有关三民主义与佛化不二的观念。关于此,参考侯坤宏:《太虚时代:多维视角下的民国佛教(1912—1949)》,政大出版社,2018年,第206—210页。
③ 白德满:《太虚——人生佛教的追寻与实现》,第197页。
④ 均见《太虚大师全书》第13册。
⑤ 《人群政制与佛教僧制》,《太虚大师全书》第22册,第1108、1109页。
⑥ 《太虚自传》,《太虚大师全书》第29册,第192页。

的论述即是如此,不仅把三民主义视为世界政治思想的"精华所萃",而且也以此作为中国现代佛教革命的"准绳"。他说:"窃维先总理之三民主义,为中国文化及近代思想之精华所萃,其精深博大,能容纳且发挥各时代各民族之特长,尤为救国救世界不刊之典。故现今中国之佛教,亦应以三民主义为准绳,革除帝制时代之弊习,发扬大乘佛法之正义,以明三民主义自由平等亲爱互助之精神,而谋佛教之新建设。"①太虚主张革除中国佛教体制内的弊病,必须参照政治上的消除帝制,从旧有佛教体制中过于专断化的管理模式下手去适应中国的新政治环境,佛教具体改革的方式就是佛教内部制度的三民主义化。他说建设中国之人生佛教原则就是"原本释迦佛遗教,且适合现时中国环境的新生命","中国从前儒化的地位,今三民主义者若能提取中国民族五千年文化及现世界科学文化的精华建立三民主义的文化,则将取而代之;故佛教亦当依此,而连接以大乘十信位的菩萨行,而建设由人而菩萨而佛的人生佛教"。太虚甚至以三民主义思想为原则来建设当代"人生佛教",而提出"三佛主义",所谓"由中国革命,推及世界革命的国民革命,有三民主义;由国民佛化,推及人世佛化的佛教革命,亦有三佛主义",②即佛僧、佛化与佛国。太虚没有区分俗世与出世、政治与宗教的不同,而过于把佛教政治化的做法确实是过于急进了,这也是他的佛教改革之论在佛教内部难以推行的原因之一。

二、太虚的佛教组党及其社会组织观

太虚有关佛教政治组织建设的思想实际是终其一生的,虽然说法方面出现过几次变化,如果我们能够洞悉他不同表述背后的用意,就会对他一以贯之的佛教政治组织的思想有一比较同情与深入的理解。早在20世纪20年代初,太虚就在上海积极参与过江亢虎的中国社会党的筹划,30年代他仍然积极主张僧伽

---

① 《呈五次中央执监会国民政府请愿文——十七年夏呈》,《太虚大师全书》第17册,第661页。
② 《对于中国佛教革命僧的训词——十七年四月作》,《太虚大师全书》第17册,第596—598页。

参政,如 1930 年太虚就提出民国的政治环境已不同于传统,而鼓励僧人代表佛教参与政治。他说:"但现在之政治环境已变,僧众对此当大大觉悟,应即改变其旧来之处世方法以图生存发达。以现在国民对于国事皆应有参与政治之行动,实施此种权利,首应有各种团体之组织,其组织方法,或因地方区别而组织者,或以职业差殊而组织者。国民对于国家政治既有如上之变迁,我寺院僧众亦应急起直追,组成教团以施教化,方足以代表佛教,住持佛法。"①这就非常明确地主张佛教应该参照社会政治组织的方式,来建立具有政治意义的佛教社团。1936年他又提出"僧尼应参加国民大会代表选举",而这引起一些佛教学者公开的批判。② 1946 年抗日战争结束后,太虚又曾一度激进地主张佛教组建政党直接参与政治,这一敏感性的提法更是为他带来教内外严厉的批判,而使他不得不放弃组党的想法。7 月后太虚又成立具有政治性质的佛教组织"觉群社",在佛教组党"多滋异议"的情况下,他才转而提出僧伽"问政不干治"的最后定论。③ 到了1947 年,他更明确提出"佛教不要组党"。④ 从民国初年到 1946 年参选"国民大会代表"、筹组佛政党,太虚的政治理想虽然在细节上有所变化,但宗趣未尝迁易分毫。⑤ 时隔 30 年,太虚多次以不同的方式提出佛教需要参与政治,并积极筹组具有社会政治意识的佛教组织,甚至是组党,我们如何来理解其内在的意义。

太虚有关佛教政治组织的建设思想其实与他其他的社会政治论述一样,大都是在缺乏细密思想论究的基础上提点出来,太虚的佛教政治论述更多应该理解为中国佛教所面对恶劣的社会政治环境下匆忙上阵的结果,所以他提出的许多政教思想都来不及慎重推敲,而大多流于不切实际而草率收场。

实际上,太虚的佛教政治组织论述中有一个基调,即佛教徒应该透过参政的

---

① 《建设适应时代之中国佛教——十九年十月在四川省佛教会讲》,《太虚大师全书》第 18 册,第 4 页。
② 《僧尼应参加国民大会代表选举——二十五年五月在常州作》,《太虚大师全书》第 18 册,第178、179 页。
③ 《太虚法师年谱》,第 287、289 页。
④ 《佛教不要组政党——三十六年二月作》,《太虚大师全书》第 18 册,第 178、187 页。
⑤ 关于太虚早年与政党关系,参见拙著,《"太虚档案"一:太虚法师与民初(1912—1913)政党》(《汉语佛学评论》第 4 辑,上海古籍出版社,2014 年,第 5—34 页)及《重估太虚法师(引论)——以"中国第二历史档案馆"所藏民国教育部档案为中心》,见龚隽、陈继东:《作为"知识"的近代中国佛学史论——在东亚视域内的知识史论述》"附录",第 531—537 页。

方式来维护佛教的利益，无论是一般的参政或是组党，或是最后所谓议政不干治，都是围绕着这一目的而开展的。只是在佛教的名义下成立具有社会政治意义的组织或政党，这在一般人士看来，与他们"想象"中的传统佛教律法和出世性格具有很大的对峙。无论是教外或是教内人士，实际很少对于佛教，包括中国佛教史上的政教关系具有深入的理解，他们理想中的佛教为方外之教，离世自隐才是佛教的本义。太虚的政教观并没有建立在细密的教史或教义的论述中，也缺乏深睿的论述策略，他经常以类似于一种随感式的议论方式，而不能从思想理论的高度来精炼他的政教观念。尤其是"组党"的提出，这对于一般教内外人士看来，实在是一种非常敏感与具有刺激性的政治观念和行动，而与传统佛教的旨趣有很大的轩轾，因而让太虚的思想颇受讥议。我认为太虚自己并没有明确的政治学意义上的组织和政党概念，他所提出的佛教的组党还不能说是一个严格意义上的政治组织，而只能说是一种类政党的组织而已。他在 1946 年与 1947 年发表的《问政而不干治——觉群社——三十五年七月作——》《佛教不要组政党——三十六年二月作——》两篇文章中，都表达了佛教的参政只限制在议员选举的范围里，他说："我尝提倡僧伽议政不干治，亦曾指导僧伽参加乡区代表县省参议国大代表之竞选。但我主张僧人以国民立场的公民资格竞选，并由僧众会员为主要分子之国省县三级佛教会的人民合法团体——宗教团体是文化团体或自由职业团体——而发动，故用不着另组政党。"①这里鲜明地表示佛教的参政或建立组织都不涉及实际政治的权力运作，其目的只是力图为佛教寻求一种制度上的护持。

佛教徒以不同的组织形式参加社会政治，组党也好，"问政而不干治"也好，这在太虚只是提法的不同，而其内在有个一以贯之的思路，就是在中国特有的政治环境下，为了保护佛教的合法利益，需要有一个社会或政治组织作为代表来为佛教负责。近代中国现代性意义下的政教关系经常是含混不清的，中国的现代性是一种"未完成的现代性"，现代化所带来的世俗化运动对于中国社会的影响

① 《佛教不要组政党——三十六年二月作》，《太虚大师全书》第 18 册，第 185 页。

实际上是双面的,即一方面民国宪法明确规定政教分离,给予宗教信仰以合法的自由,现代制度本来应该为宗教提供更多的自由空间,而同时,中国的现代化也被简单理解为反对偶像而经常伴随着各种反宗教性的运动,包括胡适在内的许多启蒙思想家经常把宗教视为"前现代"蒙昧时期的产物而予以批判,于是民国以来,佛教并没有因为现代性文明的建立而获得制度性的保障,太虚时代的佛教处境"常有毁寺提产逐僧之外患"。① 如各种以毁寺庙来兴办教育的运动在全国各地时有发生。太虚对于中国近代佛教所遭受的多次社会运动的迫害,如庙产兴学等有着深刻的感受,因而才试图以佛教徒参与政治,或组建不同的社会组织来护教,以维系佛教的安全。② 太虚在 1940 年还这样慨叹:"清季民初以来……凡少壮人士都以佛教寺僧为无用废物,乃提倡化无用为有用,开办学校或举行地方警卫等新政,莫不纷纷以占寺毁像,提产逐僧为当然之事。入民国后,以寺宇驻扎军警,更属无处不然。……故近年来屡布保护法令。……然习成之观念既深,遽然骤改,中枢及各地之首长,虽示提倡赞助,而中下之豪强狃于故智,占寺毁佛提产逐僧之事,仍随处随时发现。"③

可以理解,太虚之强化佛教与政治组织的关联,多少有环境之不得已的地方。实际上,尽管太虚论政教不可分,但他对于佛教问政的危险性是有着深刻体察的。如他就说过宗教"参政则易随政治兴败,其势然也"。所以他其实并不是执拗于组建一个有强烈政治意图的政党,而是从护教的立场来论述他的政治主张。如他比较南传国家的佛教政教关系与中国大乘佛教政教关系之不同,就发现以锡兰为代表的南传地区基本就是佛教为主的国家,"且其地十分之八九的多数皆为佛教信徒,佛教徒自能占政治权优势,拥护佛教。僧不参政,其在国家与社会的地位反见尊崇"。而中国的佛教生存环境则不同,"但中国则僧受比丘律后即受菩萨律,向以菩萨律为归",如果佛教徒完全超然于政治之外,"遇政府与

---

① 《恭告全国僧界文——十七年七月在南京作》,《太虚大师全书》第 17 册,第 390 页。
② 关于民国时期二次庙产兴学运动,以及佛教遭受的摧残与政府无意保护佛教的历史状况,可以参考释东初著,《中国佛教近代史》,中华佛教文化馆,1974 年,第七章,第 131—196 页。
③ 《精诚团结与佛教之调整——二十九年七月作——》,《太虚大师全书》第 17 册,第 633、634 页。

社会摧教,易遭破灭"。① 这种忧患意识成为太虚论佛教参政或组党的基本思想情景,我们讨论太虚佛教组党之义,不能够脱离这一历史处境来作抽象地论议。太虚的这一良苦用心在当时并不为一般人士,甚至佛教内部的人士所理解。难怪印顺在《年谱》中要说"大师论及佛教需有一政治性组织,以代表佛教立场,维护佛教利益。来会者均不甚深识其意"。② 我认为,知人论世理应成为我们解读太虚佛教政治观的一种方法与态度。

三、由儒而佛:中国的圣王政治与政治心学

太虚曾经以佛教历史上"转轮圣王"的观念来论究中外政治史上的"哲王"与"圣君"。③ 在《人群政制与佛教僧制》一文中,太虚考察了三种不同的政治制度,认为中国传统的政治制度是"国家本位的政治",而中国的国家概念又根植于以家族为本位的基础上。他说"中国的国家本位政治,尤其着重于家。所以中国数千年来之历史,绵延不绝,使中国民族长久地传承下来,不但不灭亡,反而生长兴盛,建成一个史长地大人多的国家,而其中为骨干的东西,便是家族;也就是由宗法社会的大家族制度上建立起国来"。④ 这种中国国家形成与家族血缘关联的理论其实并不是新见,而为学界一种常识之论。太虚也承认,中国这种由家族而国家制度的形成,正是得益于儒家思想的塑造。他发现"中国的儒教,在建立万国共主的天下以后才有的,——根本上还是着重于家,因家始有伦理道德,由家到国便成为仁义礼乐的政治,其最高的信仰,也是天,天是超人无形的"。⑤

太虚发现中国古代以家族为根柢的政治制度在近代化的转型中有利有弊,他试图把中国政治之道从儒家型的主导模式中转向佛教型的政治制度。他甚至提出以佛教的思想为根底来完成真正自由之政治原理。即以佛陀现实主义的自

---

① 《问政而不干治——觉群社——三十五年七月作》,《太虚大师全书》第 18 册,第 181 页。
② 《太虚法师年谱》,第 287 页。
③ 白德满:《太虚——人生佛教的追寻与实现》第 198 页。
④ 《人群政制与佛教僧制——三十二年作》,《太虚大师全书》第 22 册,第 1050 页。
⑤ 《人群政制与佛教僧制——三十二年作》,《太虚大师全书》第 22 册,第 1080、1081 页。

由原理,所谓四真境观、八正道行、三德藏果去完成西方近代史所未能完成的自由主义运动。① 他还指出,不仅西方民主之道最终必须建立在佛教大悲心的基础之上,才是菩萨之道,②中国旧有的"圣王政治"也应该经过佛教思想的洗礼才能够趋于完善。

这一点最鲜明地表现在太虚对圣王人格修养论的论述中。1941 年太虚在《菩萨的政治》一文中,提出中国古代政治是注重人格养成的"圣王政治",这是根植于儒家政治传统的修身、齐家、治国、平天下的理念。他说:"中国的传统文化,首先着重于政治人格的修养。在以前,皇帝便是最高的政治领袖,但他必须具备内圣的修养,人民才能信服他,以建立共同生存发达的社会国家,成为政治领袖的帝王;所以谓之圣王政治。"③太虚把儒家道德化的人格养成转向为一种佛教意义上的心学修习。就是说,政治人格之养成,在太虚看来不仅是儒家所谓的一种道德修身,而必须经过一番彻底的心理革命。太虚从佛教的思想把圣王政治转移到一种佛教的心法上来加以阐明,他认为圣王"在人治与法治以外,尚需要最重要的一种:就是治心",由"革心"而实现政治上的"内圣而外治"。至于革心的具体内涵,太虚以大乘佛教之六度来充实,所谓"根据六度来革除心里的六蔽,在革心方面讲,诚有确实的把握"。太虚还根据佛教修行次第的观念,赋予圣王的革心以不同的进程:"在革心的进程和效果上,有浅有深,有君子贤圣的区别,要看革命家心力如何而定。在深的方面讲,大贤能成功革心,即成圣人,能作革命的领导者,率大众以为国为民。如是,则君子道长,小人道消。能够有了圣贤的道德,来领导人民主持国家政治,则国人的善的心理增长,而人民对于领导者有一种共同信仰心,于是人无争斗,天下太平,社会安乐,这是自然的实现程序。"④可以说,在太虚的政治学逻辑中,无论是传统与现代,还是西方与中国,政治之道的最终思想基础都应该建立在佛教的理想与方法上。

———————

① 关于此,具体参考《自由史观》,《太虚大师全书》第 24 册。
② 白德满:《太虚——人生佛教的追寻与实现》,第 207 页。
③ 《太虚大师全书》第 22 册,第 1043 页。
④ 《革命当从革心起——二十五年四月在常州中山纪念堂讲》,《太虚大师全书》第 22 册,第 1298 页。

四、"方便"与通会：欧阳竟无的批判

太虚明确表明他有关世学的论述，特别是就政教关系的书写乃是本于佛法之新与方便。印顺也肯定了太虚的这一说法，他认为太虚论佛法与政治是符合佛教教义的一种"方便"法门。印顺指出，太虚"回俗以反真"，从事政治社会活动，而其心"未尝离于佛法"，甚至认为太虚是透过论世学而回向佛法，所谓"大率以佛理衡世学及世学之涉及佛法者，折其偏邪，诱摄世学者以向佛宗"。①

这一人间佛教立场的政教观却受到近代佛学大家欧阳竟无的尖锐批判。正当太虚于 1936 年 5 月提交他的《论僧尼应参加国民大会代表选举》一文时，欧阳竟无撰写文章强烈反对僧徒参政之见。欧阳竟无根据他在佛学立场上真俗不两立的观念，即真俗"各以其类，不可混淆"，指出僧制也同样"不与俗事而住持"。为此，他严厉批判了太虚一系以"方便"为名义来会通佛法与政治的方式，明确表示"出家参政，大违戒律，亦有碍世法"。欧阳竟无根据不同的佛教经典与教义，指出佛教所谓的"方便"并非泛指融通世间法，而是需要相当高的要求与条件的。即佛教的"方便"非随意用之，只有证果成道的圣哲才能够"方便"通会。欧阳竟无说："方便者，佛法之极诣，非证果人，不足以言此。是故，用方便于团体者，惟佛乃能。"而太虚一系之"请预国选"，在欧阳竟无看来乃是误解佛教"方便"真义，而将佛陀律法"变制之为"。于是他公开提出僧众"参预世事，违反佛制"。欧阳竟无还通过选择佛教历史上不敬王者的法流，来阐明中国佛教僧侣应该秉持慧远以来"敝屣王侯""抗礼万乘，高尚其事"与"沙门不礼王者"的传统，认为这些都是护持僧制的根本。他还批判了从南北朝一直到宋朝，中国政治制度中的"僧官"制度，指出这种制度让帝王专制鄙视僧徒，并造成僧格"扫地以尽"。于是，欧阳竟无提出"出家者应行头陀，居兰若"，根本不能"谈说俗事"与"亲近国王宰

---

① 《太虚法师年谱》，第 34、37 页。

官"。① 欧阳竟无的批判涉及对佛教教义和历史的不同解读,这需要更专门的论究去开展。对于欧阳的批判,太虚一系中只有印顺作了辩护,他指斥欧阳之学"偏宗深究,宜其得之专而失之通"。②

中国佛教在政教观上实际存在着两个不同的政教论传统。道安的"不依国主,则法事难立",③表示了特殊时期佛教与政治之间的相互依赖性,而慧远提倡的"沙门不敬王者",隐居求志,栖托高远,以归隐为志而提出"道之与俗反者也",因而主张"出家则是方外之宾",应"迹绝于物",僧伽不应涉足政治。④ 太虚与欧阳竟无可以说代表了中国佛教史上不同的法流。由于中国近代"现代性"问题的特殊性使得中国佛教之政教关系呈现出复杂的局面,很多议题都需要在具体语境中进行更细密的思想史讨论,才可以获得恰当的了解。

---

① 欧阳竟无:《辨方便与僧制》,《欧阳竟无佛学文选》,武汉大学出版社,2009 年,第 80—85 页。
② 《太虚法师年谱》,第 221、222 页。
③ 《高僧传》卷 5,CBETA,T50,no. 2059,p. 352a。
④ 《弘明集》卷 5,CBETA,T52,no. 2102,p. 30b。

口述、访谈与文献互证

——中国现代佛教史研究方法谈

何建明

（中国人民大学哲学院、佛教与宗教学理论研究所）

古代史的研究，往往依赖于文献与考古发掘的互证，而现代史的研究则依赖于口述、访谈与文献的互证。口述，犹如自传，是历史活动的直接或间接的参与者对自己所经历之事进行叙事和评价；访谈是研究者为了弄清历史的真相而对历史活动的直接或间接的参与者所进行的访问记录；文献则是历史活动所留下的各种直接或间接的文字记录及各种形式的历史信息遗存。口述史虽然具有历史亲历者或亲闻者的即时性和鲜活性，但难免带有口述者的主观性及其记忆的模糊性和断裂性。访谈固然可以克服口述者单方面的历史叙事之不足，并具有很强的问题针对性，但是仍然存在设定问题的诱导性和研究者自身的历史视野及个人喜好的主观性所带来的偏差。文献无疑是所有历史研究的重要基础，但是也有着许多不可避免的缺憾和差错。本文以慈济早期史中三位天主教修女造访证严法师并进而影响了佛教克难慈济功行会之成立的口述史和当代访谈为案例，针对学术界有关历史的阐述，进行现代佛教史研究方法的检讨。

一、口述史的错位与孤证的局限性

关于什么是口述史,已有许多论述①。我觉得最关键的,就是亲历者如何尊重已经发生过的事实或史实,而不回避对自己或与自己亲近的人不利或无益的人或事及一些重要的,甚至是关键的情节和细节。宗教口述史较一般的口述史,会有更多的不利因素,比如,要维护所信仰的宗教形象或所尊崇的宗教师形象,以免影响或有损宗教或宗教师的神圣性或权威性。这方面我们从已经出版或以各种形式公开的宗教口述史中不难看到。但是,宗教口述史中的关键性问题的探究,可能恰恰就在于此。常常被看作是有损宗教形象或宗教师形象的因素,主要集中于经济或钱财、宗教禁忌、人际关系、名利观念和宗教修行实践等方面。可是,这些方面对于宗教史的研究而言确是非常重要且不可或缺的。② 每一个口述史者,都希望将自己打造成一个光辉的或完美的,至少是没有重要缺陷的形象,好像能做口述史的人,都是那些高大上的代表或领袖人物,而不见得是历史事件的亲历者。而由于这些高大上的历史口述者主宰着口述史的"市场",宗教口述史所反映的历史,常常都是口述者创造或主导的历史,似乎如果没有这些高大上的口述者,一切历史都不会发生,或不会如此发生一样。而实际的历史很可能完全不是这样。

不过,口述史并没有固定的模式,我们不能将类似于胡适之《四十自述》、太虚大师的《太虚自传》等"自述""自传"体,或中国台湾卓遵宏、侯坤宏两位主持和主编的当代台湾佛教人物"访谈录"系列如《如悟法师访谈录》《方宁书先生访谈录》等,作为口述史必须的固定模式。事实上,在许多的口述史中,口述者并不是

---

① 如李尚全:《建立中国佛教口述史的合法性与紧迫性》,《世界宗教研究》2005 年第 3 期。李向平、魏扬波:《口述史研究方法》,上海人民出版社,2010 年。定宜庄等主编:《口述史读本》,北京大学出版社,2011 年。陈墨:《口述史学研究:多学科视角》,人民出版社,2015 年。林卉、刘英力主编:《口述历史在中国第一辑 多元化视角与应用》,广西师范大学出版社,2016 年。杨祥银:《美国现代口述史学研究》,中国社会科学出版社,2016 年。

② 有学者关注到宗教研究中口述史的特殊问题。参见黄建波:《基督徒见证的事实、意义与阐释——兼及口述史与宗教研究》,《基督教文化学刊》2015 年第 1 期。

刻意要回顾和记述他(她)的一生或某个重要历史阶段,而只是在一些特定主题的访谈、与人交流或公开演讲等场合,有意或无意地对自己过去的经历进行简短地陈述或评价。而这种口述史,事实上要远多于上述所提到的"自述""自传"或"访谈录"式的口述史,因为在社会中真正撰写"自述""自传"或"访谈录"的毕竟只是少数人,但我们每一个生活中的人都会无数次地在不同场景和时段中有意或无意地回顾或评价自己过去的经历。对于宗教史的研究者来说,上述比较系统的"自述""自传"或"访谈录"式的口述史固然重要,而这种在不同场合或时段、有意或无意中陈述或评价自己过去经历或所见所闻的口述史,同样非常重要。

慈济功德会和佛教慈济基金会的证严法师,在当代人间佛教的发展和佛教的慈善、文化、教育、医疗等事业方面,都有着非常重要的历史性成就,因此,她的口述史或自传史,对于研究她及其所领导的慈济功德会和佛教慈济基金会的历史,无疑有着非常重要的意义,是其他历史记录或材料所不能替代的。可是,迄今为止,我们并没有看到有关她的大半生的佛教慈济事业的"自述""自传"或"访谈录"。不过,这并不意味着证严法师完全没有口述史或自述史的材料。

事实上,我们仅从佛教慈济基金会出版的历年《慈济月刊》记录证严法师的言行中,不难找到她在不同场合和时段关于她个人的人生经历以及慈济功德会、佛教慈济基金会的一些片断性的"自述"或评价。而这些片断性的"自述"或评价,对于了解和研究她本人及其所领导的慈济功德会和佛教慈济基金会的志业和成就及未来的发展方向等,都有着非常重要的意义。

慈济功德会和佛教慈济基金会的前身,是成立于 1966 年的"佛教克难慈济功德会",而促成佛教克难慈济功德会成立的一个诱因,就是当年有三位天主教的修女去看望证严法师,批评佛教对社会缺乏慈善关怀,对证严法师产生了很大的刺激。从现有文献来看,1979 年 9 月《慈济月刊》最早提到这个事情:

> 一天,有数位天主教的修女拜访证严法师,他们互相探讨彼此"教理"。……进而再讨论于社会所现实施行的"事相",最后她们交换了许多如何为贫困者提供适当协助的意见。自此,法师就立意结合更多的人,汇集更

大的力量来从事社会救济工作。①

近两年后,中国台湾已故著名佛教居士学者陈慧剑先生在其《佛教慈济功德会的成长与缘起——证严法师的慈济世界》一文中说到,1966 年,有一次证严法师与弟子到凤林的一家私人医院去看望一位因患胃出血而住院开刀的信徒。当时东部医疗设备极差,人民生活贫苦,生病得不到良好的照顾,"她的心底那'慈济功德会'的根苗,便由此萌芽。她要为东部千万同胞,奉献自己的一切,来解决社会贫病问题。"尤其是当证严法师走出病房,看到地上有一摊血,得知是一个山胞女人小产,由她的家人抬着走了八小时山路来到这里,已经昏迷了。医生说要八千元医疗费,才能为她动手术,可是山地人钱不够,医院又不愿免费,所以他们只好将病人又抬走了……这件事对证严法师有很大的触动,感觉"人与人间竟然这么冷酷!"她忍着眼泪,难过万分,当时下定决心,要设法积钱来救人。而就在这"一摊血"事件过去不久,有三位天主教修女来看望她:

> 过了不久,花莲海星女中的三位修女,要来地藏殿的精舍"救"她。原因是那三位修女每周日到山上传教,听说山地有几个女孩经常为法师提水,修女问她们:"你们常去那个小庙吗?你们引我们去救那个背弃上帝的人吧!"山地女孩问她可不可以引修女来,法师说:"好!"那三位修女果真到了普明寺后面的小屋,修女与"比丘尼"相见之下很亲切,他们谈人生、宗教、教义,同时辩论了起来。修女们认为人生空幻,正如佛教所说,但佛教对社会缺乏具体表现。最低限度,花莲的佛教没有具体表现。她体悟到如果只谈慈悲而不做,那么像凤林医院那个女人的悲剧,不知还要有多少?

这是 1981 年 11 月的一天,陈慧剑先生亲自到花莲的慈济功德会采访证严法师的记录。全文虽是以采访者陈慧剑为第一人称写作,但不难看出,那都是证

---

① 《〈慈济委员小传〉出刊前言》,《慈济月刊》1979 年 9 月第 155 期,第 9 页。

严法师的自述。这是最早记录证严法师自述与三个修女之间的故事。后来，证严法师多次提及这次与三个天主教修女见面的故事，并强调三个修女的到来和交谈，是促成她很快成立佛教慈济功德会的前身——"佛教克难慈济功德会"的一个重要原因。

1992年5月的一天她在会见来自日本、马来西亚的一个天主教团体时：

> 谷神父询及上人当年与三位修女的因缘。上人说，在与修女谈论彼此的宗教后，启发了她创立克难慈济功德会的动机；精舍也常有修女来"参访"或者"避静"，可说因缘很深。①

同年10月出版的《慈济月刊》又刊登了《慈济慈善志业总论》一文，文中说道：

> 回到普明寺后不久，有三位天主教的修女去拜访上人。她们认为上人修的太苦了，要去度上人入天主教离苦得乐。四个人从各自的生活、教主说起，谈到宗教、信仰。
>
> 上人为她们分析佛法。谈到释迦牟尼佛，她们也承认佛陀真的很有智慧；从智慧又谈到慈悲，三位修女说："你们佛教爱一切有生命的东西，那种慈悲真是无微不至啊！实在难得。但是，天主教的博爱虽只是爱人类，但我们却有养老院、有医院、有学校，即使是深山中也有教堂，贫困的人有面粉、有衣服。而你们佛教有吗？"
>
> "你们佛教有吗？"三位修女轻声一问，却带给上人重重一击——当时的佛教，确实没有。
>
> "佛教是谈布施无我相，不着名也不着利，所以很多人是隐名做善事。其实社会上有很多做善事的人，都是佛教徒。"上人说。

① 《慈济月刊》1992年6月第307期，第88页。

她们回答:"如此说来,佛教有很多善心人士,佛教的教主很伟大、教理也很好;那你们为什么不把这些无名氏集合起来,变成有名氏,来做社会福利事业呢?"

这些话深深地打动上人的心,上人坚定地回答道:"会的,我一定会组织起来,把无名变有名,把无形变有形。"①

由于《慈济月刊》是佛教慈济功德会和证严法师发表观点和各项志业信息的最重要的媒体,因此,上文一定是经过证严法师认可之后,才予以发表的。以后,证严法师在多个场合都提到三个修女来访的事情及其对慈济功德会的影响。

以上有关三个天主教修女来访并影响到证严法师加快步伐成立佛教克难慈济功德会的事情,看起来似乎没有什么可以再深究之处,但是,真正的学术研究并不能停止于此处。因为人们一定会问道:这三位天主教修女到底是谁?她们有什么机缘去证严法师的小庵拜访证严法师?事实上,从证严法师和佛教慈济功德会所有公开的材料来看,都没有指明这三个来访的天主教修女是谁。显然,那三位天主教修女造访证严法师之后,并没有与她保持较密切的往来,否则她不可能记不起她们的名字。可是,2009年5月4日,那三位当年造访证严法师的其中一位突然现身了。以下是台湾学者、曾就读于辅仁大学的温金柯博士的记述:

今年五月四号晚上,在一次学校(辅仁大学宗教研究所)的聚会后,我开车顺道送两位老师回家,一位是年轻的郑印君老师,一位是已经退休而仍在哲学系及宗教系担任兼任教授的西洋中世纪哲学专家高凌霞修女。在车上闲聊时,郑老师请问高修女为什么会从事西洋中世纪哲学的研究?高修女就谈了很多往事,其中提到她在读哲学博士之前,曾在花莲的海星中学担任英文老师的事。后来,郑老师的家先到而下车。接下来,在车上,我随口问

① 张轻安:《为每一个暗角点上一盏明灯——慈济慈善志业总论》,《慈济月刊》1992年10月第311期,第42—44页。

高修女：“我们佛教徒都知道，曾经有三位海星中学的修女，在花莲和佛教的证严法师谈到服务社会的事，而促成了慈济功德会的成立。您听说过这三位修女的事吗?”修女回答：“我就是其中一个呀！”我惊讶之余，问了修女详细的情形。我说：“修女！请您一定要把这些事写出来！”修女说，这已经是多年前的事，许多印象已经模糊，不愿意写。我说：“那我来访问修女，由我来写好了！”修女并没有拒绝。到5月19日，修女从大陆短期讲学回来，又参加宗教所师生的聚会，我带着笔记本和问题，又重新请教了一次。

高凌霞修女在接受温金柯博士的访谈中，还提到另位与她一同造访证严法师的修女，分别是中国台湾黄雪文和比利时籍的贝蒂。温金柯在文中最后说：

（今年距离慈济创会已经43年了。）证严法师今年72岁。高修女75岁。一次偶然的宗教交谈，成为被一再传诵的佳话。在故事传说了几十年之后，三位修女的身份，又在偶然的机会下，终于抖落模糊的身影，她们的名字被记录下来了。这里面，一定有上天不可思议的安排。从台湾佛教历史研究来说，为这个故事补上这一块，应该也是有价值的。①

这也就是说，43年前的那场影响佛教证严法师尽快成立佛教克难慈济功德会的三位天主教修女的真实身份终于找到了。但实际情况并非是温博士所想象的那样。首先，据就此事亲自询问过证严上人的佛教慈济基金会文化处负责人、慈济新闻发言人何日生博士说，当事人证严法师并没有完全确认当年造访她的三位天主教修女，就是高凌霞、黄雪文和贝蒂。其次，现住台东县玉里修道院的古雪梅修女，也自称当年就在花莲的天主教修会工作，就是造访证严法师的三位天主教修女之一。那么到底谁才是当年造访证严法师的天主教修女呢？

据温金柯对高凌霞修女的访谈记录，当时，比利时籍的贝蒂修女能说汉语，

<hr/>

① 温金柯：《记三位和证严法师交谈的海星中学修女：贝蒂、黄雪文和高凌霞》，http://www.unjinkr.url.tw/t_2.htm。

特别热心,很关心贫苦弱势的人,因此对尼师说:"佛教信徒这么多、力量这么大,如果做社会服务的工作,影响会更大。"这位贝蒂修女不久之后,回到比利时继续从事服务贫苦的工作,不幸遇车祸去世。高修女本人也离开海星中学,而海星中学的其他修女,"可能也完全不知这三位修女郊游偶遇佛教比丘尼的事"。

不过,有意思的是,20 世纪 80 年代后期,高修女曾经陪同外国人到慈济功德会参观,见到了证严法师,但是她并没有意识到这就是当年有一面之缘的那位年轻尼师。她说:"可能因为我们见面时,她很年轻,我也很年轻,容貌有些改变,所以没有意识到。"

这个访谈记录的"事实"有三点是值得存疑的:

一是如果当时有一位比利时籍的修女一起造访证严法师,并特别讲了佛教应当重视服务社会的话,那证严法师或其他人一定会有深刻的印象,这是不言而喻的,因为欧洲人的面部特征较中国人有较大差别,而修女平时穿着严实的修女服和头巾,面部表征是最为明显的,可是证严法师至今没有一点这方面的印象。

二是 20 世纪 80 年代后期慈济功德会已经在国内外颇有声誉了,花莲又是高修女年轻时学习和工作过多年的地方,并曾与佛教尼众打过交道,她专程陪同外国天主教会友人来访问慈济和证严法师,至少也会顺便提起或问起当年在花莲星海中学工作时曾遇到过佛教尼师的事儿。

三是高修女接受温金柯访谈时,比利时籍修女和另一位修女黄雪文都已过世,已无法作证是否有过与高修女一同拜访证严法师的经历,现在只有讲述者高凌霞修女一人的孤证。

二、以访谈补充口述史

从以上三个存疑点来看,当年去拜访普明寺证严法师的三位天主教修女,是否就是高凌霞修女所说的高凌霞、黄雪文和比利籍修女贝蒂三位? 我们还不好断然下结论,而且可信度并不是很高,因为还有两点值得注意:

第一,在接受温金柯博士采访时,高凌霞修女自己也说到,当时只是简短的见面,印象并不深,既然如此,那她凭什么就断定影响证严法师的三个天主教修女就是她们三人呢?

第二,我与佛教慈济基金会文化发展处的何日生、睿玲等一起,于2017年8月5日专程驱车到达台东县的玉里镇,拜见了在那里的一座修道院工作的古雪梅修女。古修女说,由于天主教修道院与佛教慈济功德会等佛教界慈善团体在社会服务方面有许多共同的对象和服务目的,因此,她们之间其实是经常合作开展社会服务的,因此,在1966年证严法师成立佛教克难慈济功德会之后,修会与功德会之间的合作是比较多的。这也就是说,即使是高凌霞等三位修女去造访过证严法师,也不一定是在1966年佛教克难慈济功德会成立之前,有可能是在那之后。而且,她们也只是造访过证严法师的诸多修女群体中的一拨儿而已,并不见得就确定是影响证严法师的那三位修女。

而台东玉里高山族的古雪梅修女,近些年多次到证严法师所在的静思精舍拜会法师,谈及当年与法师相见的事情。那么古修女是否就是当年造访证严法师的三位天主教修女之一呢?由于高凌霞所说的三修女都相继过世,慈济基金会文化发展处的何日生等曾专程拜访过古修女,但是都没有得到比较确切的证据能够说明古修女就是当年造访证严法师的三修女之一。证严法师之所以不敢确定古修女就是当年造访她的三位天主教修女之一,原因有两点:一是,古修女太年轻,尤其是在1966年时,她还不是正式的修女,那时她才初中毕业不久,大约十六七岁的样子。二是,古修女每次去见证严法师,都是穿着浅灰色的衣服,可是证严法师印象中的三个修女在当年造访她时都穿着黑色的修女服和头巾。

2017年8月5日我们一行专程拜访古修女时,就有关问题与古修女进行了较详细的问询和对证。这次我们是明显带着目的而来的,也就是说,我们就是要弄清楚古修女到底是否有可能就是当年影响证严法师的那三位天主教修女之一。

在这次访谈中,古修女向我们透露了许多她与证严法师多年来的交往,以及天主教修道院与佛教界,特别是佛教慈济功德会之间经常开展社会服务合作之事。如果我们只是对她的自述进行记录,那还只是古修女的口述史。我们在聆听古修女回顾她与证严法师交往经历的同时,还专门带着上述证严法师对其存疑的两个问题,从侧面进行了访问。

首先,古修女明显较证严法师年轻,而上述高凌霞修女则与证严法师是同龄人,那么,古修女是否有可能在1966年见过证严法师呢?

古修女说,她今年(2017年)70岁,也就是说,她出生于1947或1948年,1966年时,她只有17或18岁。何日生曾听证严法师说,古修女这个年龄太年轻了,可能性不大。可是,实际的情形又是如何的呢?

按照天主教的规定,出家为修女并不是可以立即完成的,除了年龄必须在18—40岁之间,还规定入院后需要有一至两年的考验期。古修女说,她是台东玉里高山族人,初中毕业后,有朋友建议她在寺院出家修行,可是,她出生在天主教家庭,只能做修女。她是在1964年初中毕业之后进入修会的,一年后穿上修女服。也就是说,1965年的时候,她虽然还不是正式的修女,但已经穿上修女服了。当时古修女不一定是正式的修女,但是,她确实已经穿上修女服了,除了修会,外界也会将她看作修女。

其次,古修女说,当年她们很年轻,海星中学和修会每个礼拜都有郊游活动,她们有时会在医院等地遇上佛寺里的尼姑,因此也会去拜访尼姑。也就是说,在当时拜访尼众法师并不是很难的一件事情,因为都是出家人,或是出于好奇,或是出于发展天主教修会的目的,那时她们这些年轻的修会成员都会去寺院拜会尼众法师,有的是已经在医院等地见过面的,有的是没有见过面的,证严法师在当时可能就属于之前没有见过面的。

再次,在证严法师的印象中,当年来寺造访她的三位天主教修女,穿着的是深色的修女服,可是,证严法师每次见到古修女时,看到古修女穿着的都是浅灰色的修女服。为此,我们专门询问了古修女,她们修会是否只有浅灰色的修女服呢?古修女说,她们有两套修女服,一套浅灰色的,一套黑色的。黑色的一般在2月最冷的季节穿。

何日生对我说,这就对了,因为证严法师曾说当年见三位修女是在2月中旬,而那个时候正是台湾最冷的时候。因此,此次古修女在当时穿着黑色或深色修女服造访证严法师,是完全可能的。

不过,我相信读者与我一样,也会提出一个问题:既然当年造访证严法师的三位修女如古修女所说,都是穿着深色或黑色的修女服,难道别的修女就不一样吗?也就是说,即使如此,我们仍然很难确切断定古修女就一定是当年造访证严法师,并对证严法师随后成立佛教克难慈济功德会产生影响的三位修女之一。当然,我们从以上的分析中仍然不难看出,古修女作为当年影响证严法师创办佛教克难慈济功德会的三位天主教修女之一,较高凌霞修女等三人还是要可信得多。

三、几 点 思 考

(一)访谈是访谈者基于对历史背景和部分史实的了解并为了深入了解历史背景和某些史实的问题而展开的对历史亲历者的采访。它的优势至少有三点:一是可以避免一切历史史实真实性完全由口述者来判定,因为访谈者可以从已有的对历史背景和部分史实的了解及受访者的态度中判断出受访者对哪些史实可能进行故意回避或臆造;二是口述者往往对其所关心的史实及其细节描述得较多或评价得较高,而对某些过去事件发生的一些真正的重要因素或细节就会造成忽略,访谈者的前期准备和带着问题的提问就会使被访谈者能够回忆起或补充上这些重要的历史因素或细节;三是访谈者通过访谈不仅可以在一定程度上得到问题的解答或补充,还可以通过受访者的描述和评价而发现新的历史线索,甚至是某些新的重要的历史问题。

(二)相对于口述史和访谈史实,文献的作用在于它是以不变应万变。文献是历史留存下来的,除了我们要考察它本身的真假外,对于它所记载的历史史实之对还是错,那都是不能改变的。如果它记载的内容被其他证据证明是对的,那它就是对的,无法将其更改为错;如果它记载的内容被其他证据证明是错的,那它就有可能是错的,无法将其改为对的。当然,要证明文献史实所反映的历史是对还是错,是部分对还是部分错,需要与相关文献对比分析,同时也会利用亲历者的口述史或学术访谈提供的证据来加以说明。但是,过往历史的亲历者或听闻者,总会从自己的身份和名利出发来选择性地描述、谈论或评价,甚至是有意回避或臆造历史。但是,我们仍然可以通过文献记载与口述和访谈的比较与互证,来发现可能存在的真实历史及其细节,避免要么被现有文献牵着鼻子走,要么被口述史牵着鼻子走,要么被受访谈者牵着鼻子走。

(三)对于已经离我们久远的历史,主要证据只能来自历史文献、考古发掘和亲历者当时留下的各种记载,而对于离我们并不遥远的近现代历史而言,口述和访谈则是必不可少的,即使是口述者和受访者刻意地回避或臆造历史,也比没有口述和访谈要更可信得多。这是因为,由于拥有较古代更多的近现代各种文献,口述者和受访者即使是刻意回避或臆造历史,也容易被学者识见所发现,甚至还可以从相反的方面来为文献记载或历史提供证据;更何况,口述者和受访者不可能完全回避或臆造历史,他们所提供的正面或反面的证据,都极其有益于带领我们去感受那段吸引我们去研究的历史。这比我们完全没有历史感受的学术研究,要更接近历史的真实。这也就是陈寅恪、汤用彤等学术大家们再三强调的历史研究应具备的了解之同情。

中国通往近代的道路

——萧萐父与沟口雄三前近代研究之比较

胡志明

（中山大学哲学系）

中国的近代化研究曾长期受制于以西方视角为中心的"冲击—反应""侵略—革命"等单向的、线性的狭隘论断。对此，中日学者基于不同的立场与方法，就"中国的近代性"问题展开了丰富的思考。20世纪80年代以降，伴随着中国改革开放及世界格局的变化，中国学者逐渐摆脱了"两个对子"等意识形态化、教条化的窠臼，日本学者也摒弃了"革命中心史观""没有中国的中国学"等对中国的主观想象，中国近代性问题得到了海内外学者重新审视，出现了诸多新颖多样的研究视角，抉发中国的近代起源不同面向。其中萧萐父与沟口雄三的观点极具代表性，他们基于不同的学术立场和研究思路，在一定程度上超越了前人研究的藩篱，展现出了20世纪的中日学者对中国近代性问题更广阔深层的思考。通过比较两人的研究理路，有助于重新审思以往的本土研究与西方话语模式，为中国乃至东亚的近代性研究提供新的思路与启发。

一、萧萐父的早期启蒙说

（一）早期启蒙说的深化

早期启蒙说发轫于梁启超（1873—1929）[①]，经张岱年（1909—2004）[②]、范寿康（1896—1983）[③]、吕振羽（1900—1980）[④]等马克思主义学者的阐发和拓展，最终奠基于侯外庐（1903—1987）[⑤]，萧萐父则在此基础上进一步地深化和完善了早期启蒙说。[⑥] 关于启蒙界定的问题，侯外庐依据列宁《我们究竟拒绝什么遗产》中的启蒙标准，关注的是政治、社会、人民等因素。而萧萐父超轶和深化侯外庐之处在于，其明清学术思想研究不光从社会、政治、经济等层面剖探析明清之际的启蒙思潮，更从哲学的层面关切人的自然权利，侧重于阐扬人的存在价值和自由人权的内容，补阙了"侯外庐假说碰触不到那种切进人性的真实与宇宙的真实所引致的爆发式的热情"[⑦]。他对启蒙的诠定依循的是康德《什么是启蒙运动》一文中的启蒙理念[⑧]及马克思的劳动异化理论，前者以人的实践理性为人类

---

① 梁启超在《清代学术概论》中指出，清代思潮是对宋明理学的反动，与欧洲的文艺复兴相类似，其鹄的在于"以复古为解放"；在《中国近三百年学术史》中他又重点阐发了明清思想家的历史贡献，确立了"理学反动说"的理论框架。参见梁启超：《清代学术概论》，中华书局，2020 年。《中国近三百年学术史》，中华书局，2019 年。

② 张岱年：《张岱年文集》第 1 卷，清华大学出版社，1989 年。

③ 范寿康：《中国哲学史通论》，三联书店，1983 年。

④ 吕振羽：《中国政治思想史》，生活书店，1947 年。

⑤ 侯外庐认为中国的近代发轫于明清之际的资本主义萌芽与具有近代人文主义性质的启蒙思潮，并力图以马克思主义的唯物史观和辩证方法探索中国社会与中国哲学自身中的近代性因素。参见侯外庐：《近代中国思想学说史》，生活书店，1947 年。

⑥ 关于萧萐父的早期启蒙研究参见郭齐勇：《萧萐父教授启蒙论说的双重涵义》，《哲学动态》2009 年第 1 期；李维武：《早期启蒙说的历史演变与萧萐父先生的思想贡献》，《武汉大学学报》（人文科学版）2010 年第 1 期，第 23—29 页；吴根友：《西方"启蒙"观念在现代中国哲学史书写中的运用与发展——以侯外庐、萧萐父的明清哲学研究为例》，《华东师范大学学报》（哲学社会科学版）2014 年第 4 期，第 101—108 页。

⑦ 杨儒宾：《当代中国的黎明——解读晚明思潮论》，《台湾东亚文明研究学刊》2019 年第 1 期，第 33 页。

⑧ "启蒙，是指人类从自我导致的不成熟状态中觉醒。这种不成熟状态是指在缺乏指导下无力运用自我理性的状态。造成它的原因并非人们缺乏理性，而是在无人指导之下缺乏决心和勇气来运用理性。因此，启蒙的口号是'勇于智慧'，即有勇气运用自己的理性！"康德撰，肖树乔译：《对"什么是启蒙"的回答》，中译出版社，2016 年，第 1 页。萧萐父更加重视将康德的道德律令转化成个体的全面发展以及人类如何幸福实现的宏大议题。

自身立法,后者则以人的历史实践为人类自身立法。萧萐父兼综两者的论说,从人本主义的角度阐释启蒙:"启蒙的核心是'人的重新发现',是确立关于人的尊严、人的权利和自由的人类普遍价值的公理,特别是确认每一个人都有公开地自由地运用其理性的权利,并且以人道主义原则为人类社会至高无上的原则和普世伦理的底线,反对任何形态的人的异化。"①萧萐父进而认为,人的自然权利若要得以实现,必须被除专制制度下"神圣形象中的自我异化"与"非神圣形象中的自我异化"(物化),确立人的道德主体性与自由自主的理性精神。他从"人"出发,延伸至独立人格的塑造、政治制度的建设与法律制度的革新,三者皆以"反对伦理异化"为根柢,而这正是早期启蒙学者的历史任务与使命。

萧萐父对启蒙的定义受到马克思晚年人类学的启发,"反对以西方文化和西方社会发展的历史进程作为衡量全人类文化和社会发展的唯一参照和模式",强调"对世界文化的考察要摆脱东方中心或西方中心的封闭思考模式,走向多元化,承认异质文化的相互交融"。② 不论是封建制度抑或是哲学启蒙,不同国家的表现形态都迥然有别,因此"必需正视中国哲学启蒙的特殊道路"。他认为:"思想启蒙、文艺复兴之类的词,可以泛用,但纳入马克思主义的历史科学,应有其特定的含义。"③马克思将西方思想启蒙运动的实质规定为"特定条件下的自我批判",萧氏进一步将其归纳为"自我批判乃是世界各主要民族走出中世纪的历史必由之路"。④ 他指出:"从 15—16 世纪始,人类社会开始从国别的、区域的历史进入'世界历史'——在西方和东方文明内部都先后生长出现代经济和思想文化等'世界历史'的因素,并按照体现着这一总趋向的各自特殊发展道路而走向对于人类普遍价值的认同。"⑤不同国家进入启蒙的时间、方式、特点各不相同,这是由于不同的国家的国情不同,启蒙的进程也不尽相同,明清之际的启蒙思潮正是 15 世纪以来"世界历史"思想启蒙的主题下,中国封建社会内生的自我

① 萧萐父:《吹沙三集》,巴蜀书社,2007 年,第 40 页。
② 萧萐父:《吹沙集》,巴蜀书社,1991 年,第 460 页。
③ 萧萐父:《吹沙集》,第 10 页。
④ 萧萐父:《吹沙集》,第 13 页。
⑤ 萧萐父、许苏民:《明清启蒙学术流变》,辽宁教育出版社,1995 年,第 1—2 页。

批判精神。它既并非中世纪的异端思想，又异于 18 世纪欧洲"启蒙运动"时期的哲学，而"似应看作中国近代哲学的历史准备的一个特殊阶段，它是明末清初特殊历史条件下的产物"，处于"尚未达到'崩溃时期'，但已'能够进行自我批判'的历史阶段"。[1] "17 世纪中国崛起的早期启蒙思潮，就其一般的政治倾向和学术倾向看，已显然区别于封建传统思想，具有了对封建专制主义和封建蒙昧主义实行自我批判的性质"，[2]并逐步发展为清末反对封建统治制度与意识形态的实践与革命。此乃中国内生的哲学启蒙，而并非是由西方启蒙嫁接比附而成。

（二）伦文主义与伦理异化

萧萐父将明清之际思潮中以自我批判为核心的启蒙精神总结为三大要旨，即个性解放的新道德、批评君主专制制度的初步民主思想以及学术独立的科学精神。具体表现为："普天之下，更无一人不是本"（李贽）的"立人"主张；以"天下之法"代替"一家之法"（黄宗羲）的"改制"要求；"即物以穷理，惟质测为得之"（王夫之）的"祛魅"思想等[3]，反对"伦理异化"乃早期启蒙思想家共同的历史任务。

萧萐父在《传统·儒家·伦理异化》一文中提出"伦理异化"的概念，他从马克思的"劳动异化"理论中掘发出具有普世性意义的"人的异化"，而"人的异化"在中国历史的语境中则表现为"伦理异化"和"皇权官僚专制主义"两种统治阶级的意识形态。在唐以前，维护统治秩序和等级特权的是"宗教异化"的神学理论，迨至宋初，理学经周敦颐、张载、二程等儒者开创与发展，最终集大成于朱熹。在朱熹逝世之后，理学困囿于"师承有自，矩矱秩然"的桎梏，逐渐僵化与异化。"模式化的朱熹理学，作为辩护'三纲五常'的伦理异化的成熟理论，愈充分发挥其对人们行为的外在强制力，也就愈丧失其对行为主体的内在驱动力。"[4]此时期的儒者通过将天理与纲常名教相凑泊，强调"三纲五伦，天下之至理，无所逃于天地之间"，赋予道德规范以神圣性与绝对性，"'根于人心'的宗法伦理意识客观化为

---

① 萧萐父：《吹沙集》，第 17 页。
② 萧萐父：《吹沙集》，第 19 页。
③ 许苏民：《祛魅·立人·改制——中国早期启蒙思潮的三大思想主题》，《天津社会科学》2007 年第 2 期，第 127—136 页。
④ 萧萐父：《吹沙集》，第 339 页。

'塞乎天地'的宇宙意识,把'人伦'抽象化为'天理'"①,由此完成了"宗教异化"向"伦理异化"的转化。在这种"治人之经"的礼教中,伦理义务由道德上自觉自发蜕变为行为上的强制规范,由内心的道德律转化为外在的绝对命令,致使个体的主体性价值被遮蔽,人的精神自由被贬抑,从而失却了自然情感的认同,成为统治阶级钳制、奴化人性的武器,即"人成为非人,人在实践道德规范中反而丧失了人的本质"②,这种中国封建社会特有的历史现象,萧萐父称之为"伦文主义"。③ 萧氏虽然肯定宋儒哲学论证中的合理性,将其视为中国后期封建社会哲学发展的必经环节,但是程朱理学最终却直接或间接地导致了伦理纲常的绝对化,扼杀个体的道德意识与独立人格的人文主义的对立物,即维护等级、伦理至上、株守道统的中世纪蒙昧主义。因此,萧萐父坚称对伦文主义的辩证否定性批判才彰显了中华文化中真正的人文觉醒。

三、沟口雄三的前近代研究

沟口雄三作为战后日本的中国思想史学者的代表之一,对岛田虔次、竹内好、丸山真男等学者的研究④皆有所继承与发展。他把明末清初视为中国的前近代,他一方面从观念史上梳理了"天理观"的流变,另一方面从社会史上描绘了"乡治空间"到"省治之力"的过程,将明清之际的理观与政治、社会相结合,探究理观的变化是如何影响中国的"乡治空间",展现出中国从前近代—近代—现代的历史脉络。此外,他还强调在"亚洲整体"的视域下,以"中国的方法"发掘中国的"近代"独特性,旨在依据亚洲固有的传统重新构建亚洲的近代概念,以此显发

---

① 萧萐父:《吹沙集》,第93页。
② 萧萐父:《吹沙集》,第140页。
③ "伦理异化"的三个表现方面,即道德上的"伦文主义"、泛道德主义对知性独立公开运用的限制、政治上的德治主义主张使得宗法等级制度被道德化。孙邦金:《伦理异化、明清启蒙与启蒙反思》,载吴根友编:《多元范式下的明清思想研究》,三联书店,2011年,第82、83页。
④ [日]岛田虔次:《中国近代思维的挫折》,甘万萍译,江苏人民出版社,2017年。[日]竹内好:《近代的超克》,李冬木、赵京华等译,三联书店,2005年。[日]丸山真男:《日本政治思想史研究》,王中江译,三联书店,2000年。

中国由传统社会向近代的变迁区别于欧洲以及日本的独特之处。

(一)天理观的演变

沟口雄三主张"赤手空拳地进入中国历史",不带任何历史框架和意识形态,以"相对化的主体"来研究中国的哲学概念,其思想史结构尤为强调对历史脉络的梳理,即关注中国传统思想中的"天""理""道""自然""心"等哲学概念形成与发展的过程,通过确立中国哲学独特的分析框架来分析中国的观念,考察这些概念在演变过程中意义的转变及概念间关系的变化。

天理观念在沟口氏的思想史研究中占据着最重要的位置,他认为此乃中国区别于西方的关钥。天理作为政治的掣肘机制,体现出中国传统社会中对政治的道德要求,这不同于西方将政权与神权、政治与道德、天与人相分离的做法,他明确反对西方"天人不分裂的话就没有历史的发展"的观点,将其视为"欧洲视角的傲慢的评论"。① 基于此认识,沟口氏爬梳了天理观从天谴事应、天谴修德到天理修德的嬗变,并指出由唐到宋是中国思想史上一个重大的变化。中唐时期的刘禹锡《天论》、柳宗元《天说》强调要把天和人的活动领域区分开来,确立人的主体性,然而他们通过确立人的领域来否定政治领域的天谴论却并没有使天人开始分裂,反而走向了天人合一,这就为北宋思想新局面的开端奠定了基础。北宋二程的天理观的独创性立足于自然法则式的天的观念,同时在政治方面又赋予了天以道德根源性,保留了天(自然)—政治—道德—天这一传统循环系统,从而完成了更高层次上天人合一关系的重组。在理法性天观中,天理取代了天谴的主宰权,朱子的天理观尤为凸显了这一特点,他把重点从天变为人的道德,以此说明人的道德性和自然法则是一以贯之的,这就意味着人的道德的完成就可以实现对于天的政治责任,质言之,主宰之天向理法之天的蜕变,形成了以人为主体的人文主义世界观,重新建立起了天人合一的政治体系。

沟口氏指出,从王阳明"万物一体之仁"到戴震的将分理等同仁,再到清末平等生存的"公理",明清时期的天理观中蕴含着"仁"与"公"的政治原理,深深影响

① [日]沟口雄三:《中国的思维世界》,刁榴、牟坚等译,三联书店,2014年,第342页。

了清末的大同思想、孙中山的三民主义以及以土地革命为基础的社会主义,成为中国近代革命的思想渊源。对于明清之际天理观的衍变,沟口氏从三个方面展开论述:

首先,沟口氏突出了明清之际"理欲观"的新变化,即欲望与私欲得到承认,人欲不再作为完全负面的存在,而是代表着人的生存欲与所有欲,沟口氏将其称之为"剧变"。他指出,黄宗羲与顾炎武对人性之私的合理性的肯定,是为了实现"公",即天下人之私的充足状态,换言之,"万民之私"乃"所有的私都得到满足和调和"的真正的"天下之公",与"标榜天下之公的朝廷之大私"相抗衡。

其次,明清之际的天理观造成了君主观的变化。针对明末阳明心学"无善无恶"论的泛滥,里甲制的逐渐解体以及宦官当权的政治现状,代表中小地主阶层立场的东林党人极力反对皇帝一元的专制统治,他们一方面承认作为所有欲的人性之私,另一方面主张"公论",希图建立起以乡村地主阶层为基础的"公治分权式君主主义"体制秩序,推动一君万民式的官僚统治转变为以地主阶级为基础的地主联合王朝。

最后,沟口氏还强调了仁观的新变化,"克己复礼为仁"如何从朱子的"己,谓身之私欲也"到戴震的"人之有欲也,通天下之欲,仁也"。戴震通过重新阐释"克己复礼为仁"的古义,提出"欲遂其生,亦遂人之生,仁也",赋予了"己"公本位的秩序观念,即只有个人之欲与天下之欲相通才是仁,"仁"并不仅仅停留在个人内心的道德层面,而具有社会性的意义。

沟口雄三对观念史的疏浚为其前近代的社会史研究奠定了理论基础,明清之际天理观、理欲观、公私观等新诠释汇出了均、平、公等"共同体"式的社会理念,成为清末革命—辛亥革命—新中国成立重要的思想资源,也为接受自由、平等、人权等西方思潮创造了条件。

(二) 前近代的展开

沟口雄三提出中国的前近代应"以十五世纪末期阳明学的勃兴时期为界"[①],从

---

① [日]沟口雄三:《中国的历史脉动》,乔志航,龚颖等译,三联书店,2011年,第2页。

中国思想史的轨迹来看,阳明启发了王龙溪到李贽对存人欲式天理的创出,从此"理不再是被设定之物了,而是自人发出之物了。换句话说,不是从秩序出发去看待人,而是秩序来自人。再换句话说,秩序不是超越性地作用于人,而是人从现实的诸矛盾中摸索秩序、确立秩序"。① 质言之,阳明思想中对地主制式分权式专制的先驱性追求,孕育出了民生主义式的近代,"这一自我否定式(paradoxical)发展过程的胚芽就是阳明思想的出现"。② 明清之际思潮以阳明学为滥觞,最终发展为"对现实性理的秩序的探索"的经世致用之学、"经典进一步相对化"的考证学及以社会性欲望的理观为基础的戴震哲学。基于此,沟口雄三把明末清初时期的变化视为清末变化的根源及中国近代的萌芽,并提出"前近代时期正可以被当作近代的时期、即近代的萌芽时期或准备时期加以把握"③。

具体而言,沟口雄三阐述了明末清初的"乡治空间"发展为辛亥革命时的"各省之力"的过程乃"相关联的连续状态"。他认为,在明清之际代表官僚体制的里甲制已无法适应当时社会经济的现状,"作为乡治空间的'民间'意识开始加强,量变开始显现为质变"。④ 具体表现为专制体制由明朝的"一君德治的君主主义"逐渐转变为清朝地主政权式的"分权共治的君主主义",在此期间,地主阶级的权利得到官方的肯认,"'民'作为秩序的主体而登上历史舞台"。⑤ 且明清两代"民间自治"宗族制的繁盛加强了保甲、团练等乡村自卫武装组织的兴起,由此引发了太平天国的叛乱以及湘军、淮军等各省势力的壮大,省级的力量取代了衰朽的封建王朝,终结了两千多年的封建专制。

然而,沟口雄三的前近代论述在一定程度上美化或简化了中央与地方的复杂关系,同时还明显存在着目的论式发展史观的问题,即近代被预设为一个必然到达的终点,通往近代的道路似乎成为了一段自然而然、顺理成章的过程。以"乡治空间"扩张为中心的线性史观,忽略了对社会整体诸多因素的观照及萧萐

① [日]沟口雄三:《中国前近代思想的屈折与展开》,龚颖译,三联书店,2011年,第253页。
② [日]沟口雄三:《中国前近代思想的屈折与展开》,龚颖译,三联书店,2011年,第95页。
③ [日]沟口雄三:《中国的历史脉动》,乔志航、龚颖等译,三联书店,2011年,第3页。
④ [日]沟口雄三:《中国的历史脉动》,乔志航、龚颖等译,三联书店,2011年,第247页。
⑤ [日]沟口雄三:《中国的历史脉动》,乔志航、龚颖等译,三联书店,2011年,第246页。

父所强调启蒙运动"新的突破旧的、死的拖住活的"的重要特点。即从明清之际至近代的过程中,新旧矛盾互相纠缠不清,阶级关系与社会矛盾错综复杂,改革运动此起彼伏,形成了坎坷曲折的历史洄流,并非是一理所必然的结果。较之于沟口氏,萧氏对启蒙的坎坷道路有着真切的亲历,因此更能体会思想启蒙的来之不易与难能可贵。

三、研究理路之比较

(一) 相同之处

萧萐父与沟口雄三立足于不同的历史国情、立场方法来反思"中国的近代性"的问题。从相同处上看,两人皆抵斥西方中心主义的话语体系,主张普遍性的价值应在中国的历史语境中得到重新定义,坚持中国的近代思想是在中国的历史进程中自发地展开的,要求遵照中国历史发展的内在逻辑来解读中国近代。此外,他们也都能够从外缘条件和内在理路等多方面阐释明清之际的剧变及影响,并将明清至近代视为具有连续性与同构型的过程。可以看到,两人对中国近代原生性和独特性有着基本的共识,诚如萧萐父曾对沟口雄三《中国前近代思想的屈折与展开》一书评价道:"今读此书,多有契合,盖一衣带水,心同理同。"①

就原生性而言,萧氏以明清思潮为活水源头,提出"应当从我国 17 世纪以来曲折发展的启蒙思潮中去探寻传统文化与现代化的历史接合点",②以实现中国传统文化的现代转型和创造转化。沟口氏则通过对一个国家或民族的历史脉络进行结构性的思考,发掘使其成为自身的文化传统与内在逻辑的基体。在基体的影响下,近代西方"人权""平等"等观念在中国表现为"仁""公"等追求调和的政治理想,洋务运动、维新变法是在西方冲击下"旧中国基体的延续"。③

就独特性而言,萧氏重点阐述了中国启蒙道路"坎坷"的特征:第一,强大的

---

① 萧萐父:《吹沙二集》,巴蜀书社,2007 年,第 518 页。
② 萧萐父:《吹沙集》,巴蜀书社,1991 年,第 54 页。
③ [日]沟口雄三:《作为方法的中国》,孙军悦译,三联书店,2011 年,第 56 页。

宗法关系;第二,反封建的农民战争;第三,资产阶级的妥协性与两面性;第四,阶级关系和社会矛盾的复杂性。[①] 中国早期启蒙受限于新旧杂陈、错综复杂的历史环境并未能很好地完成历史任务,但却唤醒了一代代后继者,才得以在"五四"新启蒙发展到新的阶段。沟口氏则认为,基体决定着不同国家近代道路的独特性,他区分了"原发的现代"与"外来的现代"[②]两个概念,凸显了亚洲国家向近代发展时所具有的本土特征。由于基体的不同,亚洲各国迈向近代的过程也不尽相同,沟口氏提出"两种阳明学"[③],试图解构中日阳明学的同构型,展现出基体的多元性与特殊性,旨在批判西方发达国家作为"世界"的一元论思维定势,"建立一个去除了霸权思维、彼此形成差异性关联的世界思想体系"[④]。

(二) 相异之处

首先,两位学者对"启蒙"的理解及对西方理论的态度有所区别。沟口氏基于"亚洲主义"的立场,矢志于"从亚洲的前近代提炼出亚洲固有的近代","要使世界成其为世界、各地区自身成其为自身"。[⑤] 他用"屈折"一词形容在欧洲笼罩下亚洲进退维谷的处境,即只要使用了"近代"这一用语,就会被"束缚在与欧洲近代的关联之中,'独特'这一语汇本来的实质就会丧失,或者由于'近代'这一定型化名义的阻碍,使中国自立的世界图景的自立性受到损害"。[⑥] 因为"启蒙"一词所烙印的西方色彩浓厚,在西方理论框架的桎梏下,仍将中国冠之以"近代""启蒙"的头衔,会大大削弱中国近代的独特性,因此沟口氏把"启蒙"等同于西方价值体系加以排斥,并反对将资产阶级的"启蒙思想"与明清之际思潮相比附。他坚称亚洲与欧洲的文化体质迥然不同,不可等量齐观,若要以"近代"作为指标衡量中国思想,必须构筑一个区别于欧洲的中国的历史叙述。[⑦] 而萧氏则以"启

---

① 萧萐父:《吹沙集》,巴蜀书社,1991 年,第 16 页。
② [日]沟口雄三:《中国的历史脉动》,乔志航、龚颖等译,三联书店,2013 年,第 339 页。
③ [日]沟口雄三:《李卓吾·两种阳明学》,孙军悦、李晓东译,三联书店,2013 年。
④ 孙歌:《思想史中的日本与中国》,上海交通大学出版社,2017 年,第 72 页。
⑤ [日]沟口雄三:《中国前近代思想的屈折与展开》,龚颖译,三联书店,2011 年,第 45 页。
⑥ [日]沟口雄三:《中国前近代思想的屈折与展开》,龚颖译,三联书店,2011 年,第 28 页。
⑦ 对此,葛兆光批评沟口雄三所谓的前近代仍旧是以西方近代为标准,前近代与近代之间的究竟有何种差异并未突显,前近代概念的提出也未能推动学界新的发展。并且,亚洲共同体忽略了亚洲及东亚的内在差异与历史变化,只能沦为想象的历史空间。葛兆光:《思想史研究课堂讲录续编》,三联书店,2014 年,第 115 页。

蒙"为人类所共有的普世价值,将其概括为"自我批判"的意识,以此来梳理中国式启蒙精神的发端与流衍。

其次,萧萐父与沟口雄三对思想与政治之间的张力有着不同思考,尤其体现在对朱子学的评判问题上。萧氏的研究理路是以"人"为线索,关注的是伦理异化对人性的戕害,对社会、政治的负面影响。在萧氏看来,皇权官僚专制主义通过歪曲利用程朱理学的思想资源为其政治体制的合法性提供理论依据,并以强化伦理纲常的手段来钳制压抑人心,维护社会的稳定及政治的统治。在君为臣纲的制度与规范下,儒者的妥协性使得他们成为中央集权君主专制统治的工具,逐渐被伦理异化。基于此,萧萐父认为反伦理异化与西方反宗教异化有着一致的鹄的,即在启蒙思潮的辉映下,追求人的个体主体性及其所相应的现代性内容。

然而,拘囿于马克思主义的发展论史观的立场,萧氏将程朱理学与明清启蒙看作是势如水火的对立关系,实则忽略了两者思想间的连续性。并且,他将天理视为压抑"人"的超越性力量,难以全面地揭示天人关系与朱子学的复杂面相。[①] 最后,他将伦理异化的始作俑者归咎于程朱理学,在一定程度上混淆了理学思想的本来面目与被意识形态异化的伦文主义,同时也忽略了朱子"以德抗位"的主张、"得君行道"的理想以及宋代君臣观与明清君臣观的差异。萧氏此论或出于对传统中异化现象的深切反思,但其具体论断并未能公允地评判程朱理学的历史价值。

沟口雄三则是以"理"为核心,能够辩证地看待意识形态上僵化的体制儒学与儒理学的关系问题。他反对把朱子学当作超越性的绝对权威,即人的秩序只能依附于天的秩序的前近代的停滞现象。沟口氏提出,朱子的天观中象征着超越性规范的主宰之天在"天即理"的理论中已经受到削弱和排除,朱子的天理并非代表皇帝权力的压抑性的定理,也不是超越于人之上的封建秩序,而是作为人的属性内在于天,"它为现代意义上的人之本然、自然所包摄,成为充实万人生存

---

① 譬如吕留良的激进朱子学与体制朱子学之间的张力,参见[日]伊东贵之:《中国近世的思想典范》,台湾大学出版中心,2015年,第190页。

的指标或根据"①。而所谓"压制人民的理"是官僚统治阶级借理之名义的歪曲与利用,又因为朱子主敬静坐和格物穷理的方法极易被误解为禁欲主义和形式主义,造成负面的影响,但这只是理解和方法上的谬误,而并非是朱子学本身的问题。

基于此,沟口雄三辨明了"封建礼教"并非是宋代朱子学,而是作为体制教化的朱子学,即"体制朱子学",亦可称为体制儒学。朱子学的理的主体是以皇帝为顶点的官僚阶层,皇帝作为天理的担当者维持着一君万民式的政治架构,具体表现为"理一分殊"的上下式秩序的道德主义,通过强调具有特定现实内容的经验行为应具有与先验理性同体并在的特点,极大地强化了三纲五常的伦理规范。在体制儒学日益强化的同时,儒理学也在不断发展,两者并非是一方拥护体制而另一方反对体制的对立的关系,而是互相影响的关系,即"儒理学起着对体制儒学进行重构、补充加强的作用,体制儒学则对儒理学的展开起着限制甚或规定其发展方向的作用"。② 然而"体制儒学始终都只是由上而下的、专制性和父家长式的思想理论,而儒理学则不同于此,它总是在与现实紧密结合,或者说是在与现实矛盾的斗争过程中不断将这些斗争反映到理观之中,对自身进行着变革"。③ 儒理学的发展始终与时代与社会相适应,在近代不仅能够接应外来的西学,而且亦能与公羊春秋、佛教、诸子学等学说共生,而日益僵化和脱离现实的体制儒学最终则成为儒理学所要革除的对象。沟口氏的儒理学是以理观为线索,从朱子的宋代式理观、阳明的明代式理观、戴震的清代式理观再到康有为、谭嗣同、孙文的近代式理观,在理学不断展开与变革的脉络中,最终近代式的理观获得了反专制、反封建的意涵,确立起"打倒封建礼教"这一意识形态上的主体。沟口氏指出,近代以来的理学对人格的塑造、主观能动性的激发、革命或解放目标的促成有着积极的作用,并推动了中国社会道德思想的转变,突显了理学对中国近代社会的价值与意义。

---

① [日]沟口雄三:《中国的思维世界》,刁榴、牟坚等译,三联书店,2014年,第296页。
② [日]沟口雄三:《中国前近代思想的屈折与展开》,龚颖译,三联书店,2011年,第99页。
③ [日]沟口雄三:《中国前近代思想的屈折与展开》,龚颖译,三联书店,2011年,第99页。

四、中国通往近代道路的反思与展望

当今中国的历史任务主要聚焦于现代化建设的具体实践,然而,近代作为传统与现代的历史接合点仍具有重要的意义。中国通往近代的道路是一段极为复杂的历程,萧萐父与沟口雄三通过阐发明清社会思潮近代性,彰显了中国近代的内发原生性与独特性,然而无论是"世界历史"下的"中国式启蒙",抑或是"亚洲整体论"下"原发的现代",都有赖于更翔实的论证与阐明,正如沟口雄三所言:"需要预先有一个最低限度的共识,承认中国历史上各种概念及其展开的途径与欧洲的相应情况是如何不同,遗憾的是,这一共识的成立看上去还需要相当长的时间。"[①]在此境遇下,通过比较与互补萧萐父与沟口雄三的理论学说,不仅有裨于完善早期启蒙说和前近代论述,而且能够促进东亚思想的交汇和融通,为东亚各国的近代道路提供可行的研究范式,推动新的中国乃至亚洲近代话语体系的建立。

其一,早期启蒙说最为人所诟病的是对西方启蒙的强行比附。诚然,明清思想并不能完全符合西方所建立的普遍理性的标准,但西方标准是否就是唯一的准绳呢?普遍理性强调个人的权利与尊严,早期启蒙思想家否认先验天理作为人的主体性,从经验论的思维方式上主张从人性的实然出发挺立个体的人格,与普遍理性的旨趣殊途同归。萧萐父将自我批判性质的思想视为明清启蒙思潮的标志,"自我批判"所要强调的并非是要附会西方思想抑或颠覆封建制度,而是对人性更深层次的探究,并以此延展到政治、社会、思想等诸多方面。"反伦理异化"正是对中国传统社会中人性问题的深沉反思,此亦是萧萐父理论的主旨。尽管对于启蒙的讨论聚讼纷纭,但可以确定的是"儒学的批判是从内部开始的",近代的反儒学运动最初源于儒学的"内在批判",儒学吸收西方思想这一事实也许可以看作是出于它本身发展的一种内在要求,由此观之,仅仅拘泥于中西方概念

---

① ［日］沟口雄三:《中国前近代思想的屈折与展开》,龚颖译,三联书店,2011年,第28页。

互释的合理性,并不能有效推动相关研究的发展,如何以符合自身的话语模式,深入探究"自我批判"的多层次面向,才是问题的关键。对此,萧萐父将明清之际的西学东渐以及近代的西方思想皆视为早期启蒙思想家重要的养料,其论述涉及了政治史、经济史、科技史、文艺美学等诸多方面,提供了丰富的新材料,在一定程度上能够拓宽中国近代性问题的研究视域。

其二,萧萐父与沟口雄三的研究展现出的中国通往近代的两条路径,这似乎表明即便不依凭内生的"启蒙"精神,中国也一样能到达近代。既然如此,当今中国是否还需要启蒙?萧氏苦心孤诣凸显启蒙精神的意义何在?此乃萧氏晚年着重思索的问题,他指出"早期启蒙思潮的兴起是以古代文化的长期积累为背景的传统文化向现代转化的历史性起点"①,它不仅是启蒙精神作为一种普世性的思想资源在中国的彰显,而且是中国文化自身产生的现代性的历史接合点以及现代文明建设的活水源头。以此为主体,方能实现民族文化整体的代谢发展和真正的自我更新。并且,早期启蒙说对于当今的现代化建设具有深远的现实价值,它"逻辑地指向当代中国哲学的'新人学'的建立"②,不仅对建构植根于民族文化传统的新哲学有重要的启发,而且涵蕴着对当今社会伦理异化的深沉反思以及拨乱反正、正本清源的现实关怀与希冀。萧氏的学术思想无不以"传统文化的现代化"为旨要,此乃理解"早期启蒙说"当代使命与意义的关钥。

其三,海外汉学家的研究对于反思和展望中国近代性问题仍具有重要的意义。比如,伊东贵之对沟口雄三研究进一步的发展与完善。③ 又如孔飞力(Philip Alden Kuhn)提出"不同国家是可以经由不同的方式走向'现代'的"④,现

---

① 萧萐父:《吹沙三集》,巴蜀书社,2007 年,第 55 页。
② 萧萐父:《吹沙三集》,巴蜀书社,2007 年,第 56 页。
③ 伊东贵之指出以往研究中将"个人"的析出以及自由、欲望的扩充等思想定位为积极的近代价值,这种先入为主的思路预设了一种关于近代的目的和想象,即以近代主义价值观作为前提,把明清之际视为迈向近代的标识,此即狄百瑞所批评的"解放史观意识形态的专制"——以发展为主题的进化论式、目的论式的单线历史观。在此基础上,伊东贵之进一步质疑以西方近代史为模型的从传统桎梏中个人解放的公式,是否能够超越不同地区、文明而具有普遍性的意义?欲望的多样性和复杂性是否能被简单等同为"解放"?针对此问题,他强调以"从气质变化(修养)到礼教"的模式重新思考传统中国近世思想史的谱系。[日]伊东贵之:《中国近世的思想典范》,台湾大学出版中心,2015 年。
④ [美]孔飞力:《中国现代国家的起源》,陈兼、陈之宏译,三联书店,2013 年,第 1 页。

代性具有多样的存在形式,并非只有经历了西方的工业化才能称得上现代,中国现代国家的特性是由内部的历史演变所决定的。此观点对于探索中国式启蒙的独特性亦颇具启发意义。

综上所述,中国近代性问题研究道阻且长,如何摆脱价值观念先入为主,摒弃目的论发展观的预设,来自不同角度、立场的研究有裨于更加全面呈现出中国迈向近代的多样性和复杂性,推动中国与亚洲近代话语模式的完善与建立。

沾溉学林　嘉惠后学

——论萧萐父先生《中国哲学史史料源流举要》的特点及意义

肖　航

（武汉大学国学院）

2008 年 9 月 17 日，萧萐父先生与世长辞。非常遗憾无缘聆听萧先生的亲自教诲，但是睹其书如见其面。从先生的学术著作《中国辩证法史稿》《船山哲学引论》《吹沙集》《明清启蒙学术流变》《古尊宿语录》《吹沙纪程》《吹沙二集》《传统价值　鲲化鹏飞》《王夫之评传》《早期启蒙说与中国现代化》等，可以想见先生学术路径与治学辛勤；从先生的《火凤凰吟》《苔枝缀玉》《萧氏文心》等诗文画作中，可以想见先生作为传统知识分子的诗人情怀与高洁品格。不过，我接触最早、感触最深、获益颇多的书却是先生的一本小册子《中国哲学史史料源流举要》。

我于 2007 年跟随郭齐勇先生开始中国哲学博士阶段的学习，之前因为国学专业并没有系统上过哲学方面的课，接触的大多数为一些历史、文献等这些学科，因而对中国哲学史料及中国哲学史学科的定位有些模糊。中国传统中，文史哲是没有分家的，哲学史料往往相伴着文史等各种知识。在刚入门的阶段，对于纷繁复杂的材料，我一时有望洋兴叹的感觉。2008 年上半年在李维武先生开设的"中国哲学史史料源流举要"课上，我得以接触萧萐父先生《中国哲学史史料源流举要》一书。正是这本书让我对中国哲学史有了明确的认识，在实际中掌握了如何找出与梳理中国哲学史史料的确切方法,可以说这本书给中国哲学的学习者指明了一条坦途。

一、中国哲学史史料学的来源

中国哲学史史料学是关于中国哲学史史料的收集、整理、研究、分析、鉴别和使用的科学。它是中国哲学史研究的基础学科之一,目的在于为中国哲学史的研究提供可靠根据。中国哲学史史料学的主要任务是发掘隐没史料、辑佚、鉴别真伪善否、校勘、训诂等。"中国哲学史史料学"这门课程其实并不是一门新课,冯友兰、张岱年先生都开设过这方面的课程,并且冯友兰先生著有《中国哲学史史料学初稿》一书,张岱年先生著有《中国哲学史史料学》一书。

《中国哲学史史料学初稿》是冯友兰先生为初学中国哲学史的人介绍史料学的一部作品。全书共分为十四章,第一章讲史料学的范围和内容,第二章论目录,从第三章到第十四章分为奴隶社会时期、奴隶社会向封建社会过渡时期、封建社会的确立和前期封建制发展时期、后期封建制发展时期、近代时期哲学史史料等几大历史时期进行论述,对于每一时期的主要史料之内容、版本以及相关注释作了详细介绍。在各个时期,该书以重要典籍作为论述重点,如在第四章《奴隶社会向封建社会过渡时期》,冯先生主要列举了《尚书》《周易》《论语》《墨子》《孟子》《管子》《老子》《庄子》《慎子》《商君书》《荀子》《韩非子》《吕氏春秋》以及名家的一些著作。附录部分对各阶段的重要史料作了摘录。①

张岱年先生的《中国哲学史史料学》比冯先生的书晚出二十多年,因为时代先后的关系,两本书虽然基本内容一致但详略取舍不尽相同。在先秦典籍中,除了冯先生提到的经典著作《尚书》《周易》《论语》等,张先生还讲了《诗经》《左传》《国语》《孙子》《申子》及"先秦时代百家之学的史料",如公孟子、董无心、告子、杨朱等。即使同样的典籍,两书不但所列书目互有异同,具体讲法也不尽一致。例

---

① 冯友兰:《中国哲学史史料学初稿》,上海人民出版社,1962 年。

如《周易》,冯书只介绍了"经"和"十翼"的内容,张书不但讲了"经""传"的异同,而且还列述了它们的流传情况和《周易》"经学"的历史演变。不同之处还在于,张书吸收和介绍了近年出土的汉代竹简、帛书资料和研究成果,介绍了哲学史论著中很少讲到的人和著作,强调了哲学史研究不但要了解每部著作的写作时代,还要注意它的流传情况。[①]

冯先生和张先生的这两部著作最大共同点在于以人物为经,以著作为纬,这便于初学者对各个时代的代表性思想一目了然,对重要著作了然于心,便于入门。但是缺点在于基本上还停留在论著提要的阶段上,比较简略。不过,作为"哲学史史料学"这门学科的开创性作品,这两本书非常重要,对初学者也有很好的引导作用。

二、《中国哲学史史料源流举要》的特点

《中国哲学史史料源流举要》一书是由萧先生开设"中国哲学史史料学"这门课的课程讲义改编而成,但与前两本书有明显的不同。可以说,正是这些不同点构成了萧先生这本书的特点,也正是因为有了这些特点,萧先生这本书具有自身独特的指导作用。

首先,《中国哲学史史料源流举要》与前两书因宗旨不同,故命名也不同。冯、张两先生的书以"史料学"命名,在于发掘隐没史料、辑佚、鉴别真伪善否、校勘、训诂等。但是萧先生的书有其自身的侧重点,他指明本书主旨在于"序列中国哲学史史料之目录,考辨中国哲学学术之源流;其方式是以纲带目,略举其要"[②]。该书开篇讲到"其内容主要是:以中国历代哲学思想资料以及有关史料为对象,序列文献,综述目录,介绍研究成果,考辨学术源流,近于目录学。校雠学、文献学,史源学之综合,系综合性的专业基础课"[③],同时,萧先生明确以著名

---

① 张岱年:《中国哲学史史料学》,生活·读书·新知三联书店,1982年。
② 萧萐父:《中国哲学史史料源流举要》,武汉大学出版社,1998年,第5页。
③ 萧萐父:《中国哲学史史料源流举要》,武汉大学出版社,1998年,第2页。

史学家陈垣先生的史源学为效法对象,陈垣先生这种史源学在于追寻源流,考证
讹误,练习读史的能力,警惕著论之轻心。正是因为有了明确的宗旨作为指导,
有具体的史源学方法作为工具,萧先生这本书的最大特点便自然凸显:指明中
国哲学学术的源流,以发展变化联系的观点将中国哲学发展的脉络进行梳理,通
过这种脉络贯穿哲学史史料,从而使大量的哲学史史料有"一以贯之"之道,这
样,初学者把握史料的时候能够做到条理明晰。

　　其次,《中国哲学史史料源流举要》写法也不同于前两书。萧先生改变了前
两书以人物为经,以著作为纬的写作方法,采用了以每个时代主要思潮为经,以
人物或者著作为纬的写法。以时代思潮为经线,可以使人看一章便了解一个时
代大概的面貌、主要的思想流派,这样便于提纲挈领。同时,根据不同思潮与争
论焦点安排行文,在行文中介绍主要代表性人物与论著,就有点有面,让人对某
种思潮既有大概印象又可以深入研究。例如,在周秦时期,萧先生将其分为阴阳
家、儒家、墨家、道家、法家、名家等几家思想进行总结,并且按照思想流派突出每
个流派最重要的著作,又兼顾其他次要著作。比如,论述阴阳家一派时,萧先生
将《周易》作为代表性著作,详列了《易》的名称由来、经传源流、"易学"在各个时
代的演变和主要代表人物及著作。在介绍了《周易》之后,萧先生又列举了早期
阴阳家的各种言论与邹衍遗说,这样便于对阴阳家思想有兴趣的初学者能够看
一章就了解重点应该看哪种书,有哪些版本、各本的侧重点与优劣在哪里,在看
了主要材料之后还要兼顾哪些人的著作,这些著作又各有什么特点,等等。这样
就对自己所要探究的领域有了大概的整体了解,不再限于某人某书,这对于初学
者甚至研究者都是非常有益的。

　　再次,《中国哲学史史料源流举要》补充了新的材料。萧先生对于散见于各
种材料中的哲学史料独具慧眼,从先秦诸子的某些单篇论文到汉代司马谈的《六
家要旨》、刘向的《七略》,还包括谶纬、农学、医学、诗文集、美学、文艺批评等各种
材料都被包含在他列举的哲学史史料的范围内。比如在论述魏晋玄学与反玄学
思潮的时候,他强调了《世说新语》《人物志》《全上古三代秦汉三国六朝文》等各
种材料,萧先生从《全晋文》中找出反玄学的欧阳建著有《言尽意论》并且指明这

是对王弼言不尽意思想的批判;在论述隋唐五代哲学史料时,他特别强调类书的作用,说明在这些总集性史料中可以找到和筛选出哲学及其他文化思想史料,而且他明确指出对儒家经学论著如孔颖达的《五经正义》,"表达了孔颖达的哲学观点"等①。萧先生对于哲学史史料范围的扩展,大大拓宽了哲学史研究的史料范围,开阔了研究的领域。同时,对研究者相应地也提出了更高的要求:那就是研究者必须在博览群书和深入研究的过程中对各种材料进行甄别比较,选出适合的、具有哲学研究价值的史料。这是一项很艰巨但是却极有意义的工作。时至今日,这项工作还有大量的任务没有完成。

最后,《中国哲学史史料源流举要》增加了新的写作内容,这也是萧先生该书极具特色的地方。第一,《古史祛疑》一讲确立中华民族古史的价值与意义。作为"哲学史史料"一课,萧先生可以完全同冯、张二先生一样,不谈古史这个纠结不清、颇费思量的问题,但是萧先生专门作为第二讲来进行论述是何原因呢? 这个问题,我觉得涉及了萧先生的古史观及整个文化观。萧先生认为人类文化是多源发生、多元并存、多维发展的;人类文化传播中的辐射、迁徙、涵化、融合都以文化发生的多根系与文化发展的多向度为前提。作为对中国文化进行过全方位、多层面、多视角思考的思想者,萧先生对于作为中华民族来源、中国文化起源的远古文化不可能不作任何论述。所谓正本清源,要探索中国哲学史史料的源流,萧先生势必会对中华文化最初的起源做一番探究,这番论述充分展现了他的文化观与古史观。萧先生在此描述了"信古派"与"疑古派"的观点和影响,其间阐述了"中国文化西来说"与"中国历史缺环论"等国外的思想,他用考古工作对于仰韶文化、大汶口文化和龙山文化等文明遗址的发现以及传世文献和相关学者的考论,确定了"中华远古文化是本地起源的,而且就中华本土说,非仅一源而是多源、多根系的,在交流发展中才逐步融合"②。并且,由此萧先生总结到要"善于把地下考古资料与传世文献资料相结合,把人类社会运动的一般规律和各个民族历史的具体特点结合,进行宏观和微观的深入考察和具体分析,透过历史

---

① 萧萐父:《中国哲学史史料源流举要》,武汉大学出版社,1998年,第189页。
② 萧萐父:《中国哲学史史料源流举要》,武汉大学出版社,1998年,第28页。

的投影去把握历史的真实"①,这种研究办法对于现在文化史、思想史研究者都具有重要的指导意义。第二,《朴学简介》一讲总结了传统治学方法,为当代哲学史史料学发展提供了基础。萧先生第三讲定为《朴学简介》,在总结古史之后直接进入关于清代朴学的这一讲,看似时代跨度很大,但是内在理论却非常清晰。《朴学简介》实际上介绍了中国传统治学方法的源流,包括文字、音韵、训诂的语言学、目录学、版本学、校勘学、辨伪学、辑佚学,还有相关查找成语、方言、俗语、谣谚、人物生平传记、历代典制沿革、典故、年表历表、个人行迹等工具书的介绍。时间跨度从两汉一直延续到近现代各种相关文献,实际上将所有相关书籍汇聚一堂,大大有益于后来学人的翻阅与检索文献。同时,萧先生不囿于朴学已经有的成果,他指出"我们要把中国哲学史研究推向前进,就必须穿越而不能跳过前辈学者的这些劳作",在重视文献考据的同时,"还必须坚持把唯物辩证法应用于哲学认识的发展,通过历史上合乎规律出现的哲学范畴、原理的联系和演变,进行具体的阶级分析和历史分析,揭示哲学认识的矛盾发展的客观逻辑,由此判定某些难于判定的哲学著作的时代性",②这样萧先生提出了继承朴学又要扬弃朴学的新治学途径,对哲学史研究者提出了新的要求,将思想研究回归为研究思想本身发展的内在理路。第三,《原始文字与古史文献举要》一讲强调了地下考古的各种文字新材料和以经学为代表的上古文献的重要性。萧先生在地下考古文字资料中,强调了陶文、甲骨文,金石文、石鼓文、竹简帛书帛画;在传世古史文献中,强调《尚书》《逸周书》《竹书纪年》《穆天子传》《山海经》《世本》,这就打破了哲学史的学科界限,将对研究古史有益的材料以及流传版本一一列出,并且点明了各书对于哲学史的作用和意义,比如在《逸周书》的介绍中,萧先生指出"书中哲学史料如《武顺解》等篇,以'和'贯通全书,特别是提出'人有中曰参,无中曰两,两争曰弱,参和曰强'命题,提炼出'参'与'两'这对辩证范畴,应当引起重视"。③ 另外,在古史旁证材料中,萧先生主要以《诗》《书》《礼》《春秋》等儒家经

---

① 萧萐父:《中国哲学史史料源流举要》,武汉大学出版社,1998 年,第 37 页。
② 萧萐父:《中国哲学史史料源流举要》,武汉大学出版社,1998 年,第 60 页。
③ 萧萐父:《中国哲学史史料源流举要》,武汉大学出版社,1998 年,第 68 页。

书作为主要内容,指出了经学在中国历史上的地位,"经学作为文化主干,包含了各门学问,所以历代官修的经学总集,可以说是当时的百科全书。这种百科全书,唐宋以来历代都有……在经学斗争中,有些问题具有哲学意义……"①萧先生从中国哲学史研究的角度,确定了经学的地位与意义,这对于中国哲学史研究中比较忽略的经学研究起到了"正名"的作用,这个观点是极具前瞻性和开创性的。

三、《中国哲学史史料源流举要》的意义

萧先生《中国哲学史史料源流举要》的特点已在前文论述,这些特点使得这本书对于哲学研究者尤其是中国哲学史初学者的指导作用非常明显。但是,这本书的意义不仅限于对具体的指导作用,还在于其自身具有重要的意义。

首先,这本书反映了萧先生对于中国哲学史这门科学的认识,开创了新的宽阔的研究路径。萧先生认为哲学史研究,"或纯化,或泛化,或微观,或宏观,或纵向,或横向,都可以'自为经纬,成一家言'",而"以哲学史为核心的文化史或以文化史为铺垫的哲学史,更能充分反映人的智能创造和不断自我解放的历程"。② 基于对于哲学史研究的这种认识,萧先生在《中国哲学史史料源流举要》中凭借自己渊博学识、宽阔眼界、良好的人文积淀与素养将哲学史史料的范围大大扩宽,对于哲学史史料的甄别独具特色,既有横向分析又有纵向条贯,既有微观论述又有宏观概括,为泛化或者纯化中国哲学史的研究作了良好的铺垫。可以说,这本书既可以指导以哲学史为核心的文化史研究又可以指导以文化史为铺垫的哲学史研究,这就回到了思想研究的本身目的,也就是研究"人的智能创造和不断自我解放的历程",这对于现在的中国哲学史定位等关键问题仍然具有重要启示作用。

其次,这本书表达了萧先生"通观儒释道,涵化印中西"的学术追求。这本书

---

① 萧萐父:《中国哲学史史料源流举要》,武汉大学出版社,1998 年,第 75 页。
② 萧萐父:《吹沙集》,巴蜀书社,1991 年,第 410 页。

的史料源流考辨中,论儒家思想则涵盖了先秦儒家原著、六经、隋唐的儒学正宗、宋元明道学诸流派等;论道家思想则涵盖了先秦道家言、秦汉时期原始道教史料、魏晋南北朝时期道教与科学文献、隋唐时期道教理论著作、宋元明时期的道教史料等;论佛学思想则涵盖了魏晋南北朝时期的佛教兴盛与反佛思潮、隋唐时期佛教哲学论著、宋元明时期的佛教史料、现代佛学思潮等等,对于儒、释、道三家思想都有考辨与著作纲目提要,这些方面的研究起到了提纲挈领的作用。另外,萧先生在材料中注意到明清之际耶稣会士来华译著和 20 世纪科学主义思潮、人文主义思潮、马克思主义哲学等,正是"从容涵化印中西"的体现。

最后,这本书体现了萧先生一贯倡导的"德业双修,学思并重,史论结合,中西对比,古今贯通"的指导方针。《中国哲学史史料源流举要》这本书写作目的只是为了"使研究生继踵前修,尽快地进入学术前沿;同时强调义必征实,言必有据,提倡严谨笃实的学风"①,这是典型"俯首甘为孺子牛"的奉献精神,也是一代学人崇高品格与精神的体现,这本书虽然只有三百多页,但是其修订补充却从20 世纪 80 年代一直延续到 1996 年,其后才决定正式付梓。全书言必有故,对于大量材料的精心筛选与分析,这都需要深厚的学养与精密的思考方能做到。对于历代史料的梳理与论述、对中华文明起源探讨、对于各个阶段时代特点与思想特点的阐述,无一不浸润着这 20 个字。这 20 字方针是萧先生毕生治学经验的总结,也是武汉大学中国哲学这一研究领域所有学人的座右铭。现在学科点的各位先生依然兢兢业业地履行着这 20 个字,将无限的热情与大量的精力都放在对于本、硕、博学生的教学指导和踏实的研究工作中。

总之,萧先生的《中国哲学史史料源流举要》一书,不仅反映了先生学术观点、学术追求与治学方针,而且对后学具有重要而且实际的指导作用。也可以说,这本书从一个侧面反映了萧先生的高洁人格与朴实学风。因此,这本书对于后学不管是为学还是为人,启迪将是无穷的。

---

① 萧萐父:《中国哲学史史料源流举要》弁言,武汉大学出版社,1998 年,第 1 页。

漫汗通观儒释道　从容涵化印中西

——萧萐父先生中国哲学史观论纲

崔海亮

（延安大学中国共产党革命精神与文化资源研究中心）

萧萐父（1924—2008）是当代中国最具个性特点的哲学史家之一，是侯外庐之后马克思主义唯物史观派的典型代表，以提倡"明清启蒙说"而闻名于学术界[①]。他以宏阔的视野、包容的态度和科学的哲学史研究方法在中国哲学领域作出了创造性的贡献，其中国哲学史观也对当今学术界产生了重大影响。

"漫汗通观儒释道，从容涵化印中西"，是萧萐父先生在 1993 年纪念汤用彤先生百年诞辰时所写祝颂诗中的一句话。这个对子不仅表现了萧先生对汤用彤先生的仰慕，也是他自己学术追求的写照。后来萧先生又多次强调了这一观点。在 1994 年北京大学哲学系八十周年系庆时，他所题诗中有"包容今古开新宇，涵

[①] 萧萐父先生主要继承了侯外庐先生的"早期启蒙说"，他自己也以侯外庐的继承者自居。在纪念侯外庐先生百年诞辰的文章中，他这样说："虽然不少随着逐流的人们漠视侯外庐先生的学说，虽然他的'早期启蒙说'成了摩登的后现代派学者们力图'消解'的对象，但我们仍然在此庄严地宣称：我们自愿继承侯门学脉，自愿接着侯外老的启蒙说往下讲。"但是，萧先生的"明清启蒙说"是接着侯外庐先生讲的，而不是"照着讲"的，所以二者有关启蒙的论说仍然不同。萧先生的启蒙说旨在建立"新人学"，"坚持'首在立人'的启蒙事业，以人的现代化促进社会的现代化。"参见萧萐父：《"早期启蒙说"与中国现代化》，《萧萐父文选》（下），武汉：武汉大学出版社，2007 年，第 241—252 页。另外郭齐勇教授认为萧先生并不属于侯外庐学派，参见郭齐勇：《萧萐父先生的精神遗产——兼论萧先生启蒙论说的双重含义》，《哲学评论》第七辑，武汉大学出版社，2009 年，第 1—21 页。

化东西辨主流"。2004 年,他在《八十自省》诗中有"平等智观儒佛道,偏赏蕾芽新秀",2005 年,在武汉大学举办的"新儒学国际会议"上,他又把这一观点更明确地概括为"多维互动,漫汗通观儒释道。积杂成纯,从容涵化印中西"。萧先生在《吹沙二集·自序》中也曾明确地说他以"漫汗通观儒释道,从容涵化印中西"来括举汤用彤先生的学思成就和恢宏气象,"也常以汤先生这样的德养风范和博通学风来诱导学生和鞭策自己"。① 因此,这一对子是萧先生治哲学史的终生体会,集中体现了萧先生多维互动、兼容并包的哲学史观。近二十多年来,学术界对中国哲学的主体性问题进行反思和讨论,一些新编的《中国哲学史》与《中国哲学通史》坚持"以中解中"的书写范式,尝试树立中国哲学史的主体意识,取得了令人瞩目的成绩。从中国哲学主体性的视野来回顾萧萐父先生的中国哲学史观,可以发现他的中国哲学史研究具有主体性的自觉,其中国哲学史观对于中国传统文化的创造性转化和创新性发展,对于如何走中国式现代化道路,对于马克思主义如何与中华优秀传统文化相结合都有重要的启发意义。

一、萧萐父中国哲学史观形成的思想背景

萧萐父先生中国哲学史观的形成与其学术历程和社会背景是分不开的,也可以说,正是在学术与社会政治运动的互动中,才形成了他的中国哲学史观。结合萧先生的学术历程,其中国哲学史观的形成和发展大致经历了以下三个阶段。

(一) 1956—1965 年,萌芽阶段

萧先生的学术兴趣是多方面的,其学术成就也是多方面的。他对中国传统文化的经、史、子、集均有涉猎,对儒、释、道的研究皆有创获,诗词、书法、篆刻更是他的特长和爱好。他对西方哲学、文学大量吸收,尤其是在康德、黑格尔和马

---

① 萧萐父:《吹沙二集·自序》,巴蜀书社,2007 年,第 2 页。

克思主义研究方面深造自得①。这些都与他早年所受的教育是分不开的。萧先生早年主要受其父母影响。其父萧参,私淑经学大师廖平,在《尚书》学、诸子学、唐宋词以及中医理论方面均有造诣。其母杨励昭,肄业于成都女子师范学校,能诗词,工书画。因此,萧先生早年就受到良好的中国传统文化教育。1943年,萧先生考入武汉大学哲学系,在张真如、万卓恒、朱光潜、金克木等名师的指导下系统地学习了中西方的哲学理论,此外还广泛阅读了中外文学名著,也写下了许多诗词著作。在提高理性思维的同时,也注重感性思维的训练,很好地实现了情与理的统一,形成了逻辑(Logic)与抒情(Lyric)并重,思与诗统一的"双 L 情结"。这些都为其以后的学术多元化道路奠定了基础。②

在大学进行理论学习的同时,萧先生还积极参加进步学生运动,担任武汉大学大学生自治组织的宣传部部长,反对国民党的黑暗统治,追求自由与光明,因此被国民党特务监视追捕。1947年7月,萧萐父不得不在毕业前夕提前离校,从武汉回到成都,在成都华阳县中学任教。1949年解放后,先后在华西大学、四川医学院任教,认真研读并教授马克思主义经典著作,进一步坚定了马克思主义信念。但是真正理解并接受马克思主义唯物史观,并逐渐开始形成自己特色的"明清启蒙说"的萌芽,则是在1956年以后。

1956年,由于重建武汉大学哲学系的需要,萧先生入中央党校高级理论班学习,后入北京大学哲学系进修中西哲学史。当时北大哲学系集中了一流的学术大师,萧先生先后修过冯友兰、朱谦之、张岱年、侯外庐、吕振羽等先生的课程,经常向贺麟、汤用彤先生请教,并经过导师任继愈先生的悉心指点,因而使得萧先生的学术素养得到了很大的提升。在此期间,萧先生在《光明日报》等报刊发

---

① 萧先生于大学期间尤其擅长西方哲学的抽象思辨,后来武汉大学重建哲学系后,由于工作需要他才转向中国哲学的研究。萧先生大学毕业的学士论文题目是《康德之道德形上学》,该论文得到康德研究专家邓晓芒教授的高度评价。邓教授说:"当年政治风云中的弄潮儿,竟有如此深邃的内心世界和思辨头脑,就分析的细致深入,把握的准确,阐发的精到和见解的独特而言,已大大超出了我们今天对大学本科论文的要求","旁征博引,纵横思辨,能令今天的博士生咂舌"。详可参见《吹沙二集》第360页,《吹沙三集》第414页。

② 本文对萧萐父先生学术历程的概括主要参考了田文军教授的《锦里人文风教永 诗情哲慧两交辉——萧萐父教授学术生涯掠影》,载《哲学评论》第七辑,武汉大学出版社,2009年。

表了一系列论文,对哲学史的研究目的、方法进行了探索。萧先生认为研究中国哲学史的目的在于探索马克思主义哲学中国化的历史根据和思想土壤,要坚持论史结合、古今通气的方法论原则。这些观点在以后的研究中进一步得到了发展。1957 年,萧先生回到武汉大学后致力于中国哲学史的学科建设,在教材编定、教学培养方式等方面进行了有益的探索。在侯外庐等马克思主义学者的影响下,着力探索"明清之际"的启蒙思想,致力于王船山伦理思想的研究。20 世纪 60 年代,萧先生发表了《关于历史科学的对象》《哲学史研究的根本任务和根本方法》《王夫之哲学思想初探》《浅论王夫之的历史哲学》等论文。认为王船山哲学作为时代矛盾的一面镜子,体现了"新的突破旧的"的思想启蒙特点。同时萧先生将研究领域延伸到玄学、佛学领域,对以往不被人注意的人物也进行研究,如杨泉、鲁褒、何承天等,这些都表现了他独特的哲学史家的眼光。总之,在这一时期,萧萐父先生的史论结合、古今通气、明清启蒙的中国哲学史观的雏形已基本形成。

(二) 1966—1988 年,形成阶段

1966 年,"文革"开始后,萧先生因李达"珞珈山三家村"案受株连被下放到湖北襄阳农场,正常的学术活动被打断,但是,即使在住"牛棚"、挨批斗的环境中,他仍然没有放弃自己的学术追求。正是这种非常的境遇促使了萧先生对启蒙的深入思考,他以明清启蒙思想家黄宗羲"锋镝牢囚取次过,依然不废我弦歌"的精神激励自己,虽因居野寺,仍奋笔著述,先后写成《船山年谱》稿 20 万字,又成《船山哲学》稿 10 余万字。可惜"调不入时,俱成废稿"①。

正是"文革"这一段特殊的经历,促使了萧萐父哲学史观的形成。"文革"后,萧先生对"文革"进行反思、对自己进行反省、对哲学史研究进行进一步探索,形成了具有鲜明个性特点的中国哲学史观。

编定《中国哲学史》教材是萧先生最重要的学术成果之一,这套教材也体现了他的中国哲学史观。1978 年,教育部组织编写《中国哲学史》本科生教材,萧

---

① 萧萐父:《萧萐父文选》(下),武汉大学出版社,2007 年,第 10 页。

先生承担主编的任务。教材分上、下两卷,70 余万字,其鲜明的学术风格和理论特点得到学术界的好评。在此教材出版之前,已经有了一些学术史、哲学史著作,如梁启超、钱穆的《中国近三百年学术史》,胡适的《中国哲学史大纲》上卷,冯友兰的《中国哲学史》上、下卷等。在萧先生看来,这些著作都有不可磨灭的贡献,但是他们的哲学史观都具有一定的局限性,"总的说来,这些论著,往往陷入浅薄的唯心史观,停留于对历史上某些学派分合、思潮起伏的现象形态的描述,谈不上对哲学发展的本质矛盾和内在规律的阐释,在方法上还未能达到黑格尔演述西欧哲学发展所显示的思维水平,也未能真正跳出中国古代学术史论的某些陈旧的窠臼。"①萧先生主要继承了吕振羽、杜国庠、侯外庐等马克思主义学者的哲学史观,并对"文革"时期"左"倾思潮把马克思哲学史观公式化的倾向进行清理和批判,坚持唯物史观与中国哲学发展特点的结合,用黑格尔哲学史观的圆圈螺旋结构取代唯物唯心相对立的对子结构,明确哲学史的研究对象为哲学认识的矛盾发展史,纯化哲学的研究范围,把围绕哲学基本问题展开的矛盾运动作为论述的重点。他以认识论和发展观为中心,以哲学范畴为线索,把中国哲学发展的内在逻辑清晰地展现出来。这套教材是黑格尔哲学史观与马克思主义唯物史观历史和逻辑相统一方法的很好结合,虽然其中仍然有唯物唯心对子结构的影响,但就其展现中国哲学史发展的逻辑清晰性而言,无疑代表着当时中国哲学史研究的最高水平。即使在今天看来,该著对中国哲学内在发展逻辑的揭示仍然不失其深刻性。

这一时期,萧先生非常重视对哲学史方法论问题的研究,先后写成了《中国哲学史方法论问题刍议》《马克思主义哲学史观与蒙古族思想史研究》《历史感情与历史科学》《中国哲学范畴研究中的论史结合问题》等重要论文,并与陈修斋教授共同主编《哲学史方法论》一书。这些研究成果,对以往的"左"倾路线进行反思,对以后哲学史研究的方法进行了有益的探索,引导哲学史研究向正确的方向发展。在此基础上,萧先生把武汉大学中国哲学学科研究生的培养目标概括为

---

① 萧萐父:《吹沙集》,巴蜀书社,2007 年,第 362 页。

20个字：德业双修,学思并重,史论结合,中西对比,古今贯通。这20字充分体现了萧先生的中国哲学史观,也逐渐形成了武汉大学中国哲学学科的特点。

与此同时,萧先生又深入思考了中国的哲学启蒙和中国传统文化现代化问题。他先后发表了《真理与民主》《中国哲学启蒙的坎坷道路》《对外开放的历史反思》《古史祛疑》《中西文化异同辨》《文化反思答客问》《活水源头何处寻》等一系列重要论文。《中国哲学启蒙的坎坷道路》集中体现了萧先生的"明清启蒙说"。他认为中国有自己的哲学启蒙或文艺复兴,在明清之际批判宋明理学的思想桎梏中产生了摆脱中世纪蒙昧主义的人文主义思想。萧先生认为这种人文主义思想产生于16世纪中叶,以泰州学派的分化为标志。在17世纪形成反理学思潮,进一步促进了人文主义的觉醒。但在18世纪,由于清廷文化专制政策的压制,中国哲学启蒙遭到挫折,陷入了历史涸流。直到19世纪末在资产阶级的维新运动和革命斗争中,启蒙思想才得以复活。但是由于资产阶级的局限性,并没有完成启蒙的任务,使中国哲学启蒙长期处于"难产"之中。就当前而言,中国仍需要哲学启蒙的思想土壤,需要促使传统文化现代化,促进中西文化的交流与融合,使理性的觉醒与时代的要求相符合。通观这些研究成果,萧先生论述的要旨无非在于强调:中国的现代化有其自身的内在根芽,只有通过中西文化的交流融合,通过哲学启蒙,才能促使人们理性的觉醒,才能实现全面的现代化。萧先生的"明清启蒙说"既不同于西方汉学界的"冲击—回应"模式,也不同于国内的"西化"派与"新儒家"学派,而是有着独特个性与深刻内涵的人的现代化理论。

综上所述,这一时期,萧先生形成了具有个性特色的哲学史研究方法和"明清启蒙说",标志着他的哲学史观的形成。

（三）1989—2008 年,发展成熟时期

相对于20世纪80年代的"文化热"而言,90年代被称为"反思的年代",人们不仅对80年代的各种文化思潮进行反思,而且对民族文化传统特别是对"五四"以来的文化思潮进行反思。与当时的学术走向一致,萧先生也以更广阔的视野来反思中国传统文化的历史脉络与现实走向,并对中国文化和世界文化的前景进行展望。这一时期,萧先生的主要论文有《中国传统文化的现代化与西方先进文化的中国化》《中国传统文化的"分""合""一""多"与文化包容意识》《传统·儒家·伦理异化》《道家·隐者·思想异端》《人文易与民族魂》《略论弘忍与"东山法门"》《佛家证悟学说中的认识论问题》;主要论著有《中国辩证法史稿》《船山哲学引论》《明清启蒙学术流变》《王夫之评传》《早期启蒙说与中国现代化》《鲲化鹏飞》《吹沙集》《吹沙二集》《吹沙三集》《萧氏文心》。萧先生在学术园里辛勤耕耘,在晚年取得了丰硕的成果。这一时期萧先生哲学史研究表现出以下三个特点:

1. 研究方法由"纯化"向"泛化"转变。在萧先生早期的哲学史研究中,他主张要纯化哲学概念,使哲学史纯化为哲学认识史,以便揭示哲学矛盾运动的特殊规律。但是从 80 年代后期开始,萧先生转向用"泛化"的方法研究哲学史,他认为从文化史的角度更能充分反映哲学史的演进过程,因此哲学史可以泛化为哲学文化史。萧先生用文化人类学、社会学等学科知识来泛化对哲学史的研究,为中国哲学史的研究开拓了新思路。

2. 形成了比较系统的多元学术史观。在一如既往地坚持对道统进行批判的同时,萧先生着力对道家风骨进行褒扬、对佛教智慧进行阐发、对《易》《庸》人文意识进行发掘、对中西文化的异同进行考辨。从整个人类文明的发展历程来看,人类文化是多源发生、多元并存、多维发展的;就中国传统文化的发展来看,也并不存在一以贯之的所谓儒家"道统",而是儒、道、释与百家之学不断冲突与融合的过程。因此,整个人类文化是多元并存的,中国传统文化内部也是多维互动的。

3. 进一步深化了"明清启蒙说"。20 世纪 80 年代以来,国内外兴起了许多新的文化思潮,如"东方文化热""儒学复兴论""全球化理论""文明冲突论""民族主义""文化保守主义""后现代主义"等。对此,萧先生始终保持冷静的观察和理性的分析,认为在全球化的背景下,在中国现代化的过程中,要警惕和防止"被现代化""被西化"的处境,中国必须保持文化自我更新的主体意识,必须有"寻根意识"。只有"正视并自觉到明清之际崛起的早期启蒙思想是传统文化中现代价值的生长点,是正在成为我们中国文化自我更新之体"①,才能有民族自豪感和文化自信,才不会在现代化的过程中迷失方向。把"全球意识"与"寻根意识"结合起来,"外之不后于世界之潮流,内之弗失固有之血脉",从"明清之际"寻找中国现代性的根芽,并参与全球文化的"百家争鸣",才是中国传统文化现代化应走的道路。

从以上三个方面来看,萧先生以更广阔的视野,对哲学史的研究方法进一步探索,对中国的哲学启蒙进行深刻的反思,对中国传统文化的走向和世界文化的前景进行展望。萧先生在这一时期的理论成果标志着他的哲学史观的成熟。

二、萧萐父中国哲学史观的主要特点

萧萐父先生的中国哲学史观表现出了鲜明的个性特点,主要体现在以下几个方面:

(一) 从科学释古的立场来探索中国文明的源头

在中国传统古史研究中存在着两个对立的派别:泥古派与疑古派。泥古派曾一直是封建传统史学的主流,把三代看作是中国历史上的黄金时期,把复古当作努力实现的社会理想。直到近代维新变法时,康有为的《新学伪经考》与《孔子改制考》对上古的历史提出怀疑,逐渐打破了人们对古史的迷信,也引起了人们对古史的讨论,兴起了现代意义上的新史学。"五四"以来,以胡适、顾颉刚为代表的"古史辨"学派,进一步怀疑古史。胡适明确宣称"先把古史缩短二、三千年,从《诗》三百做起"②,认为中国可靠的历史只能从西周算起,把中国的文明史腰斩了两三千年。同时,国外还出现了"中国文化西来说"和"中国历史缺环论",与国内的"疑古派"思潮相唱和。由于当时中国考古学的落后,这些思潮得以广泛传播,并产生深刻的社会影响。

---

① 萧萐父:《吹沙三集·自序》,巴蜀书社,2007年,第1—2页。
② 顾颉刚:《古史辨》(第一册),上海古籍出版社,1982年,第22页。

萧先生的《古史祛疑》主要针对长期以来流行的疑古思潮而作。萧先生立足于马克思主义唯物史观,结合新中国成立后的考古新发现,以科学释古的立场全面扬弃了泥古派与疑古派,对中国古史进行了新的探索。萧先生以大量的考古材料证明,中国文化起始于炎、黄,中国奴隶社会的上限在距今七千到五千年。而且这些考古学结论"与我国古文献中记载的从炎、黄到尧、舜、禹时代的史迹大体相符"①。萧先生进一步肯定了蒙文通在《古史甄微》中的观点,认为中国史前有海岱、河洛、江汉三大文化区,"中华远古文化是本地起源的,而且就中华本土说,非仅一源而是多源、多根系,在交流发展中才逐步融合"②。萧先生把考古发现与古史文献的记载相互印证,勾勒了我国奴隶制社会形成、发展的不同阶段的特点,得出了一个比较科学的结论:"从炎黄之际到夏王朝建立,是我国奴隶制的产生形成时期……夏、殷、周三代是我国奴隶制的繁荣发展时期……从我国奴隶制的产生、形成到衰亡,大约经过了两千七百年,是一个自本自根、多源汇合、独立发展的完整过程。"③萧先生的论断有力驳斥了疑古派的观点,清除了民族虚无主义的思想遗毒,肯定了中华文明是一个自本自根、独立发展的整体。对于如何正确认识中华文明的源头,起了拨乱反正的作用。20世纪90年代以来,随着地下简帛文献的大量出土,考古学进一步发展,"走出疑古时代"已经成为常识。但萧先生在1984年写的这篇《古史祛疑》仍然体现了他作为一个哲学史家的远见卓识,直至今天仍具有重大意义。

(二) 从中国历史发展的总过程来把握中国哲学史各个阶段的特点

如何划分中国哲学史的发展阶段?如何评价各个阶段的地位?这与哲学史家的哲学史观有密切联系。

萧萐父先生采用马克思的观点,认为中国古代文明是"早熟的儿童",具有"究天人之际""通古今之变""穷性命之原"的哲学智慧。他认为中国文明在总体上趋于人本化、伦理化、政治化,轻自然而重人伦。中国古代文明既富于人生哲

---

① 萧萐父:《吹沙集》,巴蜀书社,2007年,第121页。
② 萧萐父:《吹沙集》,巴蜀书社,2007年,第122页。
③ 萧萐父:《吹沙集》,巴蜀书社,2007年,第132页。

学的智慧,也富于政治权谋的机智。这些特点既是传统优势,也有严重局限。中国哲学的发展呈现出多维互动、富有日新、绵延不断的特点①。萧先生坚持历史和逻辑相统一的马克思主义方法论原则,对中国传统哲学在宏观上进行考察,把中国哲学史分为四个前后相继的逻辑阶段,形成了四个螺旋。

1. 第一阶段从远古到秦统一,为奠基时期。从原始宗教科学与哲学混合到西周末年的逐步分化,经过春秋战国时期的"百家争鸣",围绕天人、和同、阴阳、一两等范畴使哲学认识在矛盾中深化。最后由战国末年的荀子扬弃百家、全面"解蔽",在理论上进行总结,形成了中国哲学发展过程中的第一个螺旋。

2. 第二阶段从秦汉到唐宋,为拓展时期。从西汉经学的一尊到王充对经学独断论的批判,经过魏晋南北朝的天人、体用、常变、言意、名教与自然的论辩,到隋唐时期,儒、释、道三教在冲突中走向融合。其中贯穿着反对政治异化及神权贵族特权的斗争,由王充开其端,由柳宗元、刘禹锡总其成,形成了中国哲学发展过程中的第二个螺旋。

3. 第三阶段从宋到明清之际,为成熟时期。宋初儒学复兴,摄佛、道归入《易》《庸》,形成了"道学"新形态。由周敦颐开其端,逐渐分化发展为"气本论""理本论""心本论",通过理气、心物、性命、理欲等范畴展开哲学矛盾,由"气"到"理",由"理"到"心",又由心学的分化而自我否定,出现了明清之际的启蒙思想。最后由王夫之进行批判总结,扬弃程、朱、陆、王而复归张载,形成了中国哲学发展过程中的第三个螺旋。

4. 第四阶段从清至今,为转变时期。在古今、中西的冲突论争中开始了近代哲学的矛盾运动。中西哲学的异同之辨成为矛盾斗争的中心,大体经历了晚清时期的浮浅认同,到"五四"时的笼统辨异,再到抗日战争时期的融合会通,最后由毛泽东的《新民主主义论》进行批判总结。"双百"方针的制定和"古为今用,洋为中用"文化主体思想的提出,为中国哲学的发展开辟了光辉的前景,标志着中国传统文化已进入现代化的历程。这是正在形成中的第四个

---

① 萧萐父:《萧萐父文选》(上),武汉大学出版社,2007 年,第 70 页。

螺旋。

综上所述,萧先生对中国哲学发展过程四个阶段的划分,准确清晰地揭示了中国哲学发展的内在逻辑进程,表现了他独到的哲学史眼光。

(三) 从"明清之际"掘发中国现代性的根芽

通过对中国哲学史的宏观考察,萧先生认为中国在"明清之际"出现了人文主义思想的觉醒,这种人文主义思潮类似于西方的"文艺复兴",是中国的哲学启蒙,这种启蒙思想乃是中国现代性的根芽。

"明清之际"不仅是一个时间概念,还主要是一个哲学范畴。它指的不是明清朝代更替的那一段时间,而是指从明朝末年到晚清鸦片战争前(16 世纪 30 年代至 19 世纪 30 年代)三百年的历史过程。[①] 在 16 世纪阳明后学的泰州学派中,产生了反对权威和蒙昧主义的人文主义思想,追求个性自由和人的解放,其中以李贽为代表。这种思想在 17 世纪黄宗羲、顾炎武、王夫之对理学的批判中得到进一步发展。到了 18 世纪,由于清朝的文化专制政策,这种思想遭到压制,出现了历史洄流,但是以戴震为代表的启蒙思想家仍然对理学的伦理异化进行批判。19 世纪,随着中西矛盾的发展、民族危机的加深,启蒙思想得到了复兴,并引发为资产阶级维新变法和革命运动。但是由于资产阶级的局限性,启蒙的任务并没有完成,使中国哲学启蒙长期处于"难产"之中。当前仍需要促进中西文化的交流与融合,促使传统文化的现代化与西方先进文化的中国化。

要实现传统文化的现代化与西方先进文化的中国化,这又涉及"历史接合点"[②]问题,即传统与现代在什么地方"接合"。萧先生认为"明清之际"的启蒙思想是中国现代化的"源头活水",是传统与现代的"历史接合点"。中国的现代化应该接续明清之际的启蒙思想,将之作为起点,这样才能使中国的现代化扎根于中国的文化传统之中。萧先生曾十分明确地说明了坚持"明清启蒙说"的意义,

---

① 萧萐父:《萧萐父文选》(下),武汉大学出版社,2007 年,第 50 页。
② "历史接合点"是萧先生提出的特殊的概念。他认为人类文化的发展存在一个如何"接力"的问题,后人总是接着前人来进一步发展本民族的文化。"明清之际"的启蒙思想是中国现代化的"源头活水",是传统与现代的"历史接合点"。

他说:"坚持早期启蒙说,是为了从16世纪以来我国曲折发展的历史中去寻找传统文化与现代化的历史接合点,寻找我国传统文化向现代转化的起点。如实地把早期启蒙思潮看作我国自己文化走向现代文明的源头活水,看作中国文化自我更新的必经历程。这样我国的现代化发展才有它自己的历史根芽,才是内发原生性的而不是外烁他生的。"①萧先生"明清启蒙说"的要旨在于坚持中国的现代化要走自己的特殊道路,而不是"被现代化""被西化"。这也是萧先生不顾各方面的非议和诘难,而始终坚持"明清启蒙说"的原因,因此,不能认为萧先生的"明清启蒙说"是对西方"启蒙运动"的简单比附。学界对萧先生的"明清启蒙说"给予了高度的评价。"萧先生通过对'文革'的反省,对于近代以来的个人主义、片面民主、工具理性、唯科学主义等给予了系统批判","其启蒙意涵已不是西方近代启蒙主义的内容,而恰恰超越了启蒙时代的启蒙精神,包蕴了诸多反思启蒙或启蒙反思的内容"。②郭齐勇教授认为,萧先生的启蒙说摆脱了西方中心主义和人类中心主义的立场,既走出了中世纪,也走出了现代性。

（四）在全球化背景下来审视中国传统文化的走向和世界文化的前景

萧先生认为,"传统,并非已经死去的历史陈迹,而是至今活着的文化生命。它渊源于过去,汇注于现在(经过现实一代人的参与),又奔流向未来。"③所以,每个人都置身于传统之中,并需要不断对传统进行改造和转化。但是人们对传统的理解并不一样。萧先生反对传统具有"一脉相承之统绪"的文化恢复论者的观点,认为传统不是一元的,而是多元的,不是静态的,而是流动的,在传统的沉淀中不惟有精华,也有糟粕,传统是在民族主体的参与下的一个不断选择与整合的动态流动的绵延过程。传统文化与民族文化的现代化密不可分,因此,如何继承传统、评判传统就成了民族文化现代化的必然要求。

萧先生在传统文化的"分""合"中来把握各个流派的异同,这体现在他的《中国传统文化的"分""合""一""多"与文化包容意识》《传统·儒家·伦理异化》《道

① 萧萐父:《吹沙三集·自序》,巴蜀书社,2007年,第1页。
② 郭齐勇:《萧萐父先生的精神遗产——兼论萧先生启蒙论说的双重含义》,载《哲学评论》第七辑,武汉大学出版社,2009年,第17—18页。
③ 萧萐父:《萧萐父文选》(上),武汉大学出版社,2007年,第103页。

家·隐者·思想异端》《人文易与民族魂》等一系列文章之中。萧先生批评了"'合'比'分'好,贵一而贱多,党同而伐异"的错误倾向,认为"合分—分合,是互涵递进的。真正的新的整合,必以分殊为前提,苟无分殊,何来整合? 合分—分合,合中有分,分久必合,乃是中华文化慧命持续发展的内在生机和客观法则"①。萧先生特别对儒家与道家的源流进行了清理,认为"历史上并不存在统一的儒家,也不存在一脉相承的儒家传统"②。所谓的"道统"乃是朱熹虚构的、皇权钦定的、强制推行的思想范式,掩盖了历史的真实。实际上儒家本以杂多为特点,原生阶段的儒学重视人伦和人的实践智慧,追求社会和谐。后来的儒学与宗法伦理制度相结合,依附于封建特权,并不断吸收其他学派的思想,成为专制统治的思想基础。萧先生着重分析了儒家从先秦到西汉以后逐渐"伦理异化"的过程,认为秦汉新儒家吸取了阴阳、道、法、刑名等各家思想,服务于宗法封建的统一法度,构建了一套礼教体系,由自觉的道德要求转变为强制的行为规范,是儒家"伦理异化"的开始。由董仲舒的神学到魏晋玄学再到程朱的正宗理学,儒家的礼教日益成为人性的桎梏,以致变成"以理杀人"的工具。萧先生认为这是一种类似于宗教异化的伦理异化现象。"这种伦理至上主义,绝非人文精神,相反地,乃是一种维护伦理异化、抹杀人文意识的伦文主义。它不仅取消了人的主体性,尤其抹杀了人的个体性,把个体消解于异化了的群体人伦关系之中。只有冲破伦文主义的网罗,才可能唤起人文主义的觉醒。"③萧先生结合历史事实,总结经验教训,对儒家"伦理异化"的根源和本质的揭示和批判无疑是深刻的。如果我们再结合"文革"以来的教训来反思萧先生的论断,就可以更好地理解为什么萧先生要始终坚持"明清启蒙说",坚持呼唤人文主义的觉醒。在当今杂多的文化思潮中,萧先生的声音也许还不够响亮,但他的声音是具有历史穿透力的,在未来的岁月里,这种声音必定会产生历史的回响。

在批评儒家"伦理异化"的同时,萧先生对道家风骨进行了褒扬。1989 年的

① 萧萐父:《萧萐父文选》(上),武汉大学出版社,2007 年,第 38 页。
② 萧萐父:《萧萐父文选》(上),武汉大学出版社,2007 年,第 105 页。
③ 萧萐父:《萧萐父文选》(上),武汉大学出版社,2007 年,第 110—111 页。

《道家·隐者·思想异端》这篇文章,尤其体现了萧先生的个性特点,体现了强烈的批判现实意识。其中对道家风骨的褒扬,也是他自己人生志趣的写照。在这篇文章中,萧先生以独特的视角、冷静理性的笔调,首先对传统文化的多维与两分进行宏观的勾画,"道、法由相依而分驰","儒、法由相乖而合流""儒、道由相黜而互补",以说明中国文化主流中并非儒家思想的一统,而是长久存在儒、道精神的对立与互补。接下来,萧先生着重探讨了道家思想的渊源和特点。萧先生不同意道家源于史官的论断,而是认为道家从开始就是"自愿或被迫从统治层的政治斗争旋涡中跳出来"的"隐者","他们既具有博古通今的历史教养,又与现实权力斗争保持一定距离,因而有可能深观社会矛盾运动,冷静分析和总结历史经验。……贵己养生,不慕荣利,乃至傲视王侯,因而有可能较多地接触社会现实,了解民间疾苦,关心生产科学,乃至成为时代忧患意识、社会批判意识的承担者。"[①]这些隐者与统治阶层保持一定的距离,他们"学而优却不仕",但又对现实具有清醒的批判意识,由此形成了"山林文化"与"庙堂文化"的对峙。特别是在封建统治的衰世,大批失意士人遁入山林,成为推翻与变革腐朽政权的主要社会力量。萧先生引用龚自珍《尊隐》一文来说明山林中"隐者"潜在的革命力量是推翻清政府的主要动力。萧先生还列举了历代存在的道家隐者,他们往往处于与儒家正宗相对立的"异端"地位,对社会的深刻批判成为明清启蒙思想家追求个性解放的思想源头,如李贽、傅山都具有道家思想的渊源,他们对儒家的伦理异化进行批判,成为早期启蒙的代表人物。萧先生的这些论断对于如何认识传统文化中的儒、道关系,特别是如何认识道家思想在传统文化中的作用都有重大的启发意义。

　　在对中国传统文化进行"考镜源流"的基础上,萧先生对中国传统文化的走向进行了展望。在经济全球化的背景下,中国的文化也必将走向世界。萧先生十分认同傅伟勋提出的"文化中国"的概念,他进一步规定了"文化中国"的范围和内涵,认为"文化中国"范围广泛,思想内容杂多,因此必须"以一种多元开放的

---

① 萧萐父:《萧萐父文选》(上),武汉大学出版社,2007年,第105页。

文化心态和文化包容意识来回顾过去,疏观现状和展望未来"①。萧先生认为"文化中国"范围内的世界华人始终面临着东西、古今之间文化思潮的矛盾和冲突,面临着传统与现代历史接合的难题和中西文化互补融合的难题。但是,萧先生乐观地认为"中华文化的自我振兴和中西文化的互补交融,二者将互为条件,同步进行。经过这番历史的熔铸,'文化中国'将闪耀出新的光华,必将对人类文化的新发展作出应有的贡献"。②

萧先生从文化发生学的角度来审视整个人类文化,认为世界文化是多源发生、多元并存、多维发展的。世界文化在差异、矛盾、对立和竞争中互动互补渗透融合,走殊途百虑、并行不悖的多元化发展方向,而不是像西方学者所说的走向"文明冲突"。世界文化的矛盾杂多是统一和谐的前提,在"和而不同"的全球文化的"百家争鸣"中,各国文化都会有综合创新与发展。

三、萧萐父研究中国哲学史的主要方法

(一) 历史与逻辑的统一

历史与逻辑的统一是马克思的唯物史观与黑格尔辩证逻辑的结合。萧先生认为黑格尔也认同历史与逻辑统一的原则,但黑格尔是把哲学史看作绝对观念的自我展开,是哲学范畴的逻辑推演,是历史从属于逻辑。而马克思主义坚持历史与逻辑的统一,则是坚持从历史事实出发,把哲学发展的历史过程作为哲学范畴逻辑发展的出发点,从历史中把握哲学范畴的演进规律,是逻辑从属于历史。萧先生坚持唯物史观与辩证法的统一,把历史与逻辑的统一作为哲学史研究的一个根本原则。他对中国哲学史四个"螺旋"的论说,就是这一原则的具体运用;强调史论结合,也是这一原则的体现。萧先生认为哲学范畴的产生、发展和衍变有助于揭示哲学史发展的逻辑规律,但范畴研究离不开对历史的考察。因为"每

---

① 萧萐父:《萧萐父文选》(上),武汉大学出版社,2007年,第40页。
② 萧萐父:《萧萐父文选》(上),武汉大学出版社,2007年,第41页。

一范畴在具体的哲学体系中都各有其历史的外在形态和特殊的应用范围"①,对哲学范畴进行静态的考察和动态的分析,是一种深层次的论史结合,是深化哲学史研究的重要方法。

（二）哲理与情感的融合

萧先生不仅是一位哲学史家、思想家,也是一位诗人,在他身上典型地体现了诗情与哲理的统一。

萧先生一生有两个情结:"历史情结"与"双L情结"。所谓"历史情结",就是对中华民族深沉的忧患意识,以历史为鉴对现实的批判意识。所谓的"双L情结"就是如何实现哲理(Logic)与抒情(Lyric)的融合、思与诗的统一。萧先生解开这个情结的方法就是他的"诗化哲学"理论。

一般而言,情与理很难融合,"或情胜于理,徒增感慨,流连光景;或理胜于情,老儒说教,兴味索然",而萧先生的哲理诗"则能融真契美,做到情中涵理,理以情发,情理相融"②。萧先生的哲理诗之所以能达到很高的艺术成就,是与他对中国传统哲学和"诗教"的独特理解分不开的。在他看来,中国历代诗人都有强烈的社会责任感,诗也渗透到社会生活的各个方面,"诗魂成为中华传统文化中最灵动、最具渗透力的精神文化基因","诗,在对现实政治的参与中,实现着人类理想的美和善的统一"③。萧先生认为哲理与诗情的合一更能达到形而上学的内在超越,因此他强调哲学的诗化与诗的哲学化。"在情与理的冲突中求和谐,在形象思维与逻辑思维的互斥中求互补,在诗与哲学的差异中求统一,乃是中华哲人和诗人们共同缔造的优秀传统。他们在这一心灵创造活动中实现着美和真的合一,使中国哲学走上一条独特的追求最高价值理想的形而上学思维的道路,既避免了把哲学最后引向宗教迷狂,又超越了使哲学最后仅局限于科学实证或逻辑推理,而是把哲学所追求的终极目标归结为一种诗化的人生境界,即审

① 萧萐父:《萧萐父文选》(上),武汉大学出版社,2007年,第329页。
② 吴根友:《萧萐父诗词习作选·序》,《萧萐父诗词习作选》,武汉大学出版社,2007年,第2页。
③ 萧萐父:《萧萐父文选》(上),武汉大学出版社,2007年,第367页。

美与契真合而为一的精神境界。中国哲学的致思取向,从总体上乃是诗化的哲学。"①萧先生认为诗化哲学是中国传统哲学的致思方向,是真、善、美统一的人生境界。萧先生的哲学史研究也自觉地向真、善、美统一的方向而努力。因此,不论他的文章还是诗作,笔底常带感情,文采飞扬,诗思纵横,把对祖国人民的深沉感情通过富含哲理的文章和诗作表现出来。

萧先生并不一味地沉湎于个人情感,而是把个人情感与客观的科学态度区分开来,自觉地抵制"研究谁就爱谁"的错误倾向。他把感情分为两种:一种是私情,是个人的主观的非科学的好恶;一种是公情,是具有历史感的价值判断,是与历史发展趋势相一致的褒贬②。萧先生热情歌颂明清启蒙思想家的人格美、智慧美、道德美,他对启蒙思想家的感情是促使人理性觉醒的"公情",是历史情感与哲理的融合。这种情理统一的方法通过萧先生的揭示对我们的中国哲学史研究具有方法论的意义,可以更好地指导我们的研究。

(三) 纯化与泛化

在 20 世纪 80 年代,萧先生已经注意到了哲学史与文化史、思想史、学说史的关系,他认为文化史的范围最广,其次是思想史,再次是学说史,哲学史范围最小,这些概念之间是层层包含的关系。在以往的哲学史研究中,往往杂有文化史、思想史、学说史的内容,因此,首先要纯化哲学史的研究范围,把杂入哲学史领域的伦理、道德、宗教、政治法律等思想资料筛选出去,明确哲学史的研究对象为哲学认识的矛盾发展史,以此来揭示哲学范畴的逻辑发展规律,把握哲学史发展的逻辑线索。到 90 年代以后,萧先生进一步泛化哲学史研究,认为哲学与文化是不可分的。"文化是哲学赖以生长的土壤,哲学是文化的活的灵魂,哲学所追求的是人的价值理想在真、善、美创造活动中的统一实现;哲学,可以广义地界定为'人学',文化,本质地说就是'人化'。因而这些年我们又强调哲学史研究可以泛化为哲学文化史。以哲学史为核心的文化史或以文化史为铺垫的哲学史,

---

① 萧萐父:《萧萐父文选》(上),武汉大学出版社,2007 年,第 368 页。
② 萧萐父:《萧萐父文选》(上),武汉大学出版社,2007 年,第 318 页。

更能充分反映人的智慧创造和不断自我解放的历程。"①或由博返约，或由约趋博，或纯化，或泛化，经过这样的两端互补，不断深化哲学史的研究。萧先生的纯化、泛化研究方法，为哲学史的研究开拓了新的思路。

（四）通观与涵化

"漫汗通观儒释道，从容涵化印中西"，这个对子是萧先生治哲学史的宗旨，也是他在长期的哲学史研究中总结出来的经验，是在实践中体贴出来的实践智慧。

"漫汗通观儒释道"大概可以从三个方面来理解。第一，中国文化是多元的，要综合儒、释、道三教。第二，要贯通各家。每一家要通，各家之间的思想联系也要贯通。第三，要泛观博览。在通观的基础上对中国传统的多元文化流派进行整合，以实现中国传统文化的现代化。萧先生此论是对现代新儒家的理论、道家主流说等把中国传统文化割裂开来的各种理论的修正。

相应地，"从容涵化印中西"也可以从三个方面来理解。第一，世界文化是多元的，世界各民族之间要进行文化融合。第二，要涵化各民族的文化。对印度、中国和西方的文化都要消化吸收，综合创新。对中国而言，要"化西"，而不是"西化"。第三，"涵化"是一个长期的过程，而不能急于求成。要培养中国传统文化中的现代化的思想土壤，对西方文化进行吸收涵化，实现西方先进文化的中国化。萧先生此论是对西化论、文明冲突论、民族主义、文化保守主义等思潮的批判。

"通观"与"涵化"相结合的方法，体现了萧先生兼容并包、多维互动的文化包容意识与放眼世界的广阔学术视野，也反映了当今世界文化多元化的发展趋势。中国应该积极参与世界文化的"百家争鸣"，在与世界文化的冲突与融合中实现中国传统文化的现代化与西方先进文化的中国化。

---

① 萧萐父：《萧萐父文选》（上），武汉大学出版社，2007年，第332页。

四、结　语

　　萧先生的一生是真善美的统一。从萧先生的学术历程来看,原美与契真一直是他的不懈追求。从 1948 年的《原美》到 1978 年的《真理与民主》充分体现了萧先生在思维创造活动中力求实现真和美的统一。更为可贵的是,萧先生直到晚年仍然保持"童心"和纯真,他在《八十自省》诗中有"幸葆此童心无垢"。历经坎坷和摧折,萧先生仍然风骨嶙峋,不改初衷,不媚权势。"童心即真心",童心也是"良心","无垢的童心"体现的乃是最可宝贵的善良的人性。因此可以说萧先生真正实现了真善美合一的人生境界。

　　萧先生的人格是儒释道的融合。卓尔不群的道家风骨、悲天悯人的儒者情怀、大彻大悟的佛教智慧,在他身上得到完美的统一。正如郭齐勇教授所说"他把儒的真性、道的飘逸与禅的机趣巧妙地配合了起来"①。

　　萧先生一生有两个情结。"历史情结"在对人的理性启蒙中得以宣泄,而"双L情结"在他的哲理诗中得以解脱。历史的忧患意识使他始终坚持对人的理性启蒙,而哲人的智慧、诗人的敏感使他始终没有忘记对时弊的批判。而这两个情结最终归结为对中国现代化道路的不懈探索。现代性是萧先生一生追求的目标和归宿。

　　纵观萧先生的一生,明清启蒙说与多元文化观最具特色,明清启蒙是为了唤醒理性,多元文化是为了反对专制,二者内在关联又归根于人的现代化理论。"哲学,可以界定为'人学'","文化,本质就是'人化'",构建"新人学"是萧先生试图对以往各种学说的超越,"坚持'首在立人'的启蒙事业,以人的现代化促进社会的现代化",②这是先生终生奋斗的目标,也是先生未竟的事业。

　　从当前来看,不仅构建中国哲学的主体性成为共识,而且构建中国特色哲学社会科学的学科体系、学术体系、话语体系也成为挺立中国主体性的文化软实

---

① 郭齐勇:《萧萐父先生文选序》,《萧萐父文选》(上),武汉大学出版社,2007 年,第 5 页。
② 萧萐父:《萧萐父文选》(下),武汉大学出版社,2007 年,第 252 页。

力,中国在不断深化改革开放中走出了一条中国式现代化道路,创造出了人类文明新形态。萧萐父先生的明清启蒙说就是中国式现代化的源头活水,纠正了西化思潮的错误偏向,使中国的现代化扎根于中国的传统文化土壤。萧先生的多元文化观又内在合理性地发展出了和谐共生、和衷共济、和平发展的中国式现代化的面向。萧先生的人的现代化理论综合了中国传统文化的"新民说"和马克思的人的全面发展的思想,对于丰富和发展中国式现代化理论具有重要启发意义。萧先生立足传统,面向现代,其哲学史研究寄寓了深切的现实关怀。在繁荣发展中国特色哲学社会科学的新时代,萧先生的哲学思想和哲学史观具有重要的启发和借鉴意义,必将发挥重大的影响。最后用一个对子结束本文,并以此来纪念萧先生。

　　乐山求学,华坝星火,青春付于祖国。襄阳牛棚,政治风波,红梅不畏冰雪。欺压不改平生志,命运莫叹坎坷。

　　圆圈螺旋,史慧诗魂,德业启迪后学。多元学术,启蒙高歌,珞珈传承薪火。褒贬且待后来人,功过何须评说。

萧萐父先生的心学观探析

张志强

（内蒙古大学哲学学院）

众所周知，已故著名哲学史家、人文学者、诗人哲学家、珞珈中国哲学学派创立者萧萐父（1924—2008），开拓了众多研究领域，以独具特色的船山学术研究、明清启蒙学说、诗化哲学、中国哲学史观（含中国哲学史教材编写、中国哲学史方法论探索、中国哲学史史料源流举要等）闻名于学界。在这些学术贡献中，隐然含有萧萐父先生一贯的学问宗旨，即对"新人学"的提倡，它也是萧萐父先生晚年所沉思的论题。对于此，萧先生有明确的论述：

> 首应着力于价值取向，为把传统哲学中伦理价值至上的取向，改造为人的全面发展，使人的主体性和人生价值在科学认知、艺术审美、宗教实践，以及经济活动、行政管理与现代各种职业等各个方面都得以平等实现。其次重视思维方式和行为方式的改造，把传统哲学中偏重整体综合、直觉体悟的思维方式，改造为以实证分析为基础，善于把感性的具体、知性的分析与理性的综合三者统一起来；把传统哲学中公私、群己、义利观中的贡献和局限慎加分疏，注意发掘其中的现代性和有助于救治西方现代社会中人性异化、

价值迷失的诸因素。①

显然,根据这样的学思方向,它一旦落实,必然要落在对传统人文精神的现代转化及改造(另一项任务是对西方人文精神的辩证吸收)。为此,萧萐父以其深厚的学术积淀,通过对中国哲学思想的全程把握,别具慧心地从中国源远流长的心学思想中,选取了两个时间段:一是由阳明心学及后学"启其端"、顾黄王方李贽傅山等"扛其鼎"、戴震章学诚袁枚等"殿其后"的明清之际300年;二是在现当代新儒学人物的评述中,着重阐发其心学思想所蕴含的人文精神。这两者的问题意识均一致,即从心学思想中吸取资源,以古今之变而非中西之别的学术眼光,从中找到传统文化现代转化的历史"接合点",最终落脚于对现代人文精神(非传统的人文精神)的阐发,建设"新人学"。

一、阳明心学与明清启蒙学术

首先,在萧先生的明清启蒙学术体系中,阳明心学及其后学构成了明清启蒙学术的起点。萧先生与许苏民先生合作的《明清启蒙学术流变》(下称《流变》)中明确说:

> 研究明清之际的学术流变,不能不从阳明心学的产生这一历史性的转折点开始。依思想史的逻辑来说,阳明心学构成了从中古意识形态向早期启蒙学术过渡的中间环节。这一主观动机与客观效果相背离的奇特现象之所以造成,在于阳明学说自身提供了适乎时代变迁的理性吊诡所需要的思想因素。②

所谓"主观动机与客观效果相背离",是指阳明心学本来是针对中世纪道德

① 萧萐父:《吹沙二集》,巴蜀书社,2007年,第92页。下只注书名、页码。
② 萧萐父、许苏民:《明清启蒙学术流变》(修订本),人民出版社,2013年,第38页。

的虚伪——外在的道德律令与主体的道德行为的分裂,结果却由此孕育出具有近代性质的人文精神,它主张冲破囚笼,结果却产生了"新道德"的萌芽。由于《流变》一书,是运用唯物史观并从翔实的社会史、经济史料出发,因此这种"吊诡"就说明阳明心学作为一种社会意识,并不以人的意志为转移。根据《流变》一书,这样的社会意识,至少有阳明后学从王艮到何心隐等自然人性论和新理欲观,李贽、袁宏道等情感本体和新情理观,黄绾、吴廷翰、焦竑、陈第等新义利观以及"颠倒千万世之是非"的理性觉醒。如《流变》一书在评价李贽时说:

> 李贽与左派王学家一样,也讲人的"天赋德性"的平等,他所提出的"天下无一人不生知"就是一个"天赋德性"的命题。①

在另一处,《流变》又说:

> 晚明个性解放的思想,滥觞于对王阳明独信自家良知、提倡"狂者胸次"学说的改造和发挥。②

从"天赋德性""个性解放"这些语词来看,显然属于与近代性相关的观念话语。它如同科学、自由、理性、民主等词,构成了明清启蒙学说的核心词。这表明,萧萐父对阳明心学及其后学的判断,始终是贯彻明清启蒙学术的宗旨——发现"人",呼唤"真人",尤其是要发现能够凸显近代人文精神的新人学思想。这就决定了他的明清启蒙学说与梁启超、侯外庐有精神气质上的不同:虽然萧萐父深层次地吸取了梁启超和侯外庐明清思想史论述的合理成分,但他一方面将明清思想史以"启蒙"为主题,整合成一个完整的、螺旋上升的思想史进程,纠正了梁启超将思想史看成平面循环之"迭相流转"的偏颇;另一方面也克服了侯外庐抬高顾黄王、贬低清代考据学的对立评判,充分肯定清代考据学的价值,并淡化

---

① 《明清启蒙学术流变》,第122页。
② 《明清启蒙学术流变》,第113页。

社会经济史的色彩,强化"思想的内在理路",提升早期启蒙思潮的论域,将"启蒙"从"社会实践""社会解放"的范畴,转向为以"人"为核心的一系列论题——"人"的发现、肯定人的主体性、"新人学",等等。① 可见,阳明心学及其后学所蕴含的近代人文精神,构成明清启蒙学术的重要一环。

《流变》一书收录思想家多达 46 位,远超侯外庐《中国早期启蒙思想史》所录 20 位,②其中不少人物乃阳明后学,或者说具有心学因素的思想家。事实上,通过对《流变》全书的阅读,我们可以从中观察一个渐趋明朗的方向:将"人"从社会史研究"宏大叙事"的笼罩下,逐渐引向以专案、专人研究为中心的学术实证。总体来看,《流变》一书,已经淡化了很多社会史研究的成分,更加聚焦于明清思想家关于"人"的思考,并从政治、伦理、文学、艺术、科学、经济、博物学等多方面充分展开,堪称明清哲学人文主义思潮的长廊画卷。

倘若从学术史的角度看,《流变》一书的重要意义还在于揭示中国人文主义在明清之际的独特内容和特点,它是西方人文主义所没有或者欠缺的。试举一例,明清之际具有心学因素,或者深受心学影响的思想家李贽、傅山、汤显祖等大大丰富了"情"的内容,由此形成了一系列有关情本体、情感主义、情理观念的论述,并借"情"的阐发,表达了我们民族的人文思想。它与西方人文主义直接以"人"作为出发点,有相当大的差异。③ 由此可见,从具有阳明心学因素的明清思想家身上,挖掘出具有中国特色的人文思想,一直是萧先生的关注重心。甚至到了萧先生生命尽头的最后几年,他与许苏民先生在《"早期启蒙说"与中国现代化》一文中,仍然认为阳明后学李贽、戴震等思想是建立"新人学"的丰富矿源:

> "早期启蒙说"及关于"传统与现代之历史接合点"的论说,逻辑地指向
> 在当代中国哲学的"新人学"的建立。……接着李贽、王夫之、龚自珍、戴震

---

① 详见拙文:《梁启超、侯外庐、萧萐父"启蒙"论说异同比较》,《船山学刊》2016 年第 6 期。
② 关于侯外庐与萧萐父明清启蒙论说的异同,可参考拙文:《梁启超、侯外庐、萧萐父明清启蒙论说的异同》,《船山学刊》2016 年第 12 期。
③ 西方文艺复兴早期,帕尔米耶里(1406—1475)《论公民生活》、米兰多拉(1463—1494)《论人的尊严》等作品,直接以"人"或"公民"作为主体,讨论与政治生活的关联。

往下讲,既坚持了中国哲学自我发展和更新的主体性,又有利于融摄自文艺复兴以来西方哲学的一切积极因素,从而创造出一种根于自己的文化传统的新哲学。[①]

该文收录于《吹沙三集》,某种程度上应是萧先生的晚年定调。文中将"早期启蒙说"的论域进一步扩大为"传统与现代之历史接合点"。这表明,在萧先生晚年时期,早期启蒙说的意义已完全不同于侯外庐所言"革命的人文主义",而是指传统向现代转化过程中所塑造的新人文主义,它被称之为"新人学"。萧先生"新人学"的主体,本身是自我更新和变化的,一方面杜绝了过去讨论文化主体,在中西两种文化之间形成两橛对立或者在中西两种文化之间游移不定的问题,另一方面从这种"自我发展和更新的主体性"出发,不再是单纯的道德主体,也不再是抽象的理性主体,而是力图促使人文和理性、思维和行为、感性和理性,在现代"人"身上得到双向互动、全面发展。

二、人文精神的发掘:对现当代新儒学心学思想的评述

除重视对阳明心学及其后学蕴含的"新人学"的阐发之外,萧萐父晚年还曾花费巨大精力,推动对近代哲学的研究,主要包括个案研究、思想介绍、学术评论等。《吹沙三集》中,予以专文评述的近现代思想人物,就有梁启超(1873—1929)、熊十力(1885—1968)、蒙文通(1894—1968)、刘咸炘(1896—1932)、唐君毅(1909—1978)、梁漱溟(1893—1988)、冯友兰(1895—1990)、钱穆(1895—1990)、徐复观(1903—1982)、侯外庐(1903—1987)、郭沫若(1892—1978)、冯契(1915—1995)等。上述人物均乃近现代哲学史上颇有分量的学者,虽学术源流各异,但学思均为宏富,堪称时代缩影。在这些人物当中,既有乡邦蜀学思想家,也有马克思主义学者群,更有现当代新儒家人物。

---

① 《吹沙三集》,第56页。

其中,对现当代新儒家人物的评述,是萧萐父晚年学术的重要组成部分。1985 年,萧萐父曾与汤一介、杜维明等友人一道牵头,在湖北黄州举办首届熊十力学术研讨会,它意味着现当代新儒学研究在大陆学界正式拉开大幕。而后,萧萐父与汤一介、庞朴等人发起和主持了对熊十力、梁漱溟等新儒家人物著作的搜集、整理和编纂的工作,也与方克立、李锦全等同道,一同推动了对现当代新儒学思潮的研究。① 这些工作反映了萧萐父敏锐的学术意识,更体现了萧萐父、汤一介等老先生突破禁区的学术胸襟,这在当时的政治气候尚未完全扭转的形势下,十分难能可贵。1987 年,中国现代哲学史研究会成立大会和首届全国性的理论研讨会在北京举行,萧萐父致信大会组,阐明研究 20 世纪思想史人物的重要意义:

> 通过以马克思主义为指针的清"左"破旧,在中国现代哲学史的研究中能跳出简单化的两军对战模式(即把"五四"以后哲学史看作仅是马克思主义与反马克思主义的斗争史),能注意到在马克思主义与反马克思主义的对立营垒之间,还有一个广阔中间地带,其中尚有不少正直学者,对中国现代哲学的发展,作出了他们特定的贡献,应当对他们作出公正的评价。②

这里所言的"广阔中间地带",包括现当代新儒家人物。翻检萧萐父的著述,他曾经评述的现当代新儒学人物有熊十力、马一浮、梁漱溟、冯友兰、贺麟等大陆知名学者,以及唐君毅、方东美、钱穆、徐复观等港台新儒家。萧萐父认为,现当代新儒家人物对中国现代哲学的发展有特定的贡献,不应当以意识形态的偏见予以排斥。他主张,评述这些"中间地带"的正直学者,首先要充分肯定任何思想家都有其独特贡献:"一位思想大家,往往熔铸各种先行思想资料,出入古今各大学派,不会拘守一家之言,而必自有其新的创获,故既不能单凭其一时的自道,或

---

① 郭齐勇:《现当代新儒学思潮研究》"自序",人民出版社,2017 年。
② 《吹沙二集》,第 406 页。

时流的褒贬,或后代的赞词来草率论定。"①其次,要注意私情和公情的辩证统一,努力摒弃研究者本人掺杂的意气和偏好;最后坚持运用历史与逻辑相统一的方法,将思想家均放在大的历史尺度内,观察其学术贡献:

中国近代哲学诸形态的成熟,经历了漫长的历史道路。17世纪的萌芽,18、19世纪的曲折发展,直到20世纪中叶,才通过中西思想文化的异同之辨而逐步走向成熟,形成了各家独立的理论思想体系。这一逐步成熟的过程,大体说,在近百余年中西文化的汇聚冲突中,经过了晚清时期肤浅地认同西学、到"五四"时期笼统地中西辨异这样的发展阶段,到20世纪中叶,通过对中西哲学文化的察异观同、求其会通,终于涌现出一批标志中国近代哲学走向成熟的理论体系。诸如熊十力、梁漱溟、马一浮、金岳霖、冯友兰、贺麟、朱光潜、张东荪、方东美以及同代而稍晚的唐君毅等,他们堪称"后五四"时期中国卓力不苟的一代思想家。他们诞生于20世纪中国的时代风涛中,不同程度地实践着融通儒佛道、涵化印中西的学术途径,稍异于专精之学而独运玄思,真积力久而达到成熟,终于形成了中国近代哲学成熟发展的诸形态。②

从上述总括性的概括中,可知萧先生对现当代新儒学思潮的总体把握有两点:第一,着眼于百余年来"中西思想文化的异同之辨"的思想高度,将其视为中国近代哲学发展的"诸环节"之一,它连同其他学派例如金岳霖、朱光潜、张东荪等,一同构成了传统哲学近代转化的全部内容;第二,现当代新儒学并不是一蹴而就、突然就生发出来的,它是思想史逻辑发展的必然结果,即晚清时期的肤浅认同——"五四"时期的笼统辨异——20世纪的察异会通。其中,现当代新儒家所处的20世纪,因其处于中西古今各种文化思潮的剧烈冲突和融合中,"其表现

① 《吹沙二集》,第487页。
② 《吹沙二集》,第488页。

形态是中西古今新旧文化价值的评判之争","既与世界哲学思潮声息互通,又与中国传统哲学血脉相因,对中华未来腾飞自有其文化酵母作用"①。这些论述大体构成萧萐父评述现当代新儒学的基本观点,不过在具体评述时,他认为现当代新儒学从心学思想中吸取了部分资源,例如对"道德自我"、主体人格自由的追求。

首先,萧先生高度认同现当代新儒学尤其是其心学思想中的"道德自我",其代表人物是唐君毅。在他看来,唐君毅晚年所著《生命存在与心灵境界》一书,"是人之心灵对真、善、美的人生理想境界不同深度的追求",其"心通九境系统论"不同于年轻时的多次转向,即不再从"道德自我"而是逐渐从由人的生命及其整个心灵活动的展开,以"涵摄一切知识与学术文化"。不过,萧先生总体上仍然认为道德自我的确立,是君毅哲学最为光辉的部分:

> 这一运思(笔者按:道德自我的确立)的起点,旨在超越物质现实及自然生命,而以道德理性或精神自我来界定人的本性或本质,并认定人类的社会生活和各种文化活动,皆以道德理性为依归,皆为道德自我的分殊展现。一方面,据此反对自然主义、唯物主义、功利主义的社会文化观;另一方面,从道德生活乃行为主体的自觉的、自为主宰的、自律的道德自我之实现出发,对于传统的夸张外在伦理规范的伦理至上、伦理本位观念实际有所突破,确立了自贵其心的个体独立人格及其自觉追求真善美等理想的价值,反对了重物轻人、重外轻内的各种拜物教及人的异化,且与梨洲、船山同调,高扬耿介不阿的"豪杰精神"。②

在这里,萧先生精准地捕捉到君毅哲学对孟子性善论的继承,即以道德理性来界定人的本性,这实际上是对心学思想的再创造和再吸收。当然毋庸讳言,唐君毅的"心通九境论"更多的是对宋明儒心性论的转化,以及对黑格尔-谢林哲学

---

① 《吹沙二集》,第523页。
② 《吹沙集》,第551页。

的观念论的再吸收。但我们要更加意识到的是,唐君毅始终强调道德自我不可碎裂,更不可瓦解,这是因为如果没有人的精神活动或道德自我,那么所有人类文化领域的各种建树均无法成立。因此,唐君毅有关挺立道德自我的论述,其实是"特别肯定在文化活动中人的道德的主体性和道德创造性。"①故萧先生虽然看到唐君毅哲学的一些地方或许有可商榷之处,但仍然认为其哲学确是以"心本论"为核心,②由此可见,萧先生对现当代新儒学中心学因子具有敏感意识,这一心学因子是君毅哲学作为人学的源动力。他说:

> 约而言之,从道德自我之建立到人文精神的阐扬,再进到文化价值的哲学升华,围绕着人,开展出人生、人心、人性、人格、人伦、人道、人极、人文的多层面慧解。以人对物质欲望等个体生命的超越为出发点,又以人的文化创造作为人的主体性的实现并视为哲学终极关怀的归宿。君毅之学,人学也。迪风先生于世纪初拟著《人学》之宏愿,终由君毅继志述事,积学求真,以"充实而有光辉"之形态完成之。③

可见萧先生眼中的"君毅哲学"全部指向"人",它的起点是道德自我的建立,而它的终点又是人的主体性的实现,故他最后说:"君毅之学,人学也。"而现代人文精神,正是以人为核心,以关心人的多方面需求为指向,旨在超越个体生命的局限和物质欲望,给予哲学的终极关怀。而这在某种程度上,是对陆九渊"堂堂地做个人"、王阳明"人是天地的心"、王艮的"我命虽在天,造命却有我"中所蕴含的人本思想的再创造,只不过唐君毅晚年所言的"心",已经不再是个人的道德意志主体,而是在此基础上扩展为与宇宙同在的"大心"。这也是他与牟宗三"一心开二门"运思方向的不同。

萧先生最后总结,唐君毅之学就其时代性特征来说,无疑是综摄吸纳了西方

---

① 《现当代新儒学思潮研究》,第249页。
② 《吹沙二集》,第493页。
③ 《吹沙集》,第552页。

近代哲学特别是德国古典哲学在理论和方法上所取得的总结性成就,同时对西方现代哲学思潮所提出的问题也不容忽视;就其民族性特征说,则显然较多地承继了道家和佛家的理论思辨成果及其"齐物""两行"或"判教"方法等。① 他在以"即哲学史以言哲学"等一系列论著中,系统剖析"道""理""心""性"等主要哲学范畴,全力打破传统的学派界限和外在的名言歧异,着重从义理上来通观这些范畴的历史衍变和逻辑进程。② 在此基础上,萧先生总结了唐君毅运思的主要趋向:首先是道德自我的建立,确立自贵其心的个体独立人格及其自觉追求真善美等理想的价值;其次是人文精神的阐扬,把道德自我作为精神主体的合乎逻辑的展开,历史地总结中西人文思想的成就和异同,肯定了中国文化的精神价值;最后是文化价值的哲学升华,将哲学系统扩展为以整个生命存在和心灵活动为基础,对人类文化的各种价值形态和哲学义理,进行哲学心灵的遍观和升华。

如果说萧萐父对唐君毅的评述,重在揭示其人文化成的精神境界,那么他对徐复观学术的评价,则在揭橥主体人格自由。③ 在萧先生看来,徐复观之学首先是对传统人文精神的阐扬:"大体从政治文化、道德学说、艺术精神三个方面对中国传统文化进行了有破有立的疏释,着力阐扬传统文化中被窒压、被曲解的人文主义精神"④,其学术研究和文化剖判的总方向,是通过对传统思想的负面的揭露批判以凸显其正面的价值,"剔除古老民族文化中污秽及僵化的成分",从而复活并弘扬其不朽的真精神。

一般认为,徐复观的学问路径接近于思想史的路数,但是这并不意味着他不关注道德心性之学。事实上,他在《中国人性论史》就对孔子、《中庸》、孟子有关心性的形上学意蕴进行阐发。例如他认为由于孟子的性善实际是心善,因此孟

---

① 《吹沙二集》,第 487 页。
② 《吹沙二集》,第 487 页。
③ 根据《徐复观全集》整理者徐武军教授与郭齐勇等先生的整理,徐复观著述大体可分为两类:一类是学术著述,以《中国人性论史》《两汉思想史》《中国艺术之精神》为代表;一类是政论杂文,以《学术与政治之间》《论智识分子》等为代表。
④ 《吹沙二集》,第 496 页。

子从心善出发,构建了包括个体和族群、天人和物我之"中国文化发展的性格"。① 实际上,徐复观甚至认为孟子性善之说,是人对自身的伟大发现,即"每一个人即在他的性、心的自觉中,得到无待于外的、圆满自足的安顿"。② 这些论述,反映了徐复观思想中的心学因素。由此,萧先生高度评价了徐复观认定性善说是通向人的终极价值和安身立命的桥梁的说法——"他在孔孟儒学中发掘出道德自律与人格独立的主体性原则"。③ 对于此,萧先生还特别注意到徐复观对人性论的研究:

> 从人的具体生命的心、性中,发掘出道德的根据和人生价值的根源,不假外力而靠道德自觉之力,即可解决人类自身的矛盾和危机。④

因此,徐复观对道家的人格主体、中国艺术精神的人格自由的揭示,连同他对儒家孔孟的人格自由的认同,就使得他的主体人格呈现为多个面向:人不仅是道德主体,而且是艺术主体,还承认了主体的多元化,人还可以作为独立的认知活动的主体、政治与经济活动的主体、科技与宗教活动的主体,等等。在萧先生看来,正是徐复观对主体人格自由的向往和揭示,因此其学定要"力求发掘中国传统文化中的人文精神,亦即主体自由的精神,高度自觉的忧患意识,不为物化的人道之尊。这是现代化价值的生长点,是传统与现代化的接合处"。⑤ 可见如同唐君毅一样,萧萐父对徐复观学术的最后把握,也落实在了对人文精神的阐扬。

事实上,对传统人文精神的阐扬,进而予以现代转化,是萧萐父明清启蒙学术的核心所在,它是萧先生学术思想的一贯追求。因此,他对同样体现丰富的传统人文精神、学宗"二王"(王阳明、王船山)的现当代新儒家巨擘——熊十力,花

---

① 具体内容详见:《中国人性论史·先秦篇》,九州出版社,2014 年,第 260 页。
② 《中国人性论史·先秦篇》,第 146—147 页。
③ 《吹沙二集》,第 503 页。
④ 《吹沙二集》,第 502 页。
⑤ 《吹沙二集》,第 503—504 页。

了不少篇幅论述。① 遍览《吹沙三集》中有关熊十力的序言、评述、访谈之文,其核心和主题无不是强调人文精神与民族文化的主体意识。在萧先生看来,熊十力虽然学宗"二王",但其根本的理论趋向,是要从中国传统文化中,"为自己的现代人文理想找到自己民族传统中的'根芽'"。他认为,熊十力的哲学与被他视为思想先驱的"二王"之学有相似之处。

> 他(笔者按:熊十力)自称"余研古学,用心深细,不敢苟且",故能自觉探寻中国哲学启蒙的特殊道路,绝非偶然地把王阳明、王船山视为自己的哲学先驱,把明清之际的启蒙思潮视为中西新旧文化交汇嬗变的枢纽,自辟一条承先启后、推陈出新的学术途径。②

按照这样的论述,萧先生仍然是把熊十力学术中的心学思想,视为明清启蒙学术的一环,反映了这样几层意思:一、由阳明心学启其端的明清启蒙学术,是古今问题而不是中西问题,因此所谓王阳明、王船山的学问,就不能简单地视为中古学术的继续发展;二、既然熊十力学宗"二王",那么其学问精神必然会表现出对早期启蒙学术的认同。因此,萧先生说:

> 熊先生以异乎寻常的苦学精思,自觉依循中国哲学启蒙的特殊道路,把王阳明、王船山视为自己的思想先驱,把明清之际的启蒙思潮视为中西新旧文化递嬗的枢纽。③

那么,熊十力究竟是如何把王阳明视为自己的思想先驱呢?这个问题很难回答。不过根据郭齐勇先生的研究,其中一个显而易见的内容是,熊十力

---

① 在《吹沙三集》中,收录了萧萐父多篇关于熊十力其人其著其学的介绍与评述。共有:《关于〈熊十力全集〉的访谈》《"非儒非佛,吾只是吾"——熊十力哲学的根本精神》《〈熊十力全集〉编者序》《中华书局〈熊十力论著集〉弁言》《岛田虔次〈熊十力与新儒家哲学〉中译本序》等。
② 《吹沙二集》,第 515 页。
③ 《吹沙三集》,第 246 页。

的易学本体论直接渊源于心学一系的易学观,阳明及其后学的天地万物同体之说,良知本体论,即体即用的思想架构,都给了熊十力深刻的影响。① 事实上,熊十力不只是吸收"二王"思想,他的学说几乎堪称是融"儒、佛、道"及百家思想学说于一体的综合体系。简单来说,除本体论受易学影响外,在心性论方面,熊十力对孔孟、阳明等思想作了深度的融合创造。只不过萧先生因其学术关注的重心,十分珍视熊十力思想所蕴含的人格独立思想,例如对"非儒非佛,吾只是吾"的赞赏。显然这种说法,根源于孟子-王阳明一系的道德自我挺立的学说。

最后,萧先生总结熊十力哲学独创性的实质,在于其所阐扬的人文精神与人文价值。他说:"熊氏哲学其所以在后'五四'时期的中国乃至东方哲学论坛上独树一帜,卓然成家,正由于它所阐扬的人文精神与人文价值,既与 20 世纪世界哲学思潮相汇通,又保持了'东方哲学的骨髓与形貌',是对中华优秀传统文化的创造性的发展、转化和继承",②因此其哲学创造中洋溢着一种强烈的时代感与文化寻根意识。中国哲学启蒙的内发原生性,在熊先生的特立独行和学术创造中得到生动体现。这种对民族文化的主体意识的强调,同样表现在他对另一位卓立不苟的思想家梁漱溟的学术评述中。总体上,萧先生是要把熊十力、梁漱溟、唐君毅、徐复观等学术思想,视为早期启蒙学术的近代回响,因对近代性的追求,故十分看重其心学思想所孕育的人文精神。

三、结　　语

萧萐父先生的心学观特色,在于从阳明心学及其后学、现当代新儒学中的心学思想中,主要挖掘两块内容:一是道德自我的挺立和人格主体自由,二是传统人文精神中可供现代转化的根芽。它们构成萧先生启蒙学说的重要内容:阳明心学及其后学,构成明清启蒙学说的起点;现当代新儒学中对人格主

---

① 郭齐勇:《熊十力哲学研究》,人民出版社,2011 年,第 202—203 页。
② 《吹沙二集》,第 515 页。

体自由的追求,及对传统人文精神的阐扬,是对早期启蒙学术的高层次回归。二者首尾衔接,共同指向新人学的建立、现代人文理想的实现,以及对传统人文精神的现代转化。这种独特的学术理解,对于我们理解心学传统,提供了另一重视野。

续论道家学风及其当代启示

——从萧萐父先生的"道家风骨说"讲开去

詹石窗　冯　雪

（四川大学道教与宗教文化研究所；

四川大学哲学系）

关于"学风"一词，《现代汉语词典》解释为"学校、学术界或一般学习方面的风气"①。《现代汉语辞海》解释为"学习的风气；治学的态度"②。某一学术派别的学风则是指该学派在长期发展过程中，形成的某种特有的学术风格和共有的学术主张，反映了该学派的内在精神气质和主要思想内容。纵观先秦诸子学派皆有其独特学风。萧萐父先生曾将儒家称为"贤人作风"，名家归为"智者气象"，墨家近于"工匠意识"，法家趋于"廉吏法度"，道家则表现为"隐者风骨"，并由此提出了其在道家思想方面最具特色的论断——"道家风骨说"。③ 通观萧先生有关道家思想的阐发，发现其"道家风骨说"与其"道家学风说"有着密切联系。"风骨"二字不仅表达了道家门人仙风道骨的人格品质，还是贯穿于道家思想和学风中的内在特质，而道家学风则是形成道家风骨的思

---

①　《现代汉语词典（第 7 版）》，商务印书馆，2016 年，第 1488 页。

②　《现代汉语辞海》，光明日报出版社，2002 年，第 1328 页。

③　萧萐父：《吹沙二集》，巴蜀书社，1999 年，第 163 页。

想文化条件。① 道家学风本因涵摄内容广而庞杂，难以掌控全局，而少有人直接论及，但萧先生却能抓住根本以"述要"论之，凸显道家学风之魂魄，可谓大家视野。本文依照哲学史"接着说"的方法论，续论道家学风，主要探究其形成条件、基本特点及当代启示，亦是在萧先生的道家思想研究思路上说开去，企盼领悟其论断的精要所在。

一、道家学风的形成条件

探究道家学风如何形成，首先需明确道家如何形成。萧先生综合前人和时人诸说，就道家起源问题提出新说，认为道家是"出于史官的文化背景而基于隐者的社会实践，前者指其思想理论渊源，后者指其依存的社会基础"。② 与之相应，道家学风的形成亦受社会实践条件与思想文化条件两方面影响。

（一）社会实践条件

一个学派及其思想的形成不可脱离其社会历史条件而断然空谈，道家学派出于隐者的社会实践亦有其社会历史背景。从原始氏族公社向奴隶制社会过渡时，由于生产力不断提高，社会阶级分化逐渐加剧，针对由此而带来的矛盾冲突和道德沦丧，部分原始公社成员对奴隶制文明表现出了强烈的抗议，有些人更以拒官避世、追求原始民主和淳朴生活的方式予以反抗，这些人就是最早的隐士。③ 晋皇甫谧《高士传》所记载的巢父、许由、善卷、壤父、蒲衣子等人皆是这一时期的隐士代表。如言"尧让天下于许由"，许由不受，逃隐箕山；"舜又以天下让卷"，善卷亦不受，"去，入深山，莫知其处"；等等。至春秋战国时期，我国社会形态开始从奴隶制向封建制转变，整个社会处于大变革之中，阶级斗争更加剧烈，

---

① 萧萐父先生专论道家的文章主要有《道家·隐者·思想异端》（1989 年）、《隋唐道教的理论化建设》（1990 年）、《道家风骨略论》（1992 年）、《道家学风述要》（1995 年）等。其中，有关"道家风骨说"和道家学风说的阐论集中在后两篇，对比两文内容可知，《道家学风述要》一文是对《道家风骨略论》中部分思想的延续和内容的扩充。萧先生时隔三年再论道家学风，可见其重要性。
② 萧萐父：《吹沙集》，巴蜀书社，1999 年，第 158 页。
③ 萧萐父：《吹沙二集》，巴蜀书社，1999 年，第 163—164 页。

"士"阶层的沉浮分化导致贵贱易位愈加频繁。曾经的奴隶主贵族在新兴地主阶级的革命下,失去其原有特权地位,降为平民或奴隶,这些没落奴隶主贵族或其知识分子中的一部分代表人物,就是孔子所谓的"隐者""逸民"。① 如《论语》中所记载的长沮、桀溺、石门晨门、荷蓧丈人、楚狂接舆等隐者代表人物,或如伯夷、叔齐、虞仲、夷逸、朱张、柳下惠、少连等逸民代表人物,这些"隐者""逸民"皆是道家前驱。而道家的代表人物也多为隐士,如老聃、老莱子、杨朱、子华子、列子、庄周,及《庄子》中的伯昏瞀人、南郭子綦等,他们乃是隐者群中的思想代表。

道家学派出于隐者的社会实践,道家之学亦是"依附隐者,流播民间"②,隐者的"避世"态度自然影响着道家之学的风气。隐士多处乱世而选择避世、退隐以保其身,皆以逃避的办法向当世的主流统治阶级进行消极的抵抗。这种抵抗方式不是完全地屈服,而是另一种以明哲保身、自我保护为主的隐蔽斗争方式。冯友兰先生在《中国哲学史新编(上)》中论述道家的发生与发展时,就强调了贯穿道家各派的"为我"思想与隐士逸民有着必然联系。"为我"就是保存生命、保养身体。如杨朱"贵己"(《吕氏春秋》)、"全生葆真"(《淮南子》)、"义不入危城,不处军旅,不以天下大利,易其胫之一毛"(《韩非子·显学》),皆是讲杨朱一派的"为我"思想。冯先生说:"早期的'隐者'和杨朱在此(保全自己)方面所采取的办法是'避'的办法",二者意同。之后道家讲"为我",又"从'避世'发展为'混世'",如《老子》的"和光同尘",《庄子·养生主》云:"为善无近名;为恶无近刑。缘督以为经,可以保身,可以全生,可以养亲,可以尽年",皆是老、庄对"为我"思想的发展,亦与隐者退隐、保身的态度趋同。③ 由此可见,道家学风之所以呈现"隐者风骨"的内在精神特质,并在学术思想上形成贵己养生、不争、寡欲等共同主张,均是因为受到隐者群这一社会实践基础的影响。

(二) 思想文化条件

道家之所以能形成共同学风不仅基于隐者群体的社会实践,更在于道家之

---

① 冯友兰:《中国哲学史新编(上)》,人民出版社,2003 年,第 266—267 页。
② 萧萐父:《吹沙二集》,巴蜀书社,1999 年,第 187 页。
③ 冯友兰:《中国哲学史新编(上)》,人民出版社,2003 年,第 277—279 页。

学在核心思想上基本保持着共同的学术主张,道家诸流派的思想主张有一个共同特点,即都是围绕"道"这一最高范畴和理论核心,展开自家的理论构建。

先秦时期,虽无道家或道德家之名,却已有道家之实。《庄子·天下篇》,《荀子》的《非十二子篇》和《解蔽篇》,以及《吕氏春秋·不二篇》作为春秋战国时期评论当时学术大势最具代表性的三家文章,虽皆无道家或道德家的名称,但究其实质,其中所记载的老子、庄子、关尹、列子等早期道家人物在思想观念上都有着共同的特征,即都把"道"作为他们思想体系的核心概念。如老、庄皆认为"道"是宇宙万物的本源,是自然和社会的法则或规律,论道各家的"有""无""清""虚""柔""齐"等概念也都是以"道"为中心展开论述的。正因此,后人将其合称为"道家",此名始于司马谈《论六家之要旨》,时称"道德家",后简称"道家",自此沿用。秦汉之际,学人借黄帝之名,以道家老子为本,吸纳部分阴阳、儒、墨、名、法之思想,形成"黄老之学"。此"黄老之学"在哲学上仍以"道"为最高范畴,在政治上主张"无为而治",其主要思想是接着老子讲的。魏晋时期,名士谈玄论道,蔚然成风,时人将《周易》《老子》《庄子》定为"三玄",魏晋玄学是以道家思想为主、糅合部分儒家思想而成的新的哲学思潮。以何晏、王弼为代表的"贵无说",更是继承、发挥了老子的有无思想,特别是王弼还开以《老》解《易》之先河。如此可见,魏晋玄学是道家思想在这一时期的衍变。隋唐以后,道家学派看似并无接续,实则是向道教思想的转变,道家之学以衍变成道教教义的形式传承了下来。道教教义和教理多继承、阐发了先秦的老庄之学,如刘勰在《灭惑论》中便称道家三品"上标老子,次述神仙,下袭张陵"[1],即是说道教文化中的高层次内容是对道家老子的思想阐发。老子甚至被道教神化为太上老君、道德天尊、玄元皇帝等,《老子》一书也被奉为道教的最高神学经典。隋唐的道教重玄学和宋元的内丹心性学也都是在继承老庄思想的基础上,建立起的新的道教思想理论。[2] 可见,各时期的道家之学虽旨趣不全相同,但都以老子始创的道论体系为核心,这使得道家在核心

---

① [清]严可均辑:《全上古三代秦汉三国六朝文》卷六十《梁文》,民国十九年丁福保影印清光绪二十年黄冈王氏刻本。

② 黄海德:《道家、道教与道学》,《宗教学研究》2004年第4期,第1—9页。

思想上呈现出一脉相承之势,为道家学派在思想文化层面上得以形成共同学风确立了理论基础。

二、道家学风的基本特点

道家之学,在流派上杂而多端,在内容上博大精深。因此,要在这座宏伟文化殿堂中抓住思想脉络是不容易的。然而,在《道家学风述要》一文中,萧先生却能抽丝剥茧、择其精要,从道家论"体知"、道家的方法论和道家的文化心态三个角度,集中论述了道家学风的主要特质①。

(一)从核心要旨看道家学风——"体知"以至"道"

萧先生在《吹沙纪程》中收录了《道家论"体知"》,看似只谈及道家的"体知"②问题,但实际上是以道家的"体知"思想为切入点,即以道家认识论为主线,将本体论、认识论、政治论以及生命观串联起来,而把道家的核心思想融为一体。道家的整个核心思想体系可看作以"体知"的认识方式来"为道",并在个体生命和社会政治的双重层面提供如何"体知"以"悟道"的具体途径。以"体知"方式"为道"是道家学风在核心理论上区别于其他学派的首要特点。

在道家独创的形而上学及其精神语言体系中,"道"作为最高的哲学范畴是被赋予本体论意义而存在的。"这个本体论可概括为:世界的本原是'道','道'具有物质、运动、精神、信息等表现形式和本质属性。"③萧先生讲道家"触及了真正的哲学本体论问题"④,部分含义也是针对"道"的本体论意义而言的。"道"的本原性表现为:"道"不仅是"天地之始""万物之母"(《老子·第一章》),孕育、化生着世界万物,而且是"天地之根"(《老子·第六章》)、"万物之主"(《老子·第六十二章》),掌握着自然界和人类社会的所有规律。"道"作为世界万物的总根源,一方面被规定为具有"其中有精,其精甚真"(《老子·第二十一章》)的物质实体

---

① 今论道家学风的基本特点,亦从之而做深入探讨。
② 萧萐父:《吹沙纪程》,上海文艺出版社,1998年,第51—53页。
③ 张尚仁:《道家哲学》,人民出版社,2011年,第53页。
④ 萧萐父:《吹沙二集》,巴蜀书社,1999年,第191页。

属性,另一方面也被赋予了"无状之状,无物之象"的"惚恍"(《老子·第十四章》)玄幽之特性。《庄子·大宗师》云:"夫道有情有信,无为无形;可传而不可受,可得而不可见",意为"道"虽"可传""可得",但"不可受""不可见",也就是不能以常规的感性和理性认知方式去获得。只能通过"徇耳目内通而外于心智"(《庄子·人世间》)的直觉主义认识方式去"体知"。萧先生在此强调,道家在理论上的一个重要贡献就是提出了区别于"认知"(依靠名言)的"体知"(超越名言)认识方式。

"体知"一词并不是道家思想理论的专有概念,而是普遍意义上"中国古人特有的一种认识世界和把握世界的重要方式"①。这种认识方式更注重直觉性、关系性和实践性。萧先生在这里之所以直接用"体知"一词来表述道家学风的特征,是因为这种"体知"的认识方式在道家的认识论中更具有主导地位,或者说道家的认识论就是独到的"体知"论。与儒、墨的经验认识论不同,道家注重超越感性认识和理性认识而追求一种内心直观的认识方法。如《老子》云:"涤除玄览";"致虚极,守静笃。万物并作,吾以观复";"塞其兑,闭其门……是谓玄同。"(《第十章》《第十六章》《第五十六章》)意思是:人要把内心打扫干净,使内心清净,虚寂于极点,不受干扰,不染灰尘,万物归复,"道"自然会呈现于眼前。这便是老子"玄览""静观"的"体知"方式。《庄子》所云"徇耳目内通而外于心智"的"心斋"(《庄子·人世间》),"堕肢体,黜聪明,离形去知,同于大通"的"坐忘"(《大宗师》)等,皆是庄子的"体知"方式。此后,稷下道家提出的"静因之道"(《管子·心术上》),荀子的"虚一而静,谓之大清明"(《荀子·解蔽》),以及韩非子的"虚以静后,未尝用己"(《韩非子·扬权》)等,都是对道家这种独到"体知"论的继承和改造。②

在道家的话语体系中,"道"既是自然万物产生的根源及其运动变化的规律,也是人类社会所必须遵循的准则。那么人作为认识主体在如何"体知""道"的问

① 张再林:《中国古代"体知"的基本特征及时代意义》,《西安政治学院学报》2008年第4期,第100—111页。
② 萧萐父、李锦全:《中国哲学史纲要》,外文出版社,1999年,第78页。

题上,也理应分为自然界和人类社会两个领域来看。一方面,人对自然之"道"的"体知",实可看作道家由自然哲学向生命哲学的延伸。道家对生命的界定始终秉承一种大生命的观念,如"万物并作"(《老子·第十六章》)、"万物与我为一"(《庄子·齐物论》)中的"万物",即是包括人、动植物,乃至无机物等宇宙万物的全称概念。[①] 道家思想体系中所饱含的对生命的关怀和养护,也正是基于这种"大生命观"之上而论的。因此,虽然道家在中国传统的医药学、养生学、气功学等应用人体科学方面皆有独特贡献,但相较于人体科学这种肉体生命层面而言,道家实则更注重对精神生命的探索,即对"道"的体悟。这种对生命精神境界的追求,道家认为只能通过"体知"的方式来达到。只有通过"玄览""静观""心斋""坐忘"等特殊途径,才能达到人体小宇宙与天地大宇宙、个人小生命与自然大生命的同构互动,达到天人合一、与道冥合的自由境界。另一方面,人对社会之"道"的"体知",可看作道家由自然哲学向社会哲学的引申。道家的"体知"认识论要求人们"塞其兑,闭其门;挫其锐,解其纷"(《老子·第五十六章》),这实际上是强调精神注意力的返观内照,由此延伸开来的生活实践也极大可能地导致道家学者做出归隐山林的选择。但道家的"出世"并不是完全地不问世事,恰恰相反,他们因退隐在野而有更多的机会接触底层社会,从而保持着对民间疾苦和社会深层矛盾的高度敏锐性;因远离朝堂纷争和利益瓜葛,从而能以更客观的视角提出合于大道的治国之策。

从道家的本体论,即"道"的世界本原性,引申出道家的认识论,即以独到的"体知"方式来认识"道",再将认识论延伸至道家的生命观和政治论,探求在社会哲学和生命哲学双重领域内如何"悟道"的具体途径。萧先生以道家的"体知"论为切入点和落脚点,将整个道家核心思想体系予以串联,巧妙地讲明了道家学风在核心理论上与其他学派的根本不同就在于其超越名言的"体知"认识论。

(二) 从方法论看道家学风——辩证智慧与超越精神

关于道家学风在方法论上的表现,萧先生从矛盾的同一性、认识的客观性和

---

① 詹石窗、何欣:《关于生命道教的几点思考》,《湖南大学学报(社会科学版)》2018年第6期,第118—123页。

"道"的不可名言性三个层面,层层递进地展开论述,他指出了道家学风的两大重要贡献:一是通过相对主义而导向的辩证智慧,二是昂扬着一种可贵的超越精神。

道家学派的理论体系包含着丰富的辩证思想,这在《老子》中表现得最为显著。可以说,《老子》是"我国辩证法史上的第一部较系统较完备的光辉著作"①,其辩证体系"容纳了几乎全部以往的辩证法范畴……标志着我国古代辩证矛盾观的历史形成"②。早在西周时期,我国古代的辩证法思想就已有萌芽,如《易经》中包含着大量对立性质的概念及它们之间相互依存、相互变易的关系,《国语》中记载了史伯"和实生物,同则不继"的和同观念,以及伯阳父"阴阳之序"的主张,《左传》中记载着史墨的"物生有两说"与"常变"观念,等等。③《老子》正是继承、改造了西周以来这些零散的朴素辩证思想,从而形成了自己较为完备的辩证思想体系。《老子》的辩证思想大致包括以下几个方面:其一,矛盾的普存性。《老子》一书中包含着有无、难易、长短、高下、前后、损益、福祸等几十组对立范畴,表明了事物的矛盾二分现象是普遍存在的。其二,矛盾依存说。《老子》云:"天下皆知美之为美,斯恶矣;皆知善之为善,斯不善矣。故有无相生,难易相成……恒也。"(《第二章》)这表明美丑、善恶、有无、难易等诸多对立范畴都是相反相成的,对立双方必须以对方的存在作为自身存在的前提和条件。其三,矛盾转化论。"反者道之动,弱者道之用。""物或损之有益,或益之而损。""祸兮福之所倚,福兮祸之所伏。"(《第四十章》《第四十二章》《第五十八章》)《老子》中诸如此类论述不一而足,皆在讲明事物矛盾可以相互转化的普遍规律,以此告诫人们物极必反、以弱胜强等道理。其四,矛盾发展观。《老子》云:"图难于其易,为大于其细。""合抱之木,生于毫末;九层之台,起于累土;千里之行,始于足下。"(《第六十四章》)皆表明老子还注意到了事物发展遵循着由易入难、由少积多的运动规律。尽管《老子》的辩证思想具有一定的局限性,如在一定程度上带有相对主

---

① 徐立军:《早期道家辩证法思想演变略论》,《华中师范大学学报(哲学社会科学版)》1989年第6期,第64页。
② 萧萐父、李锦全:《中国哲学史纲要》,外文出版社,1999年,第84页。
③ 田文军、吴根友:《中国辩证法史》,河南人民出版社,2005年,第15—30页。

义倾向,之后庄子甚至将其发展为完全的相对主义理论。但客观而论,《老子》辩证法思想的积极方面仍占主导地位,其思想深刻影响了诸子学派,特别是道家流派在形成辩证思维和建立辩证法体系上的探索。因此可说,道家以《老子》为代表所饱含的辩证智慧,是道家学风在方法论上的一大特色,为我国古代朴素辩证法史画上了浓墨重彩的一笔。

道家学风在方法论上的另一大特点就是昂扬着一种可贵的超越精神。例如,在本体论上,道家用"道"取代了传统的人格神"天"作为万物之主宰,并赋予"道"最高物质实体、"道法自然"等属性,这是对以往粗糙的有神论天道观的突破。在认识论上,道家提出了超越的"体知论"。《老子》说:"道可道,非常道;名可名,非常名"(《第一章》)。道家认为人类的理性能力、认知活动和名言工具之间存在着坚固的壁垒,要想认识与有形世界相对应的无形世界,必须通过独到的"体知"方式才能达到与"道"和同,这本身就是追求一种精神上的超越。除此之外,道家最可贵的超越精神是在人生境界方面,表现为把个人小我融入宇宙大我的超越精神,这一点在庄子那里表现得尤为明显。庄子立足于个体所面临的生存困境,试图在人的精神领域寻找摆脱凡俗困扰之路,其齐物论、齐是非、齐美丑、齐生死、齐寿夭等追求,皆是通过把"小我"融入或提升为"宇宙我"的方式,达到对物我界限、生死之隔、审美范围、世俗烦扰的超越。这些可贵的超越精神,激励着道家学者不断开拓创新、积极进取,破除思想局限,实现自我超越,逐渐形成了独特的道家学风。

(三) 从文化心态看道家学风——包容开放的恢宏气象

司马谈在《论六家之要旨》中称道家能"因阴阳之大顺,采儒墨之善,撮名法之要,与时迁移,应物变化"①,这正是从学风的角度对道家善于吸纳诸子之长,拥有开阔包容之胸怀的称赞。萧先生在文中亦称道家这一"兼容博通"的学风同儒、墨、法诸家的拘迂、褊狭和专断相较,更具一种包容开放的恢宏气象。②此说可谓独具慧眼,颇为精到。

---

① [汉] 司马迁:《史记》卷一百三十《太史公自序第七十》,[清] 乾隆武英殿刻本。
② 萧萐父:《吹沙二集》,巴蜀书社,1999 年,第 171、193 页。

从思想渊源上看,道家学风具有的宽容精神,实根基于最高范畴"道"的内在规定性,并且是"为道"过程中的重要一环。在道家思想体系中,"道"被赋予了无处不在、无所不包的品性,而"道常无为""道法自然"则是广大涵容性的自在状态。①《老子》云:"知常容,容乃公,公乃全,全乃天,天乃道"(《第十六章》),此句常被看作老子所倡导的"容""公"精神最显明、最集中的表述。在这里,老子以顶针的表达方式点明了"容""公"精神与"为道"之间的关系。按照老子的思路,懂得宇宙恒常的道理就能宽容大度,而能够宽容大度就可以公正无私,能够公正无私就能周遍万物,之后便可合于自然、合于"道"。可见,"容""公"是达于"道"的必要一环,"容"者才能逐步合于"道",宽容精神被提高到"为道"必需的重要地位。因此,以"为道"为目的的道家学派形成了系统的宽容思想,相关表述在先秦道家元典中随处可见。例如,在为人方面,老子提出了"上德若谷"(《老子·第四十一章》)的理念,认为人应具备如同空旷山谷一样的胸怀来包容一切;在为政方面,提出了"治大国,若烹小鲜""以辅万物之自然而不敢为"(《第六十章》《第六十四章》)等"无为而治"的施政原则,主张宽容政治;在对待自然方面,道家更是以大生命观为视野表现了对自然万物的尊重和包容,如庄子云,"天地与我并生,而万物与我为一"(《庄子·齐物论》),"与天和者,谓之天乐"(《庄子·天道》)。晋代葛洪亦主张人们应该做到"高巢不探,深渊不漉,虺蛇不执,涉泽而鸥鸟不飞,入林而狐兔不惊"②。由此可见,道家的宽容精神表现在诸多方面,这为其开放学风特质的形成奠定了思想基础。

从实践影响方面看,道家以包容开放的博大胸怀融摄着异质声音,并在一定程度上影响了中国古代学术界乃至国家政治的发展。例如秦汉之际的"黄老之学"就是以老子、黄帝为本,兼采儒、墨、阴阳诸家思想熔铸而成的新道家。汉初朝政正是以新道家思想作为治国方针而创造了"文景之治"的大国升平气象。东汉思想家王充坚持"虽违儒家之说,合黄老之义也"的学风作《论衡》一书,对当时

---

① 黄瑾宏:《致和之"道":老子宽容思想论析》,《武汉科技大学学报》2010 年第 1 期,第 31—35 页。

② 〔晋〕葛洪:《抱朴子外篇》卷四十八《诘鲍》,《四部丛刊》景明本。

的官方谶纬神学进行了深刻批判,被章太炎赞为:"汉得一人焉,足以振耻。至于今,亦未有能逮者也!"①魏晋玄学大家王弼继承黄老道家"殊途同归"的旨意,融合《易》《老》《庄》三玄,会通孔、老,亦呈现出开阔的学术视野。② 至于隋唐以后的道教发展,更是依托老、庄学派,融摄儒、佛各家,进行教义、教理上的系统理论建设,萧先生对此有《隋唐时期道教的理论化建设》③一文专论,盖不兹述。总之,道家这种包容开放的文化心态,被诸多思想家和各学派吸纳、利用,在不同的历史时期都对中国古代学术界产生过或多或少的影响。可见,道家学风的包容开放既表现在思想层面,又践行于现实之中,具有知行合一、始终一贯的特质。

当然,如果放开视野,我们会看到,先秦诸子在实际上皆含有包容开放的思想。如儒家主张"仁者爱人",提出"己所不欲,勿施于人"(《论语·颜渊》),"己欲立而立人,己欲达而达人"(《论语·雍也》)的宽恕思想,此"宽恕"即是包容;墨家主张"兼爱非攻"(《墨子·兼爱》),就是要实现人人包容、天下清和的理想社会;法家主张以法治国,亦是想通过设立法律制度来造就一个互不相争、互相包容的平安天下。那么,萧先生为何在此独称道家学风拥有包容开放之恢宏气象,而说儒、墨、法相较之却是拘迂、褊狭、专断?笔者认为原因有两点:一是因为道家的包容特质是相较诸家而言,具有最纯粹、无条件限制的包容概念。其他诸家言包容,皆限制于各种人事范畴之中,如儒家限于"礼义",法家限于"法度",而道家的包容则是基于"自然"之上的、万物平等的宇宙视野。二是因为道家流派始终如一地践行着包容开放的学术心态。陈鼓应先生曾对同时代的儒、道代表人物的宽容胸怀作过比较,他称孔、老皆有宽大心境但在层次上有所差别:"孔子具有超越国族的视野,老子则有胸怀天地的视域。"庄、孟对比,庄子倡言"吹万不同",对百家持兼容并蓄的态度,而孟子"辟杨墨"已经表现出对其他学派缺乏宽容的度量。至汉淮南王发出百家竞进、广开言路的呼声,而董仲舒开启汉儒"罢黜百家,独尊儒术"之先声,对比则更为显明。④ 由此可见,与其他诸家相较而言,道家学

① [民国]章炳麟:《訄书·学变》,[清]光绪三十年重订本。
② 陈鼓应:《道家的人文精神》,中华书局,2015年,第100页。
③ 萧萐父:《吹沙二集》,巴蜀书社,1999年,第196—210页。
④ 陈鼓应:《道家的人文精神》,中华书局,2015年,第96—99页。

风的包容开放更加完全、彻底,是在宇宙视域下无附加条件限制的、知行合一的包容,也因此尽显恢宏之象。

三、道家学风的当代启示

道家学派形成于上古,流衍于漫长的历史发展过程中,它的学风对当今社会生活依然有特别启迪意义。

(一)维护开放包容的学术环境

2023 年 6 月 2 日,习近平在文化传承发展座谈会上发表重要讲话,首次深刻阐述了中华文明的五大突出特性,其一为"中华文明具有突出的包容性,从根本上决定了中华民族交往交流交融的历史取向,决定了中国各宗教信仰多元并存的和谐格局,决定了中华文化对世界文明兼收并蓄的开放胸怀"。[①] 道家思想作为中华传统文化的主干之一,其学风中所蕴含的包容开放之特质就是上述重要思想来源之一。道家学风的包容性是在思想意识和实践行动的双重层面上真正做到尊重他者的包容与开放,拥有着基于宇宙视野、容纳一切异质声音的开阔胸怀,是不论哪个时代都需要我们继承和发扬的优秀文化传统。

单就学术发展而论,自古至今,中国学界凡处百家争鸣时期大多会造就学术繁荣之景。例如,被德国哲学家雅思贝尔斯称为"轴心时代"的先秦时期,诸子百家"蜂出并作,各引一端"(《汉书·艺文志》),百家之学说在政治、科技、思想、文化等领域都对后世影响深远。再如,中国 20 世纪之交的"五四"时期,古今中西各说相争皆为探求救国救民之良方,真理在辩论与实践中自明,终以马克思主义为旗帜开出了光明大道。反之,打击异己、一家独大则会造成学术凋敝之象,如汉董仲舒推行"罢黜百家,表彰六经",使得"天下学士靡然向风"(《汉书·儒林传》),顾炎武评其"汉自孝武表彰六经之后,师儒虽盛而大义未明"(《日知录·卷十三》)。以史为鉴,要想形成良性、健康的学术环境,必须要坚持开放包容的原

---

① 《习近平在文化传承发展座谈会上强调 担负起新的文化使命 努力建设中华民族现代文明》,见新华网 2023 年 6 月 2 日发布。

则,允许异质观点发声,求同存异,探求真理。当今,全球视域下东西方文化碰撞加剧,更需要开放包容的国际学术大环境进行多层次的异质性对话和文化交流。从道家学风乃至整个中华文明的包容特性中不断汲取中国智慧,以应对国内外层出不穷的新问题、新观念,是需长期探索的永恒话题。

(二) 坚持"道法自然"的生态观

"道法自然"是道家哲学的核心思想。老子云:"人法地,地法天,天法道,道法自然。"(《老子·第二十五章》)即人要生存,必须遵守地的法则;地要乘载,必须遵守天的法则;天要开明,必须遵守道的法则;道要化生,必须遵守任其自然的法则。此处"自然"并非指实体性的自然界,而是天然、本然之意,此句意为宇宙万事万物都要遵循其生长和发展的本质、本性。萧先生在论道家学风特质时虽然没有将"道法自然"这一核心思想单列为一节来谈,但他实际上是把这一重要思想原则看作贯穿道家学风始终的。正是因为道家无处不法"自然"的原则,才能形成独到的"体知"认识论、包容开放的学术史观、"无为而治"的政治观、顺应自然的生死观等。在当今这个物欲横流的社会,遵循"道法自然"的处世态度可以让我们认清宇宙和人性之本,特别是在解决自然生态问题方面,可以切中要害、治其根本。

近现代文明中愈加严重的自然生态问题,实则都根源于人们在思想深处仍认为人类与自然界是互相对立的两方立场,人与自然只有获取和被获取、利用和被利用的关系。在这种固有观念下,人类与自然界的斗争和分裂只会愈演愈烈,以破坏自然生态为代价来换取生存利益的情况会持续存在。道家的"大生命观"视野和"道法自然"思想则可以从根本上解决这个问题。道家将宇宙万物都容纳到生命的范畴中,并在这种"大生命观"的视角下言万物平等,如《庄子·齐物论》云,"天地与我并生,万物与我为一"。所以,人与自然界是平等地位,人不能将自身从万物中独立出来,更不能凌驾于他物之上,人类要秉持"独与天地精神往来而不傲睨于万物"(《庄子·大宗师》)的态度与万物和谐相处。这种观念被道家视为宇宙规律的本质,即"道"所"法"的宇宙之本然,只有遵循这种本来如此的自然规律,宇宙万物才能运行有序、和谐并生。人类若是想取代"道"而以自己的意志去安排自然、主宰自然,最终必将自食恶果。可见,早在先秦时期的道家思想中就已经蕴含了最正确的生态观,但打破人们固有思维的藩篱并非易事,需要我们深入挖掘"道法自然"对现代生态观,乃至人生观、价值观、世界观等的启示作用。

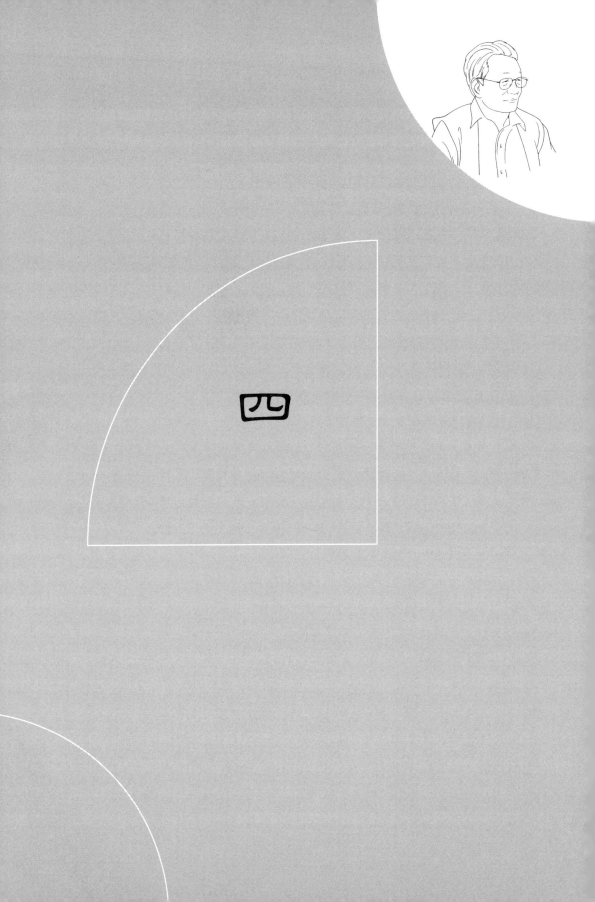

四

对船山哲学的本体论思考

赖永海

（南京大学哲学系）

　　20 世纪 70 年代,我在中山大学哲学系读书,因对哲学有一种特殊的偏爱,读了一些马恩的著作和黑格尔的书,后来受到李锦全老师和丁宝兰老师的影响,逐渐喜欢上中国古代哲学。奇缘巧遇,有一次在中大哲学楼,我遇见了萧萐父先生。当时萧先生的大名对我已是如雷贯耳,没想到他是那么豪放而随和,使人感到十分亲切。李锦全老师向萧先生简单介绍了我,萧先生说:"好啊! 欢迎有更多的年轻人来研究中国哲学。"萧先生后来又多次到中山大学,我都去拜望他。有一次他还特地到学生宿舍看了我,让我十分感动。更让我铭感至深的是,在往后的几十年内,我同萧先生有几十封的书信往来,这些书信我一直保存着,直到 2005 年搬家时,也不知把这些书信藏到哪个地方了(还有李锦全老师和包遵信先生的几十封毛笔字书信)。如果今后还会搬家,相信这些珍贵的书信一定会"失而复得"!

　　萧萐父先生是 20 世纪后半段最具创造性和影响力的中国哲学家和哲学史家之一。他不仅对 20 世纪中国哲学的研究与拓展做出了历史性的卓越贡献,在诸多领域里影响了中国哲学研究的走向。就我而言,他还直接影响了我的研究方向甚至选题。我的硕士论文选题《王夫之辩证法体系探索》,就直接受到萧先生的影响。硕士毕业后,我继续对王夫之的"本体论"等做了进一步的探讨。现谨以此文纪念萧先生诞辰一百周年。

船山之学,涵盖六经且常常能出乎其外,传注无遗又每每能别出新意。对于佛老二家,也能"入其垒,袭其辎,暴其恃,而见其瑕",博大精深且颇具包容性。本文主要谈王船山在批判佛教"销用以归于无体"思想的同时,又吸收了大乘佛教本体论的思维模式,建立了一种超越前人的一元论的哲学思想。

一

思想理论的发展,在许多时候有如德国古典哲学家黑格尔所说的,表现为一种从抽象到具体的发展过程。如果说,朱熹的理气理论,对于张子之学来说,是一种展开和具体化,那么,朱熹的理气理论后来又受到了陆王心学的批判或者说补充——尤其是朱子于理气、心性问题上的二元倾向,成为陆王心学的主要抨击对象;而陆王心学的一元论,又是在相当程度上吸取佛教的心性本体理论而建立起来的。这种"唯心"的本体论又遭到后来思想家的批判。明清之际的王夫之则是一个对以上三家学说进行批判性总结的哲学家。

王夫之对于佛教的批评,见诸各种论述、注疏,其中心思想是批评佛教的"以虚空为本"。在《张子正蒙注》中,王夫之反复批评释氏之以"真空为如来藏",视世界本无一物、把世间万物都看成是"如来藏"之虚幻表现的思想,是"妄欲销陨世界以为大涅槃"。而世界果真能为释氏所"销陨"吗?王夫之的回答是否定的(详见《张子正蒙注》卷二)。他还批评佛教的"二本之变为归一,归一之变为无本,无本之变,又为枯木头上开花"(详见《读四书大全说》卷八),是"要消灭得者世界到那一无所有底田地"(《读四书大全说》卷五)。

但是,值得注意的是,王夫之对于佛教的批评,紧紧扣住体用关系。不是批评其"体用一如"的思维模式,而是批评其"销用以归于无体"。

所谓"销用以归于无体",亦即佛教虽然也谈体用,但佛教以"山河大地为见病",其所谓"用"者,都是虚幻不实的,"浮屠谓真空常寂之圆成实性,止一光明藏,而地、水、火、风根尘等皆由妄现,知见妄立,执为实相。"(《张子正蒙注》卷一)

王夫之认为,这是以"形为妄而性为真",换句话说,也就是无其用而有其体,因此,佛教思想的最大偏弊,是"废用而立体"。(详见《思问录·内篇》)但是,体之与用,果真能截然刈裂吗?世上果真有无用之体吗?王夫之对此持明确反对的态度,因为"用既废,则体亦无实"(《思问录·内篇》),也就是说,既然没有"用",其"体"焉存?即使有,也只能是虚幻不实的——所以,佛教只能"妄立一体(如'真空''如来藏'那样的本体),而销用以从之"(《周易外传》卷一)。

在这里,王夫之几乎是用佛教的"体用一如"的思维方法去批判佛教以"真空"生灭天地万物的思想(客观而论,王夫之对佛教"割裂体用"思想的批判,多少有点曲解了佛教的本意。实际上,大乘佛教的最基本的思维模式,正是"体用一如"的本体论,而王船山的本体论思维,虽表面上远承张载,但张载本身就受到佛教的深刻影响,船山本人对佛教也多有涉猎,直接间接地受到佛教的影响是毋庸置疑的)。

关于老庄之批判,王夫之抓住其"无中生有说"。同在《张子正蒙注》中,王夫之指出:

> 老氏以天地如橐籥,动而生风,是虚能于无生有,变幻无穷;而气不鼓动则无,是有限矣,然则孰鼓其橐籥令生气乎?(《张子正蒙注》卷一)

此谓老氏把天地看成是一个大风箱,动而生风、生万物,亦即"无"能生"有"。但是,"无"是怎样生出"有"的呢?谁是其中的创造者、主宰者呢?其本原是什么呢?老氏学说都无法圆满回答这些问题,因此,王夫之认为,老氏学说的最大特点是"无体之用","庄老言虚无,言体之无也"。(《张子正蒙注》卷九)

这里暂时撇开释氏和老庄自身思想是否具有刈裂体用的偏弊不论,在王夫之看来,不管是释氏之"立体废用",还是老庄之"无体之用",都违背了"体用一如"的基本要求。他认为,体之与用,"元不可分作二截",离析对待,而应该是由体起用,由用见体,"体用一源,显微无间"。

"体用一源,显微无间"语虽然出自程颐之口。但理学家们对于体用关系的

看法,并不一致也不一贯,例如朱熹曾这样注解"体用一源,显微无间":

> 体用一源者,自理而观,则理为体,象为用,而理中有象,是一源也;显微无间者,自象而观,则象为显,理为微,而象中有理,是无间也。……其实,体用显微之分,则不能无也。(《朱文公文集》卷四十,《答何叔京》)

在这里,虽然朱熹也主张体用一源,且明确主张以"理为体",但他又认为"体用显微之分,则不能无也",至少带有隔离体用之嫌。

王夫之对二程在体用关系上也颇有微词,认为他们未能把"体用一源"的思想贯彻到底,例如他在《读四书大全说》中就说:

> 程子曰:"湛然虚明,心如太虚,如镜先未有象,方始照见事物。"则其所破者用上无,而其所主者体上无也。体用元不可分作两截,安见体上无者之贤于用上无耶?况乎其所谓"如一个镜,先未有象",虚明之心,固如此矣。(《读四书大全说》卷一)

此谓程子用镜象喻体用,以批判佛教的"立体废用",但其一句"先未有象",则把其思想深处底蕴给昭示出来了。此"先未有象说",如果还不说它有体无象,至少也视体用有先后之分,此即如夫之所说,把体用"分作二截"了。

实际上,程朱一系之理学家,对体用、心性经常是离析对待的,以致陆九渊对朱子之学有"叠床架屋"之嫌。在这一问题上,倒是陆王一系之心学坚持了一条体用相即的一元论思想路线。只是陆王心学重蹈佛学特别是禅学之故辙,把一切到"心"上去了,因此,王夫之对陆王心学,特别是王阳明的"心物合一说",一方面,抨击它"屈圣人之言以附会之(佛学),说愈淫矣",另一方面,又吸取其即体即用、体用合一的思维模式,坚持"体用一元"论。

王夫之体用一元论的基本观点,一是主张"体用相函""体用相因",认为"凡言体用,初非二致。有是体必有是用,有是用必固有是体,是言体而用固在,言用而体固存矣。"(《读四书大全说》卷七)他剖析宋儒"刚体勇用"说,言"刚体勇用",那"刚"自是无"用",那"勇"自是无"体",而如果"勇"而无勇之"体",则"勇"为浮气而不成其"勇";"刚"而无刚之"用",则亦何以知其"刚"? 因此,应该说,刚有刚之用,由用而知其刚,勇有勇之体,由体而生用(详见《读四书大全说》卷五),体用相因相函,离析不得,相互依存,缺一不可。他对释氏、老庄之"立体废用"和"捐体用"说进行了批判,曰:

> 捐体而狥用,则于用皆忘;立体以废用,则其体不全。析体用而二之,则不知用者即用其体;概体用而一之,则不知体固有待而用始行。故庄子自以为言微也,言体也,寓体于用而无体以为体,象微于显而通显之皆微。(《庄子解》第 280 页)

总之,对待体用,既不可"二之",把体用刘裂开来,又不可"一之"——"立体废用"或"损体用",二者应该是相互依存、相辅相成的,"天下无无用之体,无无体之用。"(《读四书大全说》卷六)

此外,王夫之对于体用之间的相互关系,主张至少必须从两个方面立论,一者由"体生用"(《续春秋左氏传博议》卷下)、"有此体乃有此用"(《周易内传》卷六);二是主张"由用以得体"(《周易外传》卷二)、"用者用其体"(《读通鉴论》第1038 页)。

对于有此体乃有此用,王夫之以川流河道为喻说明之,曰:

> 凡言"体",皆函"用"字在。体可见,用不可见;川流可见,道不可见,则川流为道之体,而道以善川流之用,此一义也;必有体而后有用……唯有道而后有川流,非有川流而后有道,则道为川流之体,而川流以显道之用,此亦一义也。(《读四书大全说》卷五)

王夫之此说实有三义:一是体用之相因相函义,二是有是体乃有是用义,三是由用而体所以显义。此中之第三义,即由用而体显义,尤为夫之所注重,这也许是由于佛老、陆王以抽象的精神本体吞噬掉山河大地的缘故,因此,王夫之特别强调由用以显体。在《周易外传》等著作中,王夫之指出:

> 善言道者,由用以得体;不善言道者,妄立一体而消用以从之(《周易外传》卷二)。
>
> 君子不废用以立体(《思问录·内篇》)。

他还以足行、稻麦为例,对"由用显体"思想作了生动、具体的说明。他说:"北人有不识稻者,南人有不识麦者,如欲告诉北人什么是稻,告诉南人什么是麦,但说稻似麦,麦似稻,均有饱人之用即可得其大体,如果离开其饱人之用,而直接说出其体若何,即使通身是口,也不得亲切。所以,善问者不以体为问,善答者不以体告人。"又"如将欲行,而问何者为足,将欲视,而问何者为目,徒腾口说,争是非,而终其身于盘簋以为日也"。(《读四书大全说》卷六)就是说:以能行而知何为足,以能视而知何者为目,体用犹如眼足之于视行:能视能行者,用也;所以视所以行者,体也。用者用其体也,体者有其用也。

总之,在批判释老及陆王心学的过程中,王夫之扬弃其"唯心"的思想内容,而吸取其本体论的思维模式;对于程朱理学,王夫之则在揭露其离析体用同时,批判地吸取其理气学说。所谓批判地吸取,是指王夫之并没有循着程朱以"理为本"和离析理气的思路走,而是吸收其有关理气学说的思想内容。因而,船山之学是在张载元气本体论的基础上,加进了程朱理学的理气思想,在谈论理气关系过程中,建立起一个比张载更为丰富、充实和具体的"理气一体"理论。

二

根据"体用一元"的思维模式,王夫之认为,谈论理气的相互关系,首先不能把二者对立起来或刘裂开来,天底下不存在着离气之理,也没有无理之气。

在王夫之看来,"天地之间,只是理与气"(《读四书大全说》卷三)。所谓气者,阴阳二气也,至于理,历来异说纷纭,言人人殊。王夫之是这样诠释"理"的:

> 理即是气之理,气当得如此便是理。(《读四书大全说》卷十)
>
> 气载理而理以秩序乎气。(《读四书大全说》卷三)
>
> 凡言理者有二:一则天地万物已然之条理,一则健顺五常,天以命人而人受为性之至理。二者皆全乎天之事。(《读四书大全说》卷五)
>
> 理行乎气之中,而与气为主持分剂者也。(《读四书大全说》卷七)
>
> 理本非一成可执之物,不可得而见;气之条绪节文,乃理之可见者也。(《读四书大全说》卷九)
>
> 气之妙者,斯即为理。(《读四书大全说》卷五)
>
> 从乎气之善而谓之理。(《读四书大全说》卷十)

从王夫之对"理"的这些定义看,所谓"理",即是气之"条绪节文""已然之条理",是气之"当理""当然""所以然";"理"主要是"秩序乎气",对气起"主持分剂"之作用。也就是说,所谓"理",并不是与气相对待、相离析、相隔绝的另一物事,它即是气之存在、运行和发展变化之规则或规律。既如此,所谓理者,即是气之理,"气之外更无虚托孤立之理"(《读四书大全说》卷十)。

就理气论而言,首先对理气问题进行较深入、系统探讨和论述的,是程朱一系理学家。但程朱理学在理气问题上带有明显的以"理为本"和离析理气的二元倾向。正如二程和朱熹在体用关系上既有"体用一源"的主张,但有时又认为"体用显微之分,则不能无也"一样,在理气论上,程朱也具有两面性:

一方面,程朱(特别是朱熹)认为理气不可分:"理非别一物,即存是气之中,若无是气,则理亦无处挂搭。"(《朱子语类·万人杰录》)另一方面,朱熹又认为,"有是理,后生是气。"(《朱子语类》卷二)"未有天地之先,毕竟也只是理。有此理便有此天地。若无此理,便亦无天地,无人无物,都无该载。有理便有气流行发育。"(《朱子语类》卷一)这样,理与气便成为相对独立的两件事物了,且有了先后之分。王夫之对于朱熹的这种看法持明确的反对和批判态度,认为"理不是一物,与气为两。……理只在气上见,其一阴一阳,多少分合,主持调剂者,即理也。"(《读四书大全说》卷五)"将理气分作二事,则是气外有理矣"(《读四书大全说》卷十),而"天下岂别有所谓理,气得其理之谓理也。气原是有理底,尽天地之间无不是气,即无不是理也"。(《读四书大全说》卷十)

从中国古代学术思想的发展过程看,理气理论可进一步上溯到太极阴阳学说。而在宋明理学家中首先提出太极阴阳问题的是周敦颐。周敦颐在其《太极图说》中曾说:"太极动而生阳,动极而静,静极生阴。"朱熹对此的注解是"总天地万物之理,便是太极"(《朱子语类》卷九十四)。直接以"理"释"太极",并说:"太极生阴阳,理生气也。"(《太极图说注》)可见,朱熹"理生气"的思想直接导源于周敦颐的"太极生阴阳"。对此,王夫之看得很清楚,因此,他又把批判的矛头对准周敦颐,曰:

> 误解《太极图》者,谓太极本未有阴阳,因动而始生阳,静而始生阴。不知动静所生之阴阳,为寒暑、润燥、男女之情质,乃固有之蕴,其缊蕴充满在动静之先。
>
> 动静者即此阴阳之动静,……非动而后有阳,静而后有阴,本无二气,由动静而生,如老氏之说也。(《张子正蒙注》第9—10页)

王夫之此说的观点很鲜明,即主张阴阳乃太极固有之蕴,太极本有阴阳,非在阴阳之外有一太极,进一步说,亦即非在气外有一孤立之理。

如果王夫之就此止步,泛泛地谈论理不离气,那么,船山之学就没有多少特色了,船山之学的特点就在于能从本体论的高度去谈论理气关系,这就是他所说的"理气无分体"(《读四书大全说》卷七)。

所谓"理气无分体",亦即"理气一源"(《张子正蒙注》卷三)、"理气同体"(《读四书大全说》卷十)。这种"同体",用王夫之的话说,则是"气外无理,理外亦不能成其气,善言理气者,必不判然离析之"。(《读四书大全说》卷十)我们说王夫之的理气论是以本体论的思维模式为依托,从体用关系的角度立论,这也是其中一个直接例证。也就是说,王夫之的理气论紧紧扣住"一体"二字,因其"一体",断然不可离析之;因其是一体之两面,故两者只能是相互依存、相辅相成的。

理气关系除了两者能否离析? 是否相互依存? 更准确地说,两者是否一体? 除此之外,还有谁更根本,或者说以何者为本的问题。如果说,对于前一个问题的回答,船山之学主要得益于本体论思维模式,得益于佛教和陆王心学的"体用一如"的思维方法;那么,对于以何者为本的问题,王夫之则更多吸取了张载的元气本体理论,而与朱熹的理气论正相反对。

朱熹的理气论明确主张"理本气末"(《朱文公文集》卷58,《答黄道夫》)。虽然朱熹在理气关系上的观点不太一贯,但正如他本人所说的:"以本体言之,则先有是理,然后有是气。"(《孟子或问》)也就是说,尽管朱熹有时也谈理不离气,但那是从别的角度立论,如果就本体论而言,则理"为本""为体"。朱子还屡屡言及"气是依傍这理行"(《朱子语类》卷58,《答黄道夫》),"有是理后生是气"(《朱子语类》卷一)。这种看法受到了王夫之的尖锐批评,认为朱子的"理本气末"和"理生气"说有点类似于释、老之"立体废用""无中生有",其无"气"之"理",实即老庄"虚悬孤致"之"道",而所立之无"用"之"体",亦即佛教之所谓"真空"。

与朱熹的"理本气末"论相反,王夫之认为唯有阴阳二气才是天地万物之本、之体。

首先,王夫之认为,天地万物,皆为实有,此实有亦即阴阳二气,舍阴阳二气之外,别无他物。在《张子正蒙注》等著作中,王夫之反复指出:

> 阴阳二气充满太虚,此外更无他物,亦无间隙,天之象,地之形,皆其所范围也。(《张子正蒙注》卷一)
>
> 凡虚空皆气也,聚则显,显则人谓之有;散则隐,隐则人谓之无。神化者,气之聚散不测之妙,然而有迹可见;性命者,气之健顺有常之理,主持神化而寓于神化之中,无迹可见。若其实,则理在气中,气无非理;气在空中,空无非气,通一无二者也。(《张子正蒙注》卷一)

此谓天地之间,唯有阴阳二气而已,但由于气有聚之与散两种状态,因而有时显有时隐,有的有形,有的无形。此无形者,或称之为"形而上",或称之为"理",但此"形而上"和"理",并非无阴阳二气之存在,只不过是气一种微妙状态,用他的话说,即是"气之妙""气之善"。因此,王夫之一再强调,"理者,气之理也";"形而上"者,"非无形之谓,本有形也。……无形则亘古今,通万变,穷天地,穷人物,皆所未有者也。"(《周易外传》卷五)他讥笑那种"无形"之谈"尤为可笑"(《读四书大全说》卷二)。

其次,从本体论的角度说,王夫之认为,阴阳二气是天地万物之本体。在《周易外传》等著作中,王夫之说:

> 备乎两间者,莫大乎阴阳,故能载道而为之体。(《周易外传》卷五)
>
> 天之生斯人也,道以为用,一阴一阳以为体,其用不滞,其体不偏。(《周易外传》卷七)
>
> "天以阴阳五行化生万物",以者用也,即用此阴阳五行之体也。犹言人以目视,以耳听,以手持,以足行,以心思也。(《读四书大全说》卷二)
>
> 物之体则是形,所以体夫物者,则分明是形而上那一层事,故曰:"形而上"。然而形而上者,亦有形之词,而非无形之谓。(《读四书大全说》卷二)

王夫之的这些论述,思想十分明确,阴阳乃道之载体,道乃阴阳之道,非阴阳外别有其道。这种思想与朱熹的"理为本""理本气末"思想是迥然不同,甚至是截然相反的,而与张载的"太虚无形,气之本体"(《正蒙·太和篇》)、"太虚即气即无无"(同上)的思想是一脉相承的。

再次,王夫之理气理论还有一个重要特点,即把辩证的思想贯彻到理气关系之中,不是静止地看待"气体理用",而是在坚持"气体理用"的基础上,进一步指出理气"交与为体",互为体用。

在《周易外传》等著作中,王夫之指出:

天、地、人，三始者也。无有天而无地，无有天地而无人，无有道而无天地。故道以阴阳为体，阴阳以道为体，交与为体，终无虚悬孤致之道。故曰"无极而太极"，则亦太极而无极矣。(《周易外传》卷三)

理与气互相为体，而气外无理，理外亦不成其气。善言理气者，必不判然离析之。(《读四书大全说》卷十)

王夫之这种理气互为体用的思想，既是其理不离气思想的合乎逻辑的延伸，更是贯彻其"由用以得体"思想的必然结果。在王夫之看来，离开"用"，"体"则无从谈起。因此，善言体用者，不妄谈其"体"；但"体"又是确实存在着的，何以知之呢？由"用"而知其有："天地之用，皆其有者也。吾从其用而知其体之有，岂待疑哉。"(《周易外传》卷二)他以天地万物为例，指出孤立地去看"天"，"天自无体"，但从"行四时，生百物"之用，则知道"天之体"是存在的，正是从这个意义上说，"凡天之体即以用，凡天之用皆其体"，"体者用之体"，"用者用其体"(《礼记章句·中庸》)。这种思想实际上就是王夫之屡屡言及的"即此为体，即此为用"(《读四书大全说》卷二)，说得明白一点，体之与用，乃是一而二、二而一的。

如果从理论思辨的角度说，理气理论发展至此几乎可以打上句号。因为不论从二者的相因相函、互为依存角度说，还是从二者是如何互为依存、怎样相互联系的角度说，不论是从坚持气为本、为体的角度说，还是从理气的互为体用的角度说，王夫之的理气理论几乎都"无所不尽其极"，用不着也不可能再作进一步的发挥了。正是从这个意义上说，王夫之的理气理论乃是宋明理学甚至于中国古代理气理论的批判性的总结。当然，这样说丝毫不排除王夫之本人或其他思想家可以以此种理气理论为基础，去观察、阐述诸如天理人欲、道器关系等问题。

三

王夫之对于道器关系的论述，思想路数一如其"理气一体论"，归约而言，则无出"道不离器""道者器之道""道器互为体用"诸要点。

王夫之所谓"道",乃循"形而上者之谓道"之古说,指无形无象、形而上之"理",用王夫之自己的话说,即是"天地万物之通理"。所谓"器"者,即是客观、具体之事物。对于这二者的相互关系,如果从思想的逻辑层次说,王夫之有如下一些基本观点:

首先,王夫之认为,道之与器,"相须而不可相离"。在《周易内传》中,王夫之说:

> 形而上者,当其未形而隐,……形而下,即形之已成乎物,而可见可循者也;形而上之道隐矣,乃必有其形,而后前乎所以成之者之良能著,后乎所以用之者之功效定,故谓之形而上而不离乎形。道与器不相离。(《周易内传》卷五下)

此说观点很明确,即"形而上"之"道",不离"形而下"之"器","形而上"之"道"与"形而下"之"器",是一物之二面,就其"未形而隐"言,是"形而上",是"道";就其成乎形,可见可循说,即是"器"。"道""器"乃"统之乎一形","无非一阴一阳之和而成"(《思问录·内篇》)。

在《周易外传》中,王夫之还以男女、父子、君臣、人物为例,说明"道""器"是相对而言,相须而成的:

> 是故以我为子而乃有父,以我为臣而乃有君,以我为己而乃有人,以我为人而乃有物,则亦以我为人而乃有天地。器道相须而大成焉。(《周易外传》卷三)

王夫之此说更把"道""器"看成是统一体之两面,二者完全是互为条件、互相依存,不可或缺的,否则此统一体就不能成立。

其次,对于道与器是如何相互联系在一起的问题上,王夫之坚持"天下唯器""道者器之道"的基本思想。对此,王夫之在各种著述中论之甚详,在《周易外传》

中，王夫之说：

> 道者，物所众著而共由者也。物之所著，惟其有可见之实也；物之所由，惟其有可循之恒也。既盈两间而无不可见，盈两间而不可循，故盈两间皆道也。可见者其象也，可循者其形也。出乎象，入乎形；出乎形，入乎象。两间皆形象，则两间皆阴阳也。两间皆阴阳，两间皆道。夫谁留余地以授之虚而使游？谁复为大圆者以函之而转之乎其际无间，不可以游。其外无涯，不可以函。（《周易外传》卷五）

王夫之此说既不给"道"留下半点"余地"，使它得以独存、独游，同时，"道"又充满于"两间"。也就是说，所谓"道"者，即"器"之"道"，阴阳之"道"；"器"之外，阴阳之外，别无所谓"道"。对于这一思想，王夫之还以许多具体事例给予形象的说明，如他说：

> 洪荒无揖让之道，唐虞无吊伐之道，汉唐无今日之道，则今日无他年之道者多矣。未有弓矢而无射道，未有车马而无御道，未有牢醴璧币、钟磬管弦而无礼乐之道。则未有子而无父道，未有弟而无兄道，道之可有而且无者多矣。故无其器则无其道，诚然之言也，而人特之未察耳。（《周易外传》卷五）

这里所说的"道"，显然是指具体事物之道理、法则、规律，离开了具体的事物，当然不可能有该事物之规律和法则。值得指出的是，对于道器之间的相互关系，王夫之还有一个更深入一步的认识，亦即不但看到"无其器则无其道"，而且认识到如果不懂得"道"，则"其器不成"，用他的话说，即"人或昧于道者，其器不成"（《周易外传》卷五）。这句话的意思是说，如果人们不懂得某一事物的法则、规律，那么就不可能掌握该事物，或者更进一步说，如果不懂得该事物的规律、法则，就不可能制造出该事物。这里，丝毫没有以"道"生"器"的意思，而只是相对于"昧于道"的人而言,而对那些不"昧于道"的人,其器并非不存在,或者说,其器并非不可能制造出来,此诚如王夫之所说的:"君子之所不知,而圣人知之;圣人之所不能,而匹夫匹妇能之。"(《周易外传》卷五)因此,王夫之最后的结论是"不成非无器也"(同上)。也就是说,器之存在,此器之道的存在,都是客观的,问题只在于你是否"昧于道"而已。

王夫之对于道器关系的论述,还有一个思想是比较深刻的,即从一般与个别的角度去谈论道器关系。他有一个命题含义颇深刻,即"道非直器也,而非器则道无所丽以行"。(《读通鉴论》第 171 页)也就是说,虽然"道"是附属于"器"而存在的,是"器"之"道",但"道"非直接即是"器";这种思想用现代哲学语言说,亦即一般虽然存在于个别之中,但一般非直接就是个别,而只是个别之抽象、本质。对照王夫之在《周易外传》中的另一句话:"道者器之道,器者不能谓之道之器。"(《周易外传》卷五)如果说这句话主要是从何者更为"根本"的意义上立论,表明王夫之学说的坚持"器"的本原作用,那么,"道非直器"说则是以辩证的观点去看待道器关系。并且正是以这种辩证思想为依据,王夫之提出了"尽器则道在其中"(《思问录·内篇》)、"尽器则道无不贯"(《思问录·外篇》)、"君子之道,尽乎器而已"(《周易外传》卷五)的主张。

王夫之辩证地看待道器关系,还表现在他不是静止地谈论"器体道用",而是认为道器"互相为体,而未有离矣"(《周易外传》卷三),它们都是"统乎一形""统此一物"的,不是悬隔殊绝的,因此不可强划畛界。王夫之以"洒扫应对"等为例言之,曰:

> 洒扫应对,形也;有形,则必存形而上者。精义入神,形而上者也。然形而上,则固有其形矣。故所言治心修身、诗书礼乐之大教,皆精义入神之形也。洒扫应对有道,精义入神有器。道为器之本,器为道之末,此本末一贯之说也。(《读四书大全说》卷七)

如果简单地摘取其中一句"道者器之本",很容易得出所谓"王夫之思想的二重性"之类的说法。实际上,从王夫之这段话看,似不能得出这样的结论。这段的中心思想是说,有形则有形而上,形而上者,本有其形在。以道器言之,器者必有其道,道者必有其器。道器本为一体,不可强行隔离,这即是王夫之所说的"本末一贯之说",亦即"即此为体,即此为用"思想在道器问题上的体现。通观王夫之的思想,此一体思想是"一以贯之"的,似不存在所谓"二重性"问题的——至少在体用、理气、道器关系上不存在"二重性"问题。

不惟体用、理气、道器为然,在天理、人欲问题上,王夫之同样坚持一元论的思维方法。因对王夫之理欲观问题另有专文探讨,这里不拟赘述,但他在理欲问题上有一句话颇能反映他的一元论的哲学思想。他对胡五峰的"天理人情同行异情"说十分赞赏,屡屡赞之"韪哉!"伟在何处呢?伟在其"能合颜孟之学而一原者"(《读四书大全说》卷八)。此语颇紧要,紧要在其"一原"二字,此乃是理解王夫之思想之钥匙。在王夫之思想中,"一原"思想是贯彻始终的,不管是其"即欲即理说",还是其"即体即用说",不管是其"气质中之性,依然一本然之性"(《读四书大全说》卷七)说,还是其"圣人之道一本,父母之即乾坤也,形色即天性"(《读四书大全说》卷八)说,其落点均在"一原""一本"或曰"一体"。这就是我们何称王夫之哲学为"理气一体论"根据之所在。也就是说,尽管王夫之思想包含广博,或论体用,或谈理气,或说道器,或语理欲,但就思维方法说,一言以蔽之,则是"一体"。不管是中国古代之气论,还是中国古代之本体论,至王夫之哲学都达到了一个新的阶段,从这个意义上说,王夫之哲学不唯是对宋明理学的批判性总结,而且是对中国古代哲学的批判性总结。

"存有三态论"与21世纪文明
发展的可能向度

——继承着当代新儒学之后的展开

林安梧

（东华大学荣誉讲座教授、元亨书院创办人）

楔　　子

　　20世纪80年代末，在香港的一场会议①，我第一次与大陆的学者一起参与学术会议，认识了郭齐勇、李宗桂、黄海德、景海峰、罗义俊等大陆的年轻朋友，并且认识了上一辈的萧萐父、李锦全、方克立诸位先生，从此便结下不解之缘，三十余年来，论学问道，来往颇多。特别是来自武汉大学的萧萐父教授、郭齐勇教授，师徒两人，与我的研究有着更多的交集，因此来往也特别多。与齐勇兄的交情更是交称莫逆。萧先生是四川人，远远看去，有着唐君毅先生的身影，唐先生也是四川人。萧老师、齐勇兄都是哲学的通儒，更是近现代哲学的大家。在萧老师带领的武汉大学中国哲学团队，可谓代有才人出，对于中国近现代的启蒙溯源，可以说是作了极为重要的贡献，对华夏民族乃至人类未来文明的疏导，起了重大的作用。

---

　　①　这会议名称是"唐君毅先生逝世十周年纪念学术会议"，1988年12月，由霍韬晦先生的香港法住文化书院及香港中文大学哲学系合办。

我硕士论文写的是王船山,博士论文写的是熊十力,都是两湖人物,一个湖南,一个湖北。武汉大学哲学系在萧萐父先生带领下,可以说是船山学、十力学最重要的研究基地。早在 80 年代初,我开始准备以船山学作为硕士阶段的研究对象,从曾昭旭老师手里,曾先生是我上一辈的船山学大家,接收了不少船山哲学的研究材料,其中便有萧老师的、齐勇兄的。1986 年,我硕士毕业,继续攻读台大哲学博士,1988 年在香港与萧老师、齐勇兄会面,自然觉得亲切。通了音问之后,更觉义气情理相投。博士论文写作阶段,更是运用了许多齐勇兄的论作与资料,也得到萧老师的教导,很是受益。1991 年初,在海南海口的一次会议,我又见到了萧老师,那一次也见到了林其锬先生,以及李泽厚先生,往后,他们也与我多有联系,我也求教于他们。1991 年夏天我取得博士学位之后,便兴冲冲地到武汉大学访问,也到了上海社科院,之后,来往大陆越来越多,在 2000 年,趁当时学术休假之便,我来武汉大学做了短期访学与讲座,每次来都会前往拜见萧先生。萧先生道貌和煦、温雅而斯文,透露着坚毅与恢弘,每一次与他见面谈话,都有着传承的润泽、呵护的温暖。萧先生是 20 世纪后半段中国大陆最具创造性和影响力的哲学家和哲学史家,他不仅对 20 世纪中国哲学的研究与拓展做出了历史性的卓越贡献,而且亲历参与见证了现当代中国哲学界的发展。远在台湾省,能与萧先生、齐勇兄结下这么深的因缘,每念及此,感天地厚恩,能有如斯者,何其幸也哉!何其幸也哉!

2024 年 1 月是萧萐父先生冥诞 100 周年,为了纪念并继承先生的学术精神,武汉大学中国哲学学科点拟出版"萧萐父与二十世纪中国哲学"的论文集。我收到了齐勇兄的来信,邀请我也写一篇文字来参与。昔时以往,于今念之,如在昨日,愿兹来者,绵绵若存,生生不息。欣然应命,谨以此文,纪念之!

一、新儒学与新儒学之后

在 1994 年初夏 4 月间,我在哈佛大学杜维明先生主持的儒学讨论会上,首次发表了《后新儒学论纲》①，这篇论纲可以视为我对"后新儒学"总的理解。1996 年，我又发表了一篇《牟宗三先生之后："护教的新儒学"与"批判的新儒学"》②这篇论文旨在经由"护教的"与"批判的"作一显题式的对比，指出前者是以康德为对比及融通之主要资源，而后者则以王船山两端而一致的哲学思考做为模型，并注重西方历史哲学、社会哲学乃至现象学、解释学之发展，回溯当代新儒学之起源，重新诠释熊十力，对牟先生则采取一既批判又继承的方式。再者，笔者对比的对"理""心""气"，"主体性""生活世界"，"心性修养""社会实践"，"本质主义""唯名论"，"传统""现代"等相关问题，做一概括轮廓式的描绘。最后，指出"后新儒学"薪尽火传的往前迈进。

　　1997 年我继续扩大了 1994 年的"论纲"，进一步写成了《咒术、专制、良知与解咒：对"台湾当代新儒学"的批判与前瞻》，这篇文章③旨在对 1949 年以后于台湾发荣滋长的"台湾当代新儒学"展开批判与前瞻。首先笔者指出：往昔，儒家实践论的缺失在于这实践是境界的，是宗法的，是亲情的，是血缘的，是咒术的，是专制的，这些一直都挂搭结合在一起，分不清楚。再者，笔者指出实践概念之为实践概念应当是以其自为主体的对象化活动所置成之对象，而使此对象如其对象，使此实在如其实在，进而以感性的透入为起点，而展开一实践之历程，故对象如其对象，实在如其实在。后新儒家的实践概念是要去开启一个新的"如"这样的实践概念。这是以其自为主体的对象化活动作为其起点的，是以感性的擘分为始点的，是以整个生活世界为场域的，是以历史社会总体为依归的。这么说来，后新儒家的人文性是一彻底的人文性，是解咒了的人文性，而不同于往前的儒学仍然是一咒术中的人文性。这旨在强调须经由一物质性的、主体对象化的、实存的、主体的把握，因而这必然要开启一后新儒学的哲学人类学式的崭新理

----

① 这论纲是那年春天 2 月间在威斯康星大学麦迪逊校区访问时写下的。这论纲后来收在林安梧《儒学与中国传统社会之哲学省察》一书的附录三，题为《后新儒家哲学论纲》，第 265—269 页，幼狮文化事业公司，1996 年。

② 此文于 1996 年 12 月，由"中央研究院"中国文哲研究所、"中央"大学、东方人文基金会等于台北所举办的"第四届当代新儒学国际会议"上宣读。

③ 请参见《咒术、专制、良知与解咒：对"台湾当代新儒学"的批判与前瞻》为题，在 1997 年发表于台湾成功大学所召开的"第一届台湾儒学国际会议"，现收在拙著：《儒学革命论：后新儒家哲学的问题向度》一书中，台湾学生书局，1997 年。

解。总而言之,老儒家的实践立足点是血缘的、宗法的社会,是专制的、咒术的社会;新儒家的实践立足点是市民的、契约的社会,是现代的、开放的社会;后新儒家的实践立足点是自由的、人类的社会,是后现代的、社会的人类。

　　总的来说,我所强调的后新儒学之不同于牟宗三先生的"道德的形而上学",而将之引到了人间而成为一"道德的人间学"。在理论体系的构建上,我亦不同于牟先生所建构的"两层存有论"而转化为"存有三态论"。"存有三态论"是我从熊十力先生《新唯识论》所开启的"体用合一论"所转绎而有的建构。1991 年我完成博士论文时,即预示了自己要走的路向是"由牟宗三而熊十力,再经由熊十力而王船山"的哲学发展可能。从"牟宗三"到"熊十力"标示着由"两层存有论"回到"体用一如论",这意在"验诸伦常日用,重溯生命之源"。进而再由"熊十力"归返"王船山",这标示着由"体用一如论"再转而为"乾坤并建论",其意在"开启天地造化之几,落实历史社会总体"。笔者以为经由这样的回溯过程,将可以有一新格局之缔造。笔者近年即依此路径而提出"存有三态论":存有的根源、存有的彰显与存有的执定。依此存有三态论,笔者进一步对于当代新儒学所强调"内圣"开出"外王"作一深度反省,指出当今之儒学当立足于"公民社会",再回溯生命之源做一身心之安顿。这可以说是一"由外王而内圣"的逆转性思考,这一逆转将使得"社会正义"优先于"心性修养",而我们亦可以因之而成就一崭新的"社会存有论"。再者,这样的社会存有论与存有三态论是合汇一体的,这是由熊十力的哲学转折到王船山哲学向度,它特别着重的是历史社会总体的物质性与精神性,此中隐含着"两端而一致"的辩证关联。"存有三态论"与"社会存有论"的合汇同参,将可以免除以心控身的弊病,可以免除主体主义的限制,而真切地正视身心一如、乾坤并建,重视历史社会总体,建构一以"社会正义"为核心的儒学思考。①

---

　　① 以上所述是,2001 年 9 月 7—9 日,在武汉大学举办的"熊十力与中国传统文化学术会议"的论文,这篇文章经修改后以《从"牟宗三"到"熊十力"再上溯"王船山"的可能》刊于《鹅湖》第廿七卷第七期(总号 319),2002 年 1 月。

二、从"两层存有论"过渡到"存有三态论"

牟先生的哲学,一般来讲,可以用所谓的"两层存有论"去概括它,所谓两层的存有论,是通过康德"现象与物自身"的超越区分,把现象界视为所谓"执"的存有,把物自身界、睿智界叫作"无执"的存有,所以,他在《现象与物自身》那本书中的一章,谈所谓"执相"与"无执相"的对照,他构造了现象界与睿智界的存有论,或者说是执的存有论与无执的存有论两层。

这两层的存有论和康德的建构其实是不同的,康德哲学的建构,重点是知识论的建构,也就是通过"知性为自然立法"而说明如何从现象界来建构客观知识,至于属于睿智界的那个部分,并非人的智慧所能及,因为人只具有"感触的直觉"(sensible intuition),而不具有"智的直觉"(intellectual intuition),只有上帝具有智的直觉。但是在牟先生的系统里面,他贯通了中国传统的儒、道、佛三教工夫论的传统,强调通过修养实践的工夫,可以使人从作为一般性的存在,提升到一个更高存在的状态,而当提升到一个更高存在状态的时候,他认为那是一个本然之我的状态,或者说那是一个回到本来面目的状态。就儒家来讲的话,那是一个具有"性智"的状态,也就是孟子所说的"仁义礼智"的状态,那样的状态用传统的语词归约起来,就是所谓的"性智";那么道家,他用"玄智"这个词;而佛教则用"空智"这个词。①

不管是儒家的性智、道家的玄智、佛教的空智,牟先生借用了康德"智的直觉"这个词,而说东方的哲学儒道佛三教所呈现出来的,都说人不只是具有感触的直觉,更具有智的直觉。智的直觉跟感触的直觉有何不同呢?感触的直觉只能及于"现象",而智的直觉可以及于"物自身",也就是说感触的直觉把抓的是现象,而智的直觉创造了物自身,而物自身与现象是同一事物的两个面向,这个地

---

① 以上所述,具可从牟宗三先生所著《智的直觉与中国哲学》《心体与性体》《现象与物自身》诸书中见到,这里做了一概括而总持的说。又请参见笔者《当代新儒学之回顾、反省与前瞻:从"两层存有论"到"存有三态论"的确立》,《鹅湖》第廿五卷第十一期(总号 299),2000 年 5 月,第 36—46 页。

方,隐约可以看出智的直觉与感触的直觉,总的来讲是归到那个本心,归到那个一心说。在这里我们可以发现到,简单地说,可以约略把两层存有论的构造,归到"一心开二门"的那个构造说。所谓一心开二门是牟先生借用了《大乘起信论》的构造,心分成两门——心真如门和心生灭门。心真如门所对应的是物自身、睿智界;心生灭门所对应的就是一般生生灭灭的现象界,心真如门与心生灭门都还归一心。[①]

牟先生的两层存有论的构造,还有一个特殊的地方在于论述回到了哲学的人类学的时候,他怎样去正视人呢? 正视人那个本来面目的我的状态呢? 那个我其实就是一个纯粹的、超越的、自性的我,或睿智界的我,即可以及于物自身界的那个我,那个我不是经验所能限制的,也不是历史所能限制的,远超乎经验与历史之上,而又作用于经验与历史之中的,所以牟先生讲的这样的一个我其实是一个超越的、纯粹的形式之我,在儒家这个我是个道德的我,在佛家这个我是个解脱的我,在道家来讲的话,就是那个返璞归真的那个真我,他以这个作为他哲学最高的一个支柱。就实来说,这样具有智的直觉能力的真我,可以说成就了一形而上的保存,但并未真切地真有一实践的开启。[②]

相对来说,自 1991 年以来,从熊十力体用哲学转化而出的"存有三态论",不同于"两层存有论",将问题的根结摆置在"一心开二门"的格局来思考。"存有三态论"是以"存有的根源""存有的彰显""存有的执定"这三阶层而立说的,这样的立论虽颇有得于熊十力的体用哲学,而最重要来自《易经》及老子《道德经》的理解、诠释与转化[③]。依笔者之见,《易经》所谓"形而上者之谓道,形而下者之谓器","见乃谓之象、形乃谓之器"与老子《道德经》所说"道生一、一生二、二生三、三生万物"(见《老子道德经》四十二章),"天下万物生于有,有生于无"(见老子《道德经》第四十章),"无名天地之始,有名万物之母"(见老子《道德经》第一章)

---

① 请参见牟宗三:《中国哲学十九讲:中国哲学之简述及其所涵蕴之问题》第十四讲,第 283—311 页,台湾学生书局,1983 年。
② 请参见林安梧:《无尽的哀思:悼念牟宗三先生兼论"形而上的保存与实践的开启"》,收于《当代新儒家哲学史论》一书,明文书局,1996 年。
③ 关于"存有三态论"的基本结构,这想法初启于 90 年代初,请参见林安梧:《存有、意识与实践》一书,第五章,东大图书公司印行,1993 年,第 107—150 页。

等都可以关联为一个大脉络来理解。

"道"是不可说的,是超乎一切语言系统之上的,是一切存在的根源,原初是处于"境识俱泯"的状态下的,这可以说是一空无寂静的境域,亦即老子所说的"无名天地之始",也就是"存有三态论"的第一层状态,是意识前的状态(pre-conscious level),也可以说是"寂然不动"的状态,是秘藏于形而上之道的状态。①

再者,须得一提的是,"道"不能永远秘藏于不可说的状态,"道"必经由"可道"而开显,"道"之一字重在其不可说,由此不可说而可说,此是"道可道"一语的解释。再者,如此之"道"之必然开显则可以理解为一"生","生"者不生之生也,如其道而显现也,即如《易经》所说"见乃谓之象"也。若总的来说,我们实亦可以说"道显为象"也,而如此之显现即为"不生之生",由此不生之生,必具体实现之、内化之,此即是"德","德蓄之",盖蓄之而为德也,承于道、着于德也。就此而言,此当属存有的彰显,是境识俱起而未有分别的状态,是即境即识,亦可以理解为纯粹意识的状态(pure conscious level),是道生德蓄的状态,这是"存有三态论"的第二层状态,是"感而遂通"的状态。②

老子除说"道可道"外,他又说"名可名",而其"道德经"则由此"有名"与"无名"而展开,这是说"道"必经由"可道"开启,而"可道"当落在"名"上说,否则不足以为说。"道"重在说其"不可说",而"名"则重在说其"一切话语、言说之源",论其"言说、话语之源",是一切言说话语之所归,然非一般言说话语之所能涉,就其随言说话语之源而说亦是不可说者,此亦当经由一言说话语之命定活动(名以定形)而展开,但此展开已非原先恒常的话语言说之源,也因此说"名可名,非常名"。

"名"必经由一"可名"的活动,而走向"名以定形",但"名"必本于"无名",这正是"天地之始"。这正阐释了在一切言说话语未展开之前,原是一虚空灵明的场域,我以为从老子《道德经》所开启的"处所哲学""场域哲学"是迥异于以"主体

① 此见解实脱胎于 M. Merleau-Ponty 的知觉现象学(*Phenomenology of Perception*),有趣的是此书的许多论点,就连书名都似乎与熊先生的《新唯识论》可以连在一起思考,该书为台湾双叶书店影印发行,1983 年。
② 请参见林安梧:《〈揭谛〉发刊词——"道"与"言"》,《揭谛》学刊,创刊号,第 1—14 页,南华管理学院哲学研究所发行,1997 年 6 月。

性"为首要概念的哲学思考。① 因之,所谓"存有的根源"并不是一复然绝待的形而上之体,而是浑沦周浃、恢诡谲怪、通而为一、境识俱泯、心物不二的场域生发可能。

"无名"本"不可名",此"不可名"又当隐含着一"可名",由此"可名"之彰显而为"有名",有名者,经由命名的活动、主体的对象化活动,使一对象成为一决定了的定象,这亦是老子所说的"始制有名",这样的一个活动即是"有名万物之母"一句的诠解。相对于"形而上者之谓道",此即是"形而下者之谓器",经由一形着具体化的活动,经由主体的对象化活动,使得那对象成了一决定了的定象。又《易经》所说"见乃谓之象,形乃谓之器","器"即此之谓也。又老子"物形之""物"即此之谓也。落在存有的三态论来说,这属第三层,是"存有的执定"。这是境识俱起而了然分别,以识执境的状态,是意识之及于物的状态,是意识所及的阶层(conscious level),是念之涉着于物,并即此而起一了别的作用。《易经》所谓"曲成万物而不遗"当可以用来阐释此。若以 1996 年所为之《道言论》来说,这是顺着前面所说的"道显为象,象以为形",进而"言以定形"的活动。

"名以定形","言以成物",言说话语才使得对象物成为对象物,但一落言说话语的脉络便会因之形成一不可自已的出离活动,这样的力量之不能自已,可以成为"物势",是随着"物形之"而有的"势成之"。这样的"物势"正标明了"言说话语"所可能带来的反控与异化,真正的问题并不是"物",而是"名以定形"的"名","言以成物"的"言",这名言(言说话语)所挟带而来的趋势,是会导致反控与颠覆的,所谓"天下皆知美之为美,斯恶矣! 天下皆知善之为善,斯不善矣!"正是对此的写照。伴随着言说话语挟带而生的利益、性好、权力、贪欲、趋势,将使得我们所展开的认识活动与价值实践活动因之而扭曲、异化、变形,甚至是倒反。就此来说,即《道言论》所论"言业相随"也。我也在这点上接受了哈贝玛斯(J.

---

① 关于处所、场域、天地等概念多启发自日本京都学派的见解,特别是西田氏的《善的经验》一书,关于此,请参见江日新译《日本近代哲学思想史》,东大图书公司,1989 年。

Habermas)有关"知识"与"趣向"(knowledge and interest)的论点。①

三、从"存有三态论"到"存有的治疗"之哲学诠释

"天下万物生于有,有生于无"(老子《道德经》四〇章),落在"存有三态论"来理解,可以豁然明白。天下间一切对象物之所以为对象物,是经由一"有名"〔"始制有名"(老子《道德经》三十二章)〕这样的命名活动,这样的主体对象化活动而构成的。再进一步推溯,这"有名"原生于"无名","言"始于"无言","言"与"默"是连成一个不可分的整体,"可说"必上溯于"不可说",这便是"有生于无"。显然地,"天下万物生于有,有生于无",这是从"存有的执定"往上溯而及于"存有的彰显",更而往上溯而及于"存有的根源"。

相对来说,"道生一,一生二,二生三,三生万物"(老子《道德经》四十二章),就存有的三态论来说,这是从"存有的根源"往下说,"道生一"是就"存有的根源说",而"一生二"是就"存有的开显说","二生三"是就"存有的执定说",由此存有的执定因之对象物始成为对象物,此之谓"三生万物"。②

若关联着"默"与"言","不可说"与"可说"来论,"道"本为不可说,如此之不可说是浑合为一的,是一不可分的整体,"道"本为空无,而有一不生之生的显现可能,即此显现而为一不可分的整体,这即为"道生一","道生一"总落在"存有的根源"一层立说。道既显现为一不可分的整体,如此不可分的整体虽仍为不可说,但这样的不可说之整体便又隐含着另一对立面的可能,如此之对立面实由此整体所分别而来,既有分别,便由原先之"不可说"转为"可说"。如此"不可说"而"可说",此即所谓的"一生二"是也。进到此"一生二"之境域,实即为存有的开显之境域。如此之"可说"又必然地指向于"说","可说而说",这是主体的对象化活

---

① 关于此,显然受到西方知识社会学传统之影响,如卡尔曼罕(Karl Mannheim)等之影响,又哈贝马斯之见地,请参见 Jurgen Habermas, *Knowledge and Human Interests*, Translated by Jeremy J. Shapiro, Beacon Press, 1971, Boston: USA.

② 请参见前揭文《〈揭谛〉发刊词——"道"与"言"》,三"言以定形"一节,第5—6页。

动,如此使得一切存在之对象成为一决定了的定象,这即是"二生三"。"道生一"是由空无性进到总体的根源性,而"一生二"是由此总体的根源性进到两端的对偶性,而"二生三"则是由此两端的对偶性进到具体的个别性,由此具体的个别性才能说天地万物之存在,这即是"三生万物"。这是由"说"而"说出了对象",由具体的个别性具体化成为一个别之具体物。

若进一步阐述之,我们亦可说此"道生一、一生二、二生三、三生万物","道"是"未显之不可说",而"一"是"已显之不可说","二"是"未执之可说","三"是"未执之说","万物"即为"已说之执"。若关联到我多年来所阐述的中国解释学的五个层次:"道""意""象""构""言"。"道生一"即为"道显为意","一生二"即为"意显为象","二生三"即是"象以为构",而"三生万物"则是"以言为构"。"道"是总体浑沦而未发,"意"是将发未发之几微,"象"是显现而无分别,"构"则是显现而有分别,"言"则是分别而为对象物。①

由于道家思想的熏陶,让我深切地体会到我们这个族群有一极为可贵的地方,迥非西方文化主流所能及,这就在于我们在言说话语之上有一"超乎言说话语的存在","可说"与"不可说","言"与"默",并不是断裂的,而是连续的。我们早在二千余年前即清楚地了知"名以定形""言以成物"②,任何一个客观的对象物都不是一既予的存在,而是经由言说话语所建构的存在。正因如此,凡所谓存在的异化都不是来自存在本身,而是来自言说话语的建构,这应说是"话语的异化",而不是"存有的异化"。③

就西方当代哲学涉及此者来说,我以为工夫倒做了。他们判之为"存有的异化",再企求一"话语的治疗";实则,应该判之为"话语的异化",所当求的是"存有的治疗"。我认为这可以看出西方是以"Logos"为核心的思考,此不同于我们中

---

① 关于此"道、意、象、形、言"首见于《革命的孔子:熊十力儒学中孔子原型》一文,涉及"诠释方法论及其相关问题"处,请参见《儒学革命论:后新儒家哲学的问题向度》,第 169 页。关于此,进一步的论述,请参见林安梧:《人文学方法论:诠释的存有学探源》第六章,读册文化事业公司,2003 年,第 145—176 页。
② "名以定形"(第 65 页)最早由王弼提出,相关者,他亦有"名以定物"(第 6 页)、"名者,尚乎定真"(第 5 页),请参见王志铭编:《老子微旨例略、王弼注总辑》一书,东升出版事业公司,1980 年。
③ 请参见林安梧:《语言的异化与存有的治疗》,收入《中国宗教与意义治疗》一书第六章,明文书局印行,1996 年 4 月,第 139—175 页。

土是以"道"为核心的思考。正因我们这"道"论的传统,我们才不拘于"语言是存有的居宅",我们更而说"存有(道)是语言形而上的居宅",而"语言则是存有(道)落实于人间世的居宅"。① "存有"(道)与"语言"两者的关系,借用王夫之的哲学用语,应是一"两端而一致"的关系。② 所谓"异化"的克服即须在此"两端而一致"的格局下来思考。

如前所述,在"存有三态论"的格局看来,所谓"存有的治疗"便是真切去面对"存有的执定"及其伴随而生的贪取、利益、权力、占有、欲求等等,经由一种"存有的归返"活动,回到原先存有的开显,乃溯及于存有的本源;再如其所如依此存有之本源开显其自己,并在此场域中获得一种苏醒与调剂的可能。换言之,道家义下的存有的治疗,它所重的并不在于存有的执定这层次的对治,而是经由存有的归返活动,让自己能回到境识俱泯的根源性状态,因之而使生命能如其自如地生长。

现在,我们且以老子《道德经》为例阐述之:

> 致虚极,守静笃,万物并作,吾以观复,夫物芸芸,各复归其根,归根曰静,是谓复命,复命曰常,知常曰明,不知常,妄作凶。知常容,容乃公,公乃王,王乃天,天乃道,道乃久,没身不殆。(老子《道德经》第十六章)

这是我讲习老子最常引用的经文段落,我亦因之而于"存有三态论"所隐含的治疗学思维,更无所疑。③ "致虚""守静"这是对于存有的执定与伴随而生的染污的撤除活动,是一"涤除"的工夫,由此"涤除",才得"玄览"也。(见《老子道德经》第十章)。由这样的撤除活动,我们才能"损之又损",回到"存有的根源",

---

① 关于"语言"与"存有"的见地,颇受海德格尔(Martin Heidegger)启发,海氏见解,请参见《走向语言之途》,孙周兴译,时报文化事业公司,1993年。

② 关于"两端而一致"的思考,请参见林安梧:《王船山人性史哲学之研究》,第四章"人性史哲学的方法论",东大图书公司印行,1987年,第71—96页。

③ 关于将儒、释、道三教视为治疗学的论点来看,傅伟勋先生首发其端,见《弗兰克尔与意义治疗法》,收入《批判的继承与创造的发展》,东大图书出版社,1986年,第171—179页。后来,我循这理路发展成了《中国宗教与意义治疗》的总体脉络。

才能有一"存有的光照"(即所谓"玄览",或作"玄鉴")。换言之,致虚守静看似一消极性的撤离活动,但实为一积极性的光照也,是来自于存有之在其自己的光照也。经由如此之光照,万物如其自如地生长着,这便是所说的"万物并作"。能致虚、守静,能得存有的光照,方得"观复"。"观复"是就人往上说,而"玄览"则就道往下说,是一体之两面。"观复"是就存在的现实居宅往上说,而"玄览"则是就形而上的居宅往下说。玄览是一道体的照明,而观复则是一修养功夫,这功夫是连着前面所说的"致虚"与"守静"而开启的。

"致虚""守静""观复""归根""复命"这些字眼或可以做多方的阐释,但总的来说,它们都指向一存有的回归,并经由这存有的回归而获得存有的治疗。"存有的回归",无他,只是回复生命之常罢了,能体会得此生命之常,即为智慧通达之人。不能体会生命之常,无知妄作,必然招致凶祸。能体会得此生命之常,便能有所容,能有所容,则无不公矣。当回到生命的存有之源,得此存有之源的浸润,有了一生命的温润之情,自能有一相与融通合汇之可能(常乃容),如此才能凝成一有力量的社会共同体(容乃公),能如此才能通天地人,成为此共同体之领导者(公乃王),这样的一个现实政治的领导者才能朝向普遍理想(王乃天),如此之普遍理想并不是复然超于物外,而是通同于一根源性的总体(天乃道),能通于此根源自能长久不息(道乃久),终其身永不停歇(没身不殆)。显然,存有的回归便隐含着存有的治疗,而所谓的治疗便在于存有的照明,总的来说,这是一修道与体道的活动。①

如上所述,这样的"存有的治疗学"得之于道家的启发颇多,它走出了境界形态的形而上学的诠释角度,而往社会存有学、社会实践学迈进。它意图跨过"儒主道辅"的儒家主流思考,而强调"儒道同源""儒道相生""儒道互补"。依这样的诠释,我们发现道家不再只是强调主观修证的境界形态的形而上学,儒家也不再是以"心性修养论"为核心的"道德的形而上学"。当然,也就不再是以"一心开二

---

① 见老子《道德经》第十六章"致虚极,守静笃;万物并作,吾以观复,夫物芸芸,各复归其根,归根曰静,是谓复命,复命曰常,知常曰明,不知常,妄作凶;知常容,容乃公,公乃王,王乃天,天乃道,道乃久,殁身不殆"。

门"的格局来建立"两层存有论",而是以"天地人交与参赞成的根源性总体""境识一体""物者心之物也,心者物之心也"①去阐释"存有三态论"的理论可能。当然,这也就不再是"如何由内圣开出外王"的思考,而得思考"内圣外王交与为体",甚至是相对于以前,反过来要思考"如何由外王而调理出新的内圣"来。②

四、中西文化之哲学对比及其交谈辩证之可能

如上所说,后新儒家哲学之哲学观,强调"哲学"是无法离开生活世界的。再说,哲学是我们生活于天地之间,对于宇宙人生万有一切的根源性反省。哲学之为一种追本溯源、后设反思的学问,这是不变的;哲学仍然免不了要处理存在、知识与实践的问题,哲学仍须得正视"天人、物我、人己"等基础性、根源性的问题。或者,更彻底地说,哲学必须从人之处于天地之间的"参赞姿态"思考起,哲学必须从"人"之"生"所可能的"自由"之渴求来思考问题,人必须从这最基础最根源的地方来思考他与世界的连接问题。

举个比喻来说,我们用餐时,使用"筷子"与使用"叉子"就表现了两套不同的联结方式,它甚至可以说是"东西文化"异同的具体表现。使用"筷子"是"主体"通过"中介者"连接到"客体",而构成一个整体,并且在达到一均衡状态下,我们才能适度地举起"客体"。相对来说,使用"叉子"是"主体"通过"中介者"强力地侵入"客体",并确立此"客体",因之而举起这"客体"。前者,可以视为"主客和合不二"的连续体式的思考方式,而后者则可以视之为"主客对立,以主摄客"的断裂观的思考方式。如果关系到"天人""物我""人己"等向度来思考,我们将可以说"筷子"式的思考方式是"天人、物我、人己"通而为一的思考方式,它是在存有的连续观下的思考方式;而"叉子"式的思考方式是"神人、物我、人己"分而为二

---

① "天地人交与参赞成的根源性总体"此语可用来诠释"道",是这十余年讲习诸家经典而后订定的;而"境识一体"则有取于熊先生体用哲学之理解;"物者心之物也,心者物之心也"则是王船山哲学的观点。请参见《"道""德"释义:儒道同源互补的义理阐述》,《鹅湖》第廿八卷第十期(总号334),2003年4月,第23—29页。

② 请参见林安梧:《后新儒学的社会哲学:契约、责任与"一体之仁"——迈向以社会正义论为核心的儒学思考》,《思与言》三十九卷第四期,2001年12月,第57—82页。

的思考方式,它可以说是存有的断裂观下的思考方式。在"存有的连续观"与"存有的断裂观"的对比下,中西文明的确有着相当大的异同,我们华夏族群强调的是"气的感通",而相对来说西方文明的重点则在"言说的论定"。我们重在天人、物我、人己通而为一,天人合德、物我不二、人己为一,我们没有像希伯来宗教所强调的超越人格神为主导的一神论传统,代之而来的是"天地人交与参赞为一不可分的总体"而自这总体的根源而有的道德创生论传统。①

我们没有像西方古希腊以来那么强的言说话语传统,我们虽然也有科学,但我们更讲求的是在言说话语之上的"气"的神妙处,落实而有的巧夺天工。我们没有像罗马以来所强调的法律契约传统,我们虽然也有国法、乡约,但我们更注重的是"道生之、德蓄之","一体之仁"孝悌人伦的传统。更有趣的是,截至目前,很少有一个那么完整且又历劫而不衰的文化传统,竟然是使用着图象性的文字。它将"言"与"默"、"具体"与"普遍"、"有"与"无"等看似两端矛盾的范畴,居然彻彻底底地将它们联结成一不可分的整体。

古希腊的科学传统,希伯来的宗教传统,罗马的法律契约传统,构成了西方文明中"物我""神人""人己"三个向度的主要内涵,充分地显示了"存有的断裂观"的实况。中国文化中的"物我"是一气之感通,"天人"是"和合其德",而"人己"则是"一体之仁",这充分显示了"存有的连续观"的实况。在宗教的向度上,我们立基于人虽有限而可以无限,因此人要的是经由原先就有的根源性的道德之善的实践动力,去完善自己,成就自己,所谓"成圣成贤",都可以置于这样的规格下来理解。这不同于西方基督宗教的传统,强调人的"原罪",及上帝对于人的"救赎";也不同于印度宗教的传统,强调人的"苦业",及相对而有的"解脱"。在社会的向度来说,我们强调的不是契约性的社会联结,不是客观法则性的重视,而是"血缘性的自然联结",以及此中所隐含的"人格性的道德联结";与其说是国法、天理的优位,毋宁说我们强调的是对亲情、伦理的重视。我们重视的不是主

---

① 关于"筷子与叉子"的对比思考,是关联着"存有的连续观"与"存有的断裂观"而展开的,请参见林安梧:《儒学与中国传统社会之哲学省察》第六章,幼狮文化事业公司印行,1996 年,第 85—108 页。

体的对象化活动,我们不强调"存在与思维的一致性";我们强调的是"存在与价值的和合性",我们不强调"以言代知,以知代思,以思代在",我们深深知道"言外有知,知外有思,思外有在"①。"存在的觉知"一直是我们所注重的,至于"话语的论定",我们则一直以为那是使得主体的对象化得以可能的必要过程,是一切人间符号的执定过程,它使得那对象成了一决定了的定象,人间一切话语的操作与控制因之而生。换言之,我们对于人使用符号系统因之而导生的科学与技术,一直保持着警惕之心的。老子、庄子对于这些反省是很多,而且很为切要的。

正因为我们强调的是"存在与价值的和合性",所以我们格外重视人与天地万物之间的价值意味关系,我们将"天、地、人"称为"三才",并强调人参赞于天地之造化,人要效天法地,像《易经》就说"天行健,君子以自强不息;地势坤,君子以厚德载物",而老子《道德经》就说"人法地,地法天,天法道,道法自然",原来"存在"都隐含着价值意味,都可以经由价值意义的象征而开启其实践的指向。"存在"并不能单只是经由话语符号文字的控驭来"利用"就可以,华人强调这里必须经由一"正德"的基本工夫,才能进一步利用、厚生。

伴随着西方现代化之后的大幅反省,海德格尔(Martin Heidegger)对于整个西方哲学史的深切批判,他对于"存有的遗忘"的针砭,他强调:人作为一活生生的实存而有这样的"此有"(Da-sein),他是一切生活场域的启动点,是人参赞于天地之间的触动点,人生活在这活生生而当下的生活世界的。人不能外于此,而将那主体的对象化活动所成的定象世界,当成存有自身来处理;人不能如此自弃地遗忘这真实的存有。自 19 世纪末、20 世纪,乃至进入了 21 世纪,人们原先所操控的"话语"也受到极深切的注意,诠释学的兴起使得哲学史的发展有了"语言学的转向"(linguistic turn),它使得人们有机会涉及更为真切的实存向度。不过,长久以来"存在与思维的一致性"原则,更使得人们警惕地要去从此中挣脱出来,而后果则是陷入严重的虚无之中。显然地,"解构"的呼声已继"权力意志"的追求,而成为时下的口头禅。早先,尼采(F. Nietzsche)喊着"价值重估",而现在

---

① 请参见林安梧:《人文学方法论:诠释的存有学探源》,读册文化事业公司印行,2003 年,第142—143 页。

则不知"价值何在",人处在意义虚无之中,所不同的是却没有早先存在主义者的荒谬感,而代之而来的却是"虚幻即是真实"。似乎,大家仍然清楚地知晓哲学的目的在于对智慧的追求,一方面呼吁着对于"权力"的解构,但另一方面却任由文化霸权夹杂着真理的神圣,作弄着其他的次殖民地,只是因为话语的纠缠与夹杂,人们更无法去处理而已。

科学主义(scienticism)似乎曾被反省过,但只是话语的反省,无助于事,其实,它仍然强而有力的作用在这世界之上。它从信息业跨到了生命科学、生物科技,虽然因之也引生相关的生命伦理学之检讨,但生命的复制已然产生,人的复制也在既被反对,但又在偷偷进行中。可以想见,人的自我认同(self-identity)及其他相关的文化传统、价值确认、知识结构必然面临严重的问题。信息产业的过度膨胀,话语的传达数量突破某个层次,正如同话语通货膨胀,币值贬低,甚至形同粪土,此时真理还可能引发人们的真诚向往吗?当人们宣称不再有真理时,哲学能做的将不再是追求真理,而是去审视为什么会这样,恐怕已经来不及。现代性"工具理性"的高涨使得人陷入严重的异化之中,但工具理性并没有因此就可能被扫却,尽管人们呼吁必须要正视"价值理性",但这样的呼吁就在工具理性的话语氛围中被绞缠在里头,那又有什么办法呢!像哈贝马斯(J. Habermas)就提出"理想沟通情境"的必要性,但很可能这即使作为向往都不可能。问题就在于人已在现代工具理性的话语系统中被宰制、被异化,一切已矣!一切已矣!不过正因为是如此纷杂与多音,也让出了一些可能性,尽管这些可能性是微乎其微的,但我们却得正视这样的"微明"之光。

话语系统的缠绕纠葛相绞使得工具理性的高涨成了一种奇特的困境,这困境却因之让人得去正视真切的存在觉知,这样的存在觉知宣称是要跨过原先的话语中心来思考的。于是,人们将话语中心、男性中心、理性中心作了另类的清理,甚至异性恋中心也受到了波及,人们的话语在多音中,开始找寻新的可能。社会的结构开始变动得让人难以理解,国家性、民族性、男性、女性、理性、话语的对象性、人的主体性,……凡此种种都在瓦解之中。虚无、怀疑、神秘、实存、觉知、场域的思考悄然升起,大家并没有宣称它们的重要,甚至是排斥,但却不觉已然接受了。

五、结论：迈向文明交谈的崭新可能

东方已然兴起，已经不必宣称，因为这样的事实，是确然无可怀疑的。在多元时代里，文化的多元思考、多中心思考，已经是人们必得承认的事情。当原先的话语系统已经疲惫，话语货币已然贬值，新的话语货币之船正生火待发，在对比之下，我们的儒道佛传统，印度的古奥义书传统、印度教传统，乃至伊斯兰的古兰经传统，正在酝酿中。敏感的亨廷顿（Samuel P. Huntington）说这是"文明的冲突"（the clash of civilization），不幸的是，文明却果真通过了"9·11"来示现这悲惨的事实。[①] 但话说回来，特别是站立在儒道佛传统的我们主张，文明要有新的对话与交谈，宗教要有新的倾听与交融，人的生命要在话语褪去后，用真实的天机交往。我们正等待着，正生火待发。显然地，在我们这个不是以"话语、理智"为中心的族群来说，"生命存在、场域觉知"一直是我们所重视的，正因为我们强调的"不可说"与"可说"的连续性这样的道论传统，我们反而有一崭新的可能。这可能是：当西方一直喊着"语言学转向"的时候，我们却可以进一层地去问，在语言学转向之后，进一步的发展可能，那就是回溯到一"不可说"的"寂静空无"之中。

因为我们知晓的不只是"语言是存有之道落实于人间世的居宅"，而且"存有之道正是话语调适而上遂的形上家乡"。我们知道："话语"与"存有之道"是"互藏而为宅""交发以为用"的，这"两端而一致"的思考是值得我们去注意的。这也就是说，在我们的哲学传统，有机会清楚地确知西方哲学所说的"存有的异化"原来该是"话语的异化"；他们所强调的"语言的治疗"，我们确知其实是要回溯到"存有之道"才可能有的"存有的治疗"。从海德格尔对于西方文明的总体反省起，我们却进一步可以对比的发现中国哲学在方向上有着无与伦比的优越性。

---

① 关于 Samuel P. Huntington 的见解，请参见《文明冲突与世界秩序的重建》，黄裕美译，联经出版社印行，1997 年。

我们深知"言外有知""知外有思""思外有在",我们不能全幅的如巴曼尼德就认定"思维与存在的一致性",自老子的"有名万物之母""始制有名",到王弼的"名以定形",我们确知的是人们经由一主体的对象化活动,由名言概念话语的决定,才使得那对象成了一决定了的定象。外物是经由人们所建构起来的,正如同公孙龙子《指物论》上说的"物莫非指,而指非指,天下无指,物无可谓物"。我们一方面清楚的知晓如何的"曲成万物而不遗"、如何是"有名万物之母";另一方面却也知道如何"范围天地之化而不过",如何"无名天地之始"。

原来《易经》所说的"形而上谓之道,形而下谓之器"也有了崭新的理解可能,而不会落在亚里士多德的"物理学之后"(metaphysics)来理解而已。这么一来,我们将可以经由价值哲学、实践哲学,以人参赞天地之化育而重新复活形而上学的可能。就在这样的理解与诠释里,我们将明白"存有的根源"之为"根源"乃因其为天地人交与参赞而构成的总体,它即是"场域",即是"存在",即是"觉知",就在这"境识俱泯"下进一步而"境识俱显",这即是"存有的彰显",而进一步则是"以识执境"的落实为"存有的执定"。原来存有学、价值学、知识论与道德实践是一体而不分的。

"三才者,天地人"的传统有了恰当的诠释,"场域"中有"存在","存在"中有"觉知","觉知"后方有"话语","话语"本来就只是个"权",如何的"开权显实"那是极为重要的,这涉及的是存有安宅的确立问题,是人安身立命的问题①。在西方主客两橛观下的个体性、原子性原则,在现代化之后面对的是彻底的虚无与空寂的挑战;相对来说,我们强调的是"家",一个生命生长绸蕴的处所,一个生命能得生长的场域,"个体"与"群体"就在此中协调和谐,好自生长。我们深知在理性架构展开分析之前,生命的觉知之场域是更为优先的;我们深知在意识所及的对象化过程之前,有一意识所及之前的主客不分的状态,这是更为优先的,人的生命就在这过程中长养以成。进入 21 世纪,哲学的领域随着文明的变迁多有变

① 关于"存有、场域与觉知",请参见林安梧:《二十一世纪人文精神之展望:"存有"、"场域"与"觉知"》(2002 年 3 月讲稿),收入高强华、戴维扬主编:《新世纪教育展望与实践》一书,"国立"台湾师范大学印行,2002 年,第 125—158 页。

异,特别值得我们留意的不是它增减了多少版图,而是由于它作为"智慧真理"的永恒追求的性格,我们真切地觉知到,唯有回到人这活生生的实存而有的"此在",才可能有真实之场域的觉醒,才可能有一真切的哲学治疗活动。当然,这标示着不是文明与宗教的冲突,而是倾听彼此的心灵的声音,这才是交谈。

(2023 年 8 月 25 日修订于台北元亨书院)

朱陆之辩的社会成因及其历史回响

丁为祥

（陕西师范大学哲学学院）

一

1175 年 5 月，以吕祖谦为中介，朱子与象山相会于江西铅山的鹅湖寺，并进行了各自学术主张的交流与讨论，以辨析双方的思想分歧。这就是历史上有名的"鹅湖之会"。关于这次学术交流的情况，象山弟子朱享道曾有一段概括性的综述：

> 朱享道书云："鹅湖讲道，切诚①当今盛事……"又云："鹅湖之会，论及教人。元晦之意，欲令人泛观博览，而后归之约。二陆之意，欲先发明人之本心，而后使之博览。朱以陆之教人为太简，陆以朱之教人为支离，此颇不合。"②

这就是引起后世争议不断的朱陆"鹅湖之会"，而作为此会的参加者，朱享道

---

① 在笔者所见过的《陆九渊集》《陆九渊全集》中，都将"切诚"二字从前句断，但反复诵读，觉得"切诚"从前断则缺乏宾语；从后断则是明确修饰"当今盛事"的，这里特予以说明，以供识者再辨。
② 《陆九渊年谱》，《陆九渊集》，中华书局，1980 年，第 491 页。

能够以"此颇不合"来概括这一学术交流,也说明这一学术研讨的分歧主要也就集中在"尊德性"与"道问学"的关系上。如果考虑到朱子在听闻陆九龄(字子寿,号复斋)鹅湖诗之"子寿早已上了子静舡了"的感慨及其最后听到象山诗——"欲知自下升高处,真伪先须辨只今"之从"失色"到"大不怿"①的感受,包括象山还试图以所谓"尧舜之前何书可读"②的反驳来看,也就完全可以证明,"鹅湖之会"的焦点确实就集中在"尊德性"与"道问学"的关系上。

其实关于这一分歧,朱子本人还是有一定的"先见"之明的。因为在此之前,当朱子初闻二陆之学时,就已经形成了对"江西之学"的初步印象。因而在与朋友的书札中,朱子就不断地表达其如下感慨:

> 近闻陆子静言论风旨之一二,全是禅学,但变其名号耳。竟相祖习,恐误后生。恨不识之,不得深扣其说,因献所疑也。③

> 陆子静之贤,闻之盖久,然似闻有脱略文字、直趋本根之意。不知其与《中庸》"学问思辨然后笃行"之旨又如何耳。④

> 陆子寿闻其名甚久,恨未识之。子澄云其议论颇宗无垢,不知今竟如何也。学者用工不实之弊,诚如来诲。不但学问,今凡一小事,才实理会,便自然见道理渐渐出来也。⑤

很明显,在未见到象山兄弟之前,朱子实际上就已经形成其"议论颇宗无垢""似闻有脱略文字、直趋本根之意"的印象了,因而其在讨论中从"失色"到"大不怿"的表现也可以说是非常自然的。

下面,让我们再看作为主要参加人的陆子寿与作为双方之中介,且同时也是参加者之一的吕祖谦在事后关于"鹅湖之会"的回忆:

---

① 《语录》上,《陆九渊集》,第 427—428 页。
② 《陆九渊年谱》,《陆九渊集》,第 491 页。
③ 朱熹:《答吕子约》十七,《朱熹集》卷四十七,四川教育出版社,1996 年,第 2293 页。
④ 朱熹:《答吕子约》十五,《朱熹集》卷四十七,第 2291 页。
⑤ 朱熹:《答吕伯恭》二十九,《朱熹集》卷三十三,第 1434 页。

复斋与张钦夫书云:"某春末会元晦于铅山,语三日,然皆未能无疑。"①

某自春末有建宁之行,与朱元晦相聚四十余日,复同出至鹅湖,二陆及子澄诸兄皆集,甚有讲论之益……讲贯诵绎,乃百代为学通法。学者缘此支离泛滥,自是人病,非是法病。见此而欲尽废之,正是因噎废食。然学者苟徒能言其非,而未能反己就实,悠悠汩汩,无所底止,是又适所以坚彼之自信也。②.

陆子寿的"不能无疑"自然是对鹅湖之会的直接反映,但从吕祖谦所坚持的"讲贯诵绎,乃百代为学通法"来看,应当说他基本上是站在朱子"欲令人泛观博览,而后归之约"立场上的。不过,吕祖谦同时又认为,"学者苟徒能言其非,而未能反己就实,悠悠汩汩,无所底止,是又适所以坚彼之自信也",这大概又包含着对那种"能言其非,而未能反己就实"之某种反省之意的。也就是说,虽然朱子能够坚持"百代为学通法",但却并不能深中象山之病,间或也包括其对象山"笃实淳直,功夫甚有力"③之某种赞叹成分的。

对于"鹅湖之会",除了作为直接参加者的这三方外,看似一直置身场外的张栻也在密切关注着这次相会。所以,鹅湖之会刚结束,张栻就致书朱子,从而与朱子有了如下一段书札问答:

……陆子寿兄弟如何? 肯相听否?④

子寿兄弟气象甚好,其病却是尽废讲学而专务践履,却于践履之中要人提撕省察,悟得本心,此为病之大者。要其操持谨质,表里不二,实有以过人者。惜乎其自信太过,规模狭窄,不复取人之善,将流于异学而不自知耳。⑤

---

① 《陆九渊年谱》,《陆九渊集》,第 490 页。
② 吕祖谦:《与邢邦用》一,《吕祖谦全集》第一册,浙江古籍出版社,2008 年,第 500 页。
③ 吕祖谦:《与陈同甫》二十三,《吕祖谦全集》第一册,第 480 页。
④ 张栻:《答朱元晦》四十三,《张栻集》第四册,卷二十二,中华书局,2015 年,第 1104 页。
⑤ 朱熹:《答张敬夫》三十一,《朱熹集》卷三十一,第 1331 页。

从张栻之急切地问到朱子之条分缕析地答,可以看出张栻也是非常关心这一相会的;再从张栻所关心的问题来看,其一是问"陆子寿兄弟如何",这就相当于在问陆氏兄弟的为人气象如何。其二则是问"肯相听否",这又意味着不仅张栻清楚地知道朱子此行的目的,而且也关心朱子此行是否达到了自己的目的。但从朱子的答书来看,其对陆氏兄弟的为人气象还是充分肯定的,只是由于"其病却是尽废讲学而专务践履,却于践履之中要人提撕省察,悟得本心,此为病之大者……惜乎其自信太过……将流于异学而不自知耳。"这就说明,朱子对于陆氏兄弟为人气象的充分肯定并没有使其达到"肯相听"的目的,所以也就有了"其病却是尽废讲学而专务践履……将流于异学而不自知耳"的断言。

"鹅湖之会"后,作为分歧双方的朱陆在关于"尊德性"与"道问学"的关系上还有一段后续性的讨论,也可以视为"鹅湖之会"余波性的展开,但双方的观点并没有根本性的改变,不过对理解其分歧却有很大的帮助作用。比如说,朱子早在"鹅湖之会"前就在《答吕子约》一书中写道:"陆子静之贤,闻之盖久,然似闻有脱略文字、直趋本根之意。不知其与《中庸》'学问思辨然后笃行'又如何耳。"朱子所谓的"学问思辨然后笃行"就出自《中庸》;而从朱子的前后语意来看,他实际上也是从"道问学"的角度来质疑陆象山之"尊德性"的,因而认为象山的"尊德性"难免会有"脱略文字、直趋本根"之嫌。所以,在"鹅湖之会"后,朱子也就以"尊德性"与"道问学"的不同主张来概括其相互的分歧:

> 大抵子思以来教人之法惟以尊德性、道问学两事为用力之要。今子静所说,专是尊德性事,而熹平日所论,却是问学上多了。所以为彼学者多持守可观,而看得义理全不子(仔)细,又别说一重杜撰道理遮盖,不肯放下;而熹自觉虽于义理上不敢乱说,却于紧要为己为人上多不得力。今当反身用力,去短集长,庶几不坠一边耳。①
>
> 近世学者务反求者便以博观为外驰,务博观者又以内省为狭隘。左右

① 朱熹:《答项平甫》二,《朱熹集》卷五十四,第2694—2695页。

佩剑,各主一偏,而道术分裂,不可复合。此学者之大病也。①

但朱子这种带有自我检讨性质的书札却遭到了象山的激烈批评,他反驳说:

> 朱元晦欲去两短,合两长,然吾以为不可。既不知尊德性,焉有所谓道
> 问学。②

从他们的不同说法来看,也许在其各自的语境中都有一定的道理。但由于他们对二者关系确实存在着不同角度的理解,因而也就必然会发生象山这种似乎有点不依不饶的反批评。大概在朱子看来,"尊德性"与"道问学"属于"两事",因而也就应当是一种平行、并列而且也应当是一种平衡的关系,所以也就有了"去短集长"的努力以及对自己过去"左右佩剑,各主一偏"即完全平列式理解的自我检讨。但在象山看来,这二者根本就不是平行或并列的关系,而是体与用、超越的原则及其落实之具体表现——价值理性与工具理性的关系。所以他就针对朱子"去短集长"的说法,明确地提出了"既不知尊德性,焉有所谓道问学"式的反驳。意即"尊德性"具有无条件的价值优先性,也只有在这一基础上,才谈得到"道问学"的问题。很明显,在象山看来,所谓"尊德性"也就代表着"道问学"之超越的根据与先在的前提,并且也始终在发挥着贯注与主导的作用,所以他就必然要坚持"尊德性"对于"道问学"的价值优先性。

上述大概也就可以代表"鹅湖之会"在当时所激起的影响了。——由于其发生在作为"闽学"之代表的朱子与"江西二陆"之间,而且又卷入了"东南三贤",因而可以说是将南宋理学的几位核心人物全部卷入其中了。此其一。其二,由于二陆代表"江西之学",而朱子又代表"闽学",吕祖谦则代表着"浙东之学",至于一直关心这一争论的张栻又代表着"湖湘之学",因而,作为"闽学"与"江西之学"

---

① 朱熹:《答项平甫》四,《朱熹集》卷五十四,第2695—2696页。
② 《陆九渊年谱》,《陆九渊集》,第494页。

的相会,也几乎将整个南宋的地方学派全部卷入其中了。

二

朱子与象山在"尊德性"与"道问学"关系上的这一分歧,也得到了后世理学家的理解与纠偏式的继承。比如作为元代理学代表人物的吴澄,其本人同时又是朱子学之四传,但对于朱陆在"尊德性"与"道问学"之不同进路上的分歧,吴澄却是明确地站在象山"尊德性"一边的。关于吴澄在这一问题上的立场,《吴澄集》与《元史》中有两种不同的记载:

> 夫朱子之教人也,必先之读书讲学;陆子之教人也,必使之真知实践。读书讲学者,固以为真知实践之地;真知实践者,亦必自读书讲学而入。二师之为教一也……①
>
> 尝为学者言:"朱子于道问学之功居多,而陆子静以尊德性为主。问学不本于德性,则其弊必偏于言语训释之末,故学必以德性为本,庶几得之。"②

上述两条,前者出自吴澄的文章,而后者则出自其弟子之所记录,应当说还是比较符合吴澄之思想实际的。从前者出发,吴澄自然要强调"尊德性"与"道问学"的统一,这也是其"朱陆合流"立场所决定的必然;但从后者出发,则其所谓"学必以德性为本"的说法无疑更近于象山的表达。如果从朱陆的具体分歧出发,那么这无疑又是吴澄从朱子理学出发以走向象山心学的表现,因而所谓"朱陆合流"的说法还是有一定道理的。

实际上,所谓"学必以德性为本"并不是吴澄"朱陆合流"走向所形成的新看法,而是儒家传统的一贯看法。比如在作为理学开创者的"北宋五子"中,张载不

---

① 吴澄:《送陈洪范序》,《吴澄集》一,中国社会科学出版社,2021 年,第 584 页。
② 《元史·吴承传》,《吴澄集》四,第 2096 页。

仅是通过"读《中庸》"而入学的,而且对其整个思想体系来说,张载也始终是"以《中庸》为体"①的,因而对于两宋理学来说,张载不仅是其理论探讨的先驱,而且也是真正的《中庸》专家。请看张载对于《中庸》"尊德性而道问学"的理解:

> 不尊德性,则问学从而不道;不致广大,则精微无所立其诚;不极高明,则择乎中庸失时措之宜。
>
> "尊德性而道问学,致广大而尽精微,极高明而道中庸",皆逐句为一义,上言重,下言轻。"尊德性",犹"据于德",德性须尊之。道,行也;问,问得者;学,行德者,犹学问也。尊德性,须是将前言往行、所闻所知以参验,恐行有错。致广大须尽精微,不得鲁莽。极高明须道中庸之道。②

显然,如果我们依据张载对于《中庸》"尊德性而道问学"的理解,那么象山所谓"先发明人之本心,而后使之博览"的说法无疑更接近于《中庸》的原意,起码更接近于儒家的一贯传统。至于张载所谓"不尊德性,则问学从而不道"甚至也比象山"既不知尊德性,焉有所谓道问学"更强调"尊德性"的第一位格。

那么,张载为什么强调必须把《中庸》这三句连在一起分析,而且还坚持必须以"上言重,下言轻"的方式来理解,并以孔子的"据于德"作为《中庸》"尊德性"的根据呢?这是因为,在张载看来,无论是孔子的"据于德"还是《中庸》的"尊德性",实际上也都是将"德性"作为现实人生之第一根据或第一出发点的。所以,如果以张载的理解作为标准,那么,朱陆"尊德性"与"道问学"之辩中象山"先发明人之本心,而后使之博览"的主张才是真正符合从孔子到子思、孟子之一贯精神的;而与之相反并强调"欲令人泛观博览,而后归之约"的朱子以及认为"讲贯诵绎,乃百代为学通法"的吕祖谦并不符合从《论语》到《中庸》的一贯传统。

但与整个儒家的精神系统与思想谱系相比,张载对于《中庸》的理解包括其对"尊德性"的强调对于象山"先发明人之本心,而后使之博览"的"教人"之法来

① 《宋史·张载传》,《张载集·附录》,中华书局,1978年,第386页。
② 林乐昌编校:《张子全书·礼记说》,卷十四,西北大学出版社,2015年,第391页。

说,毕竟还只能说是一种"旁证",而要真正掘发《中庸》此论之本真含义,还必须将《中庸》原文之表达及历代儒家解读经典之注疏系统结合起来把握。请看《中庸》的原文及清代大儒阮元所主持的《十三经注疏》中对于《中庸》原表达的解读:

> 故君子尊德性而道问学,致广大而尽精微,极高明而道中庸,温故而知新,敦厚以崇礼。
>
> 《十三经》注曰:德性,谓性至诚者;道,犹由也;问学,学至诚者也……君子尊德性者,谓君子贤人尊敬此圣人道德之性,自然至诚也。而道问学者,言贤人行道由于问学,谓勤学乃致至诚也。①

从《十三经注疏》这一汇集性的解读来看,那么象山"先发明人之本心,而后使之博览"的理解无疑更接近于《中庸》之本义,尤其是"德性,谓性至诚者;道,犹由也;问学,学至诚者也"的解读以及"君子"在"圣人"与"贤人"之间的比较——"君子尊德性者,谓君子贤人尊敬此圣人道德之性,自然至诚也。而道问学者,言贤人行道由于问学,谓勤学乃致至诚也"的正义,也就非常分明地以"圣人"与"贤人"的方式划出了二者之间的不同位格。由此来看,所谓由"圣人"所表现的人生追求之"第一义"与"贤人行道由于问学"所表现的第二义也就完全成为一个无须辨析的问题了。

通过以上纵向的比较,我们也可以得出结论说,在朱子与象山的"尊德性"与"道问学"之辩中,象山所坚持的"先发明人之本心,而后使之博览"的"尊德性"立场,不仅符合《中庸》之原意,而且也更接近于儒家传统的一贯立场。

三

但问题并没有完。因为在这一问题上,我们不仅要看儒家传统的一贯看法,

---

① 阮元:《礼记正义》卷五十三,《十三经注疏》(嘉庆刊本),中华书局,2009 年,第 3545 页下。

而且还必须弄清这一问题究竟是在什么背景下发生的。当转向这一角度之后，则这一讨论的现实意义也就显现出来了；同时，朱子关怀的现实合理性也就显现出来了：当北宋灭亡——金人的铁骑践踏北国的山水时，这就只能导致大量的"衣冠南迁"现象了；而激增的士人与繁荣的思想文化则又会对知识追求起到一种"加速度"的作用。就是说，只有宋代的"文治社会"及其形成的思想文化之繁荣与发展格局，才会形成所谓的"衣冠南迁"现象（实际上，也只有文化人才会自觉地拒绝金人的野蛮统治）；而"衣冠"之"南迁"对于南宋社会之于文化知识的需求而言，则又会起到一种"加速度"的作用。这种情形，就像越拥有知识也就越会发现自己的"无知"，从而也就更加需要知识一样，——越是拥有文化，也就越会重视对于文化的学习。所以，当朱子还在李延平门下时，就已经开始了《论语要义》《论语训蒙口义》《毛诗集解》包括《延平答问》的编订，因为当时的朱子已经看到了南宋社会巨大的知识需求及文化人对于知识追求之"指数"级的增长趋势。在这种条件下，朱子、吕祖谦将"道问学"作为"教人"之第一义无疑也包含着满足整个社会知识追求之现实关怀一面；而他们二位之所以"欲令人泛观博览，而后归之约"，或坚持所谓"讲贯诵绎，乃百代为学通法"，无疑又与他们"师儒"之自我定位的身份分不开。而从"师儒"之"教"的角度看，也自然会把"欲令人泛观博览，而后归之约"作为"教人"的第一序。因而从一定程度上说，这又代表着朱子、吕祖谦重视"道问学"的一种现实合理性。

鉴于朱子学在当时的巨大影响，但又由于从象山到吴澄包括儒家传统的一贯看法也并非全无道理，因而由此之后，当时也就形成了一种分裂的格局；而这一分裂格局又只能促使双方从各自的立场出发，从而对"尊德性"与"道问学"形成两种完全不同的统一路径。也就是说，在朱陆"鹅湖之会"后，虽然从张载、象山到吴澄的看法确实存在着儒家传统的依据，但时代的发展及社会知识追求的思潮却必然会推动着这一问题进入具体的为学领域。这样一来，二者不同的出发点及其不同的统一路径也就在具体的为学领域表现出来了。

让我们先从罗钦顺说起。罗钦顺是明代理学中从朱子学转向气学立场的关键人物；而只要站在气学的立场上，那么他也必然要强调"道问学"的先在性及其前提性质。所以,虽然罗钦顺表面上也可以肯定象山"尊德性"之说的合理性,因为即使罗钦顺转向了气学立场,他也绝不能违背儒家以德性为先的一贯原则,所以就只能通过字里行间的方式,悄悄地把"道问学"作为认知"德性"之先在性前提来加以肯定。实际上,这就全面走向"道问学"之路了。请看罗钦顺对于"尊德性"与"道问学"关系的论说:

> "既不知尊德性,焉有所谓道问学"。此言未为不是,但恐错认却德性,则问学直差到底。原所以差认之故,亦只是欠缺问学工夫。要必如孟子所言"博学详悦","以反说约",方为善学。苟学之不博,说之不详,则蔽其见于方寸之间,虽欲不差,弗可得已。[①]

很明显,仅从其"但恐错认却德性"的转折以及到最后一直将问题完全归结为"亦只是欠缺问学工夫"来看,说明罗钦顺实际上是既以"道问学"作为入手,同时又是以"道问学"作为二者关系之最后指向的。这就说明,只要站在气学的立场上,那么罗钦顺也就必然要以"道问学"作为贯穿二者关系之始终的首要因素。因为对于物理认知的问题,如果不求之于"道问学",又将何以致其体察之功乎?

与之同时,王阳明则在其龙场大悟后,就已经遭逢了席元山的"朱陆同异"之问;而在回到京师之后,又遇到其门下关于朱陆之争的分歧。请看《阳明年谱》中对于这一争论的叙述:

> 王舆庵读象山书有契,徐成之与辩不决。先生曰:"是朱非陆天下论定久矣,久则难变也。虽微成之之争,舆庵亦岂能行其说乎?"成之谓先生漫为含糊两解,若有以阴助舆庵而为之地者。先生以书解之曰:"舆庵是象山,而谓其专以尊德性为主。今观《象山文集》所载,未尝不教其徒读书。而自谓理会文字颇与人异者,则其意实欲体之于身……是舆庵之是象山,固犹未尽

---

① 罗钦顺:《困知记》卷上,《困知记》,中华书局,1990年,第22—23页。

其所以是也。吾兄是晦庵,曰:'居敬穷理。'曰'非存心无以致知'……是其为言虽未尽莹,亦何尝不以尊德性为是,而又乌在其为支离乎?"①

实际上,这是一通几乎不需要过多分析的书札。考虑到阳明心学当时尚属初创,而在举天下都以"立异好奇"视之的背景下,王阳明也必然会像吴澄一样,只能以所谓"二师之为教一也"来"漫为含糊两解"之说;但是,一当吴澄面对门下弟子,则又必然会以所谓"学必以德性为本,庶几得之"作为结论。所以,徐成之当时所谓"漫为含糊两解"的感觉其实是很准确的。因为直到阳明任官南京,"凡示学者,皆令存天理去人欲以为本。有问所谓,则令自求之,未尝指天理为何如也"。② 为什么要以"存天理去人欲以为本"呢? 这主要在于阳明并不想挑起其与朱子学的矛盾,当然也不希望再涉足朱陆的"尊德性"与"道问学"之辩。

但阳明在回答席元山"朱陆同异"之问之"自求之"的回答却明确昭示着一种新的为学方向。为了揭示阳明"自求之"的主体内在根源及其人生实践方向,让我们将其龙场大悟以来所谓"自求之"的说法统一起来把握:

日夜端居澄默……忽中夜大悟格物致知之旨……始知圣人之道,吾性自足,向之求理于事物者误也。③

席元山书提督学政,问朱陆同异之辩。先生不语朱陆之学,而告之以其所悟。书怀疑而去。明日复来,举知行本体证之《五经》诸子渐有省。往复数四,豁然大悟,谓"圣人之学复睹于今日;朱陆异同,各有得失,无事辩诘,求之吾性本自明也。"④

显然,所谓"圣人之道,吾性自足,向之求理于事物者误也"本身也就是一种明确的"自求之",而且由于其已经明确否定了外向的"求理于事物"之路,因而也

① 《年谱》一,《王阳明全集》,上海古籍出版社,1992年,第1232页。
② 《年谱》二,《王阳明全集》,第1279页。
③ 《年谱》一,《王阳明全集》,第1228页。
④ 《年谱》一,《王阳明全集》,第1229页。

就只能说是一种内向而又内在的"自求之";至于席元山对于"朱陆异同"的疑问，则在"往复数四"之后，也明确地得出了"无事辩诘，求之吾性本自明也"的结论。这就说明，王阳明所谓的"自求之"，也就是内向而且内在地在人生实践中"求之"，其实，这也就代表着阳明南京时期对于"天理"之"自求之"的指向与结论。

那么，在人生实践中内向而又内在地"自求之"究竟意味着什么呢？这就只能求到作为人生精神之根本出发点的"德性"上，就是其所谓的"圣人之道，吾性自足"，也就是《中庸》所谓"喜怒哀乐之未发"的"中"。只有从这个作为"天下之大本"的"中"出发，继而通过"和也者，天下之达道也"，然后才能通过"致中和"的实践追求，从而实现"天地位焉，万物育焉"的指向。对于朱陆同异之辩，阳明当时之所以存在"漫为含糊两解"之嫌，主要就是因为阳明怕被戴上"是陆非朱"的帽子；而其南京时期的讲学之所以"皆令存天理去人欲以为本。有问所谓，则令自求之，未尝指天理为何如也"，也是因为在他看来，只要内向而且内在地"自求之"，也必然会以"道德本心"作为人生实践的基本出发点。

所以直到晚年，阳明还自我反省说："我在南都已前，尚有些子乡愿的意思在。我今信得这良知真是真非，信手行去，更不着些覆藏。我今才做得个狂者的胸次，使天下之人都说我行不掩言也罢。"①正是在这种精神的支撑下，阳明也就不再重复吴澄的老路，即不在朱陆之间"含糊两解"，而是明确地以"尊德性"统摄"道问学"，并且要求必须将"尊德性"落实于具体的"道问学"之中，从而使其真正成为"尊德性"的落实与具体表现。请看阳明晚年对于"尊德性"与"道问学"关系的理解：

> 以方问尊德性一条。
>
> 先生曰："道问学即所以尊德性也。晦翁言'子静以尊德性诲人，某教人岂不是道问学处多了些子'，是分尊德性、道问学作两件。且如今讲习讨论，下许多功夫，无非只是存此心，不失其德性而已。岂有尊德性，只空空去尊，

---

① 王守仁：《语录》三，《王阳明全集》，第116页。

更不去问学？问学只空空去问学，更与德性无关涉？如此,则不知今之所以讲习讨论者,更学何事!"①

很明显,正像罗钦顺将对"尊德性"的解释完全"道问学"化一样,阳明这里也是明确地将"道问学"完全视为"尊德性"之落实与具体表现来理解了。从一定程度上说,这就代表着"尊德性"与"道问学"的分裂,当然也可以说是明代理学分裂的表现。虽然其各自都认为可以从自己的立场出发给对方以说明,但从其各自的理论规定来看,这就真正成为所谓"左右佩剑,各主一偏"了,——朱子当时以长者心态发出的自我检讨与让步心态,现在却不期而然地成为明代理学的真实走向了。

四

明中叶以降,由于心学与气学之不同关怀与不同走向,因而实际上宣告了理学尤其是从朱子学出发之宋明理学的裂解。只是由于终明之世,心学始终是作为一种主流思潮出现的,加之其较高的理论创造热情,这就形成了一种人人谈良知,个个说效验的格局;至于其结果,则正如刘宗周所批评的:"今天下争言良知矣,及其弊也,猖狂者参之以情识,而一是皆良;超洁者荡之以玄虚,而夷良于贼,亦用智者之过也。"②从一定程度上说,这也等于宣告了心学的破产,虽然其未必就是明王朝灭亡的原因,但当其陷入所谓人人谈良知、个个说效验的格局时,即使真正作为人生自我实现的致良知之学,也只能落得一个"夷良于贼"的结局了。

正是在这一格局下,一直不绝如缕的气学反而充当了明清学术思潮转换的主要担当者与过渡形态;③与之相应,从罗钦顺以来的气学及其通过"道问学"诠释并支撑"尊德性"的传统也得到了清代学术的继承。而这样一种立场与进路,

---

① 王守仁:《语录》三,《王阳明全集》,第 122 页。
② 刘宗周:《证学杂解》,《刘宗周全集》第二册,浙江古籍出版社,2007 年,第 278 页。
③ 丁为祥:《气学——明清学术转换的真正开启者》,《孔子研究》2006 年第 3 期。

也就充分表现在清代儒学之代表人物戴震的论说中。请看戴震对于"尊德性"与"道问学"关系的理解：

> 前人之博闻强识，如郑渔仲、杨用修诸君子，著书满家，淹博有之，精审未也。别有略是而谓大道可以径至者，如宋之陆，明之陈、王，废讲习讨论之学，假所谓"尊德性"以美其名，然舍夫"道问学"则恶可命之"尊德性"乎？未得为中正可知。群经六艺之未达，儒者所耻。[①]

很明显，在戴震的论说中，"道问学"已经成为"尊德性"的基本前提了，所以才会有"舍夫'道问学'则恶可命之'尊德性'乎"这种强烈的反问；至于陆象山、陈白沙、王阳明所倡导的"尊德性"或以"德性"为本的思想，则又被戴震视为"废讲习讨论之学，假所谓'尊德性'以美其名"。言下之意，这就完全是以所谓"尊德性"来掩盖自己的空疏无知，或者说这不过是以此作为其"废讲习讨论之学"的借口罢了。戴震的这一说法固然不能说是一种全无根据之论，但作为对心学的批评，也就完全成为一种以偏概全之说了。

但在乾嘉汉学当令而又一反宋学的时代，没有人能够抗衡于戴震的这种偏颇之论。因为戴震已经明确地将"尊德性"与"道问学"一并推进于知识论领域了，并且也是从知识论的角度来衡论二者关系的。在这种条件下，只有戴震的"学术知己"章学诚才能真正弄清其学术思想之来龙去脉及其真正的关怀所在，比如章学诚就明确指出：

> 戴君学术，实自朱子道问学而得之，故戒人以凿空言理，其说深探本原，不可易矣。顾以训诂名义，偶有出于朱子所不及者，因而丑贬朱子，至斥为悖谬，诋以妄作，且云："自戴氏出，而朱子侥幸为世所宗，已五百年，其运亦当渐替。"此则谬妄甚矣。[②]

---

① 戴震：《与是仲明论学书》，《戴震全书》第六册，黄山书社，1995年，第370页。
② 章学诚：《书朱陆篇后》；叶瑛：《文史通义校注》，中华书局，1985年，第276页。

很明显,清代儒学的这一走向,正如"朱子当时认为第二义者,在东原已转为第一义,而朱子所谓第一义者,在东原则已置之不论"了。但作为戴震"学术知己"的章学诚却不能"置之不论"。于是,这就有了章学诚在《朱陆》之论后关于《博约》的上中下三论。

不过,即使是章学诚,虽然他也非常清楚所谓"博约"就是从朱陆的"尊德性"与"道问学"之辩而来;而就具体为学而言,也不能不以"博"求"约"。但章学诚却不能不顺着清儒的思潮趋势进行表达,并在以考据、训诂为名义的知识论领域来辨析二者的关系。于是,这就有了其如下引入之言:"沈枫犀以书问学,自愧通人广坐,不能与之问答。余报之以学在自立,人所能者,我不必以不能愧也。因取譬于货殖,居布帛者,不必与知粟菽,藏药饵者,不必与闻金珠;患己不能自成家耳。譬市布而或缺于衣材,售药而或欠于方剂,则不可也。"①很明显,仅从其这一开篇来看,也就可以看出章学诚之学贵专精而以"专"求"精"的基本指向。

但究竟应当如何以"博"求"约"、以"专"求"精"呢?则章学诚又有如下论述:

> 学贵博而能约,未有不博而能约者也……然亦未有不约而能博者也……名有由立,非专门成学不可也,故未有不专而可成学者也。②

而由"博约"转向"专精",则章学诚又将所谓以"博"求"约"转化为一个以"专"求"精"的过程。他指出:

> 昔人谓韩昌黎因文而见道,既见道,则超乎文矣。王(应麟)氏因待问而求学,既知学,则超乎待问矣。③
>
> 是以学必求于心得,业必贵于专精,类必要于扩充,道必抵于全量……博而不杂,约而不漏,庶几学术醇固,而于守先待后之道,如或将见之矣。④

---

① 章学诚:《博约上》,《文史通义校注》,第 157 页。
② 章学诚:《博约中》,《文史通义校注》,第 161 页。
③ 章学诚:《博约中》,《文史通义校注》,第 161 页。
④ 章学诚:《博约下》,《文史通义校注》,第 166 页。

从章学诚"学贵博而能约……然亦未有不约而能博也"来看,这就是以"博"求"约"而"博"与"约"的相互循环与相互支撑。就其具体入手而言,自然应当是从"博"入手以走向"约",这就是"学贵博而能约";在此基础上,又必须以"约"作为"博"之进一步深化的方向与督导,所以又说"未有不约而能博也"。只有在以"博"求"约"的基础上,然后才能实现"博"与"约"的相互支撑。至于其最后指向,也就是"博而不杂,约而不漏,庶几学术醇固,而于守先待后之道,如或将见之矣"。从章学诚的这篇《博约》三论来看,他实际上已经彻底转向了为学自身,而且也完全是从个体之"为学"角度展开的。

五

从朱子与象山的"尊德性"与"道问学"之辩一直到乾嘉时代戴震、章学诚之"博"与"约"、"专"与"精"之论,大概也就可以代表着朱陆鹅湖之辩以来数百年的演变历史。

但在前边对于朱、陆二人不同立场的分析中,可以看到他们的问题实际上是从"论及教人"的角度展开的。这就给了我们一个重要的启发,就是说,无论是朱子还是象山,他们都是从"论及教人"的角度展开思考的;不过,从章学诚的《博约》三论来看,则又主要是从个体之成长目标与追求方向的角度展开的。就是说,所谓朱陆之辩实际上已经经历了从"教者"到"受教者"之主体身份的演变;如果稍加分析,又会发现朱子与象山原本就是站在不同角度来面对这一问题的。比如说,朱子对于这一问题原本就有一个基本的设定,这就可以说他完全是从如何施教的角度来面对"教人"问题的,所以自然就会有一个教什么、如何教的问题,一如吕祖谦所谓的"讲贯诵绎,乃百代为学通法"一样,所以也就有了"欲令人泛观博览,而后归之约"的主张;但对二陆尤其是象山来说,他根本不认为这就是一个所谓"施教"的问题,而首先是一个如何"做人"的问题,所以也就必须"先发明人之本心,而后使之博览"。因而,在《学术性格与思想谱系》一书中,笔者就曾将象山的这一看法归结为一个"为学"的"前提问题"①而并不是所谓"为学入手"问题。就是说,在象山看来,所谓为学也首先是一个学为人的问题。这就是他们的分歧之所以形成。

但如果从整个论辩及其发展的历史来看,则这一论辩似乎又是一个从"尊德性"不断地走向"道问学"的过程,而这一过程又首先是由于时代条件的转换所促成的。因为对《中庸》文本而言,其所诉诸的对象无疑首先是儒家的"君子";而其所展现的次第——从"君子尊德性而道问学"一直到所谓"温故而知新,敦厚以崇礼",也无疑是从"君子"之自我修养角度所展开的次第。但宋代"文治社会"的方向尤其是南宋由于士人之激增(北方的士人南迁)与求知热情的暴涨也就使得朱子与吕祖谦形成了一种身份的转换,——他们当然都是儒家的士君子,但他们人生的第一定位无疑就是培养士君子的"师儒"。关于这一点,田浩在其《朱熹的思维世界》一书中对于朱子和吕祖谦各带多少弟子的比较固然也可以说是一个饶有兴味的问题,②但他们从"士君子"到"师儒"身份的转换却是不容置疑的。显然,正是这一身份的转换,也就促成了从朱子"欲令人泛观博览,而后归之约"到吕祖谦以"讲贯诵绎,乃百代为学通法"来作为他们最基本的"教人"之法,也就对《中庸》的"君子尊德性而道问学"一说形成了一种创造性的"误读"。当然在这里,我们还可以从朱子在初闻"江西二陆"之学时所提出的疑问以作为其"师儒"身份的一个先在性旁证:"陆子静之贤,闻之盖久,然似闻有脱落文字、直趋本根之意。不知其与《中庸》'学问思辨然后笃行'又如何耳。"为什么朱子在初闻陆子静之学就会将其"脱落文字、直趋本根"的主张与《中庸》的"学问思辨然后笃行"进行比较,并以此来证明其与《中庸》思想的不一致呢?至于朱子对"学问思辨然后笃行"的重视与强调,也可以说就是其以"师儒"自立的一个确证。

除此之外,朱陆"道问学"与"尊德性"之辩的这样一个历史发展过程,同时又是儒家学理探讨之由超越而走向内在的过程。从先秦的思、孟到宋代的张载、象

---

① 丁为祥:《学术性格与思想谱系——朱子的哲学视野及其历史影响的发生学考察》,人民出版社,2012年,第211页。

② 田浩:《朱熹的思维世界》,陕西师范大学出版社,2002年,第101页。

山之所以坚持"尊德性"的优先性,主要意味着其必须坚持儒家道德理性的优先原则,但从王阳明之"道问学即所以尊德性"到章学诚之以"博"求"约"、以"专"求"精",却并不是放弃了道德理性的优先性与超越性原则,而是将超越的道德理性置于具体的"道问学"追求之中了,并通过具体的问学追求来彰显道德理性的超越性。这一总体性的走向,既体现了宋明理学对于"尊德性"与"道问学"之统一的要求,同时也体现着儒家寓超越于内在、寓普遍于特殊的具体性智慧;而"尊德性"与"道问学"之辩的这一发展指向,也与朱子与吕祖谦所展开的"经史"之辩表现出同样的理论发展逻辑。①

值得反思的反而在于这一"辩"中的另一系走向,这就是从罗钦顺强调"道问学"对于"尊德性"之先在前提性质到戴震之通过"道问学"来明确"尊德性"之具体含义的走向。因为通过"道问学"固然也可以澄清并成就许多具体的历史知识,同时也可以开辟儒家的认识论追求与知识论方向。但这种认识论与知识论的走向本身不仅存在着一个价值根源如何确立的问题,而且还存在着一个通过知识追求以如何形成新的价值标准问题。这就是明清气学在带给我们系统的知识追求的同时又给我们提出的一个如何形成、如何安置道德理性及其价值之源的问题。

附言: 作为曾沐萧先生教泽的珞珈山弟子,既有亲炙于萧先生的许多精彩案例需要阐发,也有不少萧先生有关中国哲学研究方向的思考有待总结。但限于自己的才力与认知高度,还不足以就上述方面轻易置喙,只好就自己近年所思作一短文,以纪念萧先生一百冥诞。

---

① 丁为祥:《从经史异趣到同体异用——宋明理学对经史关系的探讨及其启示》,《广西大学学报》2017 年第 1 期。

刘咸炘对儒学发展史的反思与期待[*]

刘咸炘对儒学发展史的反思与期待[*]

欧阳祯人

（武汉大学中国传统文化研究中心）

  国学大师刘咸炘(1896—1932)的巨著《推十书》首推《中书》的《三术》《学纲》《广博约》《一事论》和《认经论》几篇大文,从总体上展示了他的儒家世界观和方法论。然后就在《中书》的第二部分推出了《医喻》《左右》《同异》《流风》这一组文章。这四篇文章分别撰写于1926年末至1927年年底,整个时间跨度不到一年,而且紧接在上述几篇纲领性文献之后,依次排列,明显带有特别的内在逻辑,应该是一个系列整体。笔者仔细揣摩之后深以为,这一组文章是刘咸炘在"五四"运动以来欧风美雨的历史背景下,通过分析中国儒学史的发展得失,横观偏正,纵察源流,站在明统知类,知人论世,建中立极的学术宗旨上,试图拯救中国儒学各趋极端,往而不返而开出的一剂药方。刘咸炘一方面认为,中国秦汉以来的儒学发展确实有问题,要纠正今文经学与古文经学、汉学与宋学、理学与乾嘉之学的争斗弊病;另一方面,他也认为"五四"运动全盘西化的倾向已经严重伤害和扭曲了中国文化的原始精神,走向了极端。因此,他要从老子与孔、曾、思、孟所开启的太古之道中汲取营养,返本开新,寻找中国儒学发展走向现代的出路。

---

  * 四川省社科院2020年重大项目:《刘咸炘儒家哲学思想研究》(项目编号:SC20ZDZW005)。

一、阳尊阴叛,失儒之真

刘咸炘在《医喻》《左右》《同异》《流风》一组文章中详细分析了中国儒学发展史上的各种问题。他继承了其祖父川西夫子刘止唐"吾以圣人之道定百家,不以百家之谬溷圣贤"①的学术精神,直指自西汉至晚清儒学史发展歪曲了圣贤的思想、有失原始儒家之真。他认为中国历代的儒学之所以失真的关键原因在于西汉以后的统治者所宣扬和标榜的并不是真正的儒家思想:

> 自汉以来,上下宗儒者千数百年,如按其实,则非真也。治术惟缓急两端相乘,英君谊辟所用。非道家即法家。汉高、汉宣、明祖皆刑名;汉文、光武、宋太祖皆黄老也。惟汉武帝、唐太宗乃假儒术。武帝之伪儒,人皆诋之。太宗则儒者所称,然实虚言多而实效少,且其根本已谬,于儒术不相容。二人实创科举之制。士之不毁孔、孟者,徒以科举故。而阳尊阴叛,儒道卒不明者,亦以科举故。二人者,功之首罪之魁也。科举一废,孔、孟遂为毁端。此无足怪也,欺人之术露而久蓄之疑发也。②

这段文字从政治历史入手,高屋建瓴,抓住了问题的实质。刘咸炘认为自汉代以后,中国的所谓儒学不是受道家之害就是受法家之毒,一会儿刑名,一会儿黄老。尤其是大家称道的儒学功臣汉武帝、唐太宗都是假儒学,他们是别有所图的人。刘咸炘在这里特别谈到了科举制,应该值得我们注意,因为他阐述的角度很特殊。刘咸炘认为,科举制似乎尊崇了孔孟之道,没有科举制,孔、孟儒学也传

---

① 刘沅:《槐轩约言》,见《槐轩全书》(十),巴蜀书社,2006 年,第 3716 页。刘沅(1767—1855),字止唐,号青阳子。在学术上属于阳明学的余绪。他创立了槐轩学派,其刘门养心功在四川各界影响深远。在学术思想上属于阳明学的余绪。清末民初,蜀中国学大师,多出其门。《清史稿》有《刘沅传》。刘咸炘是其嫡孙。在《推十书》中,刘咸炘多次引用刘止唐的观点,多次指出自己的很多观点直接来其祖父刘止唐,深受其影响。
② 刘咸炘:《流风附记》,见《推十书》(增补全本,甲辑),上海科学技术文献出版社,2009 年,第 70—71 页。

承不下来,但是,它的本质是"阳尊阴叛"。对统治者来说,标榜的是一套,而实际暗中实施的却是另外一套。对于统治者来说,科举制是为了笼络人才,加强政权的稳定,控制思想,并不是真的为了发展儒学;广大士子趋之若鹜,是为了获取功名利禄,绝大多数人在官场盘根错节的斗争中良知渐失,很多人最终是什么道义都没有了。这就导致了中国"儒道卒不明",是"欺人之术"。之所以说它是"欺人之术",就是因为统治者和中国古代绝大多数读书人在科举制的问题上达成了心照不宣的默契,一方面是笼络人才、诓骗人才的手段和精神枷锁,另一方面又是挂羊头卖狗肉,阳儒阴法,利用儒家思想来愚弄社会民众,韬晦弄权,谋取功名利禄。科举制对儒学的传承是有功的,但是,从根本上来讲,它同时又对千百年来中国古代社会的世道人心、天道伦常产生了极端恶劣的影响,最终对儒学的发展是致命的一击。所以,晚清科举一废,孔孟之道就毁灭了。这是千百年"欺人之术"所必然导致的结果。从这段文字的背后,我们看到了刘咸炘的胸中始终对中国儒学史的发展为政治权力所左右、所控制而走上邪路的事实深恶痛绝的态度。

《汉书·儒林传》后面的《赞》曰:"自武帝立《五经》博士,开弟子员,设科射策,劝以官禄,讫于元始,百有余年,传业者浸盛,支叶蕃滋,一经说至百余万言,大师众至千余人,盖禄利之路然。"①一方面是猜嫌禁制,另一方面又立五经博士劝以官禄,恩威并施,威胁利诱,其结果只能是原始儒家思想的扭曲发展。科举制只不过是西汉之后伪儒学的极端表现形式罢了。所以这是一种地地道道的自欺欺人之学,也就是引文中刘咸炘所说的"欺人之术",本来早就应该结束了。早在刘咸炘之前数百年,陆象山与王阳明就持有相同的观点:

　　陆象山指出:"秦不曾坏了道脉,至汉而大坏。盖秦之失甚明,至汉则迹似情非,故正理愈坏。汉文帝蔼然善意,然不可与入尧舜之道,仅似乡原。"②

　　王阳明也写道:"自科举之业盛,士皆驰骛于记诵辞章,而功利得丧分惑

---

① 班固撰:《汉书·儒林传》(第十一册),中华书局,1962 年,第 3620 页。
② 陆九渊:《语录》,《陆九渊集》,中华书局,1980 年,第 404 页。

其心,于是师之所教,弟子之所学者,遂不复知有明伦之意矣。"①

陆象山的意思是:"秦朝之所以没有坏了'道脉',因为它是明火执仗地与儒家、与诸子百家作对,而且时间相对比较短,'天下苦秦久矣',全国人民都知道,敲剥天下也好,焚书坑儒也罢,都是明的。它的结果像泡沫一样,最后一哄而散。毕竟时间太短,灰飞烟灭得也快,是一个反面的典型,大家都很清楚。所以,对中国社会的毒害也不是很深。可是,汉代就不一样了。它是典型地打着儒家的旗号反对儒家。也就是说,表面上它好像尊奉的是儒家,但是实际上,却从骨子里进一步败坏了儒家的正道。汉文帝本来是在中国古代被尊奉为二十四孝之一的楷模,但是,在陆象山这里却只是一个乡愿。"②陆象山的观点当然是十分犀利的。王阳明的话,就更加彻底,完全一言以蔽之,把所有朝代的科举考试都否定了,他的意思是科举考试把整个儒学的明伦礼仪、世道人心都毁灭了,毁人子弟莫之为甚。陆象山与王阳明对科举制的批判之猛烈,与"五四"时期的刘咸炘相较,毫不逊色。所以,作为传承刘止唐衣钵的刘咸炘,在这一点上与陆王心学的观点是一样的。

刘咸炘痛心地说:"儒之失真则已久矣!儒于九流,道最高。而失真亦最早,分派最多,蒙垢最甚。孔门诸子已各不同,不及数传,遂有八儒。若虞卿、鲁连之徒,竟止几微似孔子而已。虽思、孟弗能统。荀卿已有贱儒、俗儒、小儒之目,不待他家之排诋也。然如世硕、公孙尼辈,虽已失真,而尚言存养,至荀卿矫空道《诗》《书》之弊而归于《礼》,始与道家相绝而为法家之导。此实为儒失真之第一因。汉承秦俗,阳儒阴法,经师承荀之传,守文者有荀之谨而失荀之大,是为拘儒。树义者多兼法家,是为杂儒。又有驳杂无旨,徒供文辞者为文儒,扬子云为之魁,始昌言衷于一圣而其学不深。南朝和会老、庄,知用力于本原,稍胜汉世之

---

① 王守仁:《万松书院记》,见吴光、钱明、董平、姚延福等编校:《王阳明全集》(上册),上海古籍出版社,2012年,第213页。
② 欧阳祯人:《〈陆氏家制〉及其对陆象山的影响》,《贵州社会科学》2022年第1期,第33—34页。

粗。然能深而不能大,亦不免于拘杂。中唐至北宋诸人,所见不出荀、扬范围,尤与扬近,而枵弥甚,是可谓之夸儒。宋周、程诸子出,始能精深,过于南朝,几得之矣。然有一大失焉,则排道家是也。自汉以来,儒之成家,往往兼道家,虽未真得合一之道,尤羁縻弗绝。宋诸公所以突过前人者,实资于道家。顾乃极排之不与通,故其流益狭隘不能容异。得儒之严而失儒之大,是可谓之褊儒。明儒承宋益精,又矫宋而趋于通广,又有进矣,然亦失之枵夸。近世又反之,则徒以考据,益无与于儒术,其谈微言大义者,亦不过反于西汉而已。凡拘、杂、媚、文、夸、褊诸病,以真者论之,皆不免于伪。至于达者之希世保位,穷者之随风慕禄,则一谓之俗儒而已。"①在这段文字中,刘咸炘对中国古代儒学发展的各种问题描述得至为真切、细致。第一,"分派最多,蒙垢最甚",孟荀之际"已有贱儒、俗儒、小儒之目",言外之意似乎是在说,儒学后来四分五裂状态,情况极为复杂,偏离了大中至正之路。刘咸炘接着《庄子·天下》的思路,对诸子百家都有批评。例如:"平常极于荀卿,神奇极于庄周。一知天而不知人,穷大而失其居;一知人而不知天,上溯而不得其体。"②诸子百家都非左即右,离开了原始儒学大中至正的中和之道。即便是孔子晚年的时候,已经发出了浩叹:"谁能出不由户?何莫由斯道也?"③又曰:"从我于陈、蔡者,皆不及门也。"④春秋动荡,天下熙熙攘攘,滚滚红尘,各国君主利欲熏心、得陇望蜀、攻城略地、贪婪好战,已经把整个世界带向了一条不归之路,种下了此后两千多年的恶果。第二,"荀卿矫空道《诗》《书》之弊而归于《礼》,始与道家相绝,而为法家之导。此实为儒失真之第一因。汉承秦俗,阳儒阴法,经师承荀之传。"刘咸炘意思很明确,儒家思想堕落的开始,一是阳儒阴法,二是"与道家相绝"。虽然这只是他的一家之言,但是笔者认为,这确实是精当准确,抓得很准。《易传》《礼记·中庸》等先秦儒学篇章实际上都是儒家与道家彼此深度渗透形成的巨著。新近出土简帛文献资料郭店楚简一号墓三个

① 刘咸炘:《流风附记》,见《推十书》(增补全本,甲辑),上海科学技术文献出版社,2009年,第71页。
② 刘咸炘:《〈中庸〉述义》,见《推十书》(增补全本,甲辑),上海科学技术文献出版社,2009年,第89页。
③ 朱熹撰:《四书章句集注》,中华书局,1982年,第88页。
④ 《四书章句集注》,第124页。

《老子》版本,下葬年代在公元前 330 年左右,在孟子之前。这些文献已经证明,原始的老子与孔子儒家本来就没有针锋相对的争斗。这也印证了刘咸炘的论断。核心问题是秦汉以后的学术大都是在权力大棒的阴影中,在法家的根本左右、推动下发展的,是权术的结果。这样一来,原始的儒家思想离原始道家的精神越来越远,这是原始儒家丧失其"真"的原因之一。从上面引文的最后一个句段,我们可以看到,刘咸炘对法家的渗透可谓痛心疾首、深恶痛绝。第三,汉代以后的历代儒家,皆失原始儒家的真正精神,拘儒、杂儒、媚儒、文儒、夸儒、褊儒,层出不穷。说他们"伪",是因为他们"得儒之严而失儒之大",表面上字斟句酌,循规蹈矩,实际上根本没有儒家的骨气,丧失了原始儒家的真正精神。这既批判了汉唐儒家、宋明理学,也批判了乾嘉学派。更为严重的是,世风日下,"达者之希世保位,穷者之随风慕禄",经典已经成为人们追名逐利的工具,那些所谓的学者本来就别有所图,著书皆为稻粱谋,还谈什么儒学精神呢? 于是乎,儒家就污染、堕落得不成样子了。

同时,这段文字,也是一篇简短而重要的关于中国古代儒家思想的发展历史的评判。值得注意的是,刘咸炘承认在先秦诸子百家中,儒家的"道"最高,而且他自己以儒家自居("道家本吾兄弟,存吾道之一半者也"),这是非同小可的事情。因为置身于"五四"时期,举世都在"只手打倒孔家店"的时候,刘咸炘却理直气壮称"吾儒",展现了他置身思想混乱的时期却坚守着他坚如磐石般的信仰,这是十分了不起的。笔者以为,相对于梁启超、梁漱溟、熊十力等大儒而言,刘咸炘对中国文化的信心不带丝毫的杂念,最为坚定。刘咸炘在其著作中深入分析了梁启超、梁漱溟、熊十力等思想歧出,并非真正纯粹儒学的事实。刘咸炘把先秦原始孔、孟以后儒学发展史上的种种劣迹罗列出来的真正目的,就是要将真正的原始儒学精神展现出来。

刘咸炘认为,上述的各种问题之所以发生的真正原因都在于现实功利的侵染之深。从刘咸炘整体理论来看,说到底,他认为,这是家天下对学术的戕害,但是,即使如此不堪,也并不能否定原始儒学的真正伟大,更不能否定儒学本身。儒学在秦汉以后的各种表现,劣迹斑斑,不堪入目,与真正的原始儒学完全是两回事。此其一。他认定孔子以后的儒家哲学思想发展的历史是每况愈下的历史，是一部不断脱离孔子、"失儒家之真"甚至背离孔子的历史，其根本点在于荀子"为法家之导。此实为儒失真之第一因"，这段文字的核心批判对象，是"法家"借助于统治者的权力对中国学术的戕害，所以，秦汉以后，儒学的历史，发展的走向令人十分沮丧，根本问题是皇权阳儒阴法，尔虞我诈的官场风气、功利主义的引诱毒害了中国的学术界，破坏了儒学的正常发展，进而也就毒害了中国人的精神家园。① 此其二。刘咸炘用了两个字来概括秦汉以后的儒家思想：一是"伪"。先秦时期就存在的"贱儒、俗儒、小儒"本来并没有从本质上改变儒学，是儒家内部的问题，最多算是不得要领而歧出。但是秦汉以后拘儒、杂儒、媚儒、文儒、夸儒、褊儒，"皆不免于伪"。这个"伪"字，刘咸炘下得很重。他把当时政治权力的渗透与学术的矫枉过正联系起来，自然就力透纸背了。到处都是权力的幽魂，利益的驱使，犬儒的卑躬屈膝。二是"俗"。导致这样的原因，一方面与统治者的威胁利诱、学者趋炎附势有关："达者之希世保位，穷者之随风慕禄"甚嚣尘上，不以为耻，反以为荣，完全没有了孔子、孟子的风骨，没有了至大至刚的浩然之气。另一方面也是因为"儒之为道，在公与中。中则难求，公则易滥"，义大而隐，故理论的表述常有模糊之状，使人难以参悟，世俗生活中的儒者离真正的儒学思想实在是太遥远了。深层次的根本原因，当然是学者趋炎附势、唯利是图，没有真正的信仰，要么下笔千言离题万里，要么恍炫虚空，没有着落，都不是孔子所说的"君子儒"。② 对此。刘咸炘在《推十书》的方方面面的相关讨论都是十分沉痛的。此其三。

今文经学与古文经学的斗争在很大的程度上是争夺话语权的政治斗争。在唐宋以后，生产力已经逐步发达起来，中国文化已经烂熟，随着商品经济的发展壮大，市民意识已经风起云涌，士农工商所组成的社会经济基础已经发生了变化，与此同时，他们的政治诉求也都已经发生了相应的变化，但是宋明时期的理

---

① 对清朝官场的厌恶，是刘咸炘的祖父刘止唐的家训。刘止唐说："人生切不可做官，做官最易坏人品，尤碍圣修。"（转引自萧天石：《刘止唐与四川刘门道》，见《道海玄微》，台湾自由出版社，1981 年，第 593 页。）这些观点深刻地影响了刘咸炘的思想展开。

② 朱熹撰：《四书章句集注》，中华书局，1982 年，第 88 页。

学家们却是高谈阔论,视若无睹,"世之儒者,每执统一而忘变化,拘于同而暗于异,此不可不察也。拘同暗异之弊,至宋而大著。论史则举圣贤之行以为极则,稍异则加贬而不察其事势,故三代后无完人。"①,朱陆之争、朱王之争,长达数百年针锋相对、势同水火,其实作为学术本身来说,有己无人,彻底打击对方,也是极不正常的现象。刘咸炘的批评把宋以后中国的政治经济、历史文化每况愈下的实质原因一语道破。这是非常深刻、深远的判断。日本著名学者岛田虔次在讨论到朱陆之争的时候,就有非常犀利的观点:

> 朱子学的"性即理"和陆王学的"心即理"的对立和抗争,不用说,这并不是说一方是体制方面的思想,另一方是反体制方面的思想。体制的维持、名教的拥护,这是二者一致高唱的大理想。两者都是一样把"理"的存在作为前提、把"理"的死守作为使命的理想主义。要说那个抗争,简言之,不过是站在同一立场的霸权的争夺战。这样的说法,充分有道理。否则,岂止那样,连立这样的说法(非官方的陆王学的方面,是更彻底的体制拥护性的,是对体制更彻底的奴隶性的)也是可能的。②

这段文字涉及的问题很多,它不仅指出了朱陆之争、朱王之争的政治背景,而且也进而指出了它们的学术本质,细思极恐。中国著名的马克思主义学者侯外庐、邱汉生、张岂之主编的《宋明理学史》的《绪论》中,在论述到周敦颐的时候指出:"宋明理学是封建社会后期的统治思想,为强化封建社会后期的统治服务。从政治作用来说,理学是思想史上的浊流。"③在该书的后记中,邱汉生再次强调:"'从政治作用来说,理学是思想史上的浊流。'有人对此有非议,以为贬低了理学。经过认真衡量,客观事实明确昭示,我们的论断并不过分。我们无意贬低理学,也不愿掩饰理学的消极面。历史学是科学,要凭事实说话,不容许随心所

---

① 刘咸炘:《同异》,见《推十书》(增补全本,甲辑),上海科学技术文献出版社,2009年,第60页。
② [日]岛田虔次著:《朱子学与阳明学》,蒋国保译,山东人民出版社,2022年,第124页。
③ 侯外庐、邱汉生、张岂之主编:《宋明理学史》(上),人民出版社,1997年,第21页。

欲的勾勒。"①"从政治作用来说,理学是思想史上的浊流",这个观点,在《宋明理学史》一书中反复出现、反复强调,这就应该引起我们后学的高度注意。尤其是,邱汉生的观点写作于 1986 年,当时的中国已经相当开放了。这说明了邱汉生观点的深思熟虑和成熟。侯外庐是一位经历过深沉苦难而又精气神十足的老一辈学者。1985 年,侯外庐曾经特别强调过:"理学是无人身的理性,本质是反理性之学,它对中国的危害比其他任何哲学大得多,这一点绝对不能调和。"②值得注意的是,岛田虔次的《朱子学与阳明学》一书,在日本的第一次发行时间是 1968年,在中国第一版发行的时间是 1986 年,日本岛田虔次此前与侯外庐、邱汉生、张岂之等学者并无学术上的联系,异地异时而著,而著述的观点却是高度的一致,实在令人惊叹。

笔者在这里只是想指出,不论是岛田虔次的论述,还是侯外庐、邱汉生、张岂之等中国前辈学者的论著,都是刘咸炘相关思想的注释。人同此心,心同此理,千古之所同然。只要坚持真理,以赤子之心面对事实,真金就不怕火炼。由此而证明了置身于西蜀冷僻之地的刘咸炘,面对"五四"时期甚嚣尘上、硝烟弥漫、碾压中国文化的形势,却是目光如炬,冷峻深刻。可是,他的思想一百年来却被时代的烟尘所沦埋。我们确实是需要对他的思想进行深度的发掘、整理和总结。

二、用太古之道拯救儒学

刘咸炘认为,物之不齐,物之情也。凡事皆有一,有一则生左右,左右皆生于一。因此,凡事皆有两端。这就是"宇宙之多争"的原因,更是宇宙生生不息的根本动力。所以刘咸炘引用《老子》曰:"夫惟病病,是以不病",因此,"为道者无他

---

① 《宋明理学史》(下),第 1030 页。
② 见朱学文采访、牟坚整理《韧的追求》。此文为中国社会科学院历史所思想史研究室对侯外庐先生的口头回忆录。目前中国的学术界,对宋明理学的评价是多角度的,人们大相径庭。本文只是说了其中的一种。

焉,绝长补短,节过文不及,以期于和而已"①绝长补短,节过文不及,惟有同中有异,相生相克,是以得生。世间万事万物只有变化流动,互相碰撞、参验,才有可能得到发展。用刘咸炘的原话就是:"用一参两,以两裁一,进退于两而以得一,酌取于一而以得两。此数者,皆非圣人之所执也。"②天地万物,都是阴阳相摩,八卦相荡,因此"用一参两,以两裁一,进退于两而以得一,酌取于一而以得两",都是不对的。为什么呢? 因为没有立中观,没有真正理解和掌握大中至正、中和悬衡的根本方法。刘咸炘认为,儒学之所以在秦汉之后离开了原始儒学的宗旨,没有通透理解《礼记·中庸》树立的世界观和方法论。他说:"是篇之不明,儒术之所以日趋于褊也。"③刘咸炘对《中庸》推崇之极。刘咸炘运用了先秦儒学这一根本性的经典来批判秦汉以后学术各家各派执一而废百的荒唐。刘咸炘指出:"夫春夏秋冬,一阴阳消长耳,虽四而实二也。二者何? 两端也,如悬衡焉。"④只有充分认识到这种绝对中的相对,一与两之间的循环互动,坚守道义而又不忘经权、时中,建中立极为太极,包荒含弘为途径,中立而不倚,和而不流,才有可能在异中求同,在同中显异,中国社会,以及中国的儒学才能够得到正常的发展。刘咸炘的学术思想植根于刘向、刘歆的校雠学之上,加之私淑章学诚和浙东史学,其著述宏富,察势观风,考镜源流,任天圆道,曾经受到了蒙文通、唐迪风、张尔田、唐君毅、梁漱溟、杨树达等重要学者的激赏。他的代表性著作《推十书》,千万余言,就是在校雠学的统领下,展开的篇章结构和思想布局。"中书""左书""右书",大中至正的框架体系,充分展现了他的学术理想。

刘咸炘认为,中国的学术,纵言之则为源流,"道家明于纵之两,故以常道御反复焉,横言之则为反对,若周秦诸子是也。荀卿谓庄周蔽于天而不知人,卿则蔽于人而不知天。墨、宋为人而杨、魏为我,墨子贵兼而料子贵别。荀卿所谓倚

---

① 刘咸炘:《医喻》,见《推十书》(增补全本,甲辑),上海科学技术文献出版社,2009年,第52页。

② 《推十书》(增补全本,甲辑),第56页。

③ 《〈中庸〉述义》,《推十书》(增补全本,甲辑),第91页。

④ 《推十书》(增补全本,甲辑),第54页。

其所私者也。"①都是相反相成的典型例子。在引用了《中庸》"智者过之,愚者不及。贤者过之,不肖者不及也",又引"执其两端而用其中"之后,刘咸炘说:"此儒家之大义也。《易传》曰:'中正以观天下。'儒家明乎横之两,故以中行折狂狷。"②这里的"中正""中行",就是超越于往复之上的"太极",就是建中立极的刚中之正,也就是《中庸》中立而不倚,和而不流,执两用中,鸢飞鱼跃,不断被超越、提升,才有可能生出万物的"三"。

因此,一与两的归宿是"三"。根据《老子》"道生一,一生二,二生三,三生万物。万物负阴而抱阳,冲气以为和",③《说苑》"发于一,成于二,备于三",④还有龚定庵的"初异中,中异中,终不异初。然则仍二而已。阴阳实一太极,阴偶阳奇而为三",⑤刘咸炘将人生和学术分为三个层级。刘咸炘写道:"人生态度不外三种:一曰执一,举一废百,走极端者,诸子多如此,此最下。二曰执两,此即道家。子莫乡愿似执两,而非真执两,何也?子莫执中,实是执一。乡愿生斯世,为斯世,是不能御变。进化论即是生斯为斯,故显与道家不同。黑格尔正反合三观念,颇近道家,然因而推论云现实即合理,合理即现实,是即论势忘理,为道家之弊,然不得谓道,必流于乡愿。果能执两,则多算一着,当矫正极端,安得但当时为是而同流合污哉!既言御变,必有超乎变者,故道家之高者皆言守一。夫至于守一,则将入第三之高级,老、孔之正道矣。老谓之得一,孔谓之用中,此即超乎往复者也。"⑥在这里,刘咸炘讨论中国学术的发展,却有世界胸怀。对进化论和黑格尔的批评,虽然近一百年过去了,但即便是当今中国的学界,对于很多人来说,也未必比刘咸炘更加清醒、透彻。这段文字讨论了对于人生的态度,第一个层级是"执一",但它是"举一废百",先秦诸子往往往而不返,《庄子·天下》篇早有批判,后世儒学之歧出,非左即右,相互倾轧,各趋极端,更是如此。第二个层

① 《推十书》(增补全本,甲辑),第54页。
② 《推十书》(增补全本,甲辑),第54—55页。
③ 王弼注、楼宇烈:《老子道德经校释》,中华书局,2008年,第117页。
④ 刘向撰:《说苑·辨物》,见赵善诒疏证:《说苑疏证》,华东师范大学出版社,1985年,第524页。
⑤ 《推十书》(增补全本,甲辑),第54页。
⑥ 《推十书》(增补全本,甲辑),第54页。

级是后世的道家"执两",道家"执两"在于"御变",矫正极端。但是类似于黑格尔的"现实即合理,合理即现实","论势而忘理",这是在强权的面前,没有真理、没有信仰的表现。刘咸炘认为老子以后的道家随波逐流,都脱离了老子的本真。在刘咸炘的笔下,与老子不同,此后的道家是偏离了中观至正之道的,他们之间是有区别的。第三个层级是老子、孔子之正道,就是超乎往复,统合阴阳的太极。是以建中立极为前提的中立而不倚,负阴而抱阳,得一而用中。此之谓"三",是对更高级的"一"的回归与超迈,是真正的大中至正、建中立极。这套思想方法涵盖面极广,用庞朴先生的话来讲就是"包括了人们全部世界观和方法论以及三者之正反合的演进过程"。① 笔者也认为,刘咸炘的这种总结是基于先秦时期孔、曾、思、孟和老子的哲学思想,尤其是中国古代儒学的发展状态而提出来的一套新的学术方法论,其真正的目的是在为中国儒家哲学寻找出路。但是从根本上来讲,刘咸炘也是在返本开新,是对先秦道家、儒家哲学新的诠释与发展。

刘咸炘说:"世人于医,知偏之为害,而于学则不免执一,盖其效之近远异也。务于同而忽于异,昧于史而竞于子,识有通塞,观于医家而百家可知矣。"②中医认为,人的身体一定要平衡。金、木、水、火、土、心、肝、脾、肺、肾,相生相克,则阴阳和谐,气血两旺。如果五脏六腑某一方面突发邪火,身体立刻就失去平衡,处于病痛的状态了。刘咸炘的意思是,中国古代儒学史,包括整个古代中国的学术史的发展,始终都处于阴阳不和谐,五脏六腑不和谐的状态。根本问题,就像柏拉图的洞穴隐喻理论所比拟的一样,各执一偏,举一而废百,种种偏蔽,云遮雾挡,私心自用导致的结果。

那么,何以解决我们所面临的这一系列问题呢? 刘咸炘补救儒学正常发展的办法是援老入儒,回归到原始的儒家与道家,并且把原始儒家思想与道家思想整合起来,来拯救中国整个的学术历史。刘咸炘的学术思想承其大父刘止唐先生儒释道融汇的传统,私淑章学诚,在刘向刘歆校雠学、浙东史学的基础之上,面

---

① 庞朴:《一分为二 二分为三——浅介刘咸炘的哲学方法论》,见郭齐勇主编:《萧萐父教授八十寿辰纪念文集》,湖北教育出版社,2004年,第531页。
② 刘咸炘:《医喻》,见《推十书》(增补全本,甲辑),上海科学技术文献出版社,2009年,第51页。

对"五四"运动的惊涛骇浪,独立寒秋,大开大合,考镜源流而任天圆道,要借助于老子、孔子的太古之道,通过否定秦汉以降在家天下威胁利诱下的所谓儒学传统,以彰显原始老子与孔、曾、思、孟的儒学真精神。刘咸炘学脉悠远,中西合璧,视野开阔,要回归到老子与孔子的原点上,用老、孔的精神来整合、拯救红尘滚滚、纷繁淆乱的全世界文化。

"太古之道"一词首见于《老子·第十四章》:"视之不见名曰夷。听之不闻名曰希。搏之不得名曰微。此三者不可致诘,故混而为一。其上不皦,其下不昧,绳绳不可名,复归于无物。是谓无状之状,无物之象,是谓惚恍。迎之不见其首,随之不见其后。执古之道,以御今之有。能知古始,是谓道纪。"①这应该就是"太古之道"最早的出处。"夷""希""微",是道体精微缥缈的存有状态。在《老子》中,这是一段极其精微的文字。"执古之道,以御今之有",在"五四"运动时期由刘咸炘再次提出来,意味深长。刘咸炘借用了老子的太古之道,整合了孔、曾、思、孟的思想,抖擞精神,来重新清理中国学术的发展理路,这里有否定中国秦汉以后的学术争斗不息、往而不返的层面,也有否定第一次世界大战之后西方文化天演论和功利主义的层面,还有否定"五四"运动用欧风美雨毁灭中国文化的层面,突出地体现了刘咸炘十分深远的世界观、价值观、人生观、伦理观和政治理想。

刘咸炘说:"盖儒之为道,在公与中。中则难求,公则易滥。儒行凡十三条,孔子无所成名,不似他家之义小而显,故常有模糊之状。苟以儒家宗旨安在问古今学人,吾知其必罕能为简明之言以答也。此非独根本未明之咎也,末亦有失焉。今欲明真儒,当一方为精微之本,一方通广大之末。道家本吾兄弟,存吾道之一半者也,当合之。法家乃吾篡贼,使吾道蒙冤者也,当斥之。"②在反对专制主义的问题上,刘咸炘与"五四"时期的先锋们是一样的。但是,刘咸炘的立场是,只反对法家,反对伪善的假儒学,他是原始儒家、道家真正精神的坚定拥护

---

① 王弼注、楼宇烈:《老子道德经校释》,中华书局,2008 年,第 31—32 页。
② 刘咸炘:《流风附记》,见《推十书》(增补全本,甲辑),上海科学技术文献出版社,2009 年,第 71 页。

者。结合这段文字,整合上述思想,我们发现刘咸炘已经提出了解决问题的方法:

第一,传统的儒学著作,遣词造句,诠释的空间太大。今后的儒学理论表述的本身应该用"简明之言",因为只有这样才能从根本上消除"模糊之状",使儒家思想的"根本"明朗起来,否则就会有太多的理论漏洞,被人误解,被人歪曲,被人"排诋"。刘咸炘的意思是,中国儒学的发展必须尊崇大道至简的原则,否则繁文缛节,下笔千言,离题万里,就不是儒学的本来面目。这不仅是《周易》"易简之善配至德"①的精神,而且也是从《老子》第四十八章那里得到了灵感:"为学日益,为道日损。损之又损,以至于无为。无为而无不为。取天下常以无事,及其有事,不足以取天下。"②当然,从其祖父刘止唐那里传承了阳明学"减、诚、纯"的理路,顺理成章地传承和超越了阳明学余绪的格局。刘咸炘提倡的老孔太古之道的核心就是大道至简、至大至公、任天圆道。他认为,回归老孔,归真返璞,是治理人类在第一次世界大战和"五四"运动的过程中各种严重问题的一剂良药。

第二,"道家本吾兄弟,存吾道之一半者也"。这与其说是刘咸炘对原始儒家道家高深旨趣的一种深刻的观点,还不如说,是刘咸炘面对世界的发展大势,依托于中国原始儒家、道家的精神资源,对世界文化的一种回应。刘咸炘认为,儒家要进一步发展,确实需要整合原始道家的方法,这套方法就是微妙玄通,藏往知来,明统知类,察势观风,秉要执本。刘咸炘的意思是,在铲除专制之害、清除法家之毒之后,与道家携起手来,只有这样才能够实现原始儒家、道家共同的政治理想:"唯天下至圣为能聪明睿知,足以有临也;宽裕温柔,足以有容也;发强刚毅,足以有执也;齐庄中正,足以有敬也;文理密察,足以有别也。溥博渊泉,而时出之。溥博如天,渊泉如渊。见而民莫不敬,言而民莫不信,行而民莫不说。是以声名洋溢乎中国,施及蛮貊;舟车所至,人力所通,天之所覆,地之所载,日月所照,霜露所队;凡有血气者,莫不尊亲,故曰配天。"③这是一套从心性到政治都无

① 王弼注、孔颖达疏:《周易本义》,北京大学出版社,2000 年,第 321 页。
② 王弼注、楼宇烈:《老子道德经校释》,中华书局,2008 年,第 127—128 页。
③ 朱熹撰:《四书章句集注》,中华书局,1982 年,第 38—39 页。

比畅达的思想解放之路。由此而回归天道,重新整合,考镜源流,任天圆道就可以走向"天地位焉,万物育焉"①的达道。这既是对古老老、孔之学的回归,也是面对新的时代开出的极具信心的救世良方。在一定程度上,《中庸》是一部解《易》之书,而儒家、道家都认为《周易》是自己的本经。所以,《中庸》在原始道家、儒家的思想整合上达到了完美的地步,刘咸炘认为,《中庸》是一部真正的儒学著作:"子思之时,儒多歧矣,诸杂流已萌芽矣,不得已而著书,所以存儒之真也。"②在刘咸炘的笔下,《易》《庸》之学始终是其太古之道的重要内容。

第三,在"盖儒之为道,在公与中。中则难求,公则易滥。儒行凡十三条,孔子无所成名,不似他家之义小而显,故常有模糊之状。苟以儒家宗旨安在问古今学人,吾知其必罕能为简明之言以答也"的表述中,刘咸炘的意思是,先秦儒家,相对于诸子百家来讲,最大的特点就是"中"和"公"。所谓的"中",就是建中立极的"中",就是《周易》的太极,也就是孔子"忠恕之道,一以贯之"的"忠";所谓"公",就是修齐治平,就是孔子的"恕",最终是由小康走向大同。刘咸炘的祖父刘止唐曾经在青城山闭关修道了八年,所以,刘咸炘的理论体系中始终有道家的影子。因此,刘咸炘的表述似乎隐含了太史公的话:"夫儒家以六艺为法。六艺经传以千万数,累世不能通其学,当年不能究其礼,故曰'博而寡要,劳而少功'。""以其事难尽从。"③司马氏的话比较尖锐,但是刘咸炘的话却比较宽厚。这个"中"是要通过《周易》和《中庸》《孟子》对人的心体的提升,通过戒慎恐惧、克治省察,完善自己的未发之"中";这个"公"是要通过孔子的忠恕之道,穿越《大学》的"三大纲领""八大条目"和"絜矩之道",知微之显、溥博源泉、於穆不已,达到天下大治。这确实是一条漫长而艰难的路程。先秦儒学提倡"君子和而不同",④中立而不倚,和而不流。用《老子》的话来讲,就是"道生一,一生二,二生三,三生万物。万物负阴而抱阳,冲气以为和",⑤都是学术昌明的基础。《礼记·中庸》在

---

① 《四书章句集注》,第18页。
② 刘咸炘:《中庸述义》,见《推十书》(增补全本,甲辑),上海科学技术文献出版社,2009年,第89页。
③ 《太史公自序》,见司马迁:《史记》(第130卷),中华书局,1999年,第3967、3965页。
④ 朱熹撰:《四书章句集注》,中华书局,1982年,第148页。
⑤ 王弼注、楼宇烈:《老子道德经校释》,中华书局,2008年,第117页。

这方面有更加辽阔的提升："仲尼祖述尧舜,宪章文武;上律天时,下袭水土。辟如天地之无不持载,无不覆帱,辟如四时之错行,如日月之代明。万物并育而不相害,道并行而不相悖,小德川流,大德敦化,此天地之所以为大也。"①《中庸》这段文字的内涵和外延极其广阔,从心性到政治,具有无限诠释的空间。当然也包含了学术史应该展现的理想状态。刘咸炘是中国文化最坚定的信仰者。所以,他批判秦汉以后儒学发展的真正理论武器就是这种老子与孔、曾、思、孟阴阳摩荡、周流六虚、小德川流、大德敦化、任天圆道的"太古之道"。刘咸炘在其著作中以史学家冷峻、深远的思想已经准确地预见了"五四"运动激进的态势会导致的严重后果。

第四,刘咸炘提出了"今欲明真儒,当一方为精微之本,一方通广大之末"。这个表述实际上来自《礼记·中庸》:

> 君子之道费而隐,夫妇之愚,可以与知焉,及其至也,虽圣人亦有所不知焉;夫妇之不肖,可以能行焉,及其至也,虽圣人亦有所不能焉。天地之大也,人犹有所憾。故君子语大,天下莫能载焉;语小,天下莫能破焉。《诗》云:"鸢飞戾天,鱼跃于渊。"言其上下察也。君子之道,造端乎夫妇,及其至也,察乎天地。……尊德性而道问学,致广大而尽精微,极高明而道中庸。②

在《中庸》中,这个"精微"之本,指的是君子之道的自我修养,也就是《礼记·大学》里面的"明明德"。用老子的话来说,就是"挫其锐,解其纷,和其光,同其尘,湛兮似或存","微妙玄通"③的君子,用《论语》的话来讲,就是文行忠信、温良恭俭让,仁义礼智信,就是孟子的"居天下之广居,立天下之正位,行天下之达道"、"富贵不能淫,贫贱不能移,威武不能屈"④等都是"惟精惟一"的精微之本。在《中庸》中就是"天命之谓性,率性之谓道",天命性情的流转,落实在人之所以

---

① 朱熹撰:《四书章句集注》,中华书局,1982年,第38页。
② 《四书章句集注》,第22—23、38页。
③ 王弼注、楼宇烈:《老子道德经校释》,中华书局,2008年,第10、33页。
④ 朱熹撰:《四书章句集注》,中华书局,1982年,第270页。

为人之上"天爵"精神,至诚无息,最后达到知微之显、於穆不已、无声无臭的境界。这些话在原始儒学的经典中可圈可点,内涵极为丰富。"广大之末",指的是"修道之谓教",就是强大的内心世界所爆发出来的巨大能量,来感化不断推向远方的天下。此之为"鸢飞鱼跃"的极致,是人性修养上的进一步拓展,落实在社会管理层面就是"九经"(《中庸》对修齐治平思想的拓展)。刘咸炘在这里当然应该是依托于老子、孔子的创造性提升。

第五,值得注意的是,这个"通广大之末",在风起云涌的"五四"时期,时代毕竟已经发生了根本的变化。西学的东渐已经越来越猛烈了,各方面的情况和形势都在发生着急剧的变化。此时此刻的刘咸炘已经给"通广大之末"赋予了新的意义。他认为,面对世界和中国的各种问题,我们必须学习、借鉴,包荒含弘。刘咸炘在世的时候,每个星期都要购买新书,他家的藏书有两万多册,其中有大量的西学著作。刘咸炘是一位极其开明开放的学者。不过从根本的思路来看,刘咸炘走的还是中体西用的路。但是,他的"太古之道"不仅仅只是要解决中国的问题,而且是要解决全世界、全人类的问题,要用有原始的道家和儒家的"太古之道"来引领、整合整个世界的文化。

在《中书·学纲》中,刘咸炘指出:"昔儒""争斗日甚,书籍日繁,人厌把卷而思焚书,其故皆由统系不明,各趋极端,往而不反,终不能合。"[1]在利益的驱使下,官场、学界斗得天昏地暗。关键问题在于没有尽心、知性、知天,存心、养性、事天。刘咸炘说:"学术之多歧,由性说之不一。"是故"道之裂,治学之变,皆性之不明也。不揣其本而齐其末,是以各执一而皆穷。"[2]就是说对原始儒家的根本精神没有坚定的信仰,"揣其本",就是孔子的"忠"。"齐其末",就是孔子的"恕",就是己立立人,己达达人,己所不欲,勿施于人。之所以没有做到这一点,在刘咸炘看来,真正的原因是没有在心性的修养上涵容元、亨、利、贞的气度,没有达到《中庸》说的"致中和,天地位焉,万物育焉"[3]的境界,是我们的学人在性情锤炼

---

① 刘咸炘:《学纲》,见《推十书》(增补全本,甲辑),上海科学技术文献出版社,2009 年,第 9 页。
② 刘咸炘:《推十书》(影印本),成都古籍书店,1996 年,第 444 页。
③ 朱熹撰:《四书章句集注》,中华书局,1982 年,第 18 页。

与道德践履的修养上没有真正按照圣贤的经典要求做到家,于是,刘咸炘又回到了先秦儒学从心性到政治的老路上去了,不过理论的视域当然已经大不相同。刘咸炘指出:

> 子思曰:"天命之谓性,率性之谓道,修道之谓教",此言一而同也。吾欲释之曰:化质之谓性,化见之谓道,化俗之谓教。盖不知质之异,则无以调之而复其本性;不知见之异,则无以正之而达大道;不知俗之异,则无以修之而成至教。……是故欲知同者,必先明异。不明异而欲明同,则其于同也必偏而不周,浅而不深。而其为言也,必窕而无当,高而不可循。故《易》终未济,而其《象》曰:"君子以慎辨物居方。"①

对《中庸》的解释北宋以来见仁见智,众说纷纭。刘咸炘的这段高论,从学术史的角度抓住了《中庸》的成人成己、成己成物,悠久无疆的实质,尤其是他把《周易》与《中庸》一以贯之,强调同中有异,异中显同的思维方式,注重了辨物居方、化质为性与原始儒学根本大体的辩证关系,提出了"不知见之异,则无以正之而达大道"的重大学术思想。既表明了刘咸炘对秦汉以后中国古代儒学史的批评态度,也展示了他自己对中国儒学未来发展的殷切希望。毫无疑问,刘咸炘的这些思想在章学诚那里得到了根本性的启发:"学必本于性天,趣必要于仁义,称必归于《诗》《书》,功必及于民物,是尧、舜而非桀、纣,尊孔、孟而拒杨、墨。其所言者,圣人复起,不能易也。"②但是,刘咸炘在这里的"大道",说的是世界性的文化融合之后的儒家与道家的共同宗旨,这是与章学诚有根本不同的地方。而且,刘咸炘的"异",也包括了世界各种思想流派和异端学说,这是新文化运动给中国文化的发展带来的重要资源,当然就更是章学诚望尘莫及的了。

---

① 刘咸炘:《推十书》(增补全本,甲辑),上海科学技术文献出版社,2009年,第64页。
② 章学诚:《文史通义校注》,中华书局,1994年,第416页。

韩 愈 与 佛 教[*]

文碧方

（武汉大学哲学学院）

在中唐儒学的复兴运动中，韩愈可谓这场儒学复兴运动的主将，他在佛门强势佛风劲吹的中唐挺身亮出儒学的大旗倡导儒学，开启了宋代新儒学的序幕，被视之为宋代新儒学的先驱，故钱穆在其《中国近三百年学术史》称："治宋学必始于唐，而以昌黎韩氏为之率。"[1]历来对韩愈思想这方面的研究相当多，然而以往的研究者虽对韩愈思想中宣传儒学和排斥佛教的这两个方面都颇为注重，但他们一般将韩愈的宣传儒学和排斥佛教视为两个不同的方面，故并没有充分地揭示两者之间的内在关联，此正是本文所致力之处。对于韩愈与有文才的僧侣之间的交往，先行的研究一般只是就韩愈写给僧侣们的诗文作一些字面上的分析与解释，本文则力图从韩愈与文僧交往时他所采取的原则和欲达到目标的角度来对他与文僧的交往作一分析和说明。历史上对韩愈与大颠之间关系的看法聚讼纷纭、莫衷一是，本文力图从宋代新儒学兴起的大背景，亦即如何在儒家的立场上对佛老的合理性有所吸收这一宏阔的视域下对他们之间的关系作一重新梳理和探讨，以期深化对韩愈与佛教之间关系的认识和消除人们对曾经激烈排佛

　＊　本文系国家社科基金"宋代新儒学的兴起对当时士人社会的道德、精神与信仰生活的重塑之探讨"（编号为113—162901）课题研究成果。
　①　钱穆：《中国近三百年学术史》，中华书局，1987年，第1页。

的韩愈何以折服大颠的种种不解。

一、倡儒与排佛

在佛风强盛的中唐,面对佛教的冲击,韩愈不仅以倡导儒学著称,而且还以排斥佛教而名世,实际上,他的倡导儒学排斥佛教可谓一体两面,也就是说,他一方面通过排斥佛教来倡导儒学,另一方面又通过倡导儒学来排斥佛教。正因为如此,这位倡导儒学的健将也就与佛教有了某种关系。何为儒学的核心价值?应该重视哪一种儒学经典?究竟通过何种方式来倡导儒家思想?等等,处于儒学传统几近中断时期的韩愈,开始时并没有完全自觉的理论意识,他后来所推尊和宣扬的儒家思想可以说是在佛教思想的刺激与启发下逐渐形成的,他建立道统阐扬《大学》即充分显示了这一点。

历史学家陈寅恪在《论韩愈》①一文中曾指出:韩愈的道统说是受佛教的传法世系的影响而建立。他列举历史事实从外因方面说明:韩愈幼年时生活于新禅宗的发祥地韶州,正值新禅宗学说宣传极盛之时,幼年颖悟的韩愈无疑受到了新禅宗学说浓厚的环境气氛的影响,故后来他借鉴禅宗教外别传之说建立儒家道统说。陈寅恪此说应当是合乎历史事实的看法。并且,依陈寅恪之见,在儒学衰微的中唐时期,韩愈在倡导儒学时之所以能"直指人伦,扫除章句之烦琐",是因为他受新禅宗启发效仿其"直指人心见性成佛"方法。陈寅恪这一看法也是有其合理性的,因为从韩愈学儒的经历与渊源来看,无非是"沉潜乎训义,反复乎句读"②,这种训义注疏的章句之学,是两汉以来的学儒之传统,如果不是受到了新的刺激与启发,深受这一学儒传统训练熏陶的韩愈不仅难以对这一流行近千年的烦琐支离的章句之学生出质疑,而且更不会发出振聋发聩的"春秋三传束高阁,独抱遗经究始终"③的呼唤。从内因方面来看,如果对韩愈那两篇著名的排

---

① 陈寅恪:《论韩愈》,《历史研究》1954 年第 2 期。
② 《上兵部李侍郎书》,《韩昌黎集》卷十五。
③ 《寄卢仝诗》,《韩昌黎集》卷五。

佛文章《原道》《论佛骨表》作一分析，那么，亦可见出韩愈所推尊、宣扬的儒家思想与佛教的关系。

汤用彤曾把唐代士大夫反佛所持的理由归纳为四种：（一）佛教害政；（二）佛法无助于延长国祚；（三）当以高祖沙汰僧徒为法；（四）僧尼受戒不严，佛寺沦为贸易之场、遁逃之薮①。韩愈当然也不例外，他《送灵师》诗中所谓"佛法入中国，尔来六百年。齐民逃赋役，高士著幽禅，官吏不之制，纷纷听其然。耕桑日失隶，朝署时遗贤"②即如此；他《原道》中所谓"古之为民者四，今之为民者六；古之教者处其一，今之教者处其叁。农之家一，而食粟之家六；工之家一，而用器之家六；贾之家一，而资焉之家六。奈之何民不穷且盗也"③亦如此。但在《原道》《论佛骨表》中，韩愈则似乎更多是从夷夏之异来辟佛和倡导儒学，进而言之，《原道》《论佛骨表》二文是通过揭橥夷夏之道之法之不同来排佛反佛的，例如："'斯道也，何道也？'曰：'斯吾所谓道也，非向所谓老与佛之道也。'"④"伏以佛者，夷狄之一法耳，自后汉时流入中国，上古未尝有也。""夫佛本夷狄之人，与中国言语不通，衣服殊制；口不言先王之法言，身不服先王之法服。"⑤然而，正是在佛老特别是佛教之道之法的刺激与启发下，韩愈以佛之道之法为参照，比照其道其法一步步提出了与之相抗衡的儒家之道之法。

比照佛教之典籍，韩愈声称儒家也有自己的典籍，此即"《诗》《书》《易》《春秋》"⑥；比照佛教之法度，韩愈认为儒家之法度为"礼、乐、行政"⑦；比照佛教之僧尼及其关系，韩愈认为儒家所主张是"其民，士农工贾；其位，君臣父子师友宾主昆弟夫妇"⑧；比照佛教徒之食素衣僧服居寺庙，韩愈认为儒家所赞同是"其服，麻丝；其居，宫室；其食，粟米果蔬鱼肉"⑨；等等。而这一切皆源于"斯吾所谓道

---

① 汤用彤：《隋唐佛教史略》，中华书局，1982年，第33—39页。
② 《送灵师》，《韩昌黎集》卷二。
③ 《原道》，《韩昌黎集》卷十一。
④ 《原道》，《韩昌黎集》卷十一。
⑤ 《论佛骨表》，《韩昌黎集》卷三十九。
⑥ 《原道》，《韩昌黎集》卷十一。
⑦ 《原道》，《韩昌黎集》卷十一。
⑧ 《原道》，《韩昌黎集》卷十一。
⑨ 《原道》，《韩昌黎集》卷十一。

也,非向所谓老与佛之道也"①。"斯吾所谓道"究竟为何？比照佛老之道,韩愈揭示与概括道:"夫所谓先王之教者,何也？博爱之谓仁,行而宜之之谓义,由是而之焉之谓道,足乎己无待于外之谓德。"②这表明韩愈是以仁义道德为儒家之道的核心内容的。不仅如此,韩愈还比照佛教传法世系建立道统来说明以仁义道德为核心内容的儒家之道的传授渊源,他称:"尧以是传之舜,舜以是传之禹,禹以是传之汤,汤以是传之文武周公,文武周公传之孔子,孔子传之孟轲;轲之死,不得其传焉。"③尽管《孟子》中已有儒家"道统"的雏形,但如此明确建立儒家"道统"者则为韩愈。对韩愈而言,这种从尧、舜、禹、汤、文、武、周公、孔子到孟轲一代一代传下来的儒家道统不仅源远流长,而且在时间上比佛教传法世系更久远更为历史所检验,故韩愈慨然以道自任,宣称"使其道由愈粗传,随灭死万万无恨"④。

在排佛反佛的过程中,韩愈对佛教最为耿耿于怀的是"不知君臣之义,父子之情"⑤"外天下国家,灭其天常;子焉而不父其父,臣焉而不君其君,民焉而不事其事"⑥。在佛教这种刺激下,为了对抗佛教的这种"外天下国家""必弃而君臣,去而父子,禁而相生养之道"⑦,韩愈特意把《大学》提揭出来加以阐发:"'古之欲明明德于天下者,先治其国;欲治其国者,先齐其家。欲齐其家者,先修其身;欲修其身者,先正其心;欲正其心者,先诚其意。'然则古之所谓正心而诚意者,将以有为也。"⑧《大学》的"齐家治国平天下"可谓与佛教的"不知君臣之义,父子之情"⑨"外天下国家,灭其天常"⑩真正针锋相对,这就为韩愈排佛反佛提供了真正的理论依据和经典依据。《大学》原为《礼记》中的一篇,自秦汉以来并不为人们

---

① 《原道》,《韩昌黎集》卷十一。
② 《原道》,《韩昌黎集》卷十一。
③ 《原道》,《韩昌黎集》卷十一。
④ 《与孟尚书书》,《韩昌黎集》卷十八。
⑤ 《论佛骨表》,《韩昌黎集》卷三十九。
⑥ 《原道》,《韩昌黎集》卷十一。
⑦ 《原道》,《韩昌黎集》卷十一。
⑧ 《原道》,《韩昌黎集》卷十一。
⑨ 《论佛骨表》,《韩昌黎集》卷三十九。
⑩ 《原道》,《韩昌黎集》卷十一。

所重视,如果没有佛教的刺激以及与佛教的行事比照,韩愈断不可提揭和重视作为《礼记》之一篇的《大学》。

唐代的佛学较之于儒学,心性之学无疑是其胜场,但佛教明心见性的结果却与儒家所期望的截然相反,韩愈也深深认识到这一点,故他称:"古之所谓正心而诚意者,将以有为也。今也欲治其心,而外天下国家,灭其天常。"①如何将"正心诚意"与"有为"、"治心"与"齐家治国平天下"结合起来使得二者一以贯之? 这显然也是韩愈所着力要解决的问题,在佛教特别是禅宗的"明心见性""见性成佛"等思想的影响与启迪下,韩愈在阐扬《大学》之"齐家治国平天下"的同时亦致力于儒家心性之学的发掘和探讨,力图为儒家的"仁义"及"齐家治国平天下"提供心性论的基础与根据,《原性》篇即他对"性"所作的儒家式的探究。在《原性》篇中,韩愈不仅视"性""与生俱生"先天本有,而且认为"其所以为性者五:曰仁、曰礼、曰信、曰义、曰智"②,这表明韩愈是以人之先天内在本有之"性"作为儒家仁义等核心价值的依据的,他在《答陈生书》中也论及了这一点:"盖君子病乎在己而顺乎在天,待己以信而事亲以诚。所谓病乎在己者,仁义存乎内,彼圣贤者能推而广之,而我蠢焉为众人。"③仁义内在,确切说,"仁义"内在于"性"或"性"具"仁义",具"仁义"之"性"无疑与禅宗"无相""无住"之性迥然有别。正因为此,朱子称赞道:"韩文《原性》人多忽之,却不见他好处。如言'所以为性者五,曰仁义礼智信',此言甚实。""退之说性,只将仁、义、礼、智来说,便是识高见处。"④"韩子《原性》曰:'人之性有五。'最识得性分明。"⑤当然,韩愈《原性》一文在理学家看来还相当粗疏,特别是他的性三品说,他试图对儒家的人性论作一总结以对抗佛教的人性论,但与董仲舒的三品说没有什么本质的区别。韩愈《原性》一文对儒家心性之学的发掘与发明尽管粗疏简陋,但他毕竟是在佛学在此领域有着极大的发言权的氛围下的孤明先发,他之所以能独得先机,这显然也与佛教心性之

① 《原道》,《韩昌黎集》卷十一。
② 《原性》,《韩昌黎集》卷十一。
③ 《答陈生书》,《韩昌黎集》卷十六。
④ 《朱子语类》卷一百三十七。
⑤ 《朱文公文集》卷七十三。

学的刺激和启迪分不开。

韩愈之前的士大夫排佛反佛,仅仅只是为排佛而排佛、为反佛而反佛,只破而不立;韩愈与他们不同的是:在排佛反佛的过程中,他不仅获得了一个看待儒家经典的新视野,而且还通过借鉴与比照佛教思想来倡导和宣扬与之相对的儒家思想,破中有立,从而使排斥佛教与倡导儒学结合为一体,发人之所未发,开了宋明新儒学的先河。因此,陈寅恪认为韩愈乃"唐代文化学术史上承先启后转旧为新关捩点之人物也"①。

二、韩愈与文僧

在《原道》和《论佛骨表》中,韩愈不仅要求把佛骨"投诸水火,永绝根本"②,而且还主张对佛教"人其人,火其书,庐其居"③,其排佛斥佛之态度之决绝、言辞之激烈、手段之粗暴,可谓无以复加。当好友柳宗元对僧徒文畅礼遇有加时,韩愈即作《送浮屠文畅师序》来表达他的不满:"今吾与文畅,安居而暇食,优游以生死,与禽兽异者,宁可不知其所自邪? 夫不知者,非其人之罪也;知而不为焉,惑也;悦乎故,不能即乎新者,弱也;知而不以告人者,不仁也,告而不以实者,不信也。"④依韩愈之见,作为儒者应对佛徒告之以圣人之道施之以圣人之教,否则,则是知而不为,不仁不信,未尽儒者之责。

尽管韩愈对柳宗元礼遇和友善僧徒颇有微词,但在佛风大盛的唐代,韩愈自己也无法避免不与佛教徒往来,事实上他佛教徒亦屡有交往。朱熹曾说:"退之虽辟佛,也多要接引僧徒。"⑤检观韩愈文集,韩愈有诗或文相赠的僧人先后有十五人:澄观、惠师、灵师、盈上人、僧约、文畅、无本、广宣、颖师、秀师、澹师、高闲、令纵、大颠、译经僧等。如果对韩愈这些诗或文作一简约分析,就可以对韩愈与

---

① 陈寅恪:《论韩昌黎》。
② 《论佛骨表》,《韩昌黎集》卷三十九。
③ 《原道》,《韩昌黎集》卷三十九。
④ 《送浮屠文畅师序》,《韩昌黎集》卷二十。
⑤ 《朱子语类》卷一百三十九。

佛教的关系有所了解和把握。

在韩愈作序赋诗相赠的僧人中,澄观可以说是最早得韩愈赋诗相赠者,此即著名的《送僧澄观》诗。此诗前半段云:"浮屠西来何施为,扰扰四海争奔驰。构楼架阁切星汉,夸雄斗丽止者谁。僧伽后出淮泗上,势到众佛尤恢奇。越商胡贾脱身罪,珪璧满船宁计资。清淮无波平如席,栏柱倾扶半天赤。火烧水转扫地空,突兀便高三百尺。影沈潭底龙惊遁,当昼无云跨虚碧。"①《送僧澄观》诗这一部分对佛教信徒修建寺塔时的穷奢极侈与劳民伤财严加斥责。此诗中间一部分云:"道人澄观名籍籍。愈昔从军大梁下,往来满屋贤豪者。皆言澄观虽僧徒,公才吏用当今无。后从徐州辟书至,纷纷过客何由记。人言澄观乃诗人,一座竞吟诗句新。向风长叹不可见,我欲收敛加冠巾。"②从诗的这一部分来看,僧人澄观既有吏才又有诗才,可惜遁入空门,但韩愈表示"我欲收敛加冠巾",也就是说,我要对其授之以圣人之道,劝其弃佛还俗用世。《送僧澄观》诗中的这种既对佛教大加斥责又对僧徒"我欲收敛加冠巾",可以说是韩愈的其他赠佛僧的诗文中屡屡出现的两大主题。前文提及的《送灵师》诗即如此,此诗的前一部分云:"佛法入中国,尔来六百年。齐民逃赋役,高士著幽禅,官吏不之制,纷纷听其然。耕桑日失隶,朝署时遗贤"③。这一部分可以说对佛教所造成的"齐民逃赋役,高士著幽禅"局面和危害作了毫不留情的抨击与谴责。中间一部分云:"灵师皇甫姓,胤胄本蝉联。少小涉书史,早能缀文篇。中间不得意,失迹成延迁。逸志不拘教,轩腾断牵挛……材调真可惜,朱丹在磨研。方将敛之道,且欲冠其颠。"④灵师早年博览书史善文章,但因不得志而遁入佛门,韩愈惜其才欲以圣人礼义教化他弃佛从儒,因此,韩愈在诗中称:"方将敛之道,且欲冠其颠。"

韩愈之所以频交僧徒并常常欲对其"我欲收敛加冠巾""方将敛之道,且欲冠其颠",他在《送浮屠文畅师序》中有一说明。他在此序中称:"人固有儒名而墨行者,问其名则是,校其行则非,可以与之游乎?如有墨名而儒行者,问其名则非,

---

① 《送僧澄观》,《韩昌黎集》卷七。
② 《送僧澄观》,《韩昌黎集》卷七。
③ 《送灵师》,《韩昌黎集》卷二。
④ 《送灵师》,《韩昌黎集》卷二。

校其行而是,可以与之游乎？扬子云称：'在门墙则挥之,在夷狄则进之。'吾取以为法焉。"①这表明：韩愈之所以如此对待僧徒,是因为他所效法和采取的是扬雄所谓的"在门墙则挥之,在夷狄则进之"的原则。

对韩愈而言,"佛者夷狄之一法耳",浮屠无非夷狄,故需"进之"。因此,他在《送浮屠文畅师序》中对浮屠文畅如此"进之"道："浮屠师文畅喜文章,其周游天下,凡有行必请于缙绅先生,以求咏歌其所志。贞元十九年春,将行东南,柳君宗元为之请。解其装,得所得叙诗累百余篇,非至笃好,其何能致多如是耶？惜其无以圣人之道告之者,而徒举浮屠之说赠焉。夫文畅,浮屠也。如欲闻浮屠之说,当自就其师而问之,何故谒吾徒而来请也？彼见吾君臣父子之懿,文物事为之盛,其心有慕焉,拘其法而未能入,故乐闻其说而请之。如吾徒者,宜当告之以二帝三王之道,日月星辰之行,天地之所以著,鬼神之所以幽,人物之所以蕃,江河之所以流,而语之,不当又为浮屠之说而渎告之也。民之初生,固若夷狄禽兽然。圣人者立,然后知宫居而粒食,亲亲而尊尊,生者养而死者藏。是故道莫大乎仁义,教莫正乎礼乐刑政。施之于天下,万物得其宜；措之于其躬,体安而气平。尧以是传之舜,舜以是传之禹,禹以是传之汤,汤以是传之文武,文武以是传之周公、孔子,书之于册,中国之人世守之。今浮屠者,孰为而孰传之耶？"②在韩愈看来,浮屠文畅之所以与我辈有诗文交往,是他对"吾君臣父子之懿,文物事为之盛"心有慕焉,既然他乐闻我圣人之道愿学我圣人之道,那么,我们就"宜当告之以二帝三王之道",告诉他"道莫大乎仁义,教莫正乎礼乐刑政",因为此道此教源远流长是"中国之人世守之"者。尽管这些话语是韩愈的一面之词亦是他的一厢情愿,但韩愈确实是这么想也是这样做的。每当他见到僧徒中多才多艺、才华出众者,他便只惜其才调而完全忘记了其佛徒之身份,并情不自禁地欣赏之赞誉之,或视其为友,或欲招之为徒,或规之劝之循循诱导之。他在《送浮屠令纵西游序》中亦将他这种爱才惜才之情表现得淋漓尽致："其行异,其情同,君子与其进,可也。令纵,释氏之秀者,又善为文,浮游徜徉,迹接天下。藩维大臣,文武豪士,

① 《送浮屠文畅师序》,《韩昌黎集》卷二十。
② 《送浮屠文畅师序》,《韩昌黎集》外集卷三。

令纵未始不褰衣而负业,往造其门下。其有尊行美德,建功树业,令纵从而为之歌颂,典而不谀,丽而不淫,其有中古之遗风与! 乘间致密,促席接膝,讥评文章,商较人氏,浩浩乎不穷,惜惜乎深而有归。于是乎吾忘令纵之为释氏之子也。"①韩愈在此对令纵的好学善文、见识过人可谓赞誉有加,他甚至称"其行异,其情同,君子与其进可也","吾忘令纵之为释氏之子也",其爱才惜才之心跃然纸上。

正是在韩愈这种爱才惜才之心的感召下,僧人也是诗人的无本亦即贾岛终于弃佛还俗,这是韩愈多年来用心良苦的成果,亦是在他循循善诱地劝说下最为成功的范例,但亦仅此一例而已。实际上,无论韩愈是多么苦口婆心地劝之、用心良苦地告之,但那些僧侣仍然是乐而不返依然故我。既然"孺子不可教""朽木不可雕",故韩愈对那些本应"进之"的夷狄之徒有时也就只好采取那种"挥之"的态度。他在《送惠师》中曾愤怒地与元惠划清界限道,"吾言子当去,子道非吾遵。江鱼不池活,野鸟难笼驯。吾非西方教,怜子狂且醇;吾嫉惰游者,怜子愚且谆。去矣各异趣,何为浪沾巾"②,我与你"道不同不相与谋",你何须纠缠。在《赠译经僧》中对译经僧更是严加斥责道;"万里休言道路赊,有谁教汝度流沙。只今中国方多事,不用无端更乱华"③,韩愈在此可谓义正词严,不稍假借。

三、韩愈与大颠

安史之乱之前,在盛唐的八面威风中,士人们尚能在建功立业的外在事功中寄托其豪情和身心,安史之乱之后,那盛极一时的大唐帝国竟然一蹶不振、暮气沉沉,"白头宫女在,闲话说玄宗"。既然那盛唐的气象、荣光和辉煌不再,那些从建功立业、外在事功之中退身下来的士人们除了向内来安顿身心已别无他途,于是,逃佛尤其是逃禅者蔚然成风,那些久困于章句的文人更是趋之若鹜。

---

① 《送浮屠令纵西游序》,《韩昌黎集》卷二十一。
② 《送惠师》,《韩昌黎集》卷二。
③ 《全唐诗》卷三百四十五(第二十四首)。

　　柳宗元曾在《送僧浩初序》中称："儒者韩退之与余善,尝病余嗜浮图言,訾余与浮图游。近陇西李生础自东都来,退之又寓书罪余,且曰:'见《送元生序》,不斥浮图'。浮图诚有不可斥者,往往与《易》《论语》合,诚乐之,其于性情爽然,不与孔子异道。"①柳宗元面对好友韩愈对自己的一次次责怪与不满,不仅毫不掩饰自己"嗜浮图",而且还声称"浮图诚有不可斥者"。为何柳宗元认为"浮图诚有不可斥者"？他在《送僧浩初序》中如此说明道:"吾之所取者与《易》《论语》合,虽圣人复生不可得而斥也。退之所罪者其迹也。曰:'髡而缁,无夫妇父子,不为耕农蚕桑而活乎人。'若是,虽吾亦不乐也。退之忿其外而遗其中,是知石而不知韫玉也。吾之所以嗜浮屠之言以此……今浩初闲其性,安其情,读其书,通《易》《论语》,唯山水之乐,有文而文之。有父子咸为其道,以养而居,泊焉而无求,则其贤于为庄、墨、申、韩之言,而逐逐然唯印组为务以相轧者,其亦远矣。"②对柳宗元而言,他之"嗜浮图"全然不在其对社会义务所持的那种否定态度,更不是向往僧侣的那种寺庙生活,而是僧徒那种"闲其性,安其情""泊焉而无求"的身心修养与精神境界,此亦即他所谓的"且凡为其道者,不爱官,不争能,乐山水而嗜闲安者为多,吾病世之逐逐然唯印组为务以相轧也,则舍是其焉从?"这表明他已强烈地感受到了佛教在精神生活和境界方面的吸引力及其自身心灵的需求。依柳宗元之见,韩愈只知罪浮图之"迹",而完全忽视浮图那种使人"性情爽然""闲其性,安其情""泊焉而无求"的身心修养与精神境界,是"忿其外而遗其中,是知石而不知韫玉也"。不仅如此,柳宗元借助佛教的这种身心修养与精神境界的观照发现儒家的经典《易》《论语》中也有着与此相合能使人"性情爽然"的修养和境界,故益增其自信道:"其于性情爽然,不与孔子异道""吾之所取者与《易》《论语》合,虽圣人复生不可得而斥也"。

　　在中唐时与"韩柳"齐名亦是他们的友人的刘禹锡也同样宣称道:"儒以中道御群生,罕言性命,故以世衰而演息;佛以大悲救诸苦,广启因业,故劫浊而益

① 《送僧浩初序》,《柳河东集》卷二十五。
② 《送僧浩初序》,《柳河东集》卷二十五。

尊。"①"以中道御群生"的儒家因"罕言性命",故致"世衰而演息";而佛教之所以"劫浊而益尊",即在于其有此"性命"之本,刘禹锡在此无疑是以此"性命"之学来作为衡量与判别儒佛高下的标准的。正因为如此,注重"性命"之学的刘禹锡晚年便一头扎进于佛典之中乐而忘返,他在述说自己这段早年习儒书晚读佛典的经历时称:"曩予习《礼》之《中庸》,至不勉而中,不思而得,悚然知圣人之德,学以至于无学。然而斯言也,犹示行者以室庐之奥尔,求其径术而布武,未易得也。晚读佛书,见大雄念物之普,级宝山而梯之,高揭慧火,巧熔恶见,广疏便门,旁束邪径,其所证入如舟沿川,未始念于前而日远矣,夫何勉而思之邪! 是余知突奥于《中庸》,启键关于内典,会而归之,犹初心也。"②刘禹锡早年读《中庸》时虽强烈地感受到那种"不勉而中,不思而得"的圣人境界的吸引力,却因找不到登堂入室的路径,故不得不放弃。晚年读佛书时,他不仅发现佛典"高揭慧火,巧熔恶见,广疏便门,旁束邪径",而且自己还亲身体证到了那种"如舟沿川,未始念于前而日远矣,夫何勉而思之邪"之境,这表明晚年的刘禹锡似乎通过读佛书找到了自己的安身立命之处。

柳宗元、刘禹锡早年皆习儒,踔厉风发,奋发进取,后在坎坷的人生途中都被佛之身心修养与精神境界所吸引而沉溺于佛。既然韩愈与他们俩生活于同一个时代又彼此相交相识而为友,那么,一生"困厄悲愁"而又"攘斥佛老"不遗余力的韩愈是否同他们一样也有过被佛之修养境界的魅力所吸引而有所迷恋的经历呢? 答案是肯定的。那也是在他晚年,在他向唐宪宗上他那封著名的《论佛骨表》后,"一封朝奏九重天,夕贬潮阳路八千"③,他由刑部侍郎贬为潮州刺史,在历经三个多月的艰辛跋涉后到达了去京长安路八千的蛮荒之地潮州,当时他的身心状况与处境且看他在《潮州刺史谢上表》的自述:"臣所领州,在广府极东界上,去广府虽云才二千里,然来往动皆经月。通海口,下恶水,涛泷壮猛,难计程期。飓风鳄鱼,患祸不测。州南近界,涨海连天,毒雾瘴氛,日夕发作。臣少多

---

① 《袁州萍乡县杨岐山故广禅师碑》,《刘梦得集》卷四。
② 《赠别君素上人》,《刘梦得集》卷二十九。
③ 《左迁至蓝关示侄孙湘》,《韩昌黎集》卷十。

病,年才五十,发白齿落,理不久长,加以罪犯至重,所处又极远恶,忧惶惭悸,死亡无日。单立一身,朝无亲党,居蛮夷之地,与魑魅为群。苟非陛下哀而念之,谁肯为臣言者?……臣负罪婴,自拘海岛,戚戚嗟嗟,日与死迫,曾不得奏薄技于从官之内、隶御之间,穷思毕精,以赎罪过。怀痛穷天,死不闭目,瞻望宸极,魂神飞去。"①从韩愈这一谢表的文字来看,处于地僻而又险恶之环境下的韩愈此时不仅满目萧然、怀痛穷天、孤立无助,而且在忧惶惭悸、戚戚嗟嗟中频感理不久长、日与死迫、死亡无日。韩愈对死亡的这种恐惧与无助,并非他谢表上的一时夸张之语,在他刚踏上贬谪之途时那首《左迁至蓝关示侄孙湘》中所谓"知汝远来应有意,好收吾骨瘴江边"即已有之,即使后来他离开了潮州但每当忆及其所贬之途所贬之地的情景,他内心深处那种对死亡的恐惧与无助仍挥之不去、心有余悸。例如:"前岁之春,愈以罪犯黜守潮州。惧以谴死,且虞海山之波雾瘴毒为灾,以殒其命,舟次祠下,是用有祷于神。"②"元和十四年春,余以言事得罪,黜为潮州刺史。其地于汉为南海之揭阳,厉毒所聚,惧不得脱死,过庙而祷之。"③"惧以谴死""惧不得脱死",毫无疑问,在韩愈踏上贬潮之途起死亡的阴影与恐惧即如魅相随,此确确实实是他当时的真实心态和处境。

面对生还无日、日与死迫,贬谪途中,韩愈虽平日宣称"事佛求福,乃更得祸",但此时的他也不得不"有祷于神""过庙而祷之"以求神护佑;抵潮之后,韩愈尽管驱鳄兴学勤于政事尽其职守,但政事之余他所着力的无疑是:如何来排遣和化解那怀痛穷天、死亡无日的恐惧与无望?如何来慰藉和平衡自己那百无聊赖、生意几尽的心境?就在此孤独无助、无可告语之际,韩愈听说并见到了一个人,此即僧人大颠。关于大颠,据顺治《吴府志》卷十记载:"释宝通,号大颠,潮阳县人。与药山惟俨同师惠照于西岩,既复游南岳,参石头希迁。后入罗浮瀑布岩……贞元五年(789)开白牛岩以居……七年(791)建灵山院……长庆四年(824)年九十有三,无疾而逝。"由此可见,大颠为禅宗六祖慧能的四传弟子,潮州

---

① 《潮州刺史谢上表》,《韩昌黎集》卷三十九。
② 《祭湘君夫人文》,《韩昌黎集》卷二十三。
③ 《黄陵庙碑》,《韩昌黎集》卷三十一。

灵山禅院的创立者。有关直接涉及韩愈与大颠交往的文字现存有韩愈的《与孟尚书书》和《与大颠师书》三封，由于韩愈的这三封《与大颠师书》真伪难辨，历史上即已聚讼纷纭，故撇开不论，下面我们只就韩愈的《与孟尚书书》作一分析与讨论。

在《与孟尚书书》中，韩愈对自己与大颠的交往如此记述道："潮州时，有一老僧号大颠，颇聪明，识道理，远地无可与语者，故自山召至州郭，留十数日，实能外形骸，以理自胜，不为事物侵乱。与之语，虽不尽解，要自胸中无滞碍；以为难得，因与来往。及祭神至海上，遂造其庐，及来袁州，留衣服为别。"①从韩愈的这一叙述来看，他在潮州时听说了老和尚大颠之后，于是把他从灵山禅院招请到了州府衙署，韩愈也就与大颠相处了十数日，通过这十数日的相处，韩愈觉得这一老僧诚为难得和可贵。感佩之余，韩愈后来曾两次亲自去灵山禅院造访大颠，一次是在祭神于海上时借道灵山与其相会；另一次是在量移为袁州刺史即将离开潮州之际他又特意亲往灵山禅院访大颠并"留衣服为别"。韩愈在潮州仅七个月，但就是在这短短的七个月里他不仅留大颠在衙署十数日，而且竟连连造访大颠，这似乎与他平日所作所为大相径庭。因为他以往遇僧徒不是教之以圣人之道，就是严词斥责不假颜色，何以唯独对一蛮荒之地的老僧既敬且佩礼遇有加？对于韩愈与大颠的交往及其关系，朱熹曾有过许多分析与探讨。朱熹作为宋代理学的集大成者，他不仅对宋代理学开创者们的思想作过全面的综合与整理，而且对那些理学形成过程中发挥过作用的文人与学者的思想也有过深入的探讨，朱熹对公认为理学先驱者的韩愈极为重视，他研究韩愈的文字达 84 篇②之多，大大超出他前后的任何学者。以朱熹对韩愈的用力之勤了解之全探讨之深，历史上应无有任何学者能出其右，故下面主要依据朱熹的这些分析与探讨对韩愈与大颠的关系作进一步的说明与把握。

在《朱子语类》卷一百三十七中，朱子与门人在讨论韩愈与大颠的关系时，他曾有过一个说明："退之晚来觉没顿身己处，如招聚许多人博塞为戏，所与交如灵师惠师之徒皆欲饮酒无赖。及至海上见大颠，壁立万仞，自是心服。其言'实能

---

① 《与孟尚书书》，《韩昌黎集》卷十八。
② 吴文治：《韩愈资料汇编》，中华书局，1983 年。

外形骸,以理自胜,不为事物侵乱',此是退之死矣。"①朱子的这一说明显然是顺韩愈自己所谓大颠"实能外形骸,以理自胜,不为事物侵乱。与之语,虽不尽解,要自胸中无滞碍"的说法而来,这应符合事实。在韩愈所交接的僧徒中,大颠之前都只是一些饮酒吟诗有文才的无赖和尚,无德更无行;大颠与他们不同的是:不仅是"颇聪明,识道理",而且是一躬身践履有德有行具极高修养境界之高僧。综合韩愈与朱子的说明我们完全可以说:处于生死困穷之际的韩愈此时不仅为大颠德行兼备的人格魅力所倾倒,而且更为大颠"胸中无滞碍"的修养境界所深深折服。

对于韩愈之所以"心服"大颠的原因,朱子也为此作了进一步的分析:"他也是不曾去做工夫。他于外面皮壳子上都见得,安排位次是恁地。于原道中所谓'寒而后为之衣,饥然后为之食,为宫室,为城郭'等,皆说得好。只是不曾向里面省察,不曾就身上细密做工夫。只从粗处去,不见得原头来处。如一港水,他只见得是水,却不见那原头来处是如何。把那道别做一件事。道是可以行于世,我今只是恁地去行。故立朝议论风采,亦有可观,却不是从里面流出。平日只以做文吟诗,饮酒博戏为事。及贬潮州,寂寥,无人共吟诗,无人共饮酒,又无人共博戏,见一个僧说道理,便为之动。如云'所示广大深迥,非造次可喻',不知大颠与他说个什么,得恁地倾心信向。韩公所说底,大颠未必晓得;大颠所说底,韩公亦见不破。但是它说得恁地好后,便被它动了。"②"佛学自前也只是外面粗说,到梁达摩来,方说那心性。然士大夫未甚理会做工夫。及唐中宗时有六祖禅学,专就身上做工夫,直要求心见性。士大夫才有向里者,无不归他去。韩公当初若早有向里底工夫,亦早落在中去了。"③从上述朱子分析韩愈"心服"大颠的原因来看,其原因概而言之有三点:首先,韩愈只是一个做文吟诗、饮酒博戏的文士而已;其次,韩愈既无内在的身心修养也无践履功夫;再次,韩愈对儒学只有粗浅表面的认识和知识并"不见得原头来处"。当然,这三点之间是相互联系,相互影响、相互制约的。

---

① 《朱子语类》卷一百三十七。
② 《朱子语类》卷一百三十七。
③ 《朱子语类》卷一百三十七。

对于韩愈的文人习气这一点,朱子在研读韩愈诗文的过程中曾屡屡提及,例如,他在研读韩愈的文集后认为:"今读其(韩愈)书,则出于诙谐、戏豫、放浪而无实者,自不为少。"①他在研读韩愈的诗后指出:"然考其(韩愈)平生意向之所在,终不免于文士浮华放浪之习,世俗富贵利达之求。他当初本只是要讨官职做,始终只是这心。他只是要做得言语似六经,便以为传道。至其每日功夫,只是作诗博弈,酣饮取乐而已,观其诗便可见。"②其实,韩愈仅是一未脱文人之习的文士从北宋初僧人契嵩开始就有此看法,就是当时颇为推崇韩愈的欧阳修也觉得无法否认这一点:"每见前世有名人,当论事时,感激不避诛死,真若知义者。及到贬所,则戚戚怨嗟,有不堪之穷愁形于文字。其心欢戚,不异庸人。虽韩文公不免此累。"③契嵩、欧阳修之后,人们一般都认同这一看法。可见,视韩愈为一未脱文人之习的文士并非朱子之私见,而是历史上人们的共识。

关于韩愈既无内在的身心修养也无践履功夫这一点,显然,从韩愈为一未脱文人之习的文士这一点即可以推出,因为一个终日把时间精力消磨与耗费在做文戏豫、吟诗博弈、酣饮取乐的文士绝不可能从事那种艰辛的日复一日、年复一年的身心修养与锻炼,当然也不可能真正去践履与实践自己的理念和思想。实际上,作为理学家的朱熹与作为文士的韩愈的最主要的区别就在于朱子终其一生有着持之以恒的"践履功夫"而韩愈则无此"践履功夫",而判别理学家与文士的标准可以说正在于此,故有此"践履功夫"的朱子在研究韩愈其人其学时自然极易见出这一点。当然,从韩愈本身的思想来看,他既没有为人之身心修养提供理论上的依据,也没有为人之身心修养提供任何具体可行的方法。以他的与人之身心修养最有关的性三品为例。韩愈称:"性之品有上中下三:上焉者,善焉而已矣;中焉者,可导而上下也;下焉者,恶焉而已矣。"④"曰上之性,就学而愈明;下之性,畏威而寡罪。是故上者可教,而下者可制也。其品则孔子谓不移

① 《读唐志》,《朱文公文集》卷七十。
② 《王氏续经说》,参见《韩愈资料汇编》第401页。
③ 欧阳修:《欧阳修全集》,中华书局,2001年,第491页。
④ 《原性》,《韩昌黎集》卷十一。

也。"①在韩愈看来,上品人性纯善无恶,下品人性恶而无善,中品人性或为善或为不善,并且每个人生来属何种品类是固定的,不可改变。既然此三种品类的人性是固定而不可变的,那么,生而性善的上品之人其实无须修身进德亦自然是圣人,而生而性恶的下品之人则无论多么努力去修身进德仍还是恶人。对生来即圣的上品之人而言,韩愈所谓"就学而愈明""上者可教"显然是多此一举之赘言;对生来即恶的下品人性之人而言,由于无法提升其道德,故除了"制之""畏威而寡罪"别无他途。至于中品之性,因其既不是指纯善无恶之性也不是指纯恶无善之性,故无疑是指善恶相混之性,这就与扬雄所主张的"性善恶混"的观点并无不同,扬雄认为:"人之性也,善恶混。修其善则为善人,修其恶则为恶人。气也者,所以适善恶之马也与?"②司马光颇赞同扬雄的这一观点,故在注释扬雄段话时称:"夫性者,人之所受于天以生者也,善与恶必兼有之,犹阴之与阳也。"③对"善恶混"的中品人性之人而言,因为其同时兼有天生的善与恶两性,若依此善恶相混之两性来从事其自身的身心修养,那么为善的可能性显然只有一半而已,故主张"性善恶混"的观点的人并没有为人之自身的修身进德提供理论上的依据,也可以说他们不重视人之自身的道德提升。扬雄所谓的"人之性也,善恶混。修其善则为善人,修其恶则为恶人",实际上是指:人同时兼有天生的善性和恶性,在外在的环境的影响和教育的形塑下,可以为善,可以为不善。韩愈所谓的"中焉者,可导而上下也"亦显然指:"善恶混"的中品之人在外在的环境和教育的影响下或为善或为不善。一个"导"字也表明了"中焉者"的为善为不善是由外在的环境和教育的引导所致。正因为韩愈在人之自身的修身进德上既没有提供理论根据又没有提供践履之方,故他在《原道》中所反复强调的是"有圣人者立,然后教之以相生养之道","如古之无圣人,人之类灭久矣","明先王之道以道之"④。依韩愈之见,人类之所以能世代绵延、相生相养,全赖圣人之教先王之道之力。毫

---

① 《原性》,《韩昌黎集》卷十一。
② 《法言义疏》卷三,中华书局,1987年,第85页。
③ 《法言义疏》卷三,第85页。
④ 《原道》,《韩愈集》卷十一。

无疑问,韩愈所推崇的"圣人""先王"绝非人们修身进德的榜样与楷模,而是人类的救主和教化芸芸众生的教主。由此可见,韩愈不仅其自身缺乏内在的身心修养和践履功夫,而且他从根本上就不关注个人的修身进德和从身心上做功夫。

关于韩愈对儒学只有粗浅表面的认识和知识并"不见得原头来处"这一点,其实也与前面两点大有关系。由于韩愈作为一个终日吟诗饮酒博戏的文士并不关注个人的身心修养与修身进德更没有提供理论上的根据和践履之方,这就使得韩愈不仅不重视儒学自身的理论建设,而且对儒家思想也只停留在粗浅表面的认识上并没有进一步地推进和发展。如果说他早年"穷究于经传史百家之说,沉潜乎训义反复乎句读"①是儒学的传统习惯使然,那么,他后来倡导道统推崇孟子阐扬《大学》则主要是出于他当时在现实政治伦理上来排击佛老的考虑和需要,此无疑是一种以工具性、政治性为主导来标榜儒学宣扬儒学的思维和做法。在这种出自现实政治需要的工具性思维主导下,韩愈显然不会真正去关心儒学自身的理论建设,当然更谈不上从"原头来处"去推进和发展儒学,实际上他所提倡的儒学还只是一种简单与浅陋的口号与宣言而已,因此,他所宣扬的儒学不仅在佛老那系统完备的理论面前缺乏理论上的说服力,而且在现实生活中也无法满足人们的需要真正与佛老抗衡。对韩愈来说,既然批判的武器不能让对手心悦诚服,于是,他坚决主张采用武器的批判对对手的一切形而下的东西完全、彻底、干净地消灭之。"人其人,火其书,庐其居"②"乞以此骨付之有司,投诸水火,永绝根本,断天下之疑,绝后代之惑"。③ 何等干净利落! 又何等粗暴野蛮! 此可谓那种政治性、工具性思维的登峰造极。

作为一个以道自任的儒者,韩愈的儒家立场不容怀疑;作为一个毫无身心修养戚戚怨嗟的文士,韩愈心服并向往老僧大颠"胸中无滞碍"之境也应是无可否认的事实。何以兼顾协调此两者,其实正是后来七八百年里理学家们一直关注并致力解决的问题,作为理学先驱者的韩愈在面对此问题时的尴尬与困扰则可

① 《上兵部李侍昌黎郎书》,《韩昌黎集》卷十五。
② 《原道》,《韩昌黎集》卷十一。
③ 《论佛骨表》,《韩昌黎集》卷三十九。

想而知,当他与大颠游以致人们误以为他信奉佛教时,他只好对天地鬼神发誓以自证道"天地鬼神,临之在上,质之在傍,又安得因一摧折,自毁其道,以从于邪也"!①"胸中无滞碍"究竟何义?何以令激进排佛的韩愈竟如此倾倒与向往?"胸中无滞碍"就是在任何情况下、任何环境中都不为外在的诱惑冲击所牵引侵乱和内在的情感情绪所干扰破坏,时时保持心境的平静和自得,此即《金刚经》所谓"应无所著而生其心",这意味着已不受感性自然法则的支配与制约,可谓一摆脱了自然因果性的自由之境。这一无滞无碍的境界显然超出了社会伦理意义是一具有人之生存意义的超越之境,换言之,这一无滞无碍之境所含有的生存意义上的智慧和境界已超出了纯粹伦理之意义而与宗教之境相通。对一个儒者来说,追求这一境界并不以放弃儒家的生活态度与伦理道德之境为条件,而是为了更好地成就此伦理道德之境真正达到道德的至善。具体就韩愈而言,这一境界尽管对遭受了巨大的人生变故的韩愈有一种精神的震撼和发自心灵的强烈需要,但并不影响他的儒家立场,他也无须放弃自己的儒家信念。毫无疑问,这一无滞无碍之境需要长期的身心修养与精神锻炼才能达致和实现,而非靠某种社会伦理实践的方式即可获得。正是有见于佛道这一生存意义上的境界与智慧,后来王阳明曾感慨系之道:"人生动多牵滞,反不若他流外道之脱然也。"②因此,陈来先生指出:"佛老对儒家的挑战,从根本上来说,不在于如何对待伦理关系,而在于面对人的生存情景及深度感受方面的问题提供给人以安身立命的答案。"③"如果说中唐儒者对'无'的境界的向往多出于满足自己在坎坷的人生旅途中安心立命的心灵需要,那么,宋儒则是力图从根本上把佛教的这种境界及实现此种境界的工夫扬弃到儒家内部来。"④"在这个意义下,整个宋明理学发展的一个基本主题就是:如何在儒家有我之境的立场上消化吸收佛教(也包括道家文化)的无我之境"⑤。

① 《与孟尚书书》,《韩昌黎集》卷十八。
② 《与黄宗贤》,《阳明全书》卷四。
③ 陈来:《有无之境》,人民出版社,1991年,第241—242页。
④ 陈来:《有无之境》,人民出版社,1991年,第237—238页。
⑤ 陈来:《有无之境》,人民出版社,1991年,第236页。

万事随缘，是安乐法

——唐、宋道家修养论的一个问题

山田俊

（日本熊本县立大学文学部）

序

南宋的夏元鼎《紫阳真人悟真篇讲义》（以下简称《悟真篇讲义》）中见"安乐法"一词。[①] 按夏元鼎之理解，"安乐法"并不是究竟教法，而是水平较低的道术。他说："世人徒泥于此，往往以心为离，以肾为坎，使心肾相交，水火既济，便执为金丹作用，非也。此特安乐法也。"[②]即"心离"与"肾坎"之一体化本身是"安乐法"而已。再曰："苟得师传，则目击道存，赫赤金丹一日成矣。倘盲修瞎炼，以上诸法止可安乐延年，差胜于轻生迷本之徒。"[③]未经过"师传"的修炼比"轻生迷本之徒"稍好，但只不过是"安乐延年"而已。还曰："惟其罕知，乃以鼻为天门，谓之玄，口为地户，为之牝，吐故纳新，多入少出，昼夜不停，以为得道者在是。殊不知此特道引安乐法耳。虽行经千载，何预于金丹大道哉。"[④]仅靠"鼻、口"而实行"吐

---

① 参阅拙稿：《夏元鼎思想研究之一：〈悟真篇讲义〉を中心に》，《九州中国学会报》第 53 卷，2015 年，第 15—29 页。
② ［南宋］夏元鼎：《悟真篇讲义》卷一，《道藏》第 4 册，第 2962 页下。本论使用的《道藏》所收文献皆用《正统道藏》，艺文印书馆，1979 年。
③ 夏元鼎：《悟真篇讲义》卷二，第 2973 页上。
④ 夏元鼎：《悟真篇讲义》卷四，第 2988 页上。

故纳新"的教法只不过是"道引安乐法",无论怎么修炼,也达不到"金丹大道"。

其实"安乐"的含义并不难懂,如《史记·秦始皇本纪》曰:

> 仆射周青臣进颂曰:"他时秦地不过千里,赖陛下神灵明圣,平定海内,放逐蛮夷,日月所照,莫不宾服。以诸侯为郡县,人人自安乐,无战争之患,传之万世。自上古不及陛下威德。"①

此"安乐"的意思是由于秦始皇的明圣,百姓才能过安稳的日子。按字义来说,这是"安乐"最基本的含义。但另一方面,《孟子·告子下》曰:

> 入则无法家拂士,出则无敌国外患者,国恒亡。然后知生于忧患,而死于安乐也。②

如果国家没有内忧外患,凡庸君主容易坠于自然安逸,此"安乐"一词有批评的意思。赵岐注也曰:

> 入,谓国内也。无法度大臣之家,辅弼之士。出,谓国外也。无敌国可难,无外患可忧,则凡庸之君,骄慢荒怠,国常以此亡也。故知能生于忧患,死于安乐也。死,亡也。安乐怠慢,使人亡其知能者也。③

"安乐"即"怠慢",朱熹注也曰:"以上文观之,则知人之生全,出于忧患,而死亡由于安乐矣。尹氏曰:'言困穷拂郁,能坚人之志,而熟人之仁,以安乐失之者多矣'"。④ "安乐"即"安乐失之"的意思。据此能知,"安乐"早就具有褒贬两义。

---

① 《史记》卷六,中华书局,1959 年,第 254 页。
② 《孟子注疏解经·告子章句下》,《十三经注疏分段标点》第 20 册,新文丰出版公司,2001 年,第 544 页上。
③ 《孟子注疏解经·告子章句下》注,第 544 页下。
④ [南宋] 朱熹:《孟子集注·告子章句下》卷十二,《四书章句集注》,《新编诸子集成》第一辑,中华书局,1983 年,第 348 页。

《悟真篇讲义》中带有贬义的"安乐法""安乐延年"具有如何的思想背景呢？"安乐延年"见于不少道教文献，它们具有何种含义呢？"止可安乐延年"暗示着道教史上实际存在被称为"安乐法"之道法，它们属于何种道流呢？如此等等之事，本论文将做一番研讨。①

一、道教文献中的"安乐法"和"安乐"

（一）道教文献中的"安乐法"

道教文献中出现"安乐法"，大部分在近世以降，最早的是唐代撰写的《太上十二上品飞天法轮劝戒妙经》。② 经曰："而尊此戒是神文咒，能使无明一念消尽，是安乐法、是胜进方。三世圣贤同所崇奉，乃至四八天界，五亿地居，帝王后妃，太子公主，一切宰官，初就位时，皆应持诵。"③奉戒而消灭"无明一念"乃是"安乐法""胜进方"，是所有大众应该尊重持诵的教法。只有"安乐法"才能解除迷惑。并用的"胜进方"是提高修道者境界的佛教概念，可知该经撰于佛教思想之影响下。经中的"安乐法"具有褒义。

其他例子均属于近世之降，下面按大致撰写时期，继续进行分析。

王重阳（1113—1170）《送军判弟求安乐法》曰："欲求要乐禀良因，须是心开离垢尘。闹里莫令萦损气，静中应许食全神。自然认得三光秀，决定通和四序

---

① 关于道教文献中的"安乐法"，中国道教协会、苏州道教协会：《道教大辞典》在"渐法三乘"之词条下，引用了 13 世纪末至 14 世纪初李道纯的《中和集》为例，北京：华夏出版社，1994 年，第 889 页。《中和集》将"安乐法"置于"下乘、中乘、上乘、最上一乘"之"下乘"："下乘者，以身心为鼎炉，精气为药物，心肾为水火，五脏为五行，肝肺为龙虎，精为真种子，以年月日时行火候，咽津灌溉为沐浴，口鼻为三要，肾前脐后为玄关，五行混合为丹成，此乃安乐之法。其中作用百余条。若能忘情亦可养命〔与上三品稍同作用处别〕"，李道纯：《中和集》卷二，《道藏》第 7 册，第 5238 页上。据此观之，李道纯将"安乐法"视为限于身体范围的修炼法。而他认为以"忘情"为基础才能达到"养命"，如果弄错其次序，会给身体带来损害。"作用百余条"是指"安乐法"杂而多端。《道教大辞典》是现代中国道教的代表辞典之一，因此，关于"安乐法"的这种理解在一定程度上流行于一般读者之间。关于李道纯的先行研究不少，比如参阅〔日〕横手裕：《看话と内丹：宋元时代における佛教、道教交渉の一侧面》，《思想》第 814 号，1992 年，第 22—44 页。

② Kristofer Schipper and Franciscus Verellen, eds., *The Taoist Canon: A Historical Companion to the Daozang* (Chicago: The University of Chicago Press, 2005), p. 545(以下简称《道藏通考》)。

③ 《太上十二上品飞天法轮劝戒妙经》，《道藏》第 5 册，第 3523 页下。

春。外假莹明内真乐,凡人不觉做仙人。"①为了追求"安乐法",需要"良因"。即"心开离垢尘"乃是将其心从世事解放出来而离开俗世尘芥,以此"良因"为基础,才能不损害"气"而维持"神"。此即对于"求安乐法"的一个回答。《望蓬莱》也曰:"修炼事,子细好铺陈。外做四肢安乐法,内观五脏倒颠因,便是得全真。坚守定,营壳要申申。二气合和开本性,三田搬运助灵神,只此唤仙人。"②对"全真"之"修炼事",从"外、内"两方面来论,即"安乐四肢"及"内观五脏"。王重阳所说的"安乐法"细节不明,但从其所谓的"外做",能推断为这是涉及身体部位的修炼法。而且以身体为主的"外、内"修炼均称为"得全真",据此能知,王重阳积极地使用"安乐法"一词。

《太上十二上品飞天法轮劝戒妙经》的"安乐法"是据戒来解除"无明",王重阳《送军判弟求安乐法》的"安乐法"是则经过"心开离垢尘"来解除心之迷惑的,但两者均是与心性问题有密切关系的积极用法。王重阳《望蓬莱》既然提到"开本性",那么也应该是与回复本来性有关的修炼法。

早期全真道论著中的"安乐法"只有王重阳之例,其他都只提到"安乐"一词。就这些"安乐"的用法,在后文将重新加以检讨。

生于 13 世纪前半的陈楠有《罗浮翠虚吟》,曰:

若非金液还丹诀,不必空自劳精神。有如迷者学采战,心心只向房中恋。谓之阴丹御女方,手按眉间吸气咽。夺人精气补吾身,执着三峯信邪见。产门唤作生身处,九浅一深行几遍。轩后彭祖老容成,黄谷寿光赵飞燕。他家别有通宵路,酒肆淫坊戏历炼。莫言花里遇神仙,即把金篦换瓦片。树根已朽叶徒青,气海波翻死如箭。其他有若诸旁门,尚自可结安乐缘。有如服气为中黄,有如守顶为混元。有如运气为先天,有如咽液为灵泉。或者脾边认一穴,执定为之呼吸根。或者口鼻作玄牝,纳清吐浊为返还。或者默朝高上

---

① [金]王重阳:《重阳全真集》卷一,《道藏》第 43 册,第 34397 页下。《重阳全真集》有金大定二十八年(1188)范怿《序》。
② 王重阳:《重阳全真集》卷四,第 34434 页下。

帝，心目上视守泥丸。与彼存思气升降，以此谓之夹脊关。与彼闭息吞津唾，谓之玉液金液丹。与彼存神守脐下，与彼作念想眉间。又如运心思脊骨，又如合口柱舌端。竦肩缩颈偃脊背，唤作直入王京山。口为华池舌为龙，唤作神水流潺潺。此个旁门安乐法，拟作天仙岂不难。①

首先，"阴丹御女方"以下的诸术均不是"金液还丹诀"，而是令"精神"疲弊的无益之术。其次，"服气为中黄"至"神水流潺潺"的诸术称作"诸旁门""安乐缘""旁门安乐法"等，均是关于身体的导引养生术，它们也不是究竟的炼丹教法。不仅如此，陈楠还曰："若欲延年救老残，断除淫欲行旁门。果将流形永住世，除非运火炼神丹。神丹之功三百日，七解七蜕成大还。聚则成形散成气，天上人间总一般。宁可求师安乐法，不可邪淫采精血。"②与其进行"邪淫采精血"，还不如追求"安乐法"。据此能知，"安乐法"虽然不是究竟道法，但也并非一无是处。

南宋的萧应叟《元始无量度人上品妙经内义》曰：

> 若能修炼，何妨在市居朝之语。使世人能以此道自任，日日拔置，少顷为之，勤行不退，必有成效。应机接物之间，毋忘回光返照，则金丹光明，常现烁烁。纵未打成一片，亦是安乐法门，益寿延年，不被业转。③

只要在日常生活中不断奋勉"修炼"、不断实行"回光返照"，"金丹"就能完成。即使不能完成"金丹"，也能达到"安乐法门，益寿延年"，而能从"业转"解放出来。它虽不是究竟道法，也不是没有意义的。

元代的俞琰《周易参同契发挥》引用丘处机《鸣道集》："丘长春《鸣道集》云：

---

① ［南宋］陈楠：《翠虚篇》卷七，《道藏》第 40 册，第 32257 页下。此吟另有题为《泥丸真人罗浮翠虚吟》的版本，收入［南宋］彭耜编：《海琼白真人语录》卷四，《道藏》第 55 册，第 44413 页上。两种《翠虚吟》之间有些不同之处，一般认为《泥丸真人罗浮翠虚吟》版本较好，但在此用陈楠其人《翠虚篇》收录的版本。

② 陈楠：《翠虚篇》卷十一，第 32259 页下。

③ ［南宋］萧应叟：《元始无量度人上品妙经内义》卷三，《道藏》第 3 册，第 1907 页上。该经附有南宋宝庆二年（1226）的《表》。关于萧应叟，参阅张崇富：《〈度人经内义〉的性情说》，《西南民族大学学报（哲学社会科学版）》2003 年第 5 期，第 199—201 页。

'不是朝昏坐行,功扭捏成。'盖修炼九转金液大丹,与旁门小安乐法不同,是必谢绝人事,专心致志,夜以继日,勤而行之,乃能成功"。[1] 俞琰认为,"修炼九转液大丹"与"旁门小安乐法"不同,其"旁门小安乐法"细节不明,但可以说是追求拙而速的,不是究竟的道法。值得注意的是,俞琰将"安乐法"看成非"谢绝人事,专心致志",据此能知,他对于在俗世之中实行的"安乐法"是持批评立场的。

最后,元代的林辕《谷神篇》曰:"父精母血汞铅根,有质玄含元始尊。辨别还丹知妙药,亲疏大道与傍门。乳为血宅犹宜啜,炁是精蓝急可吞。抱一更修安乐法,何忧性命不常存。"[2]林辕要分清"还丹"与"妙药"、"大道"与"傍门",而只要修炼"抱一"及"安乐法","性命"就能"常存"。即为了"性命"双修,须要同修"抱一""安乐",可以说"抱一"相当于"修性","安乐"相当于"修命"。作为"性命"双修之一被积极提到的"安乐法","安乐法"并不属于林辕所谓的"傍门"。

上文对于 14 世纪初期及以前的道教文献中所见的"安乐法"加以分析。既有与心性问题密切相关的积极用法,也有限于身体修炼的用法。后者虽被承认具有一定意义,但在修炼中处于较低的地位。据管见所及,只有《谷神篇》的"安乐法"具有更为积极的含义,关于其在思想史上的意义,后文将重新加以检讨。

(二) 道教文献中的"安乐"

(1) 六朝、唐代、五代

下面将分析范围扩大一点,对于"安乐"一词加以分析。最早见于《太上洞玄灵宝智慧本愿大戒上品经》:

> 戒曰:劝助一切民人除嫉去欲,履行众善,令人世世安乐,祸乱不生,病者自愈,仕宦高迁,为众所仰,莫不吉祐,门户清贵,天人爱育,神魔敬护,常

---

① [南宋]俞琰:《周易参同契发挥》卷三,《道藏》第 34 册,第 26909 页下。该文献附有元至元元年(1284)《自序》。关于《鸣道集》,参阅陈敬阳:《丘处机佚著〈鸣道集〉考略》,《中国道教》2006 年第 3 期,第 44—45 页。

② [元]林辕:《谷神篇》卷上,《道藏》第 7 册,第 5305 页下。该文献附有元大德八年(1304)的《序》。关于《谷神篇》,参阅盖建民:《道教科学思想发凡》,社会科学文献出版社,2005 年,第 156—158 页。

生福地。①

此是本经所揭的"十善劝戒"之第十条，劝戒道流者努力让众生获得"安乐"境界，采用的是"安乐"的基本含义。

《洞玄灵宝本相运度劫期经》相当于依据六朝道经而至唐代重新编纂的《太上妙法本相经》之卷二十，其曰："五戒者，安乐无终患，人道常不绝。四十五念者，大慈之业，明始终，别三恶"。② "五戒"给众生带来"安乐无终患"，是扩展《太上洞玄灵宝智慧本愿大戒上品经》之戒思想的。卷二十一也曰："若有椭得眄其篇目者，皆庆及九玄，上生天上安乐之处"。③ 亲眼见到《本相经》的众生能生于"天上安乐之处"，即经典的神秘威力带来的"安乐"之状态，也是沿用了"安乐"的基本含义。

承自六朝《灵宝经》《升玄经》的思想而在唐代编纂的《太玄真一本际经》（以下简称《本际经》）中出现不少"安乐"。④ 卷一《护国品》曰："天尊曰：众生劣弱，未有正见，犹借资凭，不能无待，愿住世间，求世安乐。是故为说成就五方严净国土，使得安乐"。⑤ 被烦恼覆盖的众生想要长留于俗世而追求"安乐"，为了他们，"天尊"显现"五方严净国土"而让众生得到"安乐"。关于"净土"，卷八曰："若有能修此经法者，必登大罗真道彼岸，到安乐处，自在无为，湛然常住。"⑥此"安乐"即是形容"净土"（即彼岸）的。卷二曰："如车有轮，能运乘者，随意所至，到安乐处。是正法轮，亦复如是"。⑦ "此经非但能治惑病，亦能发生妙善之法，能使学

---

① 《太上洞玄灵宝智慧本愿大戒上品经》卷一，《道藏》第 10 册，第 7731 页下。《道藏通考》认为该经撰写于五世纪，第 238 页；任继愈主编：《道藏提要》（修订本）则认为本篇盖六朝古道经，中国社会科学出版社，1995 年，第 261 页。

② 《洞玄灵宝本相运度劫期经》，《道藏》第 9 册，第 7289 页下。参阅拙稿：《再论〈太上妙法本相经〉：以〈东极真人问事品第九〉为主》，《敦煌吐鲁番研究》第 4 卷，北京大学出版社，1999 年，第 489—507 页。

③ 敦煌《本相经·广说普众舍品》（敦煌文献 S. 2122）卷二十一，据大渊忍尔：《敦煌道经·图录篇》，福武书店，1979 年，第 588 页上。

④ 参阅拙著《唐初道教思想史研究：〈太玄真一本际经〉の成立と思想》，平乐寺书店，1999 年。以下的《本际经》均引自《唐初道教思想史研究》所附的《校本〈太玄真一本际经〉》。

⑤ 《本际经·护国品》卷一，《唐初道教思想史研究》，第 11 页。

⑥ 《本际经·最胜品》卷八，《唐初道教思想史研究》，第 127 页。

⑦ 《本际经·付嘱品》卷二，《唐初道教思想史研究》，第 39 页。

者到常乐处,不死之宫。譬如甘露,有服之者,终无横死,长命延年。此经如是,有服行者,必得常恒安乐之命"。① 即依据《本际经》教法来引导众人到达"安乐处"。卷三曰:"于是道君,弹指曚咳,一切众会,一时咸然。是二音声,遍十方界,皆演天尊上妙功德。其中众生,闻此音声,皆得安乐,离诸苦恼。"②听到"道君"所鸣的指音,所有众人得到"安乐"。这些"安乐"均是沿用了基本含义。

那么众人为何迷惑呢?《本际经》卷一曰:"颠倒烦恼,妄想执见,无常逼迫,不得自在。虚妄病愈,自然安乐。"③众人之所以迷惑者,是因为"颠倒烦恼,妄想执见"掩盖了其本来性,所以只要解除此"颠倒烦恼,妄想执见",就能回复本来面目而自然而然地得到"安乐"。关于"严净国土",卷一也曰:"三业既净,则六根净。六根净已,则六尘净。六尘净已,则诸法净。诸法净已,则国土净。国土既净,则无所染。无所染故,则无烦恼。既无烦恼,则为安乐。"④只要净化"三业""六根","诸法"也净化,其结果,"国土"会自然变为"净土","烦恼"也解除,众人能得到"安乐"。《本际经》卷九也曰:

> 言本身者,即是道性,清净之心,能为一切世间出世法之根本故。故名为本。如是真性,非心不心,非色不色。无缘虑故,非无常故,故言非心。能生心故,无不知故,亦名为心。无所碍故,故名非色。能生色故,道眼见故,亦名为色。是清净心,具足一切无量功德,智慧成就,常住自在,湛然安乐。但为烦恼所覆蔽故,未得显了,故名为性。⑤

众生的本来性"道性"是所有现象的根源,所以只要解除掩盖它的"烦恼"而回复本来之状态,就能达到"安乐",众生的"安乐"乃是回复"道性"的本来状态。《本际经》卷二也曰:"八者离二无常,不受诸受,心相寂灭,故名安乐"。⑥ 克服相

---

① 《本际经·付嘱品》卷二,《唐初道教思想史研究》,第42页。
② 《本际经·圣行品》卷三,《唐初道教思想史研究》,第57页。
③ 《本际经·护国品》卷一,《唐初道教思想史研究》,第14页。
④ 《本际经·护国品》卷一,《唐初道教思想史研究》,第15页。
⑤ 《本际经·缺题品》卷九,《唐初道教思想史研究》,第130页。
⑥ 《本际经·付嘱品》卷二,《唐初道教思想史研究》,第36页。

对概念的外延，解除烦恼，除去心之无益作用，这就称作"安乐"。

这种《本际经》的"道性"思想及其无所得空观之思想，均是受到佛教思想的深刻影响。例如，卷三曰："未开度者，誓使开度，未安乐者，誓使安乐，未解脱者，誓使解脱，未升玄者，誓使升玄。"①这应该是模仿如《法华经·药草喻品》中的"未度者令度，未解者令解，未安者令安，未涅槃者令得涅槃"般的佛教四弘誓愿。② 无独有偶，唐代《太上洞玄灵宝十号功德因缘妙经》也曰："未开度者誓与开度，未得道者誓令得道，未安乐者誓使安乐，未解脱者誓化解脱，未升玄者誓引升玄"。③

金代的李霖《道德真经取善集》引唐代的车惠弼的《道德经》注：

> 车惠弼曰：若往于生死，有累忧悲，斯则有害；若往大道，无为安乐，此则无害。而言安平泰者，不为死生所迁，名为安；诸法不二，名为平；无为安乐，名为泰。④

据解释"安、平、泰"的注文可知，车惠弼将从对于现象的拘泥解放出来的空之境界称为"无为安乐"，也是与《本际经》相同的。

五代时期的杜光庭《太上老君说常清静经注》，对于"常能遣其欲而心自静，澄其心而神自清"之句作出以下注解：

> 遣者，去除之喻也。人能去其情欲，内守元和，自然心神安静。心既安静，世欲岂能生焉。故引《西升经》之言，所谓教人修道，即修心也，教人修

---

① 《本际经·圣行品》卷三，《唐初道教思想史研究》，第61页。
② ［东晋］鸠摩罗什译：《妙法莲华经》，《大正新修大藏经》，大藏出版株式会社，1989年，普及版，第9册，第19页中。
③ 《太上洞玄灵宝十号功德因缘妙经》卷一，《道藏》第10册，第7690页下。关于该经的撰写时期，《道藏通考》认为它是唐代作品，第535页；《道藏提要》记为"是书之成，不得晚于唐代"，第255—256页。
④ ［金］李霖：《道德真经取善集》卷五，《道藏》第23册，第18261页上。关于车惠弼注，参阅拙著：《金朝道家道教的诸相》，汲古书院，2022年，第81页。

心,即修道也。故以令人绝利一源,修身养性,次保心神安乐。①

"修心"即除去"情欲",维持内在的"元和",实行此"修心"而达到"心神安静""心神安乐",即只要修养本来"真、性"就能达到"心神安乐"之境界。

以上的用法中,戒、四弘誓愿直接受到了佛教思想的影响,如《本际经》的"道性"概念那样,与唐代道经特色中的空观思想有关系的心性论也与佛教思想密切关联。杜光庭的"修心"及其"心神安乐"的结果也应受到了佛教思想的影响。这些"安乐"均不是以身体技法为主,而是与众生本来性有关的概念,在此前提之下,这些道经积极使用"安乐"一词。

最后,虽其撰写时期不明,被视为据六朝至唐代的道教思想而撰写的《洞玄灵宝诸天世界造化经》曰:

> 何谓五道。一者天道,二者人道,三者地狱之道,四者饿鬼之道,五者畜生虫兽之道。若其人生世积德深厚,得入上福,则生天道,长寿好形,安乐无极,还知宿命因缘之事。若其生世得在中福,则生人道,得其富贵之门,无所不足。②

"道"有五种,在现世所积的"德"将决定众生所转生的"道"。所积蓄的"德"最深厚的众生会转生于"天道",其姿态美丽,"安乐无极",也懂"宿命因缘"之道理。唐代的梁丘子《黄庭内景玉经注》对于"六神合集虚中宴"一句注曰:"六甲六丁六府等诸神,俱在身中,身中虚空,则宴然而安乐,不则忧泣矣。"③如果身中留着"六甲六丁六府"等体内神,身中却为"虚空""安乐",则不会"忧泣"了。这些"安乐"也都是采用了基本含义。

---

① [五代]杜光庭:《太上老君说常清静经注》卷七,《道藏》第 28 册,第 22811 页下。
② 《洞玄灵宝诸天世界造化经》卷一,《道藏》第 9 册,第 7307 页下。关于该经的撰写时期,《道藏提要》认为:"此经盖为六朝灵宝经之一",第 240 页。虽然该经的撰写时期不明,但其中所表现的现世积德与转生有密切关系的思想,见于不少受佛教影响的六朝至唐代的道经中,因此该经也是其中之一。参阅拙稿:《六朝从唐的道教文献所见的夷狄与外道》,收于[日]麦谷邦夫编:《三教交涉论丛》,道气社,2005 年,第 73—97 页。
③ [唐]梁丘子:《黄庭内景玉经注》卷下,《道藏》第 11 册,第 8293 页下。

(2) 宋代以降

到了北宋之后，不少炼丹文献将"安乐"看作思想史上的重要概念，其代表是被视为承自吕洞宾、钟离权思想的《钟吕传道集》以及《西山群仙会真记》。

现有《钟吕传道集》是由施肩吾所记录的吕洞宾与钟离权之间的答问，实际上则是一部撰写于 11 世纪后半期的假托作品。① 其《论真仙》将"仙"分为"鬼仙、人仙、地仙、神仙、天仙"五种，而如此解释"人仙"：

> 钟曰：人仙者，五仙之下二也。修真之士，不悟大道，道中得一法，法中得一术，信心若志，终世不移，五行之气，误交误合，形质且固，八邪之疫，不能为害，多安少病，乃曰人仙。②

"人仙"只不过是达到"大道"的一部分"法"，由于其"法"中的仅仅一"术"，其"形质"能稳定下来，"八邪"不能侵犯，不易患病。却又曰：

> 吕曰：是此人仙，何术何功而致如此？ 钟曰：修持之人，始也，或闻大道，业重福薄，一切磨难而改初心，止于小成法有功，终身不能改移，四时不能变换。如绝五味者，岂知有六气；忘七情者，岂知有十戒。行漱咽者，哈吐纳之为错。著采补者，笑清净以为愚。好即物以夺天地之气者，不肯休粮。好存想而采日月之精者，不肯导引，孤坐闭息，安知有自然，屈体劳形，不识于无为。采阴取妇人之气与缩金龟者不同，养阳食女子之乳与炼丹者不同。以类推究，不可胜数，然而皆是道也。不能全于大道，止于大道中一法一术，功成安乐延年而已。故曰人仙。③

"人仙"太拘泥于自己所取得的"术"，因此他们完全不能理解与自己不同之

---

① 参阅坂内荣夫：《〈钟吕传道集〉与内丹思想》，《中国思想史研究》，第 7 号，1984 年，第 39—76 页。

② 《修真十书·钟吕传道集》卷一四，《道藏》第 7 册，第 5486 页下。

③ 《修真十书·钟吕传道集》卷一四，第 5486 页下。

"术"。诸术只不过是"大道"的一部分,分为万端,即使依据它们修道,也只能达到"安乐延年"而已。"故曰人仙"的意思是,依据"安乐延年"教法,不能超越俗人的限制。同书又曰:"吕曰:形象,阴也。阴则有体以有为,无使形化气而超凡躯以入圣品,乃炼之上法也。因形留气,以气养形,小则安乐延年,大则留形住世"。[1] 囿于"形象"之"有为"范围的教法,不能达到"超凡躯以入圣品",此道法分为大、小两种,小的就称为"安乐延年"。从其"大"能达到"留形住世"来看,"小"之"安乐延年"可以推为不能达到长生不老。还有,传为撰于北宋的钟离权、吕洞宾《灵宝毕法》将上卷题作《小乘安乐延年法四门》,中卷题作《中乘长生不死法三门》,下卷题作《大乘超凡入圣法三门》,将"安乐延年"置于"小乘",次于能达到"长生不死"的"中乘",也是同样的立场。[2] 这些文献认为,"安乐延年"之术只不过是"大道"的一部分,在各种"道"法之最下位,仅仅依靠它们的话,"不老"也不能实现。此外,较《钟吕传道集》晚一点,在北宋后半之前撰写的《西山群仙会真记·养寿》曰:

> 三清真录曰:父母之真阴真阳二炁,以精血为胞胎,胎完炁足而为形矣。集灵资道,神炁相合而为寿定矣。大寿一万二千岁,守朴任具,虽亡而道不亡也。中寿一千二百岁,留形住世,道在而身亦在也。下寿一百二十岁,知之修炼,可以安乐延年,不知修炼,走失耗散。[3]

人之"寿"分为"大、中、下"三种,次于能达到"留形住世"之"中寿"的"下寿"之人,要"修炼"才能达到"安乐延年",不"修炼"就死灭,即不稳定的存在。卷四《真丹药》曰:"内之丹药,乃为真药,外之丹药,止可疗治病安乐而已。内丹小则长生不老,大则超凡入圣"。[4] "内丹","小"则可达"长生不老","大"则可致"超

---

① 《修真十书·钟吕传道集》卷一六,第5511页下。

② 《小乘安乐延年法四门》包括:匹配阴阳第一、聚散水火第二、交媾龙虎第三、烧炼丹药第四。参阅:《秘传正阳真人灵宝毕法》,《道藏》第47册,第37965—37971页。关于该文献的撰写时期,《道藏通考》定为北宋,第801页;《道藏提要》则认为"当在张伯端之前,盖出于唐末五代",第941页。

③ 《西山群仙会真记》卷二,《道藏》第7册,第5145页上。参阅坂内荣夫:《〈钟吕传道集〉与内丹思想》。关于该文献的撰写时期,《道藏通考》认为撰于北宋,第804页;《道藏提要》记"此编不晚于北宋",第245页。

④ 《西山群仙会真记》卷四,《道藏》第7册,第5154页下。

凡入圣"，"外丹"却只能治病而使人"安乐"而已。这种与"外丹"有关的"安乐"是很有特色的理解，但还是与能达"长生不老"之"内丹"有明确的区别。

假托施肩吾编纂的北宋《修真太极混元图》曰："西山议曰：比之内事，气如人心，心上无阴，是也。源泉如人之肾，肾下无阳，是也。使心肾交合二气，无差升降，自可安乐延年，一如积福之比也"。① 将"心、肾"一体化而不再让它们分开，此"安乐延年"之教法，并未被贬低，但同时该经又曰："尘世如人之腹，福孽因果如人造化，五行止得安乐长生而已"。② 从"五行止得安乐长生而已"能知"安乐长生"还不是究竟的教法。

北宋《修真太极混元指玄图·祕传胎息诀（有五门）》列举了五种"诀"：

> 自然胎息诀第一［行之令人弃壳升仙］。真胎息诀第二［行之令人长生不死，去住分明］。大胎息诀第三［行之安乐延年，反老还童，而骨健身轻］。混元胎息诀第四［行之令人反老换肌如玉］。胎息诀第五［行之止得去除疾病充悦肌肤］。③

从第一诀可"弃壳升仙"、第二诀令"长生不死"，以及第五诀能"去除疾病充悦肌肤"等情况来看，第一诀可能是根本的教法。而"行之安乐延年"的第三诀次于令人"长生不死"的第二诀，又善于第四诀"反老换肌如玉"的健美技法。④

在以上与吕洞宾、钟离权、施肩吾有关的诸文献，"安乐"总是与"延年"相连，

---

① ［北宋］萧道存：《修真太极混元图》，《道藏》第 4 册，第 3054 页上。张广保认为，《修真太极混元图》是施肩吾所传的，参阅张广保：《唐宋内丹道教》，上海文化出版社，2001 年，第 233 页。历史人物施肩吾的著作之中没有关于内丹的记载，参阅秋冈英行：《施肩吾初探：道教史におけるその位置》，收入于［日］吉川忠夫编：《唐代の宗教》，朋友书店，2000 年，第 487—508 页。

② 《修真太极混元图》，《道藏》第 4 册，第 3056 页下。

③ 《修真太极混元指玄图》，第 3061 页上。

④ 还有应加注意者，北宋《阴符经》注释中炼丹思想极为罕见，但如"若寻访师友，得其人则师事之，不得其人则兀兀而行身，且安乐性命之学，不可忽也"（［北宋］任照一：《黄帝阴符经注解》卷一，《道藏》第 4 册，第 2519 页下）；"时物文理者，但君怀廉静，臣效忠贞，貔鹊不喧，边烽无燧，兆人安乐，寰宇清平，纵天地灾祥无能为也"（［北宋］袁淑真：《黄帝阴符经集解》卷下，《道藏》第 4 册，第 2643 页上）等视"安乐"为理想境界。袁淑真的"安乐"一词是其基本含义，但任照一"安乐性命之学"的说法，不见于其他道教文献，独具一格。关于北宋《阴符经》注释，参阅拙稿：《宋代に于ける〈阴符经〉の受容について》，《东方宗教》2014 年，第 123 号，第 62—82 页。

处于最低道法。下面，就所谓早期全真道著述中所见的"安乐"进行分析。

马丹阳（1123—1183）《赠文登马彦高》曰："长寿酒，安乐盃。能医百病正当时。助清吟，乐道归。将进酒，凤啣盃。香山会上惜芳时。醉仙吟，月下归。"①即并用"长寿"及"安乐"。刘处玄（1147—1203）《天道罪福论》曰："无火院罪赐清凉福，无贪淫罪赐安乐福。无恶浊罪赐善清福，无憎爱罪赐清平福。"②"安乐福"是诸"福"之一。他的《四言绝句》还曰："尊体安乐，别有期约。忘尘念道，真通灵药。"③此"安乐"是看重"体"的。

马丹阳以及刘处玄《天道罪福论》的"安乐"即是其基本含义，措之不论。刘处玄《四言绝句》曰："忘尘念道，真通灵药"，据此能知，他看重使其心截断对于世俗的贪恋而追求"道"，同时积极提到身体也获得"安乐"境界。

王处一（1142—1217）《答人问安乐法》曰："虚无大道全真诀，富国安民没可越。解脱灵宫万化生，冲和气海千痾灭。定超无漏大神舟，辊出长空秋夜月。一性圆明道自成，周而复始重罗列。"④对于他人请教"安乐法"，他的回答是"虚无大道全真诀"。"一性圆明道自成"即回复众生本来性（即"道"），此即王处一本人所理解的"安乐法"。

尹志平（1169—1251）《儒士郭公以诗求安乐法》曰："浩然一点要方圆，直养无私满大千。变化往来三界外，何愁耳顺不延年。"⑤郭公请教"安乐法"，尹志平答曰：只要完成"浩然气"而扩大"无私"，就能解除肉体年龄的束缚。若说此回答本身即"安乐法"的话，不如说是以"无私"之心为核心，以克服肉体限制为目标。《宵后临行以词别之》也曰："本性玄通无托，到处一身安乐。了了没西东，住云峰。"⑥如果其"本性"达到于独立不据的"玄通"境界，其"一身"就达到"安乐"。

---

① ［金］马丹阳：《洞玄金玉集》卷八，《道藏》第42册，第34260页下。
② ［金］刘处玄：《仙乐集》卷一，《道藏》第42册，第33993页上。
③ 刘处玄：《仙乐集》卷三，第34019页上。
④ ［金］王处一：《云光集》卷一，《道藏》第42册，第34333页上。关于该文献的撰写时期，《道藏通考》认为，其中提到了1213年郝大通的逝世，因此，该文献撰写于1213年之后、王处一卒年1217年之前，第1143页。
⑤ ［元］尹志平：《葆光集》卷上，《道藏》第42册，第34126上页。《葆光集》附有元大德三年（1299）烟霞逸人的《序》。
⑥ 尹志平：《葆光集》卷下，第34146页下。

这些早期全真道文献中的"安乐"的内容各不相同，可以说，作为一个概念的"安乐"在早期全真道之中并未确立统一的用法。但总的来说，它们均与心性、本来性的修炼有关，具有积极含义。

丘处机(1148—1227)《大丹直指·五行颠倒周天火候诀义》之中也提到"安乐"，他对于"华阳施真人曰"加以注释而曰：

> 右件不以龙虎交媾、上下火候，是为安乐常行之法。若用龙虎交媾，相兼而行，是为炼丹抽添之火。五两炼精成汞，十两炼汞成砂，十五两炼砂成丹，三百日，火候不差，自然丹就。纯阳气生，内炼五藏，号曰炼气成神。外炼四肢，号曰炼形服气。若不炼五藏，不炼四肢，止是丹成，自可长生。若用炼形而曰地仙，形神俱妙。若用炼气而曰神仙，弃壳超凡。[①]

"龙虎、上下"不交即"安乐常行之法"，交即"炼丹抽添之火"，后者更分为"内炼五藏，号曰炼气成神"与"外炼四肢，号曰炼形服气"。"内炼"则能达到"地仙，形神俱妙"，"外炼"则能达到"神仙，弃壳超凡"。"内、外炼"即使未炼到"五藏""四肢"，起码也能成"丹"，达到"长生"。反过来说，"安乐常行之法"不能达到"形神俱妙""弃壳超凡"，自不待言，而"丹"的完成也不可能。其内容无从了解，但可以推为是不能炼成内丹的、限于身体范围的单纯修炼；因此，此"安乐"的用法具有消极意味。丘处机的此注是与"施真人"即施肩吾有关系的，是应加注意的。因为据最近的研究成果，《大丹直指》虽题为丘处机撰，但实际上是后世的假托，与《钟吕传道集》《西山群仙会真记》《修真太极混元指玄图》同样属于施肩吾一系所传钟吕丹法。[②] 将"安乐"视为限于身体范围的较低的道法，此种立场在其他早期全真道文献之中见不到，这也可作为《大丹直指》有可能是后世假托之作的旁证。

---

① ［金］丘处机：《大丹直指》卷上，《道藏》第 7 册，第 5093 页上。
② 戈国龙：《〈大丹直指〉非丘处机作品考》，《世界宗教研究》2008 年第 3 期，第 43—50 页。丁原明、白如祥、李延仓：《早期全真道教哲学思想论纲》支持戈氏的看法，齐鲁书社，2011 年，第 133 页以下。郭武的《丘处机学案》却说："实尚有待讨论"而保持慎重态度，齐鲁书社，2011 年，第 305 页。

总而言之,主要是与钟离权、吕洞宾、施肩吾的道法有关的文献将"安乐"视为只修炼身体的较低道法,或只不过是整体"道"之一部分,其词具有否定含义。与此相反,早期全真道文献将"安乐"视为同时修炼身体及心性,其词具有积极含义。

二、佛教文献中所见的"安乐"和"安乐法"

对于限于身体范围的"安乐"所进行的批判,实际上到了北宋之后的道教文献中才出现,即意味着在这段时期实际上有些道流者主张如此"安乐"道法。较早的唐代的梁丘子《黄庭经注》中的"安乐",虽然也有关身体技法,但他却在积极的意义上使用此词,可以考虑将之看成这转换时期的一个线索。

哪些道流将自己的道法称为"安乐",其细节不明。但本论文认为有以下三种可能性:

第一,唐代前的受佛教思想影响的道教文献中所见的"安乐"均是积极用法。这也许是袭用了《法华经·安乐行品》以来的立场。所以如果我们转看佛教思想的话,情况会有些不同之处。

比方说,视为承自五祖弘忍(602—675)思想的《修心要论》以"守心"为核心,其中有"无为安乐"之词:①

问曰:何知守心是涅槃之根本。答曰:涅槃者,体是寂灭,无为安乐。我心既真,妄想即断。妄想即断故,即具正念。正念具故,即寂灭智生。寂

① 关于《修心要论》,参阅铃木大拙:《禅思想史研究 II》,第四篇《弘忍禅》,收入《铃木大拙全集》,第 2 卷,岩波书店,2000 年;[日]中川孝:《楞伽宗と东山法门》,收入筱原寿雄、田中良昭编:《讲座敦煌 8:敦煌佛典と禅》,大东出版社,1980 年,第 127—163 页;田中良昭译《修心要论》,收入《大乘佛典 中国日本篇11 敦煌 II》,中央公论社,1989 年,第 39—59 页;[日]田中良昭:《敦煌禅宗文献の研究 第二》第一章第三节《校注和译〈蕲州忍和尚导凡趣圣悟解脱宗修心要论〉》,大东出版社,2009 年;杨曾文:《唐五代禅宗史》第三章第二节《弘忍及记述其禅法的〈修心要论〉》,中国社会科学出版社,1999 年;李尚全:《敦煌本〈修心要论〉:禅宗创立的文献根据》,《南京晓庄学院学报》2014 年第 1 期,第 113—117 页。

灭智生故，即穷达法性。达法性故，即得涅槃。故知，守心是涅槃根本。①

此"无为安乐"即离开所有的差别相的"涅槃（即得悟）"境界，只要维持本来"真"的"我心"，就能达到"无为安乐"，此即"守心"。达到"安乐"境界，即意味回复于与佛本身毫无差异的众生本来性。

与五祖思想有密切关系的是《达摩禅师论》。抄于唐高宗开耀元年（681）的《达摩禅师论》是缺乏首部的断片写本，是假托于达摩的所谓《达摩论》之一种，其内容承自四祖道信的"看心"、五祖弘忍的"守本净心"，②其中有"三种安乐法门"之概念，关口真大将此视为《达摩禅师论》之核心思想。其内容如下：

> 有三种安乐法门，行者当学。一者，事中徐缓；二者，唯净；三者，唯善。第一徐缓者，瞻视言语所作莫急，一切唯缓。……第二唯净者，身心安乐清净。……第三唯善者，无嗔恨，是善，若生嗔恨，虽修种种功德，不名善人，不免坠于地狱，被烧煮。③

"三种安乐法门"即"事中徐缓""唯净""唯善"，据关口真大的分析，"徐缓"即言语、所作、瞻视均不应该急躁，"唯净"即身心所作、内外均需要清净，"唯善"即劝戒"嗔根"。因此该文献是讲"戒行"的。关于"净""身心安乐清净"，该文献曰："观前一切境界，一切纯作善解，毕竟不作恶解，唯清净解以善修。如是清净心故，即此身心，名为净土，名为净法身。"④依据众生本来具有的"清净心"，对于

---

① ［日］田中良昭：《敦煌禅宗文献の研究　第二》所收《校注》，第 49 页。
② 《达摩禅师论》是奈良药师寺故桥本凝胤氏尊所藏的敦煌写本，关口真大视它为比达摩《二入四行论》有过之无不及的重要文献，参阅关口真大：《达摩大师の研究》，春秋社，1969 年。后来，中川孝认为，这是由五祖门人将四祖以及五祖的思想总和起来而撰写的，参阅中川孝：《敦煌出土达摩禅师论に就いて》，《印度学佛教学研究》1960 年第 8 卷第 1 号，第 264—267 页；《楞伽宗と东山法门（五）〈达摩禅师论〉》，［日］筱原寿雄、［日］田中良昭（编）：《讲座敦煌 8　敦煌佛典と禅》，东京大东出版社，1980 年。柳田圣山也认为，该经属东山法门的纲要书之类，参阅［日］柳田圣山：《初期禅宗史书の研究》，法藏馆，1967 年，后收于《柳田圣山集》，第六卷，法藏馆，2000 年，第 78 页、85 页注 6。
③ ［日］关口真大：《达摩大师の研究》，第 466 页。
④ ［日］关口真大：《达摩大师の研究》，第 464 页注。

"一切境界"只能发动"善解",而不允许发动一切"恶解",其结果即能将其身心看成与"净土""净法身"同样的存在。不允许发动"恶解"即与"无嗔恨"一致,即"唯善"。《达摩禅师论》的"安乐法门"是从平时的"徐缓"开始,论到如"清净心"般的心性问题,即不是以身体为主的修养技法,而是修养心身之方法,可以说是更广泛更总括的概念。

正如关口真大的研究指出,此"安乐"思想不见于其他佛教文献中,所以当时的流传情况如何,不太清楚。但起码在唐代也流传着这种以佛教思想为基础的"安乐法",已是不容置疑。

还有另外一条资料能帮助我们理解唐代佛教"安乐"词的深刻影响,即敦煌文书之中的《志玄安乐经》,是在八世纪末由景净撰写的景教经典。[1]《志玄安乐经》讲的是景教的"胜法",即依据"无欲、无为、无德、无证"的四法来达到"安乐道"的。其体裁酷似佛教经典,而多用"无欲、无为"等道家概念,显示了当时在道释思想的浓厚影响之下撰写的景教经典之特色。此《志玄安乐经》所追求的"安乐"境界是彻底去掉"动、欲"而实行"无欲、无为"来达到的。《志玄安乐经》曰:"凡修胜道,先除动欲。无动无欲,则不求不为;无求无为,则能清能净;能清能净,则能晤能证;能晤能证,则遍照遍境;遍照遍境,是安乐缘"。[2] 彻底去掉"动""欲"来达到"清净"境界,其结果是进入如"遍照遍境"般的"安乐"境界。还曰:"是故我言:'无欲无为,离诸染境,入诸净源;离染能净,故等于虚空。发惠光明,

① 关于《志玄安乐经》,参阅[日] 羽田亨:《景教经典志玄安乐经に就いて》,《东洋学报》,第 18卷第 1 号,1929 年,第 1—24 页,后收于《羽田博士史学论文集》,下卷(言语·宗教篇),同朋舍,1975年,第 270—291 页;龚天民:《中国景教に于ける佛教の影响について》,《印度学佛教学研究》1958年第 6 卷第 1 号,第 138—139 页;林悟殊:《敦煌本景教〈志玄安乐经〉佐伯录文质疑》,《中山大学学报(社会科学版)》2001 年第 4 期,第 1—7 页,后收于《林悟殊敦煌文书与夷教研究》,上海古籍出版社,2011 年,第 284—293 页;林悟殊:《景教〈志玄安乐经〉敦煌写本真伪及录文补说》,《华学》,2011年,第 11 辑,第 156—172 页,后收于《林悟殊敦煌文书与夷教研究》,第 294—323 页;严铃禹:《"景风东扇"——景教的经典译述及教义伦理化初探》,《金陵神学志》2005 年第 2 期,第 73—87 页;徐晓鸿:《唐代景教人物考略》,《金陵神学志》2006 年第 2 期,第 25—53 页;王兰平:《以〈志玄安乐经〉"十观"为例看唐代景教与佛道之间的关系》,《敦煌学辑刊》2008 年第 1 期,第 157—162 页。其中,王兰平提到《志玄安乐经》与道教经典《本际经》之间在描写上的相似,从本论的论点来看也是值得参见的。如本论所指出的,《本际经》认为只要去掉烦恼就能达到"安乐"境界,此也类似于《志玄安乐经》。
② 以下的《志玄安乐经》均引自林悟殊:《景教〈志玄安乐经〉敦煌写本真伪及录文补说》收录的《志玄安乐经》释文,《林悟殊敦煌文书与夷教研究》,第 315 页。另有翁绍军:《汉语景教文典诠释》也收录了比较详细的《志玄安乐经》语释,值得参见,三联书店,1996 年,第 175—196 页。

能照一切；照一切故，名安乐道'"。① 实现"无欲无为"而否定"染境"来进入"净源"，等于"虚空"，其结果是获得照耀一切的"安乐"境界。如此种种，"安乐"意味着彻底的"无"能达到的境界，从其积极用法我们能理解当时的佛教思想之深刻影响。《志玄安乐经》还曰："但当安心静住，常习我宗，不求安乐，安乐自至。是故，无中能生有法"。② 随着"安心"来学习景教，"安乐"境界就自然来到。从"安心"词之用法，容易看出禅宗的影响。这么来看，《志玄安乐经》之例也显示出佛教的"安乐"一词很受当时的欢迎。

本文加以分析的六朝至唐代的道教文献中所见的、与身体技法毫无关系的"安乐"一词很可能是受佛教的深刻影响。进一步说，虽不能论证这些"安乐"与《达摩禅师论》有没有直接影响关系，但可以说它们与《达摩禅师论》的"安乐"思想比较接近，即道教文献在当初积极使用"安乐"一词，与禅宗思想有关。

第二，前文提过的林辕《谷神篇》积极使用"安乐"一词，是值得注意的。还有，南宋曾慥《道枢·观天篇》也曰：

> 脐之下三寸，其名曰大海，内有龟蛇，潜藏元气者也。修生者能知，所以呼吸，斯养真之本乎。左者肾也，右者命也。抱守元气，烹炼性命，煅阴以为阳，可以安乐延年矣。肾之中有神焉，未悟则谓之烈女，既成则谓之元君，未炼则为元龟，已炼则为白鹿。③

维持"元气"、炼"性命"、换"阴"为"阳"的修养方法称为"安乐延年"。《观天篇》如何看待"安乐延年"之术，《道枢》为何收录这一段记载，都无从得知，但起码并未对"安乐延年"之术加以批评。《道枢·修真指玄篇》也引用五代后晋的烟萝子之语：

---

① 林悟殊：《景教〈志玄安乐经〉敦煌写本真伪及录文补说》，第 315 页。
② 林悟殊：《景教〈志玄安乐经〉敦煌写本真伪及录文补说》，第 317 页。
③ ［南宋］曾慥：《道枢》卷十，《道藏》第 34 册，第 27588 页下。此《观天篇》附有"本太上所论冲虚子注释"之注。

> 烟萝子曰：……积气生液,内滋于五脏六腑,外润于皮肤,此安乐之上法也,然未尽玄微焉。玄微之道,在夫幽室静坐,绝虑忘思,咽气闭息,急则升身,放则换气,而夺余息。于是心腹空而首目清利,体充悦而神气调和,此延年之法也。①

经过炼"气"来滋养五脏六腑、润皮肤之术,即"安乐之上法"。但它还不能究尽"玄微之道",更需要"绝虑忘思""咽气闭息",其结果是心及腹为空虚而肉体却充满欢喜、神气调和,这就是"延年之法"。据此能知,烟萝子将"安乐延年"分为两个阶段,并强调两个阶段都要修道。应加注意的是"延年之法"相当于"绝虑忘思",即心性上的修道,"安乐之上法"却意味着身体上的修养,而在身心俱须修炼的条件下,烟萝子才支持"安乐之上法"。因此他在一定条件之下确实看重"安乐之上法",虽然这与佛教并无直接关系,但也可以说在宋代存在着有些道流者积极主张"安乐法"的一个例子。

第三,北宋的黄庭坚(1045—1105)《四休居士诗并序》曰：

> 太医孙君昉,字景初,为士大夫发药,多不受谢,自号四休居士。山谷问其说,四休笑曰:"粗茶淡饭饱即休,补破遮寒暖即休,三平二满过即休。不贪不妒老即休。"山谷曰:"此安乐法也。夫少欲者不伐之家也,知足者极乐之国也。"四休家有三亩园,花木郁郁,客来煮茗传酒,谈上都贵游,人间可喜事。或茗寒酒冷,宾主皆忘。其居与予相望,暇则步草径相寻,故作小诗遗家童歌之,以侑酒茗。其诗曰:
> 富贵何时润髑髅,守钱奴与抱官囚。
> 太医诊得人间病,安乐延年万事休。
>
> ### 其 二
> 无求不着看人面,有酒可以留人嬉。

---

① 《道枢》卷十九,第 27653 页下。关于"烟萝子",《道藏通考》有介绍,第 1285 页。

欲知四休安乐法，听取山谷老人诗。①

四休居士孙君昉的"四休"不是有关内丹的，是如"少欲、知足"般的追求心身之稳定的"安乐法"。宋代的周紫芝（1082—1155）《湖亭怀旧三绝》也是依据四休居士的"安乐法"。宋代的陈直所撰、元代的邹铉续编的《寿亲养老新书》也收录了"四休"，据此能知此"四休"当时较有影响力。② 黄庭坚给予此"安乐法"比较高的评价。

黄庭坚《法安大师塔铭》曰："其八月辛未终于寝室，阅世六十有一年，坐四十有一夏。弟子普观营塔于后山，距寺百步。师平凡常谓人曰：'万事随缘，是安乐法'"。③ 黄庭坚《与王子飞书》也曰："所以万事随缘，是安乐法"。④ 此"法安大师"史有所载：

> 洪州延恩法安禅师，姓许氏，临川人。……又住武宁之延恩寺。寺初以父子传，贫不能守，易以为十方。草屋数楹，败床破簟，师安乐之。县令纠豪右，谋为一新。师笑曰：檀法本以度人。今非其发心而强之，是名作业，不名佛事也。栖止十年而丛林成，僧至如归。师与法云秀为昆弟，且相得。秀所居装严妙天下，说法如云雨。其力量可以为弟兄，接羽翼而天飞也。尝以书招师，师读之一笑而已。或问其故。师曰：吾始见秀有英气，谓可以语道。乃今而后知其痴，痴人正不可与语也。问者曰：何哉？师曰：比丘法当一钵行四方。秀既不能尔，又于八达衢头架大屋。从人乞饭，以养数百闲

---

① ［北宋］黄庭坚著，刘琳、李勇先、王荣贵校点《黄庭坚全集》，四川大学出版社，2001年，第1册，第238—239页。

② 《寿亲养老新书》卷二，《四库全书》第738册，骊江出版社，1988年，第340页下。《寄题陈医安乐堂。昔山谷闻四休居士之言曰：此安乐法也。陈君盖取以名其堂》也曰："六尘欲要净三摩，辛苦修行奈老何。只得四休安乐法，一身受用已为多。"《太仓稊米集·寄题陈医安乐堂》卷三五，《四库全书》第1141册，第244页。关于"四休居士"，参阅毛风宇：《"四休"养生知足长寿——读黄庭坚的〈四休居士〉》，《祝您健康》2012年第9期，第14页。

③ 《黄庭坚全集》第1册，第857—858页。

④ 《黄庭坚全集》第3册，第1376页。

汉,非痴乎。师每谓人曰:万事随缘,是安乐法。①

法安禅师,出自临川,彻底否定世俗之物事、观念,所居的延恩寺已经荒废,且重修寺庙算为世俗"作业"而不被允许,因而不认可修盖壮丽的寺院而拥有不少信徒的法云秀。从他彻底否定参与世俗的立场来看,"万事随缘,是安乐法"的意思是,一切照旧原样,不要加诸人为,此即主体能达到"安乐"的方法。黄庭坚赞叹法安禅师的"安乐法"。②

黄庭坚赞叹"四休居士""法安大师"的看法而积极使用他们的"安乐"思想。《与宋子茂书》曰:"脾无令病,慎养气,慎作病之食,少饮酒,以身为本,勿以小事汩其中,安乐法也。余复何道。"③《与元勳不伐书》也曰:"更慎冷物,及夜中护腹。山间雾气喜侵人,守身如城,守气如瓶,乃安乐法"。④ 这些"安乐"均是日常生活之中维持健康的。"法安禅师"的本来意图暂时措之,我们能知,黄庭坚所常用的日常生活中维持健康的"安乐延年"在当时是比较流行的。较晚一点的南宋的沈作喆(活动于 1147 年前后)曰:"以饥为饱,如以退为进乎?饥非馁也,不及饱耳,已饥而食,未饱而止,极有味,且安乐法也。"⑤此用法与黄庭坚的"安乐法"几乎相同的。

作为日常非常容易实行的"安乐法"很受士大夫的欢迎,但另一方面,却有可能引起"安乐延年而已"这样的批判。⑥ 比方说,南宋的朱熹(1130—1200)曰:

① 《续传灯录·大鉴下第十二世　天衣怀禅师法嗣》,《大正新修大藏经》,第 51 卷,第 516 页下。
② "法安禅师"之传也收于宋惠洪(1070—1128)《禅林僧宝传》卷二六,《卍续藏经》第 137 册,新文丰出版股份有限公司,1995 年,第 545 页上。惠洪《石门文字禅·大风雪中迦吉老寻余钟山二首》也曰:"万事信缘安乐法,一身随分实头禅。不知影草声前句,何似和衣粥后眠",《石门文字禅》卷一五,收于《四部丛刊初编》第 169 册,上海书店,1926 年版重印,1989 年,第 17 页。此"万事信缘,安乐法"是承自"法安禅师"之思想的。
③ 《黄庭坚全集》第 3 册,第 1790 页。
④ 《黄庭坚全集》第 3 册,第 1900 页。
⑤ [南宋]沈作喆:《寓简》卷六,《全宋笔记第四编》第 5 册,大象出版社,2008 年,第 59 页。沈作喆还曰:"久处穷困,百事无成,心若死灰,扫除诸妄,皆已净尽,无所愿望矣。然犹未能忘者,尚愿逢出世师,得安乐法。真气自守,内无饥渴,和气自卫,外无寒暑,衣食所需,不复动念。耳目聪明,思虑清静,步履轻健,寝寐安和,活一日、一月、一年、百年,任其自然,如此足矣。"《寓简》卷八,《全宋笔记第四编》,第 75 页。此"师"是否"法安大师",待考。
⑥ 上注所引的《寓简》中见的"心若死灰,扫除诸妄"之句,是在北宋批判道教的时候常用的一句老话。参阅拙著:《宋代道家思想史研究》,汲古书院,2012 年,第 9—36 页。

"廖德明赴潮倅，来告别，临行求一安乐法。曰：'圣门无此法'。"①廖德明请教
"安乐法"而朱熹冷淡地回应而一笑了之，这也许是针对北宋情况的，或者也有可
能是对于受佛教影响的黄庭坚加以批评。还有，来自永嘉的南宋的薛季宣
（1134—1173）也曰："福清新除，非晚当上，尝与忠父反复前论，其言亦未易訾，然
与世路斩绝，颇亦难行。昨蒙诲以世之安乐法门，缩头闭息，坐壁角头，为我辈
耻，适与忠父相反，请得言之。"②世俗"安乐法"只不过是"缩头闭息、坐壁角头"
的导引术，虽"易行"，但他本人不敢实行而加以拒绝。

结　语

　　从以上分析来看，首先唐代出现了"安乐"一词的积极用法，宋代仍有些道流
者积极使用与修炼身体有关的"安乐"。但同时，宋代之后出现了对于仅修炼身
体的"安乐"的批评。同时，如四休居士那样只要求日常生活上的安宁的技法，或
者如法安大师那样受佛教思想之影响的技法，均较受宋代士大夫的欢迎，到了南
宋却出现了对此种潮流的批评。本文加以分析的具有贬义的"安乐"，有可能与
此种思想史上的变化有关。即日常生活上的，或者限于身体的"安乐"技法，这些
比较容易实行的"安乐"之流行被批评了，夏元鼎《悟真篇讲义》中对于"安乐"和
"安乐法"的批评可能就是在这种背景下产生的。而且早期全真道中像"静坐少
思寡欲"那样包括心性修养在内的积极用法可能是在宋代对上述安乐法进行批
判之后才出现，这是一个总结性的用法。

　　宋人对待唐代道教的态度可以说有两种。一种是视唐代道教为道教之黄金
时代而要追随之。比如北宋的陈景元埋头搜集整理唐之前的诸注释，夏元鼎本
人很可能将在宋代流传的钟吕炼丹法视为继承了唐代炼法的奥妙而不断地追

---

　　①　［南宋］朱熹：《朱子语类》卷一一三，中华书局，1986年，第6册，第2743页。垣内景子编
《〈朱子语类〉译注（卷百十三至百十六）》对于本条的"安乐法"解释道："未详。是否使心情得到'安
乐'的方法呢？或者其实践即'安乐'的方法呢？"汲古书院，2012年，第39页注2。
　　②　［南宋］薛季宣：《艮斋先生薛常州浪语集·与刘复之三》卷二四，《儒藏·精华编二二五》，
北京大学出版社，2012年，第409—410页。

求。另一种是将明显受佛教思想之影响、太看重无所得空观的唐代道教视为缺乏活力的,如"槁木死灰"般,而要对它们加以批评的。同时,道流者本人也充分意识到这种批评,而重新主张本体与作用一体化、融通无碍的立场。① 本文所分析的"安乐"之词,在经过佛经而进入六朝至唐代道教文献之初,道流者积极地使用它们。但是,到了宋代之后,此种"安乐"思想显然会受到批判,作为身体技法的"安乐"一词带着消极含义。最后,早期全真道文献从心身论的视角,对它重新进行考量。以上便是道教文献中所见"安乐"一词的发展史。

(本论原载《道教研究学报:宗教、历史与社会》第七期,2015 年,第 15—29页。2023 年 8 月 19 日修改)

_____

① 参阅拙稿:《夏元鼎思想研究之一:悟真篇讲义》,拙著:《宋代道家思想史研究》。

论周人"德"观念的繁复性

王 莹

（大连大学文学院）

周人重德,其"德"观念主要运用于政治领域,功能是要维护周的天下能够永久延续下去,因此,"德"观念在周人心目中体现出一种繁复性,它包括四个方面的内容,即天德、王德、臣德、民德。周人的"德"观念可以视为一个结构系统,而"一个结构可以定义为成分间或基本过程间的一个关系网"①。在这个网络中,各种成分互相制约,而四种"德"又以"王德"为中心,因为"王"(君主)有德就可以得到上天的护佑和臣民的拥戴,周朝就会延续下去,所以天子之德是最重要的。"臣"处于"王"和"民"之间,参加统治政策的制定和施行,是社会上层人物,臣德如何,对周朝的命运也很重要,所以臣德亦不容忽略。"民"处于社会底层,其德如何直接关系到周的统治是否稳固,所以民德也不可缺少。天德是高居于前三德之上的至上神之德,对王德具有监督作用,它的存在对周天子而言是一种威慑力量,所以天德在诸德中是至高无上的。

周人"德"观念的繁复性在《尚书·周书》中表现得最为典型,故本文以此作为立论的依据。

---

① 布洛克曼:《结构主义》,商务印书馆,1987年,第18页。

一、天　德

在周人"德"观念系统中，王德、臣德、民德属于人间的德，"天德"是一个特殊的成分。因为根据常识，"德"属于社会人伦范畴，说天也有德，不符合人们通常的思考习惯，但在《周书》中却明明白白地出现了"天德"。我们从天德与天、天命之关系，天德的人格意义与宗教意义，天德与王德之关系三个方面，分析周人的天德观。

（一）天德与天、天命之关系

谈到天德，必然涉及周人对"天"的理解。殷人以上帝（有时也称天）为至上神，而且也有将其人格化的倾向。周人的思想相对于殷人来说虽然在很大程度上世俗化和理性化了，但从历史和逻辑的角度来看，当时的周人不可能完全摆脱宗教思想的束缚，只不过周人的至上神人格化倾向较重而宗教化色彩较淡。所以"殷人的宗教是祖帝一元神，与周人对先祖与上帝（天）的分立而又配合，是不同的。因此，上帝与天命的思想是周人的建国思想"。[①] 这说明由于周人对先祖与上帝（天）的分立而又配合，使祖先在一定程度上独立于天。天可以高于祖先，但不能取代祖先。天是神，祖是人，天对人而言是一种主宰力量。周人自己在阐述其代殷的理由时认为"今商王受，惟妇言是用，昏弃厥肆祀弗答，昏弃厥遗王父母弟不迪。……今予发惟恭行天之罚"。（《尚书·牧誓》）即周人是替天行罚，天之罚不由天直接施行，而由人来执行，使天的神格具有人间性，人的行为具有神圣性。除此而外，《周书》关于天、天命，还有如下几例：

1. "天降割于我家。"

2. "矧曰其有能格知天命。"

3. "予不敢于闭天降威，用宁王遗我大宝龟，绍天明，即命曰：有大艰于西土，西土人亦不静。"

---

① 侯外庐等：《中国思想通史》第 1 卷，人民出版社，1957 年，第 76 页。

4. "予惟小子,不敢替上帝命。天休于宁王,兴我小邦周,宁王惟卜用,克绥受兹命。今天其相民,矧亦惟卜用。呜呼! 天明畏,弼我丕丕基!"

上引文均出自《大诰》。例1言天降害于周王室。例2言周公希望能遇到上知天命的哲人。例3言天降威,周公用文王所遗之大宝龟进行占卜,周公通过占卜来探知天命和天意。例4说明上帝、天之命不可违,周人应恭受帝命。这四段话体现了西周初期周人的天(上帝)、天命信仰,从中可以看出上帝和天是具有人格的最高主宰。这四段话的内容还看不出周人后来赋予天的伦理道德色彩,即"德"观念还未运用到"天"上。周人灭殷建国的事实,说明天已降大命于周人,周人面临的一个最实际的问题是怎样保证周的天下世代传续下去,不被异姓所取代。因此,在以夏为鉴、以殷为鉴的基础上,周人格外重视德,而且以德配天,又进而把人间的德赋予天,于是便有了"天德"。

天德与天、上帝、天命的语义内涵是不一样的,否则,周人就不必造出一个天德来。天和上帝主要是宗教意义上的最高主宰,天命是人力无法改变的神秘力量,天德则将主宰之神人格化、道德化。人要有德,这好理解,天也有德,这就是周人的特殊发明了,它体现了周文化由宗教文化向理性文化的过渡。

(二) 天德的人格意义与宗教意义

《周书》"德"概念的内涵是"在心为德,施之为行"(郑玄:《周礼注》),而在具体的运用上,二者往往又密不可分,这些都指人德而言。天非人,天德在周人观念中具有什么样的功能及其功能范围怎样,是我们在考察周人"德"观念的繁复性时,需要加以注意的问题。我们考察天德,其中的一个角度,就是天德的人格意义与宗教意义。

《周书》直接言"天德"处不多,共有两处。《吕刑》:"惟克天德,自作元命,配享在下。"《书序》:"天有显德,其行甚章,为鉴不远,在彼殷王。"《吕刑》中的"天德"就是天之德,天是具有人格的至上神,作为"神",其宗教意义占主导地位。"德"则是人间的、世俗的、体现在人身上的品德修养和行为规范,一个人的行为符合社会所要求的标准,就是有德,反之就是无德。周人对天仍有敬畏之情,天是可敬可畏的,其可敬之处在于它对人的有德的行为进行奖赏,周人有德,天就护佑他们取代殷人的统治地位,天的可畏之处在于它对人的丧德的行为进行惩罚,殷人丧德就失去了天的护佑,最终失去了天下。天既然能够奖励有德,惩罚无德,那么它本身就应该是一个"德"的完美的载体,是最高"德"的拥有者、象征者,所以周人就把人间的"德"弥漫到天上,其方法是把德与天组合起来,形成"天德",这就使主宰之神有德,如此,除将主宰之神人格化以外,还将其道德化,道德化是人格化的进一步体现。

《周书》中的"天德"是具有神秘色彩的宗教观念的"天",与体现人类社会处理人与自我、人与人之间关系的"德"的结合,但人间的"德"一经投射到"天"上,成为"天德",就具有了最高主宰者意志的意味,因而就是不可违抗的,天德就兼有人格意义和宗教意义两层含义。

(三) 天德与王德之关系

天德出现以后,它就要发生作用,即是说要具有功能,其功能就是根据人是否有德来降福降灾,从这个意义上来说,天德的功能范围是很广泛的,它的至上神之德的地位决定了从理论上来说其功能范围超过了王德。但在实际的操作过程中却未必如此,这一点我们从前引《吕刑》中关于"天德"的例子就可看到。此例说明人顺天意、天德,就会有好的结局。天德最终是宗教的神秘性之"天"与世俗的道德性之"德"的结合。《周书》"天德"第二例出自《书序》,是周武王关于天灭殷的一段谈话,表明天之显德就是扬善罚恶,殷纣遭天罚的原因就是他认为天命不变而不敬德,结果"上帝不常,九有以亡,上帝不顺,祝降其丧"(《书序》),上帝并不永久地保佑某一姓,如果不合上帝之意,上帝是会使其丧亡的,于是殷便灭亡,"惟我有周,受之大命"(《书序》)。这个例子,明显地突出天德向善的思想,即天德倾向于人间的有德者,天德直接与王德发生关系,殷灭周兴是个显例。

在周人的"德"观念系统中,"天德"明显是向善的,这是由它至上神之德的性质决定的。"天德"必然高于人德,它是人德的监督者。从逻辑的角度来说,它具有监督王德等人间诸德的功能,但又因为它是"天德",不直接参与、操作人间事物,所以在世俗事物中,其作用又远远不如王德,它不可能成为诸德的中心,其功能范围看似很大,实则很虚,直接控制的对象只是君主。

二、王　德

《周书》中"德"字出现了一百二十二次,其中王德就高达五十次,占了将近一半,足见其处于一个举足轻重的特殊地位。所谓王德,就是"德"在君主身上的体现,即最高统治者内在的品德和外在的行为规范。周人观念中的王德分为先王之德和嗣王之德。

首先,周人的先王,既是王又是祖,先王之德是嗣王效法的典范。先王之德在《周书》中出现了十五次,其中大部分指文王之德。为什么《周书》特别强调先王之德,先王之德在周人"德"观念中居于什么位置呢? 我们认为应从三个方面阐述这个问题。一是周人的宗族祖先崇拜观念,二是周人的祖神分离观念,三是先王之德与天的关系——以德配天。

(一) 周人的宗族祖先崇拜观念

《周书》言先王之德,实际上受到周代宗族祖先崇拜观念的影响。崇拜祖先,这是中国古代文化的特征之一,周人也不例外。但周人的祖先崇拜有一个特点,就是把宗族祖先崇拜观念与先王之德联系起来,即周人所崇拜的祖先都是有德的先王,其中尤以文王最为突出。《康诰》:"惟乃丕显考文王,克明德慎罚。"《君奭》:"在昔上帝,割申劝宁王之德,其集大命于厥躬。"《洛诰》:"考朕昭子刑,乃单文祖德。"这些都是周人对文王之德的追述。周人的宗族祖先崇拜观念的主要作用是维系宗族的稳定。"宗族祖先崇拜锻造出一种稳定的心态,他们把自己视为应该与宗族整体共命运的一份子。"①正是因为看到了宗族祖先崇拜观念对整个宗族的凝聚力,所以《周书》对先王之德才格外推崇。但宗族祖先崇拜观念对姬姓宗族具有凝聚力,这种力量只对"小邦周"而言,当周人取代"大邦殷"以后,原有的宗族祖先崇拜观念显然不够用,因为周人的祖先只受本宗族尊崇,殷人未必尊崇周人祖先,这在观念上就需要有一种高于周之祖先的东西,在宗教文化向理

---

① 钱杭:《周代宗法制度史研究》,学林出版社,1991年,第106页。

性文化过渡的时代,这个东西非天莫属。因此,周人不彻底的祖神分离观念就派上了用处,使周统治者无论是对自己的本族人,还是对刚被征服的殷人,在周代殷的问题上,获得一种合理的解释。

(二) 周人不彻底的祖神分离观念

周人与殷人同样具有宗教祖先崇拜观念,所不同的是殷人是祖神合一,周人已开始把祖先与神分离开来。《康诰》:"丕显考文王",《酒诰》:"穆考文王",《无逸》:"文王卑服,即康功田功",都显示文王是人而不是神。祖先可以受天命,但祖先已经不是神,而是人,是人中的有德者,这样,祖先便与"德"紧密联系起来,先王之德便变得非常重要,成为先王与天联系的重要手段。但这种祖先与天帝的分离又是不彻底的。侯外庐先生认为"'天'在周人的思想中,是'帝'的一种变革,然而这种变革并不是祖先神'帝'的一种否定,而是'帝'的改良。《大雅·文王之什·文王》章是禋祀文王的诗,其中天帝是与文王分离的,同时先王又是与天帝相配的。例如:'文王在上,於昭于天。周虽旧邦,其命维新,有周不显,帝命不时,文王陟降,在帝左右。'"①在殷人那里,祖先与上帝神灵是一体的,"祖神以血缘关系联结着,殷代的宗族祖先与'上帝''神'成为极接近的概念。"②当周人以行动否认了殷命神授以后,在观念上就要解决周命执授的问题,从《周书》《诗经》等文献看,周人在当时的发展阶段上还不可能彻底摆脱天命观念,所以《周书》屡言文王受"大命"、受"天命"、受"帝命"等,《大诰》"天休于宁(文)王,兴我小邦周,宁王惟卜用,克绥受兹命",《大诰》"天命不僭",《康诰》"闻于上帝,帝休,天乃大命文王"均是例证。但与殷人不同的是,这种"受天命"已不是无条件的,而是有条件的,这个条件就是"德",即周先王(周文王)有德,才受帝命取殷而代之。这样,天命就与人德联系起来,因为文王是以人的身份享天命的,不是以神的身份享天命的,如此,祖与神便分开了。

总体说来,相对于殷人的祖神合一观念而言,周人是祖神分离观念,但这种祖神分离观念又是不彻底的,然而它毕竟向人左右自己命运的思想迈出了决定

---

① 《中国思想通史》第 1 卷,第 80 页。
② 《周代宗法制度史研究》,第 108 页。

性的一步,使"德"观念以"先王之德"的形式出现。

(三) 先王之德与天的关系——以德配天

周人的先王与天既分立又配合的特性,决定了《周书》对先王之德的强调具有兼顾性,兼及天与人两方面,因为"以德配天"是以人德配天。

"以德配天"是周人"德"观念的一个重要组成部分,在先王之德那里,就是以先王之德配天。既然祖与神是分离的,先王之德就显得很重要。我们前面已经谈到,《周书》中的先王之德主要言文王之德,所以《周书》"以德配天"很大一部分是以文王之德配天。《君奭》之"天不可信,我道惟宁王德延,天不庸释于文王受命""亦惟纯佑秉德,迪知天威"。前者言天是不可信的,只要继承文王之德,使之延续,天就不会舍弃其所受之命,这等于否定了天的作用,而将先王凌驾于"天"之上,即人德,确切地说是先王之德是延续周命的根据,只要遵循、发扬文王之德,天就不会收回所受之命,这样,天命也是以先王之德为依据的,大有人德取代天命之意。后者说天佑秉德之人,亦即天以人德决定其弃顾,先王之德可以影响天,先王"以德配天"的结果是使天命倾向有德者,表面上似乎承认天有意志,实际上强调的是王德。

除文王之德外,《周书》中的先王之德还有武王之德,周人以外的殷先哲王之德等。

作为先王的继承者,嗣王之德体现在两个方面,一方面是效法先王之德,另一方面嗣王之德也存在与天之关系的问题。

从《周书》对嗣王之德的强调中,我们可以发现一个突出的现象,就是周代的后嗣之王没有一个敢以有德者自居。这是因为周之天下是先王"以德配天"获得的,嗣王只是继承祖业罢了。《梓材》云:"今王惟曰:先王既勤用明德,怀为夹,庶邦享作,兄弟方来,亦既用明德。后式典集,庶邦丕享。皇天既付中国民,越厥疆土于先王,肆王惟德用和怿先后迷民,用怿先王受命。"这段话阐述了先王治理天下的功绩,要求嗣王能够继承先王之德,使先王所受之命能够世世代代传承下去。嗣王之所以要效法先王,除先王有德外,还有一个重要的因素就是嗣王与先王的血缘关系,这与周人宗统与君统具体运用上的合一紧密相连,先王既是宗族祖先又是政治上的君主，"宗族祖先崇拜所内含的实质性关系，在于古人与今人、死人与活人、活人与活人之间的关系。"①而且最重要的是落实到当下的活人与活人之间的关系，这种关系包含两方面的内容：一是今王与先王之间的血缘关系使今王的统治具有某种命定的神圣性，即通常所说的正统性；二是今王得之于先王的血统上的神圣性，使今王与他所统治的臣民之间的上下等级关系在观念上是永恒的、不可改变的。如此，先王之德便影响嗣王，嗣王效法先王之德的结果是使自己具备德行，以便治理天下。

嗣王之德除效法先王之德外，还与天发生关系。《多士》篇说："予惟时其迁居西尔，非我一人奉德不康宁，时惟天命。"这是周公代成王告殷之有位之士，将其迁于成周非成王秉德不安静，而是顺从天命。这是周统治者有意识地将自己政治上的决策附会到天命上，以主宰人间事物的天命观为自己的"德"寻找依据。《蔡仲之命》的"皇天无亲，惟德是辅"，说明天助有德者，要求嗣王也要有德。

在考察周人"德"观念中的王德时，我们应该注意到周人对王德特别重视的基点在于他们"明确意识到君主的个人德行与政治的道德性格对维持政治稳定性的重要作用。周人一开始就是从'小邦周'（对于'大邦殷'）的道德性来确立其取代商殷的合法性"。②即明确意识到王德是他们统治天下的支柱。如果这个支柱是稳固的，那么周天子的统治就会是稳固的。在《周书》诸德系统中，王德始终处于中心位置，在整个结构系统的运转中起着主导性的平衡作用，如果没有王德，其他诸德将成为单个的、零散的成分。

三、臣　德

臣德是《周书》"德"观念的重要组成部分，它与臣在周代社会中所处的位置密切相关。我们从三个方面分析臣德及其功能。第一是特殊意义上的臣德——

---

① 《周代宗法制度史研究》，第106页。
② 陈来：《古代宗教与伦理：儒家思想的根源》，三联书店，1996年，第296页。

周公之德,第二是通常意义上的臣德——所有在位职官的臣德,第三是宽泛意义上的臣德——"人德"。

第一,特殊意义上的臣德——周公之德。

在《周书》所体现的臣德中,周公是一个非常特殊的现象,值得格外加以关注。《周书》中的许多篇章都是周公所作,根据《史记》的记载,《大诰》《康诰》《酒诰》《梓材》《召诰》《洛诰》《多士》《多方》《无逸》《君奭》《立政》等皆出于周公之手。周公为武王之弟,成王之叔。武王去世后,成王年幼,周公辅政,他的身份始终是臣,但他的作用远远超过一般大臣。作为王室宗亲,他兢兢业业,小心谨慎辅佐成王,取得了辉煌的政绩。作为政治家他颇具远见,作为思想家他为后代留下了代表那个时代的比较系统的思想财富。《周书》中周公所作的篇章,有的作于摄政时期,有的作于还政以后,许多诰词都是周公以王的口吻发布的,其中有不少涉及臣德。

周公言臣德的诰词大体可分为三类。第一类是周公以王者的口气告诫大臣要敬德、明德,如《酒诰》"尔克永观省,作稽中德"。第二类说明王者要任用有德之人,如《君奭》"耇造德不降,我则鸣鸟不闻"。第三类要求人臣要顺王者之命,要有德,如《康诰》"弘于天,若德,裕乃身,不废在王命"。第一类、第三类基本是周公摄政期间的训诫之词,第二类是周公还政成王以后说的话。

周公以臣的身份代王行政,然后又还政成王、复归臣位,他的作用非常特殊,体现在他身上的臣德便具有了特殊性。臣德的功能范围在王与民之间,而周公之德则大大超过了这个范围,他甚至具备了王德的功能,又谨守臣之本分,不肯僭越。"周公屏成王而及武王,以属天下,恶天下之倍周",因此,"成王冠,成人,周公归周反籍焉,明不灭主之义也。"(《荀子·儒效》)无论从哪个角度说,周公代王行政、归政复位,都是因时制宜,是臣德的典范。这里面有两层关系要搞清。首先,周公身份比较特殊,他既可以发布天子级的政令,又要对周天子尽大臣的职责,体现在他身上的臣德与其他大臣就不太相同。他以长者的身份可以训导成王,以辅臣的地位可以号令其他大臣或诸侯。其次,他归根结底还是大臣(按照周代的父子相袭制,周公只能走到这一步),其他大臣在地位上与他是平等的。

由此看来,所谓臣德,大部分是通过周公的言论和行动体现的,而之所以周公能使其品德在较大范围内发挥功能,是因为他遵守特定时代的社会组织规范。

第二,通常意义上的臣德——所有在位职官的臣德。

周公之德是周代臣德的一个显例,而《周书》对臣德的具体规定则是一种通则,它对所有的大臣(包括诸侯)都有约束力,大臣们只有遵守臣德,才能得到王者的重用和下民的信赖。

通常意义上的臣德,除去周公诰词中的之外,在《周书》其他篇章中也有所见,择其要者有《洪范》"于其无好德,汝虽锡之福,其作汝用咎",从反面说明臣德的重要性;《泰誓》"以先祖先父之有德之臣左右小子",从正面说明臣德的重要性;古文《尚书·周书·周官》"作德,心逸日休",说明修德可以使人内心得到安宁,这一例比较特殊,把臣德的功能延伸到人的心理层面。《洪范》和《泰誓》的例子都把臣德的功能限定在对王者事业的成与毁上。臣德的正面功能和负面功能在今文《尚书·书序》中有鲜明的对照。"纣有亿兆夷人,亦有离德,余有乱臣十人,同心同德。"这是武王说的一段话。武王总结自己克殷的一个重要原因是用人得当。"离德"与"同心同德"正相反对,其作用亦恰好相反,这两种德体现了君臣之间的相互关系和相互作用,所强调的是臣德对君主所具有的功能。

第三,宽泛意义上的臣德——"人德"。

《周书》除臣德而外,还有一种与之意思大致相同的提法,就是"人德",我们把它划归在臣德的范围内,其功能也与臣德大体相当。

在周初,"人"这种称呼与我们现在把人类所有的人都称作"人"大不一样。据侯外庐等先生的考证,"在卜辞中所称的'人',还没有和氏族分立;西周称'人'也仍有此遗迹。居《周书》《雅》《颂》及金文中所见的'人'字归纳,周时所谓'人'计有下述各义:1. 称氏族先王为'人';2. 称王者为'人';3. 称氏族贵族(君子)为'人';4. 称在位的职官为'人'。与'人'相对的'民'字,则是古代劳动者(奴隶)的一般的代称。"①这里明确区分了"人"与"民"之内涵的不同。在侯氏所划定的"人"的四方面含义里,除去1、2两类,剩下的3、4两类,都包括在我们论证的范围内。那么,《周书》中的"人德"究竟指什么,让我们看一下例证。

1.《洪范》:"凡厥庶民,无有淫朋,人无有比德。"

2.《立政》:"迪知忱恂于九德之行。"

3.古文《尚书·周书·旅獒》:"人不易物,惟德其物。"

"人无有比德",这里的"人"是与"民"对举的,所以前面还有一句话"凡厥庶民,无有淫朋"。由此可知,"人"与"民"不同,而且对人的要求显然要比民高出一些。"人无有比德",比为密意,《论语·为政》云:"君子周而不比",《集解》引孔注云:"阿党为比。"比德就是结党营私的行为,当时只有具有一定身份和社会地位的人才可能谈到这一点,下面的"民"是够不上这个层次的,因此,对"民"只说"无有淫朋"。《立政》篇的"迪知忱恂于九德之行",是周公称赞夏王"以道(导)知人诚信于九德之行"②。《尚书·皋陶谟》有关于"九德"的规定,即宽、柔、愿、乱、扰、直、简、刚、强。而且《皋陶谟》在说到"九德"之前还有一段话,"亦行有九德,亦言其人有德","九德"是针对"人"而言的。古文《尚书·周书·旅獒》的"人不易物,惟德其物"中的"人"指的是诸侯,而诸侯是听命于王的。

从上面剖析的几个例子可以看出,"人德"所指的对象与"臣德"相同。既然相同,为什么不说"臣德"而称"人德"呢?我认为"人德"泛指王公贵族之德,其中包括了在位的职官,此概念的外延较"臣德"要大一些,内涵要小一些。"臣德"应指在位的执政大臣,他们有职有权,其概念外延较"人德"要小一些,但内涵却增加了。所以,《周书》多言"臣德"而少言"人德",因为"臣德"较实而"人德"较虚。前面分析的"臣德"的例子大都有确指的对象,针对性很强,而像"人无有比德"之类,只有一个大致的范围而无确切的对象。这就是"人德"与"臣德"之间的区别。

---

① 《中国思想通史》第1卷,第34页。
② 孙星衍:《尚书今古文注疏》,中华书局,1986年,第470页。

四、民　　德

民德在周人"德"观念中处于怎样一种地位呢？我们将从民在周代的社会地位，民与天之关系，民德的制约功能与适应功能三方面进行分析。

中国古代从周人开始重视"民"，金文中的"民"字是奴隶的总称。王国维曾指出：周人典礼，"上自天子诸侯，下至士大夫止，民无与焉，所谓礼不下庶人是也"。王国维还指出："《尚书》言治之意者则惟言庶民。"并引用《康诰》以下九篇之言"民"的地方，得出一个结论："其所以祈天永命者，乃在德与民二字。……文、武、周公所以治天下之精义大法胥在于此。"①由此可见，"民"在周代是统治者"治"的对象，社会地位是很低下的。这是"民"在周代社会所处地位一个方面的体现。另一方面不容忽略的是周代的"保民"思想，这种观念又与"天""天命"联系在一起。《酒诰》"惟天降命肇我民"，《多士》"昔朕来自奄，予大降尔四国民命"。君受天命而统治天下，"民"是周君所受天命的一部分，所以要"敬天保民"。这种思想主要体现在古文《尚书·周书》中。《泰誓中》云："惟天惠民"，"天矜于民，民之所欲，天必从之"，"天视自我民视，天听自我民听"，这是说"天"护佑"民"，天民一体，以天的名义向君主施加压力，要其"保民"，这大约是接受了殷代灭亡的教训吧。

从上面的分析中我们可以看到，周代"保民"思想形成的主要原因是要让姬姓统治永久延续下去，带有政治利害关系的色彩。这种政治利害关系决定了周代统治者对"民"采取恩威并施的政策，具体说就是对民"治"与"保"兼用。

"民"的这种社会地位决定了民德的内容，也规定了民德的功能。《周书》直接言民德处比较少，有《酒诰》"天降威，我民用大乱丧德，亦罔非酒惟行"，《君奭》"君惟乃知民德，亦罔不能厥初，惟其终"。《酒诰》的例子是指出上天降下威罚，

---

① 王国维：《观堂集林·殷周制度论》，中华书局，1999 年，第 475—477 页。

惩罚殷民饮酒乱德的行为。一般认为这里的"民"指殷人,而"殷人"的涵盖面就大了,殷的王公贵族、庶民都可以被周人称作"殷人",按照我们前面分析臣德时的观点,"人"在周初只指王公贵族、执政大臣等有血缘身份和政治地位的人,不指庶民,而这里的所谓"我民"则包括了这两者。然而有一个具体情况我们应该注意到,《酒诰》是周公发布的诰词,其目的是告诫康叔吸取殷灭亡的教训,这个时候殷已被周取代,绝大多数殷人都成为周之"民",所以周公说"我民"应有两层意思:一层是标明殷亡以后殷人的身份,一层是体现周统治者对殷人没有歧视,因此称"我民",似乎与周人无异,这也是一种获取人心的统治策略。由此看来,《酒诰》中的"我民"虽指殷人,但此时周已代殷,周公把殷人视为"民"是顺理成章的事情,与我们所分析的"民德"并不矛盾。《君奭》中的民德义为民心民行,整句意思是民之德无不能其初,但治民都要想到能否保持到最后的问题。这番话体现了周公对民德的重视,这种重视也表明民德所具有的功能。从这些分析中我们可以发现,民的地位虽不及王、臣高,但民德的功能却非常重要,因为民是王与臣统治的对象,所以民之德,即民所思民所行关系到上层统治者的地位是否稳固这件头等大事。统治者在强调王德、臣德的同时,必然会提出民德这个问题,因为这三者的关系是密不可分的。民德的功能在《周书》中是通过统治者的言论体现出来的,所以我们看到的直接言民德的例子,在很大程度上体现了周代统治者的一种忧虑心态。

这种忧虑心态导致在整个"德"观念系统中,相对于王德、臣德而言,民德起着一种制约作用,即统治者若想"祈天永命",就必须顾及"民"的要求。除此之外,统治者还要"治"民。所谓"明德""敬德"的要求只是单方面针对王与臣的,对民则没有,说明《周书》中的"德"是具有等级性的,所以王国维认为"《尚书》言治之意者则惟言庶民"。由于周代统治者对民的态度兼有"治"与"保"两面,就决定了民德的功能具有"制约"与"适应"两种。

关于民德对王与臣的制约功能,在《周书》中主要体现为统治者提出的"保民"思想,《梓材》"欲至于万年,惟王子子孙孙永保民"。这种"保民"思想又与天意联系起来,我们前面所引《泰誓中》的例子就是这种联系的反映。由于民意与天意结为一体,所以民之所愿对统治者就显得很重要,并非统治者爱民,而是统治者畏民又更畏天,这样,民德对统治者就具有了制约功能,使他们不能为所欲为。除此之外,民德对统治者还有适应功能。这种适应功能从理论上看不是主要的,但在实际操作过程中却占主导地位。统治者是"治"民者,"治"本身就带有强制性,民对统治者的"治"更多的是适应,而不是制约,只是因为《周书》在"德"观念方面侧重王德、臣德,即侧重贵族之德,所以才不会把注意力更多地集中在民德上。

在周初,"德"观念中的民德处于一种朦胧、混沌的状态,所以我们在《周书》中所看到的关于民德的论述,不如王德、臣德那样清晰明确,只能从周公对王德、臣德的讨论以及对"民"所思所行的顾忌中,隐约得到关于民德的信息,这与周初"德"观念的贵族化(或曰等级性)倾向密切相关。在《周书》中,诸德组合在一起构成了一个完整的"德"观念系统,在这个系统中每个成分都是不可缺少的环节(这由诸德之间相互依存的关系所决定,缺少了一方,另一方便失去了存在的价值),因此,民德又不可或缺。

以上我们分别分析了《周书》"德"观念系统中的天德、王德、臣德、民德的内容及功能。通过这些分析,可以看出周人"德"观念的繁复性。在周人的观念中,君主之德直接关系到王朝的兴衰存亡,其他诸德虽然重要,但都不及王德,王德的功能比其他诸德都要大。天德高高在上,在某种程度上具有神秘性,从人的角度来说,它又是人德的一种折射,是人间的德弥漫到天上,是天的人格化和道德化,无论它护佑人还是惩罚人,都体现了人间的价值准则和道德规范,而天德对人间施加何种势能,关键取决于王德如何。臣德更是直接为王德服务,所以王用什么样的臣,在很大程度上取决于王是什么样的王,而臣之德如何,又直接影响到王的声誉和威望。最后还有民德,它处于诸德的最底层,是被教化、统治的对象。王德、臣德都对民德起示范作用,王德不善,民德也会受到影响,这个影响表现在两方面,一是上行下效,二是上不正而下怨气冲天,两者可引发上天之罚或上天之赏。

从上面的论述中,我们可以看到,在《周书》诸德中,王德处于轴心位置,它的变化可以引发其他诸德的变化,而其他诸德的变化,又对王德产生影响,诸德是以王德为中心的。因为周代是宗法社会,宗法关系的中心是周天子,所谓"德"观念的轴心亦在维系宗法国家机器的正常运转,所以诸德的构成图式是:

这个图示体现了《周书》"德"观念系统以王德为中心,并且诸德之间相互影响的关系。

(注:此文除个别地方调整外,保持了在《中国哲学史》1997年第3期刊登时的原貌。)

附　　记

1996年9月至1997年7月,我在武汉大学哲学系做访问学者,师从萧萐父先生学习中国哲学。有幸倾听萧先生的教诲,这是终生难忘的求学经历。

萧先生是著名的中国哲学史家,为人正直,有诗人气质,同时又很尊重人。当时萧先生要我选一个自己感兴趣的研究课题,并写出提纲。我选择了先秦"道""德"概念研究这个方向的题目,提纲写好后,面呈先生。萧先生看了,觉得选题不错,提纲亦可以,告诉我要把这个提纲复印几份,给中哲教研室的几位老师审阅,再定一个时间,大家一起谈谈。1995年9月中旬的一个下午,天下着雨,两点钟的时候,李德永先生、唐明邦先生、郭齐勇老师、李维武老师、萧汉明老师,陆续来到萧先生家。其间各位老师对我的提纲,或肯定鼓励,或提出中肯意见。说到关键之处,萧先生总是简单的几句话画龙点睛。老师们的指导,让我受益匪浅。各位老师冒雨前来,让我深受感动。

后来我师从郭齐勇老师读博士的时候,又去拜访过萧先生几次。萧先生或是赠书,或是谈论学术问题,每次我都感到收获颇丰。

此次在纪念萧萐父先生冥诞100周年的时候,奉上师从萧先生学习时撰写的《论周人"德"观念的繁复性》一文(该文发表于《中国哲学史》1997年第3期),以志纪念。

(2023年6月27日)

理性的神秘主义与时间问题

——以黑格尔哲学和佛教禅宗为例

李健君

（武汉大学哲学学院）

引　言

什么是神秘的？黑格尔哲学和佛教禅宗给出了不同的回答。对于前者而言,神秘的是"理性"(das Vernünftige);对于后者而言,神秘的却被领悟为"日常生活"(das Alltägliche)。但这两者之间存在着一个重要的关联。对于两者而言,神秘都是精神"求索"(Erforschung)的结果,也就是说,神秘的特性恰恰是"思"(denkend)。此外,在言说神秘时,黑格尔哲学和佛教禅宗都面临了不可克服的困境,这个困境根源于"精神自由"与"时间性生存"之间的紧张关系。对这一不可剔除的困境的觉知将使人获得这样一个洞见：究竟而言,所有试图言说神秘的努力都应该被视为一场与时间的游戏,这游戏因智慧(prajñā)和慈悲(karuṇā)而自然生发。

既然事关在时间中的自我解放(die Selbstbefreiung),即作为一个自然生命的人,他的自我解放必然要在时间中完成,[①]那么他必须一直处身于且沉思一种

[①]　此处必须强调一下"在时间中解脱"和"从时间中解脱出来"这两者在本质上的不同。后者在形而上学和宗教话语中常被暗示,但却并不可能是人的现实。

"居间"状态——在神秘的超越时间的自由（精神上的宁定）与时间性纷扰之间。这种"居间"状态还可以被表述为：在涅槃（nirvāṇa）与轮回（saṃsāra）之间，在菩提（bodhi）与烦恼（kleśa）之间（这是借用佛教的说法），在上帝的国度与人的世界之间（这是借用基督教的说法），在哲学意识（das philosophische Bewusstsein）与自然意识（das natürliche Bewusstsein）之间（这是一般哲学的表述），等等。这种"居间"状态以内在于生命的活力和创造力为前提，同时也唤醒和提升这活力和创造力。我将人在日常生活中自我解放的精神努力理解为"在时间中哲思"（Philosophieren in der Zeit）。

黑格尔哲学语言与佛教禅宗语言的差异是显然的。但是下文的例证将表明，在涉及神秘这个话题时，佛教禅宗与黑格尔哲学也可以靠得很近。这两种语言对照强烈，正因为如此，把它们放在一起，反而可以启发我们批判性的深究神秘的本义，因为神秘常常被误解，甚至成为与理性相对抗的陈词滥调。当然，这样的对照最终是为了表明，黑格尔哲学与佛教禅宗虽然差异甚大，但两者都指向一种在时间之中言说那本不可言说之神秘的努力。

一、体现在黑格尔哲学和佛教禅宗中的理性的神秘主义（die denkende Mystik）

（一）黑格尔哲学中的"神秘"

凭着伟大的决心和深刻的见地黑格尔以哲学的方式探究了宗教。在一定意义上，正是神秘主义把哲学与宗教关联起来。在黑格尔的宗教研究中，神秘主义起了很大的作用。黑格尔哲学中的"思辨"（das Spekulative）这个概念对应的正是宗教中的"神秘"（das Mystische）。因此他说："只有那些人们在宗教中称之为神秘的才是真实的；神秘是宗教中思辨的方面。"[1]下文对"思辨"概念勾勒式的解说将表明，黑格尔其实可以被确证为一位杰出的神秘主义思想家。

---

[1] Hegel：Werke 18. Vorlesungen über die Geschichte der Philosophie 1. Frankfurt am Main：Suhrkamp Verlag，1971，p.100.

据黑格尔而言，在自然意识看来思维"仅仅是知性的活动"。① 知性（der Verstand）"坚持着固定的规定性和各规定性彼此的差别，以与对方相对立。知性式的思维将每一有限的抽象概念当作本身自存或存在着的东西"。② 知性的原则是同一性。但是，世界并不是简单的如被规定的那样静止不动。无物持存，事物的同一性只是表面的。③ "一切有限的事物都是以自我扬弃的方式存在着。"④一切都在变化之中——这一点正对应着佛教关于"无常"（anitya）的洞见。黑格尔将"所有这些有限的诸规定性的自我扬弃及其向对立面的转化"称之为"辩证的"（das Dialektische），也就是他所谓的"否定的理性的方面"（das Negativ-Vernünftige）。⑤ 黑格尔解释说："我们周围的一切都可以被视作关于辩证的例子。我们知道，一切有限的事物，不是作为固定的和最终的存在，而是变化着、流逝着的。这就意味着有限事物的辩证性，由此，有限的事物［……］向它的对立面转化。"⑥黑格尔强调："正确的认识并掌握辩证法是至关重要的。辩证法是现实世界中一切运动、一切生命、一切事业的推动原则。同样，辩证法又是知识范围内一切真正科学认识的灵魂。"⑦但不幸的是，有限的、抽象理解着的思维（即自然意识）并不能常常将此把握为一种可能的解放，即从对事物表面同一性的执着中解放出来；相反的情况是，有限抽象的思维往往因此陷入悲观的怀疑主义之中，甚至被诡辩术所迷惑。诡辩的本质正在于"去断言［事物］片面而抽象的诸规定的独立存在的有效性"，由此而怀疑一切，而有限的、抽象理解着的思维虽然害怕怀疑主义，但却无力去抵制它。⑧ 但是，对于思辨哲学而言，怀疑（das Skeptische）

① Hegel：Werke 8. Enzyklopädie der philosophischen Wissenschaft 1. Die Wissenschaft der Logik. Frankfurt am Main：Suhrkamp Verlag，1970，p.169.
② Hegel：Werke 8，p.169. 此处采用贺麟译文，见［德］黑格尔：《小逻辑》，贺麟译，商务印书馆，1980 年，第 172 页。
③ 佛教哲学对意识的分析是异常深刻的。据佛教哲学对意识的批判性考察而言，日常意识以同一律为原则，不断地寻求认同，从而区分对象，并惯于执着对象的不同属性，从而陷在其惯性活动机制之中而不自觉。对此下文中将有所涉及。
④ Hegel：Werke 8，pp.172-173.
⑤ Hegel：Werke 8，p.172.
⑥ Hegel：Werke 8，p.174.
⑦ Hegel：Werke 8，p.173；此处采用了贺麟译文，见［德］黑格尔：《小逻辑》，第 177 页。
⑧ Hegel：Werke 8，p.178.

正是包含于其自身中的一个要素。

思维在其"思辨的阶段或者肯定理性的阶段认识到处于对立中的诸规定的统一"。① 思辨的真理,既非临时的,也不仅仅是主观的,"而是确切地包括并扬弃了知性所固执的各种对立(当然也包括主观与客观的对立),由此证明其自身是具体的、完整的真理"。② 一方面,"思辨的真理"是黑格尔逻辑学的令人倍感振奋的必然结果;另一方面,黑格尔也试着从另外一个对于在基督教传统中生活着的人来说倍感熟悉的视角去阐释"思辨",虽然这一视角因为过于流行而一直被忽视。很显然,黑格尔在此想到了宗教意识中的神秘主义,并且很自然地提到了它。他说:"这里还可以略加提示,思辨的真理,其意义颇与宗教意识和宗教学说里所谓的'神秘主义'相近。"③

但是,黑格尔在使用"神秘"这个语词时是非常谨慎的,也就是说,他提及"神秘主义"是经过深思熟虑的。一般而言,当人们在谈及神秘时,神秘"被等同于隐秘莫测(das Geheimnisvolle)和不可领会(das Unbegreifliche)",然而,"因着人们所受教育和认知方式的差异,隐秘莫测和不可领会在一部分人看来是事物的本然和真实,在另一部分人看来则是迷信和虚妄"。④ 黑格尔的这个描述在今天依然具有现实的针对性:人们往往慨然承认真理性的事物是神秘的,并且习惯于用一句话——"这是绝对隐秘莫测的"——来敷衍了事。⑤ 许多自认为是神秘主义者的人就是生活在这种状态中。据我的观察,"神秘主义者"的标签已经成为时尚,以至于在这其中我们可以觉察出时代精神的一个症状。在神秘主义的流行中隐藏着一些大的问题,这些问题与生命的惰性和人在其自我省察中的不清晰性紧密相关。据黑格尔而言,对于这些神秘主义者来说,思维只能停留在抽象认同的层面,因此是有限的。因而,"依他们看来,为了达到真理,人们应该摒

---

① Hegel：Werke 8, p.176.
② Hegel：Werke 8, p.178.
③ Hegel：Werke 8, p.178;此处采用了贺麟译文,略有改动,见[德]黑格尔：《小逻辑》,第184页。
④ Hegel：Werke 8, p.178.
⑤ Hegel：Werke 8, p.179.

弃思维,或者正如一般人所说的那样,人们必须把理性禁闭起来"。① 照着上文中已经给出的黑格尔逻辑学的思路来看,"神秘主义者"的思维仅仅依托于知性,而且只是据知性而言(verstandesgemäß),他们视世界为神秘的。他们不能足够勇敢的洞见并接受存在于事物中的辩证的方面,更不用说进一步深入探索以致能克服充斥于思维中的种种矛盾了。

对于黑格尔而言,神秘诚然意味着隐秘莫测——"但仅仅是对知性而言",因为知性的原则是抽象的同一性。然而,作为与"思辨"同义的"神秘"却意味着"分离和对立着的诸规定性——对于知性而言这些规定性只有在其分离和相互对立中才是真的——的具体的统一(die konkrete Einheit)。"②在黑格尔哲学中,"思辨的"正是"理性的":"理性的思辨真理即在于把对立的双方包含在自身之内,作为两个观念性的环节。因此一切理性的真理均可以同时成为神秘的,但这只是说,这种真理是超出知性范围的,但这绝不是说,理性真理完全非思维所能接近和掌握。"③极其有趣的是,恰恰是在谈论神秘时,黑格尔特别有力而且坚决地回溯到了理性,因为对于沉沦在自然意识中的人而言,理性理所当然应是神秘的对立面。他们甚至视理性为通达神秘体验的障碍。当然,对于这些人而言,他们所谓的"理性"其实等同于黑格尔意义上的"知性"。"用来了知理性的一般经验方式,首先是受制于偏见与前提的。"④但是对于黑格尔来说,哲思恰恰意味着将思考维持在无偏见和无前提的状态。在使用"理性"一词时,黑格尔不仅将生命的生机和活力凸显出来;而且,在"理性"的概念中,黑格尔还提倡了一种不断自我扬弃的勇气和由此而来的人的自由。简而言之,黑格尔试图引导人从干瘪、抽象的知性活动中醒悟过来,去领略那在彼此对立的诸规定中洞悉了其统一性的神秘的理性。据上所论,理性把"思辨的"领悟为"神秘的":"就其本性而言,作为具有思辨内容的神秘之所以是神秘的,并非是对理性而是对知性而言的;神秘的正

---

① Hegel：Werke 8，p.179；此处采用了贺麟译文,见［德］黑格尔：《小逻辑》,第 184 页。
② Hegel：Werke 8，p.179.
③ Hegel：Werke 8，p.179；此处采用了贺麟译文,见［德］黑格尔：《小逻辑》,第 184 页。
④ Hegel：Werke 8，p.177.

是思辨意义上的理性,知性并不能把握思辨的内容——[真正意义上的]具体;知性固执不化的坚持[事物诸规定性相互之间的]绝对区分——[而这才是真正意义上的抽象]。"①

(二)佛教禅宗中的"神秘"②

正如上文在援引黑格尔哲学时所采取的方式,出于文章结构的考虑,下文涉及佛教禅宗中的神秘,我也只能紧扣主题采取提要钩玄的作法,并不可能详尽无遗,面面俱到。因此之故,我将主要借助宋代青原惟信③的一则禅堂开示以阐发佛教禅宗中"神秘即日常"的见地。

一日,青原惟信在僧众面前开示曰:"老僧三十年前未参禅时,见山是山,见水是水;及至后来,亲见知识,有个入处,见山不是山,见水不是水;而今得个休歇处,依然见山祇是山,见水祇是水。"④据青原惟信这里描述的个人经历可见,对于一个安于自然意识、还未"起疑情"的人来说,山是山,水是水,因为自然意识并未觉知到外在对象和自身意识状态的隐微关联。在佛教看来,意识中呈现的一切事实上都是意识所构造——当然,这不是说,在意识之外无物存在,而是说个人的意识活动为其所经历的现实涂抹上了特定的"色彩"。这"着色"的机制是根深蒂固且极其幽隐的,沉沦在日常意识状态中的人对这一实情并不能觉知。这关于心物相连的洞见(die Korrelationseinsicht)是有决定意义的:意识从来不是如明镜一般,按照事物本来的样子去领受它们;意识总是将自身的某些方面(比

---

① Hegel:Werke 18,p.100.

② 正如本章的标题所暗示的那样,笔者援引佛教禅宗作为"理性的神秘主义"的一个例子,目的在于批判性地分析"神秘"概念本身,因此笔者并不是从一个现成的佛教禅宗的"神秘"概念出发来展开讨论,恰恰相反,如同上文援引黑格尔哲学一样,笔者的目的是借助佛教禅宗的话语,尝试去领悟究竟什么是神秘的。在这个意义上,如果我们还去问佛教禅宗中是否有神秘主义,这个问题就显得无缘由而且多余。为了能用一种现代的分析性语言把佛教禅宗中那"神秘的"的维度呈现出来,笔者主要以脚注的形式大量引用了米歇尔·冯·布鲁克(Michael von Brück)的著作——当然,这并不意味着,本文的论证仅仅单方面依赖于他的论述。冯·布鲁克是一位新教神学家、印度学家和宗教学学者,同时也是一位崇尚实践修行的瑜伽老师,而且常年引导人们参加禅修。他有意识地探索并尝试了跨文化、跨宗教的生活和学术之路,这对于今天想要领悟那跨越了文化、宗教、语言等界限之"神秘"的人们来说,是特别具有启发意义的。他的经验还告诉我们,在体验那超越了一切界限之神秘的同时,人们也不应忽视当下有界限的、时间性的处身情境。

③ 关于青原惟信的生平我们所知甚少。根据《五灯会元》记载,他是黄龙祖心(1025—1110)的法嗣之一,属于慧能弟子南岳怀让(677—744)一系下的第13代。

④ 普济:《五灯会元》,虚云印经功德藏,2006年,第1135页。

如记忆)掺和进了对对象的知觉之中。① 意识赋予自身对象的隐微过程是高度意向性的,以至于人因此难以侈谈自身的主体性或者精神的自由。换句话说,人其实已经沉沦在意识对象所汇聚而成的洪流之中难以自拔,因此事实上已经处在受奴役的状态,但是人的日常意识对自身这种处境却毫无觉知。

由于意识中存在这些隐微而不被觉知的纠结和缠缚,人的感知在表面上看起来是真切无疑的,但是其实并不那么真实,而仅仅是意识意向性习惯活动的产物。由于人的自然意识不间断地受到这种惑乱的干扰,因此它已经被剧烈的"染污了",故而真实的日常其实是很难被经历到的。佛教称这种生命意识自身受到蒙蔽因而深陷奴役的现象为"无明"(avidyā),基于此无明而来的所有生命活动都是"业"(karman)。在业力的牵引下,日常生活中的人毫无觉知地深陷在由习性构成的轮回中。② 据此,在佛教看来,日常生活事实上并不是如此普通和平庸,而是充满了有待去发现的神秘。

因此,佛教禅宗用一种极具特色的方式把日常生活置于疑问之中。对日常生活的质疑被禅宗称之为"起疑情"。③ 事实上,大量的禅宗公案就是用来帮助

---

① 胡塞尔现象学深刻发掘了心物之间的幽微关系,特别是活动着的心灵的"构造"功能:"Welt und Bewußtsein sind korrelativ aufeinander bezogen und das Bewußtsein konstituiert die Welt - aber [...] nicht indem es der Welt ein Sein verleiht, sondern indem es ihr Sinn gibt." Tanja Stähler: Die Unruhe des Anfangs. Hegel und Husserl über den Weg in die Phänomenologie, Phaenomenologica Band 170. Dordrech/Boston/London: Springer NetherLand, 2003, p. 193. 根据 Tanja Stähler 对黑格尔和胡塞尔的研究,"居间之思"(das Verhältnis-Denken)正是这二者哲学思想一个显著特点,本章第三节将对"居间之思"进行具体解释。此处的引文可以为我们接下来的讨论做个铺垫。

② "Karman bedeutet die vollkommene Interrelationalität aller Ereignisse und Dinge. Obwohl Karman keinen Anfang hat, hat es ein Ende. Wenn die wahre Natur des Wesens der Wirklichkeit, die Buddhaschaft(buddhatva), verwirklicht ist als die wahre Natur des eigenen Bewußtseins, hat sich der karmische zeitliche Kreislauf erschöpft. [...] Was wir als karmische Notwendigkeit und damit auch als zeitlich bedingte und bedingende Struktur erfahren, ist in Wirklichkeit der gewordene Charakter einer spezifischen Situation oder eine Gewohnheit, die durch Wiederholung geformt ist, also Zeiterfahrung beschreibt. [...] Kreativität ist der Durchbruch durch die Muster der Wiederholung und Notwendigkeit(oder Gewohnheit), also das, was karman überwindet." Michael von Brück:"Wo endet die Zeit? Erfahrungen zeitloser Gleichzeitigkeit in der Mystik der Weltreligionen," In: Weis, K. (ed.): Was ist Zeit? München: dtv, 1995, p. 257.

③ 这也让我想起以柏拉图、亚里士多德等为代表的欧洲哲学的开端:正是因为"惊奇",人们开始了哲思。此外,"危机经验"也是我们看待"疑情"的另一个视角:哲思的需要起源于"危机经验"——埃德蒙多·胡塞尔是一个例子。当然,我们也可谨慎地把禅宗的"疑情"与西方哲学中的怀疑主义(特别是笛卡尔和黑格尔的)联系起来。只不过这样的对比常常误入歧途,因为后者在一般意义上——正如黑格尔所批评的——是源于"知性思维"的抽象和片面。参见上文。

人们升起疑情的,这些公案是不可理喻的——但只是对于理智(即知性)而言,也是极富挑战性的。① 通过莫名其妙、答非所问的回答和古怪离奇的行为方式,禅师们试着挑战参禅学道以求解脱之人的自我认知,逼迫他们质疑自身的意识状态。"疑情"的升起意味着一个人已经试着从日常习惯状态中抽身而出,开始踏上解脱之路。借助这疑情,禅人们才开始与自己那些未经批判的信念(doxa)和行为模式保持距离。

据佛教禅宗而言,因此疑情而感发的修行是一个意识净化的过程,这是一个具体的生命在其时间性生存中所做的精神上的努力。青原惟信虽然仅用了寥寥数语来表述他的生命历程,但是,我们还是可以据此设想他心路历程上的艰难探索。② 在参禅学道的路上,他的精神必定历经了剧烈的转化,以至于他能看山不是山,看水不是水,正如《金刚经》中所言:"凡所有相,皆是虚妄。若见诸相非相,即见如来。"③"见如来(tathāgata)"意味着悟入空慧。"空"(sūnyatā)是就事物的"缘起"(pratītyasamutpāda)和"无自性"(asvabhāva)而言。日常意识的认同机制——以未经审视的概念、观点、臆测等等为依托——因此被动摇,而人从日常意识的奴役状态中解脱出来的可能性也由此开显。禅宗把人从自身无明状态中的觉醒称之为"见性",即自证其自由本性的觉悟。我认为这种对"觉悟之可能"

① 南宋无门慧开禅师所编的《禅宗无门关》一书经日本禅人传播到欧美后,成为影响最大的禅宗类书籍之一。据此,禅宗里的每一则公案都可以被看作是一座"无门关":"In der Praxis des Zen muß die von den Patriarchen errichtete Schranke durchschritten werden. Um die wunderbare Erleuchtung zu erlangen, muß man alle Tätigkeiten des gewöhnlichen Bewußtseins vollkommen auslöschen."Ludwigis Fabian, Peter Lengsfeld and Kigaku Sato (trans.): Die torlose Schranke. Zen-Meister Munons Koan-sammlung. München: Kösel, 1989, p. 29. "Wie eine in Hast verschluckte, rotglühende Eisenkugel muß es sein, die du versuchst, wieder zu erbrechen - aber vergeblich. Alle illusorischen Gedanken und Gefühle, die du bislang gehätschelt hast, mußt du austilgen."Die torlose Schranke, p. 29;此外,可参考 Michael von Brück: Zen. Geschichte und Praxis. München: Verlag C. H. Beck, 2004, pp. 15 - 16; 93 - 110.
② 禅宗历史上一直有"顿悟"和"渐修"的争论。但是,据禅宗的真精神而言,顿渐问题其实是一个基于知性的二元对立思维模式才出现的肤浅的伪问题。比如对禅宗发展产生决定性影响的六祖慧能(638—713)在《坛经》中就强调"顿悟渐修"。结合我后文的论述,我们其实可以把"顿悟"把握为无时间性或者超时间性的神秘经验,也就是突然似乎从时间之流中解脱而出的那种自由感。但是,"顿悟"绝不是一劳永逸的解脱。"顿悟"中体验到的无时间的自由和生存的时间性之间的张力也是任何一个禅人所要面对的,因为他仍然在时间之中过着具体的生活。参考净慧:《双峰禅话》,上海辞书出版社,2005 年,第 89—93 页。
③ [姚秦] 鸠摩罗什(译):《金刚经》,《佛教十三经》,中华书局,2010 年,第 8 页。

的强调可以同西方哲学中的"自由之假定"①对观。西方哲学高扬哲思（das Philosophieren），强调每个人都可实现并自证其自由；与此相应，佛教肯定每个人都能通过"自净其意"而"见性成佛"。②

悟入空性主要意味着菩提智慧的开显，而且佛教认为，伴随着智慧的开显必有慈悲的升起，故而才有"悲智双运"的提法，因为觉悟了的精神的活动仍然是时间性的，也就是说觉悟者必然是有所作为的，觉悟的结果绝不等同于从这个纷扰的世界中隐退，或者无情如木石一般推卸了一切的责任。相反，精神原本惯于执着外在对象的各种规定性，而空性智慧使得精神能从这些执着中解放出来，精神与其对象的和解（die Versöhnung）因此逐渐成为现实，而且自我与他人之间的界限也开始变得不那么清晰而固定。在这个过程中，那古老的疑问——我是谁——会越来越强烈的萦绕在人的心间，挥之不去。如上所言，智慧的成熟必然伴随着慈悲或者爱。借用冯·布鲁克的话来说，为智慧和慈悲所充满的人将流露出一种宇宙性存在（die kosmischen Existenz）品质——源于生命深处的信任感与幽默感。③ 我们也可以说，正是在这种"宇宙性存在"中，青原惟信得以安顿他的精神；正所谓"而今得个休歇处，依然见山只是山，见水只是水"。④ 如此这

---

① 其实这里"觉悟之可能"或者"自由之假定"的提法并不合适。"现实"与"可能"或者"假定"之间的二元区分是仍然处于重重缠缚状态的意识活动的产物。以此种意识状态而谈论"觉悟"或者"自由"，以期能对此获得更清晰了之了解，但结果却是，讨论得越多就越深地陷入不断自我构造和分化之意识所织就的思想密网中而无法自拔。"时间性"与"自由"、"娑婆"与"涅槃"或者"烦恼"与"菩提"——人们如何才能领悟它们之间的关系呢？人们究竟该如何使用语言？以知性而言，这是人们无法摆脱的困境。下文中，笔者将就"言说神秘的困境"以及"在时间中游戏式的言说神秘"展开讨论。

② 本来，佛教哲学中的佛陀并不是被神化了的供人们祈求或者顶礼膜拜的外在对象，他当然也不代表一股压迫人的强力。然而，在所有佛教国家的寺院中，我们都可以看到似乎是有迷信意味且充满偶像崇拜色彩的佛陀塑像，虔诚的信徒们在这些塑像面前祈求福佑或者祈祷某项具体心愿的实现。宗教礼仪是特定文化的产物，也是人类普遍的心理需求，有在具体的历史时空中人们的生活作为大背景，诚然是一个非常有趣但也很复杂的课题，在此我暂且不做深究。

③ 参考 Michael von Brück: Wie können wir leben? Religion und Spiritualität in der Welt ohne Maß. München: Verlag C. H. Beck, 2009, pp. 36 - 37.

④ 净慧禅师（1933—2013）曾在说禅时以苏东坡（1009—1066）的一首诗作为结尾："庐山烟雨浙江潮，未到千般恨不消。及至归来无一事，庐山烟雨浙江潮。"对此，他说："一切都是本来现成的，说来说去，都是过程而已。"净慧：《入禅之门》，上海辞书出版社，2006 年，第 17 页。这是苏轼在临终前为他最小的儿子苏过所写的诗，也是苏轼对其禅意十足之人生的概括。显然，诗中所述解脱路上的三种境界正好对应青原惟信的说法。

般觉悟了的生命,悲智双运,游戏人间,得大自在。基于智慧和慈悲,他所有的语言和行为都是自然涌现,不假造作。后文中,我将进一步发掘"与时间游戏"的内涵。

经过上文这样一个粗线条的勾勒之后,我们可以回过头来再问:我们该如何领会"神秘即日常"?"宇宙性存在"作为此在之人的一种可能——这种浩瀚的生命感可以被视作一场基于智慧和慈悲而情不自禁地"手舞足蹈"——对于仅仅依托于知性去思考和行动、以自我为中心的意识来说是不可理解且难以领会的。

关于这种宇宙性存在,佛教有十分丰富的描述,比如"日日是好日"①"平常心是道"②等。这种精神状态,对于一个执着于同一律、沉溺在算计中、为个人好恶所左右的头脑来说,确实是"神秘的"——只是在这个意义上,我们才谈论佛教禅宗中的"神秘"。慧能有言:"汝若返照,密在汝边。"③日常生命充满了奇迹,而生命本身就是神秘的。佛教禅宗认为,这一点正要在日常生活中去领悟并参透。

二、悲智双运以言说神秘

(一) 言说神秘的困境

黑格尔用一个精炼的句子表达了言说神秘的困难:神秘作为思辨的内容"并不能用一个片面的句子说出来"。④ 对此,黑格尔的逻辑学自身就是一个显著的例子,对日常的所谓"健全理智"来说,他的逻辑学是挑战十足的。黑格尔逻辑学包括三个方面:抽象的或知性的方面(die abstrakte oder verständige Seite),辩证的或否定的理性的方面(die dialektische oder negativ-vernünftige Seite)及思辨的或肯定的理性的方面(die spekulative oder positiv-vernünftige Seite)。但是,这三个方面的区分必须被把握为一种独特的黑格尔式的勉强,即

---

① 这句话常常用来表述云门文偃(864—949)的禅风。见普济:《五灯会元》,第 928 页。
② 比如赵州从谂(778—897)和南泉普愿(748—834)说禅时就有过这样的表述。见普济:《五灯会元》,第 199 页。
③ 慧能:《坛经》,《佛教十三经》,中华书局,2010 年,第 98 页。
④ Hegel:Werke 8,p.178.

他为了使他的逻辑学便于理解（zur Verständigung）而作的一种努力。正是在这样言说中，逻辑学的三个方面不可避免地被退置于"第一阶段即'知性'的阶段"。由此，这三个方面也就被相互割裂开来了，但是这样的话，"它们被彼此孤立，因而不能见到它们的真理性"。① 黑格尔对这个困境是完全了知的。因此，在将其逻辑学区分为三个方面后，他强调说："这三方面并不构成逻辑学的三'部分'，而是每一'逻辑真实体'的各'环节'，一般说来，亦即是每一概念或每一真理的各环节。[……]我们在此提出来的关于逻辑学的规定和部分的划分，在现阶段同样只能说是预拟的和历史性的。"②因此，黑格尔的逻辑学同样面临着言说的困境。这即是说，人们必须通过领悟的方式，穿透时间性语词排列所造成的障碍，才能把握黑格尔逻辑学中的这个要点。"事情"从来不是简单的在那里，已全然被语言所穷尽。黑格尔所强调的"领悟"（das Begreifen）必须借助精神的内在参与才能实现，虽然黑格尔不遗余力地努力着，要把"思辨的概念"带到语言中。

现在，我们过渡到佛教禅宗在言说神秘时所面临的困境。③ 很有可能，佛教禅宗在强调菩提之智的不可言说性和不可传达性上是最为突出的。对佛教禅宗的标志性概括是："教外别传，不立文字。直指人心，见性成佛。"④《坛经》中的慧能说："诸佛妙理，非关文字。"⑤《金刚经》中所提及的"阿耨多罗三藐三菩提"（即"无上正等正觉"，anuttara-samyak-saṃbodhi），是不可以通过思维揣度的。因此，人们并不可以借助语言文字谈论"阿耨多罗三藐三菩提"，"阿耨多罗三藐三菩提"并非是思维的物化的对象，只有物化了的对象，才是可以被言说并在人们

---

① Hegel：Werke 8，p.168；此处采用了贺麟译文，见［德］黑格尔：《小逻辑》，第 172 页。
② Hegel：Werke 8，p.168；此处采用了贺麟译文，见［德］黑格尔：《小逻辑》，第 172 页。
③ 冯·布鲁克论及了释迦牟尼的开悟体验在被后世描述和分析时所陷入的困境："［Die Erfahrung des Buddhas Gautama Shakyamuni ist von einer Art，］die jedes System sprengt，nicht-theistisch ist und in der Geschichte so weiter wirkt，daß sie jeweils neu bewußt als Antithese gegen jede Verbalisierung und Systematisierung zu theologischen Aussagen in Anspruch genommen wird."Michael von Brück：Christliche Mystik und Zen. Synkretistische Zugänge，in：Greive，W. / Niemann，R. （ed.）：Neu Glauben？Religionsvielfalt und neue religiöse Strömungen als Herausforderung an das Christentum. Gütersloh：Gütersloher Verlagshaus，1990，p.147.
④ 这是用来概括禅宗精神和特色的经典表述。参看净慧：《生活禅钥》，三联书店，2008 年，第 93 页；普济：《五灯会元》，第 10 页。
⑤ 慧能：《坛经》，第 109 页。

思维中被规定的。一切的"法"(dharma),不管它们是在外在自然界中还是在意识中呈现的,都已经或多或少的被物化了,因此它们不可能与"阿耨多罗三藐三菩提"完全相应。作为语言文字的《金刚经》仅仅起一个"船筏"的作用,用来启发人渡过无明之河。① 在另一个非常著名的"因指见月"的比喻中,②所有的言说被视为指向明月的手指,人们不应该停留在对手指的注视上而忘记了明月。当人们试图谈论明月(在本文中明月可以用来喻指日常经验中的"神秘")时,言说的困难因此是显而易见的。

同样的道理,中国的道文化——禅宗在中国的形成与之有密切的关联——也特别强调"道不可传"。③ 对各种形式的言传的依赖在此都失效了。以认同为目的的知性理解都不能契入那超言绝象的道境。对思辨之意味的领悟是以精神突破知性思维方式的羁绊为前提的。这种突破的实现过程可以被视为精神在时间中的奋斗,虽然精神因此也常常陷入进退维谷的两难之境,因为一切执着于某种获得或者目标的努力往往适得其反。黑格尔在《精神现象学》中也描述了精神活动的各种可能性。在黑格尔那里,精神的所有活动都是精神不断扬弃自我之过程的组成部分,或者被视为精神始终如一的奋斗历程的内在环节。来自中西两方面的例子都表明,我们并不能通过执着于语言文字或者寄望于书籍的信息传递就可以在探究神秘方面有所进步。事实上,精神性的人在时间性的、具体的日常生活中经过不断的、真诚的自我警醒、自我怀疑后,就必然会开始放弃对在其意识中呈现的一切经验和想法的执着,从而不断接近那思辨的、神秘的维度,或者道境。

言说神秘的困境是普遍的,其根源在于,神秘体验涉及无时间性(Zeitlosigkeit)

① "是故不应取法,不应取非法。以是义故,如来常说,汝等比丘知我说法如筏喻者。法尚应舍,何况非法?[……]无有定法,如来可说。何以故? 如来所说法,皆不可取,不可说。"[姚秦]鸠摩罗什(译):《金刚经》,第8页。
② "佛告阿难:汝等尚以缘心听法。此法亦缘,非得法性。如人以手指月示人,彼人因指当应看月。若复观指以为月体,此人岂唯亡失月轮,亦亡其指。何以故? 以所标指为明月故。"[唐]般剌密帝(译):《楞严经》,《佛教十三经》,中华书局,2010年,第134页。
③ "使道而可献,则人莫不献之于其君;使道而可进,则人莫不进之于其亲。使道而可以告人,则人莫不告其兄弟。使道而可以与人,则人莫不与其子孙。"郭庆藩:《庄子集释》,中华书局,1961年,第517页。

或者永恒,而思维却是时间性的,且一切的名言都依附时间性的思维。米歇尔·冯·布鲁克的相关研究表明,世界各大宗教传统中在谈及神秘体验时,都包含有无时间性这个方面的内容。① 自然意识将人的时间经验区分为过去、现在和未来。然而,"过去是基于对回忆的执念,而未来则是所望之事在心理上的投射。如果能从上述两种意识的意向性活动中解脱出来,即不再执念过去和投射未来,那么纯粹的现在就会呈现,这当是一种时间上的同时性、统一性经验"。② 冯·布鲁克选了一个来自禅宗——日本道元禅师的禅悟经验——的例子来说明这一点。对于道元来说,"时间即是绝对的此刻(nikon),过去、现在和未来在绝对此刻的澄明中涌现出来。[……]佛性在本质上即是就这当下鲜活的圆满状态而言。因此,对于道元而言,当下并不是过去的累积,当下意味着在所有时间里的澄明之知"。③

中国当代的净慧禅师(1933—2013)在谈及具体禅修中的时间经验时,有过关于"坐断三际"的开示:

> 所谓坐断三际,就是以无分别心安住当下。三际是指过去、现在、未来。各位关照一下自己的心念,看看我们的心在什么地方。不难发现,我们的心不是在想过去,就是在想未来,现在在做什么、想什么,自己是不清楚的,也把握不住。这就是"生命的迷失"状态。如果能使我们的心念,专于一境,不攀缘,不散乱,不驰求,当下没有过去,没有未来,连现在也不去执着,那就是坐断三际。三际一旦坐断,心不迷乱,安于当下,历历孤明,开悟和见性便指日可待了。坐断三际的境界,是一个修行者、一个求悟者,在日常生活中的任何时刻,都有可能体验得到的,并不神秘。不管是参禅、念佛、持咒,还是

---

①　Michael von Brück:"Wo endet die Zeit? Erfahrungen zeitloser Gleichzeitigkeit in der Mystik der Weltreligionen,"pp. 209 - 262.

②　Michael von Brück:"Wo endet die Zeit? Erfahrungen zeitloser Gleichzeitigkeit in der Mystik der Weltreligionen,"p. 209.

③　Michael von Brück:"Wo endet die Zeit? Erfahrungen zeitloser Gleichzeitigkeit in der Mystik der Weltreligionen,"p. 232.

在做其他的事情,只要专于当下,念念自觉,都能够体验到三际坐断的经验。[1]

谈论无时间性的体验是自相矛盾的。在根本上,一切与之有关的语言描述必然陷入困境,这正是言说神秘的困境所在,因为一切形式的思维活动和言语表述毫无疑问都是时间性的。因此,在涉及无时间性的体验这个话题时,言说活动必然是充满内在张力的无奈。但是,从另一个方面来看,在生命中的某个绝对澄明的瞬间体验过无时间性或者永恒的人,毕竟仍然生活"在时间之中",而不可能是某种别的情况。如果这样一个人愿意与他人分享他独特的体验以期对他人有所裨益,那么他是在时间中与他人同在;甚至如果他要谈论上帝的永恒国度,那么他的"布道"也必然是在时间之中,也必须使用语言,等等。思维和言说不可避免地和时间现象捆绑在一起,甚至意志也需要时间。言说必然使思维处于时间性的活跃状态。关于"时"与"思"的不可分割,诺瓦利斯(Novalis)曾经有过这样的诗意概说:"时间不能停止——我们甚至不能不去想时间——因为时间正是能思维的条件——时间只能与思维一起停止。时间之外的思维是荒谬的。"[2]

所有关于神秘经验的谈论都是基于某种形式的时间性的反思,而且这些努力都是为了使神秘经验变得可理解,也都是时间性的。神秘的无时间性经验使言说的困境变得更为根本。如果我们接受因这个困境而来的挑战,那么我们必然就要自问:我们应该放弃对神秘的言说吗?那些大彻大悟之人,或者那些有过"神启"经验的人,他们就应该坚决地保持沉默吗?但是"智慧在街市上呼喊,在宽阔处发声,在热闹街头喊叫,在城门口、在城中发出言语"。[3]

---

[1] 净慧:《生活禅钥》,第80—81页。

[2] Die Zeit kann nie aufhören - Wegdenken können wir die Zeit nicht - denn die Zeit ist ja Bedingung des denkenden Wesens - die Zeit hört nur mit dem Denken auf. Denken außer der Zeit ist ein Unding. Novalis: Schriften（Band 2. Das Philosophische Werk 1）. Stuttgart: W. Kohlhammer Verlag, 1960, p. 269.

[3] 《旧约全书·箴言》(和合本)1: 20 - 21。

(二) 言说神秘以与时间游戏

世界各地的神秘主义者普遍遭遇了言说神秘的困境,他们时时处处都强调,神秘经验不可被语言穷尽。事实上,这是对语言之有限性的深刻洞见,毕竟,语言只能粗略地表达经验。但是,有些神秘主义者却因此而走向一个极端,他们完全放弃了言说的努力,即努力把那本不可言说的事情尽可能地带到语言之中,并且背弃了以哲思为生命的哲学。当他们在哲学中只能发现各种各样枯燥的意见时,他们对哲学的厌恶是有理由的。然而,这并不是真正意义上的哲学,比如黑格尔就提醒人们,哲学的历史并不是各种哲学意见的聚集或储存,而哲思也并非等同于以知识渊博为追求目标的博闻强识。① 哲学的本质并不在于去提供确切无疑的有关于灵魂、世界和上帝的论断,而在于去激发起人们亲自与这些"事情"打交道的热情,也就是唤醒他们本己的哲思。黑格尔不遗余力地从事对"概念"(der Begriff)的言说,对于他而言概念绝不等同于一个词语,概念的意义绝不限于几个句子的言诠。概念是血肉丰满的有机生命的整体。因此,言说"概念"绝非易事。概念必须在一个体系之中,才能获得其"生机"。我认为,我们甚至可以把黑格尔宏伟的哲学体系从整体上也看作一种激发人们进入哲思状态的努力——这努力是非凡而发人深思的,为了使人们领悟那思辨意义上的概念的神秘。"概念"这个词语如此的重要且难以被领悟,对此,我在后文中还会涉及。在《精神现象学》的最后部分,黑格尔说:"时间就是概念自身。"②顺着这个意义而言,努力言说神秘的过程表现为在时间中——在历史性的存在中,在日常生活中——的哲思。在生活中,我们的意识不得不指向具体的内容并因此总是纠缠在时间中的。

言说那不可言说者的努力也明显可见于佛教禅宗中。中国的佛教宗派中,禅宗似乎是自相矛盾的留传下了最多的文本。我们该如何理解这种现象呢? 其

---

① Hegel:Werke 18,pp. 29 - 30.
② Die Zeit ist der Begriff selbst. Hegel:Werke 3. Phänomenologie des Geistes. Frankfurt am Main:Suhrkamp Verlag,1970,p.584.

实,禅宗在主张"不立文字"的同时,也强调"不离文字"。① 这难道不是一个显而易见的矛盾吗? 正如黑格尔的哲学一样,禅宗也坚持以一种极具个性的方式,努力去言说那不可言说者,去传达那不可传达者。觉悟者的精神以这样的方式,不知疲倦地奋斗在时间中。精神的显化"必然是在时间中",②人内具的觉悟的本性不允许他与这个世界脱离关系。我们该如何领悟这永恒的张力呢? 所谓的神秘正是关乎对这张力的"领悟"吗? 人们究竟该以何种方式理性地借助语言去讨论般若之智(prajñā)呢?

至此,我们就面对着内蕴于神秘主义中一个根本问题:虽然,世界各大宗教传统中的神秘主义都涉及无时间性或超越时间的体验,而且这种体验是不可言说的,但是不管是在黑格尔哲学还是在佛教禅宗中,我们都发现了一种坚持不懈地言说那不可言说之神秘的努力——这究竟是为什么? 当我们对这种言说的意图有所了悟之后,这一点就是可以理解的了。理性的神秘主义的要旨并不在于追求超越时间的、出世的解脱,而是在于强调去直面时间与自由在根本上的紧张关系。自由意味着对整体或大全的纯粹领悟,意味着无时间性的永恒(黑格尔),意味着从无明状态中觉醒过来,般若之智的现行(禅宗);而时间则对应着生活、历史、发展、变化、否定性、操心、无明、意识的染污(烦恼)、轮回等。然而真正的

---

① "我说过多次,禅是修的、证的、参的,不是讲的。虽然禅不立文字,语言文字代表不了禅,但是它又不能离开语言文字,要把禅不立文字这个道理讲明白是离不开文字的。"净慧:《入禅之门》,第89页。另外,可参考冯·布鲁克有关威廉·詹姆斯(William James)的一段议论: W. James, und vor ihm schon viele Mystiker selbst, hoben hervor, daß mystische Erfahrung nicht in Sprache gekleidet werden kann. Natürlich wird man nicht sagen können, daß mystische Erfahrung ohne weiteres beschreibbar wäre, aber sie ist auch nicht vollkommen unbeschreiblich, denn dann wüßten wir nichts darüber. Die unglückliche Alternative von Mystik und Wort wird weder der Geschichte der christlichen und hinduistisch-buddhistischen Mystik gerecht, noch ist sie unter theoretischen Gesichtspunkten tragfähig. Mystiker benutzen Metaphern und Analogien, die gerade weil sie in verschiedenen Religionen vorkommen (Feuer, Licht, Ozean, Liebe, Ruhe) in ihrer Spezifik genauer untersucht werden müssen. Denn jede Metapher ist an eine Sprachtradition gebunden, und Sprachen kommen nur im Plural vor. Außerdem besteht die Tendenz, dass eine Erfahrung zuerst poetisch-stammelnd, analog zur Sprache der Liebenden, ausgedrückt und später in kommunizierbare rationale Form gekleidet wird, die einer weiteren hermeneutischen Gemeinschaft zugänglich ist. Michael von Brück: Mystische Erfahrung, religiöse Tradition und die Wahrheitsfrage. In: R. Bernhardt (ed.): Horizontüberschreitung. Die pluralistische Theologie der Religionen. Gütersloh: Gütersloher Verlagshaus, 1991, pp. 86 – 87.

② Hegel: Werke 3, p. 584.

智者并不对抗时间。根于智慧和慈悲,他们自然会在这个世界上产生某种深刻的影响,并且不知疲倦。正是在这个意义上,我们说,悲智双运以言说神秘的努力,是一场与时间的游戏。

这一点对于我们理解理性的神秘主义是决定性的,也使我们能从全新的视角去理解语言、生活与历史。大智慧人和圣贤们都曾言说,并且还将继续言说,只不过是出于智慧和慈悲。没有深入的智慧,言说着的我们很可能僵化为拿撒勒的耶稣所谴责过的"文士",因为他们只会执着圣典中的词句;没有对慈悲的领悟,言说着的我们就将仅仅是"鸣的锣、响的钹"。① 在佛教禅宗中,人们把悲智双运以言说神秘的努力称之为"观机逗教,随缘说法"。这是说,禅宗一脉中的大觉悟者们会根据前来参学的禅人们在精神上的成熟程度,并且结合当下的机缘,以灵活多变的方式给予相应的启发或者引导。② 因此之故,我们重申,悲智双运以言说神秘的努力,是一场与时间的游戏。

三、在时间中的哲思乃"居间之思"

一个在时间之中以动态的方式随时自我解脱的人游心于一种"永恒的张力"之中。这种永恒的张力可以表述为:神秘的无时间性的自由(精神的宁定状态)与时间性存在(时间性的纷扰)之间的张力、涅槃与轮回之间的张力、菩提与烦恼之间的张力(这是来自佛教哲学的表述)、上帝的国度与人的世界之间的张力(这是借用基督教的表述)、哲学意识与自然意识之间的张力(这是一

---

① 《新约全书·哥林多前书》(和合本)13:1。
② 参考冯·布鲁克的相关论述:"[Die mystischen Erfahrungen können] traditionelle religiöse Bilder, Aussagen und Legitimationen kritisieren und stürzen, indem sie die Vorläufigkeit jeder Aussage, Denkform und religiösen Legitimationsstruktur angesichts des unfaßlich Numinosen zur Sprache bringen. In diesem Sinne ist Mystik die Kritik an bestehenden Ordnungen, die sich verabsolutiert haben. [...] Jede Mystik zeigt die Grenzen der Sprache und die Endlichkeit des Begriffs auf; sie zwingt damit zur demütigen Bescheidenheit bzw. zur Relativierung der sozialen und religiösen Ordnungen, die religiös sanktioniert sind." Michael von Brück: "Wie entsteht Verstehen interkulturell?" In: Schubert, V. (ed.): Die Geisteswissenschaften in der Informationsgesellschaft. St. Ottilien: EOS Verlag, 2002, p. 291.

般哲学的表述)。人生在世的每一个瞬间,不管是有意识还是无意识,都无法回避这永恒的张力,这是人的命运。以充满力量的、创造性的精神状态直面这张力之人所过的生活是"哲思着的"生活。"哲思"这个词语我是在其原初的真切意义上使用的,正如先前已经描述过的:哲思着的人,他的精神处在一种充满活力的变动不居状态,他在时间之中孜孜不倦地做着自我解脱的功夫。这与今日的人们通常所理解的哲学是大异其趣的——这个时代的哲学已经退堕成了枯燥的、抽象的甚至文字游戏一类要嘴皮子的东西。哲学意识与自然意识的区分——在此刻的言说中我们必须暂时忍受这种人为的区分——对应的正是菩提与烦恼的二分,当然,这种二分同样也仅仅是临时性的。因为,哲学意识并不能从自然意识中割裂开来,正如菩提正是包含在烦恼之中,涅槃正是在轮回之中一样。① 对这种体现在哲学中的微妙的"居间之思",Tanja Stähler有过如下的表述:

　　自然意识附着在哲学意识上,如果自然意识看透了自身的本质,那么其实它就在哲学[意识]之中。一方面,这意味着我们绝不可自以为是地认为,自己已经一劳永逸的在哲学[意识]之中了;不过,另一方面,这也意味着,我们不必害怕我们在某时会完全失去脚下的地面并且不再返回。我们永远不会完全的脱离自然意识;但是,一旦哲学[意识]曾显露过,那么这种[进入哲学意识的]可能性就会一直保有,而且我们绝对不会再完全退回到此前的我

---

① "生死即涅槃,烦恼即菩提。"[姚秦]鸠摩罗什(译):《维摩诘经》,《佛教十三经》,北京:中华书局,2010 年,第 272—274 页。类似的见解亦可见于西方宗教哲学中:"Das Formlose ist in Form, das Absolute ist im Relativen, das Wunderbare im Gewöhnlichen, der Vater im Sohn, der Duft des Veilchens ist in meinem Herzen, mein Herz ist im Gesang dieses Rotkehlchens - und umgekehrt. Diese Sätze weisen auf das Mystische in hin, das man in vielen Traditionen finden kann. Vielleicht ist dieses, in eine der entscheidenden Koinzidenzen der mystischen Traditionen, die wir hier dargestellt haben. Es ist die Erfahrung des Menschen in Gott bzw. im Absoluten und gleichzeitig im sinnlich ganz konkreten. Sie transzendiert den zeitlich-evolutionären Aspekt der Bewußtseinserfahrung in eine zeitewige Resonanz, die in allen Welten aller Buddhas zu allen Zeiten "widerhallt." Michael von Brück: "Wo endet die Zeit? Erfahrungen zeitloser Gleichzeitigkeit in der Mystik der Weltreligionen," pp. 260 - 261.

们由之转化而来的那种境地了。①

这种哲学的表达中的意味，难道不会让我联想起佛教禅宗所言的"开悟"和基督教所言的"重生"吗?② 然而，不管是就禅宗的"开悟"还是就基督教意义上的"重生"而言，这开悟者（诸佛菩萨）或者重生者（圣徒）仍然生活在时间之中。用中性的哲学语言来说，他们总是生活在自然意识和哲学意识构成的张力中。但是，人们一旦有过"见性"的突破性经验或者曾被"圣灵"感动过，那么这些人就不可能再像从前那般生活——他们"绝对不会再完全退回到此前的我们由之转化而来的那种境地了"，虽然，他们一如从前仍然不断面临着各种"诱惑"或者"烦恼"。"诱惑"或者"烦恼"的存在正是基于上述的那种张力，即菩提与烦恼之间、哲学意识和自然意识之间或者圣灵的感动与人的不可熄灭的贪欲之间的张力。

由于这永恒的张力，在时间之中的哲思必然是"居间之思"。哲学的任务在于持续地思考哲学与非哲学之间的关系，而且不回避非哲学的方面。哲学必须是一种贯彻到底的居间之思。哲学既不可以退避到对自身地位之优越性的诉求中去，也不可以通过放任地把自己完全交付给非哲学的方面——生活、存在、日常语言等等——的方式而把自己取消。哲学必须思考这两方面的关系，因为只有在这种居间之思中，这两个方面的本质才会显现出来。③

---

① "Das natürliche Bewusstsein ist auf das philosophische Bewusstsein hin angelegt, und wenn es sich in seinem Wesen durchschaut hat, ist es in der Philosophie. Dies bedeutet einerseits, dass wir uns nie in der Sicherheit wähnen dürfen, nun ein für allemal in der Philosophie angekommen zu sein. Andererseits bedeutet es aber auch, dass wir nicht befürchten müssen, jemals ganz den Boden unter den Füßen zu verlieren und nicht mehr zurückzufinden. Wir verlassen das natürliche Bewusstsein nie ganz; doch wenn die Philosophie sich einmal gezeigt hat, bleibt das Wissen um diese Möglichkeit, und wir kehren nie wieder vollständig dorthin zurück, woher wie gekommen sind." Tanja Stähler: Die Unruhe des Anfangs. Hegel und Husserl über den Weg in die Phänomenologie, p. 235.

② "耶稣回答说：'我实实在在地告诉你：人若不重生，就不能见神的国。'"《新约全书·约翰福音》(和合本)3：3。

③ Tanja Stähler: Die Unruhe des Anfangs. Hegel und Husserl über den Weg in die Phänomenologie, p. 235.

结合本文对神秘的讨论而言，这同样的意思可以被表述为：

神秘主义者的道路在于对这经验本身保持醒觉。无时间性的[融过去、现在和未来三际为一体的]同时性并不构成日常意识中分化为三际的时间经验模式的对立面，而是这时间性分化中的统一。分化为三际的时间模式在永恒的同时性中被辩证地扬弃了。对于一个成熟的神秘主义者来说，在这两种意识状态之间的"摇摆"是具有典型意义的。①

非哲学的方面——生活、存在、日常语言——属于时间，而哲思使得在时间中的自由成为可能。哲学作为"贯彻到底的居间之思"从来不忽视在时间之中的生活。知性不会被歧视，因为"不管是在理论的还是在实践的领域，如若没有知性，[我们]将无处立足，也不会获得任何可靠的规定性"。② 呈现在我们自然意识中是这个时间性的自然世界。走在精神之路的人，不管走了多远，都必须回到这个世界，如其所是地重新拥抱这个世界，禅宗称此为"入廛垂手"，正如著名的《十牛图》的最后一幅所要表达的那样。③ 觉醒的或者哲思着的人，在领悟了神秘之后，以潜移默化的方式在时间中发挥着作用。同时，对于他们来说，继续在时间中成长也是一个必须。一个新生的孩子必须在时间中长大，而且觉悟从来不是一劳永逸的。④ 对此，黑格尔有相应的论说：

---

① Michael von Brück："Wo endet die Zeit? Erfahrungen zeitloser Gleichzeitigkeit in der Mystik der Weltreligionen,"p. 261.

② Hegel：Werke 8，p. 169.

③ "Die Dinge der Welt werden von einem erleuchteten Menschen nicht mißachtet, sondern so，wie sie sind, wahrgenommen, d. h. ohne egozentristisches Begehren oder vom Ich projizierte Ablehnung, wie das neunte Bild veranschaulicht. Im Chan/Zen ist nun allerdings das zehnte Bild entscheidend：die Rückkehr zum Markt, die als ein Kriterium für die Echtheit der Erleuchtung gilt. Ein befreiter Mensch zieht sich nicht zurück, sondern wirkt in der Welt." Michael von Brück：Einführung in den Buddhismus. Frankfurt am Main/Leipzig：Verlag der Weltreligionen，2007，p. 359.

④ 比如净慧法师谈到了参禅过程中的"三关"；另外，南宋的大慧宗杲在自述其参禅经历时说："大悟十八遍，小悟不知其数。"参见净慧：《双峰禅话》，第 313 页。此外，也可参考日本道元的开悟经验："Erleuchtung ist（nach Dogens Analyse der Zeit）nicht ein erreichbares Ziel, sondern ständig zu erneuernde Einsicht und Erfahrung, die durch sorgfältige Praxis genährt wird." Michael von Brück："Wo endet die Zeit? Erfahrungen zeitloser Gleichzeitigkeit in der Mystik der Weltreligionen,"p. 242.

> 时间是定在着的，并对意识表象为空的直观的概念自身；所以精神必须显现在时间中，而且只要它还没有把握到它的纯粹概念，就是说，只要它还没有把时间剔除掉，它就会一直显现在时间中。［……］时间是作为尚未在自身中完成的精神的命运和必然性而显现的。[①]

在这《精神现象学》的结尾处，黑格尔暗示了"剔除时间"的可能性。我们可以由此揣度——当然是有所保留的，黑格尔之所以有"剔除时间"的暗示，应该与他着力研究过的宗教中神秘的、无时间性的经验有关。许多黑格尔专家可能会认为我的这种解读方式有点操之过急，太过轻率了，甚至是令人恼怒的。但是，此刻我不得不把我的小心谨慎暂时放在一边，以便至少能获得一个尝试的契机，去直面在黑格尔研究中的这个令人破费思量的难点。我认为，一个令人耳目一新的解读黑格尔哲学的视角在此显露出来，由此视角人们可以更为合理、更为贴切地阅读黑格尔。人之存在的神圣的、神秘的、思辨的、自由的维度是哲学和宗教中不可回避的主题，这里关涉到对言说这一主题时所必然陷入之困境的觉知。因此觉知，我们才可能开始与黑格尔及其他哲人一起进入哲思，而不至于掉进由晦涩的语词所构造的迷宫里徒费精力。这也可以解释，为什么我要把黑格尔哲学和佛教禅宗联系在一起讨论。这种相提并论提供了一个可以帮助我们更好地去领悟神秘的契机，因为在此问题上，禅宗的作略和黑格尔式的哲思可以互补。据我的理解，在根本上，黑格尔的哲学思考一直伴随着本文所揭明的那种永恒的

[①]　Die Zeit ist der Begriff selbst, der da ist und als leere Anschauung sich dem Bewußtsein vorstellt; deswegen erscheint der Geist notwendig in der Zeit, und er erscheint so lange in der Zeit, als er nicht seinen reinen Begriff erfaßt, d. h. nicht die Zeit tilgt. [...] Die Zeit erscheint daher als das Schicksal und die Notwendigkeit des Geistes. Hegel: Werke 3, p.584. 此处采用了邓晓芒译文，略有改动。见［德］黑格尔：《精神现象学》，邓晓芒译，人民出版社，2017年，第485页。亦可参考 Tanja Stähler 对此的疏解："Das, worum es in der Wissenschaft geht, ist der Begriff, der letztlich das Sichbegreifen des Geistes ausmacht. Dieser Begriff ist aber in seinem Dasein nichts anderes als die Zeit; er ist also notwendig Bewegung, Entwicklung, Werden. [...] Da der Geist sich bilden, also sich entäußern und im Rückgang aus der Entäußerung begreifen muß, erscheint er notwendig in der Zeit; doch dies gilt nur so lange, bis der Geist sich selbst völlig begriffen hat und damit die Zeit tilgt." Tanja Stähler: Die Unruhe des Anfangs. Hegel und Husserl über den Weg in die Phänomenologie, p.118.

张力。他着重强调,只有通过理性的"领悟"——这是超越知性的——人们才能抵达神秘的思辨的真理,只有考虑到这一点,生活在时间中的人才能在一定程度上理解他所谓的"剔除时间"。这是"神秘的",因为这是自相矛盾的,不可能在知性的层面被理解。这是一种在时间中获得的"领悟"。在此基础上,我们可以更好地理解黑格尔对由知性活动所主导(理智主义 der Rationalismus)的神学的批评:关于上帝的言说,我们需要领悟的能力。

> [神学中的]理智主义,无论就其内容还是就其形式而言,都是与哲学相反对的;理智主义把内容,把天国给清空了,它把所有的一切都降格在了有限的关系之中。就形式而言,理智主义与哲学[精神]也是格格不入的,因为他的[活动]形式就是知性考量,不自由地知性考量,而不是领悟。①

结　语

凡是深刻的内容都诉诸"领悟"——因此我们才说,信仰从来不是一件容易之事。表面的信仰告白或相互之间喋喋不休的教派之争是浅薄而天真的。信仰意味着持续的觉醒。信仰着的人在时间之流中领悟永恒,因而超越了时间。但是,虔敬的生活,哲思着地生活,或者觉醒之后的生活——带着全然清明的觉知——依然是在时间之中。这里的关键在于,通过对精神之自由本性或者人人本具之觉性的当下领悟,去实现世间与出世间、时间与永恒的"和解"。

---

① Hegel：Werke 18，p. 101.

近代"Neo-Confucian(ism)"概念的传播及其阐发[*]

连 凡

（武汉大学哲学学院）

一、前 言

目前，海内外学术界对西方"Neo-Confucian""Neo-Confucianism"（宋明新儒家、宋明新儒学）^①概念的起源主要有两种看法，我们分别称之为"耶教创造

———————————

* 本文系国家社科基金后期资助项目"比较视域中的宋明儒学诠释路径研究"（项目编号：21FZXB023）、湖北省哲学社会科学研究重大项目"明末清初以来海内外宋明儒学的研究范式及其转型研究"（项目编号：21ZD001）的阶段性成果。

① 在此之前还有 Confucius、Confucian、Confucianist、Confucianism 这些概念需要简要说明一下。美国学者詹启华（Lionel M. Jensen）指出，Confucius（孔夫子）概念是 16、17 世纪明末清初入华耶稣会士"制造"出来的，由此派生出 Confucian、Confucianists、Confucianism（儒家、儒学、儒教）等概念；其实都是西方人出于自身政教分离的传统建构出来的一个关于宗教、哲学、社会伦理道德秩序的思想体系；这种建构夹杂了对于理想"他者"的想象和误读，并对启蒙时代的西方思想家产生了深刻的影响；所谓"儒"的传统正是历史上的思想家们进行发明创造（"制造"）的结果，而这种"制造"又赋予传统以新的活力。总之，詹启华认为上述 Confucius（孔夫子）等专有名词都是西方人根据自己的理解和想象创造出来的概念，在中国传统思想中没有其直接对应的概念。王庆节通过历史文物及思想典籍的考证，指出"孔夫子"这一概念在耶稣会士来华之前中国早已存在，并非舶来品，而这正是利玛窦等耶稣会士创造 Confucius 这一拉丁概念的渊源，并且耶稣会士所理解和传播的 Confucius、Confucianism 概念与中国传统的"孔子（学说）""儒家思想"概念实质是一回事（直接对应的），因此詹启华所谓西方人"制造儒家"（Manufacturing Confucianism）的观点言过其实，最多只不过说明了"孔夫子"概念的内涵随着中西方历史环境的变迁影响而发生了变化而已。参见 Lionel M. Jensen（詹启华），Manufacturing Confucianism ：Chinese Traditions and Universal Civilization，Durham，UNITED STATES：Duke University Press，1998，pp. 63 - 133. 王庆节：《孔夫子——"舶来品"还是"本土货"》，《深圳大学学报（人文社会科学版）》2013 年第 4 期，第 38—42 页。检索中国基 （转下页）

说"和"卜德翻译说"。

"耶教创造说"(西译中)如美国学者陈荣捷所指出的,"Neo-Confucianism"最早被 17 世纪天主教传教士使用,后来又被中国学者所采用,成为中国人的"新儒学"概念。① 日本学者吾妻重二研究了 17 和 18 世纪"Neo-Confucianism"概念的早期原型,及胡适(1917)、冯友兰(1922、1924)、戴遂良(1924)、霍金(1936)和休斯(1947)在他们著作中的使用。② 最近,德国学者苏费翔(Christian soffel)详细考察了 17 至 19 世纪"Confucian(ism)""Neo-Confucian(ism)"等西方术语的发展,包括它们的学术背景和本义,并描述了这些术语从否定意义到肯定意义的转变过程,进行探讨了西方学者对宋明新儒学的看法和变化,反思了这些术语的现代意义和恰当性。③

"卜德翻译说"(中译西)如刘述先指出,中文"新儒学"概念起自冯友兰(转述陈荣捷语),到了 20 世纪 50 年代,卜德翻译出版冯友兰的《中国哲学史》时,

---

(接上页)本古籍库可知中国古代也有"新儒学"(但无"新儒家")的说法,如《新儒学》陈京传略同"这一句反复见于劳格、赵钺撰:《唐尚书省郎官石柱题名考二十六卷卷首一卷附录一卷》,《续修四库全书》第 747 册,上海古籍出版社,2002 年,第 253、390、457、494 页。这里所谓"新儒学"其实是《新唐书·儒学传》的简称(陈京传见《新儒书》列传第一百二十五《儒学下》),记录的是经学(章句训诂之学)的传承,与《史记·儒林传》是同一性质,而与《宋史·道学传》(即新儒学中的程朱理学一派)有本质不同,与西方创造的"新儒学"概念并不是一回事,总之,中国古代没有专门用来指称宋明理学的"新儒学"一词。因此,如果说 Confucius、Confucian 到底是本土还是外来概念还存在上述争议的话,那么宋明"新儒家(学)"在耶稣会士来华之前中国无此学术概念,毫无疑问是源自西方。

① 陈荣捷指出:"西方哲学有新柏拉图主义(Neo-Platonism),以异于原本柏拉图主义(Platonism)。十七世纪天主教传教士来华,见宋明儒学与孔孟之学不同,因仿西方哲学历史之进程而称之为新儒学(Neo-Confucianism)。近数十年我国学人大受西方影响,于是采用新儒学之名,以代理学。于理学之本质无所变,而名目则新鲜也。同时又分理学为两派,一为程朱之学,仍称理学。一为陆王之学,谓之心学。"此段内容原本出自陈荣捷:《理学》,韦政通主编:《中国哲学辞典大全》,水牛图书出版社,1983 年,第 494—495 页。后来此条内容又原封不动地收入朱荣贵编辑的陈荣捷:《宋明理学之概念与历史》,《中国文哲专刊》第 9 册,"中央研究院"文哲所,1996 年,第 286 页。但学者引用陈荣捷这段话的出处几乎都是后出的《宋明理学之概念与历史》,没有追溯到最早《中国哲学辞典大全》中的原始出处。如陈来:《宋明理学》(第二版),"序",华东师范大学出版社,2004 年,第 2 页。目前看到的唯一一例外出自罗义俊:《宋明理学的几个问题与牟宗三的通释——读牟先生〈心体与性体〉〈从陆象山到刘蕺山〉续》,牟宗三:《从陆象山到刘蕺山》附录,上海古籍出版社,2001 年,第 382—383 页。最近吴震又重申了陈荣捷关于"新儒学"概念起源的上述看法。参见吴震:《宋明理学视域中的朱子学与阳明学》,《哲学研究》2019 年第 5 期,第 68 页。

② 原文见吾妻重二:《アメリカの宋代思想研究——最近の状况》,《关西大学文学论集》第 46 卷第 1 期,1996 年,第 19—41 页。译文见吾妻重二:《美国的宋代思想研究——最近的情况》,田浩编:《宋代思想史论》,社会科学文献出版社,2003 年,第 7—29 页。

③ 参见苏费翔:《创新与宇宙论:"(Neo-)Confucianism"一词早期的用法》,《湖南大学学报(社会科学版)》2020 年第 3 期,第 29—34 页。

又将"道学"译成"Neo-Confucianism",反过来中国学者又接受了"新儒学"概念。① 后来,蔡仲德修正了刘述先的说法,指出在卜德之前,冯友兰在他的中英文著作中已经使用了中文"新儒家"或英文"Neo-Confucianism"概念。② 刘述先后来注意到蔡仲德的考证及冯友兰在其英语博士论文 A Comparative Study of Life Ideals(1924)和中文著作《人生哲学》(1926)中使用的"Neo-Confucianism"和"新儒家"概念。但在刘述先看来,这并不意味着"新儒家(学)"概念在当时已经成为一个流行的学术术语,因为冯友兰一直将"Neo-Confucianism"概念视作一个方便西方人使用的术语,加上"新儒学"在汉语中的含义过于宽泛,所以冯友兰在 20 世纪 30 年代写《中国哲学史》时,仍然使用传统的"道学"概念;总之在 20 世纪 50 年代以前,"Neo-Confucianism"概念的使用并不广泛;后来通过卜德的翻译,"Neo-Confucianism"一词被张君劢、陈荣捷、狄百瑞等西方学者采用,反过来又影响了中国学术界,方才真正流行起来,并成为海内外学术界通

———————

① 刘述先在 1989 年写作的《关于"新儒学"的名称》一文中指出:"宋明儒学过去有称道学、理学者,陆王一系则称心学,但并没有'新儒家'这样的名称,我怀疑这个名词是在西方流行之后倒流回中土来的。我把这样的意见向陈荣捷先生求证,他说这个名词可能是冯友兰开始使用的。我翻查冯的哲学史的中文本,发现他讲宋明儒学主要用的是'道学'一词,在行文之中,只有在几个很不显眼的地方用了'新儒学'一词,而且并不是什么专门用语,意思只是说宋代有了一种新的儒学罢了!……卜德把中文的'道学'一词翻译成为了英文的'新儒学'(Neo-Confucianism),而且用大字排印在显著的篇章的标题之内。卜德的书是在 50 年代初期出版的,陈荣捷先生差不多在同时期出版讲当代中国宗教思潮一书也用这个名词,到了张君劢(Carsun Chang)《新儒家思想的发展》两大卷在 1957、1962 年相继出版之后,就变成了大家接受的名词,而没有人去追问它的根源了。卜德翻译冯的哲学史在此显然扮演了一个重要的角色。"详见刘述先:《关于"新儒学"的名称》,《理一分殊》,上海文艺出版社,2000 年,第 85 页。上述"新儒学"概念起源的"卜德翻译说"在学界影响很大,至今仍有中外学者采纳。参见郭齐勇:《现当代新儒学思潮研究》,人民出版社,2017 年,第 1 页。梅约翰、杨风岸、王泽璇:《深研儒佛之道——梅约翰教授访谈》,黄卓越主编:《汉风》第 1 辑,五洲传播出版社,2017 年,第 32 页。徐洪兴:《唐宋之际儒学转型研究》,《复旦中国哲学书系》,上海人民出版社,2018 年,第 16—17 页。

② 蔡仲德也引用了刘述先关于"新儒学"名称的上述考证,但将其误为刘述先的另一篇文章《平心论冯友兰》(作于 1991 年)中所说了。此外,目前看到的论著中几乎都延续了这一讹误。蔡仲德进而指出冯友兰于 1942 年发表在《亚洲研究》第 7 卷第 2 期的英文论文 "The Rise of Neo-Confucianism and Its Borrowings from Buddhism and Taoism"(《新儒家的兴起及其所受佛教和道教的影响》)一文,以及 1948 年出版的 A Short History of Chinese philosophy《中国哲学简史》一书中都使用了英文"Neo-Confucianism"(宋明新儒学)一词,认为这些都在卜德翻译的《中国哲学史》出版(1952)之前。蔡仲德还指出 1932 年 5 月冯友兰在《清华周刊》第 37 卷第 9、10 合刊本上发表的《韩愈李翱在中国哲学史中之地位》一文中已经 15 次使用"宋明新儒家"一词。详见蔡仲德:《冯友兰先生年谱初编》,《三松堂全集》附录,河南人民出版社,1994 年,第 121、258 页。蔡仲德又指出冯友兰在其 20 年代初期发表的"Why China has no Science"一文中已经使用英文"Neo-Confucianism"。参见蔡仲德:《冯友兰与"新儒学"一词在中国》,《东方文化》1995 年第 3 期,第 31—33 页。

行的术语。① 吾妻重二也指出,虽然"Neo-Confucianism"概念在西方早已出现,但它的广泛使用要等到卜德翻译冯友兰的《中国哲学史》出版之后,而哥伦比亚大学教授狄百瑞和他的研究团队在这一概念的普及上起到了决定性作用。② 陈来质疑了上述两种看法,一方面针对"卜德翻译说",指出冯友兰在他 1931 年出版的《中国哲学史(上)》中已经使用了"新儒学"一词,但从冯友兰的表述可以看出,这个概念在此之前就已出现过,另一方面又针对"耶教创造说"(陈荣捷),认为没有证据表明"新儒学"概念在中国学术界的使用直接来自 20 世纪 30 年代的西方。③

综上所述,西方创造的"Neo-Confucian(ism)"概念由来已久,肯定不是在卜德翻译冯友兰的著作时首次使用的。"耶教创造说"揭示了"Neo-Confucian(ism)"概念形成的源头,而"卜德翻译说"则揭示了这一概念普及的关键。事实上,冯友兰在美国留学期间使用了西方学术界本有的"Neo-Confucian(ism)"概念,回国后将其翻译成中文。但后来,卜德翻译冯友兰的两卷本《中国哲学史》时又使用了西方的"Neo-Confucian(ism)"概念,从而促进了这一概念的传播。吾妻重二和苏费翔的研究使我们能够较为全面地了解 17 至 19 世纪初"Neo-Confucian(ism)"概念的源流。然而,目前学术界对于"Neo-Confucian(ism)"概念在近代 19 世纪末到 20 世纪初的传播还缺乏系统研究。近代"Neo-Confucian(ism)"概念的使用和阐发一方面源自西方自 17 世纪至 19 世纪初的使用,另一方面又开启了现代西方和中国的使用,发挥了承前启后的关键作用。因此,对其进行系统研究是十分必要的。

接下来,我们首先以明末清初来华耶稣会士为中心,探讨"Neo-Confucian

① 参见刘述先:《冯友兰与"新儒学"》,《二十一世纪》2001 年第 5 期,第 135—138 页。刘述先:《论儒家哲学的三个大时代》,香港中文大学,2008 年,第 72—74、188—189 页。Shu-hsien Liu(刘述先),"Chapter 12 Neo-Confucianism(I):From Cheng Yi to Zhu Xi," in Bo Mou(牟博),*History of Chinese philosophy*,London,New York:Routledge,2009,pp.365,366.
② 原文见吾妻重二:《アメリカの宋代思想研究——最近の状況》,第 19—41 页。译文见吾妻重二:《美国的宋代思想研究——最近的情况》,《宋代思想史论》,第 7—29 页。
③ 参见陈来:《宋明理学》(第二版),"序",第 1—2 页。最近方旭东又重申了陈来关于"新儒学"名称来源的上述看法。参见方旭东:《新儒学义理要诠》,三联书店,2019 年,第 1 页。

(ism)"概念的渊源及其原始意义,然后以近代来华基督教与东亚学者为中心,讨论这一概念在 19 世纪末 20 世纪初的传播及其意义。

二、明末清初来华耶稣会士与"Neo-Confucian(ism)"概念的渊源

根据海内外学者的研究,"Neo-Confucian(ism)"概念的雏形最早出现在 1687 年巴黎出版的 Confucius Sinarum Philosophus(《中国哲学家孔夫子》,或称《中国哲学家孔子》)一书中。该书由来华耶稣会士柏应理(1623—1693)、殷铎泽(1626—1696)、恩理格(1625—1684)和鲁日满(1624—1676)编著,扉页上的中文标题是《西文四书直解》(实际缺《孟子》),①内容包括献给法王路易十四的献词、序言、孔子传记、正文(包括《大学》《中庸》《论语》的翻译)和附录(包括中国朝代年表和中国现状概述)。该书的末尾还有一幅中国地图,显示了耶稣会士在中国的传教活动。该书是西方出版的第一部完整的《论语》译本,②可以说是 17 世纪

---

① 张晓林指出:"新儒学(Neo-Confucianism)最初由 17 世纪在中国的耶稣会士的思路而来,……最初出现在 1687 年的 Confucius Sinarum Philosophus 序中,但是,追根溯源,这一术语所包含的意思,尤其是当它否定地指向宋代朱子和二程学派及其理学时所具有的贬义,却是利子在其《天主实义》中确定的。"参见张晓林:《天主实义与中国学统——文化互动与诠释》,学林出版社,2005年,第 158—159 页。

② 在此之前,从最早入华的罗明坚、利玛窦等耶稣会士开始已经着手翻译《四书》,并且其译文和注释经过后来耶稣会士的不断积累可能为《中国哲学家孔子》所吸收。但《论语》的全译本出版则以 Confucius Sinarum Philosophus 为最早。参见梅谦立:《中文版序言二》,柏应理等著、汪聂才、齐飞智等译:《中国哲学家孔夫子》第一卷《前言》,《国际汉学经典译丛》,大象出版社,2021年,第 1—11页。梅谦立:《〈论语〉在西方的第一个译本(1687 年)》,李志刚、冯达文主编:《近代人物与近代思潮》,《世用文丛》第七辑,巴蜀书社,2012 年,第 100—128 页。孟德卫:《奇异的国度——耶稣会适应政策及汉学的起源》,陈怡译,《当代海外汉学名著丛》,大象出版社,2010 年,第 45 页。根据张西平的系统研究可知,现存最早用拉丁文翻译《四书》的译本系罗明坚所作,今其手稿藏于罗马意大利国家图书馆,但该译本因为受到耶稣会内部利玛窦、范礼安的反对而未能出版,只发表了其中《大学》的部分译文;这是由于罗明坚与利玛窦在传教策略上存在分歧,以及教会内部的矛盾和国家之间的利益矛盾所导致的;因此西方最早出版的《四书》译本是后来柏应理牵头完成的《中国哲学家孔子》。参见张西平:《儒学西传欧洲研究导论——16—18 世纪中学西传的轨迹与影响》,北京大学出版社,2016 年,第 11—22、43—59 页。张西平:《罗明坚与儒家思想早期在欧洲的传播》,《国际汉学》2016年第 3 期,第 49—59、202 页。张西平:《欧洲拉丁文手稿〈四书〉的历史命运》,《游走于中西之间——张西平学术自选集》,大象出版社,2019 年,第 215—226 页。张西平:《西方汉学的奠基人——罗明坚》,《游走于中西之间——张西平学术自选集》,第 174 页。张西平:《罗明坚的汉学贡献》,于建福、于述胜主编、国际儒学联合会编:《国际儒学研究》第 23 辑,华文出版社,2016 年,第 62—64 页。

介绍中国儒家思想最完整的欧洲作品，并对狄德罗、孟德斯鸠、伏尔泰、莱布尼茨、魁奈等欧洲启蒙思想家产生了重大影响。①

《中国哲学家孔夫子》的序言中着重介绍了该书的缘起和宗旨、中文经典及其注释、中国宗教派别和哲学。在序言中，柏应理使用了拉丁短语"Neotericos Intérpretes""Neoterici Intérpretes"（意为"新诠释者"②）、"atheo-politicus"（意为"无神论政客"③）来指称宋代程朱学派的理学家。后来，"neoterici"一词与17世纪末18世纪初出现的"Confucian"及"Confucianism"概念结合在一起，④演变出

---

① 如莱布尼茨从哲学与宗教上、伏尔泰从历史与政治上论证了孔子学说的合理性，而魁奈重农学派的自然秩序理论也主要来自孔子学说中的自然法则理论。参见张西平：《儒学西传欧洲研究导论——16—18世纪中学西传的轨迹与影响》，第153页。又参见朱雁冰：《〈中国哲人孔子〉中的孔子形象》，《复旦学报（社会科学版）》1990年第3期，第12—17页。罗莹：《〈中国哲学家孔子〉成书过程刍议》，《北京行政学院学报》2012年第1期，第123—128页。David E. Mungello，"Leibniz's Interpretation of Neo-Confucianism，"Philosophy East and West，Vol. 21，No. 1（1971），pp. 3 - 22.

② 笔者对"Neotericos Interpretes""Neoterici Intérpretes"的翻译（"新诠释者"）采取最新出版的中文译本《中国哲学家孔夫子》。参见柏应理等著，汪聂才、齐飞智等译：《中国哲学家孔夫子》第一卷《前言》，梅谦立、张西平主编：《国际汉学经典译丛》，郑州：大象出版社，2021年，第26、48、211、229页。除此之外，学界还有以下多种不同的翻译。张晓林根据孟德卫的说法，指出拉丁文"Neoterici Interpretes"对应的英文是"Modern Interpreters"，翻译成中文是"现代解释者"。参见张晓林：《天主实义与中国学统——文化互动与诠释》，第159页。D. E. Mungello，Great Encounter of China and the West，1500 - 1800，Blue Ridge Summit，USA，UNITED STATES：Rowman & Littlefield Publishing Group，2009，p. 105. 孟德卫该著作的中译本将"Neoterici Interpretes"翻译为"现代注释者"。参见孟德卫：《奇异的国度——耶稣会适应政策及汉学的起源》，陈怡译，《当代海外汉学名著译丛》，第284页。吾妻重二则将"Neoterici Interpretes"翻译为"新时代的解释家们"。参见［日］吾妻重二：《美国的宋代思想研究——最近的情况》，田浩编：《宋代思想史论》，第12页。罗莹将"Neoterici Interpretes"翻译为"新阐释者"，指出在耶稣会士这里具体指朱子一派的理学家，或者又被称为"atheo-politicus"（无神论政客）。参见罗莹：《十七世纪来华耶稣会士对儒学概念的译介——以"天"的翻译为例》，《学术研究》2012年第11期，第26—31、159页。罗莹：《清朝来华耶稣会士卫方济及其儒学译述研究》，《北京行政学院学报》2015年第1期，第120—128页。苏费翔指出，"Neoterici Interpretes"应翻译为"先锋的注释家"，因为"Neoterici"的本义是指古代希腊的"新诗人派"，相当于今日所谓的"先锋"（avant-garde），又称为"novatores"（改新家），或者又称为"atheopolitiki"（无神论政客），总之是一个负面概念，代表了耶稣会士对程朱理学派的贬斥。参见苏费翔：《创新与宇宙论："（Neo-）Confucianism"一词早期的用法》，第31页。

③ ［比利时］柏应理等著，汪聂才、齐飞智等译：《中国哲学家孔夫子》第一卷《前言》，《国际汉学经典译丛》，第94、132页。

④ 根据苏费翔对"Confucian"和"Confucianism"两词在西方的早期用法的考察，可知"Confucian"一词的拉丁文、法文、英文在17世纪末至18世纪初就已经出现，"Confucianism"一词的法文在1708年也已经出现，其英文则至迟1825年英国汉学家马礼逊使用。详见苏费翔：《创新与宇宙论："（Neo-）Confucianism"一词早期的用法》，第31—32页。

法语"Néo-Confucéens"（1775 年、或 1777 年和 1844 年）①和意大利语"Neo-Confuciani"（1850）等早期"Neo-Confucian"（宋明新儒家）用例，以及法语"Néo-Confucéisme"（1852）和英语"Neo-Confucianism"（1861）等早期"Neo-Confucianism"（宋明新儒学）用例。②

从《中国哲学家孔夫子》中的相关论述来看，早期"Neo-Confucian(ism)"概念无疑是耶稣会士出于争夺思想地位的目的，创造出来以批判当时作为统治思想的程朱理学的负面概念。从概念意义来看，"Neo-Confucian(ism)"的本义是指程朱理学受到佛教本体论的影响，对"五经"等先秦儒家经典的新诠释倾向于形而上学和无神论，从而违背了原始儒家所倡导的政治伦理学说和上帝信仰，是对儒家传统的突破和变异。从历史背景及其影响来看，成书于 17 世纪末的《中国哲学家孔夫子》是在中西"礼仪之争"的矛盾完全激化之前贯彻利玛窦所倡导的适应性传教策略的杰作，同时也是中西文化交流史上具有世界意义的重要著作。③ 该书出版后，对欧洲学术界产生了重大影响，不仅成功消除了欧洲和中国之间的许多观念障碍，④还成为启蒙时期欧洲知识分子表达自己观点

---

　　① 根据吾妻重二的考察，来华耶稣会士、法国人钱德明（Jean Joseph Marie Amiot）在其 1775 年写作的论文"L'antiauité des Chinois prouvée par les monu-ments"（收入 Mémoires concernant l'histoire ... des Chinois：Parles Missionnaires de Pékin 第 2 卷）中已经使用法语"Néo-Confucéens"一词，并且介绍了周敦颐《太极图》的宇宙论思想。吾妻重二又指出，孟德卫将上述钱德明论文的时间放在 1777 年，那是因为将出版的时间当作写作的时间了。参见［日］吾妻重二：《美国的宋代思想研究——最近的情况》，田浩编：《宋代思想史论》，第 12 页。D. E. Mungello, Great Encounter of China and the West，1500 - 1800，p.105.最近苏费翔又举出一个较晚 1844 年的"Néo-Confucéens"用例。参见苏费翔：《创新与宇宙论："(Neo-)Confucianism"一词早期的用法》，第 31 页。
　　② 同上，第 32—33 页。此外，杜赫德（Du Halde）1735 年在巴黎编纂出版了 Description de l'Empire de la Chine（《中华帝国全志》），不久在伦敦出版了该书的英译本。该书卷 3 题为"关于近世几个学者的学派"的一章中，宋代道学家被称为具有"新理论"（nouvelle Doctrine/new Doctrine）的"新学者"（nouvearx Docteurs/new Doctors），并且介绍了道学家的理气论。其资料来源主要是在华耶稣会士送交的报告和书信。参见［日］吾妻重二：《美国的宋代思想研究——最近的情况》，田浩编：《宋代思想史论》，第 12—13 页。
　　③ 张西平指出，《中国哲学家孔子》是当时礼仪之争的一个结果，体现了来华的耶稣会士为说明自己的"合儒"传教路线所做的努力，同时也使儒家思想开始实际地影响了欧洲近代思想的形成，体现了儒家思想的世界性意义。参见张西平：《儒学西传欧洲研究导论——16—18 世纪中学西传的轨迹与影响》，第 130—131 页。张西平：《儒家思想西传欧洲的奠基性著作——〈中国哲学家孔子〉》，《中国哲学史》2016 年第 4 期，第 121—128 页。张西平：《中文版序言一》，《中国哲学家孔夫子》第一卷《前言》，第 1—16 页。
　　④ ［美］孟德卫：《奇异的国度——耶稣会适应政策及汉学的起源》，陈怡译，《当代海外汉学名著译丛》，第 315—317 页。

的思想利器。① 但正如研究者所指出的,虽然柏应理在《中国哲学家孔夫子》中强调了孔子理论与天主教的共同点,但其介绍的孔子思想主要反映了汉代以来儒家的政教合一传统,并且在路易十四的专制王权方面得到了落实,这种将儒家思想视作政治工具的做法,也为后来的中西文化交流裂开了某种缝隙。② 同时,《中国哲学家孔夫子》表面上是以明代张居正的《四书直解》为底本,以朱熹的《四书章句集注》为补充,但在具体内容上却是以《四书章句集注》中的哲学诠释为主体,以《四书直解》中的宗教诠释为补充。这也反映了柏应理等人坚守利玛窦的适应中国国情的传教策略(所谓"利玛窦规矩"),并试图会通宗教与哲学、信仰与理性,但又不可避免地带来以西方思想曲解中国思想的问题。其立场及诠释摇摆于西方和中国之间,反映了耶稣会士夹在中西两种异质文化冲突之间的艰难处境。③ 进入 18 世纪不久,随着中西"礼仪之争"矛盾的激化和西方对中国思想认识的深化,《中国哲学家孔夫子》中对新儒学的理解和定位受到西方的批判。④ 天主教原教旨主义者不再刻意将宋明理学视为可与天主教共存的世俗教化思想,而是将其视为一种宗教意识形态体系,因此强调必须对其进行改造。例如,比利时耶稣会士卫方济(1651—1729)在其 1711 年出版的《中国哲学》一书中强调了儒家传统的延续性,将宋明新儒学(程朱理学)重新定义为类似先秦儒家的有神论体系,并通过将其与中世纪亚里士多德主义相比附,试图将宋明新儒学与基督教结合起来,建立一种儒家式的基督宗教哲学。⑤ 这并不是偶然的,如同一时期,莱布尼茨在其作于 1716 年的《论中国人

---

① 罗莹:《17—18 世纪儒学西传欧洲述略》,《国际汉学》2022 年第 1 期,第 8—16、199 页。
② 梅谦立:《从柏应理〈致路易十四的书信〉看儒学在欧洲的早期传播》,《国际汉学》2022 年第 1 期,第 17—22、209、199 页。
③ 张西平:《儒学西传欧洲研究导论——16—18 世纪中学西传的轨迹与影响》,第 133—145 页。
④ [美]孟德卫:《奇异的国度——耶稣会适应政策及汉学的起源》,陈怡译,《当代海外汉学名著译丛》,第 320—326 页。
⑤ 参见梅谦立、王格:《超越二元,迈向统一——耶稣会士卫方济〈中国哲学〉(1711 年)及其儒家诠释学的初探》,《哲学与文化》2017 年第 11 期,第 45—61 页。王格:《"中国哲学"何以正当的最早论说——明清之际西人之证言》,《哲学研究》2019 年第 7 期,第 57—66 页。又关于天主教儒学化的详细论述,参见陈卫平:《第一页与胚胎:明清之际的中西文化比较》,广西师范大学出版社,2015 年,第 164—186 页。

的自然神学》中也对宋明新儒学作了"有神论"的解释,将"理"视作与"上帝"一样的精神实体,驳斥了龙华民等人将"理"视作无生命的元质(元气)的"理学无神论"观念。[①] 西方这种对宋明新儒学从"无神论"到"有神论"的诠释变化,一方面反映了耶稣会士对新儒学(程朱理学)的态度已经从排斥转向同化,另一方面也反映了传教策略从求同存异的跨文化立场开始转向西方中心主义的立场。[②]

三、近代来华新教传教士对"Neo-Confucian(ism)"概念的使用

从明末罗明坚、利玛窦等耶稣会士来华,到天主教在官方和民间社会站稳脚跟,经历了一个复杂而曲折的过程。尽管自 18 世纪以来,由于中西"礼仪之争"的矛盾加剧,天主教最终在中国被官方禁止,但民间传教活动仍在继续。[③] 其后19 世纪开始来华的英美新教传教士以上海为据点开展传教活动,并且继承了上述天主教耶稣会士(主要来自意大利、法国等拉丁语国家)[④]以来形成的西方"Neo-Confucian(ism)"概念。其用例主要出现在上海的新教传教士创办的英文报刊上。

---

① 张恒:《以中国为镜:莱布尼茨的理学研究》,《国际汉学》2022 年第 2 期,第 25—32、202 页。
② 法国汉学家程艾蓝(Anne Cheng)指出,随着西方对印度的殖民并将印度语言与文化拉入印欧系统,中国成为西方之外唯一的绝对他者,而西方东方主义和中国学的建立,本质上是西方从理智上孤立中国的产物。在过去中国相对积贫积弱的时代,西方一直保持着对儒学的宗教色彩。如今,中国跟西方的关系正在发生根本性的变化,我们应该走出西方宗教强势意义下产生的儒教概念,注重区分儒学与儒教,尤其应该强调儒学作为哲学而不是宗教形态的存在。参见温海明:《"国际儒学论坛——威尼斯学术会议"综述》,于建福、于述胜主编:《国际儒学研究》第 24 辑,华文出版社,2017年,第 174 页。
③ 参见莫为、李平:《从"保教权"看两代来华耶稣会士的历史勾连及其世界原因》,王刘纯、陈恒主编:《新史学》第 22 辑,大象出版社,2019 年,第 156—171 页。
④ 从 19 世纪 80 年代开始,来自英美的来华新教传教士逐渐广泛深入中国内陆地区传教,大量元朝、明朝天主教留下的历史资料和遗迹渐渐进入新教传教士关注的视野。新教对历史上来华天主教的主流声音是对其传教成绩的肯定。其主要特点是强调传教士自身素质的重要性,并主张传教方式必须根据当时的文化和社会环境作出调整。新教传教士不仅从历史上来华天主教传教活动中借鉴成功经验,还从在中国基督教史上影响较大的"礼仪之争"中汲取教派纷争带来的不利影响的教训。参见陶飞亚、田燕妮:《同为异国传教人:近代来华新教传教士对天主教的态度转变解析——以 The Chinese Recorder(1867—1941)为依据》,《东岳论丛》2011 年第 2 期,第 88—97 页。

如广学会①在 1896 年 12 月 18 日上海发行的《北华捷报与最高法庭与领事公报》(*The North-China Herald and Supreme Court & Consular Gazette*，1870—1941)②中指出："第二个党派是极端保守主义。它的追随者开始意识到，与西方国家相比，儒学在发展中国的影响力一直不够，他们说，两千多年来，儒学没有被解释、理解和实践，因此这个国家崩溃了。他们说：'让我们回到纯粹的儒学，让我们回到最初的原则，重建儒学。'这是一个被提出的补救办法，以儒学为基础的学校和大学的复兴就证明了这一点。这就是新儒学(今按：原文为'neo-Confucianism')，在历史上与印度的新佛教主义(今按：原文为'neo-Buddhism')和古罗马的新异教主义(今按：原文为'neo-Paganism')有相似之处。"③这里所谓历史上的"neo-Confucianism"是指以程朱理学为主体的宋代新儒学。该文分析了中日甲午战争(1894 年 7 月 25 日至 1895 年 4 月 17 日)之后到 1996 年底之前中国社会中出现的激进主义、保守主义和自由主义的三股势力。其中，保守派指以康有为为首的孔教派。甲午战争标志着曾国藩、张之洞为代表的洋务派(提倡"中体西用")的失败。以康有为代表的文化保守主义者主张对传统儒学进行改造，试图恢复儒学的原貌。这也反映了思想界对中国因为"被统治阶级阉割后的儒学道

---

① 广学会原名同文书会(英文名为 Society for the Diffusion of Christian and General Knowledge Among the Chinese)，光绪十三年(1887)由英国伦敦会传教士韦廉臣(Alexander Williamson)成立于上海。光绪十八年中文名改为广学会，英文名则于光绪三十三年改为 Christian Literature Society for China。广学会的发起人不全是传教士，还包括当时在上海有名的西方人士。设立的目的是以编辑新书、介绍西洋文化、启发民智为主。他们推广西学是以出版报纸、杂志为主。广学会的主要活动有征文、演说、出版书刊等。其中每月出版《万国公报》，论说以翻译为主，附带各国新闻，甲午战后更侧重经世之学及变法刍议；广学会的传教士不仅参加该会的活动，还参加中国教育会及其他委员会的活动；他们鼓吹变法，甲午之战前后均侧重于教育、改革考试制度，并曾以该会名义于光绪二十四年(1898)三月向总署呈递《速兴新学条例》，内容包括六项：设图书馆、定学校章程、改考试制度、广布学报、妥筹经费、鼓舞人才等。

② 《北华捷报与最高法庭与领事公报》(1870—1941)每期栏目主要有：社论、新闻综述、专稿、各地通讯、《京报》选录、会议、娱乐、通讯、诗词、杂载、商情等。其读者对象以外埠及英国国内读者为主，该报在广告中说明其主要目的，一是向读者提供参考资料，一是向英国国内读者报道关于中国的新闻综述。当时中国一批受到过中西双重教育的国内名流也应邀为该报撰写过文章，如丁文江、宋美龄、颜惠庆、唐绍仪、晏阳初、胡适、蒋梦麟、伍朝枢等，他们从自己的职业出发，发表各种意见。有许多著名来华传教士参与其中，如麦都思、禆治文、玛高温、伟烈亚力、艾约瑟等。在中国各地包括边远地区如新疆、四川、青海、甘肃、云南等地聘有通讯员。该报历时半个多世纪，是研究晚清民国政治民情、中外关系、经济社会、国内战事、中日战争等历史事件的重要史料。

③ 参见 The Christian Literature Society for China，"The Society for the Diffusion of Christian and General Knowledge among the Chinese," The North-China Herald and Supreme Court & Consular Gazette(1870—1941)，1896-12-18，p.1068.

统"①而失败的反思。康有为以历史上战胜佛教、复兴儒学的宋代"新儒学"为榜样。在当时中西文明激烈冲突的背景下,他一方面试图消化西方文化,实现儒学的现代化,另一方面试图实现儒学的宗教化,用儒家思想凝聚人心,以抵御西方文化的侵略。后来,这一思潮形成了以中国文化为基础而提倡返本开新的现代新儒学思潮。② 康有为也因此被认为是现代新儒学的开端。③

值得注意的是,与前述卫方济对新儒学的肯定相一致,这里的"Neo-Confucianism"已经从早期耶稣会士批评的消极概念(受佛教影响的无神论思想)转变为代表宋代儒学复兴的积极概念(战胜佛教的新宗教思想),并与在古印度及古罗马宗教改革中的新教派相提并论。这种变化实际上是由不同的历史背景所造成的。在 17 和 18 世纪,当耶稣会士来到中国传教时,中西方的地位基本上是平等的,甚至以天朝上国自居的明清两代面对西方还有一种夜郎自大的优越感。因此,为了对抗作为统治思想的新儒学,以利玛窦为代表的耶稣会士采取了一种更具适应性的传教策略,故意将宋明新儒学解释成与天主教并行不悖的世俗伦理学说,以避免中西思想文化的正面冲突。而 19 世纪(特别是两次鸦片战争后)基督教新教传教士进入中国时,中西方的地位已经发生了彻底变化。在西方强大的宗教、文化和科技的冲击下,中国文化被视为愚昧落后的象征,儒学的地位也被动摇。基督教不再把儒学与中国文化视为平等的对手,"Neo-Confucianism"已完全成为西方宗教附庸意义上的"新儒教"概念。这一变化显然与欧洲中心主义的立场密切相关。④

---

① 参见刘亚洲:《甲午殇思——甲午战争 120 周年祭》,《精神》,长江文艺出版社,2015 年,第 64—65 页。

② 参见喻大华:《晚清文化保守思潮研究》,人民出版社,2001 年,第 168—211 页。欧德良:《晚清文化保守思潮管窥——以康有为改造儒学活动为中心的考察》,《成都大学学报(社会科学版)》2010 年第 5 期,第 5—8 页。

③ 参见干春松:《康有为与现代儒学思潮的关系辨析》,《中国人民大学学报》2015 年第 5 期,第 22—30 页。

④ 张西平指出,17、18 世纪的来华耶稣会士和 19 世纪来华的基督新教传教士的区别主要在于对待中国文化的总体态度发生了变化;两者虽然目标都是希望使中国基督教化,但不同时代的中西方关系决定了传教士对待中国文化的不同态度:耶稣会士来华的时代中西方大体上平衡,相应地他们对待中国文化是一种平等乃至尊敬的态度,利玛窦的适应策略就是其代表;而基督新教传教士来华的时代中国文化已经成为停滞和落后的象征,相应地他们也没有对中国的尊重,而是以西方中心主义的居高临下的态度来俯视中国。参见张西平:《20 世纪中国古代文化经典在域外的传播与影响研究导论》下册,大象出版社,2018 年,第 600—604 页。

1910年5月1日上海的《教务杂志》(*The Chinese Recorder and Missionary Journal*)①上发表的文章《基督教学者在文献中的应用》中指出:"正如在基督教早期新柏拉图主义(今按:原文为'Neo-Platonism')兴起,对基督教和异教思想产生了强大的影响一样,新儒学(今按:原文为'Neo-Confucianism')将在中国兴起的日子也在临近。"②此条将新儒学(Neo-Confucianism)和新柏拉图主义(Neo-Platonism)相比附。如前言所述,陈荣捷指出"Neo-Confucianism"是由耶稣会士模仿西方的"Neo-Platonism"(新柏拉图主义)概念创立的。③ 这一说法可能就是基于此条或类似于此条的用例。只是陈荣捷说的是17世纪的天主教耶稣会士,而此条说的是20世纪初的基督教新教传教士。

1915年11月6日,在《北华捷报与最高法庭与领事公报》上发表了题为《中国的宗教印象:皇家亚洲学会的演讲》("Impressions of China's Religion: Lecture at Royal Asiatic Society")的文章,讨论了中国宗教演变的趋势、佛教对中国和日本的影响及宗教观念,指出:"在史前时代,印度(所谓的神秘主义者之地)和中国(众所周知的非宗教的人类之地)宗教发展趋势或多或少沿着同样的路线发展;佛教输入(公元67年)孔子的土地……只是向前加速了已经存在的观念和实践……就宗教观念而言,这两个国家的后佛教生活和思想几乎是相同的——尽管名称不同。毗湿奴派、沙瓦派、沙克塔派等,在印度;和新儒学、新佛教、新道教等,在中国;和日本的文化……主要在奈良,印度——中国的文化的扩张……宗教信仰、实践……基本上是相同的(或三个世界,即印度、中国和日

---

① 《教务杂志》是19世纪在动荡中国出版的英文刊物中持续时间最长者,自1868年出刊至1941年因太平洋战争爆发而停刊。此刊物创办的目的原是作为来华传教士交换讯息及讨论传教工作的平台,以协助彼此对中国文化的了解与工作推行;然因其记录翔实,辅以许多手绘图片与照片、精密统计数字,不但是超过半世纪西方管窥、了解中国的重要窗口,更成为今日研究中国近代史不可或缺的第一手重要文献。相关研究参见崔华杰:《传教士学者与中国历史研究——以〈教务杂志〉(The Chinese Recorder)为中心的考察》,博士学位论文,上海大学,2011年。

② W. E. Soothill, "The Use of the Christian Scholar in Literature," *The Chinese Recorder and Missionary Journal* (1868-1912), 1910-5-1, p.343.

③ 陈荣捷:《理学》,韦政通主编:《中国哲学辞典大全》,第494—495页。

本)。"①其中一连使用了"neo-Confucianism"(新儒家或新儒学)、"neo-Buddhism"(新佛教,指禅宗)、"neo-Taoism"(新道家,指玄学)三个概念,并将亚洲的印度、中国和日本三个古文明的思想发展作为一个整体。后来,冯友兰在1948年出版的 *A Short History of Chinese Philosophy*(《中国哲学简史》)中即用"neo-Taoism"来指称"玄学"(新道家)。② 1953年出版的冯友兰《中国哲学史》(下)的卜德译本中也将魏晋"玄学"翻译为"neo-Taoism",并指出:"吾人今已惯于用'新儒家'一名以指宋明道学。则用'新道家'一名以指王弼、郭象之流之玄学,似亦同样有理。"③但冯友兰和卜德都没有使用"neo-Buddhism"(新佛教)概念。这个概念似乎并不流行。

1919年1月1日发表在《教务杂志》(*The Chinese Recorder*,1912—1938)上的一篇文章中又使用了"Neo-Confucianism"概念,称"当大风吹过山崩之后,当地震和火灾过后,仍有微弱的声音坚持要听到,我们的同胞也清楚地看到,精神的东西不可忽视,道德和精神的力量是必要的。在此,我们找到了中国人道德觉醒和新儒学(今按:原文为'Neo-Confucianism')的关键。……基督教是儒家思想的补充。不要指责我们破坏了我们祖先的信仰,我们必须崇拜我们孩子的上帝"。④ 该文指出"Neo-Confucianism"是中国人克服困难的道德和精神支柱,并认为基督教信仰与新儒学可以相辅相成,这显然继承了耶稣会士强调的耶儒互补的传教策略。

---

① The Christian Literature Society for China, "Impressions of China's Religion: Lecture at Royal Asiatic Society," *The North - China Herald and Supreme Court & Consular Gazette* (1870 - 1941), 1915 - 11 - 6, p.393.

② 参见 Yu-lan Fêng and Derk Bodde, *A short history of Chinese philosophy*, New York, London: Free Press; Macmillan; Collier Macmillan Publishers, 1948, pp.217 - 240.

③ 这段文字不见于1934年出版的《中国哲学史(下)》中文版,而是冯友兰在卜德翻译该书时新写的内容,原文是英文,见 Yu-lan Fung, *A history of Chinese philosophy*, Vol. 2: The period of classical learning, from the second century B. C. to the twentieth century A. D., trans. by Derk Bodde, Princeton: Princeton University Press, 1953, p.175. 其译文见冯友兰:《中国哲学史(下)附录第二篇第五章异文》,涂又光译,《三松堂全集》第3卷,河南人民出版社,2001年,第441页。

④ K. C. Chao, "The Ideals of New China," *The Chinese Recorder* (1912 -1938), 1919 - 1 - 1, p.11.

四、近代日本思想家冈仓天心对"Neo-Confucian(ism)"概念的使用

20世纪初,"Neo-Confucianism"概念开始为东亚儒家文化圈的学者所接受,其意义从中国新儒学扩展到东亚新儒学。在亚洲近代化进程中处于领先地位的日本在这方面占得先机。尤其值得注意的是,近代日本著名美术家、思想家冈仓天心(1862—1913)①创立了"亚洲一体说",并在近代率先向世界宣传日本及东亚文化。他的代表作是其亲自用英语写的"东方三书",包括 *The Ideals of the East*(《东洋的理想》,或称《理想之书》,1903年出版)、*The Awakening of Japan*(《日本的觉醒》,或称《觉醒之书》,1904年出版)、*The Book of Tea*(《茶之书》,1906年出版)。冈山天心是目前已知第一位在西方学术界运用和系统讨论"Neo-Confucian(ism)"概念的东亚学者。②

在《理想之书》(1903年)中,冈仓天心详细论述了日本宗教、绘画、雕塑、诗歌和主要思想流派在中国和印度影响下的形成。在讨论日本足利时代(1400—1600)的艺术精神时,冈仓天心指出:"新儒家(今按:原文为'Neo-Confucian',下同。日译本作'新儒教'③)在宋代成熟以来,后来笼罩了中国。新儒家融合了

---

① 与同样对日本近代文明有过重要贡献的福泽谕吉提出的"脱亚入欧论"不同,冈仓天心作为东亚近代文明启蒙期最重要的人物之一,首创"亚洲一体说"(Asia is one),强调亚洲价值观对世界进步做出的贡献。冈仓天心从小受到良好教育,精通英语,在20世纪初旅居英美期间,他意识到西方人对东方世界充满了荒谬的想法及误解。于是在1903至1906年,他用英文写了 *The Ideals of the East*(《理想之书》)、*The Awakening of Japan*(《觉醒之书》)、*The Book of Tea*(《茶之书》)等重要著作。这使得他作为国粹派理想主义者闻名于世。今有《冈仓天心全集》(全九卷)传世。详见 William Sturgis Bigelow and John E. Lodge, "Okakura-Kakuzo(1862-1913)," *Proceedings of the American Academy of Arts and Sciences*, Vol. 64, No. 12(Oct., 1930), pp.534-538.
② 狄百瑞在与田浩争论"Neo-Confucianism"的合理性时曾经提到冈仓天心在1904年出版的 The Awakening of Japan 中已经使用了"Neo-Confucianism"一词,但没有具体论述。后来田浩、吾妻重二都重申了狄百瑞的这一发现,但也没有具体论述。参见 Wm Theodore de Bary, "The Uses of Neo-Confucianism: A Response to Professor Tillman," *Philosophy East and West*, Vol. 43, No. 3(Jul., 1993), p.545.[日]吾妻重二:《美国的宋代思想研究——最近的情况》,田浩编:《宋代思想史论》,第12页。由我们的考察可知,冈仓天心早在1903年出版的 The Ideals of the East 中就已经使用了"Neo-Confucianism"一词,而且在其多种论著中都有使用和阐发。
③ [日]冈仓天心:《东洋的理想:とくに日本美术について》,夏野广译、森才子译,《日本の名著》第39册,中央公论社,1979年,第165页。

道、佛、儒的思想,但主要依靠唐末道教哲学家陈抟(原书中'陈抟'对应的英文为'Chimpaku',是其日语假名'ちんぱく'的对应英文,中译本误译为唐五代道士杜光庭,今据日译本更正①)。他糅合三教体系,撰写了代表宇宙图景的简表。我们现在对宇宙阴阳两大原则有了新解释:阳在阴上,是独一无二的驱动力。对应于印度的萨克蒂观念(今按:代表阴性力量、宇宙之母),新儒家发展了'理'和'气'的理论。'理'是普世的法则,'气'是活动的精神。于是,商羯罗②以降,所有亚洲哲学家都转向宇宙活跃的力量。"③这里的"Neo-Confucian"指宋代新儒家,具体指程朱理学家。冈仓天心讨论了宋代新儒家的思想渊源,特别是陈抟的三教合一论和宇宙论的影响,④然后讨论了新儒家二元论的思想体系及其对整个亚洲哲学的影响。冈仓天心接着指出,"道家思想的另一种倾向是从人类遁入自然。这是我们谋求从对立面表达的结果。对自然的固有之爱为足利艺术划定了边界,仅限于山水和花鸟。于是,中国新儒家(今按:原文为'Neo-

---

① [日]冈仓天心:《东洋の理想》,《冈仓天心集》,《日本现代文学全集》第2册,讲谈社,1969年,第206页。[日]冈仓天心:《东洋の理想:とくに日本美术について》,夏野広译,森才子译,《日本の名著》第39册,第165—166页。

② 商羯罗(Sankara),公元8世纪印度哲学家和神学家。生于婆罗门种姓家庭,其父死后他变为遁世者。据说他曾到印度各地与各派哲学家辩论。商羯罗的梵文著作有300多种,多为对吠檀多派经文的评注和解释。作为吠檀多派哲学中不二论学派最为著名的代表,他的贡献在于奠定了印度教的正统地位,削弱了几个世纪以来耆那教和佛教对印度的影响。

③ 原文见 Kakuzo Okakura, Ideal of the east: With special reference to the art of japan, Berkeley: Stone Bridge Press, 2007, p.103.译文见[日]冈仓天心:《理想之书——尤其是有关日本艺术的理想》,刘仲敬译,四川文艺出版社,2017年,第143—144页。

④ 自宋代以来就一直有周敦颐的《太极图》及邵雍的《先天图》都是源自陈抟一系的说法。如朱震《汉上易传·汉上易传表》中指出:"陈抟以《先天图》传种放,放传穆修,修传李之才,之才传邵雍;放以《河图》《洛书》传李溉,溉传许坚,坚传范谔昌,谔昌传刘牧;修以《太极图》传周敦颐,颐传程颐、程颢。"朱震:《朱震集》,王婷、王心田编辑点校,长沙:岳麓书社,2007年,第1页。更早程颐、朱熹也指出邵雍之学传自陈抟。程颐指出:"邵尧夫数法出于李挺之,至尧夫推数方及理。"程颐、程颢:《二程集》上册,王孝鱼点校,《理学丛书》,中华书局,2004年,第197页。程颐认为,邵雍的数学方法虽出于李挺之,但超越了术数技巧,直通到儒家理论核心的心性义理层面了。理学集大成者朱熹在《原本周易本义》的开头引述邵雍的先天诸图后指出,"伏羲四图,其说皆出于邵氏。盖邵氏得之李之才挺之,挺之得之穆修伯长,伯长得之华山希夷先生陈抟图南者。所谓先天之学也"。朱熹著、朱鉴编:《原本周易本义朱文公易说》,上海古籍出版社,1989年,第7页。目前学术界对于邵雍思想的道教渊源一般没有异议。但对于周敦颐的思想渊源,尤其《太极图》是否传自陈抟一系存在争议。但无论如何,周敦颐受陈抟思想的影响是无可置疑的。周敦颐题为《读英真君丹诀》的一首诗里写道:"始观丹诀信希夷,盖得阴阳造化几。子自母生能致主,精神合处更知微。"希夷就是陈抟的号,所谓"阴阳造化几"无疑说的就是宇宙开创学说。见周敦颐:《元公周先生濂溪集》,岳麓书社,2006年,第108页。周敦颐的《太极图》《太极图说》及邵雍的《先天图》是奠定宋代道学(新儒学)宇宙论,本体论的理论基石。因此正如冈仓天心所言,陈抟一系的学说无疑对宋代新儒学的形成产生了重大影响。

Confucianism',日译本作'新儒教'①)包括提供一切正当性的儒学及个人主义的新精神。新儒家复兴周政,加深了现代重要性,从而登峰造极。"②冈仓天心指出道家的自然主义倾向对日本艺术的影响,并指出中国的新儒学包括对天地起源的探索和人类地位的彰显,并且致力于周政的复兴,具有深刻的现实意义。例如,宋代新儒学的创始人之一张载提出了复性说和恢复周礼(井田制)的思想。③

在《觉醒之书》(1904 年)中,冈仓天心认为,17 世纪以来活跃的古学派、阳明学派和历史学派的结合为 19 世纪的新日本提供了思想力量。在这种解释中,明治维新是亚洲思想在历史上集中用力的现实结果。在谈到日本的佛教和儒家思想时,冈仓天心指出:"同佛教一样,儒教也是在其后期发展中通过道教和佛教观念而变得超世俗并对政治漠然的。在中国,从唐代后期开始,儒家学说就趋向于向宗教转变而非像先前那样是纯粹的伦理学。在日本,这种倾向更为显著,因为在我们的封建时期,所有的学习科目都限制在佛学的范围内,所以德川学院早期的老师们绝大多数都是为了传授俗世学问而被说服回归俗世生活的僧侣。……他们都是宋朝新儒学(今按:原文为'Neo-Confucianism',下同。日译本作'新儒教学派'④)朱熹流派的追随者,而他们传授的知识也与其服饰相符。……新儒学在文学和艺术上富有非凡创造力,旨在综合道教、佛教和儒家思想,而这努力的杰出成就则反映出了所有亚洲人的意识形态。因为他们精神上与中国或印度的联系,其各个流派对古典儒学的解读有所不同。"⑤冈仓天心指出,宋代新儒学

① [日]冈仓天心:《东洋の理想:とくに日本美术について》,夏野広译、森才子译,《日本の名著》第 39 册,第 166 页。

② 原文见 Kakuzo Okakura, Ideal of the east: With special reference to the art of japan, p.103. 译文见[日]冈仓天心:《理想之书——尤其是有关日本艺术的理想》,刘仲敬译,第 144 页。

③ 张载将源自宇宙本源——太虚的天地之性作为人的本性,体现人的先天类本质,而太虚气化之后则形成气质之性,体现个体的后天差异。张载强调要克服气质的习染对本性的障蔽,即通过变化气质使气质之性复归于天地之性。张载的这一思想后来经过程朱的发挥,形成理学"存天理,灭人欲"的本体工夫论。其关键在于去除过分的欲望对天理的障蔽。参见张载:《正蒙·诚明篇第六》,《张载集》,中华书局,1978 年,第 23 页。此外,张载认为《周礼》一定能够行于后世,并想要恢复周代的封建制与井田制。参见张载:《经学理窟·周礼》,《张载集》,第 248—255 页。

④ [日]冈仓天心:《日本の目覚め》,夏野広译,《日本の名著》第 39 册,中央公论社,1979 年,第 217 页。

⑤ 原文见 Kakuzo Okakura, *The awakening of Japan*,New York:The Century Co,1904, pp.65-74.译文见[日]冈仓天心:《觉醒之书》,黄英译,四川文艺出版社,2017 年,第 52—53 页。

（以朱子学为代表）在佛道思想的刺激和影响下，为先秦儒家所倡导的道德伦理学说建构了形而上学的宗教体系，实现了儒家思想的转化；后来，新儒学传入日本。朱子学成为德川幕府时期的正统思想和共同思潮。 同时，由于对儒家经典的不同解读，新儒学内部又衍生出了多个学派。正如冈仓天心所指出的，与中国儒学相比，日本儒家思想深受佛教的影响，并与日本本土的神道信仰相结合，因此更具有宗教性。因此，儒学和新儒学在日本通常被称为儒教和新儒教。在冈仓天心英文著作的日文译本中，"Neo-Confucianism"被翻译为"新儒教（学派）"。因此，我们不能简单地认为日本朱子学是中国朱子学的移植和复制。冈仓天心随后指出："朱熹对中国圣人学说理解更为深刻广泛，因而被认为是新儒学的核心人物。他对儒学的注解被明代永乐大帝朱棣下令成为官方教科书，德川家康也认为他的学说很正统。新儒学的普遍趋势是朱熹倾向于把它抽象化深奥化，因此它的崇拜者们与佛教徒有些许不同，他们把自我集中作为思想活动的一个重要部分。明朝的那些天性呆板的学者们武断地提出要在朱熹新儒学教义抽象的道德规定和专业术语上浪费精力——日本学者追随了他们的脚步。因而儒学推动了它的核心——实用伦理。'愚蠢得像个学究'是德川幕府时代常听到的一句俏皮话。"冈仓天心指出，作为新儒学的核心人物，朱熹的学说成为明朝的官方统治思想和日本德川幕府倡导的正统思想；新儒学在朱子这里趋于抽象和深刻，即朱子建构的形而上学的天理本体论体系；同时，新儒学将自我集中视为思想活动的一个重要方面，即朱子学主敬（主一无适）的工夫论思想；但朱子学末流从格物穷理的工夫出发走向了烦琐的章句训诂之学，从而背离了儒学作为道德实践的核心精神和成圣成贤的学问目的，这些教条主义的道学家也成了被嘲笑的书呆子。冈仓天心又指出："佛教和新儒学（实际上本质是佛教）赋予了这

---

① 需要指出的是，由于江户时代的日本属于阶级固化的武士国家，缺乏像中国科举制度那样带来的阶级流动及儒者地位的提升，而且由于日本在传入朱子学的同时几乎一并传入了阳明学及气学派等学派思想，再加上日本佛教的崇高地位，所以朱子学在江户时代的日本虽然受到官方的提倡，但还没有达到像在中国及朝鲜那样占据国家意识形态和统治思想的绝对地位，主要是民间的学校采用朱熹的著作作为初中等教育的教材。参见吴震：《东亚朱子学：中国哲学的丰富性展示》，《哲学动态》2019年第1期，第50—59页。吴震：《东亚朱子学研究的回顾与反思》，《杭州师范大学学报（社会科学版）》2019年第1期，第5—10页。
② ［日］冈仓天心：《觉醒之书》，黄英译，第53—54页。

个民族善于深思的特质,使得它可以在危急中保持冷静。就算没能开创一个时代,至少教会了人们要坚定。如果没有这一点,明治维新时的激烈动乱,以及疯狂吸收西方思想的举动肯定早就把日本从它的古老港湾冲入一片陌生的汹涌大海中去了。"①冈仓天心指出,佛教和新儒学(阳儒阴释)赋予日本人善于深思的精神特质,这种民族精神使日本能够在近代激烈的政治动荡和东西方文明的激烈碰撞中保持冷静,最终走上自力更生、自强不息的复兴道路。这一精神理念是冈仓天心倡导的"亚洲一体说"的核心思想,也是亚洲与西方并驾齐驱的精神动力。正如冈仓天心所说,从动态的形而下的现象界(气、器)深处思考静态的形而上的深层根据(理、道),不仅是新儒家的精神实质,也是包括中国和日本在内的东亚民族的精神特质。② 在宋代新儒学中,"无极而太极"的本体论和"主静立人极"的工夫论发端于周敦颐,并由朱子阐发,从而奠定了这一精神的理论基础。

在《茶之书》(1906 年)中,冈仓天心不仅勾勒出了东方茶的历史轮廓,还借助于对茶道精神的探索,阐述了茶人的审美追求,揭示了道教和禅宗所体现的东方文化的深层精髓。冈仓天心在比较唐宋时期的茶观念时指出:"宋朝人对茶的理念与唐朝人不同,不仅如此,两个朝代的人的生命观也大相径庭。唐朝人视为象征的东西,宋朝人却寻求将其变为现实。在宋代新儒家(今按:原文为'Neo-Confucian',中文译本翻译为'理学',今改正)看来,天理并非由世间万物反映出来,而是世间万物本身就是天理。"③同年,冈仓天心发表的一篇题为"The Philosophy of Tea"(《茶的哲学》)的文章中也包括上述内容。④ 冈仓天心立足于东方和日本,赋予世俗世界的饮茶以形而上的精神意义,并认为形而下的现象界与形而上的价值观是统一的,从而阐明了宋代新儒学将宇宙规律(理)与现象世界(气)视为一体的思想对人生观和茶艺的影响。如果说上面例子中的"新儒学"

① [日]冈仓天心:《觉醒之书》,黄英译,第 54 页。
② [日]楠本正继:《宋明时代儒学思想の研究》(修订版),広池学园出版部,1964 年,第 237—238 页。
③ 原文见 Kakuzo Okakura, *The book of tea*, New York: Fox, Duffield, 1906, p.16.译文见[日]冈仓天心:《茶之书》,高伟译,四川文艺出版社,2017 年,第 44 页。
④ 参见 Kakuro Okakura, "The Philosophy of Tea," *Temple Bar*, Vol. 2 (Jul., 1906), pp.408-417.

指主张理气、道器二元论的程朱理学及其传播到日本后形成的江户朱子学派,那么这里所谓宋代"新儒学"似乎是指宋代主张理气、道器合一的张载气本论一派,①而不是朱熹的理本论一派。② 然而,作为理学的创始人,张载的思想后来成为程朱理学的重要组成部分,③加上程朱理学也主张"体用一源,显微无间",并最终从二元论走向一元论。因此,冈仓天心这里所谓的"宋代新儒学",实际上也是指程朱理学(朱子学)。

此外,冈仓天心从 1904 年开始受雇于世界著名的美国波士顿美术馆(MFA),并担任其东方部(中日部)部长。在任职期间,他为波士顿美术馆购买了大量东方艺术品,并不遗余力地通过撰写英文报告或演讲向西方世界推广东方文化和艺术。④ 例如,1906 年 2 月在波士顿美术馆的《美术博物馆公告》(*Museum of Fine Arts Bulletin*)4 卷 18 号上刊登的《中日部门最近的收购》("Recent Acquisitions of the Chinese and Japanese Department")中介绍了当时新收购的三幅中日绘画。在评论一幅 10 世纪的日本画时,冈仓天心指出:"在这些作品中,我们看到了一个与藤原艺术截然不同的全新艺术阶段。他们属于东方艺术第三运动。在宋朝(960—1279),佛教被吸收到中国人的意识中,并与儒道结合产生了一种新的生活和艺术观念。现在,新儒学(今按:原文为'Neo-

---

① 张载以太虚为气之本体,一方面将太虚(相当于程朱的天理)与气视作体用的关系,一方面又以其"太虚即气""虚空即气"的宇宙论出发,规定了"太虚⇌气⇌万物"的气化顺序,认为太虚与气就如同冰与水一样相互转化,气聚而为有形之万物,气散又复归于无形之太虚,无形之太虚与有形之气只是气化流行过程中的不同状态,并非是从虚无中生出气来。基于这种气化的宇宙论,张载批判了道家"虚能生气""有生于无"的虚无论宇宙论思想。因此张载的太虚说是一种虚气(理气)合一的宇宙本体论。参见张载:《张载集》,章锡琛点校,中华书局,1978 年,第 7—9 页。

② 南宋理学集大成者朱熹从其理一分殊论出发,主张总天地万物之理为一太极,而事事物物中又各自具有一太极(禀性),以理为天地万物的根源和本体,在逻辑上先于气存在,主张"理先气后""理本气末"的理本论,但同时又强调理气"不离不杂"。即理气虽然本质上是二物("不杂"),但在事事物物中总是结合在一起的("不离")。朱熹据此理气、体用不杂不离的思想批判了老子截然分"有无(理气)为二"的思想。参见朱熹:《晦庵先生朱文公文集》二,朱杰人、严佐之、刘永翔主编:《朱子全书》第二十一册,上海古籍出版社;安徽教育出版社,2010 年,第 1571 页。

③ 如张岱年指出,张载的思想体系(气本论)与二程(理本论)不同,而主张理气二元论的朱熹因为吸收了张载的气论思想,因此将张载视为一个只讲"气"(物质世界)而未讲到"理"(绝对观念)的有缺点的唯心论者了。参见张岱年:《关于张横渠的唯物论思想——对〈张横渠是一个唯心主义者〉一文的答复》,《张岱年全集》第 5 卷,河北人民出版社,1996 年,第 61—62 页。

④ 蔡春华:《前言——一个东方文化的"辩护者"》,[日]冈仓天心:《中国的美术及其他》,中华书局,2009 年,第 1—15 页。

Confucianism')和禅学时代开始了。人们试图在自然中实现自己的理想。他努力摆脱多余的附属品,以便直接与事物的本质交流。因此,他喜欢风景而不是佛教圣人的形象。他喜欢水墨画的纯净和暗示,而不喜欢唐代色彩丰富的作品。"①冈仓天心指出,宋明新儒学受佛道思想的影响,将维系中国社会共同生活的伦理纲常建立在自然(天道)信仰上以维护其纯粹性与绝对性,并探讨了构成时代精神核心的新儒学对宋代艺术的影响。正如冈仓天心所指出的,唐宋绘画风格从丰富多彩到纯净凝练,从人物题材到山水画的变化,集中体现了重视气之丰富性(外向的)的唐代精神和重视理之纯粹性(内向的)的宋代精神之间的差异。②

五、近代中国留学生对"Neo-Confucian(ism)"概念的使用

"Neo-Confucianism"概念在 20 世纪初已经进入西方英语哲学期刊。例如,牛津大学出版社于 1909 年 7 月出版的《一元论者》(*The Monist*)杂志上刊登的对 Deussen Paul 著《哲学通史》(*Allgemeine Geschichte der Philosophie*)第 1 卷第 3 部分的评介中指出:"第一卷的整个部分完全致力于印度的历史,而这部分处理印度人的后吠陀哲学。它还包括一个中国和日本哲学的附录。在这个附录中,作者讨论了中国的一般情况,分别用一章的篇幅介绍了孔子和老子,接着介绍了中国哲学和三大宗教的发展历史。他很快地介绍了古代日本的神道教、佛教,以及新儒学(今按:原文为'Neo-Confucianism',按日语翻译则为'新儒教')。"③这里的"Neo-Confucianism"是指从中国传入日本后形成的新儒学(东亚朱子学)。可以看出,这里的"Neo-Confucianism"概念就像上述冈仓天心的用例一样,早已不局限于中国的宋明新儒学思想,而是延伸到日本江户时代吸收中国

---

① 参见 Kakuzo Okakura(冈仓天心),"Recent Acquisitions of the Chinese and Japanese Department," *Museum of Fine Arts Bulletin*, Vol. 4, No. 18 (Feb., 1906), pp.3 - 6.

② 参见[日]冈田武彦:《宋明哲学の本质》上,《冈田武彦全集》第 17 册,明德出版社,2008 年,第 9—43 页。

③ 参见 Review,"Reviewed Work:Anti-Pragmatisme, Examen des droits respectifs de l'aristocratie intellectuelle et de la démocratie sociale by Albert Schinz, Bryn Mawr," *The Monist*, Vol. 19, No. 3 (Jul., 1909), pp.474 - 476.

思想形成的新儒学思想。与前面的例子相比,这个例子似乎没有太多的内容,但它是英文哲学杂志上发现的"Neo-Confucianism"的早期使用案例。同时,该杂志对冯友兰在美国的早期学习产生了影响。[①]

众所周知,20 世纪初期,随着清华留美预备学校的成立,大批中国人进入美国大学学习。19 世纪后期在"中体西用"思想指导的洋务运动中派出的留美幼童(如詹天佑)学习的都是器用物质层面的实用工程技术。但到了 20 世纪,许多在美国学习的学生专注于人文和社会科学,力图从思想精神层面学习西方和改造中国。其中就包括现代中国哲学史研究的开创者、"五四"新文化运动的领袖、毕业于哥伦比亚大学哲学系的胡适。前述吾妻重二曾提到胡适在 1917 年完成并提交给哥伦比亚大学的博士论文"The development of the logical method in ancient China"(《先秦名学史》)中使用了"Neo-Confucianism"概念,但没有具体讨论。[②] 经过全文查考,胡适在他的英文博士论文中两次使用了"Neo-Confucianism"概念,并且都出现在"导论:逻辑与哲学"部分中。胡适首先指出,哲学的发展取决于逻辑方法的发展。近代欧洲哲学以笛卡尔的方法论(理性主义)和培根的新工具(经验主义)提供的逻辑方法为起点,而近代中国哲学则以《四书》中《大学》所提供的"格物致知"的逻辑方法(直觉主义)为起点。胡适进而指出,宋学的代表人物朱熹与明学的代表人物王守仁对"格物"有不同的理解;朱子在《大学》"格物补传"中所阐述的"以积蓄学问开始引导至豁然贯通的最后阶段的方法,在明代(1368—1644)王阳明(1472—1529)加以反对之前,一直是新儒

① 根据《年谱》的记载,冯友兰在 1919 年底抵达美国留学后,即开始在图书馆系统阅读哲学史等专业论著,不久在 1920 年 1 月 15 日的日记中记载他在图书馆看到上述《一元论者》(The Monist)杂志上发表的题为"The Logic of the Science"(《科学的逻辑》)的论文,并想要将其翻译出来。参见蔡仲德:《冯友兰先生年谱初编》,《三松堂全集》附录,第 34 页。其后冯友兰在 1920 冬天写成题为"Why China Has No Science:An Interpretation of the History and Consequences of Chinese Philosophy"(《为什么中国没有科学——对中国哲学的历史及其后果的一种解释》)的论文,并于 1922 年 4 月将其发表在《国际伦理学杂志》(International Journal of Ethics)32 卷 3 号上。冯友兰在该文中共六次使用了"Neo-Confucianism"一词,用来指称包括程朱理学与陆王心学在内的宋明"新儒家"(道学)。原文见 Yu-lan Fung, "Why China Has No Science:An Interpretation of the History and Consequences of Chinese Philosophy," International Journal of Ethics, Vol. 32, No. 3(Apr., 1922), pp.257,258. 译文见冯友兰:《为什么中国没有科学——对中国哲学的历史及其后果的一种解释》,涂又光译,《三松堂全集》第 11 卷,河南人民出版社,2001 年,第 49—50 页。
② 吾妻重二:《美国的宋代思想研究——最近的情况》,田浩编:《宋代思想史论》,第 11 页。

学(今按：原文为'Neo-Confucianism')的逻辑方法。"①胡适接着指出，朱熹继承
了程颐的解释，以"格物"为"穷理"，主张事物必须合理，格物即是在特殊事物中
寻找普遍原理；王守仁则解释"格"为"正"，认为格物并不是研究事物，而是"去心
之不正，以全其本体之正"，即恢复本心之良知。胡适总结道："总之，中国近代哲
学的全部历史，从十一世纪到现在，都集中在这作者不明的一千七百五十字的小
书的解释上。确实可以这样说，宋学与明学(今按：原文为'the Sung school and
the Ming school of Neo-Confucianism'，即'宋明新儒学')之间的全部争论，就是
关于'格物'两字应作'穷究事物'或'正心致良知'的解释问题的争论。"②胡适最
后指出，虽然朱子和王守仁对"格"字有不同的解释，但他们都把"物"理解为
"事"，这就决定了中国近代哲学的整体性质和范围都局限于人的主观事务和关
系领域；这也导致他们对客观自然的研究没有提出科学的方法，而是局限于伦理
学和政治哲学领域。胡适认为，这是中国没有产生近代科学研究的重要原因。③

胡适所使用的"Neo-Confucianism"概念是指宋明理学(道学)，包括程朱理
学和陆王心学。由于胡适的著作是对先秦哲学逻辑方法的专门研究，所以他仅
在导论中提到了作为近代逻辑方法之源头的宋明新儒学，并在借鉴西方科学方
法的基础上，对宋明新儒家倡导的直觉主义认识(修养)方法论进行了批判。除
上述两处外，胡适在其博士论文中再未提及"Neo-Confucianism"概念，而是致力
于研究先秦诸子的逻辑方法(认识论)，这被认为是哲学史上的中心问题。④ 事

---

① 原文见 Shih HU, The development of the logical method in ancient China：先秦名学史，Shanghai：The Oriental Book Company, 1922, p. 2.译文见胡适：《先秦名学史》，欧阳哲生编：《胡适文集》第 6 册，北京大学出版社，1998 年，第 7 页。

② 原文见 Shih HU, The development of the logical method in ancient China：先秦名学史，p. 4.译文见胡适：《先秦名学史》，《胡适文集》第 6 册，第 7 页。

③ 原文见 Shih HU, The development of the logical method in ancient China：先秦名学史，pp. 4,5.译文见胡适：《先秦名学史》，《胡适文集》第 6 册，第 8 页。

④ 事实上正如胡适自己所承认的，他以逻辑方法及认识论作为中国哲学核心问题的作法并没有引起后来学界的太多注意，因为一般都认为中国哲学的核心问题是心性论及修养论(工夫论)而非西方心物、主客二分意义下的存在论及认识论，其所追求的目的是求善(天人合一的道德境界)而非求真(认识客观真理)，胡适的方法可说是以西方哲学的体系范畴来建构和评判中国哲学的典型。以认识论为核心问题在先秦诸子哲学中还能找到很多材料，但在儒学一统的汉代以后，中国哲学的主流无疑是以伦理道德的实践(心性修养工夫)为主题展开的，宋明道学即是其发展的高峰，而这正是胡适所批判的，因此他不写宋代以后的中国哲学史也就不难理解了。参见胡适：《胡适文集》第 6 册，欧阳哲生编，北京大学出版社，1998 年，第 159 页。

实上,胡适把他的英文博士论文的题目译作《中国古代哲学方法之进化史》,后改作"The Development of Logical Method in Ancient China"(《中国古代逻辑方法的发展》)。这也反映了胡适自身的思想倾向和治学方法。需要指出的是,胡适的英文博士论文于 1922 年在上海出版,其中文译本则是 1983 年由中国逻辑史学会翻译出版的,并非出自胡适本人。胡适在 1919 年出版的成名作《中国哲学史大纲》上卷(后更名为《中国古代哲学史》)主要是用他的博士论文的观点和材料撰写的(但没有提到"新儒学"概念)。这一过程类似于冯友兰回国后不久出版其英文博士论文《天人损益论》,随后又将其扩充修订成中文著作《人生哲学》(1924 年完成,1926 年出版)。然而,根据我们对胡适十二卷文集的综合检索,胡适在其中文论著中没有使用过宋明"新儒家"或"新儒学"概念。① 因此,尽管胡适是已知最早使用英语"Neo-Confucianism"概念的中国学者,但他并不是最早将其翻译成中文"新儒学"概念的人。类似地,最近有研究者认为,晚清文化保守派、现代新儒家先驱辜鸿铭 1924 年讲学日本期间发表的英语演讲《中国文明的

---

① 《胡适文集》(十二卷本)中也有"新儒家""新儒学""新儒教"的说法,但都不是原文,而是其他人对胡适的英文论著及英语演讲中的"Neo-Confucian"或"Neo-Confucianism"的翻译,而且最早的译作出版也已经在 20 世纪 30 年代以后了。参见胡适:《我的信仰》,欧阳哲生编:《胡适文集》第 1 册,北京大学出版社,1998 年,第 7、8、11 页。胡适:《胡适时论集》,欧阳哲生编:《胡适文集》第 11 册,北京大学出版社,1998 年,第 171 页。胡适:《胡适演讲集》,欧阳哲生编:《胡适文集》第 12 册,北京大学出版社,1998 年,第 100 页。而在 20 世纪 20 年代冯友兰等人早已经使用并详细论述了中文"新儒家(学)"概念。胡适的著作中还使用了"新儒"(指春秋末期由孔子开创的区别于以宗教祭祀为职责的殷商原始儒者的新儒)和"新儒教"(指汉代董仲舒创立的宗教神学儒教体系,或孔子创立的人文主义新儒教)概念,也都不是指宋明"新儒家(学)"。参见胡适:《胡适文存四集》,欧阳哲生:《胡适文集》第 5 册,北京大学出版社,1998 年,第 47、48 页。胡适:《胡适集外学术文集》,欧阳哲生编:《胡适文集》第 10 册,北京大学出版社,1998 年,第 374 页。此外,在 20 世纪 50 年代由胡适英文口述、70 年代由唐德刚译注的《胡适口述自传》中,针对世人认为他反孔非儒的印象,胡适自述其虽然从近代科学立场出发对儒教进行了严厉批判,但对于先秦的孔孟儒家及宋代"新儒学"(Neo-Confucianism)("理学")的开山宗师朱熹都是十分崇敬的。这里可以看出胡适虽然对儒家学说多有批评并曾在"五四"时期提倡"打倒孔家店",但并不是要彻底摧毁和全盘否定儒家文化。参见胡适:《胡适口述自传》,欧阳哲生:《胡适文集》第 1 册,北京:北京大学出版社,1998 年,第 418 页。对于他与当时学者围绕着孔老年代先后的争论,胡适指出冯友兰等人之所以推崇孔子并持"孔先老后"说是因为冯氏将儒学当作自己乃至中国人的宗教信仰(所以必然抬高孔子的地位并将其置于老子之前),而他本人所持的"老先孔后"说是基于疑古派立场的科学考察。这也明显反映出胡适与现代新儒家学者的思想立场不同。更何况胡适对他的学生兼现代新儒家代表人物的冯友兰的思想倾向与学问路数(释古)基本持否定态度。因此胡适不提由冯友兰首倡的中文"新儒家""新儒学"概念就可以理解了。参见胡适:《胡适文集》第 6 册,第 161—162 页。翟志成:《被弟子超越之后——胡适的冯友兰情结》,《中国文哲研究集刊》2004 年第 25 期,第 219—257 页。

历史发展》中的"新儒学"一词,是中文"新儒学"最早的使用案例,①但这一论断是基于 1996 年出版的中文译本,中文译本又是基于辜鸿铭的文集,即日本萨摩雄次于 1941 年编纂的《辜鸿铭论集》(译自英文演讲原稿)。因此,这个例子实际上是英文"Neo-Confucianism"用例,并非中文"新儒学"用例,而且比胡适和冯友兰的例子要晚。总之,中文"新儒学"概念最早是由胡适在北京大学教过的学生、毕业于哥伦比亚大学哲学系的冯友兰回国后开始使用的。② 关于这一点,作者另有专论加以详细探讨,此不赘述。

顺便说一下,1923 年毕业于爱荷华大学的中国留学生刘强(Liu Chiang,1893—?)的"Isolation and Contact as Factors in the Cultural Evolution of China, Korea, and Japan Prior to 1842"(《1842 年以前中国、朝鲜和日本文化演变中的隔离与联系因素》)③是胡适之后中国留学生中较早使用"Neo-Confucianism"概念的英语博士论文之一(与冯友兰的英语博士论文同年完成)。该文中两次使用"Neo-Confucianism"概念。第一处说:"在本章的第一个主要部分讨论了这些宗教之间相互借鉴的思想。……儒家开始借用佛教的形而上学哲学,这一过程导致了新儒学(今按:原文为'neo-Confucianism');道教采取了佛教的外在形式;虽然佛教本身是完全改变了道教和其他一些小的崇拜,如战争的崇拜神……不仅在中国,在日本已经说明了阿伊努人的相似之处与日本神道教的宗教。"④第二处说:"如果我们比较孔子和基督的基本教义,我们就会发现他们之间惊人的相似。……宋朝历史上儒家思想受到佛教引入的希腊形而上学的

---

① 参见薛鹏志、高令印:《辜鸿铭最早提出"新儒学""儒学三期""情欲"等(上)——附论"理学"是"道学"和"心学"的合称》,《朱子文化》2019 年第 4 期,第 7—11 页。辜鸿铭:《中国文明的历史发展》,《辜鸿铭文集》下卷,海南出版社,1996 年,第 300—301 页。

② 在 1924 年完成、1926 年出版的《人生哲学》一书中,冯友兰直接将其博士论文专著 *A Comparative Study of Life Ideals*(《人生理想之比较研究》,1924 年出版)的章节标题及正文中的"Neo-Confucianism"一词翻译成中文"新儒家"或"新儒学"。这是目前已知中文"新儒家"及"新儒学"名称的最早用例。详见冯友兰:《人生哲学》,《三松堂全集》第 2 卷,河南人民出版社,2001 年,第 184 页。

③ 参见元青:《民国时期留美生的中国历史研究与美国汉学——以博士论文为中心的考察》,《广东社会科学》2015 年第 6 期,第 115—127 页。

④ Chiang Liu(刘强),*Isolation and Contact as Factors in the Cultural Evolution of China, Korea, and Japan Prior to 1842*, Ph.D, The University of Iowa, 1923, pp.230, 231.

影响。儒学通常只有道德和政治哲学,但新儒学(今按:原文为'neo-Confucianism')……渗透进本体和演化的领域。"①该文阐述了三教融合是宋明新儒学产生的关键因素,并认为原始儒家(孔子)的思想和基督教教义高度相似,这也与耶稣会士的"合旧儒"立场一致。刘强进而探讨了 1842 年以前(即近代以前)新儒学在包括中国、日本和韩国在内的东亚儒家文化圈中的发展。

结　语

从概念的产生和源流来看,一方面,唐宋时期的三教融合是"Neo-Confucianism"(新儒学)思想产生的关键。也就是说,在佛道思想的刺激和影响下,形成了为儒家伦理道德建构形上学思想体系的宋代新儒学。另一方面,明清时期的耶儒交涉是西方"Neo-Confucian(ism)"概念产生的关键。即"Neo-Confucian(ism)"被耶稣会士用来指称不同于先秦、汉唐时期的、作为三教交涉的产物、建构起形上本体论体系的宋明新儒家(学)。自从耶稣会士在 1687 年出版的《中国哲学家孔夫子》中首次使用"Neoterici Intérpretes"("新诠释者")一词来指称程朱理学以来,由此派生的西方"Neo-Confucian(ism)"概念在 19 世纪末 20 世纪初,一方面出现在来华基督新教传教士在上海创办的英文报刊中,另一方面为西方学术界的东亚学者所使用。日本思想家冈仓天心是这一时期(1903—1906)在西方学术界使用"Neo-Confucian(ism)"概念并深入阐述宋明新儒学思想的第一位东亚学者。其后毕业于哥伦比亚大学哲学系的胡适(1917)是第一位在西方学术界使用"Neo-Confucian(ism)"概念的中国学者。

从概念的意义和范围来看,早期"Neo-Confucian(ism)"概念(所谓"新诠释者"和"无神论政客")是耶稣会士为批判程朱理学而创造的一个消极概念,旨在说明程朱理学对先秦经典的新诠释及其无神论倾向与原始儒学不一致,强调儒学发展的不连续性;而 19 世纪末出现在西方学术界和中国英文报刊上的"Neo-

---

① Chiang Liu(刘强), *Isolation and Contact as Factors in the Cultural Evolution of China，Korea，and Japan Prior to 1842*，Ph.D，The University of Iowa，1923，pp.176，177.

Confucian(ism)"已经成为一个积极的学术概念,旨在说明宋明新儒学是一种新的宗教思想。它将三教结合起来,阐发并回归先秦儒家传统,并为原始儒家的伦理和政治学说构建了形而上学体系,强调儒家发展的连续性。就范围而言,近代"Neo-Confucian(ism)"概念最初指程朱理学(狭义道学)及其传入朝鲜、日本等国后形成的东亚新儒学(主要指朱子学,如冈仓天心的使用案例),然后又用来指称宋明道学(包括程朱理学和陆王心学,如胡适的使用案例)。最后,需要强调的是,自近代以来,最初被用来指称历史上的宋明新儒学的"Neo-Confucian(ism)"概念的使用和阐发,与在其基础上构建思想体系、反对欧洲中心主义、以复兴东方文化为己任的文化保守主义(包括中国的冯友兰及日本的冈仓天心等)思潮的形成密切相关。这也反映了儒家传统的生命力及其融合古今东西文化的开放性。

中国近代哲学与辩证唯物论的
一个历史接合点

——李石岑哲学思想转变的内在逻辑

沈　庭

（武汉大学哲学学院）

李石岑（1892—1934）是一位活跃于 19 世纪二三十年代的哲学家，著论甚多，在当时影响很大，但因为英年早逝，其思想罕被后人所知。他在中国哲学史上的地位可能有被低估之嫌，首先他上接晚清佛学"伏流"，早年拜"支那内学院"欧阳竟无为师，对佛学，尤其是内学院宣扬的唯识学尤为服膺；其次他是 20 年代讨论人生哲学问题的中流砥柱；最后他转入"五四"运动以后新兴起的辩证唯物主义思潮，30 年代宣扬辩证法的唯物论尤其积极，是国内宣扬辩证唯物论的先驱之一。此外，他还大量撰写和翻译了西方哲学的著作，是中国近代哲学史上翻译和研究尼采、柏格森等哲学的早期代表性人物。从佛学、人生哲学、尼采、柏格森到马克思的唯物论，李石岑可谓是一个近代中国哲学与马克思主义相结合的"接合点"。[①] 问题是为什么他的哲学思想这么驳杂多变？这些变化后面又透露出近代哲学思潮转变的何种信息？我们认为李石岑哲学思想转变的轨迹反映了

---

① "接合点"这个词来自萧萐父。他不用"结合点"，而用"接合点"，是为了强调中国文化传统是活生生的，我们需要接续它的生命力，以迎接现代化的冲击和机遇。萧萐父：《吹沙集》，巴蜀书社，1991 年，第 55 页。

近代哲学家摸索解决中国问题的方案、探索中国道路的艰辛历程，以及代表了近代哲学逻辑演进的一条重要路径和面向，值得深入研究。目前学界对李石岑的哲学观点、中西比较的哲学方法等议题都有深入研究，①但对其思想转变的内在逻辑及其时代意义则还缺乏更细致、深入的讨论，②因此本文将避免过多论述李石岑的具体哲学思想，更多侧重探讨其哲学转变的细节及其内在逻辑。

一、李石岑的佛学因缘

李石岑早年留学日本，在东京创立和编辑《民铎》杂志，后曾任职于中国公学、中山大学、暨南大学和大夏大学等高校，教授哲学、教育学等课程。③

李石岑哲学思想有几次大的转变。首先值得注意的是李石岑早期对近代佛学大家支那内学院的欧阳竟无先生推崇备至，他在演讲和论著中称"吾师欧阳竟无先生"，④可见他曾拜入欧阳门下，与内学院交往甚深。

他之所以推崇唯识学，是受了梁漱溟的影响，他曾自我交代：

> 那便西洋的"赛恩斯"进来的时候，可以给他一个订正；不仅是"赛恩斯"，便是"斐洛索斐"，也可以给他一个订正。譬如梁君（梁漱溟）在《印度哲学概论》上从唯识的见地，批评唯心唯物，谓"唯物是执所分别者为本，唯心是执能分别者为本，唯识家则以分别所分别归于识自体"。我那时看了，异常钦佩（那时我还未返国），便笃志于唯识。以为西洋哲学，有许多订正之必要，从唯识的眼光，去看西洋哲学，真有"登东山而小鲁"的感慨。便是我如

① 如胡啸：《李石岑哲学思想刍议》，《哲学研究》1984年第5期；田文军、魏冰娥：《李石岑与中西比较哲学》，《江苏师范大学学报（哲学社会科学版）》2013年第2期；陈先初：《李石岑对梁漱溟〈东西文化及其哲学〉的批评及其与胡适批评的比较》，《杭州师范大学学报（哲学社会科学版）》2020年第2期；宛小平：《李石岑的美学观评析》，《广东社会科学》2018年第5期；魏冰娥、任丑：《表现生命：近代学人李石岑教育哲学思想探微》，《上海师范大学学报（哲学社会科学版）》2016年第6期；等等。
② 已有的成果有田伏隆的《李石岑及其哲学思想的转变》（《船山学报》1987年第2期），但该文没有触碰到李石岑的佛学因缘，且所用的史料和历史细节还有可以进一步完善的空间。
③ 方松华、忻剑飞：《中国现代哲学史人物小传：李石岑》，《探索与争鸣》1986年第6期。
④ 李石岑：《评梁漱溟〈东西文化及其哲学〉：在中国公学讲演》，《李石岑讲演集》，广西师范大学出版社，2004年，第11页。

今用力于柏格森的哲学;我固全然不懂得柏格森,但柏格森我恐怕他也不见得真正懂甚么叫做"直觉",……所以我将来还要用唯识的见地把他估量一下。①

可知李石岑在日本留学期间便开始倾心于唯识学,他认为唯物论偏于所执,唯心论偏于能执,只有唯识学所执和能执并重。他"笃志于唯识",力图以唯识为准绳,去"订正""赛恩斯"(科学)和"斐洛索斐"(哲学),西洋哲学,如柏格森哲学都需要用唯识学去"估量一下"。

一般认为李石岑在 20 年代倡言"人生哲学"主要受柏格森、尼采的影响,其实不准确,他在 1920 年回国前便倾心唯识学,并立志以唯识学为标准去衡量西洋哲学,所以他的人生哲学骨子里受唯识学影响很深。这一点,他自己表述得很清楚,他曾解释什么是"人生",指出"人生"的"生"有五个含义:动、变、顿起顿灭、扩大、交遍。其中,他讲"顿起顿灭":

既讲到变,我们便要发问,变是怎样的变?……我认为唯识家所说的顿起顿灭便很能发明变的要义。所谓顿起顿灭,就是一刹那间一刹那间的生灭不已;生的时候,就是灭的时候;生灭同时,许多个生灭生灭相续。……这样解释变,较柏格森所解释的更见高明。所以生之第三义就是顿起顿灭。②

又说"交遍":

你也寸寸节节地扩大交遍于我,我也寸寸节节地扩大交遍于你,宇宙万象只是刹那刹那的交遍,这和唯识家诸法同遍一处的道理相同,所以生之第五义是交遍。③

① 李石岑:《评梁漱溟〈东西文化及其哲学〉:在中国公学讲演》,《李石岑讲演集》,第 17 页。
② 李石岑:《人生哲学大要》,《李石岑讲演集》,第 51—52 页。
③ 李石岑:《人生哲学大要》,《李石岑讲演集》,第 52—53 页。

除了第三义"扩大"义是受倭伊铿的宇宙精神生活说影响外,其他几层意思完全与唯识学相契合,李石岑甚至直接说唯识学的"顿起顿灭"说较柏格森的解释更加高明。

李石岑对佛学,尤其是唯识学的推崇其实也是一时之时代风气的表现。自晚清以降,佛学的影响力不再局限于山林寺庙,而渗透到近代社会思潮之中。正如梁任公所言:"晚清思想家有一伏流,曰佛学。……故晚清所谓新学家者,殆无一不与佛学有关系。"①近代的部分思想家"以己意进退佛说",或从佛学中吸取精神力量作为鼓舞人们冲击封建罗网,推动社会革命的理论武器,或以佛学为基础建立自己独特的哲学体系。在这股思潮之下,欧阳竟无主导的支那内学院上承"近代佛教复兴之父"杨文会的金陵刻经处,积极宣扬法相唯识学,在僧俗两界都产生了广泛影响,梁启超、章太炎、梁漱溟、汤用彤、熊十力等人无不对其推崇备至。唯识学以其完整的理论体系、严密的逻辑分析、深刻的理论深度被视为可与重实证、崇分析的西方哲学相媲美的传统哲学资源,因而大契其机,在哲学领域如日中天。不仅在僧界、居士界成为主流显学,而且对整个近代哲学之转向产生了巨大影响。李石岑笃志唯识学实也是这股风潮的表现。

二、李石岑对人生哲学的倡导

李石岑特别重视尼采的"权力意志说"、柏格森"生命冲动说",以及倭伊铿、克尔凯郭尔等人的非理性主义哲学,以其作为他象征的人生哲学的理论基石。其实,佛学在一定意义上也可视作一种人生哲学,西方非理性主义哲学与佛学、唯识学有着诸多相通之处,它们都特别强调了个人的意志或说"心力"在提升人格、改良生活、改造社会中的重要作用。所以李石岑倡导人生哲学,崇尚支那内学院的唯识学,重视尼采、柏格森等人的哲学,其内在逻辑是一致的,即希望通过无限扩充生命或心识的力量来振奋民族精神,从而救国救民。李石岑极少专题

---

① 梁启超:《清代学术概论》,中国人民大学出版社,2004年,第219页。

讨论唯识学或佛学,可能是师命难违。他曾说:"怎奈吾师欧阳竟无先生、吾友吕秋逸先生常叮嘱我要我莫轻谈佛法,我现在只好敬遵他们的劝告。"①因此西方非理性主义是其人生哲学"显性的"理论资源;而唯识学则是其"隐性的"理论资源。

李石岑提倡"象征的人生"。他说:"我们的人生,便是象征这宇宙的精神生活的。"②李石岑又认为人的一生就是要去表现生命:"什么叫表现生命,就是我们的生是一个无尽藏的宝库……我们只要尽力把这个生表现出来,不叫他被别的东西遮去就完事。生是一个本然自然的东西;活泼泼的向上滋长,所谓生机畅达。我们设许多方法,令这个生机畅达,便叫作表现。"③"艺术的本质为生命表现;讲到生命表现,不一定要论到哪种作品,就是英雄的征服欲,学者的智识欲,小孩子的游戏冲动,诗人的感情激昂,也都不外是一种生命的表现。"④这有尼采哲学的色彩,尼采提倡"权力意志","权力意志者,生生不已自强不息之活动也;以人类之心喻之,即欲表示权力之不断之欲求也"。⑤ "自我之表现,权力意志之表现者,乃真正之艺术也。最高之生活,最强之活动,以吾人之肉体为象征之权力意志之活动,实乃艺术之本根也。"⑥

李石岑不仅在西方非理性主义和东方唯识学的引导下提出了自己的人生哲学观,而且撰写了《人生哲学》一书,对西方、印度和中国三大文化的人生观了作了比较研究。他首先指出近代生活出现了两大悖论,他称为"两难论法"。一是"若求文明则人类解放,但结果至陷人类于悲观厌世,而日即于绝灭;若不求文明则悲观厌世可以减少,但结果又限人类于野蛮"。⑦ 二是"东方人向西方求文化以求解决人生,但西方文化的结果至于悲哀厌世;西方人向东方人求文化以求解决人生,但东方文化的结果至于老大不进步"。⑧

---

① 李石岑:《评梁漱溟〈东西文化及其哲学〉:在中国公学的讲演》,《李石岑讲演集》,第11页。
② 李石岑:《象征的人生》,《李石岑讲演集》,第4页。
③ 李石岑:《人生哲学大要》,《李石岑讲演集》,第53页。
④ 李石岑:《我的生活态度之自白》,《李石岑讲演集》,第10页。
⑤ 李石岑:《尼采思想之批判》,《李石岑哲学论著》,上海书店出版社,2010年,第18页。
⑥ 李石岑:《尼采思想之批判》,《李石岑哲学论著》,第32页。
⑦ 李石岑:《人生哲学》(上卷上册)(影印本),上海科学技术文献出版社,2015年,第91页。
⑧ 李石岑:《人生哲学》(上卷上册),第98页。

西方资本主义发展所产生的社会问题日益严重,第一次世界大战使得这些问题得以集中暴露。"世纪末"的悲观情绪笼罩着西方,促成了对理性主义的反动,叔本华、尼采、柏格森等人引领的非理性主义思潮应运而生,一时成为热门,成为西方哲学界最为重要的一股潮流。这股思潮的主要特点包括:反思科学,指责科学贬低了生命和心灵的价值,主张回到无意识的本能的自我中去;反对理性,强调人是非理性的,倡导着力于开掘人的非理性的精神世界,等等。① 可见李石岑对尼采、柏格森等人的非理性主义的推崇,其实是该思潮在中国的反映。②

李石岑对两大生活悖论的思考显然也是接续了西方哲学的问题意识。西方文明求发展,但又会导致社会矛盾激增、悲观情绪蔓延;东方人原是膜拜"富强""进步"的西方文明,现在西方文明也出了问题,西方人开始把目光移向东方(如罗素、杜威来华),但东方文化又不推崇进步、发展。李石岑分别论述中西印的人生哲学便是希望解决这两大悖论。

李石岑曾总结道:"西洋人解决人生问题,可以说是用的科学的方法;中国人解决人生问题,可以说是用的道德方法;印度人解决人生问题,可以说是用的宗教的方法。"③那么,这三家谁能解决当下的人生问题呢?李石岑又把人生问题概括为三个方面:"知识欲发达""物质欲发达"和"解放欲发达"。④ 在他看来,中国的人生哲学无法使得"物质的欲望"和"解放的欲望"发达,不利于社会和科技的进步;印度或佛教的人生哲学对知识的追求、对解放的欣慕则较为发达,但它不能激发"物质的欲望"的发达。相比之下,西方人生哲学则重视物质欲望的满足,主张用科学的方法解决物质欲。那么是不是只有西方的科学思想是解决近代人生问题的唯一出路呢?西方文明已经暴露的积弊说明显然不是。所以李氏最后说:"中国人的道德思想,几乎完全不能解决近代人生问题,印度人的宗教思

① 赵修义:《论柏格森的非理性主义》,《外国哲学》(第6辑),商务印书馆,1985年。
② 沈庭:《唯识学"刹那"义在近代的再中国化:兼论唯识学、儒学与西方哲学的交融》,《人文杂志》2022年第2期。
③ 李石岑:《人生哲学》(上卷下册)(影印本),第451页。
④ 李石岑:《人生哲学》(上卷下册)(影印本),第451页。

想,亦仅可以部分的解决近代人生问题,西洋人的科学思想,虽可以完全解决近代人生问题,但又不免发生种种弊端。……我以为西洋的科学思想,应该极力提倡,次之,便是印度的佛教思想和中国的老庄思想,因为佛法老庄,都可以部分的有补助于近代人生问题之解决。至论到救济,我以为唯一的救济的方法,只有提出艺术思想。"①他所谓"艺术思想"当然是在他所理解的尼采哲学的语境下而言的,李石岑对尼采的解读有着强烈的"为我所用"的特点,他把尼采理想化,使其为预演未来光明的先知和人类个人主义的倡导者。李氏的尼采观并不完全符合尼采哲学原义,而是受到日本尼采学者和辻哲郎的影响,他理解的尼采是和辻哲郎的尼采。②

可见李石岑最终希望依靠尼采等人的非理性主义哲学来救济中西印三种人生哲学的弊端,从而构建一种新的人生哲学。李氏曾专门撰写《超人哲学浅说》来介绍尼采的思想,他主张拿尼采的人生观来批评中国人的人生观,可以很好地发现中国人不长进的来源。他尤其推崇尼采所说的酒神爵尼索斯(今译"狄奥尼索斯"),认为中国人不仅要学培根、赫胥黎的实证主义,挺立个人的主体地位,而且要具有"现实性、革命性、创造性"的酒神精神,只有这样才能"唤醒不进步的中国人"。③

总之,从支那内学院的佛学到尼采、柏格森和倭伊铿等人的非理性主义哲学,再到全面梳理西方、印度和中国自古以来的人生哲学思想,李石岑在中西古今各种学说中"横冲直撞"、上下求索,反映了一代知识学人力求在各种思想资源中寻找救国救民方案,解决近代中国社会危机,谋求国家富强的赤诚之心。这些思想资源看上去很驳杂,其实内在的逻辑是一致的,即希望通过扩充"心力"或说精神力量来重构中国人的人生哲学,从而实现社会的改造。

仅仅通过心灵的改造真的能够解决西方和中国当时紧迫的社会问题吗?依靠艺术精神就能纠正中西印三种人生哲学,从而实现人生哲学的现代转化?事

---

① 李石岑:《人生哲学》(上卷下册)(影印本),第 463 页。
② [斯洛伐克]高利克:《尼采在中国(1918—1925)》,林振华、刘燕译,《国际汉学》2018 年第 2 期。
③ 李石岑:《超人哲学浅说》,岳麓书社,2013 年,第 30—31 页。

实上,自我表现、自我扩张与改造对推动社会改造意义有限,改造个体心灵是改造社会的必要条件,但仅仅通过改造个体无法取得社会改造和进步的理想效果。不过,李石岑已经注意到尊重和适度扩充"物质欲"的重要性,注意到西方资本主义发展所带来的各种社会问题,这些为他后来接受辩证法的唯物论埋下了"种子"。

三、李石岑的唯物主义转向

进入 30 年代以后,李石岑的哲学思想又有了一次巨大转变,从佛学大师欧阳竟无的弟子,尼采、柏格森哲学的崇拜者一变而为大谈"辩证法的唯物论"的马克思主义者了。他不仅撰写了《相对的真理与绝对的真理》《辩证法与形式逻辑》等论文(二者都被收入叶青主编的《哲学论战》一书),参与了张东荪和叶青等人主导的"唯物辩证法论战";而且撰写了《中国哲学十讲》,用马克思主义唯物史观和辩证法分析中国哲学史上的诸家,更在生命的最后几年与郭大力翻译了朗格的《朗格唯物论史》。这样"石破天惊"的思想转变令同时代的学者震惊,例如周辅成说:"近看到《东方杂志》新年号,有李石岑先生的《未来的哲学》一文,并及《新中华杂志》创刊号上有一篇《相对的真理与绝对的真理》,使我读后生了无限感想,我万想不到李先生之主张竟变至如此地步了。"[1]

为什么李石岑的思想突然有如此大的转变呢? 两年的赴德留学可能让他了解到马克思主义在欧洲的传播,李石岑一直如饥似渴地跟踪西方哲学最前沿,从实证主义到生命哲学,再到马克思主义,随哲学风气而变也是他的一大特点。但是,最为直接和重要的原因恐怕是在国内受到了李达、施存统等人的影响,[2]这在当时有人已经指出:

---

① 周辅成:《论未来的哲学——新唯物论——质李石岑君》,叶青编:《哲学论战》,(上海)辛垦书店,1935 年,第 3 页。
② 田伏隆认为李石岑转变为唯物论者是在 1928 年前后,也即李石岑留学法、德等国时,详见《李石岑及其哲学思想的转变》(《船山学报》1987 年第 2 期),然而我们认为这样的论点缺乏直接的史料证据,依据目前我们掌握的史料来看,说李石岑在留学期间可能接触到马克思主义会是更加稳妥的说法,李石岑转变成唯物论者的关键则是受到了李达等人的直接影响。

  曾著《人生哲学》及论文集等书的李石岑,这几年来恰是他一生划时代的转变期。……凡读过李氏以前著作的人,谁都不能否认他是一个观念论者。他研究过康德,遍访柏格森、罗素,但物质的客观条件,决定他一生的最后,使他终于和观念论脱离,而成一个辩证法的唯物论者了。大约在三年前,他到国立暨南大学任教授的时候,暨大的有名教授,如李达、施复亮、许德珩(即许楚生)等,都站在唯物辩证法的旗帜之下,这很给他一个转变的好机会,一变以前的见解,用辩证法来研究老子和庄周了。①

  1929 年李达担任上海法政大学教授,讲授"社会学"和"政治学",并与许德珩、施存统(字复亮)、张庆孚、邓初民、钟复光和黄松龄等发起组织了与第三党以及国民党改组派相对立的进步团体——"本社",活跃于上海地区。1931 年秋,李达转任上海暨南大学社会历史学系主任,至 1932 年 2 月被暨南大学解聘。② 此时李石岑正好在暨南大学任教,他与李达等人应有交集。

  如果比较此期李达、施存统和李石岑的唯物论,我们也可见他们之间相互应和。李达曾于 1930 年 1 月在《大夏期刊》发表《辩证法的唯物论》(李达讲、邱鹤记),施存统则翻译了日本马克思主义学者山川均的《辩证法的唯物论》一文,发表于《现代中国》第 2 卷第 4 号(1928 年)。这两篇论文与李石岑《辩证法与形式逻辑》《相对的真理与绝对的真理》相对照,可以看到李石岑与李达等人的唯物论在核心观点上几乎一致。

  李石岑说:"辩证法本身即是单一的世界观。所以恩格斯在 *Anti-Dühring* 里面说道:'唯物辩证法是现实诸科学所证实的单一的世界观。'辩证法的唯物论(Dialektischen Materialismus)与唯物论的辩证法(Materialistische Dialektik)在常义中是两样东西,即是说:辩证法的唯物论是一种世界观,而唯物论的辩证法是一种方法;若在根本义说,则辩证法的唯物论与唯物论的辩证法乃是一件东

---

① 逐客:《李石岑的转变》,《社会日报》1934 年 11 月 22 日。
② 周可、汪信砚:《李达年谱》,人民出版社,2016 年,第 74—77 页。

西,即是一种单一的世界观。"①这恰恰是李达《辩证法的唯物论》的核心观点,该文强调辩证法的唯物论既是知识方法论,又是行动上的方法论,是一个统一的世界观。

李石岑《相对的真理与绝对的真理》一文的结论是:关于真理的问题"只有新唯物论者才给与我们一个爽爽快快的解决。他们承认有相对的真理,也承认有绝对的真理。他们以为绝对的真理,是由相对的真理构成的。相对的真理和绝对的真理的关系,正如部分和全体的关系一样,部分不是全体,却能构成全体。相对的真理不是绝对的真理,但绝对的真理却由相对的真理的总体所构成。"②山川均的《辩证法的唯物论》则说:"我们所能理解的,是相对的真理。不过这种相对的真理,并非与绝对的真理分离,也非与绝对的真理对立。……科学的研究,每进一步,人类越接近绝对的真理。"③二者的基本立场是一致的。

在《未来的哲学》一文中,李石岑更是重点论述了费尔巴哈的思想及马克思、恩格斯的新唯物论。他说:"费尔巴哈的唯物论,仅仅是由过去哲学到未来哲学的一个桥梁……至新唯物论的全部意义,乃是由马克思、恩格斯、伊里奇诸人完成的。未来的哲学必然的以新唯物论为主营。"④把伊里奇和马克思、恩格斯并列,应该也是受李达影响。李达于1930年出版了译著《理论与实践的社会科学根本问题》,该书系苏联庐波尔所作,原书名为《列宁与哲学:哲学与革命的关系问题》,它肯定了马克思主义者伊里奇的正统性,叙述了伊里奇对于哲学上根本问题的解决。⑤

李石岑把马克思、恩格斯的"新唯物论"的核心概括为三点:统一说、联系说、实践说。在李氏看来,这三点是新唯物论的核心,也是未来的哲学的核心。

他还以辩证法的唯物论为原理去审视中国哲学史。他的《中国哲学十讲》开篇便在中西比较哲学的视域下对中国哲学史和西方哲学史作了比较;并主张"辩

---

① 李石岑:《辩证法与形式逻辑》,《读书杂志》第2卷第5期(1932年5月1日)。
② 李石岑:《相对的真理与绝对的真理》,叶青编:《哲学论战》,第271页。
③ 山川均:《辩证法的唯物论》,施存统译,《现代中国(上海1928)》第2卷第4号。
④ 李石岑:《未来的哲学》,《东方杂志》第30卷第1号(1933)。
⑤ 周可、汪信砚:《李达年谱》,第76—77页。

证法的唯物论是古来各派哲学的大集成,也是古来各派哲学的总清算","只要把握辩证发展的法则",就可以确定研究中国哲学的指针。① 他站在马克思主义唯物史观的立场从先秦儒家一直讲到清代戴震哲学,开了在马克思主义立场下研究中国哲学史的先河。

李石岑曾大胆预言辩证法的唯物论在未来将有光华灿烂的发展,并公开宣扬唯物论。1933 年 3 月,为了纪念马克思逝世五十周年,上海青年会举办"科学的社会追忆讲座",邀请著名进步学者蔡元培、章乃器、李石岑和陈望道演讲。李石岑讲了《科学的社会主义哲学》,介绍辩证唯物论。他们在白色恐怖之下,公开宣传马克思主义理论,对推动马克思主义在中国的传播起到了积极的影响。② 这时的李石岑已经开始强调哲学的实践性特征,把它和社会实践相联系,他的社会政治观也日趋明显地变化,他说:"今日的文化必然会由一次大革命的爆发而崩溃。担任这幕悲壮剧的主要角色,又无疑的是处在被压迫地位的劳苦群众。"③这预言了无产阶级革命的爆发。他还认为:"未来社会必以共同生活为原则。个人竞争、阶级竞争、国家竞争,没有存在的余地。各尽所能,各取所需,是共同生活的两个根本原理。"④这已经是共产主义的模糊前景了。

总之,大约从 1930 到 1934 年过世,李石岑生命的最后几年完全放弃了原来的佛学和尼采、柏格森的非理性主义哲学,彻彻底底地转向了辩证法的唯物论了。这其实也能反映时代风气转变的一些重要信息。"五四"运动后期李大钊、陈独秀等人转变为马克思主义者,开始用唯物史观分析中国的实际情况,参与当时的各种论战,促进了唯物史观和社会主义学说在中国的传播,并且他们主张解决当时的社会问题,必须变革生产方式,解决经济问题;以阶级斗争为工具,发动工人运动,以此为实现经济革命的手段。新文化运动从此由笼统地主张西方近

① 李石岑:《中国哲学十讲》,江西教育出版社,2014 年,第 26—29 页。
② 田伏隆:《李石岑及其哲学思想的转变》,《船山学报》1987 年 7 月。
③ 李石岑:《世界文化的前途》,《前途》1933 年第 1 卷第 1 期。
④ 李石岑:《世界文化的前途》,《前途》1933 年第 1 卷第 1 期。

代文化,转向了对中国道路的探索。^① 李石岑接触到李达等人的马克思主义,本身便是马克思主义传播的一个直接结果;而他由追捧近代西方哲学,到接受唯物史观,并强调实践说是唯物论的重要内容,逻辑与历史应该统一,这些无不与新文化运动后期中国哲学发展的大方向相一致。

四、结　论

由上可见,李石岑早年推崇佛学,且其思想沾染了尼采、柏格森等近代非理性主义浓厚的色彩,生命最后几年则突然完全转向马克思主义的唯物论,与先前的思想彻底决裂。李氏的哲学真可谓驳杂多变,但这些变化背后是否有其逻辑一致性呢? 我们认为从李氏的人格特点和理想追求上分析,这些转变在李氏那里是有其内在逻辑的。这又可分为两个方面理解:一是李石岑有着"为学问而学问"的求真精神,^②他推崇佛学、尼采、柏格森,直至接受马克思主义,都是纯粹追求真理的表现。他总是积极吸收当时中西方(包括日本)最流行、最前沿的哲学理论以之作为自己的理论基础,从《挽近哲学之新倾向》《现代哲学小引》到《未来的哲学》,这些论文(甚至仅仅标题)都透露出李石岑一直在关注和吸收中西哲学界最新的理论学说。李石岑的思想是跟随中西哲学潮流而变的。二是李石岑有着强烈的现实关怀,为救亡图存,为中国振兴、大众解放而探索道路,这也是贯穿他哲学始终的。早年他希望通过佛学、西方非理性主义哲学来构建符合时代要求的新人生哲学,是力图依靠扩充"心力"来实现民族独立,国家富强;晚年信奉唯物论,推崇理论与实践统一的辩证唯物主义,其实是由早年强调心灵改造转向了重视经济、政治等上层建筑的改造,这背后试图解决中国问题,探索中国道路的动机确实是一致的。上述李石岑的两种品质其实也有其学生的悼词作辅证,周宝椿曾评价李石岑:"一生刻苦治学,只追求真理;一生悲为社会的

---

① 何萍:《中国社会主义道路的探索与中国现代性的建构》,《马克思主义哲学研究》2020 年第 1 期。

② 李石岑:《我的生活态度之自白》,《李石岑讲演集》,第 7 页。

福利,民族的生存,大众的解放。"①在这两点上,李石岑一生的哲学思想是一以贯之的。

李石岑由注重心力或自我扩张的尼采等学说转向马克思主义在当时并不是一个个案。在近代中国,马克思和尼采曾被视为德国现代思想的两位主要代表人物。近代中国人理解的尼采大多夹杂了日本学者,如和辻哲郎等人的影响,倾向于将尼采视作一位进化论者。与尼采相比,马克思在进化过程、革命等议题上的观点后来似乎更契合了近代中国人的思想。早期信奉尼采的人后来大多转向了马克思,除了李石岑,茅盾、郭沫若和鲁迅等也是如此。②

李氏思想的变化也折射出近代哲学逻辑演进的一条重要路径和诸多面向。晚清以降,佛学一时被"新学家"所推崇,被视为冲破罗网、发起信心的理论武器,在经世致用、哲思建构两方面对当时的知识分子影响很大,从龚自珍、康有为、谭嗣同、章太炎、梁启超到支那内学院的师生和院友,无不沾染佛学甚深,佛学成为此期一股不可忽视的"伏流",李石岑拜入佛学大师欧阳竟无门下便可视作这股潮流的一个反映。第一次世界大战的爆发,使得悲观的情绪弥漫西方,尼采、柏格森等非理性主义思潮一时甚嚣尘上,它与20年代中国的科玄论战相激荡,使得人生问题成为热门话题,李石岑全面反思中、西、印三种人生观,提出自己的人生哲学应属于这股时代潮流的一部分。新文化运动时期,马克思主义得以快速传入中国,在知识分子之中影响渐大,李石岑受李达等早期马克思主义影响,立刻转向辩证法的唯物论,处处以唯物论作为指导性世界观。这其实反映了"五四"运动之后,中国知识分子意识到试图通过伦理改造、心灵改造来解决中国问题可能是行不通的,必须在经济、政治、社会等层面进行更深入的改造和革命才能真正解决当时中国的问题,因而马克思主义得以兴起。李石岑晚年的转向正好体现了"五四"运动以后,中国知识分子的一种代表性转向。总之,李石岑的生命和思想虽然在近代中国哲学史上昙花一现,但是他的哲学转变实际反映了20

① 周宝椿:《悼石岑师》,《暨南校刊(广州)》"追悼李石岑先生专号",1934年11月9日。
② [斯洛伐克]高利克:《尼采在中国(1918—1925)》,林振华、刘燕译,《国际汉学》2018年第2期。

世纪上半叶的三股哲学思潮的风起云涌,代表了该时代哲学发展的一条重要路向,反映了马克思主义进入中国的一个重要的哲学史线索,对马克思主义基本原理如何与优秀传统文化相结合具有重要启示。

（本文发表于《马克思主义哲学研究》2022年第2期,由于"历史接合点"一词受萧萐父先生启发,故附骥于此,谨以此纪念萧公一百冥诞）

简论利玛窦的文化传教与
文化适应策略

——纪念萧萐父先生诞辰百周年

刘　旭

（浙江工商大学东方语言与哲学学院）

关于利玛窦（Matteo Ricci，1552—1610）传教观的研究以往大多持这样的一种"一体两面"的观点，即将"文化适应"与"上层路线"的方法作为一个整体来加以处理。[①] 他们认为，"文化适应"是利氏传教的理念，即认为利玛窦是在迎合与附会中国文化的基础上传教，"易服色"即是颇具代表性的做法；而"上层路线"则是利氏传教的方法，即以社会精英为主要归化对象。而在事实上"易服色"也是为了走上层路线而采取的做法，因为利氏认识到社会上层大多是儒家士大夫，因此"上层路线"亦可归为利氏"文化适应"政策的一部分，因为这也是对中国政治文化的适应。

笔者认为，利玛窦传教观是其中国观直接延伸的结果，即根据对中国的观察而选定适合的方法；进一步看，利玛窦的传教观是其"他者意识"通过文化翻译方

[①] 朱维铮将利玛窦的传教策略总结为"慢慢来策略"。参见朱维铮：《导言》，载于朱维铮主编：《利玛窦中文著译集》，复旦大学出版社，2007年，第18—22页。孙尚扬将利玛窦的传教策略归纳为三点：1. 争取士大夫的同情；2. 利玛窦规矩；3. 学术传教。参见孙尚扬著：《基督教与明末儒学》，东方出版社，1994年，第15—35页；柯毅霖将利玛窦的传教策略理解为"间接传教"，参见［意］柯毅霖著：《晚明基督论》，四川人民出版社，1999年，第51页。关于利氏传教策略的评论有很多，但基本上不出这三种评价，而这三种评价大体都可以被"文化适应"与"上层路线"所概括。

法在传教中的展开与运用,而传教活动则是文化翻译与文化对话的中介活动。这是因为对于利玛窦而言,在中国传教即是与具体的他者、异质的文化和陌生的处境直接接触、对话乃至交锋的活动,所以利玛窦的传教即是作为中国之他者的由翻译而实现理解的活动,亦可说是"迂回进入"的传教方法,①即将他力图传播的天主教义翻译成中国人可以理解的文化、思想与信仰,同时也将中国文化翻译成他能够理解并寻找接合点的活动;而传教则是一种文化的摆渡,即通过双向文化翻译并最终实现文化对话的中介活动。

利玛窦在其书信中将自己的传教观总结为"布道与书籍"②相结合的方法,而在这两者间,利氏认为书籍是更有效的传教方式。正如上文所讨论的那样,利氏基于对中国政治文化的观察,他认为一方面中国人更接受著述交流的方式,而非当面交锋,同时著述传教更安全,也能够更准确地传达天主教义;③另一方面,这与利氏以士大夫为主要归化对象的传教目标有关,并且利氏认为他的任务在于打下基础,④所以便采取以书籍实现渐进传教。但是,利玛窦在总结其传教观时忽略了自己非常重视的一种媒介传教法,即通过礼物而传教。礼物是贯穿利玛窦在华传教整个历程的一个至关重要的媒介,无论是其寻求在中国落脚中,还是与士大夫交友,乃至最终得到万历帝允许留在北京的过程中,礼物都是他用以表达善意、协助传统的一种核心媒介。基于此,同时根据利氏"他者意识"的展开过程,我在本文将利玛窦的传教观分为三部分:其一是文化传教。笔者认为,利氏所谓的文化传教是其"他者意识"最充分的体现,具体可以细分为语言学习、身份适应和译述对话,即利氏首先学习汉语这一交流的媒介,其次易服色以适应中

---

① 我在此处借用了法国汉学家朱利安(Francois Jullien)关于中国思维方式"迂回与进入"的说法,朱利安认为中国人的表达与行为总是"迂回暧昧的",中国思想由迂回而进入另一个"彼"的世界。参见[法]弗朗索瓦·朱利安:《迂回与进入》,杜小真译,商务印书馆,2017年,第361—369页。我认为,利玛窦的传教观是迂回进入中国思想内部与社会体制的方法,即通过文化翻译的方法为天主教找到进入中国的入口与安顿之处。

② "致法比奥·德·法比神父"(1608年8月23日,北京),载于[意]利玛窦:《利玛窦书信集》,文铮译、[意]梅欧金校,商务印书馆,2018年,第326页。

③ "致中国副省省负责人巴范济(Francesco Pasio)神父"(1609年2月15日,北京),载于[意]利玛窦著:《利玛窦书信集》,文铮译、[意]梅欧金校,商务印书馆,2018年,第336页。

④ "致罗马耶稣会总会长阿夸维瓦神父"(1608年8月22日,北京),载于[意]利玛窦著:《利玛窦书信集》,文铮译、[意]梅欧金校,商务印书馆,2018年,第322页。

国的身份政治,将自己转变(翻译)为一位儒生,最后通过著作与译述而实现对话。其二是礼物传教。笔者认为,礼物是利玛窦走向他者的中介,同时这对于利玛窦而言亦是其表达自身多种意图的重要媒介,最终通过礼物实现交换的目的——利玛窦通过他带来的三棱镜、西洋钟表及种种科学知识等礼物,将自己在文化方面装扮成(也可以理解为一种广义的"身份翻译")西方的科学家、实学家,这一方面能够赢得中国士大夫的好感与尊敬,得以与士大夫们交友,另一方面礼物能够促成其长居中国的目的的实现;最根本地,对于利玛窦而言,传播天主的救赎恩典便是最好的礼物,[1]而这也需要世俗的礼物作为中介。其三是渐进传教,这是利氏尊重他者的精神体现。利玛窦基于对中国的观察,深知在中国这一政教人伦都不同于其他任何国家,且深具理性传统的伟大国家,他所能做的只是为后来者的传教者打下基础,所以只能"慢慢来"。

首先,从今人的角度来看,利玛窦的传教观深具"他者意识",因为其传教观是建立在对中国文化多方面的认知和对中国社会现实深入观察的基础之上,并非无视传教对象而生硬、直接地向中国推行天主教义,而是主动地"适应"中国;其次,利氏的传教观充满着对话的精神,因为这是经过与中国士大夫反复对话交流而形成的,正如《天主实义》的行文方式那样——西士与中士在对话中交流、争论、辩驳各自的观点,同时利氏不仅与中国士大夫交流,而且通过书信与远在欧洲的耶稣会同仁们交流对话;最后,利氏的传教观开启了现当代文明对话的先声,因为利玛窦的传教观是和平的传教,是在尊重异质的他者的基础上的传教,并且他在观察、理解与适应其传教对象之后走出了他自身,这既打开了其自身,也丰富了他者,这正是现当代文明对话的前提、路径与目标。

一、文 化 传 教

如前所述,利玛窦文化传教的观念与方法是其"他者意识"的充分体现,因为

---

① "致罗马耶稣会总会长阿夸维瓦神父"(1583年2月13日,澳门),载于[意]利玛窦著:《利玛窦书信集》,文铮译、[意]梅欧金校,商务印书馆,2018年,第29页。

这是利氏根据对中国政治与文化传统的观察与思考所做出的深具战略眼光的策略性选择,他并没有直接移植西方传教士在其他地方,如走向街头与农村进行直接传教的传教经验。①

(一)曲意习言

利玛窦认为,中国拥有与西方截然不同的文治传统。首先,中国人重视以文会友,以著书立说,因此掌握汉语是传教的必要前提。其次,中国人著述重视风格与修辞,所以掌握中文著述的神髓也是必要的,能够以儒家士大夫所认同与欣赏的方式著述才能赢得他们的尊重。为此,他学习中国的文法与修辞。在利玛窦看来,传教能否成功并不取决于是否精通西方的文学,而在于熟知中国的经典,并且能够以中文著述,他说:

> 虽然这里有不少出色的神父,他们对神学都很有研究,但是到目前为止,还没有一个人对中国文学有深入的了解。如果只精通我们的文学,而不了解中国文学的话是于事无补的。神父您会清楚地看到,在开始阶段,这一能力是何等的重要。在我看来,掌握他们的文学比让一万名教友归信天主教还要重要,因为如果我们能够学好中国文学,那么对全中国的归信都会大有裨益。②

不过利玛窦在著述时尽管要适应中国人著述的习惯,但他从不忘"曲意"而传播天主教义的传教目标,他说:

> 但我用中文无法表现出原文的优雅,因为我完全要适应中国人的习惯,在必要的地方,我还改动了我们哲学家的原话和意思,此外还有一些内容是

---

① 利玛窦之后的中国教区负责人龙华民(Nicolò Longobardo,1565—1655)便推崇直接传教。参见柴可辅:《晚明耶教"民间布道"之考察:龙华民路线的新定位》,《文史哲》2015年总第351期,第117—126、166—167页。

② "致中国副教省负责人巴范济(Francesco Pasio)神父"(1609年2月15日,北京),载于[意]利玛窦著:《利玛窦书信集》,文铮译、[意]梅欧金校,商务印书馆,2018年,第338页。

取材于我们寓所中的资料。这部《交友论》(*Amicitia*)为我和我们欧洲带来了良好的声誉,比我们以往所得的还要多。我们的那些机械、手工制品和仪器也为我们赢得了声誉。同时,我们的知识、智慧和德行都一起得到了他们的认可。[①]

(二) 身份适应

利玛窦刚进入中国时,将自己的身份定位为僧人,因为耶稣会士独身受斋、传教布道,这与中国僧人的生活方式如出一辙,所以利氏自称"西僧"。[②] 但他后来与瞿汝夔(1548—1610)交谈中发现,僧人历来受到儒家士大夫的鄙视,并不被主流社会所尊重,所以穿着僧袍不仅不能促进传教事业的发展,反而还导致中国人误解他们一行来华目的。在利玛窦看来,天主教与佛教在事实上和在义理上,都是大相径庭的,如他说:

> 我们已决定放弃僧人之名,因为僧人在中国被人轻视,我们改用学者的身份,得到视察员神父的许可,我们留起胡子,蓄起齐耳的长发,还穿上了中国文人出门访客时穿的专门服装,不再穿以前的僧袍了。在这个地方我第一次留着胡子,穿着上述服装去拜见官员。这种礼服通身紫红色,下摆、领子都镶着半掌多宽的蓝边,袖口宽大,也有蓝边,差不多与威尼斯人的服装一样,此外还有一条红色蓝边的宽腰带,固定在衣服上,起束紧衣服的作用。总之,中国文人服装与威尼斯人的穿着十分相似。从现在的情况来看,改换服装无疑是最正确的选择,因为人们现在对我们的态度已大不一样。当初我们在韶州拜访这位官员时穿着僧袍,所以未受到礼遇,而如今他则穿上礼服,留我长谈,还设宴款待我。我向他说明了我们改换士人服装、蓄须留发的原因,并对他说,我们以读书和教授天主教义为职业,此外还教授其他一

---

① "致罗马耶稣会吉洛拉莫·科斯塔神父"(1599 年 8 月 14 日,南京),载于[意] 利玛窦著:《利玛窦书信集》,文铮译、[意] 梅欧金校,商务印书馆,2018 年,第 212 页。

② "致罗马耶稣会总会长阿夸维瓦神父"(1595 年 11 月 4 日,南昌),载于[意] 利玛窦著:《利玛窦书信集》,文铮译、[意] 梅欧金校,商务印书馆,2018 年,第 169 页。

些学问。我们第一次到肇庆时,由于语言不通,不知中国习俗,被骗穿上了僧袍,实际上我们与僧人完全不同,因为我们有截然不同的教义和信仰。①

由上分析可知,"易服色"是利玛窦文化翻译的重要组成部分,即将自己的身份翻译为中国士人更能够理解的儒家,同时这更容易赢得儒家士大夫与中国主流社会的尊重;②另一方面,换儒服也意味着利氏对自身任务定位的转变,即他力图将天主教义背后的希腊哲学、经院哲学以及科学置于中国文化中,而非直接地传播天主教义。

(三) 译述合儒

在确定文化传教与合儒易佛的策略之后,利玛窦所要做的工作便是著述传教。不过,利玛窦的大多数著作实际上并不是真正的创造,而是一种翻译,只不过其翻译不是简单的字对字的翻译,而是根据其传教的目的将一定的创造性的理念贯穿其中,比如利氏对"灵魂"的翻译背后即是自古希腊以来的实体思想,又比如对伦理学说的翻译,其传达的主要是来世彼岸的救赎观念。但正如前文所述,耶稣会的出版有严格的规定,利玛窦所能做的只是在允许的范围内选择文本译述,而大多数身居要职的视察员并不像利玛窦等在华传教士那样对中国的情况有比较真切的了解。③ 而在华传教士中,也几乎没有比利玛窦作为"更适合"④译述的人了,因此利玛窦要求能够自由刊印他的译述作品,他说:

---

① "致澳门孟三德(Duarte de Sande)神父"(1595 年 8 月 29 日,南昌),载于[意] 利玛窦著:《利玛窦书信集》,文铮译、[意] 梅欧金校,商务印书馆,2018 年,第 120 页。
② 朱维铮先生对此的观点颇有启发性,他认为,利玛窦"易服色"是"手段与目的倒错",这么做是作茧自缚,反而导致其不能合法地传教。参见朱维铮著:《导言》,载于朱维铮主编:《利玛窦中文著译集》,上海:复旦大学出版社,2007 年,第 28 页。我对朱先生的观点持不同的看法,因为利氏已经明确地知晓自己能够做的便是打基础,为以后长期传教做准备,因此换儒服、教科学都是其渐进传教的应有之义;另外,利氏对自身的儒生定位在根本上是否对位的问题很难简单地以"手段与目的"之间的匹配来下论断。
③ [意] 利玛窦著:《耶稣会与天主教进入中国史》,文铮译、[意] 梅欧金校,商务印书馆,2014 年,第 4 页。
④ "致罗马耶稣会总会长阿夸维瓦神父"(1606 年 8 月 15 日,北京),载于[意] 利玛窦著:《利玛窦书信集》,文铮译、[意] 梅欧金校,商务印书馆,2018 年,第 264 页。

　　我认为,您应该给这里的传教事业负责人下命令,批准在这里自由刊印我们写的书籍,但要经过我们的审定,并得到印度裁判所的批准,就像在日本的情况一样。在中国,这是一件很特别的事,所有的教派更多地是利用书籍,而不是通过布道传播其教义,中国人授予的最高学位也只能凭写文章获得,而不用说一句话。但无论如何,教省批准刊印的那些书籍只能由那些懂中国语言和文学的人审定、批准。其次,我们写的这些书并不是什么新知,都是从我们的书籍中摘出且对中国的工作有用的内容,而"我们唯一要做的便是选择"。①

　　除了从制度上要求能够自由刊印他所译述的作品外,利玛窦还强调译述作品不仅要能够传播天主教义,同时也要符合儒学重视文治的传统,即能够促成儒学政教人伦长治久安的目的。这是利氏文化传教观中"他者意识"的充分体现。从思想的来源来看,利氏的这一观念透露出阿奎那哲学"恩典与自然"并行不悖的精神,即恩典不仅不摧毁自然,而且成就自然。在利玛窦看来,中国思想,尤其是儒学属于自然理性,而他的译述作品传递的是天主的恩典。因此,他所传给中国人的天主教的恩典教义与儒家的思想不仅不矛盾,而且能够通过自己的译述去成就儒学的自然理性之光,最终实现相互的丰富。他说:

　　而就我们自身而言,要谨慎行事,不可张扬,以优秀的书籍和理论使那些学者们接受我们教义的真理,让他们知道这不仅无害,而且还有助于他们的统治和国家的长治久安。尤其在这初始阶段,我们更应该多发展优秀的教友,而不是只注重教友的数量,如有可能,还要发展一些有学位的文人和官员,这样我们就能使中国人不再惧怕我们的圣教,当我们有了相当数量的教友时,即便不能向皇帝呈递奏疏,至少也能获得批准,使这些教友合法地存在,不再违背中国的法律,到那时天主就会慢慢地向我们宣布或让我们发

---

　　① "致罗马耶稣会总会长阿夸维瓦神父"(1606年8月15日,北京),载于[意]利玛窦著:《利玛窦书信集》,文铮译、[意]梅欧金校,商务印书馆,2018年,第267—268页。

现更加有效的方式,帮助我们在这里执行他的圣意。①

由上可知,利玛窦文化传教的三个理念无不体现着他独特而清醒的"他者意识"。利氏从他的对汉语书面语重要性的认识中总结出了首先要掌握汉语,其次要熟悉中国的文学经典,进而要能够以中国士大夫所欣赏的修辞方式写作,但同时也要在其中传达天主教义的汉语语言观,这就是我所归纳的"曲意习言"的丰富内涵。由游文辉(1575—1633)绘制的穿着儒服、戴着四方平定巾的利玛窦肖像画是后世所熟知的利玛窦形象,利氏合儒易佛的着装反转一方面表达了他对自己身份的重新翻译,另一方面则是他的"他者意识"的体现,即从中国人的视角看待传教士自身的形象;而其以"译述合儒"的文化传教观则表达了他对自身"他者意识"的明确认知,正如他认为只有他本人最合适做文化传教的工作。他批评耶稣会出版政策对其希望自由刊印的阻碍,事实上所表达的正是其"他者意识"不能够完全展现的一种无奈,尽管其以天主的恩典成就儒家的自然的观念也带有很强的天主教的文化主体性。因此,我们认为,文化传教的这一传教观,也充分地展现了利玛窦的"他者意识"。

二、礼 物 传 教

如前所述,由于利玛窦深刻地认识到中国文化中"礼闻来学,不闻往教"(《礼记·曲礼上》)的这一观念深入人心,同时在政治观念中又有"夷夏大防"的悠久观念,让中国人及整个政治系统对外国人是有所警惕并有所排斥的,不会允许传教士在华自由地传教。因此利玛窦除了主动地适应中国文化外,还要想方设法地与中国建立多维度的联系,即在文化之外还要建立伦理的关系,通过建立起彼此之间的义务与交互性关系,也就是利科(Paul Ricœur, 1913—2005)所言的,赠

---

① "致中国副教省负责人巴范济(Francesco Pasio)神父"(1609 年 2 月 15 日,北京),载于[意]利玛窦著:《利玛窦书信集》,文铮译、[意]梅欧金校,商务印书馆,2018 年,第 334 页。

礼的对立面不是受礼,而是回礼。当利玛窦给万历皇帝与士大夫们送礼时,事实上就形成了这样一种交互关系,让万历皇帝与士大夫们对利玛窦有所亏欠,他们有回礼的义务。①

利玛窦在华传教的二十八年中,礼物始终是其传教的核心媒介,无论在其与士大夫的交往中,还是在觐见皇帝时,甚至在与社会各阶层人士打交道时,礼物都是建立关系的中介。利玛窦之所以坚持以礼物传教,其实也是其"他者意识"的一种具体体现:一方面,他希望通过礼物塑造(或翻译)他的数学家、科学家、西方儒生等身份与形象;②另一方面,他希望通过礼物与中国建立起一种合乎中国人"礼尚往来"的伦理关系,达到他进入北京,长留中国自由传教的目的。对于利玛窦而言,玻璃、三棱镜、西洋钟表乃至科学、地图、记忆术等,都是一种与中国人打交道的好礼物。而在其思想的深处,利玛窦的礼物传教观还包含有将其自己视为献祭礼物的宗教精神,即将自己作为传教的工具,沟通天主教与中国的中介。笔者认为,这是其礼物传教意识背后所深藏的"他者意识"的精神源头或礼物传教的形上内容。

(一)通过西洋奇器奇技确立独特身份

利玛窦来到中国后,意识到了自身的独特性,他发现,自己从西方带来的玻璃、钟表以及圣像,乃至数学与记忆术等都是中国所没有的,而这些在西方极其常见的物件在中国却能够引起士大夫们的好感,由此,他通过这些奇器与奇技来重新确立起自身的独特身份,他说:

我们的寓所在此城中可谓门庭若市,将其归结为五个原因。第一因为我是外国人,颇不寻常,特别是我精通中国的语言、学问、风俗习俗和礼仪。第二是有人传言我们会用水银制出真银,很多人都想来跟我学习此术,这非

①　参见［法］保罗·利科著:《记忆,历史,遗忘》,李彦岑、陈颖译,华东师范大学出版社,2019年,第643页。亦可见［法］马塞尔·莫斯著:《礼物:古式社会中交换的形式与理由》,汲喆译、陈瑞桦校,上海人民出版社,2002年,第3页。

②　如前所述,这也引起过麻烦,相当多的中国人认为利玛窦是炼金术士。参见"致无名氏神父"(1595年10月28日,南昌),载于［意］利玛窦著:《利玛窦书信集》,文铮译、［意］梅欧金校,商务印书馆,2018年,第148页。

常受中国人的尊崇。我越是告诉他们我对此道一无所知,他们就越不信。第三是他们知道我会记忆术,四五百字只读一次便可以记住,印刻在脑子里,无论是正序还是倒序都能背诵,毫不费力。第四是我在中国获得数学家的美誉,说真的,在他们中间,我真可以称得起是托勒密了,因为他们只会做倾斜的日晷,即二分仪。他们都认同三十六度的理论,认为整个世界同在三十六度的高度上。他们认为大地是一个平面,呈四方形,天是一团流动的气体。……第五是还有很多人是来听有关他们自身救赎之事的,他们在我面前下跪,请求我传授真理。那些学院中的学者们虽不相信精神会在另一个世界中永生,但在与我进行了多次辩论之后,他们也到处宣扬说我们的教义是真实的,根据中国的传统,在这种辩论中双方必须相当谦和。①②

(二) 以奇器奇技打开局面

因此,基于对中国的了解,利玛窦认识到这些在西方并不稀奇的东西在中国可以成为敲门砖,乃至成为撬动中国文化的礼物,他说:

> 我不想向您要任何东西,但如果您方便给我们些东西的话,我将感激不尽,比如精致漂亮的油画圣像,或其他印刷的装饰画,还有威尼斯出产的彩色三棱镜,这些东西在您那里不值什么钱,但在我们这里却可以作为进献给皇帝或重要人物的礼物。③

我认为最好让孟神父本人亲自去一趟罗马,向教宗请示向中国皇帝进献一份厚礼的事。而这件事遇到的最大困难,大概也是今后很多年仍要面

---

① "致吉洛拉莫·科斯塔神父"(1595 年 10 月 28 日,南昌),载于[意] 利玛窦著:《利玛窦书信集》,文铮译、[意] 梅欧金校,商务印书馆,2018 年,第 157 页。

② 关于利玛窦以西洋奇器奇技彰显自己独特身份之说,虞淳熙在《虞德园铨部与利西泰先生书》开篇对利玛窦的介绍可作为另一证明:"越人君子,数为不佞言利西泰先生,非中国人,然贤者也,又精天文方技、握算之术。何公露少参得其一二,欲传不佞。会病,结轖眩瞀,不果学,亦不果来学。时时神往左右,恍石交矣。"虞淳熙认为利玛窦精通天文方技、握算之术,所以利玛窦是"贤者也"。参见《辩学遗牍》,载于郑安德等编、标点:《明末清初耶稣会思想文献汇编》,北京大学出版社,2003 年。

③ "致罗马耶稣会吉洛拉莫·科斯塔神父"(1599 年 8 月 14 日,南京),载于[意] 利玛窦著:《利玛窦书信集》,文铮译、[意] 梅欧金校,商务印书馆,2018 年,第 213 页。

对的困难,就是怎样才能另辟蹊径获得进宫觐见皇帝的许可。在获得皇帝本人或其内阁成员下发的正式许可之前,我们将一直面临的问题是,如何才能使一批这里传教工作所需要的神父名正言顺地进入中国,为我们向皇帝献礼铺平道路。①

当然,正如前述礼物理论中所蕴含的义务与交互性伦理,利玛窦通过礼物得到了他所想要的尊重与回报,中国人也时常邀请他赴宴、回赠他礼物,他说:

> 与中国人相比,其他人都是蛮夷,因为中国人的文明程度与我们西方国家不相上下。在中国,只有皇亲才被视为贵族,他们对我极为友善,经常请我赴宴或赠给我精美的礼物,这些都是这个国家的习俗。总之,我很受他们的敬重。②

最终,利玛窦通过给万历皇帝献礼,获准于 1601 年进入北京,成功留在北京,并享受资助,这证明了其礼物传教的有效性,他说:

> 我们已得到了当今皇帝的批准,留在京城,享受国库的资助,而且还受到保护,不受那些对我们别有用心者的侵害。此外,皇帝还极为喜爱那些我们作为礼品送给他的圣像、钟表、弦琴和其他东西。③

(三)自我献祭与一身二任

作为天主传播福音的工具同时又是给中国人传播福音的礼物,利玛窦的"礼物传教观"中有一身二任的特殊性。在利氏的意识深处有一种明确的自我献祭

---

① "致无名氏"(1586 年 9 月 30 日,肇庆),载于[意] 利玛窦著:《利玛窦书信集》,文铮译、[意] 梅欧金校,商务印书馆,2018 年,第 62 页。
② "致无名氏神父"(1595 年 10 月 28 日,南昌),载于[意] 利玛窦著:《利玛窦书信集》,文铮译、[意] 梅欧金校,商务印书馆,2018 年,第 149 页。
③ "致罗马耶稣会路多维科·马赛里神父"(1605 年,北京),载于[意] 利玛窦著:《利玛窦书信集》,文铮译、[意] 梅欧金校,商务印书馆,2018 年,第 217 页。

的宗教精神,即他将其自身视为天主传教的工具,同时又是沟通天主教与中国的桥梁。他在给家人的几封书信中不无心痛地表达了这一点,因为这意味着利氏与其家人将永不会再见了。① 在笔者看来,利氏将自身视为工具的思想正是其"他者意识"的起点,因为他清晰地认识到自己正是天主教与中国之间的摆渡者,他是这样说的:

> 但如果把天主视为我们的救星,我则会感到前所未有的幸福,因为,天主认为我值得为了他的爱而处于险境与困苦之中。②
>
> 我们的救世主耶稣以及那无上神圣的十字架。但愿天主把我视为一个渺小的工具,用以实现如此神圣的伟业。③
>
> 神圣的天主是永远值得赞美的:他希望以如此微贱的工具来成就这样伟大的事业。④

由上所引文献可知,利玛窦的礼物传教观是其"他者意识"的源头,从上帝这一绝对的他者角度来看,他明确地意识到自身是献祭天主福音传播的工具,而从他对于中国人的灵魂拯救的角度看传教士角度,他意识到了自己正是天主教与中国之间的摆渡者,因而也是天主教馈赠给中国人的一份礼物。利玛窦通过世俗的"礼物"确立了自身独特的身份,将西方稀松平常的物件在中国发挥了重大的作用——撬开中国传教的大门,以他所持的礼物赢得中国士大夫与万历皇帝的好感,最终也确实凭借"礼物"而进入了北京,面见了皇帝。但让利玛窦生前没

---

① 利玛窦在其写给自己父亲的信中表达了这样颇显悲壮的心情:"今生我们已然相距甚远,但死后我们都会被置于永恒的圣体龛中,人生苦短,所以与您相聚或分离也就不那么重要了。"参见"致玛切拉塔镇乔万尼·巴蒂斯塔·利奇(Giovanni Battista Ricci)阁下"1592 年 11 月 12 日,韶州,载于〔意〕利玛窦著:《利玛窦书信集》,文铮译、〔意〕梅欧金校,商务印书馆,2018 年,第 89 页。

② "致玛切拉塔镇乔万尼·巴蒂斯塔·利奇阁下"(1593 年 12 月 10 日,韶州),载于〔意〕利玛窦著:《利玛窦书信集》,文铮译、〔意〕梅欧金校,商务印书馆,2018 年,第 101 页。

③ "致玛切拉塔议事司铎安东尼奥·玛利亚·利奇(Antonio Maria Ricci)"(1596 年 10 月 13 日,南昌),载于〔意〕利玛窦著:《利玛窦书信集》,文铮译、〔意〕梅欧金校,商务印书馆,2018 年,第 187 页。

④ "致玛切拉塔镇乔瓦尼·巴蒂斯塔·利奇"(1605 年 5 月 10 日),载于〔意〕利玛窦著:《利玛窦书信集》,文铮译、〔意〕梅欧金校,商务印书馆,2018 年,第 232 页。

有想到的事情是：在他去世之后，在众多生前位高权重的好友的努力与帮助下，万历皇帝御赐其一片墓地，并以宫廷待遇为其举行葬礼。这大概是利玛窦没有想到的中国人回赠的一份巨大的"礼物"。①

三、渐 进 传 教

上述所论的具体内容，事实上已蕴含着利玛窦传教观中的另一个重要观念，即渐进传教的观点。利玛窦深刻认识到在中国这样具有自身独特传统的国家，只能主动适应中国的传统而"慢慢来"，任何急于求成的做法都是无济于事的。因为中国文化有自己的内在系统性——深厚的自然理性、夷夏大防的政治文化、著述重于说教的传统——这些系统性的特征决定了传教只能渐进展开、"迂回进入"，而无法像在西方或北美洲那样直接传教。基于对中国文化的了解，利玛窦认为：他的任务首先在于播种、奠基，首先要适应中国文化，进而打开局面，而不在于归化多少教徒；其次，要走上层路线，这不仅能够归化高质量的教友从而更好地传播天主教的名声，同时对天主教在华发展本身也起到保护作用，如徐光启的作用②；最后，交友布道，进入中国文化与社会的内部，然后再实现传播天主福音的目标。

（一）播种奠基

利玛窦来到中国后，他逐渐地意识到，从语言文字到政治文化，中国与西方都截然不同，甚至能否长期留在中国都成问题。因此，利氏意识到从播种到收获是需要时间等待的，他说：

> 我很内疚，不能使这片土地上产生能使我至爱的神父和兄弟们欢欣鼓

① 参见［意］利玛窦著：《耶稣会与天主教进入中国史》，文铮译、［意］梅欧金，商务印书馆，2014年，第485—509页。
② "致罗马耶稣会路多维科·马赛里神父"（1605年，北京），载于［意］利玛窦著：《利玛窦书信集》，文铮译、［意］梅欧金校，商务印书馆，2018年，第219页。

舞的消息,然而在播种的时候是需要我们耐心等待的。①

在对中国文化有一定了解之后,利玛窦开始通过从西方带来的礼物赢得中国人的好感,然后通过著述传播天主教义。经过一段时间的试探之后,利玛窦意识到,相对于以往走上街头直接传教的方法而言,用著述来传教是更有把握的做法,他说:

> 我可以告诉您的是,以我们现行的方法可以在这些人中取得无尽的成果,因为我可以说每一天当他们来拜访我的时候,我都在对他们进行教化,虽然至今我还没有阐明我们圣教的全部奥义,但是通过这些努力,他们已经掌握了最基本的教理,例如天主是创造天地的造物主,灵魂是永生的,善人有善报,恶人有恶报,这些东西他们不曾知晓,也不曾相信。他们听了这些内容,或喜出望外,或泪流满面,总能表示由衷地赞美,仿佛只有我们才能领悟这些话的真谛,我们认为在这个初始阶段要从有把握的事情做起。②

甚至在挑选与展示礼物时,利玛窦都注重根据中国人对天主教的理解与接受程度渐进地呈现西洋奇物,他说:

> 因此,假如神父您能从那里寄些挂表、圣像之类的东西,但不要寄耶稣受难像,因为他们还无法理解其中的奥义。我觉得这些都更加有利于我们为天主效力。③

---

① "致罗马耶稣会会长阿夸维瓦神父"(1593年12月10日,韶州),载于[意]利玛窦著:《利玛窦书信集》,文铮译、[意]梅欧金校,商务印书馆,2018年,第103页。
② "致罗马耶稣会总会长阿夸维瓦神父"(1596年10月13日,南昌),载于[意]利玛窦著:《利玛窦书信集》,文铮译、[意]梅欧金校,商务印书馆,2018年,第192页。
③ "致罗马耶稣会总会长阿夸维瓦神父"(1585年10月20日,肇庆),载于[意]利玛窦著:《利玛窦书信集》,文铮译、[意]梅欧金校,商务印书馆,2018年,第50页。

这样一种尊重接受者内心理解能力的传教方法,应该也是利氏尊重他者的一种细腻的表现。这在当今的异文化传播的方法上仍然具有启迪意义。

(二) 重质轻量

利玛窦传教之所以在方法上采用"渐进"的手段,这与他"重质轻量"的传教思想的取向有关。如本章第一部分所述,因为利玛窦认识到儒家士大夫在中国社会中的崇高地位,以及在政治上对皇帝的巨大影响力,利氏不仅自己一改当初借助佛教的方法,采用合儒易佛的新方法,将自己的身份定位为"西儒"①,同时在传教上也注重归化儒家士大夫,尤其是身居高位的士大夫,如徐光启、李之藻等。利氏认为,归化儒家士大夫一方面能够形成对话,使其理解天主教不仅无害于儒学,而且能够让儒家学者明白这样的道理,即天主教能够帮助儒家更好地实现治国安民的目的;另一方面,他认为可以通过影响儒士,既让中国的老百姓不再惧怕天主教,而且能够通过士大夫影响万历皇帝,使最高统治者许可传教行为,他说:

> 而就我们自身而言,要谨慎行事,不可张扬,以优秀的书籍和理论使那些学者们接受我们教义的真理,让他们知道这不仅无害,而且还有助于他们的统治和国家的长治久安。尤其在这初始阶段,我们更应该多发展优秀的教友,而不是只注重教友的数量,如有可能,还要发展一些有学位的文人和官员,这样我们就能使中国人不再惧怕我们的圣教,当我们有了相当数量的教友时,即便不能向皇帝呈递奏疏,至少也能获得批准,使这些教友合法地存在,不再违背中国的法律,到那时天主就会慢慢地向我们宣布或让我们发现更加有效的方式,帮助我们在这里执行他的圣意。②

因此,利玛窦在进入中国,并对中国有了一定的了解之后,逐渐形成了"重质

---

① 朱维铮著:《代序:历史上的徐光启》,载于朱维铮、李天纲主编:《徐光启全集》(第一卷),上海古籍出版社,2010 年,第 5 页。

② "致中国副教省负责人巴范济(Francesco Pasio)神父"(1609 年 2 月 15 日,北京),载于[意]利玛窦著:《利玛窦书信集》,文铮译、[意]梅欧金校,商务印书馆,2018 年,第 334 页。

轻量"的传教策略取向：归信重要人物要比归信一般的人重要得多。而归信那些身居高位的儒家士大夫，在现实的功用上能够对在华传教士提供直接的保护，他说：

因为在这肇始阶段，这种重要人物的归信，要比很多普通人的归信更加重要。①

就连全体教友也一致认为，在一些必要的时候，他将是我们一个重要的保障。②

依循其"重质轻量"的传教思路，利玛窦从入华直到去世，觐见皇帝，并得到皇帝的自由传教许可，一直都是他梦寐以求的事情。③ 因为那样，传教才是"名正言顺"④的事情。虽然利氏通过世俗的礼物最终得以获准留在北京，但十分遗憾的是，他自始至终都没有见到万历皇帝，更别说归化中国的皇帝了。⑤

(三) 交友传道

交友是利玛窦渐进传教策略中的重要方式之一，⑥当然该论断并非意指利玛窦交友仅仅为了传教，事实上恰恰相反，利玛窦的书信清晰地表明，他本身就

---

① "致罗马耶稣会朱里奥神父和吉洛拉莫神父"(1605 年 7 月 26 日，北京)，文铮译、[意] 梅欧金校，商务印书馆，2018 年，第 258 页。
② "致罗马耶稣会路多维科·马赛里神父"(1605 年，北京)，文铮译、[意] 梅欧金校，商务印书馆，2018 年，第 219 页。
③ "致吉洛拉莫·科斯塔神父"(1595 年 10 月 28 日，南昌)，文铮译、[意] 梅欧金校，商务印书馆，2018 年，第 155 页。
④ "致无名氏"(1586 年 9 月 30 日，肇庆)，文铮译、[意] 梅欧金校，商务印书馆，2018 年，第 62 页。
⑤ 归化皇帝是耶稣会来到东方传教的重要策略。耶稣会进入印度时也曾有归化皇帝的想法，参见"致科因布拉耶稣会曼努尔·德戈埃斯(Manoel de Goes)神父"(1580 年 1 月 18 日，科钦)，载于 [意] 利玛窦著：《利玛窦书信集》，文铮译、[意] 梅欧金校，商务印书馆，2018 年，第 3—4 页。
⑥ 《交友论》正是利氏的第一部中文著作，初刻于万历二十三年(1595 年)南昌，1599 年南京再版，1603 年北京三版。《交友论》的出版为利玛窦在士大夫群体中带来了一定的影响力，如利玛窦在其书信中记录道，众多士大夫读完《交友论》后"争相传抄""交口称赞"。参见"致罗马耶稣会总会长阿夸维瓦神父"(1596 年 10 月 13 日，南昌)，载于 [意] 利玛窦著：《利玛窦书信集》，文铮译、[意] 梅欧金校，商务印书馆，2018 年，第 193 页。

是一位非常重视友爱的性情中人。① 笔者认为,利玛窦的交友精神是其传教活动的内在驱动力之一,②因为传教即是与人交往的活动,甚至是进入人的精神世界的慷慨外推的活动。③ 利玛窦在华期间结交了众多位高权重的儒家士大夫,如徐光启、李之藻、杨廷筠、瞿汝夔、冯应京、叶向高等;同时也与众多学界名流往来,如章潢、焦竑、李贽等。这些人中的相当一部分都对利氏所传的西学表现出高度的兴趣,与利氏合作译述、编书,甚至有些受洗入教,并成为天主教在华的柱石。这些人能够成为利玛窦的朋友,表明利氏的友爱精神具有极强的感染力。同时,更重要的是,利氏交友传道的方法也是其"他者意识"的体现。因为一方面利氏认识到晚明时期友爱在人伦体系中地位的上升,④因此需要传播西方的友道以引起儒家士大夫的兴趣;另一方面利玛窦无论在其友爱观还是在实践中交友都在践行他"恩典成就自然"的文化翻译理念,即天主教正是来成就儒家文化的。

利玛窦还进一步地了解到,儒家认为"五伦"是人类所共有的伦理秩序,但西

---

① 如冯应京在"刻交友论序"中写道,"西泰子间关八万里东游于中国,为交友也。其悟交道也深,故其相求也切,相与也笃,而论交道独详",这句话起码能够表明利氏给一部分士大夫们留下了来华即为了交友论道的印象。在利氏的书信中也有其友爱观的展现,如利氏所言"尽管我非常世俗,但我远离生身父母时给我造成的痛苦(我姑且将其称为痛苦)并不像我远离您时那样强烈,因为我爱您胜过爱我的父亲。……我一直思念着我们学院的神父和兄弟们,无论是过去,还是现在,我都深深地爱着他们,我在这所学院中再生、成长,但也许我早已被人们遗忘,而大家却都还清清楚楚地留在我的记忆中"。参见"致罗马耶稣会路多维科·马赛里(Ludovico Maselli)神父"(1580 年 11 月 29 日,科钦),载于[意]利玛窦著:《利玛窦书信集》,文铮译、[意]梅欧金校,商务印书馆,2018 年,第 9 页。

② 过往有些研究认为利玛窦的《交友论》这本格言选辑、译述之作表达的是世俗伦理,但这些研究并未将利玛窦这本著作与其精神世界、传教活动及其他著作,尤其是《天主实义》关联起来考察。我认为,利玛窦的友爱观是希腊文化与天主教的融合,因为其中涉及了天主教"爱你的仇敌"爱的观念这一核心要义——"我却对你们说,你们当爱你们的仇人,当为逼迫你们的人祈祷",参见思高版《玛窦福音》5:44。同时利玛窦《交友论》中也透露着强烈的天主教的友爱观,如,"这是我的命令:你们该彼此相爱,如同我爱了你们一样。人为朋友舍掉性命,再也没有比这个更大的爱情了。你们如果实行我所命令你们的,你们就是我的朋友。"参见思高版《若望福音》15:12-15。

③ "慷慨外推"这一术语来源于沈清松(1949—2018)先生。参见沈清松著:《从利玛窦到海德格尔》,华东师范大学出版社,2016 年,第 1—13 页。

④ 明代以降,阳明学,尤其是泰州学派,如何心隐(1517—1579)"效孔讲学""聚友为家",抬高友伦在五伦中的地位,参见赵金刚:《何心隐"友伦"诠释的哲学维度及其现代意义》,《哲学动态》2022 年,第 55—61 页。与利玛窦有交往的李贽(1527—1602)更是将"朋友之伦"改成"师友之伦",并放在君臣之伦前面。参见吴根友:《利玛窦与李贽的交友观及其异同》,《当代中国价值观研究》2016 年,第 75—86 页。

方人却不重视这些。而"五伦"之中就有交友之道,虽然仅居"五伦"之末。他说:

> 他们相当重视"五伦",他们说这是人类所共有的,即父子、夫妻、君臣、兄弟及朋友之间的关系。他们认为外国人都不重视这些关系。①

因此,利氏辑录西方关于交友的格言,用中文的表达方式译述介绍给中国,表明西方亦有中国人重视的友爱观,以此文化的亲和性引起中国儒家士大夫的好感,他说:

> 去年,我为了练习中文,选录了一些关于友谊方面的格言译成中文,这些格言都是从我们那些最好的书中摘录的。由于书中尽是显赫人物的言论,所以使中国文人大为震惊。为了使该书更具权威性,我还为它写了序,并把一本作为礼品赠送给那位有亲王爵位的皇亲。众多读书人向我索阅此书,并争相传抄,因此我总要准备下几本供他们赏阅。我们有一位挚友,他在距此不远的老家翻印了此书,而且在未告知我的情况下,在书上印上了我的名字,尽管我对此表示反对,但他的热心却值得称赞。也有其他人翻刻我们的书籍,对我们的书交口称赞。②

利氏认为,《交友论》为传教士与西方文化赢得了很好的声誉,并得到了儒家士大夫们的认可。而之所以能有如此良好的效果,是因为利玛窦在译述时注重适应中国的修辞习惯。他说:

> 但我用中文无法表现出原文的优雅,因为我完全要适应中国人的习惯,在必要的地方,我还改动了我们哲学家的原话和意思,此外还有一些内容是

---

① [意]利玛窦著:《耶稣会与天主教进入中国史》,文铮译、[意]梅欧金校,商务印书馆,2014年,第71页。

② "致罗马耶稣会总会长阿夸维瓦神父"(1596年10月13日,南昌),载于[意]利玛窦著:《利玛窦书信集》,文铮译、[意]梅欧金校,商务印书馆,2018年,第193页。

取材于我们寓所中的资料。这部《交友论》(*Amicitia*)为我和我们欧洲带来
了良好了的声誉,比我们以往所得的还要多。我们的那些机械、手工制品和
仪器也为我们赢得了声誉。同时,我们的知识、智慧和德行都一起得到了他
们的认可。①

利玛窦译述《交友论》,以及他个人在实践中的重视交友之道,实际上都是其
传教策略的有机组成部分,但在《交友论》中的有些论述,完全超出了这种实际的
功利目标,而带有一种比较超然的意义。下述两则材料就可以体现其《交友论》
中相对超然的内容:

> 友之与我虽有二身,二身之内,其心一而已。相须、相佑,为结友
之由。②
> 交友之旨无他,在彼善长于我,则我效习之;我善长于彼,则我教化之。
是学而即教,教而即学,两者互资矣。③

第一则材料是说,友与我虽不是同一个身体,但却共享同一个心灵,这个心
灵对于儒家来说,自然是天道心性,但对利玛窦而言则是天主圣神。第二则材料
则表明,交友不是为了别的功利目的,而是朋友之间的相互丰富、相互学习。但
从整体上考察,利氏却是通过礼物而交友,通过交友而传播福音,而这种迂回进
入中国文化的传教策略,也是其"恩典成就自然"的文化翻译理念的体现,因为他
本人深信,天主教正可以成就儒学。

---

① "致罗马耶稣会吉洛拉莫·科斯塔神父"(1599 年 8 月 14 日,南京),载于[意]利玛窦著:
《利玛窦书信集》,文铮译、[意]梅欧金校,商务印书馆,2018 年,第 212 页。
② 朱维铮主编:《利玛窦中文著译集》,复旦大学出版社,2001 年,第 108 页。
③ 朱维铮主编:《利玛窦中文著译集》,复旦大学出版社,2001 年,第 112 页。

结　语

综上所述,利玛窦的传教观是其中国文化观的直接结果,利氏以其对中国的深入了解而构思出一套行之有效的传教思想与方法。更重要的是,利玛窦的传教观不仅仅是一套现实的传教策略,更是一套充满"他者意识"的文化翻译方法。一方面是在理解中国的基础上(尽管也有误读)译述西学进入中国,他不仅创造了一系列影响深远的术语,更将这些术语背后的天主教与希腊哲学等西学整体观念引入了中国。就利氏本人而言,他的这些做法带有明确的传教的目的,但在客观的效果历史上却促进了中西文化的深刻交流。另一方面,利玛窦以"文化礼物"进行文化翻译,且不仅通过礼物对其身份的独特性进行翻译,同时也赋予了礼物以伦理的意义,进而搭建了天主教与中国儒家文化之间文化交流的桥梁;最终,利玛窦将其自己视为天主福传的工具,把他自己变成了一个巨大的"文化礼物",即摆渡中西的桥梁与"他者"。当代著名的历史学家朱维铮先生认为:"利玛窦留下的历史遗产,在中外文化交往史上凸显的效应,远过于他对基督教入华的影响。"①这一评价在今天看来,仍然是确信不移的。

---

① 朱维铮著:《导言》,载于朱维铮主编:《利玛窦中文著译集》,复旦大学出版社,2001年,第1页。

跋

萧萐父先生 1924 年 1 月生于四川井研县,2008 年 9 月 17 日去世,至今已有 15 年了,2024 年是他诞辰一百周年。为了纪念他为武汉大学珞珈中国哲学学科点,以及为中国哲学研究所做出的巨大贡献,我们学科点同仁决定出版纪念文集,以表达我们对他的敬意与思念。

本纪念文集主体部分共分为四个部分,第一部分主要是学界同道和他生前的学生辈所写的回忆性文章;第二部分主要是他生前的同道与学生辈,和再传弟子们所写的研究他的思想的文章;第三部分则是中国哲学研究的其他文章,是与他的思想或研究的领域具有相关性的,大体上属于同声相应、嘤其鸣矣之类的文章。

萧先生是诗人,在理论上也提倡"诗化哲学",故在此纪念文集前面配有他生前与夫人卢文筠教授合作的萧诗卢画的"梅花图",又邀请了中国书法界的名家,河北大学艺术学院院长刘宗超教授书写了萧先生诗句——"书生自有逍遥处,苦乐忧愁尽化诗",武汉大学刘乐恒君书写了萧先生的一首词;又与萧门再传弟子王博君商量,让他画一幅山水相乐的国画,以体现哲思与国画的结合。这些书画作品所占的分量与文集的文字分量相比,虽然极不相称,但在结构上庶几体现了萧先生生前诗化哲学的韵味。

在此文集出版之前,郭齐勇教授于 2023 年 8 月在人民日报出版社出版了纪念萧先生诞辰百周年的个人专著——《萧萐父与早期启蒙说——探寻中国式现代化的源头活水》,经与郭教授商量,取其书中第一章的内容,作为本纪念文集的序文。通过此序文,大体上可以较全面地了解萧先生的生平与思想轮廓。

在题写"诞辰"二字时,曾经有过用词的纠结。台港学者纪念逝世的学者生日常用"冥诞"二字。我思索再三,决定还是用"诞辰"二字,一是表明我们纪念的是萧公的精神,神州慧命,生生不息,不曾中断;二是中国传统孝道中有对父母"视死如视生"的伦理传统,所谓"祭如在"。综合此二者之意,我觉得用"纪念萧萐父先生诞辰百周年"的说法并不是那么无据,幸汉语学界的同仁体察。

感谢学界前辈、同仁的大力支持,感谢秦平、沈庭二君协力编辑初稿,感谢刘思源、马晓见、陈瀚钊、黄建伟、李悦五位帮助校对了清样,感谢东方出版中心领导慨然惠允出版此纪念文集,并组织最好的编辑力量,以最快的速度、最高的质量出版此纪念文集。作为编者,我们心中铭感。

我们愿意以此文集,向萧萐父先生的百年诞辰献上后来者最真诚的敬意与礼赞。

吴根友

2023 年 10 月 12 日初稿

2024 年 4 月 22 日定稿